Judith Könemann
„Ich wünschte, ich wäre gläubig,
glaub' ich."

36,1

Veröffentlichungen der Sektion
„Religionssoziologie"
der Deutschen Gesellschaft
für Soziologie

Herausgegeben von

Christel Gärtner
Winfried Gebhardt
Volkhard Krech
Gert Pickel
Monika Wohlrab-Sahr

Band 8

Judith Könemann

„Ich wünschte, ich wäre gläubig, glaub' ich."

Zugänge zu Religion und
Religiosität in der Lebensführung
der späten Moderne

Leske + Budrich, Opladen 2002

Dissertation an der Universität Münster

Gedruckt auf säurefreiem und alterungsbeständigem Papier.

Die Deutsche Bibliothek – CIP-Einheitsaufnahme
Ein Titeldatensatz für die Publikation ist bei Der Deutschen Bibliothek erhältlich

ISBN 3-8100-3627-7

© 2002 Leske + Budrich, Opladen

Druck: DruckPartner Rübelmann, Hemsbach
Printed in Germany

Inhalt

Vorwort

Diese Studie wurde im Wintersemester 2001/02 von der Katholisch-Theologischen Fakultät der Westfälischen Wilhelms-Universität Münster als Dissertation angenommen und für die Drucklegung geringfügig überarbeitet.

Eine solche Arbeit wird zwar allein geschrieben, zu ihrer Genese tragen jedoch viele Menschen auf unterschiedliche Weise bei. So ist es keine Pflichterfüllung, sondern ein mir wichtiges Anliegen, denen zu danken, die die Entstehung dieser Arbeit unterstützt und begleitet haben. An erster Stelle danke ich Prof. Dr. Udo Schmälzle, dem interdisziplinäres Denken ein ureigenes Anliegen ist, und bei dem ich von Anfang an ein offenes Ohr für die Idee zu dieser Arbeit fand sowie in der weiteren Entwicklung hilfreichen Rückhalt, notwendigen Freiraum und kritische Begleitung. Prof. DDr. Karl Gabriel danke ich sehr ich für entscheidende Impulse und für die Übernahme des Zweitgutachtens. Mein Dank gilt auch Prof. DDr. Hermann Steinkamp, unser freundschaftlicher Dialog über die Zeit der Entstehung der Arbeit bedeutet mir viel und setzte verschiedene wichtige Akzente in dieser Arbeit.

Dank sage ich den Interviewpartnerinnen und -partnern, ohne ihre Bereitschaft hätte diese Arbeit nicht geschrieben werden können. Bedanken möchte ich mich besonders bei Dr. Albrecht Schöll, der mein Interesse und meine Lust am qualitativ-empirischen Arbeiten konkret werden ließ und der die aufwendige Arbeit des Interpretierens in einer Gruppe ermöglichte. Wichtige Fragen der Methodologie und des Interpretierens konnte ich mit Dr. Christel Gärtner klären. Danken möchte ich auch Dr. Stephan Goertz für den theologisch-soziologischen Austausch. Mein besonderer Dank gilt HD Dr. Saskia Wendel, in ihr fand ich über die Zeit viel Unterstützung und eine wichtige Gesprächspartnerin, nicht nur in Fragen der Religionsphilosophie.

Magdalena Siepmann danke ich für die Anteilnahme über die Jahre der Entstehung hinweg und für das gewissenhafte Korrekturlesen in der Schlussphase. Für Rat und konkrete Unterstützung in Fragen der Drucklegung spreche ich Dr. Uta Zwingenberger und P. Heinz-Jürgen Reker meinen herzlichen Dank aus. Nennen möchte ich auch die Kolleginnen und Kollegen des Hauses Ohrbeck, die das Schreiben der Dissertation neben meiner Berufstätigkeit wohlwollend begleiteten. Bei den Herausgebern möchte ich mich für die Aufnahme in die Reihe, bei den Diözesen Osnabrück, Paderborn und Münster für die Gewährung von Druckkostenzuschüssen bedanken.

Mein besonderer Dank gilt meinen Eltern, meiner Mutter, die ihre Fähigkeit, Dingen beharrlich auf den Grund zu gehen, an mich weitergab, und meinem Vater, der mich das Leben zu genießen lehrte.

Telgte, im September 2002   Judith Könemann

1 Einleitung

"Ich wünschte, ich wäre gläubig, glaub ich." Dieser Satz, geäußert von einer Frau, die im Rahmen der vorliegenden qualitativ-empirischen Studie in einem Interview zu ihrer Religiosität befragt wurde, bringt die Zerrissenheit gegenwärtiger individueller Lebensführung hinsichtlich der Bedeutung von Religiosität und Religion auf den Punkt: die Zerrissenheit des Individuums zwischen dem Wunsch, glauben zu können und sich damit an einer religiösen Sinn- und Lebensdeutung zu orientieren, und dem Empfinden, nicht (mehr) glauben zu können. Zwar gibt es durchaus eine – wenn auch sehr diffuse – Sehnsucht nach einer religiös geprägten Lebensführung, jedoch bleibt diese Sehnsucht zugleich unerfüllbar, weil Menschen, wie dieser Frau, diese religiös geprägte Lebensführung unmöglich (geworden) ist – aus welchen Gründen auch immer.

In der zitierten Interviewpassage spiegeln sich sehr genau die Herausforderungen, die unter den gegenwärtigen Lebensbedingungen der späten Moderne an das Individuum und die Aufgabe, sein Leben zu führen und gestalten, ergehen – Herausforderungen, die nicht erst unter den heutigen Lebensbedingungen aufkommen, sondern durch diese verschärft werden. Insofern das moderne Individuum in seiner Lebensführung und Lebensgestaltung immer auch auf Sinn- und Lebensdeutungsangebote zurückgreift, ja zurückgreifen muss, um seinem Leben überhaupt eine Richtung und eine Orientierung verleihen zu können, betreffen diese Herausforderungen nicht das Individuum allein, sondern auch Systeme und Institutionen, die für diese Sinn- und Lebensdeutungen zuständig sind, wie etwa die verschiedenen Religionen und deren Institutionen. Dieser Tatsache entsprechend haben sich auch die christliche Religion und mit ihr die christlichen Kirchen den Herausforderungen der späten Moderne zu stellen. Welches sind aber diese Herausforderungen, die an das moderne Individuum ergehen?

Zwar zeichnen die derzeit häufig genannten Schlagworte Selbstbestimmung, Subjektivität, Individualität, Freizeit- und Fun-Kultur, Trend zur neuen Innerlichkeit, Erlebnis- und Event-Gesellschaft, mit denen vielfach die gegenwärtige Gesellschaft und die Lebenshaltung ihrer Akteurinnen und Akteure gekennzeichnet werden, ein nur klischiertes und verzerrtes Bild eben dieser zeitgenössischen Kultur und Gesellschaft. Dennoch sind auch durch die Verzerrungen dieser einseitigen Zeitdiagnosen und Gesellschaftsanalysen hindurch zentrale Grundmotive zu erkennen, die das individuelle und gesellschaftliche Leben in der Moderne prägen: die Forderung an das Individuum, Autonomie und Subjektivität zu entfalten sowie die sich aus der Pluralisierung von Lebensentwürfen und Lebensformen ergebende Notwendigkeit, kraft der eigenen Autonomie die Entscheidung für eine bestimmte Lebensform und Lebensführung zu treffen. Diese zentralen Charakteristika der Moderne sind – wie bereits gesagt – keineswegs neu, sie verschärfen bzw. radikalisieren sich jedoch gegenwärtig unter einem forcierten Modernisierungsdruck, weshalb etwa Ulrich Beck die Kultur und Gesellschaft der Gegenwart in seinen soziologischen Studien zu Recht als die einer "zweiten" bzw. "reflexiven" Moderne bezeichnet[1]

Erhöhen Individualisierung und Pluralisierung mit gestiegenen Zugangs- und Auswahlmöglichkeiten einerseits die individuellen Handlungsspielräume, so steigen andererseits die Ansprüche an die moderne Lebensführung, denn gesteigerte Wahlmöglichkeiten und die Tatsache, dass letztlich immer auch eine andere als die getroffene Entscheidung möglich gewesen wäre, stellen das moderne Individuum unter Entscheidungszwang: Es kann sich nicht nicht entscheiden. Zugleich ist mit diesem Zwang zur Entscheidung allerdings auch die Notwendigkeit gegeben, die jeweils getroffene Entscheidung begründen zu können, entweder qua der eigenen Rationalität[2] oder mittels der eigenen Lebenspraxis. Erfolgt eine solche Begründungsleistung nicht, werden Entscheidungen willkürlich und zufällig. Beide, Entscheidungszwang und Begründungsverpflichtung, gehören zu den Grundmotiven der Moderne, sie basieren jedoch wiederum auf anderen entscheidenden modernen Grundmotiven: dem der Autonomie, der Subjektivität sowie der zentralen Bedeutung der Rationalität des Subjekts und seiner Urteile.[3] Entscheidungszwang und Begründungsverpflichtung basieren aber ferner auf einem weiteren zentralen Kennzeichen der Moderne: Gerade weil die Autonomie des Subjekts in das Zentrum des modernen Lebensgefühls getreten ist, ist die Skepsis gegenüber vorgegebenen Traditionen und Sinndeutungen gewachsen; Traditionen können nicht mehr einfach heteronom angenommen, sondern müssen unter den Bedingungen der Moderne autonom verantwortet werden: Der Rückgriff

---

1 Vgl. BECK 1986.
2 Das dieser Untersuchung zugrundeliegende Rationalitätsverständnis umfasst sowohl kognitiv-rationale als auch intuitiv-affektive Begründungsleistungen.
3 Autonomie wird hier nicht als Autarkie oder als in Isolationismus endende Selbstbezogenheit verstanden, sondern zum einen als Möglichkeitsbedingung selbstbestimmter Lebensführung und Lebensgestaltung des einzelnen Menschen, die sich prozessual vollzieht und geschichtlich bedingt ist, und zum anderen als Möglichkeitsbedingung dafür, die Anderen und deren Freiheit anzuerkennen und mit ihnen in Beziehung zu treten. So verstanden schließt die Autonomie des Subjekts die konstitutive Bezogenheit des Ichs auf die Anderen sowie die Abhängigkeit von ihnen unter den Bedingungen der eigenen Endlichkeit und Unvollkommenheit keineswegs aus, sondern impliziert vielmehr die Anerkennung der eigenen Grenzen. Darüber hinaus ist die Freiheit des Ichs Bedingung der Möglichkeit, Verantwortung für die Anderen und deren Freiheit zu übernehmen. Dieser Akt der Anerkennung und der Übernahme von Verantwortung ist im übrigen als ein reziproker Akt zwischen Ich und Anderen und damit zwischen zwei einander begegnenden Freiheiten zu verstehen, die sich einander wechselseitig anerkennen und füreinander einstehen. Vgl. dazu ausführlich die Ergebnisinterpretation (Kapitel 5), ferner Thomas Pröppers Freiheitsanalyse in: PRÖPPER 2001.

auf Traditionen allein kann einen sinnstiftenden Entwurf für die Lebensdeutung, der für alle verbindlich ist und der die Lebensführung aller normiert, nicht mehr begründen. Denn Traditionen können ihren Gültigkeitsanspruch nicht durch sich selbst legitimieren, der Rückgriff auf Tradition kann also nicht wiederum traditional begründet werden, weil sich eine Tradition nicht allein dadurch rechtfertigt, dass sie besteht; hier gilt der Grundsatz der Differenz zwischen einem geschichtlichen Aufkommen bzw. Bestehens einer bestimmten Tradition und deren Gültigkeitsanspruch. Geltungsansprüche bedürfen somit der Begründung und der Verantwortung durch die Vernunft der einzelnen Menschen, und dies gilt in besonderem Maße auch für Geltungsansprüche, die für Sinndeutungsentwürfe erhoben werden.

Genau darin liegt der eigentliche Kern der Schlagworte "Individualisierung" und "Pluralisierung": Sinndeutungsangebote haben sich pluralisiert, und die Entscheidung für oder gegen sie und die damit verbundene Begründungsverpflichtung, die dem Individuum in der Moderne anheim gegeben ist, hat sich dieser Pluralisierung und Enttraditionalisierung entsprechend noch weiter individualisiert. Damit kommt dem Individuum zugleich die Aufgabe der Generierung eines Sinns für seine individuelle Lebenspraxis zu, diese kann im Rückgriff auf vorfindliche Sinndeutungsentwürfe erfolgen, allerdings kann auch ein solcher Rückgriff immer nur begründet erfolgen.

Die Anforderungen an eine Lebensführung in der Moderne kulminieren dementsprechend in zwei zentralen Anforderungen oder auch Herausforderungen, denen sich das Individuum in seiner Lebenspraxis zu stellen hat: Erstens hat die Lebenspraxis des Individuums der Rationalitätsanforderung, also der prinzipiellen Begründungsnotwendigkeit zu genügen, und zweitens obliegt dem Individuum und seiner Lebenspraxis die Generierung eines Sinns, das heißt: Jeder Mensch muss in seinem Leben und seiner Lebenspraxis die Sinnfrage beantworten, also letztlich wissen, wofür er lebt und woran er glaubt. Wie diese Frage vom Individuum beantwortet wird, ob im Rückgriff auf säkulare oder religiöse Sinndeutungssysteme, ist allein der Lebenspraxis des Individuums anheim gestellt; der Frage als solcher kann sich der Mensch jedoch nicht entziehen. Diese zu beantworten, ist eine bleibende Anforderung an seine Lebenspraxis.

Aus diesen beiden zentralen Anforderungen der Moderne an die Lebensführung, der Rationalitätsanforderung und der Notwendigkeit der Sinngenerierung, leitet sich das diese Untersuchung motivierende und ihr zugrundeliegende Erkenntnisinteresse ab. Dieser Untersuchung liegen dementsprechend zwei Fragestellungen zugrunde: Die erste Frage ist auf die spezifische Lebensführung des Individuums in spätmoderner Gesellschaft ausgerichtet und lautet: Welche Handlungs- und Orientierungsmuster eignen sich Menschen zu, um den Anforderungen und Herausforderungen, die die späte Moderne an die Lebensführung und -praxis des Individuums stellt, zu begegnen? In die Frage nach Sinngenerierung und nach Sinndeutungsangeboten bzw. -systemen ist die Frage nach Religion und Religiosität als einem Sinndeutungsangebot integriert. Deshalb schließt sich an diese skizzierte Fragestellung eine zweite, spezielle Frage an: Welche Bedeutung und welche Funktion bzw. Funktionen kommen Religion und Religiosität im Rahmen der Lebenspraxis der jeweiligen Individuen und deren Umgang mit den Anforderungen der Moderne zu?

Insofern dieser Arbeit eine christlich-theologische Perspektive zugrundeliegt, führen die gerade formulierten Untersuchungsfragen zu einem weiteren, diese Studie bestimmenden Anliegen: Wie ist angesichts einer zunehmenden funktionalen Ausdifferenzierung und Verselbständigung gesellschaftlicher Teilbereiche und eines letztlich nicht zu leugnenden und vielfach auch als fortschreitende Säkularisierung bezeichneten Bedeutungsverlusts des Christentums in den westeuropäischen Gesellschaften eine Verbindung und Anschlussfähigkeit des Christentums als institutionell verfasster Religion an die spätmoderne Gesellschaft möglich? Ist damit die gesellschaftliche Ebene angesprochen, so führt sie in individueller Hinsicht zu der Frage nach pastoralen Handlungskonzepten, die den Anforderungen der Moderne angemessen sind und dabei sowohl den Anliegen und dem modernen Lebensgefühl der Menschen Rechnung tragen als auch dem christlichen Proprium zu entsprechen vermögen.

Dabei richtet sich die die späte Moderne kennzeichnende Rationalitätsverpflichtung nicht nur auf die Individuen, sondern gleichermaßen auf Institutionen bzw. Anbieter von Sinndeutungsangeboten. Denn angesichts einer Pluralisierung von Sinndeutungsangeboten und der damit einhergehenden Wahlmöglichkeit des Individuums steht nicht nur das Individuum in der Notwendigkeit, seine Wahl zu begründen, sondern auch das an das Individuum ergehende Angebot will begründet sein. Deshalb stehen denn auch die verschiedenen Sinndeutungsangebote unter der Rationalitätsverpflichtung. Von dieser Herausforderung sind gerade auch die christlichen Kirchen angesprochen, denn sie befinden sich in ihrer Geschichte zum ersten Mal in der Situation, die Sinnhaftigkeit des christlichen Glaubens gegenüber anderen Religionen und anderen Sinndeutungsangeboten quasi "face to face" bzw. "von gleich zu gleich" begründen zu müssen, eben weil sich das moderne Individuum zwischen diesen verschiedenen Angeboten entscheiden kann. Ist diese Situation zwar für die christlichen Kirchen insofern neu, als sie ihr Sinndeutungsmonopol verloren haben und zu Sinnanbietern unter vielen geworden sind, so ist doch die Forderung, ihr Sinndeutungsangebot zu begründen, in der Tradition christlichen Glaubens alles andere als neu. Bereits seit Beginn des Christentums wurde versucht, in der christlichen Theologie auch die Vernunftförmigkeit des Glaubens aufzuweisen und damit einer Begründungsverpflichtung nachzukommen. Das heißt: Der christliche Glaube schließt zwar zweifellos eine Entscheidung für das christliche Bekenntnis ein, die wiederum unabdingbar an eine Haltung des Vertrauens und der Hoffnung gebunden ist. Dennoch widerspricht es dieser gläubigen Haltung nicht, Gründe dafür zu nennen, dass der christliche Glaube vernünftig und sinnvoll ist. Dieses Benennen von Gründen ist keineswegs identisch mit einem Gottesbeweis, es handelt sich allein um das Bemühen, die Glaubensentscheidung vor sich und anderen vernünftig verantworten zu können. Fällt diese Begründungsverpflichtung aus, besteht die Gefahr, dass die Option für den christlichen Glauben entweder fundamentalistisch behauptet oder lediglich dezisionistisch gesetzt wird. An diese christlich-theologische Tradition vernunftförmiger Glaubensverantwortung können nun die Kirchen gerade unter den Bedingungen der späten Moderne und deren Forderung der Begründungsverpflichtung wieder verstärkt anknüpfen.

In diesen skizzierten Fragestellungen treffen sich eine religionssoziologische und eine praktisch-theologische Perspektive, die beide dieser Untersuchung zugrunde liegen. Aus religionssoziologischer Perspektive untersucht diese Studie den Umgang mit den Anforderungen, die die Moderne an die individuelle Lebenspraxis stellt sowie die Bedeutung und Funktion bzw. Funktionen von Religion und Religiosität in diesem Kontext. Religion wird in dieser Perspektive nicht auf die christliche Religion beschränkt, um die Forschungsergebnisse nicht vorab einzuschränken. Diese religionssoziologische Fragestellung umfasst sowohl die individuelle als auch die gesellschaftliche Bedeutung und Funktion von Religiosität und Religion.

Aus praktisch-theologischer Perspektive erfolgt eine durch den zweiten Teil der Fragestellung vorgegebene Zuspitzung des allgemeinen Feldes von Religiosität und Religion auf die institutionalisierte Religion des Christentums. Diese Perspektive begründet sich zum einen dadurch, dass dieser Arbeit wie bereits erwähnt eine christlich-theologische Perspektive zugrundeliegt und zum anderen durch die Tatsache, dass trotz zunehmender nicht-christlicher Religions- und Religiositätsformen sowie der Etablierung unterschiedlicher Formen religiösen Synkretismus' das Christentum doch weiterhin (noch) die bestimmende Religion sowohl in gesellschaftlicher als auch individueller Hinsicht bleibt bzw. dass Religion immer noch primär mit der christlichen Religion identifiziert wird, was im übrigen auch bei allen Interviewpartnerinnen und -partnern der vorliegenden Studie der Fall gewesen ist. Darin mag sich auch noch einmal die – historisch gewachsene – enge Verbindung zwischen dem Christentum und der Kultur Westeuropas widerspiegeln, welche die (christliche) Religion und die abendländische Kultur immer noch fast identisch erscheinen lässt.

Um diesem Forschungsanliegen näher zu kommen, wird ein qualitativ-empirisches Vorgehen gewählt, das sich aufgrund seines explorativen Charakters besonders eignet, der hier gewählten Forschungsfrage auf den Grund zu kommen: Zum einen, weil es vor allem darauf ausgerichtet ist, individuelle Deutungsmuster aufzuspüren, die nur auf empirischem Wege zu erfassen sind. Zum anderen, weil es dem qualitativen Verfahren inhärent ist, vom

Besonderen, also dem Einzelfall, auf das Allgemeine zu schließen und damit die empirischen Ergebnisse theorieanschlussfähig zu machen. Dementsprechend verfolgt auch diese Untersuchung eine enge Verbindung von theoretischer und empirischer Auseinandersetzung. Die hier vorgenommene empirische Untersuchung versteht sich so als Beitrag zur Grundlagenforschung hinsichtlich der Frage nach Religion und Religiosität in der gegenwärtigen Gesellschaft.

Die Material- und Textbasis der empirischen Untersuchung bilden von mir durchgeführte Interviews mit Mitgliedern der Zielgruppe 'Führungskräfte' aus dem Sektor Wirtschaft und Journalismus sowie der Zielgruppe 'Sozialarbeiterinnen und -arbeiter' aus dem Bereich Jugendhilfe und Psychiatrie. Für diese Studie wurden insgesamt elf Interviews mit Mitgliedern beider Zielgruppen durchgeführt, von denen drei in dieser Untersuchung ausführlich dokumentiert werden. Im Hintergrund dieser Auswahl stand die Hypothese, dass der Beruf und das in unterschiedlichen Kontexten in der späten Moderne angesiedelte berufliche Handeln und damit auch die unterschiedliche Konfrontation mit den Bedingungen der reflexiven Moderne: hier Rationalitäts- und Effektivitätssteigerung sowie Globalisierung, dort die Konfrontation mit den Risiken und den Verlierern und Verliererinnen der Modernisierungs- und Globalisierungsprozesse, Auswirkungen auf die Haltung und Gestaltung der jeweils individuellen Religiosität zeigt. Im Verlauf der Auswertung des Textmaterials zeigte sich allerdings sehr schnell, dass diese Hypothese nicht zu halten ist (5.1.4).

Die methodologische Grundlage der Textinterpretation bildet das qualitative Verfahren der objektiven Hermeneutik, wie es von Ulrich Oevermann entwickelt wurde. Neben den methodologischen Vorzügen dieses Verfahrens bietet die systematische Konzeption – vornehmlich die von Oevermann in den letzten Jahren entfaltete Religionstheorie – Anknüpfungspunkte für die religionssoziologische Fragestellung dieser Arbeit.

Dem qualitativ-empirischen Teil der Arbeit sind Überlegungen zum theoretischen Rahmen der Untersuchung vorangestellt. Ausgehend von der Bestimmung der Moderne als einer reflexiven bzw. späten Moderne (2.1) werden in Kapitel 2 der Untersuchung unter Rekurs auf das den Beckschen Ansatz kennzeichnende Theorem der Individualisierung zunächst die An- und Herausforderungen der Moderne und ihre Auswirkungen auf die Lebenspraxis des Individuums und deren gesellschaftliche Verwobenheit in der reflexiven Moderne gekennzeichnet. Diese Perspektive wird nachfolgend auf die Verfasstheit von Religion in der reflexiven Moderne zugespitzt und im Rückgriff auf die immer noch die religionssoziologische und theologische Diskussion bestimmenden Theoreme der Individualisierung und Säkularisierung von Religion diskutiert (2.2).

Im Rahmen einer wissenschaftlichen Auseinandersetzung die Bedeutung und Funktion von Religion und Religiosität untersuchen zu wollen setzt voraus, sich darüber zu vergewissern, was denn unter Religion und Religiosität zu verstehen ist und wie sie sich im gesellschaftlichen als auch individuellen Kontext darstellen. Die Klärung dieser Frage nach einer Bestimmung von Religion und Religiosität in gesellschaftlicher Perspektive steht im Mittelpunkt des Teilkapitels 2.3. Dabei beschäftigen sich erste Überlegungen mit den Vorzügen als auch Problemen einer universalen Religionsbestimmung. Anschließend wird ausgehend vom Konzept der strukturalen Religionstheorie von Ulrich Oevermann und dem Ansatz einer funktionalen Bestimmung von Religion, wie sie von Franz Xaver Kaufmann vorgelegt ist, die Klärung der Bestimmung von Religion und Religiosität vorangetrieben.

Die Zuspitzung der gesellschaftlichen Perspektive auf das individuelle Verständnis von Religion und Religiosität erfolgt in der anschließenden Analyse zu Religion und Religiosität in der Biographie der Moderne (2.4). Im Rückgriff auf die gegenwärtigen Überlegungen und Diagnosen zum Zusammenhang von Biographie und Religion und den an Religion und Religiosität herangetragenen Wünschen und Bedürfnissen wird der Struktur und Funktion von Religion und Religiosität im individuellen Lebenszusammenhang nachgegangen und damit das Spektrum des Verständnisses von Religion und Religiosität auch für die nachfolgende empirische Untersuchung grundgelegt.

An die theoretische Erschließung des Untersuchungsgegenstandes knüpft die in Kapitel 3 vorgenommene Legitimation eines qualitativen Ansatzes hinsichtlich der empirischen Untersuchung an

Der zweite Teil der Arbeit (Kapitel 4) ist der Darstellung der vorgenommenen Fallanalysen gewidmet. Diese werden ausführlich in der sequenzanalytischen Interpretation des Interviewverlaufes dargestellt und jeweils durch eine Zusammenfassung der vorgenommenen Fallrekonstruktion abgeschlossen.

Der dritte und letzte Teil der Arbeit (Kapitel 5) widmet sich schließlich der Interpretation der Ergebnisse der empirischen Untersuchung und formuliert im Anschluss an die Untersuchungsergebnisse Perspektiven für eine Praktische Theologie. Zunächst werden die Fallrekonstruktionen im Hinblick auf die eingangs vorgestellten An- und Herausforderungen der Moderne vergleichend diskutiert und dann auf ihre zu verallgemeinernden Aspekte hin gebündelt In den diese Studie abschließenden Überlegungen wird eine praktisch-theologische Skizze entworfen, die der Frage nach den Möglichkeiten einer Anschlussfähigkeit von Religion respektive des Christentums an die Moderne nachgeht und dabei in der Stärkung der Kategorie der Biographie im Rahmen pastoraler Handlungskonzepte eine erste Anschlussmöglichkeit erkennt, die zugleich eine wichtige Voraussetzung für die zweite Anschlussmöglichkeit von Religion respektive des Christentums an die Moderne ist: die Verortung der Religion im öffentlichen Diskurs der Zivilgesellschaft.

Teil I: Der theoretische Rahmen der Untersuchung

2 Die Moderne und ihre Auswirkungen auf das Verständnis und die Lebenspraxis von Religion und Religiosität

2.1 Standortbestimmung: Reflexive Moderne

Ist es das Anliegen einer Untersuchung, etwas über Religion und Religiosität, mehr noch über das Verständnis von Religion im Rahmen heutiger gesellschaftlicher Verhältnisse auszusagen, so bedarf es einer Verortung des gesellschaftstheoretischen Ausgangspunktes, von dem aus dies geschehen soll. Dies erscheint umso dringlicher, insofern unterschiedliche Theorieansätze die soziologische und philosophische Diskussion bestimmen.[1] So findet sich die Rede von der Moderne[2], der entfalteten, der reflexiven Moderne (U. Beck), der Moderne als unvollendetes Projekt (J. Habermas) und nicht zuletzt die Rede von der Postmoderne (J.-F. Lyotard). Allein in der Uneinigkeit darüber, die Zeit, in der wir leben, begrifflich einheitlich zu bestimmen – unabhängig von den unterschiedlichen inhaltlichen Schwerpunkten der einzelnen Theorieansätze –, mag etwas von der "Unübersichtlichkeit" der gegenwärtigen Zeit aufscheinen, von der Habermas so überzeugend spricht.

Der vorliegenden Untersuchung liegt das Konzept der reflexiven Moderne zugrunde, da es als das Geeignetste erscheint, wenn es darum geht, die Rolle und Bedeutung von Religion und Religiosität in heutiger Gesellschaft als auch – aufs Engste damit verbunden – im Hinblick auf das Individuum zu erfassen und zu bestimmen. Um die Begründungslinien für die Eignung des für diesen Zusammenhang zugrunde gelegten Konzepts der reflexiven Moderne aufweisen zu können, ist es notwendig, dieses Konzept begrifflich näher zu bestimmen.

Schon die Verwendung des Begriffs der Moderne ist nicht unproblematisch, insofern er einerseits als Epochenbegriff verwendet wird, andererseits

---

1 Diese Theorieansätze lassen sich m. E. in zwei große Linien zusammenfassen; a) die Ansätze, die von einer Modifikation oder Entfaltung der Moderne ausgehen und b) Ansätze, die unter dem Begriff der Postmoderne firmieren.

2 Spätestens seit Max Weber ist der Begriff der Moderne in der soziologischen Diskussion Konsensbegriff zur Beschreibung der gesellschaftlichen Verhältnisse. Gleichermaßen fungiert er auch als Epochenbegriff, auch in der Anwendung auf Kunst, Literatur und Wissenschaft.

als Begriff, in dem verschiedene Merkmale gesellschaftlicher Entwicklung zusammengefasst werden. Zugleich wird bzw. wurde der Begriff Moderne einerseits synonym mit dem Begriff der Neuzeit verwendet, zumindest wenn es die Charakterisierung der Zeit bis zum Ende des 19. Jahrhunderts betrifft, andererseits ist der Modernebegriff als Epochenbegriff der Nachfolgebegriff der Neuzeit.[3] Weitere Begriffsunklarheiten können sich auch durch die verwandten Begriffe der Modernität und Modernisierung ergeben.[4]

Im Sinne einer Epoche erhielt die Moderne ihre Relevanz durch die Diskontinuitäten zu dem, was als "Mittelalter" bezeichnet wurde. Wird die Moderne als Epoche verstanden, so impliziert dies die Vorstellung eines ständigen Weiterwirkens und einer Weiterentwicklung geschichtlicher Traditionen im Sinne einer Fort- und Aufbauentwicklung hin zu einem wie auch immer verstandenen Besseren. Dies ist die Vorstellung des Fortschrittsgedankens in jeglicher Hinsicht, die Idee des fortwährenden ungebrochenen und nicht risikobehafteten Weiterschreitens von Entwicklung sowohl in wirtschaftlicher, politischer, sozialer und kultureller Dimension. Angesichts der heute so offensichtlichen Brechung des Fortschrittsgedankens sowie der die Moderne kennzeichnenden Entwicklungen ist es problematisch, diesen in der Form des Epochenverständnisses aufrechtzuerhalten. Ein weiterer Aspekt – mit dem vorhergehenden eng verbunden – ist für die Verwendung des Modernebegriffs als eines Epochenbegriffs ausschlaggebend. Als Epochenbegriff impliziert dieser immer auch eine normative Aufladung mit dem Anspruch, etwas über das Ganze der Gesellschaft aussagen zu können und dieses auch zu tun.[5] Eine Rede von der Moderne mit normativem Anspruch impliziert die Vorstellung von einem "Mehr" als das, was das Vorgegebene in gesellschaftlicher Hinsicht zu sein scheint.[6]

Diese normative Aufladung vermeidet die Rede von Moderne, wenn darunter ausschließlich eine Phänomenologie der die gegenwärtige gesellschaftliche Entwicklung kennzeichnenden Merkmale verstanden wird. Damit negiert diese Rede von der Moderne jeglichen Anspruch, etwas über das

---

3   Der synonyme Gebrauch bezieht sich jedoch vornehmlich auf die Identifizierung der Zeit bis ins 19. Jh. Soll die 20. Jh. charakterisiert werden, so findet die Rede von der Neuzeit keine Verwendung mehr. Vgl. näher KLUXEN 1996, 61, ferner WELSCH 1993, 66f.

4   So werden die Begrifflichkeiten unterschiedlich verwendet. Franz-Xaver Kaufmann beispielsweise vermeidet den Begriff der Moderne und spricht von Modernität und Modernisierung. Vgl. KAUFMANN 1986; 1989. Demgegenüber verwendet eine Vielzahl von Autoren durchaus den Begriff der Moderne, z. B. HABERMAS 1992 und in weiteren Schriften.

5   Der normative Charakter des Epochenbegriffs war lange Zeit unhinterfragt, so auch der normative Charakter der Moderne. Dies wird sehr deutlich an der Begriffsgeschichte des Wortes "modern", ferner der Wörter "neu" und "Neuzeit". Vgl. zur Begriffsgeschichte KOSELLECK 1977; ferner KAUFMANN 1989, 36-39 und WELSCH 1993, 66-77.

6   Dies wird von KLUXEN 1996, 63 so vertreten.

Ganze aussagen zu können und dies auch zu wollen.[7] Wird unter Moderne ausschließlich eine Merkmalsphänomenologie verstanden, so scheint diese dem – auch vorhandenen – epochalen Charakter gesellschaftlicher Entwicklungsprozesse nicht gerecht zu werden, auch wenn Perspektiven für gesellschaftliche Prozesse entwickelt werden, die den Anspruch eines globalen Zusammenhangs beanspruchen können.

Für die Beibehaltung des Epochenverständnisses spricht die Tatsache, dass es die Einordnung unterschiedlicher gesellschaftlicher und kultureller Entwicklungen in einen übergreifenden Gesamtzusammenhang leistet. Dieses steht in konträrer Haltung zu einer Beschränkung auf Deskription und Analyse der Merkmale der Moderne. Ferner bedarf es in der Analyse von Prozessen immer eines klar verorteten Standpunktes, von dem aus die Analyse geführt wird. Ein rein deskriptives Vorgehen wird dieser Verortung nicht gerecht. Deshalb wird an dieser Stelle ein normativer Anspruch in der Verwendung des Modernebegriffs im beschriebenen Sinn, die 'Moderne als Projekt', aufrecht erhalten.[8] Dieses kann und soll jedoch nicht unhinterfragt geschehen, da die Linearität von Entwicklung, am deutlichsten ersichtlich in der Brechung des Fortschrittsgedankens, mit der inhärenten Vorstellung einer immerwährenden Weiterentwicklung von Geschichte, Traditionen und technischen Errungenschaften mit dem Ziel einer Perfektibilität der Zukunft aus heutiger Perspektive gebrochen ist. So kommt eine Analyse gesellschaftlicher Entwicklungen nicht umhin, diese Gebrochenheit und Ambivalenz der Moderne immer mit zu denken und zu bedenken.

---

7   Insbesondere Kaufmann wendet sich entschieden gegen jegliche normative Aufladung der Moderne und damit auch gegen den Epochenbegriff. So spricht er auch nur von Modernität und nicht von Moderne. Vgl. KAUFMANN 1989, 35. Kaufmanns erklärtes Ziel ist eine Entmythologisierung der Moderne. Vgl. 34. Damit wendet er sich entschieden gegen die Position von Habermas und dessen 'Projekt der Moderne', dem er genau diese Mythologisierung und normative Aufladung vorwirft. Kaufmann plädiert demgegenüber für einen Modernebegriff, der unter Moderne nicht mehr einen exemplarischen Endzustand versteht und auf das Epochenmerkmal verzichtet. Vgl. 41.

8   Profilierter Vertreter des Ansatzes einer normativen Aufladung der Moderne ist Habermas mit seiner Rede vom unvollendeten Projekt der Moderne. Habermas stellt als ein Kennzeichen der Moderne die Notwendigkeit, Identität und Normativität aus sich selbst heraus zu schöpfen, heraus. Indem Habermas' Projekt der Moderne engstens dem Projekt der Aufklärung verpflichtet ist, gilt für ihn, die Ideen der Aufklärung und ihren Anspruch auch heute unter den veränderten Bedingungen fruchtbar zu machen. Vgl. HABERMAS 1992, 41f. Um dieses zu gewährleisten, bedarf es eines Instrumentes, das dem Auseinandertreten von Expertenkultur und Lebenswelt entgegentritt Dieses Instrument sieht er im kommunikativen Handeln gegeben, das er in seinem diskurstheoretischen Ansatz erläutert. Vgl. dazu ausführlich HABERMAS 1988a und 1988b. Dem Gedanken der Notwendigkeit eines normativen Anspruchs der Moderne bei Habermas schließe ich mich an.

In der Verwendung als Epochenbegriff stellt sich auch die Frage nach dem Beginn der Epoche der Moderne.[9] Als Beginn der Moderne wird hier der Prozess verstanden, der seinen Ansatzpunkt in den grundlegenden Krisenerfahrungen des Mittelalters, ausgelöst durch die Pest im 14. Jahrhundert und das abendländische Schisma, nimmt und ein verändertes Bewusstsein entstehen ließ. Die Veränderung des Bewusstseins lässt sich als Implementierung des grundlegenden Zweifels und der damit verknüpften Suche nach einer unbedingten Gewissheit angesichts der entstandenen existentiellen Verunsicherungen durch die genannten Ereignisse beschreiben.[10] Der Verlust der und die Desillusionierung über die Stabilitätsgaranten des Weltbildes und des individuellen Bewusstseins geht einher mit einer Fragmentierung des Glaubens in die schöpfungstheologisch grundgelegte Tradition und in die bleibende Gegenwart Gottes in der Schöpfung.[11] Die Folge für den Menschen ist die Suche nach einer von diesen Umständen unberührten Instanz, die in der Lage ist, Gewissheit zu vermitteln und Identitätskonstituierung zu ermöglichen. Diese Instanz wird zunehmend im Innern des Menschen selbst gefunden, so dass der Akt der Selbstvergewisserung "Ort und Medium aller ursprünglichen Gewissheit"[12] wird und der "neuzeitliche Mensch" ferner unter dem Signum der subjektiven Freiheit in seinem Selbst eine unbedingte Instanz entdeckt, die seinem Bedürfnis nach Selbstvergewisserung und Begründung standhält.[13] Die im Zentrum der mittelalterlichen Welt stehende Heilsfrage des Individuums erfuhr durch die Reformation[14] eine nochmalige, diesen auch als

---

9 Der Beginn der Moderne wird zeitlich unterschiedlich festgelegt. Im klassischen Verständnis werden oba die Prozesse der Industrialisierung, das wirtschaftliche Wachstum, der soziale und kulturelle Wandel sowie die historischen Ereignisse der Aufklärung und der Französischen Revolution im 18. Jh. und im ausgehenden 18. Jh. als Beginn einer neuen Epoche gesehen. Auch wenn ich hier die Prozesse der Moderne wesentlich früher ansetze, so spricht für diesen Ansatzpunkt, das es seit dem ausgehenden 18. Jh. ein Selbstverständnis darüber gibt, in einer neuen Zeit zu leben. Ideengeschichtlich ist dies – so Jürgen Habermas – gut in den philosophischen Ansätzen von Kant und Hegel ablesbar. Vgl. dazu die ausführliche Erörterung und Belegführung bei HABERMAS 1988b, 26-58.
10 Vgl. hierzu vor allem DESCARTES [2]1977.
11 Beide Erschütterungen, Pest und abendländisches Schisma, sind in ihrer Radikalität nur zu verstehen aufgrund des hochmittelalterlichen Selbst- und Weltverständnisses, in dessen Bewusstsein einerseits "Elemente magisch-sakraler Objektivierung des Heiligen mit dem Glauben an die Inkarnation als das letzte Ernstmachen Gottes mit seinem Engagement für die geschaffenen Dinge verschmolzen war" (VERWEYEN 1991, 219) und ferner das Heil so aufs Engste mit der Institution des Papsttums verknüpft war, dass eine solche Erschütterung gleichzeitig die Wurzeln des Glaubens mitbetraf. Vgl. 220.
12 SECKLER/KESSLER 1985, 32.
13 Vgl. dazu auch ESSEN 1998, 24. Die Anfänge des Subjektgedankens liegen nicht erst in dieser Epoche, sondern lassen sich als Spuren weitaus früher nachzeichnen, so etwa bei Augustinus. Vgl. dazu ausführlicher die Spurensuche bei MÜLLER 1998a.
14 Die Umbrüche der Reformation und die darauffolgenden Religionskriege bestätigten erneut die Entsakralisierung der objektiven Welt. Die Tatsache, dass in der bis dahin fast durchgängig divinisierten Welt Christen eine Spaltung bewirken können, die die Tradition der

Verinwendigung[15] zu bezeichnenden Prozess, deutlich verstärkende Wendung.[16] In Folge dieses veränderten Bewusstseins über den Zusammenhalt der Welt und des Individuums in dieser Welt entsteht das, was in reflexiver Perspektive als Moderne bzw. als Neuzeit bezeichnet wird.

Der Modernebegriff im vorangehend bestimmten Sinn scheint jedoch allein nicht hinreichend zur Erfassung und Analyse gesellschaftlicher und kultureller Entwicklungen. Zur Erfassung der die Moderne kennzeichnenden und vorantreibenden Phänomene und Merkmale wird in diesem Zusammenhang der Modernisierungsbegriff benutzt. Der Begriff der Modernisierung verdeutlicht gegenüber dem Modernebegriff stärker den dynamischen und prozessualen Charakter, der den "modernen" Entwicklungen zu eigen ist.[17] Modernisierung wird hier inhaltlich im Anschluss an Beck folgendermaßen gefasst:

"Modernisierung meint die technologischen Rationalisierungsschübe und die Veränderung von Arbeit und Organisation, umfasst darüber hinaus aber auch sehr viel mehr: den Wandel der Sozialcharaktere und Normalbiographien, der Lebensstile und Liebesformen, der Einfluss- und Machtstrukturen, der politischen Unterdrückungs- und Beteiligungsformen, der Wirklichkeitsauffassungen und Erkenntnisnormen." [18]

Blickt man auf die gegenwärtige Moderne, so leistet der Epochenbegriff die Bündelung und Systematisierung der Entwicklungen und Veränderungen, die je schon selbst Kennzeichen der Moderne sind. Insofern ist der Modernebegriff auch ein Reflexionsbegriff. Eine Selbstdeutung der Gegenwart geschieht dadurch, dass die Charakteristika der gegenwärtigen Epoche dem reflexiven Blick unterworfen werden mit dem Ziel, notwendige Veränderungen auf Zukunft hin vornehmen zu können.

Neben dem skizzierten Verständnis von Reflexion nimmt vor allem Ulrich Beck in seinem Konzept der reflexiven Moderne eine weitere Bestimmung des Begriffs im Sinne von Selbstkonfrontation vor. Reflexive Moderne

---

Kirche im Tiefsten erschüttern, ist in ihren Auswirkungen auf die Frage der Heilsgewissheit und eine Inversion in der Suche derselben kaum hoch genug einzuschätzen. Vgl. HAHN 1984b, 283; ferner MÜLLER 1994, 35.

15 Der Begriff Verinwendigung wird hier von Klaus Müller übernommen und versteht den Prozess der Selbstvergewisserung im eigenen Innern als ein inneres Moment von Subjektivität. Vgl. MÜLLER 2000, 236. "Der Zusammenbruch der bisherigen Gotteslehre und Metaphysik erzwingt eine Verinwendigung des Gottesgedankens; – Verinwendigung meint ein Subjektivwerden von Gott, Glaube und Religion als innerer [sic!] Momente von Subjektivität; – Sittlichkeit und Gewissen bilden den Dreh- und Angelpunkt dieser Subjektivierung: Das Unbedingte vergegenwärtigt sich im Subjekt in Gestalt des moralischen Verpflichtung." Ebd.

16 Vgl. dazu HAHN 1984b, 183.

17 Mit Kaufmann möchte ich den Modernisierungsbegriff nicht ausschließlich auf die gegenwärtigen Merkmale und Phänomene gesellschaftlicher Entwicklung beziehen, sondern diesen als Begriff verstehen, der die Entwicklungsprozesse innerhalb der Moderne als Ganze umgreift. Vgl. KAUFMANN 1989, 35.

18 BECK 1986, 25. Vgl. ferner zur reflexiven Moderne BECK/GIDDENS/LASH 1996.

bedeutet demnach die Konfrontation der Moderne mit sich selbst oder anders ausgedrückt, die Moderne trifft auf ihre eigenen risikogesellschaftlichen Folgen, "die im System der Industriegesellschaft, und zwar mittels der dort institutionalisierten Maßstäbe, nicht (angemessen) be- und verarbeitet werden können"[19]. Gerade dieses Faktum der Selbstkonfrontation muss dann im Sinne des erstgenannten Verständnisses einer Reflexion unterzogen werden. Für Beck fallen Reflexion und Reflexivität in seinem Konzept von der Risikogesellschaft zusammen, insofern diese das Verhältnis beider auf den Begriff bringt.

"Allerdings bringt die Bezeichnung Risikogesellschaft dieses Verhältnis von Reflex und Reflexion auf den Begriff. In einem gesellschaftstheoretischen und kulturdiagnostischen Verständnis bezeichnet der Begriff ein Stadium der Moderne, in dem die mit dem bisherigen Weg der Industriegesellschaft erzeugten Gefährdungen ein Übergewicht erlangen. Damit stellt sich die Frage der Selbstbegrenzung dieser Entwicklung ebenso wie die Aufgabe, die bisher erreichten Standards (an Verantwortlichkeit, Sicherheit, Kontrolle, Schadensbegrenzung und Verteilung von Schadensfolgen) im Hinblick auf Gefahrenpotentiale neu zu bestimmen."[20]

Diesem Konzept Becks liegt seine Unterscheidung zwischen einer einfachen und einer reflexiven Modernisierung zugrunde.[21] Die einfache Modernisierung beinhaltet die Modernisierung der Tradition, in der reflexiven Moderne erfolgt eine Modernisierung der Industriegesellschaft. In diesem Prozess trifft die Moderne auf sich selbst.[22] Beck spricht in diesem Zusammenhang auch von dem Übergang von der klassischen Industriegesellschaft zu einer industriellen Risikogesellschaft, wobei sich der "Übergang von der Industrie- zur Risikoepoche der Moderne (...) *ungewollt, ungesehen*, zwanghaft im Zuge der verselbständigten Modernisierungsdynamik nach dem Muster der *latenten Nebenfolgen*"[23] vollzieht. Die klassische Industriegesellschaft stellt für Beck nur eine halbierte Moderne dar, insofern sie halb modern und halb ständische Gesellschaft war. Der inhärente universelle moderne Gehalt wurde nur partikulär umgesetzt, insbesondere in den Bereichen "Geschlecht" und "Nation".[24] Die Aufhebung der Halbierung, synonym der Prozess der reflexiven Modernisierung, wird laut Beck nach dem Zweiten Weltkrieg eingeleitet: durch den Ausbau des Sozialstaates, die Bildungsexpansion in den 60er Jahren, die Steigerung des allgemeinen Lebensstandards, die Veränderungen in den Beziehungsverhältnissen (insbesondere der Anstieg der Scheidungsrate) und die

---

19 BECK 1993, 37.
20 BECK 1993, 39.
21 Vgl. BECK 1986, 14; 1991.
22 Vgl. BECK 1986, 14.
23 BECK 1993, 36 Hervorhebungen im Original.
24 BECK 1986, 118.

Veränderungen im Bereich des Arbeitsmarktes.[25] Besondere Folge dieser benannten Prozesse ist der damit einhergehende Individualisierungsschub, der sich insbesondere auf der meso- und mikrosoziologischen Ebene zeitigt und dem Beck in seinen Analysen ein hohes Gewicht beimisst. In der fortgeschrittenen reflexiven Moderne wenden sich die Errungenschaften der Moderne gegen sich selbst und entfalten die Gefährdungen des Risikos: im Bereich der Produktivkräfte und der Reichtumsverteilung, des technologischen Fortschritts und seiner ökologischen Folgen, die ihrerseits weitere Gefährdungslagen produzieren, der Freisetzung der Individuen aus den traditionalen Lebensbereichen.[26]

Gerade die Enttraditionalisierung der Lebensbereiche birgt einen Veränderungsschub in sich, in dem die Industriegesellschaft als Systemzusammenhang und die Industriegesellschaft als Erfahrungszusammenhang auseinander treten und voneinander variieren können.[27] Reflexive Modernisierung bezeichnet einen Auflösungsprozess, insofern sie den bis dato geltenden Selbstverständlichkeiten der Industriegesellschaft die gemeinsame Basis nimmt.

Werden die eingangs vorgestellten Entwürfe genauer in den Blick genommen, so lässt sich eine deutliche Differenz zwischen den Entwürfen der reflexiven, entfalteten oder unvollendeten Moderne auf der einen Seite, wie sie von Beck, Habermas und anderen entwickelt wurden und dem Entwurf der Postmoderne auf der anderen Seite feststellen. Die wesentlichen Linien der Postmoderne kurz aufzuzeigen, um auf dieser Folie das Konzept der reflexiven Moderne als dieser Untersuchung zugrundeliegendes soziologisches Konzept zu begründen, ist Ziel des letzten Schwerpunktes dieser Standortbestimmung.

Das Konzept der Postmoderne als theoretischer Ansatz zur Bestimmung der gegenwärtigen Verhältnisse wurde vor allem in der französischen Philosophie, insbesondere von J.-F. Lyotard entwickelt. Die Rede von der Postmoderne bedarf zunächst einer Begriffsklarstellung, da die Diskussion durch einen schlagwortartigen, unpräzisen und etikettierenden Gebrauch des Begriffs gekennzeichnet ist. Welsch unterscheidet in diesem Zusammenhang zwischen "einem diffusen und einem präzisen Postmodernismus"[28]. Umstritten ist der Begriff laut Welsch hinsichtlich seiner Legitimität, sofern damit der Beginn einer neuen Epoche gemeint ist, hinsichtlich seines Anwendungsbereiches, wobei er sich auf den inflationären Gebrauch des Begriffs bezieht,

---

25 Vgl. BECK 1991, 181.
26 Vgl. die ausführlichen Analysen bei BECK 1986; 1991; 1993.
27 Vgl. EBERS 1995, 273.
28 WELSCH 1993, 2. Unter diffusem Postmodernismus versteht er die eher feuilletonistische Spielart, die unpräzise als Modebegriff alle Phänomene gegenwärtiger Zeit unreflektiert diesem Begriff subsumiert.

hinsichtlich seiner zeitlichen Ansetzung und hinsichtlich seiner Inhalte.[29] Die Herkunft des Begriffs liegt in der nordamerikanischen Literaturdebatte sowie in der Architektur und Bildenden Kunst.[30] In unserem Zusammenhang geht es jedoch um eine Auseinandersetzung mit der Bedeutung, die der Begriff in der Philosophie erfahren hat.

Die Postmoderne wurde und wird vielfach verstanden als eine die Moderne ablösende Epoche, die an ihr Ende gekommen sei. Dies wird jedoch den Protagonisten der Postmoderne Lyotard und Derrida nicht gerecht.

"Einerseits meint der Ausdruck 'Postmoderne' keine Bezeichnung für eine sich von der Moderne ablösende Epoche, sondern, so der postmoderne Protagonist Lyotard, eine 'Radikalisierung' der Moderne mit deren eigenen Mitteln, ein 'Redigieren' und 'Durcharbeiten', das Tendenzen aufgreift und weiterentwickelt, welche bereits in der Moderne vorhanden sind. Andererseits steht zwar in der postmodernen Philosophie das Votum für Pluralität und Heterogenität im Zentrum, daraus resultiert allerdings kein Votum für Beliebigkeit und Willkür, (...)."[31]

Ist mit Postmoderne nicht der Anbruch einer neuen Epoche gemeint, sondern eine Radikalisierung der Moderne, die Tendenzen aufgreift und weiterentwickelt, so stellt sich die Frage nach dem Unterschied zur Konzeption der reflexiven Moderne, die ja gerade diese Radikalisierung betont und ferner das Votum für Pluralität ausspricht.[32] Die Unterschiede lassen sich weniger in den soziologischen[33], vielmehr in den philosophischen Implikationen entdecken, die im Folgenden kurz aufgezeigt werden sollen.[34] Denn vergleicht man die Diskussion der Moderne mit derjenigen der Postmoderne, so fällt auf, dass eine wissenschaftstheoretische Auseinandersetzung bezüglich der Postmoderne vornehmlich in der Philosophie geführt wird, dies im deutlichen Unterschied zum Konzept der entfalteten, reflexiven Moderne, das insbesondere in der Soziologie diskutiert wird. Insofern stützen sich die folgenden Ausführungen auf Theorieansätze der Philosophie.

Kernpunkt postmodernen Denkens sind die Gedanken der absoluten Pluralität und Heterogenität sowie daraus folgend des Differenzdenkens. Diese Ideen stehen den Gedanken der Präsenz, der Vorstellung eines letzten und

---

29 Vgl. WELSCH 1993, 9ff.
30 Vgl. WELSCH 1993, 9-43.
31 Wendel 1998, 194.
32 Einen anderen Weg schlägt Franz-Xaver Kaufmann ein. Unter Modernität versteht er die Legitimation fortgesetzten Wandels. Vgl. ausführlich zum (religions-)soziologischen Ansatz von Kaufmann: GOERTZ 1999.
33 Das Konzept der Postmoderne wird in der aktuellen deutschsprachigen Soziologie nur wenig diskutiert. So entwickeln auch Beck, Giddens und Lash ihre Konzeptionen ohne eine intensive Auseinandersetzung, sondern nehmen ausschließlich Abgrenzungen zu diesem Theorem vor. Vgl. BECK/GIDDENS/LASH 1996.
34 Ich stütze mich in den folgenden Ausführungen auf WENDEL 1998; 1999, und ferner zum Subjektverständnis auf MÜLLER 1998.

identischen Ursprungs gegenüber, beides Ideen, die von der Postmoderne als Elemente abendländischer Metaphysik bezeichnet werden. Die Kritik an diesem als metaphysisch kritisierten Präsenz- und Identitätsdenken zielt auf die Tatsache ab, dass mit der Vorstellung eines alles umfassenden Identischen und einer absoluten Präsenz gleichzeitig eine Ausgrenzung von allem Nichtidentischen und Nichtpräsentischen einhergeht und damit die Ausgrenzung des Anderen, der Differenz und der Absenz. Daraus resultiere, so die Postmoderne, letztlich ein hierarchisches, oppositionales Denken.[35]

Ein zweiter Gedanke, der von postmoderner Philosophie kritisiert wird, ist die Idee einer linearen Geschichtsphilosophie und die ihr inhärente Vorstellung eines letzten Zieles. Diese Kritik mündet in eine Kritik des als Konsequenz der linearen Geschichtsphilosophie resultierenden Fortschrittsdenkens sowie des Ideals umfassender Versöhnung und damit verbundener Hoffnungs- und Utopievorstellungen[36]: "Denn das Ideal umfassender Versöhnung setzt, so die Postmoderne, die Vorstellung letzter Identität wie auch der Möglichkeit eines Konsenses voraus und zerstört dementsprechend Heterogenität und Pluralität."[37]

Ein dritter Kritikpunkt richtet sich auf das Subjektverständnis. Die neuzeitliche Subjektphilosophie sei ein Beispiel par exellence metaphysischen Präsenz- und Identitätsdenkens, denn im Descartschen Ansatz des "ego cogito", so die Postmoderne, zeige sich deutlich der Herrschaftsgedanke des Subjekts, das sich des Objekts bemächtige und unter seine Verfügungsgewalt stelle.[38] Für die Postmoderne folgt daraus die Notwendigkeit, den Subjektgedanken zu verabschieden und mit ihm gleichzeitig das Verständnis von Emanzipation, Selbstbestimmung und Autonomie, den Errungenschaften von Aufklärung und Französischer Revolution:

"Das autonome Subjekt macht sich zum Herrn seiner selbst und zum Herrn des Anderen seiner selbst, es macht sich zum Zentrum der Sprache, der Erkenntnis des Seins schlechthin. Für Lyotard impliziert denn auch das mit dem Subjektbegriff verknüpfte Freiheitsverständnis im Sinn von Emanzipation, Aktivität und Autonomie die Vorstellung von Selbstermächtigung, Unabhängigkeit von und Verfügungsgewalt über das Andere, ja letztlich Herrschaft über das Andere wie über das mit dem souveränen Subjekt identifizierte Selbst."[39]

Mit der Preisgabe des Subjektgedankens erfolgt – im philosophischen Gedankengang – auch die Preisgabe des Individualitätsgedankens, denn Individualität und Subjektivität sind zwar nicht deckungsgleich, aber engstens an-

---

35   Vgl. WENDEL 1998, 194f.
36   Vgl. WENDEL 1999, 152.
37   WENDEL 1999, 152.
38   Vgl. WENDEL 1998, 195; WENDEL 1999, 152.
39   WENDEL 1998, 196f.

einander gebunden.[40] Die mit der Aufgabe des Subjektes implizierte Aufgabe der Individualität zeitigt erhebliche Folgen für das Individuum, nämlich den Verlust von Dignität und der Besonderheit des einzelnen sowie die Aufgabe eines Freiheitsgedankens, der eigene Lebensgestaltung und eigene Entscheidungen ermöglicht.[41]

Ein letzter Kritikpunkt, der für unseren Zusammenhang bedeutsam ist, richtet sich auf die Idee eines Absoluten. Aufgrund des Votums für Pluralität und Heterogenität, der Kritik am Präsenz- und Identitätsdenken sowie der Verabschiedung des Subjekts kann das postmoderne Denken kein personales Absolutes denken. Allerdings wird ein Absolutes durchaus angenommen, dieses zeichnet sich jedoch dadurch aus, dass es weder durch Einheit noch Ursprünglichkeit zu kennzeichnen ist. Das Absolute des postmodernen Denkers Lyotard zeichnet sich durch eine radikale Absenz aus. Es ist nicht darstellbar, unnennbar, undefinierbar und 'jenseits eines jeglichen Seins' anzusiedeln. Aufgrund dieser Attribute hat es nicht die Funktion eines Ursprungs. Für Lyotard ist das radikal absente Absolute das Legitimationskriterium für die ethische Forderung, Pluralität, Andersheit und Unverfügbarkeit zuzulassen. Zugleich besitzt das Absolute für Lyotard Gesetzescharakter, "es verpflichtet absolut, das Ereignis und damit es selbst in den Einzelereignissen geschehen zu lassen. Dementsprechend kann sich die ethische Haltung niemals kommunikativ vermitteln, sondern nur als Gabe des Absoluten (...)."[42]

Betrachtet man diese vier Kritikfelder, so wird deutlich, dass die Postmoderne letztlich – trotz der Begriffsähnlichkeiten zum Konzept der entfalteten, reflexiven Moderne – ein eigenes Programm darstellt. Angesichts des in der Einleitung dargestellten Anliegens dieser Untersuchung zeigen allein schon die von der Postmoderne formulierten Einwände, dass diese den Grundgedanken dieser Untersuchung, die am Subjekt- und Individualitätsgedanken sowie der Möglichkeit eines personalen Absoluten festhält, widersprechen.

Das Votum für absolute Heterogenität und Pluralität etwa bei Lyotard hat – aufgrund der Inkommensurabilität der Diskursgenres[43] – zur Folge, dass durch die völlige Heterogenität der unterschiedlichen Sprachspiele, die nicht mehr auf eine Metaebene zurückzuführen sind, Kommunikation und Beziehung kaum mehr lebbar sind und in ethischer Hinsicht die Fähigkeit zu Solidarität und Mitgefühl verhindert wird. Kommunikation ist jedoch eine ent-

---

40   Vgl. zur Differenz und dem Zusammenhang von Individuum und Subjekt FRANK 1988.
41   Vgl. WENDEL 1999, 152.
42   WENDEL 1998, 197.
43   Lyotard geht in seinen Überlegungen zum einen von Wittgensteins Sprachspiel-Theorie und zum anderen von der Sprechakttheorie aus. Beide zeigen nach Lyotard, dass es keine einheitliche Sprache, sondern nur ein Vielzahl heterogener Sprachspiele gibt, die nicht auf ein einheitliches Meta-Sprachspiel zurückzuführen sind. Jeder Versuch der Rückführung zerstöre die Pluralität und schaffe damit dem Identitätsdenken Raum. Vgl. dazu WENDEL 1998, 195.

scheidende Voraussetzung für Sozialität, zudem stellen die prinzipielle Kommunikationsmöglichkeit sowie die Beziehungsfähigkeit zwei entscheidende Voraussetzungen für die Gestaltung eines autonomen Lebens in der Moderne dar. Sie tragen die Ermöglichung in sich, angesichts von Individualisierung, Pluralität und Enttraditionalisierung die notwendigen Netzwerke zur Interaktion zu schaffen, die für die Herausbildung der eigenen Subjektivität in der reflexiven Moderne unabdingbar sind.

Die Kritik der Postmoderne am Fortschrittsgedanken ist äußerst berechtigt, wie dies bereits deutlich wurde. Der Abweis der Vorstellung eines letzten Zieles und die damit verbundene Verabschiedung jeglicher Versöhnungs-, Hoffnungs- und Utopievorstellungen transferiert jedoch die Frage nach der Existenz und des Leides außerhalb des kommunikativen Zusammenhangs und "kaschiert die Absurdität der Existenz, der wir anheim gegeben sind, wenn alle Hoffnungen auf Befreiung und Erlösung als illusionär und rettungslos metaphysisch gebrandmarkt (...)"[44] werden. Soll das Leben nicht in bleibender Verzweiflung über sich selbst aufgehen, bedarf es der Idee und Vorstellung einer Hoffnungsperspektive.

Am deutlichsten werden die Widersprüche in der Verabschiedung des Subjektgedankens. Gerade der Subjektgedanke in Verbindung mit dem Individualitätsgedanken ist jedoch für die vorliegende Untersuchung ein zentrales Faktum, insbesondere in seinen Implikationen der Emanzipation, der Freiheit der Entscheidung, der Selbstbestimmung sowie des Autonomieverständnisses. Die Preisgabe des Freiheitsgedankens im Sinne einer Aufgabe der Möglichkeit und Notwendigkeit, innerhalb der reflexiven Moderne das eigene Leben zu gestalten und eigene Entscheidungen zu treffen, widerspricht der zentralen Aufgabe der reflexiven Moderne zutiefst und wird durch die Aufgabe des Subjekts ad absurdum geführt.

Wird der Subjektgedanke aufgegeben, so impliziert dies zugleich die Verabschiedung des Personalitätsgedankens, da ersterer an letzteren gebunden ist. Damit fällt aus theologischer Perspektive zugleich die Möglichkeit der Personalität Gottes und somit die grundlegende Bedingung der Möglichkeit für Inkarnation.[45] Der Inkarnationsgedanke allerdings ist Ausdruck der Selbstmitteilung Gottes an den Menschen in Kommunikation und Solidarität. Beide, Kommunikation und Solidarität, werden so auch in einer transzendenten Dimension ausgeschlossen. Allerdings ist diese theologische Perspektive für die Postmoderne irrelevant, da sie eine gänzlich andere Vorstellung des Absoluten vertritt, wie oben gezeigt wurde.

Das Konzept der Postmoderne führt trotz der Ähnlichkeiten in den Begriffen zu einem anderen Ansatz als der Entwurf der reflexiven Moderne. Auch wenn sich die Postmoderne als eine Radikalisierung der Moderne ver-

---

44 WENDEL 1999, 152.
45 Vgl. dazu auch WENDEL 1999, 152.

steht, werden grundlegende Implikate der Moderne aufgegeben und ersetzt. Für den Untersuchungsgegenstand dieser Arbeit stellt der Ansatz der Postmoderne letztlich kein schlüssiges Theorem dar, das sich als tragfähige Folie erweist, subjektive Deutungsmuster von Religion zu generieren. Die Gedanken von Subjektivität, die Möglichkeit von Kommunikation und Sozialität sind unabdingbar für die Untersuchung der Bedeutung von Religion für das Individuum heute. Als wesentlich tragfähiger erweist sich demgegenüber der Ansatzpunkt einer reflexiven Moderne, die von einer grundsätzlichen Kommunikationsmöglichkeit ausgeht und den Subjektgedanken aufrechterhält. In diesen Rahmen werden die Untersuchungen zur subjektiven Bedeutung von Religion eingeordnet werden müssen. Dies führt dazu, dass im Folgenden zum einen das Verhältnis von Religion und Moderne näher beleuchtet werden muss und ferner die Funktion von Religion in der reflexiven Moderne sowie die Funktion von Religion in der Biographie geklärt werden müssen.

2.2 Religion unter Modernisierungsdruck – Religion in der reflexiven Moderne

Die gegenwärtige Diskussion um die Rolle der Religion in der reflexiven entfalteten Moderne ist bestimmt von zwei Theoriediskursen. Gegenüber stehen sich das von Ulrich Beck in den 80er Jahren wieder aufgegriffene Theorem der Individualisierung[46], das zugleich das Grundlagentheorem seiner gesellschaftlichen Analyse darstellt und das im Rahmen der Religionssoziologie als religiöse Individualisierung diskutiert wird. Diesem gegenüber steht die bereits traditionsreiche These der Säkularisierung, die in der gegenwärtigen Diskussion um Rolle und Funktion von Religion neue Aktualität erhält[47], nachdem sie in den 60er Jahren viel Widerspruch erhalten hat und fast schon totgesagt war.[48] Beide Positionen berühren gleichermaßen die Frage nach dem Verhältnis und der Kompatibilität, also der Anschlussfähigkeit von Moderne und Religion.[49]

---

46 Vgl. v.a. BECK 1986, wo das Konzept am ausführlichsten entfaltet wird.
47 In der gegenwärtigen aktuellen Diskussion vertritt insbesondere der Religionssoziologe Detlef Pollack in modifizierter Form die Säkularisierungsthese. Pollack spricht sich dezidiert gegen die These der religiösen Individualisierung aus, wie sie von Gabriel u.a. vertreten wird. Vgl. POLLACK, 1995b; 1996; 1998.
48 Zur aktuellen Diskussion um das Individualisierungs- bzw. Säkularisierungsparadigma vergleiche den von Gabriel herausgegebenen Sammelband. GABRIEL 1996.
49 Die Frage nach dem Verhältnis von Religion und Moderne hat in der soziologischen Disziplin eine lange Tradition. Bereits die Klassiker der Soziologie Weber, Simmel, Durkheim setzten sich intensiv mit dieser Frage auseinander. In den sechziger Jahren wurde diese

Das Konträre beider Positionen liegt in der völlig unterschiedlichen Rolle und Relevanz, die der Religion zugemessen wird. Die Säkularisierungsthese vertritt die klassische Position eines ständigen Rückgangs der gesellschaftlichen Bedeutung und Relevanz von Religion: Religion wird säkularisiert. Dieses Faktum – so Inhalt der Säkularisierungsthese – beschränke sich nicht nur auf die institutionelle Verfasstheit der Religion in Form der organisierten Kirchen, sondern erstrecke sich auch auf den Bereich der individuellen Religiosität, die langsam verdunste und schließlich nur noch für einen immer kleiner werdenden Kreis von Menschen Bedeutung habe. Demgegenüber vertritt die auf Religion bezogene Individualisierungsthese die Position, dass nicht die Relevanz und Bedeutung schwindet, sondern Religion in der gegenwärtigen gesellschaftlichen Verfasstheit einem grundlegenden Bedeutungswandel unterliege. Dieser drücke sich durchaus in einem Abnehmen institutionell organisierter und verfasster Religiosität aus, habe jedoch keine Auswirkungen auf die individuelle, subjektive Religiosität von Menschen. Diese sei vielmehr im Steigen begriffen, gleichzeitig jedoch einem Prozess der Privatisierung ausgesetzt.[50] Insgesamt sei sogar eine Renaissance des Religiösen feststellbar.[51]

Mit beiden Theoriekonzepten möchte ich mich im Folgenden näher auseinander setzen. Die Auseinandersetzung erfolgt auf der Grundlage der Individualisierungsthese als dem zentralen Bestandteil des Theorieentwurfs der reflexiven Moderne, die die Grundlage für den Ansatz der religiösen Individualisierung bildet.[52]

Die Fragestellung nach der Bedeutung von Religion in der gegenwärtigen Gesellschaft ist natürlich auf das Engste verknüpft mit der Frage, was denn unter Religion und Religiosität zu verstehen sei. Auf der Grundlage religionssoziologischer Analysen wird auf die Frage nach dem Verständnis von Religion und Religiosität in 2.3 eingegangen.

Frage im Rahmen der allgemeinen Diskussion um die Religionssoziologie von Joachim Matthes aufgegriffen. Vgl. dazu MATTHES 1967; 1969. Als Vertreter einer Vereinbarkeit von Religion und Moderne kann Gabriel angesehen werden, der gerade in der Spannung von Religion und moderner Gesellschaft und im Zuge der Individualisierungsprozesse religionsproduktive Tendenzen entdeckt. Vgl. GABRIEL 1992, 157ff. Kaufmann betont im Zusammenhang des Verhältnisses von Religion und Moderne, dass die Theologie endlich beginnen sollte, die Modernität ihrerseits als Erkenntnisobjekt zu postulieren und nicht ausschließlich – wie es gegenwärtig meistens geschieht – Theologie im Horizont der Moderne zu treiben. Vgl. KAUFMANN 1989, 34. Für eine dauerhafte Unvereinbarkeit von Religion und Moderne spricht sich Pollack aus. Vgl. 2.2.2.

50 Diese These wurde zum ersten Mal von Thomas Luckmann in den 60er Jahren vertreten. Vgl. LUCKMANN 1991.

51 Von einer Renaissance des Religiösen sprechen beispielsweise HÖHN 1993; KNOBLAUCH 1991. Aus philosophischer Perspektive eher kritisch fragend vgl. OELMÜLLER 1984.

52 Das Individualisierungstheorem wird hier nicht näher dargestellt, vgl. dazu 2.1 sowie die entsprechende Literatur, v.a. von Beck und Beck-Gernsheim.

2.2.1 Individualisierung von Religion

Das Individualisierungstheorem wurde in den 80er Jahren auf breiter Ebene in der Religionssoziologie rezipiert und für diese fruchtbar gemacht.[53] Nachdem in der soziologischen Diskussion über lange Zeit hinweg die Säkularisierungsthese vorherrschend war, ist heute die Individualisierungsthese zum bestimmenden Theorem in der religionssoziologischen Diskussion geworden.

Thomas Luckmann wendet sich allerdings schon wesentlich früher in der von ihm vertretenen These von einer Individualisierung bzw. Privatisierung der Religion[54] dezidiert gegen die Säkularisierungsthese. In dieser sieht er einen modernen Mythos, der den Wandel des Religiösen eher verdecke als transparent werden ließe.[55] Luckmanns Ansatz ist der Versuch, den phänomenologischen Ansatz der Wissenssoziologie für die Religionssoziologie fruchtbar zu machen und dem "im Säkularisierungsmythos erstarrten Begriff der Religion als spezialisierter Institution ein anderes Religionsverständnis gegenüberzustellen"[56]. Dabei geht er von einem funktionalen und anthropologischen Religionsbegriff aus. Religion wird als anthropologische Grundkonstante verstanden, so dass menschliches Leben durch eine elementare Religiosität gekennzeichnet ist, die es gerade von anderen Gattungen unterscheidet.[57] In Bezug auf die moderne Lebenswelt bedeutet das, dass sich zwar aufgrund der strukturellen Wandlungen Erfahrungsmuster und Lebensorientierungen verändern, nicht aber die elementare Religiosität.[58] Zugrunde liegt das allgemein anerkannte Konzept einer in Teilsysteme differenzierten Gesellschaft, das – so Luckmann – zur Folge hat, dass Verhaltensorientierungen und Regeln aus einem Institutionsbereich nicht ohne weiteres auf einen anderen übertragbar sind. Die Sinnhorizonte der menschlichen Handlungen seien nicht mehr auf die Sinnintegrationserfordernisse der personalen Identität bezogen, sondern vielmehr auf die Institutionserfordernisse der spezialisierten Institution.

"Diese sind damit weitgehend oder ganz aus einem 'religiösen' Sinnzusammenhang herausgelöst. Die verschiedenen Handlungen im gesellschaftlichen Alltag verlieren ihren Bezug auf ein übergeordnetes symbolisches Universum, das eine Verbindung zwischen Sozial-

---

53 Als einer der bekanntesten Vertreter der These von der religiösen Individualisierung ist Karl Gabriel anzusehen, der diese Ende der 80er Jahre aufgegriffen hat und weiter entfaltete. Vgl. GABRIEL 1992 und weitere Schriften.
54 LUCKMANN 1991: "The Invisible Religion". Diese Schrift baut auf Luckmanns Schrift von 1963 "Das Problem der Religion in der modernen Gesellschaft" auf. Die dort skizzierte Konzeption wird hier fortgeführt und entfaltet.
55 Vgl. LUCKMANN 1991.
56 LUCKMANN 1996.
57 Vgl. LUCKMANN 1996, 18.
58 Vgl. LUCKMANN 1996, 24.

struktur und Einzelexistenz herstellt und sowohl Alltagsleben wie Krisensituationen mit einer außergewöhnlichen transzendierenden Wirklichkeitsebene in Beziehung setzt."[59]

Diese Differenzierung der Sozialstruktur habe eine tiefgreifende Veränderung im Verhältnis von Individuum zu einzelnen Institutionen und zur Gesellschaftsordnung insgesamt zur Folge. Das soziale Dasein des Einzelnen sei – so Luckmann im Rekurs auf Parsons Rollentheorie – von funktional spezialisierten Rollenhandlungen geleitet, die weitgehend anonymisiert seien, weil sie nicht mehr an bestimmte Individuen als Personen gebunden sind. Die Teile menschlicher Existenz, die nicht durch Rollenhandlungen bestimmt seien, entzögen sich der verbindlichen sozialen Prägung und der gesellschaftlichen Modellierung. Damit bilde sich ein Privatbereich aus, in dem das Individuum seiner Subjektivität überlassen sei. Kernstück dieser Privatisierung sei die Religion.[60] Luckmanns Theorie ist nicht einfach nur bestimmt von der Frage nach Religion, auch nicht von der Frage nach der Unsichtbarkeit von Religion. In seiner anthropologischen Bestimmung von Religion ist diese immer eingebettet in den jeweiligen historischen Kontext der Gegenwart. Insofern ist die grundlegende gesellschaftliche Bedingung von Religion immer die Beziehung der Menschen zu den historischen Ereignissen und den Folgen menschlicher Handlungen.[61] In den sozialpsychologischen Folgen des allgemeinen sozialen Wandels sieht er die Privatisierung von Religion. Dabei ist die Privatisierung der Religion als Bestandteil eingebettet in die allgemeine Privatisierung des individuellen Lebens, die das Ergebnis eines umfassenden gesellschaftlichen Wandels darstellt.[62] Für Luckmann ist diese Privatisierung des individuellen Lebens in der entfalteten Moderne verknüpft mit den langfristigen Folgen der institutionellen Spezialisierung der traditionellen Religionen. Diese Folgen, die – so Luckmann – vielfach unter dem Theorem der Säkularisierung gedeutet wurden, würden treffender als eine Privatisierung von Religion gedeutet, da nicht die Religion verschwände oder nicht mehr zum Leben in der entfalteten Moderne passte, sondern die strukturelle Privatisierung in einem "wahlverwandtschaftlichen" Verhältnis zu der inhaltlichen Entwicklung der Bewusstseinsorganisation stünde. Diese Veränderung analysiert er mit seinem Modell der drei Transzendenzen und stellt die Tendenz einer Verlagerung von den 'großen' Transzendenzen auf die 'mittleren', teilweise auch auf die 'kleinen' Transzendenzen fest.[63] Letztlich kommt er zu dem Er-

---

59 LUCKMANN 1996, 25.
60 Vgl. LUCKMANN 1996, 24.
61 Vgl. LUCKMANN 1985, 476.
62 Vgl. LUCKMANN 1985, 483.
63 Unterscheidungskriterium zwischen den Transzendenzerfahrungen ist, wie sich das Nicht-Erfahrene zum Erfahrenen verhält. Von kleinen Transzendenzen spricht Luckmann, wenn das Nicht-Erfahrene grundsätzlich ebenso im Alltäglichen erfahrbar ist wie das Erfahrene. 'Kleine Transzendenzen' bleiben also immer der Diesseitigkeit verhaftet. Mittlere Transzendenzen liegen dann vor, wenn etwas als im Alltag anwesend und zugleich als abwesend

gebnis: "Traditionelle religiöse Orientierungen, d. h. Orientierungen auf eine jenseitige Wirklichkeit, sind zwar nicht verschwunden, doch ist ihre gesellschaftliche Verteilung gegenüber Orientierungswerten wie 'Selbstverwirklichung' schmaler geworden."[64] Privatisierung von Religion bedeutet so die Verdiesseitigung des Religiösen, die tendenzielle Herauslösung aus dem jenseitigen Bezugsrahmen und hat für Luckmann in ihrer funktionalen Bestimmung vor allem den Auftrag, Identitätsgewinnung und -erhaltung zu ermöglichen und zu gewährleisten.

Wie soll und wie kann der Mensch zu 'Religion' gelangen, wenn es keine kulturelle und soziale Vermittlung derselben gibt?[65] Mit dieser Frage spricht sich Kaufmann gegen die Privatisierung von Religion im Luckmannschen Verständnis aus, ohne die Tatsachen einer Diffusion von Religion und einer Verlagerung in den Privatbereich zu leugnen. An der Privatisierungsthese Luckmanns kritisiert er die Ausschließlichkeit, die den Blick für die öffentliche Dimension vernachlässige, und ferner teilt er nicht die Prämissen des Ansatzes, genauerhin den dahinterliegenden Religionsbegriff. Träfe die These von der Privatisierung und dem Unsichtbarwerden der Religion zu, so wäre das soziologische sowie kultur- und gesellschaftstheoretische Interesse an Religion weitgehend überholt. Damit ginge jedoch ein Verschwinden der Religion im öffentlichen Raum einher, das genau den Aussagen der Säkularisierungsthese Vorschub leiste, gegen die sich Luckmann ausspricht.[66] Ferner spreche die Privatisierungsthese in dieser Weise der Religionssoziologie den Focus ihres eigenlichen Forschungsgegenstandes ab.

Kaufmanns Theorie rekurriert insgesamt nicht auf das Konzept von Beck und dessen Individualisierungsthese, auch wenn er verschiedene damit einhergehende Diagnosen moderner gesellschaftlicher Zusammenhänge teilt. Individualisierung taucht in seinem Konzept als ein Aspekt auf, ist jedoch nicht das bestimmende und forschungsleitende Theorem.[67] Sein Konzept des Zusammenhangs von Religion und Modernität entwickelt er zum einen viel stärker von der Frage des Religionsbegriffs her, worauf in 2.3 ausführlich

---

erfahren wird. Ähnlich wie bei den kleinen Transzendenzen verbleiben auch die mittleren Transzendenzen in ein und denselben Erfahrungsbereich eingetragen. Wird dieser dahingehend überschritten, dass etwas nur als Verweis auf eine andere als solche nicht erfahrbare Wirklichkeit erfassbar ist, dann spricht Luckmann von großen Transzendenzen. Diese haben keinen Bezug mehr zur Diesseitigkeit und liegen somit vollständig außerhalb der erfahrbaren Wirklichkeit. Es wird deutlich, dass Luckmann eine immer schon vorhandene religiöse Wirklichkeit qua Personwerdung des Menschen zugrundelegt und eine nähere Spezifizierung erst auf dieser Grundlage vornimmt. Vgl. LUCKMANN 1996, 20.

64   LUCKMANN 1985, 483.
65   Vgl. KAUFMANN 1989, 174.
66   Vgl. KAUFMANN 1989, 72f.
67   Kaufmann ist in seinem Ansatz eher von dem Luhmannschen Differenzierungskonzept bestimmt, das er für seine Zusammenhänge modifiziert, als von Becks Individualisierungsthese.

eingegangen wird und zum anderen über die These der Verkirchlichung des Christentums.[68]

Deutlich auf das Individualisierungstheorem von Beck rekurrierend entfaltet Gabriel seine Thesen von der religiösen Individualisierung. Religiöse Individualisierung ist für Gabriel das Theorem, mit dem sich die gegenwärtige Situation von individueller religiöser Verfasstheit als auch der institutionell verfassten Religion beschreiben lässt. Das Becksche Konzept dient Gabriel sozusagen als gesellschaftstheoretische Folie, auf der er seine Theorie der religiösen Individualisierung abbildet und von dieser Theorie ausgehend die Rolle und Bedeutung von Religion bestimmt. Gabriels Anliegen ist es, für die aktuellen Fragen zur Rolle der Religion, zu deren Beantwortung die Säkularisierungsthese s. E. keine schlüssigen Erklärungen liefern kann, ein Theoriemodell vorzulegen, das aus den Aporien der Säkularisierungsthese einerseits und denen der reinen Kirchensoziologie andererseits herausführt und der Vielfältigkeit von Religion und ihren Erscheinungsformen in der entfalteten Moderne gerecht wird. Kernthese seines Entwurfes ist das Erscheinungsbild des modernen Christentums als einem spezifischen Amalgam aus Traditionalität und Modernität.[69] Das dahinterstehende Konzept von Modernisierung, das sich im wesentlichen auf Beck und Kaufmann stützt[70], focussiert Modernisierung auf drei Ebenen:

1. auf der Ebene der gesellschaftlichen Strukturen bedeutet Modernisierung Ausdifferenzierung und Rationalisierung funktionaler Systemstrukturen;
2. auf der Ebene der Kultur erscheint Modernisierung als kulturelle Pluralisierung und als Reflexivwerden kultureller Traditionsbestände;
3. auf der Ebene der sozialen Beziehungen greifen insbesondere die Individualisierungsprozesse mit ihren gleichzeitig einhergehenden Freisetzungsprozessen.[71]

---

68 Die These von der Verkirchlichung des Christentums wurde von Kaufmann entwickelt und später dann auch von Gabriel übernommen. Vgl. dazu weiter unten.

69 Vgl. GABRIEL 1992, 16.

70 Gabriel greift die amerikanische Modernisierungsdebatte der 50er Jahre auf und rezipiert sie ohne deren imperialen und ideologischen Versatzstücke. Die Aufdeckung gerade dieser Ideologie macht es möglich, Modernisierung ohne den Fortschrittsgedanken und das Denken der Unilinearität zu betrachten und einen davon befreiten und gleichzeitig auf die Grundgedanken zurückgreifenden Modernisierungsbegriff zu nutzen. Von Beck übernimmt er die Terminologie und das Konzept von der halbierten Moderne, die zu ihrer Entfaltung kommt. Von Kaufmann übernimmt er den Modernitätsbegriff als Legitimation von ständigem Wandel und dessen Interpretation und Gebrauch des Postmoderne-Begriffs und schließt sich dementsprechend auch Welsch und dessen Interpretation an. Ob sich seine Zustimmung zur Entideologisierung gegen die amerikanische Debatte richtet oder ob er sich Kaufmanns Position – als Kritik an Habermas – einer abzulehnenden normativen Aufladung der Moderne anschließt, bleibt unklar.

71 Vgl. GABRIEL 1992, 15f. Als Individualisierungsdimensionen benennt Gabriel analog zu Beck folgende: a) Freisetzung aus traditionalen Bindungen; b) Entzauberungsprozesse her-

Neben diesem gesellschaftstheoretischen Ausgangspunkt bestimmt sich das Konzept religionssoziologisch von einer expliziten Soziologie des Christentums her.[72] Mit dem Ansatz dieser Soziologie des Christentums wollen Gabriel und Kaufmann einen konkreten, soziologisch und historisch umrissenen Bezugsrahmen für Forschung geben, weder sollen damit funktionale Elemente von Religion noch die übergeordnete Frage danach, was Religion denn sei, im Sinne eines allgemeinen Religionsbegriffs ausgeschlossen werden. Alle Klärungsversuche sind in diesem Ansatz jedoch an die konkrete Erscheinungsform des Christentums als die in unseren Gesellschaften vorherrschende angebunden. Damit ist die gesellschaftstheoretische als auch religionssoziologische Verortung des Ansatzes einer religiösen Individualisierung geklärt.

Religiöse Individualisierung vollzieht sich analog zur gesellschaftlichen Individualisierung in den grundlegenden Individualisierungsdimensionen, der Freisetzung aus traditionalen Bindungen, der Entzauberungsdimension und der Subjektivierungsprozesse.[73] Grundlage und Ursache dieses Prozesses ist ein seit den 60er Jahren vollzogener Prozess der Auflösung einer bis dahin historisch einmaligen hohen Verflechtung von gesellschaftlichen Werten, kirchlich verfasster Religion und individueller Lebensführung.[74]

Die Freisetzung aus traditionalen Bindungen bedeutet nicht nur die Herauslösung aus den traditionalen sozialen Beziehungen und deren Milieus, ein Veränderungsprozess, der sich seit Ausbildung der Industriegesellschaft und der Auflösung der feudalen Großfamilienstruktur vollzieht.[75] In der Moderne und verstärkt in der reflexiven Moderne wird das Individuum gleichermaßen aus den religiösen Bindungen und vor allem aus deren selbstverständlichen Verbindlichkeit freigesetzt. Beide Freisetzungsprozesse sind nicht voneinander zu trennen und beeinflussen sich gegenseitig, insofern die religiösen Bindungen eine Legitimierung der sozialen Bezüge darstellten und diese absicherten, gleichzeitig ein Abnehmen sozialer Milieuverbindlichkeiten eine Lockerung der religiösen Bindungen bewirkt, da diese ihre Legitimierungsfunktion nicht mehr umfassend ausüben. Die institutionell verfasste Religion ist von diesen Freisetzungsprozessen aufgrund ihrer deutlichen Milieubildung, insbesondere im 19. Jahrhundert, besonders betroffen.[76] "Die Freiset-

---

kömmlicher Welt- und Lebensdeutungen; c) Ausbildung neuer Formen der Abhängigkeit von Institutionen; d) Subjektivierungsprozesse als Zwang und Chance zur Realisierung eines stärker biographisch bestimmten Lebenslaufs. Vgl. GABRIEL 1996b, 43.

72 Das Konzept einer Soziologie des Christentums vertreten sowohl Gabriel als auch Kaufmann. Vgl. dazu ausführlich GABRIEL 1980; 1983; 1992; KAUFMANN 1980. Ferner mit unterschiedlichen Akzentuierungen auch Matthes Vgl. MATTHES 1967; 1969.

73 Vgl. GABRIEL 1996b, 43.

74 Vgl. GABRIEL 1992, 123-126; ferner 1988a, 93.

75 Zu den Veränderungen der familialen Strukturen im Übergang von der Feudal- zur Industriegesellschaft vgl. ROSENBAUM 1982, ferner TYRELL 1976.

76 Vgl. GABRIEL 1996b, 47; 1992, 93-103.

zung aus sozialen Bindungen im Modernisierungsschub der Bundesrepublik bedeutet deshalb auch eine Freisetzung aus religiösen Bindungen als Teil eines umfassenden religiösen Individualisierungsprozesses."[77] Die Freisetzung aus religiösen Bindungen ist eng mit dem – von Weber so benannten – Prozess der Entzauberung der bis dahin geltenden und in einem hohem Maße gültigen Welt- und Lebensdeutungen verbunden. Durch die enge Verflechtung von Religion und Gesellschaft greift dieser Entzauberungsprozess zwangsläufig in die religiösen Deutungsmuster ein und entfaltet dort seine Wirkung. Dieser Plausibilitätsverlust führt in der reflexiven Moderne dazu, dass Religion – ob institutionell verfasst oder nicht – keine Selbstverständlichkeit mehr in der Lebenspraxis des Individuums darstellt, wie dies in der Vormoderne und Moderne durch den umfassenden, weitgehend als gültig anerkannten religiösen Kultur- und Kommunikationszusammenhang des Christentums gewährleistet wurde. Dass diese Veränderungen so gravierende und sichtbare Folgen für die institutionell verfasste Religion des Christentums zeitigt, hängt mit der historisch gewachsenen engen und gegenseitigen Verflechtung von Christentum und Gesellschaft in der Moderne zusammen.

Auf den in der Entwicklung der Moderne zunehmenden und spürbarer werdenden Plausibilitätsverlust und Entzauberungsprozess der Religion und ihrer Legitimierungsfunktion reagieren die Konfessionen des Protestantismus und des Katholizismus in unterschiedlicher Weise.[78] Die Reaktion des Katholizismus besteht – so die Analyse von Kaufmann und Gabriel – in einer Verkirchlichung des Christentums, d. h. der Säkularisierung und Entkirchlichung der Gesellschaft steht gleichzeitig eine Verkirchlichung gegenüber.[79] Diese Verkirchlichung steht in engem Zusammenhang mit dem Prozess gesellschaftlicher Differenzierung, in dem sich wesentliche Bereiche gesellschaftlichen Lebens verselbständigen, eigene Handlungslogiken und Sinngrundlagen entwickeln und damit – so Gabriel – einen "revolutionären Umbau des Gesellschaftsgefüges"[80] erzwingen. Die Folge dieses Prozesses ist die Freisetzung gesellschaftlicher Bereiche von explizit christlichen Deutungen und letztlich die Entkoppelung von Kirche und Staat. Im Zuge der Differenzierung bildet sich ein eigener kirchlich-religiöser Sonderbereich im Unterschied zu anderen Lebensbereichen aus. Damit ist der Weg für eine eigene Kirche geebnet, die sich selbst als "societas perfecta" bezeichnet und ihre eigenen

---

77 GABRIEL 1996b, 47.
78 Ich werde mich an dieser Stelle auf die Entwicklung des Katholizismus beschränken, da die Interviewpartnerinnen und -partner von ihrer Herkunft her katholisch geprägt sind. Die Entwicklungen des Protestantismus werden nur an wenigen, notwendigen Stellen mit einbezogen.
79 Vgl. KAUFMANN 1979, 101. Vgl. zur These der Verkirchlichung KAUFMANN 1996, 21; GABRIEL 1992, 72ff.
80 GABRIEL 1992, 74.

Milieus ausbildet.[81] Diese Transformationsprozesse innerhalb des Katholizismus des 19. Jahrhunderts stellen – so die These Kaufmanns und Gabriels – eine Gleichzeitigkeit aus modernen Elementen einerseits und traditionalen andererseits dar.[82]

Verkirchlichung als institutionelle Absicherung kirchlicher Organisationsstrukturen und deren Sakralisierung wird hierarchisch nach unten auf die Ebene der Volksfrömmigkeit geführt. In diese Volksreligiosität[83], die über Jahrhunderte ein von der Hochreligion abgelöstes relatives Eigenleben geführt hatte, wird nun seitens der hierarchischen Strukturen eingegriffen mit dem Ziel einer "religiös-moralischen Disziplinierung des Volkes"[84] im Sinne der Beseitigung derselben von magischen und weltlichen Implikationen. Das Erreichen dieses Zieles zeigt sich an dem hohen Grad der Überlappung von Hochreligion und Volksreligiosität, wie sie sich bis zum Ende des 19. Jahrhunderts herausgebildet hat. Diese Übereinstimmung erreicht ein Maß, wie es einmalig in der Geschichte des Christentums ist.[85] Am Ende dieses Prozesses sind Religion respektive das Christentum und Kirche als verfasste Religion fast deckungsgleich.

Der Verkirchlichungsprozess geht – wie schon angedeutet – zugleich mit einem Prozess der Entkirchlichung einher, indem die Durchdringung von Religion und Gesellschaft aufgehoben und der Religion im Rahmen der Differenzierungsprozesse ein eigener Ort in der Gesellschaft zugewiesen wird und diese sich diesen Platz auch selber zuweist, um nicht mit der für sie abzulehnenden feindlichen Welt in Verbindung gebracht zu werden. Diese Prozesse führen letztlich – so die These Gabriels – zu einer Versäulung der Sozialstruktur, die quer zur funktionalen Differenzierung der Gesellschaft liegt und gleichzeitig innerhalb der Säulen die Bildung spezifischer Milieus mit deutlichen Milieugrenzen ermöglichte.[86] Die Milieus zeichnen sich intern durch einen einheitlichen übergeordneten Deutungsrahmen aus, der als solcher innerhalb des Milieus die Legitimitätsfunktion religiöser und sozialer Ordnung darstellt und das notwendige Reservoir an Deutungsmustern bereitstellt, welche die Folgeprobleme der Modernisierung abfängt und insofern für die individuelle Lebensführung handlungsentlastend wirkt. Katholisches Milieu wird von Gabriel folgendermaßen definiert: "Wenn hier vom 'katholischen Milieu' die Rede ist, so ist ein abgrenzender und ausgrenzender katholisch-konfessioneller Gruppenzusammenhang mit einem gewissen Wir-Gefühl gemeint, der über eine eigene 'Welt-Anschauung', eigene Institutionen und

---

81 Vgl. GABRIEL 1992, 74f
82 Vgl. KAUFMANN 1996, 20; GABRIEL 1992, 76ff; 1988, 94ff.
83 Vgl. dazu das umfassende Werk von ANGENENDT 1997.
84 GABRIEL 1992, 94.
85 Vgl. GABRIEL 1992, 95.
86 Vgl. GABRIEL 1988a, 95. Dazu ausführlicher LAYENDECKER 1980, 166-200.

eigene Alltagsrituale verfügt."[87] Die Besonderheit des Milieus besteht darin, dass ein enger Gruppenzusammenhang konstituiert ist, der in der Innenausrichtung mit einem hohen Identifikationsgrad, gewährleistet über eine hierarchisch abgesicherte und eingeforderte gemeinsame Weltanschauung, einhergeht.

Die Entwicklung des Katholizismus im 19. Jahrhundert vollzieht sich – so zusammenfassend die Analyse Gabriels – in einer Amalgamierung aus Tradition und Modernität.[88] Insofern teilt er die Analyse Becks einer Industriegesellschaft mit eingeschränkter Modernität bzw. von einer 'halbierten Moderne'. Der Katholizismus erlebt nach dem Zusammenbruch der deutschen Gesellschaft nach den beiden Weltkriegen eine Restaurationsphase in den 50er Jahren, der es weitgehend gelingt, an den Bedingungen des 19. Jahrhunderts anzuschließen.[89] Gerade aufgrund dieser deutlichen Restaurationsphase wird der besonders in den 60er Jahren einsetzende gesellschaftliche Modernisierungsschub vom katholischen Milieu als unerwartet erlebt und entfaltet eine Schubkraft, in der sich der Übergang von der klassischen Industriegesellschaft zur – in der Terminologie Becks – industriellen Risikogesellschaft vollzieht und sich der enge Verflechtungszusammenhang von Religion, Kirche und Gesellschaft auflöst.

In diesem Entflechtungsprozess, bedingt durch den Modernisierungsschub in den 60er Jahren, der auf der gesellschaftlichen Ebene das Reflexivwerden der Moderne mit sich bringt, sind die Milieus einem deutlichen Abschmelzungs- und Auflösungsprozess unterworfen.[90] Der Schub religiöser Individualisierung erfasst am nachhaltigsten diejenigen Gruppen, die am stärksten in geschlossene konfessionelle Milieus eingebunden waren.[91] Der gesellschaftliche Individualisierungsprozess weist in religiöser Hinsicht insbesondere eine Dimension religiöser Subjektivierung auf, die sich analog und eng verbunden mit der verstärkten Bedeutung der individuellen Lebensführung innerhalb dieses gesamten Prozesses vollzieht. Die Herauslösung der Subjekte aus den traditionellen religiösen Verbindlichkeiten führt zu einer

---

87 GABRIEL 1992, 96.
88 Für Gabriel bleibt der modernisierende Effekt ungewollt verborgen, solange das katholische Milieu seine Wirkmächtigkeit aufrechterhalten kann. Der Modernisierungseffekt verlagert sich laut Gabriel nach innen, in die Strukturen der katholischen Eigenwelt. Vgl. GABRIEL 1992, 119.
89 Vgl. ausführlicher dazu GABRIEL 1993.
90 Neben den Modernisierungsschüben in der Nachkriegsgesellschaft spielen hier auch die Migrationsbewegungen im Zusammenhang mit und nach dem Zweiten Weltkrieg eine entscheidende Rolle, da sie eine verstärkt konfessionelle Durchmischung weiter Bevölkerungsteile nach sich zogen. Vgl. dazu ausführlich BECK 1983, 1986, ferner die Thesen zu einer Milieubildung bei SCHULZE 1993, v.a. Kapitel 4.
91 Vgl. dazu GABRIEL 1992, 143. Kaufmann macht in diesem Zusammenhang auf die Rolle des II. Vaticanums aufmerksam, dem er eine nachholende Modernisierung zuordnet, die u. a. in einer Reflexion auf sich selbst besteht. Vgl. KAUFMANN 1996, 23f.

entschiedenen Aufwertung des Individuums hinsichtlich seiner Entscheidungsmöglichkeiten in religiösen Fragen. Es vollzieht sich sozusagen ein Umkehrungsprozess in Bezug auf die Autorität, Entscheidungen in religiösen Fragen zu treffen. Mit der Auflösung des umfassenden Kultur- und Kommunikationszusammenhangs des Christentums in der reflexiven Moderne erfolgt quasi eine Umkehrung der Verhältnisse. Nicht mehr die Religion respektive das Christentum in seiner konfessionellen Verfasstheit unserer Gesellschaft verfügt über den umfassenden Einfluss, die zu glaubenden Inhalte verbunden mit dem daraus folgenden religiös-moralischen Lebensführungskonzept zu bestimmen, sondern die Entscheidung darüber wird in den Bereich der individuellen Lebensführungen verlagert und der Entscheidungskompetenz des Individuums anheim gestellt. Für die institutionelle Religion zeitigt dies gravierende Folgen. Das Christentum hat in den letzten 30 Jahren seine Monopolstellung hinsichtlich der institutionellen Bestimmung und Legitimierung der Glaubensinhalte, der religiösen Orientierungs- und Deutungsmuster und des angemessenen Lebensführungskonzeptes verloren. Die Entscheidungsautorität hat sich so von der Mesoebene der Institution auf die Mikroebene des Individuums verlagert, die institutionell verfasste Religion wird zum Subjekt der Entscheidung.[92]

Eng verknüpft mit diesem Verlust der Monopolstellung ist der Abbau von sozialen Kontroll- und Sanktionsmechanismen. Mit der Auflösung des katholischen Milieus haben sich diese entscheidend abgeschwächt, kaum noch sind Nachteile für jemanden zu erwarten, der eine Distanz zum Christentum einnimmt. Insgesamt bedeutet dieser Prozess für das Christentum eine Schwächung seiner Legitimität und gesellschaftlichen Selbstverständlichkeit.[93] Alle diese Veränderungsprozesse der Rolle des Christentums in der reflexiv modernen Gesellschaft können als ein Prozess der De-Institutionalisierung begriffen werden, insofern "es der etablierten, institutionell verfassten christlichen Religion nicht mehr in gleicher Weise gelingt, religiöse Orientierungen, Empfindungen und Verhaltensweisen in ein institutionell festgelegtes und vorgegebenes Muster zu binden wie bisher"[94]. Trotz dieser aufgezeigten Veränderungen und Individualisierungsprozesse bleibt die gesellschaftliche Relevanz des Christentums und sein Einfluss auf Gesellschaft nach wie vor sehr

---

92 Vgl. GABRIEL 1988a, 94. War es bis zu diesen Veränderungsprozessen so, dass allein die Religion respektive die Amtskirche über die Bedingungen und Kriterien der Zugehörigkeit entschied und diese ermöglichte oder nicht, so unterliegt Zugehörigkeit nun einem beiderseitigen Entscheidungsprozess, in dem das Individuum entscheidend mitbestimmt, ob es die von der Kirche vorgegebenen Kriterien und Bedingungen für sich akzeptiert oder nicht.

93 Allein die Tatsache, dass die Rolle des Christentums und sein Einfluss öffentlich diskutiert werden, weist auf den Verlust der Selbstverständlichkeit hin und nötigt die Kirche, ihren eigenen Ort zu legitimieren.

94 GABRIEL 1992, 146.

hoch. Individualisierung von Religion und hohe gesellschaftliche Relevanz stehen gleichzeitig nebeneinander.

Diese im Vorstehenden beschriebenen Prozesse religiöser Individualisierung gehen – auch dieses analog zur gesellschaftlichen Entwicklung – zugleich mit einem Pluralisierungsprozess einher und führen auf religiöser Ebene zu einer Pluralisierung in zweierlei Hinsicht: Zum einen entwickelt sich eine Pluralität im Angebot nicht-christlicher religiöser und säkularer Sinndeutungsangebote und zum anderen eine Pluralisierung und Differenzierung innerhalb des Christentums. Diese Pluralisierung von Sinndeutungsangeboten verfügt über keine Verankerung in mehr oder weniger geschlossenen Einheiten oder Milieus, sondern liegt quer dazu. Aufgelöst hat sich die Gruppenbindung oder regionale Bindung an ein Sinndeutungssystem. Historisch neu an dieser Entwicklung in der Religionsgeschichte ist unter anderem die Tatsache, dass dieser Pluralismus bis auf die Ebene des Individuums herunterreicht und als Auswahlmöglichkeit unmittelbar der Entscheidung des Individuums zugänglich wird. Dem Individuum obliegt die Entscheidung, welchem Sinndeutungsangebot es sich zurechnen möchte und ob es sich überhaupt einem zuordnen möchte. Laut Gabriel geht damit ein qualitativer Veränderungsprozess des religiösen Pluralismus einher. "In eine massenkulturelle und marktförmige Sozialform hineingedrängt, werden die religiösen Traditionen für den Einzelnen unmittelbar zugänglich, verlieren ihre Schicksalhaftigkeit und werden zu Gegenständen des individuellen Selegierens und Auswählens."[95]

Der Prozess religiöser Pluralisierung im Zusammenhang mit religiöser Individualisierung zeitigt verschiedene Konsequenzen hinsichtlich der religiösen Situation. Eine Konsequenz liegt darin, dass neben einer bestimmten expliziten Sozialform des Christentums, der nur eine Minderheit von Gläubigen zuzurechnen ist, eine unbestimmte Form des Christlichen Raum greift. Letztere ist kaum positiv zu bestimmen, sondern vielmehr in einer Negativabgrenzung zu dem, was sie nicht ist. Mit steigender Bestimmtheit der expliziten Christlichkeit – so die These Gabriels – würde es immer schwieriger, die Kulturmuster im Bereich der Unbestimmtheit als christlich zu identifizieren.[96] Im Zuge der religiösen Pluralisierung komme es zu einem immer stärkeren Auseinandertreten von individuellen Religiositätsstilen, der institutionell verfassten, christlichen Religion und den Kulturmustern des gesellschaftlichen Christentums, wobei sich individuelle Religiositätsstile und Kulturmuster vom institutionalisierten Christentum lösten. Als Folge – so Gabriel – stärke die institutionelle Ebene die organisatorisch-formelle Absicherung, innerhalb der gesellschaftlichen Kulturmuster nehme der synkretistische Cha-

---

95 GABRIEL 1992, 150.
96 Vgl. GABRIEL 1992, 151f. Gabriel bezieht sich auf ein von Krüggeler entwickeltes Ellipsenmodell. Vgl. KRÜGGELER 1991.

rakter zu, und auf individueller Ebene werden die Religiositätsstile immer mehr zu in Eigenregie konstruierten und individuell zu verantwortenden Systemen.[97]

Auch innerhalb der christlichen Tradition setzen die Pluralisierungsprozesse eine deutliche Binnendifferenzierung in Gang als Folge unterschiedlicher Reaktionen auf den Prozess einer sich verschärfenden reflexiven Modernisierung. Zwei Strömungen können an dieser Stelle unterschieden werden.[98] Herauskristallisiert hat sich in den letzten Jahren zum einen ein deutlich fundamentalistischer Flügel, 'der auf die Prozesse reflexiver Modernisierung mit einer Stärkung der binnenkirchlichen Sicht bei gleichzeitiger Außenabgrenzung reagiert. Erneut wird hier der Dualismus aufgebaut zwischen der feindlichen Welt und dem Rückzug in den Geborgenheit und Sicherheit gewährleistenden Rahmen der eigenen Gruppe. Die andere Strömung neigt dazu, sich auf die Modernisierung einzulassen und die prophetische Kraft des Christentums zu betonen und zu vertreten. Gabriel charakterisiert diese Strömung als bereit, "sich auf den strukturellen Individualismus einzulassen und ihm im Frömmigkeitsstil Rechnung zu tragen, man will ihn aber in christlich inspirierten neuen Gemeinschaftsformen gleichzeitig überwinden"[99].

Religiöse Individualisierungsprozesse mit den einhergehenden religiösen Pluralisierungsprozessen führen letztlich – so die These der religiösen Individualisierung – in der entfalteten reflexiven Moderne zu einem Bedeutungswandel von Religion und Religiosität. Verschiedene Punkte, die diesen Bedeutungswandel beeinflussen und ihn gleichzeitig hervorbringen, sind bereits angesprochen worden. Religiöse Individualisierung besagt letztlich, dass in der modernen Gesellschaft das Individuum im Gegensatz zu Familie und Gemeinschaft als entscheidende Größe ins Zentrum der Sozialwelt gerückt ist. Von diesem Wandel werden die Religion und die Religiosität in der modernen Gesellschaft auf besondere Weise geprägt.[100] Religion ist damit zu einer Entscheidung des Individuums geworden; diese Entscheidung betrifft sowohl die grundsätzliche Entscheidung für Religion und Religiosität, die Entscheidung für ein religiöses oder säkulares Deutungssystem als auch die Wahl hinsichtlich der Formen und Ausdrucksweisen der jeweilig individuellen Religiosität. Für die institutionell verfasste Religion des Christentums in unserer Gesellschaft bedeutet das, dass sein breiter und selbstverständlicher Einfluss auf der Ebene des Individuums zurückgegangen ist und in Konkurrenz mit anderen Sinndeutungssystemen steht. Da Religion in diesem Sinne

---

97 Vgl. GABRIEL 1992, 152f.
98 Vgl. GABRIEL 1992, 155f.
99 GABRIEL 1992, 156. Zu dieser Strömung sind vor allem die basiskirchlichen Strömungen zu zählen, die ihre Impulse sowohl aus der Befreiungstheologie wie auch aus den Basisinitiativen um Frieden, Gerechtigkeit und Bewahrung der Schöpfung beziehen. Vgl. Ebd.
100 KRÜGGELER 1995, 173.

zur privaten Entscheidung des Individuums geworden ist, erscheint sie –
zumindest auf der individuellen Ebene – als nicht mehr so greifbar und sichtbar.

2.2.2 Säkularisierung von Religion

Betrachtet man die hohe Rezeption und Anerkennung, die die These der
religiösen Individualisierung genießt und gleichzeitig die traditionsreiche
Geschichte der Säkularisierungsthese und ihrer Kritik[101], so erscheint es fast
als ein Anachronismus, sich in einer aktuellen Untersuchung mit einer Säkularisierung von Religion auseinander zu setzen. Allerdings ist die Diskussion
um den Rückgang der gesellschaftlichen wie auch individuellen Bedeutung
von Religion nie verstummt und beide Positionen, die der religiösen Indiv-
dualisierung wie die der Säkularisierung bieten unterschiedliche, für sich
jeweils Gültigkeit beanspruchende Erklärungs- und Deutungsmuster über
Religion in der reflexiven Moderne an.[102] Ein aktueller Vertreter der Säkularisierungsthese ist Detlef Pollack, dessen Position aufgrund ihres Gegenge-
wichts zur Individualisierungsthese und anderer Ergebnisse in der Auswertung empirischen Materials an dieser Stelle dargestellt werden soll[103], um an

---

101 Die Geschichte der Säkularisierungsthese scheint so hinreichend bekannt, dass sie an
    dieser Stelle nicht noch einmal ausführlich dargestellt werden soll. An dieser Stelle sei aus
    der Fülle der Literatur zur Säkularisierungsthese und ihrer Kritik nur auf einige wenige
    Veröffentlichungen hingewiesen: CASANOVA 1994; 1996; FÜRSTENBERG 1964; HERVIEU-
    LEGER 1990, KAUFMANN 1979, 57-60; LÜBBE 1965; 1990; MATTHES, 1962; RENDTORFF
    1965; 1966.
102 In dem 1996 von Karl Gabriel herausgegebenen Band "Religiöse Individualisierung oder
    Säkularisierung" wird die Frage nach beiden Positionen unter dem Untertitel des Paradig-
    menwechsels diskutiert. Vgl. GABRIEL 1996.
103 Um der inhaltlichen Prägnanz willen wird an dieser Stelle nur die aktuelle Diskussion
    aufgegriffen und am Beispiel von Pollack dargestellt. Säkularisierung wird hier in der Be-
    deutung verstanden – betrachtet man die Begriffsgeschichte, wie Lübbe sie aufgearbeitet
    hat –, wie sie sich in der zweiten Hälfte des 19. Jahrhunderts als Gegensatz von 'moderner'
    Kultur einerseits und christlicher Herkunft und Vergangenheit derselben andererseits her-
    ausgebildet hat. Vgl. Lübbe nach MATTHES 1967, 76. Inhaltlich entspricht dies einem Ver-
    ständnis von Entkirchlichung und Entchristlichung, das in einem unmittelbaren Zusam-
    menhang mit epochalen, gesellschaftlichen Strukturwandlungen steht. Im klassischen Ver-
    ständnis der Säkularisierungsthese bedeutet dies, Religion und Moderne stünden in einem
    unauflösbaren Spannungsverhältnis zueinander und der Prozess der Säkularisierung hänge
    direkt und kausal mit dem Prozess der Modernisierung als einem zwangsläufig sich voll-
    ziehenden Prozess zusammen, in dessen Verlauf der Stellenwert der Religion in dem Maße
    sinkt, wie der Prozess der Modernisierung voranschreitet. Vgl. MATTHES 1967, 81; POL-
    LACK 1996, 57-85, 61. Eine andere Position wird seit einiger Zeit von Franz Höllinger mit
    der These vertreten, dass der Prozess der Säkularisierung zum einen davon abhängig ist, ob
    seit Beginn der Christianisierung Religion die politische Herrschaft stütze oder aber in der
    Auseinandersetzung mit dem politischen System auf Seiten des Volkes stehe und zum an-

späterer Stelle, im Zusammenhang mit der eigenen empirischen Untersuchung, eine Einschätzung vorzunehmen.

Pollacks Kritik gegenüber der These religiöser Individualisierung setzt an
vier Punkten an[104]: der Frage nach dem Religionsbegriff, der Frage nach dem
Fortbestand gesellschaftlicher Prägungen angesichts sich vollziehender Individualisierungsprozesse, der Frage, ob gesellschaftliche Individualisierungsprozesse überhaupt auf Religion übertragbar sind, und an dem Verhältnis von
Religion und Moderne. Dabei richtet Pollack seine Anfragen in erster Linie
an Gabriel und Luckmann als profilierte Vertreter der These religiöser Indiv-
dualisierung. Die Begriffe der Individualisierung und Pluralisierung über-
zeichnen seiner Meinung nach die Dynamik des Wandels im Bereich der
Veränderungen des religiösen Feldes.

In der Frage nach dem Religionsbegriff ist für Pollack die Klärung und
Definition desselben entscheidend, da s. E. der Prozess religiösen Wandels
nur dann angemessen erfassbar ist, wenn klar ist, was als Religion angesehen
und als solche bezeichnet wird.[105] Luckmanns Religionsbegriff ist in dieser
Hinsicht so weit, dass er Säkularisierung qua Definition ausschließt. Zugleich
unterstellt Luckmann mit seinem weiten Religionsbegriffs ein gleichermaßen
für alle Menschen, Kulturen und Gesellschaften geltendes religiöses Apriori,
das laut Pollack die Wahrnehmungsfähigkeit des Religionssoziologen für
religiöse Wandlungsprozesse einenge.[106] Gegenüber Gabriel kritisiert er, dass
dieser, der bewusst auf die Klärung eines Religionsbegriffs verzichtet, auch
seinen Gebrauch des 'religiösen Feldes' nicht näher bestimme und von daher
seine Analysemöglichkeiten einschränke.[107] In seiner zweiten Anfrage stellt
Pollack Luckmanns These in Frage, dass nur die institutionalisierten Sozialformen der Religion an gesellschaftlicher Relevanz verloren haben, nicht aber
die individuellen Ausdrucksgestalten des Religiösen. Die Klärung des Verhältnisses von Religiosität und Kirchlichkeit wäre zur Beantwortung dieser
Frage laut Pollack notwendig; als Zugang schlägt er die Heranziehung des
Fünf-Dimensionen-Modells von Glock vor.[108] Der dritte Punkt seiner Kritik
bezieht sich auf die Freisetzungsprozesse und damit auf die Frage, inwieweit
religiöse Individualisierung wirklich die Freisetzung von gesellschaftlichen
Prägungen impliziert oder ob nicht vielmehr – so zumindest die hinter der

---

deren davon, wie groß die Kluft zwischen gelebter Sexual- und Ehemoral und den kirchlichen Normvorschriften sowie der Art ihrer Durchsetzung ist. Die repressive Durchsetzung
förderte deutlich – so die These – Säkularisierungsprozesse. Vgl. HÖLLINGER 1996.

104 Vgl. zur Position Pollacks die nachfolgend angegebene Literatur, auf die sich auch die
folgenden Ausführungen stützen: POLLACK/PICKEL 1999, 465-483; POLLACK 1996; 1997;
POLLACK 1998; POLLACK 1995b.
105 Vgl. POLLACK 1996, 59.
106 Vgl. POLLACK 1996, 59.
107 Vgl. GABRIEL 1996d.
108 Vgl. POLLACK 1996, 60; 1999, 470.

Frageform stehende Aussage – bei aller Individualisierung zu treffende Entscheidungen zwar nicht mehr durch traditionale Bindungen, aber dennoch gleichermaßen gesellschaftlich beeinflusst sind und damit gesellschaftliche Prägungen erhalten bleiben. "Ist Individualisierung nicht selbst ein gesellschaftlich vorgegebenes Selbstdeutungsmuster, dem sich der einzelne kaum zu entziehen vermag und das insofern gerade die Macht der Gesellschaft über den einzelnen, aber nicht die Freiheit des einzelnen von der Gesellschaft beweist?"[109] Diese Überlegung führt Pollack weiter zu der Anfrage, ob die Individualisierungsthese überhaupt unmittelbar auf den religiösen und damit traditionalen Teil der Gesellschaft übertragbar sei.[110] Der letzte Kritikpunkt richtet sich auf das Verhältnis von Religion und Moderne, zwei Größen, die Pollack für unvereinbar und in dauernder Spannung sieht. Luckmann und Gabriel halten – im Gegensatz zur Säkularisierungsthese und der Position Pollacks – Religion und Moderne durchaus für miteinander vereinbar, und insbesondere Gabriel spricht der Moderne religionsproduktive Tendenzen zu, deren Ansatzpunkte er an den Bruchstellen und Kontingenzen sieht.[111] Die Religionsproduktivität genau an den Bruchstellen der Moderne zu verorten, bliebe – so die Meinung Pollacks – der Säkularisierungsthese verhaftet. Zu überwinden sei diese nur, wenn die religiöse Produktivität gerade nicht an den Grenzen und Krisen ansetzen würde, sondern auf die zentralen Funktionsprinzipien der Moderne zurückzuführen sei.[112] Die Unvereinbarkeit zwischen den beiden Größen Religion und Moderne sieht Pollack unter anderem aufgrund der von ihm so rezipierten Tatsache, dass in der modernen Gesellschaft die Bedeutung der Gemeinschaft als prägender Sozialform abnehme, Religion demgegenüber aber auf eine kommunikative Infrastruktur angewiesen sei. Eine weitere Spannung sieht er in dem Charakteristikum moderner Gesellschaft, die eigenen gesellschaftlichen Horizonte zu erweitern; Religion jedoch könne ihre Funktion nur wahrnehmen, wenn sie Horizonte schließe und für ihre kontingenten Sinnformen Unnegierbarkeit beanspruche.[113]

---

109 POLLACK 1996, 60. An dieser Stelle decken sich die Positionen von Detlef Pollack und Karl-Fritz Daiber. Auch für Daiber ist entscheidend, dass Individualisierung nicht ins Beliebige hinein verläuft, sondern nur in bestimmten, kulturell vorgegebenen Bandbreiten möglich ist. Insofern müsse immer die makrosoziologische Ebene bei der Beurteilung der Individualisierungsprozesse mit berücksichtigt werden. Vgl. DAIBER 1996, 97.
110 Vgl. POLLACK 1996, 60; 1999, 467f.
111 Vgl. GABRIEL 1992, 157f.
112 Vgl. POLLACK 1996, 61. Als Beispiele für solche Ansätze nennt Pollack u. a. die von BAINBRIDGE/STARK 1985. Grundgedanke dieser Ansätze ist die These, dass nicht eine Monopolstellung die Position in der Gesellschaft stärke, sondern das plurale Angebot und das damit einhergehende Prinzip der Konkurrenz auf dem Markt. Gerade die Konkurrenz erhöhe das Niveau religiöser Vitalität.
113 Vgl. POLLACK 1996, 83f. Leider belässt es auch Pollack hier bei diesen wenigen Anmerkungen zu seinen Kritikpunkten und führt sie mit Ausnahme des Religionsbegriffes nicht näher aus. Insbesondere die Untersuchung einer Verortung religionsproduktiver Tenden-

Pollack verfolgt in seinem Ansatz nicht einen grundsätzlichen Abweis von Individualisierung und den damit einhergehenden Prozessen und schließt sich in der Grunddefinition von Individualisierung Beck an. Wichtig ist ihm neben der Steigerung der Wahlmöglichkeiten für das Individuum aufgrund der Pluralisierungs- und Freisetzungsprozesse die Betonung des damit gleichzeitig einhergehenden Entscheidungszwanges.[114] Allerdings möchte er die Folgen der Individualisierung und damit das Individualisierungstheorem insgesamt relativiert wissen. So betont er stärker die immer noch vorhandenen Mobilisierungsbarrieren in Bezug auf die Flexibilisierung von Lebensverläufen und der Lockerung des Zusammenhangs zwischen sozio-ökonomischen Lebenslagen und individuellem Handeln.[115] Seiner Meinung nach lassen sich die Individualisierungsprozesse – wie von Beck dargestellt – am ehesten für die Bereiche von Partnerschaft, Ehe und Familie ausmachen; in diesem Feld möchte er sie jedoch noch einmal auf den Bereich der Ehe eingeschränkt wissen.[116] Insgesamt stimmt Pollack einer Individualisierung zu, setzt jedoch die Folgen weniger durchgreifend an und betont deutlich die immer noch weiter wirkenden Muster.

Wird gesellschaftliche Individualisierung auf den Bereich von Kirche und Religion übertragen, so stimmt Pollack mit dieser in verschiedenen Punkten nicht überein und kommt aufgrund des von ihm rezipierten empirischen Materials zu anderen Ergebnissen. So konstatiert er die bereits für die gesellschaftliche Individualisierung betonten Mobilisierungsbarrieren auch für den Bereich von Religion und Kirche. Differenzierend wirken seiner Meinung nach fünf Merkmale: Alter, Bildung, sozialer Raum, soziale Herkunft und Geschlecht. In seiner Rezeption der von ihm herangezogenen empirischen Untersuchungen[117] hinsichtlich dieser fünf Punkte stellt Pollack die deutliche Prägung durch die familiäre Sozialisation heraus mit dem Ergebnis, dass sich eine kirchlich-religiöse Sozialisation deutlich auf die spätere Kirchenverbundenheit auswirkt – bei allen konstatierten Differenzierungen[118] –, und kommt aufgrund dieser Rezeption zu dem Schluss, dass von einer freien Wahl der

---

zen, die nicht an den Bruchstellen und Kontingenzen ansetzt und sich auch nicht auf das marktförmige Prinzip der Konkurrenz bezieht, sondern wirklich zurückgeführt werden auf die Funktionsprinzipien der Moderne, wäre für die Frage nach Religion in der Moderne bereichernd.

114 Vgl. POLLACK 1996, 62f.
115 Vgl. POLLACK 1996, 58.
116 Vgl. POLLACK 1996, 69. Auch für den Bereich der Enttraditionalisierung von Lebensformen und deren Vervielfältigung möchte er deutliche Grenzen konstatieren. So beträfen die De-Institutionalisierungsprozesse in erster Linie die Ehe, kaum aber das Verhältnis von Eltern und Kindern. Vgl. Ebd.
117 Pollack bezieht sich hier auf folgende Studien: ALLBUS 1992; 1994; INSTITUT FÜR DEMOSKOPIE ALLENSBACH 1986; FREMDE HEIMAT KIRCHE 1993.
118 Vgl. POLLACK 1996, 69-72.

eigenen Religion, wie dies die Individualisierungsthese behauptet, kaum etwas wahrzunehmen ist.[119]

Insgesamt stellt Pollack für die gegenwärtige Situation der christlichen Religion einen deutlichen Rückgang in der Teilnahme am kirchlich-konfessionellen Leben fest, die s. E. der Interpretation einer Tendenz zur Entkirchlichung Raum gibt.[120] Zugleich stellt er jedoch auch gegenläufige Tendenzen fest, die sich auf die Kirchenverbundenheit und ein Abnehmen der Austrittsneigung beziehen und hält fest, "dass sich die evangelische Kirche nach wie vor einer erstaunlichen Akzeptanz bei ihren Mitgliedern erfreut"[121]. Pollack sieht vor allem einen Wandel in der Motivation für Kirchenmitgliedschaft, dessen Kernpunkt für ihn in der Frage nach der Entscheidung liegt, dem Faktum, das im Rahmen der Individualisierungsthese ein so zentrales Gewicht hat. Pollack beschreibt den Wandel folgendermaßen:

"Betrachten wir den Wandel der Motive für Kirchenmitgliedschaft, so müssen wir feststellen, dass diejenigen Mitgliedschaftsmotive, die die Traditionalität der Kirchenmitgliedschaft betonen, in den letzten zwanzig Jahren an Bedeutung gewonnen haben. Rückläufig entwickelten sich dagegen diejenigen Mitgliedschaftsmotive, die den Entscheidungscharakter von Kirchenmitgliedschaft herausstellen: (...) Ebenfalls höher als früher fällt die Zustimmung zu Items mit zweckrationalem Charakter aus. (...) Die EKD-Studie fand jedoch heraus, dass die Konfirmation heute weniger als früher in ihrem Entscheidungscharakter bejaht wird. Stärker geworden ist ihre Akzeptanz als eine 'gute alte Tradition'."[122]

Insbesondere die These eines Auseinandertretens von individuell gelebter Religion und institutionell verfasster Religion hält er für unzutreffend.[123] Der Rückgang traditioneller Kirchlichkeit werde nicht durch ein Interesse an alternativen Formen von Religiosität kompensiert. Seiner Meinung nach lässt sich kein Zusammenhang feststellen zwischen einer sinkenden Verbundenheit mit der Kirche auf der einen Seite und einem steigenden Interesse an nichtkirchlichen Religionsformen auf der anderen Seite. "Vielmehr lässt sich eine Korrelation zwischen Kirchgang, Verbundenheit mit Kirche und geringerer Austrittsneigung auf der einen Seite und Glaube an Gott, Gebetshäufigkeit, Bejahung der Wichtigkeit von Religion für das eigene Leben und Selbstein-

---

119 Vgl. POLLACK 1996, 73; POLLACK/PICKEL 1999, 476f.

120 Vgl. POLLACK 1996 75. Pollack stellt diese Ergebnisse ausschließlich für den evangelischen Bereich vor. Als Beleg bezieht er sich auf die empirischen Studien von KÖCHER 1987; ZULEHNER/DENZ 1993; FREMDE HEIMAT KIRCHE 1993; ALLBUS 1994. Die Entkirchlichungsprozesse macht er aufgrund der Studien fest an den klassischen Merkmalsausprägungen wie Gottesdienstbesuch, Glaube an Gott, Akzeptanz christlicher Glaubensvorstellungen und Bedeutung christlicher Glaubensvorstellungen für die eigene Lebensführung. Ferner bezieht er sich auf den Anstieg der Konfessionslosen. Vgl. POLLACK/PICKEL 1999, 473-477.

121 POLLACK 1996, 76.

122 POLLACK 1996, 76.

123 Vgl. POLLACK 1996, 79.

schätzung als religiös auf der anderen Seite feststellen."[124] Dies führt ihn zu seiner Hauptthese, dass mit der Zunahme der Kirchendistanz gleichzeitig auch der Grad der individuellen Spiritualität sinke.[125] Religiosität sei immer noch vor allem kirchlich definiert und wenn die Kirchen an gesellschaftlicher Bedeutung verlören, dann impliziere dies auch einen Bedeutungsverlust für die Religion als solche.[126]

Kirchlichkeit und Religiosität[127] seien zwar nicht identisch, wiesen aber einen hohen Korrelationsgrad auf.[128] Es gäbe eine von kirchlichen Kontakten unabhängig gelebte, subjektiv wahrgenommene und als solche bezeichnete Religiosität, diese Haltung würde jedoch nur von einer Minderheit vertreten, demgegenüber schätzte sich die Mehrheit derer, die nie zur Kirche gingen, als nichtreligiös ein. Die These von Luckmann u. a. einer unabhängig von den Kirchen entstehenden Religiosität müsse – so Pollack – in ihrer Geltung stark eingeschränkt werden, auch wenn ihr partielles Recht zukäme.[129]

Ein zweiter Punkt seiner Kritik richtet sich auf die der These religiöser Individualisierung inhärente Option der Entscheidung, verbunden mit der Notwendigkeit zur Entscheidung. Diese Notwendigkeit zur Entscheidung betreffe eben nicht den Bereich der Religion, so die These Pollacks. Er verdeutlicht dies an der These der synkretistischen Religiositätsstile, die von Vertretern der Individualisierungsthese aufgestellt wird. Nach Pollack treten eben nicht individualisierte synkretistische Religiositätsstile an die Stelle einer institutionell verfassten Religiosität, da nicht christliche religiöse Vorstellungen ja auch von Kirchenmitgliedern akzeptiert würden. Charakteristisch sei demgegenüber vielmehr die Einlagerung eines gewissen religiösen Eklektizismus in den Raum der Kirche selbst. Dies beträfe nicht den Gemeindekern, sondern vor allem die Kirchenmitglieder mit einem mittleren Verbundenheitsgrad zur Kirche.[130] Ablehnende Aussagen zu synkretistischen Einstellungen würden am meisten von kirchlich hoch Verbundenen einerseits

---

124 POLLACK 1996, 79.
125 Vgl. POLLACK 1996, 79. "Explizite und implizite Religiosität, kirchliche Praxis und individueller Glauben gehören eng zusammen." Ebd.; Vgl. ferner POLLACK 1998, 614.
126 Vgl. POLLACK 1998, 614.
127 Als Indikatoren für Kirchlichkeit nennt Pollack folgende: Kirchgang, Verbundenheit mit Kirche und geringe Austrittsneigung. Religiosität wird von ihm mit folgenden Kriterien erfasst: Glaube an Gott, Gebetshäufigkeit, Bejahung der Wichtigkeit von Religion für das eigene Leben und Selbsteinschätzung als religiös. Vgl. POLLACK 1996, 79. Wird Religiosität so definiert, ist sie m. E. immer noch sehr eng an Kirchlichkeit auch unabhängig von Kirchgang angeschlossen. Insbesondere die ersten beiden Kriterien machen dies deutlich und bergen so aufgrund ihrer Kirchennähe die Gefahr in sich, nicht eng kirchlich angeschlossene Phänomene von Religiosität nicht erfassen zu können.
128 Vgl. POLLACK 1996, 79.
129 Vgl. POLLACK 1996, 79f. Pollack stützt seinen Befund auf eine Studie des ISSP 1991.
130 Vgl. POLLACK 1996, 81.

und äußerst Distanzierten andererseits geäußert. Aus diesem Befund zieht er den Schluss:

"Synkretismus ist vor allem ein Phänomen der Halbdistanz. Die Entschiedenen besitzen eine weniger synkretistische Einstellung. Sollte das richtig sein, dann ist fraglich, ob eine Haltung der Bricolage als ein Ausdruck entwickelter Individualität angesehen werden kann oder ob man in ihr nicht eher den Ausdruck einer abständigen Indifferenz zu sehen hat, einen Mangel an Entschiedenheit, eine Form individueller Unbestimmtheit."[131]

Pollack geht es in seiner Kritik an der These religiöser Individualisierung darum, dass s. E. der dem Individuum in der reflexiven Moderne aufgegebene Zwang zur Entscheidung gerade für den Bereich der Religion nicht zutrifft. Im Unterschied zu allen anderen Bereichen, in denen sich das Individuum in der modernen Gesellschaft bewegt und aufgrund der Modernisierungsprozesse und deren immanenten Folgen seine Entscheidungen zu treffen habe, würde die Gesellschaft gerade in religiösen Fragen keinen Zwang auf den Einzelnen/die Einzelne ausüben.[132]

Zusammenfassend hält Pollack zur gegenwärtigen Situation der Religion fest, dass sich der Rückgang der gesellschaftlichen Bedeutung von Religion sowohl auf der institutionellen, rituellen Ebene als auch auf der Ebene der individuellen Überzeugungsdimension vollziehe. Prozesse der religiösen Individualisierung und synkretistische Religionsformen seien zu unterscheiden. Erstere seien vor allem bei kirchlich hoch Verbundenen und Konfessionslosen anzutreffen. Ferner sei für die hoch Verbundenen ein konventionelles Verhältnis zu Religion und Kirche eher untypisch, Konventionalität, Traditionalität und pragmatischer Zweckrationalismus seien Charakteristika der unentschiedenen Halbdistanzierten, die weder ihre Kirchenmitgliedschaft aufgäben noch sich in dieser engagierten. In dieser Gruppe seien auch am ehesten synkretistische Religionsformen anzutreffen.[133] In Bezug auf die institutionell verfasste Religion konstatiert Pollack einen Rückgang ihrer gesellschaftlichen Prägekraft, dennoch beherrschten die Kirchen immer noch weitgehend das 'religiöse Feld'. Dies führe zu einer Einlagerung alternativer Religionsformen an den Rändern der kirchlichen Gemeindekerne, aber immer noch innerhalb der großen religiösen Institutionen. Diese alternativen Religionsformen gingen gleitend über in Therapie-, Selbstverwirklichungs- und Lebensstilszenen des außerkirchlichen Bereichs.[134] Die Ursachen "dieses

---

131 POLLACK 1996, 81. Gerade im Synkretismus sieht Pollack kein hochindividuelles Phänomen, sondern die nicht vorhandene Entscheidungsnotwendigkeit par exellance. "Denn man muss sich gerade nicht, wie die Individualisierungstheoretiker behaupten, zwischen den einzelnen Religionsformen entscheiden." POLLACK 1998, 616.
132 Vgl. POLLACK 1996, 82.
133 Vgl. POLLACK 1996, 83; POLLACK/PICKEL 1999, 480.
134 Vgl. POLLACK 1996, 83.

umfassenden Entkirchlichungs- und Säkularisierungsprozesses"[135] sieht Pollack in den unaufgelösten und fortbestehenden Spannungen zwischen Religion und Moderne. Er geht soweit, im Stattfinden und Sich-Vollziehen der Individualisierungsprozesse eine Begleiterscheinung des Rückgangs der Großorganisationen zu sehen, deren Verfall allerdings in keiner Weise durch diese Prozesse kompensiert wird.[136] Religion habe – so seine These im Rückgriff auf seine Analyse der Milieubildung im 19. Jahrhundert – zumindest in ihrer volkskirchlichen europäischen Struktur dann die besten Bestandsaussichten, wenn sie die funktionale Differenzierung auf einer unteren Ebene unterlaufe.[137]

2.2.3 Religiöse Individualisierung versus Säkularisierung: Ein Zwischenresümee

Individualisiert sich die Religion oder säkularisiert sie sich? Für beide Thesen lassen sich gute Gründe finden, manchmal scheint nur der Blickwinkel auf die Ergebnisse der Forschung die Entscheidung oder die Tendenz zur Entscheidung zwischen der einen oder der anderen Position herbeizuführen. Die Religion respektive das Christentum bewegt sich genau zwischen diesen Polen von Individualisierung und Säkularisierung. Unter den herkömmlichen Kriterien der Kirchlichkeit, die in der Regel in quantitativen Untersuchungen zugrunde gelegt werden, ist ein Rückgang der Kirchenbindung in ihrer konfessionellen Verfasstheit nicht zu leugnen und insofern trifft die Säkularisierungsthese im Sinne einer Entkirchlichung, teilweise auch einer Entchristlichung zu.[138] Ebenso trifft jedoch zu, dass Religiosität unter den Bedingungen der reflexiven Moderne nicht mehr mit den Kriterien von Kirchlichkeit zu messen und aufgrund des Fehlens eines konsensfähigen allgemeinen Religionsbegriffes die Einschätzung über die Religiosität von Menschen in unserer Gesellschaft äußerst schwierig ist. Genau dieses Faktum erschwert denn auch die Erforschung eines Bedeutungswandels von Religion, der zentralen Aussage der Individualisierungsthese. Nichtsdestotrotz kann eine Veränderung hinsichtlich der Wahrnehmung von Religiosität in der gegenwärtigen Gesellschaft mit Blick auf bereits vorgenommene qualitative und quantitative empirische Studien[139] insgesamt gesellschaftlich nicht geleugnet werden.

---

135 POLLACK 1996, 83.
136 Vgl. POLLACK 1996, 84.
137 Vgl. POLLACK 1996, 83.
138 Vgl. die Differenzierung des Säkularisierungsverständnisses bei CASANOVA 1996, 182.
139 Vgl. dazu, um nur zwei Beispiele zu nennen: die Schweizer Studie: DUBACH/CAMPICHE 1993. Ferner SCHÖLL 1992.

Verschiedene Probleme tauchen m. E. sowohl bei dem Erklärungsmuster der Säkularisierungs- wie Individualisierungsthese auf. Zum einen stellt sich die Frage nach dem Verhältnis von Moderne und Religion, speziell die Frage nach der Vereinbarkeit oder Unvereinbarkeit beider und daran anschließend die Frage nach den jeweiligen Konsequenzen für die Religion als auch für die Gesellschaft, je nachdem, ob von einer Vereinbarkeit oder Unvereinbarkeit ausgegangen wird. Ein zweiter Fragenkomplex kreist um die Frage, ob der gegenwärtige Prozess der Entkirchlichung nicht unter veränderten gesellschaftlichen und religiösen Bedingungen einen Zustand wiederherstellt, der vor dem Prozess der massiven Verkirchlichung, der seinen Höhepunkt im 19. Jahrhundert fand und zu einem historisch einmalig hohen Überschneidungsgrad von Hochreligion und Volksreligiosität führte, existierte.[140] Damit sei an dieser Stelle die These angedeutet, dass sich nach dieser Phase der Überlappung gegenwärtig erneut ein Prozess des Auseinandertretens von Hochreligion und Volksreligiosität vollzieht und die Entwicklungen hinsichtlich Religion und Religiosität in den letzten dreißig Jahren mit diesem Prozess des Auseinandertretens erklärbar sind. Schließlich scheint mir, und das ist der dritte zu diskutierende Themenkomplex, ein dauerhaftes Problem in dem Begriff und Verständnis von Entscheidung innerhalb der beiden religionssoziologischen Deutungsmuster zu liegen, ebenso in der jeweiligen Bedeutung der und dem Rekurs auf Tradition sowie dem jeweils vorausgesetzten Kriterienraster zur Bestimmung von Kirchlichkeit und Religiosität.

Im Folgenden werde ich mich zunächst mit dem Konzept der Säkularisierungsthese, wie es in der Position von Pollack dargestellt wurde, auseinander setzen und dann in einem zweiten Schritt eine Einschätzung des Theorems der Individualisierung als einer religiösen Individualisierung vornehmen, um aufgrund der Auseinandersetzungen abschließend die eigene Position klären und benennen zu können.

Die Vorzüge des Konzeptes von Pollack liegen zunächst einmal darin, dass dort auf einige mögliche Probleme der Individualisierungsthese und deren Übertragung auf den Bereich der Religion hingewiesen wird. So stellt Pollack das Fehlen eines gültigen und anerkannten allgemeinen Religionsbegriffs deutlich in den Vordergrund seiner Überlegungen und seiner Kritik an der Individualisierungsthese.[141] Ein Religionsbegriff, der gültige Kriterien zur Einordnung und Bewertung religiöser oder eben nicht religiöser Phänomene

---

140 Damit wird nicht der Säkularisierungsthese in ihrer extremen Form als fortschreitender Prozess von Entkirchlichung und Entchristlichung, der letztlich zum Verschwinden von Religion führt, das Wort geredet. Die Enttraditionalisierungsprozesse, die mit einem Nachlassen der kirchlichen Bindung einhergehen, können und wollen allerdings nicht geleugnet werden und müssen religionssoziologisch gewürdigt werden.

141 Vgl. POLLACK 1995a, 163. "Nur wenn Religion mit Sicherheit identifiziert und von anderen Gegenstandsbereichen abgegrenzt werden kann, ist zu garantieren, dass sie eine eigenständige Wirklichkeit, unabhängig von anderen Objekten besitzt." Ebd.

bereit stellte, erleichtert die Klärung der Bedeutung und Rolle von Religion und Religiosität unter den gegenwärtigen Bedingungen. Das Problem des Religionsbegriffs aus religionssoziologischer und auch theologischer Perspektive liegt darin, welche Kriterien zur Erfassung von Religion angelegt werden, die in der Lage sind, unterschiedliche Formen und Inhalte von Religion zusammenzufassen. Allgemein besteht die Problematik entweder in einem zu weiten oder einem zu engen Verständnis von Religion. Legt man einen weiten Religionsbegriff zugrunde, wie dies beispielsweise bei Thomas Luckmann der Fall ist, der Religion als die Transzendierung des Menschen vom biologischen zu einem sozialen Wesen versteht, so ist Religion kaum noch von nicht religiösen Phänomenen abzugrenzen. Wird der Religionsbegriff allerdings eng gefasst, so birgt er die Gefahr in sich, viele Phänomene, die als religiös zu qualifizieren wären, nicht zu erfassen; damit wird er zu eng an eine Definition von Kirchlichkeit angeschlossen und auf ein bestimmtes Religionssystem beschränkt. Ferner stellt sich die Frage, aus welcher Perspektive Religion zu definieren ist: aus der Perspektive der Religion selbst, aus der Außenperspektive, den gesellschaftlichen und/oder individuellen Bedürfnissen, Funktionen oder Folgen oder aus der Perspektive des subjektiven Empfindens der Individuen. Diese hier nur kurz angedeuteten Fragen führen inzwischen dazu, dass die Vorbehalte gegenüber der Möglichkeit, einen allgemeinen, gültigen Religionsbegriff definieren zu können, sehr groß sind und eine Reihe von Forschungen bewusst auf eine Definition verzichten.[142]

Pollack macht außerdem auf eine weitere Unschärfe der Individualisierungsthese aufmerksam, so auf die m. E. berechtigte Anfrage, inwieweit in diesem Theorem gesellschaftliche Prägungen in ihren Auswirkungen auf das Individuum und seine Entscheidungsvollzüge wirklich berücksichtigt werden, und damit eng verbunden, welche Rolle dem Moment der Tradition und seiner Bindungskraft im Rahmen der Individualisierungsthese zukommt.

Pollack bietet insgesamt ein Konzept mit klaren Ergebnissen hinsichtlich der Situation der Religion unter den gegenwärtigen Bedingungen an und positioniert sich sehr eindeutig in Abgrenzung zur Individualisierungsthese. Obgleich diese Klarheit angesichts der Diffusion im Bereich des religiösen Feldes äußerst wohltuend ist, erscheint es dennoch notwendig, die Prämissen des Pollackschen Ansatzes genauer in den Blick zu nehmen. Eine erste Prämisse betrifft Pollacks Kriterien, mit denen er Kirchlichkeit einerseits und Religiosität andererseits bestimmt: Kirchlichkeit mit den Kriterien Kirchgang, Verbundenheit mit Kirche und geringer Austrittsneigung zu erfassen, verbleibt im klassischen und auch angemessenen Duktus der Kirchensoziologie. Die Kriteriologie von Religiosität dagegen erweist sich jedoch als sehr kirchennah und birgt so die Gefahr in sich, nicht eng kirchlich angeschlossene

---

142 So z. B. J. Matthes, F.-X. Kaufmann und K. Gabriel, die von dem Konzept einer Soziologie des Christentums ausgehen.

Phänomene von Religiosität nicht erfassen zu können.[143] Außerdem ist zu fragen, ob diese Kriterien alle gleichzeitig erfüllt sein oder sich zumindest ausmachen lassen müssen oder aber ob einzelne Kriterien zur Erfassung von Religiosität ausreichen. Die Kriteriologie Pollacks führt schließlich dazu, dass seine Ergebnisse einem traditionellen Verständnis von Religion und einer starken Betonung von Tradition verhaftet bleiben.[144]

Auch die auf dieser Kriteriologie aufbauenden Schlussfolgerungen verbleiben in diesem traditionellen Verständnis von Religion, insofern Pollack aufgrund dieser Kriterien und den daraus folgernden empirischen Ergebnissen keinen Bedeutungswandel, sondern vielmehr einen Bedeutungsverlust von Religion konstatiert. Er identifiziert den Bedeutungswandel von Religion mit der These Luckmanns, der einen Prozess völliger Veränderung der institutionell verfassten Religion bis hin zu ihrer Ersetzung durch außerinstitutionelle, eher privatisierte Formen von Religion wahrnehmen will. Diese Identifizierung wird allerdings dem Verständnis eines Bedeutungswandels, wie Gabriel u. a. ihn vertreten, nicht gerecht. Gabriel geht weder von einem Verschwinden institutionell verfasster Religion noch von deren Ersetzung durch individualisierte und privatisierte Formen aus, sondern betont demgegenüber die weiterhin vorherrschende Dominanz christlicher Deutungsmuster, auch in Religiositätsstilen mit synkretistischen Elementen, sowie die gesellschaftliche Relevanz der christlichen Kirchen. Insofern stützt Pollack sich auf eine These, die nur eine Facette eines Verständnisses von Bedeutungswandel berührt, und lässt andere Verständnisalternativen außer Acht.Zu dem eher traditionellen Religionsverständnis trägt das dem Konzept von Pollack zugrundeliegende Verständnis von Entscheidung bei, das die zweite Prämisse des Pollackschen Ansatzes darstellt. Pollack versteht Entscheidung als die freie, bewusste, zwischen verschiedenen Optionen zu treffende Entscheidung des autonom handelnden Individuums, die er nur bei den entweder kirchlich hoch verbundenen oder äußerst distanzierten Menschen, nicht aber bei dem großen, eher etwas indifferenten Mittelfeld festzustellen vermag.

Die Vertreter der Individualisierungsthese legen dagegen ein anderes Entscheidungsverständnis zugrunde. Hier liegt ein Verständnis von Entscheidung zugrunde, das analog dem Watzlawickschen Axiom des "Man kann

---

143 So glaube ich, dass das Kriterium Gebetshäufigkeit – bei aller Zustimmung zur Zentralität von Gebet als einem Aspekt von Religiosität – so sehr mit der verfassten institutionellen Religion in Verbindung gebracht und assoziiert wird, das die Gefahr besteht, dass es – aufgrund der Assoziationen mit enger kirchlicher Religiosität – von nicht kirchlich, aber religiös orientierten Personen eher abgewiesen wird und zwar nicht aufgrund einer Nicht-Zustimmung, sondern aufgrund dieser engen kirchlichen Assoziation. Zur Erfassung nicht eng kirchlich angeschlossener religiöser Phänomene müsste das Kriterium anders formuliert werden.
144 Vgl. die Kriteriologie in POLLACK/PICKEL 1999.

nicht nicht kommunizieren"[145] konzipiert ist: Jedem Handeln wohnt eine Entscheidung inne, auch wenn das Individuum sich vermeintlich nicht entscheidet, trifft es eine Entscheidung, die zwar möglicherweise weder bewusst noch reflektiert gefällt wird, doch immer eine Entscheidung ist, so ist Zugehörigkeit zur Kirche aus Gründen der Tradition und Konventionalität beispielsweise in der Perspektive der Individualisierungsthese eine Entscheidung.[146] Legt man aber dieses Verständnis von Entscheidung zugrunde, dann erweist sich die These Pollacks, dem Individuum würde in der reflexiven Moderne hinsichtlich der Religion keine Entscheidung abverlangt, als unzutreffend. Im Verständnis der Individualisierungsthese ist das Gegenteil der Fall: Gerade auch das Phänomen der Halbdistanz ist im Zusammenhang mit der Synkretismusthese als eine Form der Entscheidung zu betrachten. Denn für einen synkretistischen Religiositätsstil ist dann eine bewusste Entscheidung erforderlich; gilt es doch, aus anderen Religiositätsformen die für die eigene Religiosität passende auszuwählen. Dieses Auswählen und Entscheiden muss erfolgen, da sozusagen keine Vorlagenmatrix existiert, die ein Modell für die Entscheidung bereitstellt, das übernommen werden könnte, wie dies bei einer Entscheidung aus Gründen der Konventionalität und Traditionalität der Fall wäre. Außerdem ist darauf hinzuweisen, dass auch eine vorgegebene oder übernommene Entscheidung für die eigene Person antizipiert werden und in Bezug auf die eigene Person begründungsfähig sein muss.

Der deutliche Vorzug des Entscheidungsverständnisses der Individualisierungsthese liegt darin, die Anforderungen, die an das Individuum unter den Bedingungen der reflexiven Moderne gestellt werden, sehr deutlich ins Bewusstsein zu heben: die Notwendigkeit der individuellen Entscheidung, die prinzipiell individuell begründungsfähig sein und insofern immer auch individuell antizipiert sein muss. Gleichzeitig impliziert dies die prinzipielle Unmöglichkeit eines unreflektierten Rückgriffes auf aus der Tradition vorgegebene Entscheidungszusammenhänge und ihre Begründungen, die nicht durch den individuellen Reflexionsgang des Individuums gegangen sind.

Eine letzte Anfrage an Pollack betrifft die von ihm konstatierte Unvereinbarkeit von Religion und Moderne sowie die Feststellung, dass das Christentum die besten Bestandsaussichten habe, wenn es die funktionale Differenzierung auf einer unteren Ebene derselben unterlaufe. Was versteht Pollack unter diesem Prozess? Fasst er ihn parallel zum Prozess der Versäulung von kirchlichen Strukturen im 19. Jahrhundert? Dieser Aspekt bleibt ungeklärt. Hinsichtlich der Verhältnisbestimmung von Religion und Moderne wäre

---

145 WATZLAWICK 1990, 50.
146 Unklar bleibt m. E., warum Pollack in der Motivation, aus Traditionalität und Konventionalität die Kirchenmitgliedschaft aufrechtzuerhalten, einen Motivationswandel sieht, ist doch gerade diese Begründung rein traditional und konventionell motiviert; ein Motivationswandel scheint in dieser Hinsicht daher nicht gegeben zu sein.

übrigens die Untersuchung einer Verortung religionsproduktiver Tendenzen, die – wie Pollack anregt – nicht an den Bruchstellen und Kontingenzen der Moderne ansetzt, sondern auf die Funktionsprinzipien der Moderne zurückgeführt werden und die sich nicht auf das marktförmige Prinzip der Konkurrenz beziehen, sehr bereichernd. Diese Untersuchung fällt jedoch bei Pollack leider aus. Die Bestimmung von Religion aufgrund ihrer traditionalen Verhaftetheit sowie die ausschließlich negative Verhältnisbestimmung von Religion und Moderne greifen im Konzept der Säkularisierung, wie es hier von Pollack aufgegriffen wurde, zu kurz.

Das Konzept der religiösen Individualisierung, wie es maßgeblich von Gabriel oder Krüggeler[147] vertreten wird, untersucht dagegen die Auswirkungen der reflexiven Moderne auf die Situation und Bedeutung von Religion und Religiosität für die Individuen in der modernen Gesellschaft. In diesem Zusammenhang konstatiert die Individualisierungsthese deutliche Veränderungen im Bereich der Religion, die sie aber nicht – wie bereits dargelegt – ausschließlich als Entkirchlichungsprozesse deutet, sondern vielmehr einen Bedeutungswandel von Religion konstatiert. Dabei geht es ihr nicht darum festzuhalten, dass außerinstitutionelle Religiositätsformen die institutionalisierte Religion ersetzen oder dass es zu einem völligen Unsichtbarwerden der Religion, wie dies von Luckmann angenommen wird, kommt. Vielmehr stellt die Individualisierungsthese einen Theorieentwurf dar, der in seiner Übertragung auf die religiöse Situation Veränderungen im Hinblick auf Religion und Religiosität sowohl auf gesamtgesellschaftlicher Ebene wie auch auf der Ebene des Individuums zu erfassen sucht. Gegenüber der Säkularisierungsthese spricht für diese Position, dass sie die sich vollziehenden Veränderungsprozesse nicht ausschließlich als Entkirchlichung deutet, die letztlich zu einem Verschwinden von Religion oder der Einlagerung von Religion in Sonderbereiche führt. Vielmehr versucht das Konzept der religiösen Individualisierung im Anschluss an die Wahrnehmung der Veränderungsprozesse die Bedeutung von Religion und Religiosität in der Moderne zu spezifizieren, religionsproduktive Tendenzen auszumachen und nicht nur den der Religion seitens der Gesellschaft zugewiesenen Platz, sondern auch aus christlicher Perspektive den genuin christlichen Auftrag und Anspruch transparent werden zu lassen und ihren Beitrag zur Bewältigung von Lebenspraxis zu leisten.

Dennoch stellen sich auch in Bezug auf das Konzept der Individualisierung einige Anfragen. Manche sind bereits im Rahmen der Auseinandersetzung mit der Position von Pollack benannt worden: So birgt das Fehlen einer klaren Kriteriologie zur Bestimmung von Religiosität bzw. das Fehlen eines allgemein anerkannten, universalen Religionsbegriffs die Gefahr des völligen Diffundierens dessen, was denn als religiös zu qualifizieren sei, in sich. Damit

---

147 Vgl. KRÜGGELER 1999.

besteht ferner die Gefahr, im Rahmen von Individualisierung zwar eine boomende Renaissance von Religiosität und Religion wahrzunehmen, die aber eventuell nur auf einer massenmedial vermittelten Beschreibung religiösen Wandels beruht, die eine unabhängig von empirischen Befunden hohe Plausibilität besitzt. Dieser Gefahr kann allerdings durch entsprechende empirische Studien, die vor allem die Erforschung der Bedeutungsebene des Religiösen im Blick haben, begegnet werden, entsprechende Studien sind denn auch bereits erstellt worden.[148]

Zwei andere Anfragen, die eng miteinander zusammenhängen, scheinen mir jedoch an dieser Stelle zentraler zu sein: Zum einen die Frage nach der Relevanz gesellschaftlicher und religiöser oder nicht religiöser Prägung im Zusammenhang mit den postulierten Freisetzungsprozessen sowie die Frage, inwieweit im Rahmen der Individualisierungsthese das Moment von Tradition Berücksichtigung findet, und zum anderen die Frage nach dem Verständnis von Entscheidung. Die erste Frage greift die immer wieder gegenüber der Individualisierungsthese vorgebrachte Kritik auf, sie überschätze die strukturelle Mobilität und die damit gegebenen Entscheidungsmöglichkeiten für das Individuum gegenüber den weiterhin bestehenden oder neu entstandenen Abhängigkeiten. Zugespitzt auf den religiösen Kontext heißt dies: Inwieweit sind oder bleiben die religiösen Prägungen, auf die Daiber z. B. hinsichtlich der Konfessionalität hingewiesen hat[149], für Entscheidungsprozesse wirksam? Diese Anfrage ist m. E. nicht mit dem immer wieder gegebenen Hinweis zu beantworten, dass Individualisierung nicht die völlige 'Freiheit von' bedeutet, sondern das Eingebettetsein in die Ambivalenzen der Moderne.[150] Die Gebundenheit oder Nichtgebundenheit an die eigenen religiösen oder nicht religiösen Prägungen müssten in dieser Hinsicht noch einmal eigens untersucht werden. Die Berücksichtigung des Traditionsmomentes, das bei Pollack eine zu hohe Relevanz hat, fällt umgekehrt im Rahmen der Individualisierungsthese geringer, vielleicht sogar zu gering aus.

Die zweite Anfrage thematisiert den Entscheidungsbegriff, der der Individualisierungsthese zugrundeliegt: Das Entscheidungsverständnis der Individualisierungsthese entspricht den Bedingungen der reflexiven Moderne, die es ja auch virulent gemacht haben, insofern die zentrale Aufgabe des Individuums unter den Bedingungen von Pluralisierung und Individualisierung darin besteht, die Verantwortung für das eigene Selbst zu tragen und die eige-

---

148 Vgl. die Schweizer Studie zu Religiosität von DUBACH/CAMPICHE 1993. Ferner seien in einer Auswahl als qualitative Studien an dieser Stelle genannt: SCHÖLL 1992; FISCHER/SCHÖLL 1994; KLEIN 1994; SOMMER 1998.

149 Vgl. DAIBER 1996.

150 So etwa KRÜGGELER 1996, 216f. Dieser Hinweis genügt jedoch nicht, weil die Frage eine andere Ebene betrifft als diejenige der Entstehung neuer Abhängigkeiten, nämlich auf der Ebene der Beeinflussung des individuellen Deutungssystems durch die eigene religiöse oder nicht religiöse Herkunft.

ne Autonomie auszubilden. Das kann es aber nur leisten, wenn seine Entscheidungen prinzipiell begründungsfähig sind.[151] Ist diesem Verständnis von Entscheidung auch zuzustimmen, so bleiben doch hinsichtlich der Individualisierungsthese mehrere Fragen. Zum einen: Macht es sich die Individualisierungsthese nicht zu leicht, jegliches Handeln als Entscheidungshandeln zu verstehen, und wird damit nicht ein Phänomen von Indifferenz oder der nicht bewusst getroffenen Entscheidungen, das ja zumindest für den Bereich der Religion feststellbar zu sein scheint, qua Definition aus dem Problemkomplex herausdefiniert? Wird alles zur Entscheidung – so wie Beck/Beck-Gernsheim es nahe legen[152] –, dann verwässert der Entscheidungsbegriff und verliert seine klaren Konturen. Wo unterscheidet er sich dann vom Begriff der Handlung? Unter Umständen mag hier ein Unterschied zwischen gesellschaftlicher Individualisierung und dem dadurch erforderten Handeln und dem Bereich der Religion liegen, so dass die Individualisierung nicht bruchlos auf Religion übertragen werden kann. Dann bleibt allerdings doch die Frage, warum es zu so vielen Missverständnissen über die Individualisierungsthese kommt, in denen das freie und autonom handelnde Individuum assoziiert wird. Diese Missverständnisse könnten in einem hoch anspruchsvollen, fast hypertrophen Verständnis über das Individuum, das alles zu entscheiden hat, grundgelegt sein. Dieses Verständnis geht in der Realität mit einer latenten sowie auch faktischen Überforderung des Individuums einher. Durch jene latente Überforderung entsteht allerdings nicht etwa allein das geforderte Entscheidungshandeln, sondern vor allem durch die Komplexitätssteigerungen in der Moderne, die Entscheidungshandeln auf jeder Ebene fordern. An dieser Stelle stellt sich in Bezug auf die Rolle und den Auftrag von Religion eine andere Frage, die hier nur angedeutet werden soll und später ausführlicher aufgegriffen wird: Inwieweit stellt Religion eine Entlastungsfunktion bereit und wird sozusagen zur "entscheidungsfreien Zone"? Und inwieweit gehört dies genuin zu ihren Funktionen und wird von ihr selbst als eine ihrer Aufgaben gesehen?

Zusammenfassend lässt sich formulieren, dass die Individualisierungsthese gegenüber der Säkularisierungsthese einen weiteren Rahmen für die Untersuchung der Bedeutung und Rolle von Religion in der reflexiven Moderne und vor allem für die Untersuchung der individuellen religiösen Deutungsmuster, mit denen Menschen unter den Bedingungen der reflexiven Moderne ihre Lebenspraxis konzipieren und bewältigen, bietet. Gerade bei der Untersuchung der individuellen Deutungsmuster ist es notwendig, auch nicht kirchlich verfasste mit in den Blick nehmen zu können und in ihrer Relevanz für das Individuum zu untersuchen. Insofern liegt dieser Untersuchung das Konzept der Individualisierungsthese zugrunde. Die dabei aufgezeigten Probleme des Entscheidungshandelns, die Frage nach einer latenten Überforderung des

---

151 Vgl. dazu die in der Einleitung benannten Anforderungen an das Individuum.
152 Vgl. die Äußerungen in der Replik auf Burkhart: BECK/BECK-GERNSHEIM 1993.

Individuums und der Berücksichtigung der Tradition bleiben dabei genauso wenig ausgeblendet wie die berechtigten Anfragen Pollacks. Sie können im Rahmen dieser Untersuchung nicht auf der Theorieebene geklärt werden, werden aber als offene Fragen insbesondere in der empirischen Untersuchung mit berücksichtigt werden. Gleichzeitig wird versucht werden, einen Beitrag zur Klärung dieser Fragen aus der empirischen Perspektive zu leisten.

2.3 Zur Struktur und Funktion von Religion und Religiosität in der modernen Gesellschaft

Bei dem Versuch, die Rolle und Bedeutung von Religion in der Gesellschaft und für das Individuum zu bestimmen, stoßen alle Klärungsbemühungen – unabhängig, ob sie von einer Individualisierung, Säkularisierung, Privatisierung oder Differenzierung von Religion ausgehen – letztlich immer auf die Frage, was denn als Religion zu qualifizieren sei und wodurch sie sich genauerhin bestimme. Damit ist die Frage nach dem Verständnis von Religion gestellt, das vornehmlich unter der Frage nach einem Religionsbegriff diskutiert wird. Auf Grundlage der in den 2.1 und 2.2 geführten gesellschaftstheoretischen Auseinandersetzung ist es ein erstes Anliegen der folgenden Erörterungen, dem Verständnis von Religion und Religiosität und der darin liegenden Problematik nachzugehen, um damit die eigene Verortung in dieser Frage darzulegen.

In einem zweiten Schritt wird versucht, aus religionssoziologischer Perspektive der Frage nach der Rolle und Bedeutung von Religion und Religiosität für Gesellschaft und Individuum näher zu kommen. Dazu wird auf den Ansatz einer strukturalen Bestimmung von Religiosität, wie er von Ulrich Oevermann in den letzten Jahren entwickelt wurde, und auf Ansätze funktionaler Bestimmung von Religion, insbesondere auf das von Franz-Xaver Kaufmann entwickelte heuristische Raster zur Bestimmung von Religion, zurückgegriffen. Obgleich der Focus dieser Untersuchung auf der Untersuchung der Rolle und Bedeutung von Religion und Religiosität für das Individuum liegt, wird hier im Rahmen der strukturalen[153] und funktionalen Betrachtung zunächst die Rolle und Bedeutung von Religion für die Gesellschaft in den Blick genommen, da aufgrund der Tatsache, dass Individuen immer in Gesellschaft verortet sind, von dieser beeinflusst werden und ihre Biographien sich im gesellschaftlichen Kontext generieren, die gesellschaftliche

---

153 Das von Oevermann entwickelte Strukturmodell von Religiosität ist zwar zunächst auf das Individuum ausgerichtet, insofern es jedoch auf sozialer Praxis beruht natürlich auch unmittelbar in den gesellschaftlichen Zusammenhang involviert.

nicht von der individuellen Ebene zu trennen ist. Insofern stellt auch die gesellschaftliche Rolle von Religion und die Leistungen, die von ihr gesellschaftlich in Anspruch genommen werden, einen Einflussfaktor – wenn auch noch durch andere Faktoren vermittelt – auf die individuelle Bedeutung von Religion dar.

Die im zweiten Schritt vorgenommene – auf einer formalen Ebene[154] liegende strukturale und funktionale – Bestimmung von Religion und Religiosität soll in einem dritten Ansatz ergänzt werden durch eine theologische Perspektive, die inhaltlich konkreter als einer formalen Bestimmung möglich, die christliche Religion und ihre Bedeutung einer Reflexion unterzieht. So wird in hermeneutischer Hinsicht nach einer Bestimmung und der Struktur und Funktion von Religion und Religiosität gefragt, um von da aus meinem Anliegen, der Bedeutung von Religion und Religiosität in moderner Lebensführung näher zukommen. Die Zuspitzung der Frage nach der strukturalen und funktionalen Bedeutung von Religion und Religiosität für das Individuum wird in 2.4 einer genaueren Analyse unterzogen.

2.3.1 Zur Problematik des Religionsbegriffs

Die Frage nach einem Religionsbegriff stellt sich – betrachtet man die Geschichte der Religionen – erst zu einem relativ späten Zeitpunkt, im Laufe des 18. Jahrhunderts im Zusammenhang mit der Aufklärung. Das Zerbrechen des umfassenden christlichen Sinn- und Kommunikationszusammenhangs im europäischen Kontext und die Anfragen der Französischen Revolution und der Aufklärung ließen die Frage aufkommen, wie Religion denn eigentlich genau zu erfassen und was als religiös zu qualifizieren sei; denn erst mit diesen Anfragen wurde ein Gegenüber kreiert, das die Notwendigkeit der Unterscheidung zwischen religiös und nichtreligiös erforderlich werden ließ.[155] Ist

---

154 An dieser Stelle ist es notwendig, das Verständnis und den Gebrauch des Begriffs "formal" zu erläutern. Zunächst ist formal gleichbedeutend mit "rein" bzw. "inhaltslos" und steht damit im Gegensatz zum materialen Gehalt. In diesem Sinne ist auch die strukturale Formalität zu verstehen: Zwar sind Struktur und Inhalt dialektisch aufeinander insofern bezogen, als sich eine Struktur nur an einem Inhalt herauskristallisieren lässt und Struktur und Inhalt einander bedürfen; niemals gibt es das eine ohne das andere. Doch die Struktur selbst ist bar jeglichen materialen Gehaltes und in dieser Hinsicht rein formal. Hinsichtlich der Funktion dagegen ist zu betonen, dass die Funktion nicht inhaltslos und in dieser Hinsicht formal ist, sondern immer an eine konkrete Leistung gebunden ist, die wiederum ihrerseits auf einen Inhalt, mit dem diese erbracht werden kann, rekurriert. Der Funktionsbegriff greift also über die Leistung auf Materialität zurück. Wird folglich hinsichtlich einer funktionalen Betrachtung von Religion von Formalität gesprochen, so ist damit lediglich der funktionelle Anteil eines bestimmten religiösen Systems gemeint, nicht aber Formalität im Sinne eines Gegensatzes zu Materialität.

155 Vgl. dazu KAUFMANN, 1986, 300; 1989, 58f; TENBRUCK 1993.

somit die Frage nach dem Religionsbegriff verhältnismäßig jung, so war und ist sie gleichzeitig immer begleitet von dem Bemühen um einen allgemeinen, universalen Religionsbegriff. Aktuell und insbesondere im Zusammenhang einer Verhältnisbestimmung von Religion und Moderne wird immer wieder die Frage gestellt, inwieweit ein universaler Religionsbegriff wirklich zur Qualifizierung des Religiösen und der Identifizierung von Religion in der reflexiven Moderne notwendig ist. Fast unzählige Ansätze und unterschiedlichste Definitionen von Religion aus den verschiedenen wissenschaftlichen Disziplinen der Theologie, der Religionsphilosophie, der Religionswissenschaft, der Religionssoziologie existieren mittlerweile, die eine universale allgemeine Bestimmung von Religion zu leisten versuchen.[156] Immer deutlicher wird jedoch auch die These vertreten, dass es aufgrund des scheinbar kaum zu leistenden Unterfangens einer umfassenden Bestimmung von Religion und der mit den Versuchen zur Religionsbestimmung einhergehenden Schwierigkeiten sinnvoller sein könnte, generell auf einen universalen Religionsbegriff zu verzichten und mit den Positivbestimmungen der jeweils historisch ausgebildeten Religion zu arbeiten.[157]

Für unseren Zusammenhang einer religionssoziologischen Betrachtung sind insbesondere zwei Problembereiche, die mit dem Religionsbegriff einhergehen, zu benennen.[158] Sie lassen sich mit den Stichworten zu *enges* Religionsverständnis auf der einen Seite und zu *weites* Religionsverständnis auf der anderen Seite charakterisieren. Der erste Problembereich betrifft ein Religionsverständnis, das so eng gefasst ist, dass es angesichts der Individualisierungs- und Pluralisierungserscheinungen in der reflexiven Moderne nicht in der Lage ist, Phänomene als religiöse zu erkennen und zu erfassen, die nicht im traditionellen Handlungs- und Ritualkodex der institutionell verfassten Religion liegen. Damit wird die Bestimmung von Religion eingeengt auf den traditionell herrschenden Diskurs von Religion (vgl. 2.2.3). Dieses Verständnis wird den kollektiven und individuellen religiösen Ausdrucksformen in moderner Gesellschaft nicht gerecht, die nicht unmittelbar in den Kanon der traditionellen kirchlichen Praxis einzuordnen sind. Diese christentumszentristische Sichtweise ist im Zuge der gesellschaftlichen Veränderungen

---

156 Vgl. zur Auseinandersetzung um den Religionsbegriff das umfassende Werk von WAGNER 1991; ferner RENDTORFF 1980; DAIBER/LUCKMANN 1983; KOSLOWSKI 1985; OELMÜLLER 1984; LÜBBE 1990; BERGER/HAHN/LUCKMANN 1993; MATTHES 1992.
157 Als Vertreter dieser Position sind Kaufmann, Gabriel und Matthes zu nennen. Vgl. GABRIEL 1992; KAUFMANN 1989; MATTHES 1967.
158 An dieser Stelle werden zwei Problemkreise dargestellt, die für unseren weiteren Zusammenhang der Auseinandersetzung mit den Funktionen von Religion hohe Relevanz besitzen. Verzichtet wird daher auf eine umfassende Systematik, die die Leistungen und jeweiligen Aporien der unterschiedlichen Ansätze zum Religionsbegriff zum Inhalt hat. Ein solche Zusammenfassung liefern die Übersichten von Pollack, Nipkow und Gollwitzer. Vgl. POLLACK 1995a, 167-182; NIPKOW 1990, 140-149; GOLLWITZER 1980, 10-17.

und der Ablösung einer Kirchensoziologie durch die Wiederaufnahme der Religionssoziologie hinreichend analysiert und kritisiert worden.[159]

Der zweite Problembereich betrifft ein Verständnis von Religion, das so weit und umfassend ist, dass eine klare Abgrenzung und Unterscheidung von Religion und Nicht-Religion nicht mehr möglich ist. Einer der Hauptvertreter dieses sehr weiten Religionsverständnisses ist – wie schon ausgeführt – Thomas Luckmann (vgl. 2.2.1; 2.2.3). Religion wird von Luckmann bestimmt als die Transzendierung des Menschen vom biologischen zum sozialen Wesen: "'Religion' findet sich also überall, wo Zugehörige der Gattung Mensch in Handelnde innerhalb einer sie als 'natürliche' Organismen transzendierenden, geschichtlich entstandenen gesellschaftlichen Ordnung verwandelt werden."[160] Ausgehend vom wissenssoziologischen Ansatz bestimmt Luckmann Religion als die Einordnung des Individuums in einen den einzelnen transzendierenden Sinnkosmos. Diese Einordnung erfolgt über Sozialisation. Dieses umfassende und weite Religionsverständnis ergänzt Luckmann durch seine verschiedenen – kleine, mittlere und große – Stufen der Transzendenzerfahrungen (vgl. 2.2.1).

Das bereits angesprochene Problem dieses Religionsverständnisses liegt darin, dass bei diesem Vorgehen Religion nicht mehr von Nicht-Religion unterschieden werden kann, sondern mit dem Sozialen gleichgesetzt ist.[161] Pollack sieht eine wichtige Konsequenz, die diesem rein funktionalen Verständnis innewohnen kann, darin, dass religiöse Formen und Inhalte, sofern sie ihre Funktion nicht mehr erfüllen, ihren religiösen Charakter verlieren und andere zunächst einmal nichtreligiöse Inhalte und Formen religiös aufgeladen werden und religiöse Funktion erfüllen könnten. Damit drohten religiöser Inhalt und religiöse Funktion auseinander zufallen.[162] So berechtigt und zutreffend diese Kritik ist, wenn man wie Pollack von der Notwendigkeit einer eindeutigen Gegenstandsabgrenzung dessen, was religiös ist, ausgeht, so wenig wird sie das Eigenverständnis von Luckmann treffen, da dieser diese eindeutige Zuordnungsnotwendigkeit nicht zugrunde legt und von einem

---

159 Vgl. dazu vor allem die entsprechende Analyse von LUCKMANN 1960, 315-326.
160 LUCKMANN 1996, 18.
161 Ähnliche Schwierigkeiten ergeben sich bei den sich auf Tillichs Definition von Religion als "das Ergriffensein von dem, was uns unbedingt angeht" (vgl. TILLICH 1966, 9) berufenden Religionspädagogen, z. B. Wolfgang G. Esser, Günter Stachel und Erich Feifel. Vgl. ESSER 1971, 32-63; STACHEL 1973, 19-33; FEIFEL 1973, 34-48. Zur Diskussion um den Religionsbegriff vgl. auch die Darstellung und Einschätzung von NIPKOW 1990, 129-168. Die auch eher weit gefasste Definition von Tillich sprenge zwar – so Gollwitzer – einen zu engen Religionsbegriff, nötige aber gleichzeitig zu der Unterscheidung zwischen einer legitimen und illegitimen Unterscheidung, zwischen Gott und Götze, zwischen wahrem Anspruch und irriger Vergötzung von Endlichem. Damit werde Religion nicht von Irreligiosität, Atheismus, Unglauben usw. abgegrenzt, sondern in die Religion werde im engeren Sinne ein kritisches Prinzip selbst eingeführt. Vgl. GOLLWITZER 1980, 13f.
162 Vgl. POLLACK 1995a, 179f.

völlig anderen Ansatz aus die Fragestellung verfolgt. Eine weitere Konsequenz dieses weiten Verständnisses liegt darin, dass es – auf die Situation der Moderne bezogen – keinen Relevanzverlust bzw. kein Säkularisierungsphänomen geben kann, da Religion immer konstitutiver Bestandteil jeglicher Gesellschaft ist.[163] Deutlich wird an diesem Religionsverständnis, wie eng es mit Gesellschaft und Kultur verwoben ist.[164]

Neben der hier skizzierten Problematik eines zu engen bzw. eines zu weiten Religionsbegriffs liegt eine weitere Schwierigkeit eines universalen Religionsbegriffs darin, dass seine Reichweite und Allgemeinheit zu Lasten der jeweiligen Konkretion und Kontextualität geht. Damit ist ein universaler Religionsbegriff in seiner Abstraktheit gleichzeitig einer inhaltlichen Entleerung und Ahistorizität ausgesetzt. Genau an dieser inhaltlichen Entleerung setzt Kaufmann mit seiner Absage an einen universalen Religionsbegriff an.[165] Aus religionssoziologischer Perspektive soll dessen Position hier exemplarisch vorgestellt werden. Für Kaufmann steckt die religionstheoretische Diskussion in folgendem Dilemma:

"(...) orientiert sie sich [die religionstheoretische Diskussion, J.K.] in ihrem Erfahrungshorizont an real existierenden, kirchlichen Religionsformen, vermag sie offensichtlich nur einen Bruchteil der unserem impliziten Wissen zugänglichen Dimensionen von Religion zu erfassen. Rekurriert sie dagegen auf einen allgemeinen Religionsbegriff, so gerät sie ebenfalls in charakteristische Aporien, sei es einer petitio principii oder funktionalistischer Beliebigkeit."[166]

Eine inhaltliche, allgemeine und vergleichende Bestimmung von Religion – so Kaufmann – sei zum Scheitern verurteilt, da diese notwendigerweise heterogene Elemente in einer Einheit zusammendenke.[167] Formalere Bestimmungen, die aus diesem Dilemma herausführen wollen, wie beispielsweise Ansätze religionssoziologischer oder religionspsychologischer Provenienz, unterliegen der inhaltlichen Entleerung ihrer Bestimmungen. Hier würde nicht mehr deutlich, was und warum etwas als Religion qualifiziert werde.[168] In der

---

163 Diese Tatsache ist einer der Hauptkritikpunkte Pollacks an dem Luckmannschen Religionsverständnis. Vgl. POLLACK 1996, 1998.

164 Damit ist ein dritter Problemkreis angesprochen, nämlich die enge Verwobenheit von Religion in unserem Kontext des Christentums mit der Kultur. Diese erschwert die Analyse von genuin religiösen Elementen und die kulturell antizipierten Elemente, die sich jedoch von einer möglichen eindeutigen religiösen Identifizierung entfernt haben.

165 Kritisch gegenüber einem universalen Religionsbegriff äußerten sich u. a. bereits Ernst Troeltsch, der die Definierbarkeit des Wesens der Religion bestritt und gleichermaßen Rudolf Otto. Vgl. TROELTSCH 1962, 452-499; OTTO 1917.

166 KAUFMANN 1989, 82.

167 Vgl. KAUFMANN 1989, 57.

168 Vgl. KAUFMANN 1989, 57f. Als Beispiele nennt Kaufmann hier den Bestimmungsversuch von Heinz Robert Schlette, der auf Tillich (TILLICH 1966) zurückgreift sowie ferner Ansätze aus dem Bereich der Wissenssoziologie und sozialisationstheoretischen Auseinandersetzung mit dem Religionsbegriff. Vgl. SCHLETTE 1974, 1239. Diese Ansätze gingen zu sehr

Bestimmbarkeit der Begriffe Moderne und Religion kommt Kaufmann zu einer Umkehrung der Bestimmtheitsrelationen:

"Während im allgemeinen das Moderne als diffus und schwer bestimmbar angesehen, die Bestimmtheit von Religion dagegen als bekannt vorausgesetzt wird, erscheint nunmehr der Begriff der Modernität als bestimmt, derjenige der Religion dagegen als unbestimmbar, genauer, als durch die neuzeitlichen Entwicklungen unbestimmt geworden."[169]

Kaufmann geht von einem Unbestimmtwerden der Religion im konzeptionellen, im normativen und im empirischen Sinne aus. Diese Tatsache bedeutet für ihn, dass Religion nur noch als ein problemanzeigender Begriff verstanden werden kann. Im Anschluss an sein Modernitätsverständnis als Legitimation fortgesetzten Wandels blieben heute 'erste' und 'letzte' Fragen ohne Antwort, alles bleibe im "Vorläufigen, im Überholbaren und damit im Vergänglichen"[170].

Dieses Unbestimmtwerden des Religionsbegriffs hängt für Kaufmann mit mehreren Faktoren zusammen: In differenzierten Gesellschaften ist Religion ein Teilsystem unter anderen geworden, das laut Kaufmann, der hier stark auf Luhmann rekurriert, nicht mehr in der Lage sei, den gesellschaftlichen Gesamtzusammenhang zu symbolisieren und zu verbürgen. Der herkömmliche Religionsbegriff, dem genau diese Aufgabe oblag, sei angesichts der vielfältigen Differenzierungsprozesse und der dezentralisierten Gesellschaftskonstellation genau dazu nicht mehr in der Lage.[171] Kaufmann geht noch einen Schritt weiter, indem er von einem Zerbrechen des Religionsbegriffs angesichts der Vielfalt der Bedeutungen spricht, die ihm zugeschrieben werden und die dieser nicht mehr zu erfüllen in der Lage ist.[172] Dieses Zerbrechen des

---

von den subjektiven Sinnkonstitutionen aus, was dazu führe, dass lediglich das relationale Moment von individueller Sinnkonstitution und kultureller Sinnhaftigkeit als begriffsnotwendiges Merkmal übrig bleibe. Ähnliche Kritik übt er an funktionalistischen Bestimmungen von Religion, die unterschiedliche soziale Funktionen von Religion bestimmten. Das führe dazu, dass alles, was derartige Funktionen erfülle, als Religion gelte. Vgl. Ebd. Ähnliche Kritik übt auch Falk Wagner an den vornehmlich im Bereich der Religionspädagogik entwickelten Entwürfen zu einem allgemeinen Religionsbegriff. Die weitgehend formalisierten und abstrakt formulierten Religionsbegriffe von W. G. Esser, H. Halbfas, S. Vierzig u. a. (vgl. ESSER 1971; HALBFAS 1972; VIERZIG 1970) führten zum einen dazu, dass der im individuellen Subjekt verankerte Religionsbegriff endgültig so subjektiviert würde, "dass er extensional und intensional auf das zur Frage gewordene Einsubjekt zusammenschrumpft." WAGNER 1991, 450. Ein zweiter wesentlicher Kritikpunkt richtet sich darauf, dass Religiosität so zum Apriori erhoben wird, dass der Mensch nicht mehr wählen kann, er kann seine wesensmäßige Religiosität nur noch in Freiheit annehmen oder "nicht wesensmäßig unterdrücken und verdrängen." Vgl. Ebd. 451.
169 KAUFMANN 1989, 59.
170 KAUFMANN 1989, 30.
171 Vgl. KAUFMANN 1989, 61.
172 Vgl. KAUFMANN 1989, 60f.

Religionsbegriffs wird noch deutlicher, wenn man Kaufmanns Position zum Religionsbegriff hinzuzieht:

"In gewisser Hinsicht ist dieser Religionsbegriff eine europäische Erfindung nachaufklärerischer Provenienz, welche im wesentlichen eine Leerstelle bezeichnet, die eben durch die Delegitimierung des Christentums im Prozess der Aufklärung entstanden ist. (...) 'Religion an sich' hat nie irgendeine historische Wirkmächtigkeit besessen, sondern nur eine Vielzahl sehr unterschiedlich strukturierter Sozialphänomene, die wir selbst uns mit dem schillernden Begriff 'Religion' zu klassifizieren angewöhnt haben."[173]

Zerbrochen ist nach Kaufmann der Horizont von allgemein geteilten Kollektivvorstellungen, d. h. solchen Symbolisierungen, nach denen unproblematisch Sinn und Zweck des Lebens bestimmt werden können. Ist die These zutreffend, dass das Zerbrechen des Religionsbegriffs durch seine Bedeutungsvielfalt auch die Auflösung einer einheitsstiftenden Macht andeutet, so stellt sich nach Kaufmann die Frage, was denn an ihre Stelle getreten sei. Eine Antwort auf diese Frage ergebe sich nur aus den Funktionen von Religion, die in neuzeitlichen Gesellschaften stärker ausdifferenziert seien und deren Leistungen von unterschiedlichen Einrichtungen erbracht würden.[174] Hier setzt Kaufmanns funktionales Religionsverständnis an. Aus seiner Ablehnung eines allgemeinen Religionsbegriffs ergibt sich für Kaufmann nicht die Unmöglichkeit, die Rolle und Bedeutung von Religion zu untersuchen. Religion ist für Kaufmann ein im Kern vorwissenschaftlicher Begriff, höchstens ein – wie schon gesagt – problemanzeigender Begriff, "dessen Verhältnis zu den je gesellschaftlich vorfindbaren, als 'religiös' bezeichneten Phänomenen einer näheren Bestimmung bedarf"[175]. Dem allgemeinen Religionsbegriff setzt Kaufmann somit seinen Ansatz der Soziologie des Christentums gegenüber, d. h. der Gegenstand der Religionssoziologie habe in unserem Kulturkreis bei den Erscheinungsformen des Christentums anzusetzen, da dieses seine religiöse und kulturelle Wirkmächtigkeit entfaltet habe, die es zu untersuchen gilt.[176]

Lehnt Kaufmann einen allgemeinen Religionsbegriff aus den genannten Gründen ab, so vertritt Detlef Pollack aus einer religionssoziologischen Perspektive vehement die Notwendigkeit eines allgemeinen Religionsbegriffs. In seiner Begründung bezieht sich Pollack insbesondere auf die Schwierigkeiten des einerseits zu engen und andererseits zu weiten Religionsbegriffs. Trotz aller Schwierigkeiten hält er an der Notwendigkeit fest: "Nur wenn Religion mit Sicherheit identifiziert und von anderen Gegenstandsbereichen abgegrenzt werden kann, ist zu garantieren, dass sie eine eigenständige Wirklich-

---

173 KAUFMANN 1989, 65. Der allgemeine Religionsbegriff sei – so Kaufmann – mit Blick auf seine Geschichte zunächst ein ideologiepolitischer Begriff. Vgl. Ebd. 60.
174 Vgl. KAUFMANN 1989, 62f.
175 KAUFMANN 1979, 96.
176 Vgl. KAUFMANN 1989, 64.

keit unabhängig von anderen Objektsphären besitzt."[177] Die Klärung eines allgemeinen Religionsbegriffs aufzugeben, birgt für Pollack die Gefahr in sich, unreflektierte Voraussetzungen in die religionswissenschaftliche Arbeit aufzunehmen. Denn – so seine These – "die empfohlene Abstinenz gegenüber der Verwendung des Religionsbegriffes"[178] würde nicht eingehalten, die Forschung benutze ihn weiter, auch wenn er nicht präzisiert würde. Der Verzicht auf einen Religionsbegriff sei auch gar nicht möglich, insofern stelle sich ausschließlich die Frage, ob die Nutzung wissenschaftlich verantwortet erfolge oder nicht. "Der Verzicht auf das Bemühen um eine Definition des Religionsbegriffes bedeutet also lediglich, dem unkontrollierten Gebrauch des Religionsbegriffes die Tür zu öffnen."[179] Am Beispiel des Religionsverständnisses von Luckmann verdeutlicht Pollack seine Position. Der Prozess des religiösen Wandels könne nur dann angemessen erfasst werden, wenn eine Definition von Religion vorliege. Denn was man unter Religion verstehe, entscheide mit darüber, was und wie viel an Religion man in der Gesellschaft wahrnehme. Pollack plädiert dafür, die eigenen religionssoziologischen Analysemöglichkeiten durch den Verzicht auf eine Definition von Religion nicht einzuschränken, unter diese Einschränkung fällt für ihn auch die Annahme eines religiösen Aprioris.[180] Ein allgemeiner Religionsbegriff muss nach Pollack folgende vier Bedingungen erfüllen: Er muss weit genug sein, "um auch Phänomene von religiöser Relevanz, die außerhalb der institutionalisierten Religionen anzutreffen sind, erfassen zu können"[181]. Diese Weite des Religionsbegriffes habe den Vorteil, bisher unentdeckte religiöse Phänomene aufspüren zu können. Zugleich muss ein solcher Religionsbegriff jedoch anzeigen können, was Religion nicht ist, insofern habe die Religionsdefinition trennscharf zu sein, d. h. sie muss, um der Gefahr der Beliebigkeit und Unbestimmtheit zu entgehen, Universalität und Konkretion miteinander verbinden.[182] Neben Weite und gleichzeitiger Trennschärfe müsse eine Religionsdefinition auch die Vergleichbarkeit aller religiösen Phänomene ermöglichen und garantieren. Sie müsse also das jeweilige Selbstverständnis der Religionen überschreiten und die subjektiven unreflektierten, sozialen, historischen und psychischen

---

177 POLLACK 1995a, 163. Vgl. Pollack 1996, 59; 1998.
178 POLLACK 1995a, 165.
179 POLLACK 1995a, 165.
180 Pollack wirft z. B. Gabriel die Einschränkung seiner religionssoziologischen Analysemöglichkeiten durch den Verzicht auf eine Definition vor, da Gabriel nicht feststellen könne, inwieweit sich das religiöse Feld erweitert habe, wenn er nicht zuvor kläre, was unter Religion, religiösem Feld und religiös zu verstehen sei. Vgl. dazu POLLACK 1996, 59. Die Kritik an einem religiösen Apriori richtet sich gegen Luckmann. Allerdings wird ein religiöses Apriori auch von Vertretern angenommen, die einen wesentlich engeren Religionsbegriff vertreten, insofern kann religiöses Apriori nicht mit einem weiten Religionsbegriff gleichgesetzt werden. Dazu erfolgen weiter unten noch nähere Ausführungen.
181 POLLACK 1995a, 166.
182 Vgl. POLLACK 1995a, 183.

Umstände der Religionsangehörigen berücksichtigen. Sie müsse ferner in der Lage sein, die Innen- und Außenperspektive der Religion im Blick zu haben.[183] Außerdem sei der von jeder Religion gestellte Geltungs- und Wahrheitsanspruch, der von der Wissenschaft weder verifiziert noch falsifiziert werden kann, zu berücksichtigen. Um dem Anspruch wissenschaftlicher Redlichkeit gerecht zu werden, müsse ein Ausgleich geschaffen werden zwischen religiösem bzw. religionskritischem Engagement und wissenschaftlicher Neutralität.[184] Schließlich müsse der Religionsbegriff so beschaffen sein, dass er einer empirischen Überprüfbarkeit zur Verfügung stehe. Dementsprechend ist er zu verstehen als ein problemanzeigender Begriff, der "als heuristische Hypothese formuliert sein [muss], die sich empirisch füllen oder auch korrigieren lässt. Gleichzeitig sollte eine solche Religionsdefinition empirische Untersuchungsergebnisse auch stimulieren."[185] Entsprechend seiner Kriteriologie legt Pollack einen Entwurf zur Erfassung von Religion vor, der – trotz des aufrechtzuerhaltenden Postulates nach einem allgemeinen Religionsbegriff – nicht den Anspruch einer universalen Religionsdefinition hat, mit dem sich jedoch seiner Meinung nach sowohl empirisch als auch historisch arbeiten lässt und der so einen Fortschritt auf dem Weg zur Bildung eines universalen Religionsbegriffs darstellt.[186]

Beide Positionen, sowohl die einer Ablehnung eines universalen Religionsbegriffs als auch dessen Befürwortung, haben jeweils gewichtige Gründe für sich. Pollack ist zuzustimmen, insofern es notwendig erscheint, Religion von anderen Gegenstandsbereichen abzugrenzen. Dies verdeutlicht sich exemplarisch an dem Religionsverständnis Luckmanns, denn dieses hilft im Aufspüren und in der Analyse gegenwärtiger Religiositätsmuster nicht weiter. Die Dringlichkeit einer Klärung erscheint umso gegebener und zugleich umso schwieriger, je diffuser Religion und Religiosität in der reflexiven Moderne werden.[187] Pollack zustimmend ist die Forderung nach einem allgemeinen

---

183 Vgl. POLLACK 1995a, 166, 183.
184 Vgl. POLLACK 1995a, 183.
185 Vgl. POLLACK 1995a, 166, 183. Ähnliche Bedingungen für einen Religionsbegriff formuliert auch Michael Krüggeler. Er sollte weit genug sein, um über die institutionell sichtbare Religion auch alt-neu-religiöse Phänomene wie Astrologie, Esoterik, New Age oder Okkultismus aufnehmen zu können, und andererseits eng genug, um 'Religion' von anderen Sozialphänomenen abgrenzen zu können. Ferner sollte er auch die Eigenperspektive nichtprofessioneller religiöser Akteure zu aktualisieren ermöglichen. Vgl. KRÜGGELER 1996, 219; 1999, 101.
186 In diesem Entwurf verbindet Pollack eine soziologisch-funktionale mit einer historisch-substantiellen Vorgehensweise, der die Kontingenzproblematik als Bezugsproblem zugrundeliegt, um so zu einer integralen Religionsdefinition zu kommen. Vgl. zur Definition von Religion ausführlich POLLACK 1995a.
187 Dass dies nicht die einzige Begründung, dennoch eine sehr gewichtige für ein Festhalten am universalen Religionsbegriff darstellt, liegt auf der Hand. Gerade auch hinsichtlich der Fragen nach einem interreligiösen Dialog und der aktuellen Diskussionen der Theologie

Religionsbegriff als ein bleibendes Postulat aufrechtzuerhalten. Ein solches Unterfangen ist allerdings nicht im Rahmen der Religionssoziologie zu leisten, sondern stellt die bleibende Aufgabe der und den Anspruch an die Religionsphilosophie dar. Ein solches universales Religionsverständnis hat entsprechend der von Pollack aufgestellten Kriteriologie die Kontextualität und gleichermaßen die Pluralität von Religion zu berücksichtigen.

Greifen die meisten allgemeinen Bestimmungsversuche von Religion auf eine substantielle oder funktionale Bestimmung von Religion zurück, so erhebt Ulrich Oevermann[188] mit dem von ihm entwickelten Strukturmodell von Religiosität den Anspruch auf universelle Geltung. Oevermann fasst Religiosität dabei ausschließlich strukturell, und in dieser reinen Formalität genügt das Modell s. E. sowohl dem Kriterium der Universalität als auch dem Kriterium der historisch-spezifischen Konkretion. Universalität kann dieses Modell – so Oevermann – aufgrund seines Gegründetseins in sozialer Praxis beanspruchen, die Oevermann als konstitutiv für den Menschen ansieht, die Offenheit für historische Spezifizität ist durch die Formalität der Struktur gegeben, in die sich die kulturspezifischen Inhalte einschreiben lassen (vgl. 2.3.2). Das bedeutet: Einer universal gegebenen formalen Struktur entspringt eine Vielfalt partikularer, kontextuell bedingter religiöser Systeme und Praktiken, die gewissermaßen den materialen Gehalt der formalen Struktur ausmachen.

Für die Erforschung des Phänomens Religion im Rahmen der Religionssoziologie kann es insofern nur darum gehen, sich der Schwierigkeiten bewusst zu sein und verantwortet mit ihnen umzugehen sowie die erkenntnisleitenden Interessen des jeweiligen Vorgehens offen zulegen, unabhängig davon, ob ein universaler Religionsbegriff postuliert wird oder nicht. Wie unterschiedlich dies erfolgen kann, verdeutlichen die vorgestellten Positionen von Kaufmann, Pollack und Oevermann. Kaufmann legt sein heuristisches Raster in der Auseinandersetzung mit der Frage nach dem Religionsbegriff und daran anschließend in seiner Untersuchung der Funktionen von Religion offen, Pollack entwickelt ein Modell, das nicht den Anspruch auf Universalität erhebt, jedoch ein forschungspraktisches Instrumentarium darstellt, das in weiteren Analysen nutzbar ist. Die Position, die in dieser Arbeit eingenommen wird, hält an der Notwendigkeit eines universalen Religionsbegriffs fest und geht dabei von der Verknüpfung einer transzendentalphilosophischen und einer hermeneutischen Perspektive aus: In transzendentaler Hinsicht ist Religion rein formal als bloße Möglichkeitsbedingung dafür zu bestimmen, sich konkreten, historisch-kulturell bedingten Formen von Religion bzw. einer konkreten Haltung von Religiosität zu öffnen, die kontextuell, kulturell sowie

---

der Religionen zeichnen sich weitere Begründungen ab, die hier aber nicht näher ausgeführt werden, da sie nicht genuin in unserem Themenkomplex liegen.

188 Vgl. dazu OEVERMANN 1996, 36. Im Unterschied zu substantiellen und funktionalen Ansätzen spricht Oevermann immer von Religiosität und nicht von Religion.

sozioökonomisch bedingt ist. Insofern ist der transzendentale Religionsbegriff strikt apriorisch und liegt jeder historisch-positiven bzw. material bestimmbaren Religion voraus. Ein Religionsbegriff, der als transzendentales Vermögen und als pure Möglichkeitsbedingung zur Offenheit für konkrete Religionen bestimmt ist, ist zweifellos universal, aber zugleich auch rein formal. Dies macht eine Verbindung mit einer hermeneutischen Perspektive notwendig: Religion als transzendentales Apriori entfaltet sich in materialen Religionen aus, in eine Vielzahl historisch-positiver Religionen, die sich im Rückgriff auf ein hermeneutisches Verfahren erschließen lassen. Der transzendentale Religionsbegriff leistet hierbei die notwendige universale Begründung von Religion überhaupt, ohne sich deren hermeneutischer Deutung und Bestimmung sowie der Erkenntnis zu verschließen, dass Religion geschichtlich immer in einer Pluralität konkreter Religionen auftritt.[189]

Anthropologisch lässt sich das transzendentale Verständnis von Religion konkreter fassen: Als Vermögen der Offenheit ist es nicht allein das Vermögen der Offenheit zur Ausbildung einer religiösen Haltung innerhalb eines je konkreten religiösen Umfeldes, sondern das Vermögen der Offenheit für Transzendenz.[190] Solchermaßen lässt sich Religion im Sinne eines Vermögens oder einer Haltung als anthropologische Grundkonstante begreifen. Im Rückgriff auf die Bewusstseinsphilosophie lässt sich diese anthropologische Grundkonstante präziser fassen: Man kann statt von einer Grundkonstante eher von einem religiösen Bewusstsein sprechen[191], das engstens mit dem

---

189 Vgl. PREUL 1980, der dazu ausführt, "dass ein allgemeiner Religionsbegriff seine Funktion nur dann erfüllt, wenn er die mögliche Beziehung zur Partikularität, und dass heißt zur historisch-positiven Religion, immer schon als ein integrales Bestandteil impliziert." Ebd. 132.

190 Ich beziehe mich hier auf Rahners Konzept einer transzendentalen Religionsphilosophie in "Hörer des Wortes" (1. Aufl.), das auch auf Heideggers Existenzphilosophie zurückgreift. Vgl. RAHNER 1941. Nicht mitvollzogen wird die Verschiebung von der transzendentalen Religionsphilosophie zu einer Transzendentaltheologie sowie die Einführung des sog. "übernatürlichen Existenzials", wie von J. B. Metz im Auftrag von Rahner in der 2. Aufl. von "Hörer des Wortes" vorgenommen. Vgl. RAHNER 1963. Man könnte meinen, dass hier mit dem Rekurs auf Rahner schon ein bestimmtes Verständnis von Religion, nämlich das Christliche vorausgesetzt wird. In der Tat haben Rahner als auch letztlich Kant das Christentum als besonders mit diesem Ansatz kompatible Religion im Blick, wenn sie von der Möglichkeitsbedingung für Transzendenz sprechen. Trotzdem entfaltet Rahner – auf den ich mir hier beziehe – seine Religionsphilosophie zunächst einmal unabhängig von der christlichen Religion und weist diese Möglichkeitsbedingung auf. Welchen Grad von Transzendenz diese Offenheit dann impliziert, ist mit dem Aufweis nicht ausgesagt.

191 Der Begriff religiöses (Selbst)Bewusstsein wird u. a. von Udo F. Schmälzle verwendet. Vgl. SCHMÄLZLE 1996. Religiosität wird nach Schmälzle greifbar im religiösen Selbstbewusstsein des Menschen. Im Anschluss an Schrödters Definition von Religion "vom Anfang der Bewegung her" (SCHRÖDTER 1975, 90.) bezieht Schmälzle religiöses Bewusstsein "auf die radikale Endlichkeit menschlicher Existenz und umfasst darüber hinaus alle inneren und äußeren Aktivitäten, in denen der Mensch seine Endlichkeit zu leben und zu überwinden sucht." Ebd. 116f.

menschlichen Selbstbewusstsein verknüpft ist bzw. nur in diesem existiert. Dabei wird die Unhintergehbarkeit des Selbstbewusstseins für die menschliche Selbstbeschreibung und menschliche Selbsterkenntnis vorausgesetzt. Das religiöse Bewusstsein kann als eine Fähigkeit wie auch ein Bedürfnis des Menschen bestimmt werden, sich selbst, und damit auch das Bewusstsein über sich selbst zu transzendieren. Das Bewusstsein dieses Vermögens fällt mit dem Selbstbewusstsein zusammen, denn das Selbst weiß sich im Bewusstsein seiner selbst zugleich als auf etwas außerhalb seiner selbst liegendes verwiesen.[192] In dieser konstitutiven Verwiesenheit und Offenheit des Menschen auf Transzendenz hin kann er sich in der Auseinandersetzung mit Grundfragen seiner Existenz auf Inhalte einer historisch-positiven Religion öffnen. Insofern ist das religiöse Bewusstsein in transzendentaler Perspektive gleichzeitig Möglichkeitsbedingung der Öffnung für eine konkrete Religion und wird so inhaltlich bestimmbar und bestimmt.[193]

Aus dem transzendentalen Apriori "Religion" bzw. religiöses Bewusstsein folgt allerdings keineswegs die Notwendigkeit bzw. ein Zwang, diese Offenheit auf Religion hin konkret zu vollziehen. Wie bereits ausgeführt, handelt es sich um eine Bedingung der Möglichkeit, d. h. religiöses Bewusstsein kann in der Auseinandersetzung mit den Grundfragen menschlicher Existenz in eine Öffnung auf konkrete Religion hin münden, muss dies aber nicht. Der Mensch hat die Freiheit, sich zu entscheiden, wie und mit welchen religiösen bzw. nicht-religiösen, also säkularen Sinndeutungssystemen er diese existentiellen Grundfragen angehen möchte. Allerdings ist ihm diese Entscheidung auch mit Notwendigkeit aufgegeben: Er hat zwar die Freiheit, sich für oder gegen konkrete Religionen wie auch gegen den gelebten Vollzug einer religiösen Grundhaltung zu entscheiden, er kann sich jedoch dieser Entscheidung nicht entziehen, weil sie ihm durch sein religiöses Bewusstsein immer schon aufgegeben ist. Auch handelt es sich nicht um eine Variante des Luckmannschen Religionsbegriffs, der sich als zu weit erwiesen hatte, weil er

---

192 Schleiermacher beschreibt dies mit dem Begriff der "schlechthinnigen Abhängigkeit". Dabei geht er von zwei Voraussetzungen aus: a) Selbstbewusstsein ist nicht reflexionstheoretisch zu bestimmen, sondern als unmittelbares Wissen des Subjekts von sich; b) zugleich jedoch weiß dieses Subjekt, dass es sich nicht sich selbst verdankt, weder in seinem Dasein noch in seiner Verfassung. Insofern fühlt es sich radikal abhängig und erlebt sich in einer "schlechthinnigen Abhängigkeit". Religion ist deshalb für Schleiermacher einen als Gefühl schlechthinniger Abhängigkeit zu bestimmen, zum anderen als "Sinn und Geschmack für das Unendliche". Für das Religionskonzept Schleiermachers folgt daraus einerseits, dass der Begriff "Gott" für Religion nicht konstitutiv ist (eine wesentliche Voraussetzung zur Bestimmung eines universalen Religionsbegriffs, soll dieser nicht ausschließlich auf die monotheistische Religionen enggeführt sein, wodurch er nicht mehr universal wäre), und andererseits, dass Religion wesentlich an die Subjektperspektive des Individuums geknüpft wird. Vgl. hierzu SCHLEIERMACHER 1999.
193 Zu Theorie und Struktur sowie der inhaltlichen Bestimmtheit des religiösen Bewusstseins vgl. auch WAGNER 1991, 523-554.

zu einer Ununterscheidbarkeit von Religion und Nicht-Religion führt. Denn erstens trifft ein transzendentales Religionsverständnis noch keine Aussagen über die konkrete Vorfindlichkeit von historisch-positiver Religion; zweitens ist Religion hier als Offenheit für Transzendenz charakterisiert, weshalb bestimmte Sinn- und Deutungsmuster menschlicher Existenz, die diese Offenheit ausschließen, nicht als religiös zu qualifizieren sind. Und drittens ist daran zu erinnern, dass ein transzendentales Religionsverständnis mit einem hermeneutischen Verständnis zu verbinden ist, um das Abgleiten in ein rein formales und dadurch gegebenenfalls auch in ein zu unbestimmtes und zu weites Verständnis von Religion zu verhindern. Denn unbestritten entbehrt der transzendentalphilosophische Religionsbegriff jeglicher geschichtlichen Anbindung und gesellschaftlichen Verortung, dies muss er jedoch auch nicht leisten, dazu bedarf es der Hermeneutik.[194]

Die hermeneutische Perspektive, der die transzendentale Perspektive als Garantin der Universalität von Religion eingegliedert ist, ist immer auf die jeweiligen kontextuellen und kulturellen Bedingungen historisch-positiver Religionen angewiesen und hat diese in ihren Reflexionsgang mit einzubeziehen. In unserem Kulturkreis ist dies vornehmlich die historisch-positive Religion des Christentums und deren Verwobenheit in und mit der Kultur des Abendlandes. Der Ansatzpunkt dieser Untersuchung über Rolle und Bedeutung von Religion und Religiosität in der Moderne geht insofern zunächst einmal von diesem skizzierten Rahmen aus und damit neben der transzendentalphilosophischen Perspektive auch von der historischen Verfasstheit der

---

194 Ich möchte an dieser Stelle in aller Kürze eine Linie zwischen dem gerade vorgestellten transzendentalphilosophischen Religionsbegriff und dem auch schon angesprochenen Strukturmodell von Religiosität ziehen. Ohne auf die theoretischen Hintergründe und Implikationen eingehen zu können, möchte ich auf eine Gemeinsamkeit und einen Unterschied aufmerksam machen. Damit wird nicht der Anspruch erhoben, diese seien mit dieser Anmerkung erschöpfend behandelt. Beide Verständnisformen sind verbunden an dem Punkt der reinen Formalität und damit der Entbehrung jeglicher inhaltlicher Bestimmung. Der Begriff der Religion impliziert allerdings immer die Systemperspektive, womit nicht die Institutions- und Organisationsebene gemeint ist, sondern der Blick auf die diese Religionsform repräsentierenden materialen Gehalte. Wenn Religion somit immer in engstem Zusammenhang mit Materialität steht, dann kann m. E. hier nicht von Religion gesprochen werden, da aufgrund der formalen Struktur einer Möglichkeitsbedingung diese erst in einem zweiten Schritt in Betracht kommt. Vielmehr müsste – analog dem Ansatz von Oevermann – von Religiosität gesprochen werden, verdeutlicht diese Rede den formalen Charakter und damit die Möglichkeit und Offenheit für historisch-konkrete Inhalte viel stärker als die m. E. irreführende, weil Materialität nahelegende Rede von Religion. Der transzendentalphilosophische Religionsbegriff und das Strukturmodell von Religiosität sind also in diesem Punkt und ferner in ihrem Anspruch auf Universalität verbunden. Deutlich unterschieden sind sie allerdings in ihren jeweiligen Ausgangspunkten. Hier gründet das soziologische Strukturmodell in sozialer Praxis und der aus religionsphilosophischer Perspektive stammende transzendentalphilosophische Religionsbegriff in der autonomen Vernunft des Subjekts.

Religion, ohne andere religiöse Diskurse auszuschließen. In dieser Linie wird auch hier der Ansatz der Soziologie des Christentums, wie er auch von Gabriel und Kaufmann vertreten wird, zugrunde gelegt, ist er doch gerade durch seinen offenen Blick, auch auf die kulturelle Verwobenheit, nicht auf Kirchlichkeit eingeschränkt, sondern ermöglicht es, Religion auch außerhalb der institutionellen Verfasstheit auf die Spur zu kommen, allerdings ohne dass Religion dann sogleich mit Christentum gleichgesetzt wird.

Der gesellschaftlichen Dimension von Religion näher nachzugehen, ist Anliegen der folgenden Überlegungen. Dabei wird aus religionssoziologischer Perspektive nach den Funktionen und der Struktur von Religion und Religiosität gefragt werden und ein strukturales und funktionales Verständnis von Religion bzw. Religiosität einander gegenüber gestellt. Die bisherigen Überlegungen dienten der Offenlegung der eigenen erkenntnisleitenden Position hinsichtlich der im Weiteren zu verfolgenden religionssoziologischen Fragestellung.

2.3.2 (Religions-)Soziologischer Ansatz I: Zur Struktur von Religiosität

Wie bereits im Vorangegangenen erwähnt, wurde – neben den eher klassischen Versuchen, das Phänomen Religion zu bestimmen und zu erfassen – in den letzten Jahren von Ulrich Oevermann eine Religionstheorie[195] entwickelt, die strukturtheoretisch gefasst ist und damit gegenüber den bereits angesprochenen substantialen oder funktionalen Bestimmungen von Religion einen gänzlich anderen Ansatz bildet. Ich möchte im Folgenden diesen Ansatz vorstellen und nach einer Auseinandersetzung mit einer funktionalen Betrachtung von Religion (2.3.3) beide Modelle hinsichtlich ihrer Implikationen für das Verständnis von Religion in der späten Moderne befragen.

Vornehmliches Charakteristikum des Modells von Oevermann ist, dass Religiosität hier weder inhaltlich noch vom Erleben oder von bestimmten Bedürfnissen her bestimmt wird, sondern streng strukturell.[196] Für Oevermann bestimmt sich Religiosität dadurch, dass sie konstitutiv für die Lebenspraxis ist und dementsprechend aus den Konstitutionsbedingungen von Lebenspraxis, also aus der sozialen Praxis, abzuleiten ist. Dies ist im folgenden detaillierter zu erläutern.

---

195 Oevermann hat seine Theorie bisher in drei Veröffentlichungen niedergelegt: OEVERMANN 1995; 1996; 2001. In den theoretischen Implikationen des Modells rekurriert Oevermann – explizit und implizit – sehr stark auf den religionssoziologischen Ansatz von Max Weber.

196 Oevermann wendet sich explizit gegen die Bestimmung von Religiosität aus dem Erleben (Otto) und vom Bedürfnis her. Vgl. zu seiner Kritik OEVERMANN 1996, 29f.

Im Mittelpunkt der Ableitung dieses Modells steht die Dialektik von End-lichkeit und Unendlichkeit, d. h. im Übergang von Natur und Kultur und der damit einhergehenden Entwicklung von Bewusstsein konstituiert sich der Mensch dadurch, dass er ein Bewusstsein seiner eigenen Endlichkeit und der Endlichkeit von Leben entwickelt.[197] Der Übergang von der Natur zur Kultur vollzieht sich – neben anderen Faktoren – vor allem durch den Erwerb der Sprachlichkeit und das sich in diesem konstituierten regelgeleiteten Han-deln.[198] Mit diesem Erwerb geht gleichzeitig die Möglichkeit einher, hypothe-tische Welten hinsichtlich Vergangenheit und Zukunft zu konstruieren und somit ein Bewusstsein für Geschichtlichkeit zu entwickeln. Der Mensch weiß als Kulturwesen, dass es eine Zeit vor ihm gab und eine Zeit nach ihm geben wird.[199] Mit diesem Bewusstsein von Endlichkeit verbindet sich nun unmittel-bar ein Bewusstsein über die Begrenztheit der zur Verfügung stehenden Res-source 'Zeit' und damit ist "die kategoriale Differenz von Wirklichkeit und Möglichkeiten in die Empirie des praktischen Lebens eingeführt"[200]. Das Bewusstsein für die Endlichkeit des eigenen Lebens, also die Antizipation des Todes führt nun unweigerlich zur universalen Sinnfrage, die sich in der Trias der Fragen 'Woher komme ich?', 'Wohin gehe ich?' und 'Wer bin ich?' wider-spiegelt. "Diese mythischen Fragen beziehen sich vornehmlich auf die Gren-zen des Lebens, nämlich Geburt und Tod, erweitern sich aber mit zunehmen-der Rationalisierung auf die einzelnen Lebensabschnitte, besonders die bio-graphischen Zäsuren."[201] Die Verknappung der Ressource Zeit führt zum Zwang der Entscheidung, da nicht alle zur Verfügung stehenden Optionen in der zur Verfügung stehenden Lebensspanne verwirklicht werden können.

Bevor nun im weiteren Verlauf unmittelbar auf das Strukturmodell von Religiosität eingegangen werden kann, muss an dieser Stelle das für dieses Modell gleichermaßen konstitutive Modell von Lebenspraxis eingeführt wer-den.[202] Die bereits angesprochene Lebenspraxis vollzieht sich – so Oever-mann – als widersprüchliche Einheit von Entscheidungszwang einerseits und prinzipieller Begründungsverpflichtung andererseits. Neben der Notwendig-keit des Entscheidungszwangs muss diese Entscheidung im Vergleich mit anderen Optionen begründet und zwar vernünftig, d. h. im Vergleich zu den anderen Optionen also rationaler begründet werden. Dies stellt solange kein Problem dar, solange die Begründung vorliegt und mit Evidenz versehen ist.

---

197 Vgl. OEVERMANN 1995, 34.
198 Oevermann bezieht sich hinsichtlich des Spracherwerbs und seiner Bedeutung für die menschliche Entwicklung auf die Theorie des Spracherwerbs Noam Chomskys. Zur Regel-geleitetheit des Handelns. Vgl. ausführlicher 3.2.3.
199 Vgl. OEVERMANN 1995, 34.
200 OEVERMANN 2001, 290. Oevermann hat im Rahmen seines Strukturmodells ein eigenes Modell von sozialer Zeit und sozialem Raum (1995; 2001) entwickelt.
201 GÄRTNER 2000, 16.
202 Vgl. zum Modell von Lebenspraxis OEVERMANN 1988, 243-245, ferner 1985.

Im Grunde liegt dann aber – so Oevermann – auch keine wirkliche Entscheidungssituation vor, weil die Alternativen keine wirklichen Alternativen
sind.[203] Je stärker die Entscheidung nun zu einer wirklichen Entscheidung
wird, also keine mit Evidenz versehene Begründungsleistung existiert oder
die vorliegende als nicht ausreichend "vernünftig" erscheint, werden dementsprechend neue Begründungsleistungen erforderlich.[204] Die mit dem Entscheidungszwang einhergehende Begründungsverpflichtung stellt sich insofern verschärft dar, als sie einerseits den Anspruch auf Rationalität erhebt,
eine in die Zukunft offene Entscheidung jedoch zu dem Zeitpunkt, an dem sie
getroffen werden muss, nicht begründet werden kann, sondern unbegründet
sein muss. Denn wäre sie zum Zeitpunkt der Entscheidung bereits begründungsfähig, wäre es im oben ausgeführten Sinne keine wirkliche Entscheidung zwischen zur Verfügung stehenden Optionen mehr, sondern aufgrund
der Evidenz der Begründungsargumente wäre es letztlich kein wirkliche Wahl
und damit keine Entscheidung. Das bedeutet, die Entscheidung wird – so
Oevermann – unter der Maßgabe eines "strukturellen Optimismus" getroffen,
also entsprechend der Formel 'Im Zweifelsfalle wird es gut gehen' und damit
im Vertrauen bzw. in der Zuversicht, das die getroffene Entscheidung die
richtige sein wird.[205] Auch wenn die Begründung nicht im Augenblick der
Begründung gegeben werden kann, ist sie deshalb nicht aufgehoben, sondern
muss nachträglich eingelöst werden. Eingelöst wird sie, indem sie sich als
evident erweist, sich also in der Lebenspraxis bewährt. Mit dem Treffen einer
Entscheidung ist die Widersprüchlichkeit des Zusammenhangs für eine gewisse Zeit – solange wie sich die getroffene Entscheidung bewährt – aufgehoben, jedoch nicht grundsätzlich aufgehoben, sondern sie wird "nach jeder
Bewährungsphase auf eine neue Ebene, in einen neuen Zyklus gewissermaßen
geschoben (...), denn jede erfolgreiche neue Routine kann ihrerseits in ihrer
lebenspraktischen Ausprägung in eine neue Krise geraten (...)"[206] Damit gerät
das Individuum in die Dynamik, in seiner Lebenspraxis immer wieder – qua
Entscheidungen – Krisen bewältigen zu müssen und sich in dieser Bewältigung zu bewähren. Es vollzieht sich so zugleich das, was Oevermann mit

---

203 Vgl. OEVERMANN 1995, 37.
204 Dieser Entscheidungszwang bei gleichzeitiger Begründungsverpflichtung ist bereits mehr-
     fach im Zusammenhang mit der Individualisierungsthese angesprochen worden. Die An-
     schlussfähigkeit der Konzepte in diesem Punkt liegt hier auf der Hand.
205 Vgl. OEVERMANN 2001, 295. Jede getroffene Entscheidung stellt sozusagen eine eigene
     Sequenz dar, wo prinzipiell aus den Möglichkeiten der anschlussfähigen Optionen eine
     ausgewählt werden muss. Diese Sequenzialität von Lebenspraxis, also dieser Vollzug von
     Entscheidungen eines Individuums und damit auch die ausgeschlagenen Optionen, ist mit-
     tels einer Sequenzanalyse zu rekonstruieren. Dieses Verfahren liegt auch der hier vorge-
     nommenen empirischen Untersuchung zugrunde. Vgl. ausführlicher zur Sequenzialität
     OEVERMANN 2001, 299-303.
206 OEVERMANN 2001, 292.

"nicht still stellbarer Bewährungsdynamik"[207] bezeichnet. Für die Konstituierung von Lebenspraxis bedeutet dies, dass die Lebenspraxis sich nun in genau dem Maße konstituiert, wie diese Entscheidungskrisen durch Vollzug gelöst werden und zugleich in diesem Vollzug die Realisierung der Autonomie und fortschreitende Individuierung erfolgt.[208] "In dem Maße, in dem dieser Prozess von gelingender Individuierung fortschreitet, die Lebenspraxis also an Kontur ihrer je konkreten Fallstruktur gewinnt, bewährt sie sich einerseits, aber andererseits verschärft sie für die Zukunft das Bewährungsproblem, weil die Ansprüche auf Bewährtheit mit der diesem Individuierungs- und Bewährungsprozess innewohnenden Prägnanzbildung ihrerseits steigen und sich nicht still stellen lassen."[209] Nicht still stellbar ist diese Bewährungsdynamik deshalb, weil sie für den gesamten Zeitraum des menschlichen Lebens gilt; das Individuum hat keine Möglichkeit, der Bewährungsdynamik auszuweichen, es muss sich fortwährend in seinem Leben bewähren. Stillgestellt wird diese Dynamik erst mit dem Tod, der umfassenden Krise menschlichen Lebens und dem Abschluss der Lebenspraxis. Antizipation des Todes und Bewusstsein der Endlichkeit führen dazu, dass die Spanne der Bewährung sich ausschließlich auf das Diesseits erstreckt. Für die Lebenspraxis folgt daraus, dass das Bewährungsproblem und seine Dynamik in der Lebensspanne einerseits unabschließbar ist, andererseits jedoch theoretisch das Bewährungsproblem in jeder Entscheidungssituation oder Sequenzstelle so bewältigt sein muss, dass das Leben als bewährt gelten könnte. Die Unabschließbarkeit des Bewährungsproblems vor dem Tod und der Anspruch auf Gelöstheit des Problems quasi zu jeder Zeit stellen nun – so Oevermann – die Dynamik und Triebfeder der modernen Lebensführung dar.[210]

Diese nicht still stellbare Bewährungsdynamik stellt nun auch den Kern des im Folgenden näher zu erläuternden Strukturmodells von Religiosität dar. Das Modell ist dabei in drei Komponenten unterteilt, die untereinander aufeinander bezogen sind.

---

207 OEVERMANN 2001, 290. Im Hintergrund dieses Gedankengangs steht das Charisma-Konzept von Weber, das eine Ablauffigur zur Erzeugung von Neuem aufzeigt. Dabei verlagert Oevermann den fünfschrittigen Ablauf der Charismatisierung in das Handeln einer Person und verteilt die unterschiedlichen Momente auf einen inneren Dialog. Vgl. OEVERMANN 1995, 44-51; 2001, 294-297. Dieses Verständnis von Entscheidung und Bewährung, wie es dem Oevermann-Konzept zugrundeliegt, geht von dem Zusammenhang von Krise und Routine aus: Im Vollzug der Lebenspraxis ist die Krise als der Normalfall aufzufassen und die Routine als der Grenzfall, denn die Krise muss ja eben durch eine Krisenlösung überwunden werden, der die Chance auf Bewährung und Evidenz inhärent ist, um ihrerseits wieder zur Routine zu werden. Vgl. OEVERMANN 2001, 299.
208 Vgl. OEVERMANN 1995, 39f.
209 OEVERMANN 2001, 293.
210 Vgl. OEVERMANN 2001, 317

1. Aufgrund des Bewusstseins von der Endlichkeit des Lebens stellt sich dem Menschen das Bewährungsproblem, das sich in der Antizipation des Todes radikalisiert, sich aber konstitutionstheoretisch an jeder Sequenzstelle des Lebens stellt.[211] In Krisensituationen muss sich das Individuum immer wieder neu bewähren. Als Feld der Bewährung steht dabei dem Menschen nur das diesseitige Leben zur Verfügung. Seine endgültige Lösung bleibt ein unerfüllter Zustand, der aber dennoch angestrebt werden muss.[212]

2. Um diese Bewährungsdynamik auszuhalten – was angesichts ihrer Dynamisierung immer schwieriger wird –, bedarf es eines Bewährungsmythos[213], der diese abmildert. Dieser muss in der Lage sein, die drei grundlegenden Sinnfragen nach dem Woher, dem Wohin und der aktuellen Identität verbindlich und in Unverwechselbarkeit für eine konkrete Lebenspraxis beantworten zu können. Damit ist im Bewährungsmythos Universalismus als universelle Funktion der Beantwortung der drei Fragen und Partikularismus als die Unverwechselbarkeit der Antwort für individuelle Lebenspraxis gegeben.[214] Dabei gründen sich – so Oevermann – dogmatisch ausgestaltete Religionen auf Schöpfungs- und Erlösungsmythen, säkulare Kulturen ersetzen diese durch Mythen, die auf ein Konzept diesseitiger Autonomie wie z. B. die Leistungsethik bezogen sind.[215]

---

211 Vgl. OEVERMANN 1995, 63.

212 "Die Paradoxie der Bewährungslogik und -dynamik besteht darin, dass in dem Maße, in dem die Aufgabe der Bewährung ernsthaft gelöst werden muss, die Unerfüllbarkeit dieses Ideals anerkannt werden muss und in dem Maße, in dem diese Unerfüllbarkeit eingesehen wird, dem Ideal umso mehr nachgestrebt werden muss." OEVERMANN 1995, 63.

213 Der Bewährungsmythos ist in die universal gegebene Bewährungsdynamik eingespannt und reagiert auf diese, er erzeugt diese jedoch nicht. Indem er das Bewährungsproblem abzumildern versucht, artikuliert er es jedoch zugleich erneut und lässt es dadurch wieder virulent werden. Vgl. OEVERMANN 2001, 321.

214 Als diese Dialektik von Universalismus und Partikularität bzw. Historizität ist in Anlehnung an Levi-Strauss bei Oevermann der Begriff des Mythos gefasst. Vgl. dazu GÄRTNER 2000, 16 Anm. 5. Diese Kennzeichnung des Mythosbegriffs klärt diesen m. E. allerdings nicht. Es fällt auf, das Oevermann – zumindest in seinen Schriften zur Religionstheorie – sein Verständnis des Mythosbegriffs nicht weiter darlegt. Gerade aus theologischer Perspektive stellt sich die Frage nach dem Mythosverständnis und die Frage, ob dieses nicht zu weit gefasst ist.

215 Vgl. OEVERMANN 1995, 64f. Die Elaboration des Bewährungsproblems verdeutlicht Oevermann an der jüdisch-christlichen Tradition, denn Bewährung sei in diesem Traditionsstrang als Erlösung bezogen auf ein Jenseits und dementsprechend nähme dieser Bewährungsmythos die Struktur eines Erlösungsmythos an, der wiederum aus der spezifischen Architektonik eines Herkunfts- bzw. Schöpfungsmythos hervorgehe. Vgl. OEVERMANN 2001, 325. In einer recht ausführlichen Analyse exemplifiziert und überprüft Oevermann (vgl. OEVERMANN 1995, 67-93; 2001, 325-334) sein Modell an Grundzügen der jüdisch-christlichen Tradition und arbeitet dabei die Charakteristika dieses jüdisch-christlichen Erlösungsmythos heraus.

3. Dieser Bewährungsmythos bedarf – damit er seiner Funktion, der Abmilderung der Bewährungsdynamik nachkommen kann – der suggestiven Evidenz, die permanent gesichert werden muss.[216] Sein Evidenzerweis muss dabei über eine individuelle Evidenzsicherung hinausgehen, muss also weiter als subjektive Erfahrung reichen. Dieses wird erreicht, wenn der Bewährungsmythos z. B. über eine vergemeinschaftete Gefolgschaft verbürgt wird.[217]

Das Modell macht deutlich, dass dem Menschen das Sinnproblem, also die Beantwortung der drei grundlegenden universellen Fragen nach Herkunft, Zukunft und Identität, unweigerlich aufgegeben ist oder anders formuliert, dass der Mensch sich bewähren muss.[218] Das Dilemma der späten Moderne besteht zudem darin, dass auf der Ebene individueller Lebensführung die Anforderungen an die angesprochene Begründungsrationalität gestiegen sind und diese angesichts einer Verwissenschaftlichung des Alltags, also quasi szientistischen Maßstäben zu genügen hat, die lebenspraktisch zu lösenden Krisen bzw. die Sinnfrage aber gerade nicht durch Theorien szientistischer Provenienz beantwortbar sind.[219] In der Wahl seines Bewährungsmythos zur Beantwortung der Sinnfragen ist der Mensch frei, er kann diese Fragen im Rückgriff auf einen religiösen Mythos, wie ihn beispielsweise das Christentum zur Verfügung stellt, oder aber im Rückgriff auf einen säkularen Mythos beantworten.[220]

An der Darlegung dieses Modells ist m. E. deutlich geworden, dass Religiosität nicht an einen Inhalt gebunden ist, sondern sich in der Struktur dieses dynamischen und aufeinander bezogenen Zusammenhangs von Bewährungs-

---

216 Insofern steht auch der Bewährungsmythos immer unter dem Druck seiner eigenen Bewährung.

217 Vgl. OEVERMANN 1995, 65, ferner 1996, 35f.

218 Damit ist keine permanente und auch keine immer bewusste Auseinandersetzung mit der Sinnfrage gemeint, die Beantwortung kann in der Lebenspraxis des Individuums ihren Ausdruck finden.

219 Nicht umsonst wird hier auf einen Mythos rekurriert und nicht auf eine Theorie mit propositionalem Beweiswissen. Oevermann beschreibt das der Moderne zugrundeliegende Problem folgendermaßen: "Wenn auf der einen Seite mit der vom okzidentalen Rationalismus ausgehenden Säkularisierung für das moderne Subjekt die in sich religiösen Antworten auf die der universellen Religiosität zugrundeliegenden Strukturproblematik immer weniger tragfähig werden und schließlich gänzlich obsolet geworden sind, wenn aber auf der anderen Seite die wissenschaftlichen Theorien als Ergebnisse dieses Rationalisierungsprozesses grundsätzlich die Sinnfrage nicht beantworten können, solange es die Sinnfrage einer autonomen Lebenspraxis noch ist, wenn also der Mythos grundsätzlich durch noch so gute wissenschaftliche Theorie nicht substituiert werden kann, welche Möglichkeit bleibt dann dem Subjekt, in dieser Schere die Frage nach dem Sinn seines Lebens zu beantworten, die Bewährungsdynamik auszuhalten?" OEVERMANN 1995, 93f.

220 Als Beispiel für einen säkularen Bewährungsmythos führt Oevermann immer das Beispiel der Leistungsethik an.

dynamik, Bewährungsmythos und Evidenzsicherung gründet. In dieser rein formalen Struktur ist das Modell offen für unterschiedliche Inhalte, die in diese Struktur eingeschrieben werden können, wenn sie denn die an den Bewährungsmythos gestellten Bedingungen erfüllen. Mit dieser Loslösung von den Inhalten und der Beschränkung auf die Struktur gehen folgende zwei Implikationen einher, die kurz skizziert werden sollen:

Erstens: Dieses Modell gilt auch für den völlig säkularisierten Menschen, stellt sich das Bewährungsproblem doch auch diesem. Damit wird der Säkularisierungsdebatte eine weitere Facette hinzugefügt, insofern die Struktur von Religiosität erhalten bleibt, auch wenn die klassischen religiösen Inhalte wie z. B. des Christentums verblassen und durch andere ersetzt werden.[221] Vielmehr – so Oevermann – besteht Säkularisierung nicht einfach im Verblassen religiösen Glaubens zugunsten einer religiösen Indifferenz, es verschwindet also nicht die Bewährungsdynamik, sondern es verschwinden die Inhalte, mit der diese bearbeitet werden, sie säkularisieren und ändern sich somit. Davon bleibt die Struktur der Religiosität jedoch unberührt.

"Ja mehr noch: die säkulare Ausformung der Bewährungsdynamik kann als Radikalisierung einer ursprünglich religiös artikulierten Dynamik angesehen werden, so dass das Subjekt in der völlig säkularisierten Gesellschaft, jenes Subjekt, das vollständig davon überzeugt ist, dass es ein Leben nach dem irdischen Tode, nach dem Ende der Lebenspraxis, nicht mehr gibt, weder wieder zum 'Heiden' noch zum religiös indifferenten Menschen wird. Es wird vielmehr zu einer Person, deren Religiosität sich strukturell radikalisiert hat, insofern sie die zuvor entlastenden religiösen Glaubensinhalte und Praktiken abgestreift und korrelativ dazu die Bewährungsdynamik verinnerlicht und sich zu eigen gemacht hat."[222]

Die Unterschiedlichkeit und Inkompatibilität zum Säkularisierungskonzept von Pollack liegt hier auf der Hand, gehen beide Ansätze doch von völlig unterschiedlichen Prämissen aus.

Zweitens: Oevermann spricht in der Regel von Religiosität und nicht von Religion. Daraus ist zu schließen, dass er unter Religion die klassischen Religionen und für unseren Kontext das Christentum versteht.[223] Hinsichtlich der Klärung dessen, wie angesichts der Veränderungen Religion in der späten

---

221 Damit erhebt Oevermann den Anspruch der von Luckmann eingeforderten, aber nie eingelösten Programmatik einer Religionssoziologie, die unabhängig vom Gegenstand institutionalisierter Betätigung existieren kann: "Indem nämlich dieses Strukturmodell von Religiosität auch für den vollständig säkularisierten Menschen gilt, liegt die Begründung einer Religionssoziologie vor, die nicht mit dem Gegenstand institutionalisierter religiöser Betätigung und geglaubter explizit religiöser Schöpfungs- und Erlösungsvorstellungen verschwindet." OEVERMANN 1995, 66.
222 OEVERMANN 1995, 66f.
223 Zumindest habe ich in der Literatur zum Religiositätsmodell keine weiteren Ausführungen zu Oevermanns Verständnis von Religion gefunden. Wie bereits an anderer Stelle erwähnt, taucht – bei aller Beschränkung auf die Struktur – letztlich auch in diesem Konzept die Funktion auf. Näheres dazu unter 2.3.4.

Moderne zu fassen ist, sind die Grenzen bei Oevermann offensichtlich klar gezogen, insofern das Verständnis von Religion nicht ausgeweitet wird, sondern unter Beibehaltung der Struktur auch säkulare Bewährungsmythen letztlich die universale Funktion der Milderung der Bewährungsdynamik erfüllen. Anders formuliert: Die Frage danach, wie Religion zu fassen ist, stellt sich für Oevermann nicht, denn er bleibt diesbezüglich beim klassischen Verständnis von Religion, säkulare Inhalte werden als solche angesprochen, ohne dass damit die von ihm entwickelte Grundstruktur von Religiosität berührt wird.

Nachdem nun mit dem Strukturmodell von Religiosität das strukturale Verständnis von Religiosität dargelegt worden ist, soll in einem nächsten Schritt der funktionalen Betrachtung von Religion näher nachgegangen werden.

2.3.3 (Religions-)Soziologischer Ansatz II: Funktionale Betrachtung von Religion

Die funktionale Betrachtungsweise von Religion findet vor allem im Rahmen der Religionssoziologie und -psychologie häufig Verwendung. Der Focus des Interesses in der Bestimmung von Religion liegt dabei insbesondere in der Frage, was Religion für ein bestimmtes Problem, auf das sie bezogen ist, leistet und welchen Beitrag oder welche Lösung sie zu einem bestimmten gesellschaftlichen oder individuellen Problem erbringt.[224] Im Gegensatz zur hermeneutischen Herangehensweise wird Religion hier nicht inhaltlich bestimmt, sondern ausschließlich von ihren Leistungen her.[225] Der Vorteil einer funktionalen Betrachtung von Religion gegenüber der hermeneutischen Perspektive liegt nun darin, eine Außenperspektive einzunehmen und sozusagen

---

224 Wohlrab-Sahr hat in ihrer Studie über den Islam eine kurze und prägnante Darlegung der Hauptaspekte funktionaler Analyse gegeben, auf die ich mich hier beziehe. Wesentlicher Punkt der funktionalen Analyse, wie sie von Robert Merton und weiterführend Niklas Luhmann formuliert wurde, ist die Tatsache, dass die Formel der 'Problemlösung' an die Stelle der 'Bestandswahrung', der zentralen Formel im älteren Funktionalismus, getreten ist. Mit der Formel der Problemlösung für ein bestimmtes Bezugsproblem erfolgt auch die Orientierung an Alternativen der Problemlösung und damit an den sogenannten funktionalen Äquivalenten. Vgl. MERTON 1995; LUHMANN 1970, v. a. 9-30, 31-53, 66-91; ausführlicher und detaillierter WOHLRAB-SAHR 1999, 112-116.

225 In erster Linie richtet sich die funktionalistische Betrachtungsweise auf die Frage: Was leistet Religion in Gesellschaft. Damit ist ihr Blickwinkel weniger auf die individuelle Bedeutung von Religion gerichtet. Die individuelle Perspektive wurde erst durch die Wissenssoziologie aufgenommen und von ihr in den Vordergrund gestellt. Vgl. dazu BERGER 1992; 1991. Auch wenn an dieser Stelle die gesellschaftliche Dimension im Vordergrund steht, soll hier zumindest erwähnt werden, dass auch für die individuelle Perspektive eine funktionale Betrachtung erfolgen kann; zum Teil werden sich beide Aspekte überschneiden und kaum voneinander trennen lassen.

von außen auf Religion zu schauen. Die Entscheidung über Religion erfolgt ausschließlich über die Leistung; damit kann funktionale Betrachtung aus der Distanz heraus ein Verständnis von Religion entwickeln, das sich aus einem allgemeinen Bezugsrahmen des sozialen Handelns rekonstruieren lässt.[226] Der damit verbundene Unmittelbarkeitsverlust gewährleistet auf der anderen Seite einen Gewinn dergestalt, dass "dadurch die Geltung von Religion erst eigentlich soziologisch bestimmbar [wird] und weder aus irgendeiner Ursprungsfrage heraus noch von dogmatisch-assertorischen Positionen her ableitbar [ist]"[227]. Durch die funktionale Betrachtungsweise können Phänomene in den Blick kommen und als religiös qualifiziert werden, die beim Verbleib in der Innenperspektive nicht wahrgenommen werden.

In den hier kurz skizzierten Vorteilen liegt jedoch zugleich auch die Gefahr, all das als Religion zu bezeichnen, was die angenommene gesellschaftliche Funktion von Religion erfüllt. Damit wird der Religionsbegriff dann wieder so ausgeweitet, dass er unter Umständen einer tendenziellen Beliebigkeit und Inhaltslosigkeit ausgesetzt ist.[228] Um dem entgegenzuwirken, ist der Bezug zur jeweils vorfindlichen historisch-positiven Religion und damit auch eine Einbeziehung hermeneutischer Herangehensweisen unabdingbar. Für eine funktionale Analyse ist nach Drehsen die Erfüllung von drei Bedingungen erforderlich, ohne dass eine Vereinseitigung und ein Verlust an Erklärungskraft in Kauf genommen werden muss: a) funktionale Religionsanalyse muss eine mehrdimensionale Analyse sein, das heißt, diejenigen vielfältigen analytisch unterscheidbaren Ebenen gesellschaftlichen Lebens, in denen Religion als Sozialphänomen vorkommt, müssen erfasst werden. Laut Drehsen bildet sich als eine Art Konsens die Unterscheidung der personalen, interpersonalen und transpersonalen Dimension heraus, die als heuristisches Gerüst dienen kann, und in dem die strukturellen und funktionalen Verflechtungszusammenhänge von Religion sichtbar gemacht werden können.[229] b) Religion kann nicht eindimensional auf eine Funktion festgelegt werden, sondern der Multifunktionalität muss Rechnung getragen werden; denn es ist weniger mit einem Funktionsverlust als vielmehr mit Funktionsüberlagerungen zu rechnen.[230] c) Als Drittes muss eine Bedingungsanalyse erfolgen, die die sozialen Möglichkeitsbedingungen von Religion in der gesellschaftlichen Lebenswelt erhellt. Eine real-soziologische Analyse kann ferner "die konkreten historischen und kulturellen Bedingungszusammenhänge bestimmter religiöser

---

226 Vgl. DREHSEN 1983, 101.
227 DREHSEN 1983, 101.
228 Vgl. KAUFMANN 1989, 16; ferner POLLACK 1995a, 179f.
229 Vgl. DREHSEN 1983, 111. Zu dieser Forderung nach Mehrdimensionalität vgl. auch KAUFMANN, 1999, 71. Parallel kann hier die Einordnung des religiösen Bewusstseins bei Schmälzle auf den Ebenen von intra-, inter-, und transpersonalen Vollzügen gesehen werden. Vgl. SCHMÄLZLE 1996, 117.
230 Vgl. DREHSEN 1983, 112.

Funktionsweisen erschließen, was eine Religionstheorie unauflöslich und zwangsläufig mit einer Theorie des sozialen Wandels zusammenschweißen muss"[231].

2.3.3.1 Ansätze funktionaler Religionsbestimmung

Eine funktionale Betrachtungsweise von Religion hat im Rahmen der Religionssoziologie seit ihren Anfängen und auch in der Religionspsychologie eine lange Tradition.[232] Unter den gegenwärtigen Bedingungen der reflexiven Moderne und angesichts der erörterten Problematik einer Unterscheidbarkeit von Religion und Nicht-Religion erscheint es mir nicht (mehr) möglich zu sein, Religion auf eine Funktion zu beschränken, zumindest nicht, wenn die Untersuchung auf eine konkret empirisch fassbare Ebene abzielt. Demgegenüber scheint es, um hinsichtlich der Bedeutung von Religion für das Individuum zu konkreten Aussagen kommen zu können, sinnvoll, die einzelnen Bezugsprobleme zu analysieren und die Funktionen von Religion im Einzelnen in den Blick zu nehmen. In gegenwärtigen Untersuchungen wird der Bezugspunkt von Religion oftmals ausschließlich in der Bearbeitung von Kontingenzerfahrungen gesehen, so in der Systemtheorie von Niklas Luhmann und ihrem Umfeld.[233] Religion wird hier die Aufgabe zugewiesen, das Problem der Kosmisierung von Welt zu lösen. Im Vordergrund steht dabei die Chiffrierung des Problems der letztendlichen Unbestimmtheit und Unbestimmbarkeit (Kontingenz) und die der Religion zugewiesene Aufgabe, diese tragbar zu machen. Den ausschließlichen Bezugspunkt von Religion – allerdings nicht so ausschließlich auf die Kosmisierung von Welt bezogen – in Kontingenz sieht auch Pollack. Die von ihm entwickelte Matrix zur Bestimmung von Religion ist – ganz in der systemtheoretischen Tradition – am Code Transzendenz und Immanenz sowie an den Polen von Kontingenz und Konsistenz orientiert.[234]

Noch deutlicher als Pollack, der die Kontingenzerfahrungen des Individuums bereits explizit mit einbezieht, weist auch Lübbe der Religion die Aufgabe der Kontingenzbewältigung zu, allerdings mit dem deutlichen Focus auf die Kontingenzsemantik des Individuums. Religiöse Lebenspraxis wird bei Lübbe als Praxis der Kontingenzbewältigung verstanden.[235] Kontingenz

---

231 DREHSEN 1983, 101.
232 So war die Bestimmung der Funktion der Religion wesentlicher Gegenstand der religionssoziologischen Auseinandersetzung von Durkheim, Weber u. a.
233 Vgl. LUHMANN 1992; 2000. Ferner die Auseinandersetzung mit der Religionstheorie von Luhmann von POLLACK 1988. Vgl. auch KAUFMANN 1989, 76.
234 Vgl. POLLACK 1995a, 189.
235 LÜBBE 1990, 179.

ist damit nicht auf das Problem der Kosmisierung von Welt bezogen, sondern auf den Umgang mit Kontingenzerlebnissen im menschlichen Leben.

Betrachtet man diese (religions-)soziologischen Entwürfe, so spitzen sie die Diskussion um die Funktion von Religion auf die Frage nach dem Umgang mit Kontingenzen zu, seien sie auf gesellschaftlicher oder individueller Ebene. Die Reduzierung auf Kontingenzbewältigung und Komplexitätsreduktion und der gleichzeitige Abstraktionsgrad der Systemtheorie ist zutreffend und nachvollziehbar, vor allem auf dem Hintergrund der sehr formalisierten Definition von Sinn als einer der Luhmannschen Zentralkategorien.[236] Dennoch bleibt die Frage, inwieweit sich sowohl in das Luhmannsche Konstrukt als auch in das in sich logische und gleichzeitig sehr abstrakte Idealtypenmodell von Pollack auf einer konkreteren empirischen Ebene Phänomene von Religion einordnen lassen und wie aussagefähig bzw. forschungstauglich diese Ansätze für den eigentlichen Focus dieser Arbeit sind, Aussagen über die Bedeutung und Funktion von Religion für Menschen und ihre Biographien in der reflexiven Moderne zu machen. Eine zweite Frage, die sich in diesem Zusammenhang stellt, geht in die Richtung, inwieweit mit dieser Reduzierung Religion wirklich schon erfasst ist oder ob Religion nicht mehr 'leistet' als Kontingenzbewältigung und Komplexitätsreduktion?

Neben diesen angesprochenen Fragen ist einer weiteren etwas anders gelagerten im Folgenden nachzugehen. Diese richtet sich im Anschluss an das Vorherige und an Durkheims und Parsons Bestimmung von Religion als Integration darauf, inwieweit Funktionen von Religion neben der Integration in Gesellschaft und Gemeinschaft auch auf der Ebene der Förderung von widerständigen Potentialen liegen.

Diese Überlegungen führen insgesamt dazu, in der nachfolgenden Auseinandersetzung auf die Funktionsbestimmungen von Kaufmann zu rekurrieren, die m. E. sowohl so konkret sind, um auf gesellschaftlicher Ebene aussagefähige Erkenntnisse über die Funktion von Religion zutage zu fördern und gleichzeitig in ihrer Bestimmung mehr als die Kontingenzbewältigung und Komplexitätsreduktion einbeziehen.

2.3.2.2 Mehrebenenanalyse als heuristisches Raster zur funktionalen Bestimmung von Religion

Dass eine rein funktionale Analyse von Religion – insbesondere eine eindimensionale[237] – der Bestimmung von Religion in moderner Gesellschaft nicht

---

236 Luhmann versteht Sinn ja rein funktional als Ordnungsform menschlichen Erlebens, das durch eine Überfülle des Möglichen gekennzeichnet ist. Der Sinnbegriff ist eine unnegierbare, differenzlose Kategorie. Vgl. LUHMANN 1984.

237 Dies zeigen die funktionalistischen Betrachtungen der religionssoziologischen Klassiker, deren Analyse – ohne den Wert in irgendeiner Form schmälern zu wollen – letztlich die

gerecht werden kann, zeigten bereits die Ausführungen zur Problematik des Religionsbegriffs und die im Vorstehenden aufgezeigten notwendigen Bedingungen für die funktionale Betrachtung von Religion. Eine funktionale Betrachtung, die ihren ausschließlichen Ansatzpunkt beim Individuum wählt, wie dies beim wissenssoziologischen Ansatz von Luckmann der Fall ist, oder in den bereits erwähnten religionspädagogischen Ansätzen hinsichtlich eines allgemeinen Religionsbegriffs, vernachlässigt demgegenüber zu sehr die historisch-institutionelle Dimension von Religion[238] zugunsten einer Zentralität des Individuums als Ort der Religion. Um nicht Gefahr zu laufen, sich in den jeweiligen Schwierigkeiten und möglichen Vereinseitigungen zu verstricken, erscheint es sinnvoll, einen Ansatz von funktionaler Mehrdimensionalität zur Bestimmung von Religion zu wählen. Ein solches mehrdimensionales Vorgehen ist von Kaufmann entwickelt worden und stellt ein heuristisches Raster zur Einordnung von Religion dar. Bestimmung von Religion bedarf nach Kaufmann neben der Mehrdimensionalität auch einer Mehrebenenanalyse, so dass

"(...) religiöse Phänomene nur in einem mehrebenenanalytischen Raster angemessen zur Sprache gebracht werden können. Makrosoziologische differenzierungs- und kulturorientierte, mesosoziologische organisations- und bewegungsorientierte, mikrosoziologische gruppen- und identitätstheoretische Ansätze der Religionssoziologie müssen zusammengedacht werden, wenn über die Zukunft von Religion unter gegenwärtigen (west-)europäischen Bedingungen etwas Brauchbares ausgesagt werden soll."[239]

Ein erster expliziter Bezugspunkt einer religionssoziologischen Betrachtung von Religion kann – dies wurde bereits öfter erwähnt – nur die historisch vorfindliche Religion unseres Kulturzusammenhangs, das Christentum sein. Insofern schließt die Frage nach den Funktionen von Religion an den zweiten hermeneutischen Teil des zugrundegelegten Religionsverständnisses an. Allerdings bleibt auch die Frage nach den Funktionen von Religion auf der Ebene einer formalen Bestimmung, die letztlich keine Unterscheidbarkeit von Religion und Nicht-Religion ermöglicht. Die Ebene einer materialen Bestim-

---

Funktion von Religion sehr eindimensional verstanden und damit der historisch-positiven Religion so nicht gerecht wurden. Erinnert sei hier an die Definition von Durkheim als gesellschaftsintegrierendes System von Sinndeutungen und an die diesbezügliche Rezeption von Parsons in dessen Strukturfunktionalismus. Vgl. dazu ausführlicher DREHSEN 1983. Dies bereitete den Boden für die Zivilreligion, die den moralischen Konsens der Gesellschaft absichert. Vgl. die Werke von BELLAH 1970 und BELL 1978.

238 Genau darin liegt aber, so Gollwitzer, auch eine Gefahr der funktionalen Religionsbestimmung, die durch ihr Streben nach Einheit eine Einheit voraussetze, die empirisch nicht feststellbar sei. Vgl. GOLLWITZER 1980, 22.

239 KAUFMANN 1999, 71. In "Religion und Modernität" (1989) spricht Kaufmann noch von einem Raster funktionaler Mehrdimensionalität, in seinem jüngeren Aufsatz von 1999 greift er zu der Formulierung der Mehrebenenanalyse, die das vorherige Raster um die unterschiedlichen Ebenen, auf denen Religion vorfindlich sein kann, ergänzt und präzisiert.

mung wird erst im Rekurs auf historisch vorfindliche Religion möglich. In unserem Kontext stellt das Christentum in erster Linie diese vorfindliche Religion dar, dabei ist nicht nur das Christentum als institutionell verfasste Religion, sondern auch seine gesellschaftlichen und kulturellen Verflechtungszusammenhänge zu berücksichtigen. Angesichts des Monopolverlusts der institutionellen Religion für religiöse Sinndeutung und der gleichzeitig einhergehenden Ausweitung auch nicht-christlicher Sinn- und Orientierungsangebote in der Gesellschaft – Entwicklungen, die zur Diffusion von Religion und des Religiösen geführt haben – stellt sich die Frage, wie soziologisch plausible Aussagen und Urteile über Religion zu treffen sind und wie sich ein Beliebigwerden von Religion bei zunehmender Unbestimmtheit vermeiden lässt.[240] Das bedeutet konkreter, erneut die Frage nach der Unterscheidbarkeit von Religion und Nichtreligion bzw. religiösen und nicht-religiösen Sozialphänomenen zu stellen, nicht weil es darum ginge, das kirchliche Sinndeutungsmonopol wiederherzustellen, sondern vielmehr, um nicht alle Phänomene auf eine Stufe zu stellen und damit auch Sozialphänomene oder Deutungsmuster als religiöse zu qualifizieren, die sich selbst gar nicht als solche verstehen. Weder kann es also darum gehen, den kirchlichen Monopolanspruch durch eine enge Definition zu restaurieren, noch können und dürfen Phänomene religiös vereinnahmt werden.

Kaufmanns Vorschlag, im Rahmen der Religionssoziologie den Aporien konventioneller oder beliebiger Definitionen zu entgehen, besteht darin, sich auf die generalisierenden Bestimmungsversuche von Religion sowohl inhaltlicher als auch funktionalistischer Art zu beziehen, diese aber sich als wechselseitig limitierende Perspektiven zu betrachten.[241] Dieses Vorgehen legt er seinem plurifunktionalen Raster der Bestimmung von Religion zugrunde, das davon ausgeht,

"dass das – aus soziologischer Sicht – spezifisch Religiöse in der gleichzeitigen Erfüllung unterschiedlicher Leistungen oder Funktionen liegt, welche von verschiedenen Theorien als spezifische Differenzen des Religiösen postuliert wurden." Demzufolge wäre es "das Spezifikum religiöser Zusammenhänge, dass sie – sozusagen als Komplementärprinzip – funktionssystemübergreifend und plurifunktional wirksam werden."[242]

Kaufmann will zeigen, dass den aufzuzeigenden Funktionen von Religion Problemlagen entsprechen, die auf unterschiedlichen analytischen Ebenen sozialer Wirklichkeit angesiedelt sind und entsprechend dem neuzeitlichen Religionsdiskurs auf die grundlegenden Probleme der Moderne bezogen sind.[243] Umgekehrt kann auch angenommen werden, dass die Funktionen auf bestimmte Problemlagen antworten. Damit entsprächen diese unterschiedli-

---

240 Vgl. KAUFMANN 1999, 78.
241 Vgl. KAUFMANN 1999, 78.
242 KAUFMANN 1999, 79.
243 Vgl. KAUFMANN 1999, 80.

chen Ebenen sozialer Wirklichkeit auch den Anforderungen an eine mehrebenenanalytische Rekonstruktion des religiösen Bedeutungsraumes und dem Zusammenhang von Kultur, Vergesellschaftung und Individualität.[244] Bevor die einzelnen Problemlagen und die zugeordneten Funktionen genannt werden, ist eine weitere Voraussetzung hinsichtlich Kaufmanns Verständnis von Religion in der Moderne zu nennen. Als "religioid" kennzeichnet er Orientierungs- und Handlungsprobleme, die "die säkularisierten Deutungsmuster sprengen und für die es keine adäquaten Handlungsstrategien gibt"[245]. Ob sie religiös aufgeladen werden, ist – so Kaufmann – abhängig davon, ob die Deutungsleistungen sie in einen Kontext stellen, der in einem konkreten Sozialzusammenhang als "Religion" gilt. Damit ist Religion aus soziologischer Sicht nichts Feststehendes, "sondern ein Problemraum für entparadoxierende Strategien"[246].

Folgende sechs Problembereiche werden mit den entsprechenden Funktionen/Leistungen von Religion verbunden:

1. Das Problem der Affektbindung oder der Angstbewältigung. Hier handelt es sich um einen unmittelbar auf das Individuum bezogenen Problembereich, der auf die Anthropologie Gehlens (Affektstabilisierung) und auf Kierkegaard zurückgreift. Luckmann baut auf diesem Problembereich seine Religionstheorie auf. Als Funktion der Religion sind diesem Problembereich alle Ansätze zuzuordnen, die die Leistung der *Identitätsgewinnung und -erhaltung* fördern. Diese auf das Individuum bezogene Funktion ist nur insofern von den anderen Funktionen zu trennen, als sich die Identitätskonstitution von der Erfüllung weiterer Funktionen auf anderer Ebene abhängig gestaltet.[247]

2. Dem Problem der *Handlungsführung im Außeralltäglichen* ist die gleichnamige Funktion zugeordnet. Damit ist eine Orientierung durch verschiedene Formen gemeint, die über Sitte und Gewohnheit hinaus, durch Rituale, Magie oder Moral das Handeln in außeralltäglichen Situationen strukturieren und Orientierung anbieten.[248]

3. Das Problem der *Verarbeitung von Kontingenzerfahrungen* – in der Literatur unter verschiedenen Begriffen wie Theodizee, Kompensation oder Kontingenzbewältigung thematisiert – richtet sich auf die Ebene von Individuum und Kultur. Für Kaufmann kann ein Sinnsystem dann als religiös gelten, insoweit es Deutungsmuster für die Verarbeitung derartiger individueller oder kollektiver Erfahrungen bereitstellt.[249]

---

244 Vgl. KAUFMANN 1999, 80.
245 KAUFMANN 1999, 80.
246 KAUFMANN 1999, 80.
247 Vgl. KAUFMANN 1999, 80; ferner KAUFMANN 1989, 84.
248 Vgl. KAUFMANN 1989, 84; 1999, 80.
249 Vgl. KAUFMANN 1999, 80f; 1989, 84f.

4. Auf das Problem der Gemeinschaftsbildung, Integration in Gesellschaft oder auch den Vergesellschaftungsprozess bezogen ist die Funktion der *Legitimation von Gemeinschaftsbildung*.[250]

5. Auf das Problem der Deutung von Welt aus einheitlichen Prinzipien heraus, um Sinnlosigkeit und Chaos auszuschließen, ist die Funktion *der Kosmisierung von Welt* bezogen. Die Schaffung eines symbolischen Deutungshorizontes der Wirklichkeit und somit die Gewährleistung eines geordneten Charakters der Welt steht mit dieser Funktion im Vordergrund.[251]

6. Der Ermöglichung von Widerstand und Protest gegenüber den gegebenen Verhältnissen ist die Funktion der *Weltdistanzierung* gewidmet. Diese Funktion trägt laut Kaufmann im Rekurs auf Weber der okzidentalen, der jüdisch-christlichen Tradition Rechnung, die sich von ihrem Grundgedanken her durch ein dauerndes Spannungsverhältnis zur Welt und ihrer Ordnung befindet.[252]

Dass diese sechs Funktionen: 1) Identitätsstiftung, 2) Handlungsführung, 3) Kontingenzbewältigung, 4) Sozialintegration, 5) Kosmisierung, 6) Weltdistanzierung, die Religion zugeordnet werden, in der reflexiven Moderne nicht mehr alle und insbesondere nicht zugleich von der Religion erfüllt, sondern sie in der ausdifferenzierten Gesellschaft auch von anderen Trägerinstanzen neben oder in Konkurrenz zu den religiösen Instanzen übernommen werden, wurde schon angedeutet.[253]

Angesichts der Diffusität dessen, was Religion dann noch ist, qualifiziert sich Religion in der Moderne nicht mehr über einen alleinigen Zuständigkeitsbereich. Würde sie diesen Anspruch aufrechterhalten in dem Sinne, dass Religion an die alleinige und umfassende Erfüllung der genannten Funktionen gebunden ist, dann, so folgert Kaufmann, gibt es Religion nicht mehr.[254] Religion findet sich unter heutigen Bedingungen als ein Deutungsmuster neben

---

250 Vgl. KAUFMANN 1999, 81; 1989, 85. Hier handelt es sich um einen in der politischen Philosophie sowie von Durkheim und in der Nachfolge Parsons hervorgehobenen Aspekt. Nach Kaufmann sind hier auch Girards Pazifizierung sozialer Beziehungen und Bellahs Zivilreligion zu nennen. Vgl. KAUFMANN 1999, 81.

251 Vgl. KAUFMANN 1989, 85; 1999 81. Auf diese Funktion bezieht sich insbesondere die Bestimmung Luhmanns der Chiffrierung von Kontingenz. Vgl. Ebd.

252 KAUFMANN 1989, 85; 1999, 81. Diese Funktion ist für Kaufmann erst durch die Auseinandersetzung mit Weber ins Bewusstsein getreten. Vgl. 1999, 81; vgl. WEBER 1986, 252.

253 Vgl. 2.3.1. Die gleichzeitige Erfüllung aller sechs Funktionen kann für die vormoderne Gesellschaft und die Verfassung des mittelalterlichen Christentums angenommen werden und Wesentliches zur Lösung der unterschiedlichen Probleme beitragen. Heute übernimmt z. B. die Psychotherapie die Funktion der Identitätserhaltung und versteht sich selbst nicht als religiös, zugleich erfolgt nach wie vor Identitätsstiftung auch im Kontext der Religion, sofern sich das Individuum der Religion zuwendet. Ähnliche Beispiele wären für die anderen Funktionen anzuführen.

254 Vgl. KAUFMANN 1989, 86.

anderen, insofern kann eine Bestimmung von Religion dementsprechend nicht mehr über die Zuschreibung einer alleinigen Zuständigkeit erfolgen. Dieser Tatsache versucht das heuristische Raster von Kaufmann Rechnung zu tragen, indem es das spezifisch Religiöse in der gleichzeitigen Erfüllung unterschiedlicher Leistungen oder Funktionen sieht.[255] Allerdings, so gesteht auch Kaufmann zu, werden "Phänomene, die im Sinne unseres soziologischen Rasters den Anforderungen gleichzeitiger Erfüllung der meisten der genannten Leistungen genügen, immer kleinräumiger (...), ohne jedoch zu verschwinden"[256].

Wenn Religion als ein problemanzeigender Begriff[257] zu verstehen ist, dann ist dieser Entwurf eines plurifunktionalen Rasters zur Bestimmung von Religion konsequent, scheint doch damit trotz aller Diffusion und Leistungserfüllung durch andere Trägerinstanzen Religion in der Moderne qualifiziert werden zu können. Allerdings hilft dieser Entwurf nicht weiter, wenn es darum geht, Phänomene auf der Ebene der einzelnen Leistungen als religiöse oder nicht religiöse zu qualifizieren. Darin liegt auch die Kritik von Armin Nassehi, der davon ausgeht, dass diese sechs Funktionen nicht nur nicht gemeinsam zu erfüllen, sondern auch nicht trennscharf genug seien, um tatsächlich definierend, d. h. abgrenzend zu wirken.[258] So berechtigt die Kritik auf der Ebene der Einzelleistungen sein mag, so wenig ist es Kaufmanns Anliegen, mit seinem heuristischen Raster auf der Ebene der Einzelleistungen diese Trennschärfe zu leisten.[259] Diese Trennschärfe ist für Kaufmann auch nicht zu erreichen, hängt sie doch mit dem Unbestimmtwerden von Religion in der Moderne zusammen – ein Grund, weshalb Kaufmann Religion nur noch als einen problemanzeigenden Begriff versteht, der im konzeptionellen, im normativen sowie im empirischen Sinn unbestimmt geworden ist.[260] Die

---

255 Vgl. KAUFMANN 1999, 79; 1989, 87.
256 KAUFMANN 1999, 86.
257 Vgl. KAUFMANN 1999, 82
258 Vgl. NASSEHI 1995, 119. "Identitätsstiftung können verschiedenste Selbstbeschreibungsversuche leisten, nicht nur religiöse; Handlungsführung findet sich in jedem besseren Softwarehandbuch; Kontingenzbewältigung leistet auch das Kursbuch der Deutschen Bahnen; der Begriff der Sozialintegration müsste auf seinen gesellschaftstheoretischen Gehalt hin überprüft werden; Kosmisierung ist das Korrelat letztlich jeder Totalperspektive; Weltdistanzierung schließlich ist nicht exklusiv religiös möglich. Es wäre also danach zu fragen, was die religiöse Erfüllung dieser Funktionen von nicht-religiösen unterscheidet." (Ebd.) Als "Lösung" schlägt Nassehi vor, mit drei Versionen Luhmanns (vertraut / unvertraut, Sinn und Transzendenz / Immanenz) zur Spezifizierung religiöser Kommunikation zu arbeiten. Diese Unterscheidungen ermöglichten zum einen eine deutliche Unterscheidung zwischen Religiosität und Kirchlichkeit, zum anderen werde der Begriff des Religiösen so eingeschränkt, dass er nicht am vormodernen "Elevator-Modell" (Ausrichtung auf Ganzheit) scheitern müsste und schließlich erfülle er die Bedingung der Nicht-Substituierbarkeit des Codes und der damit verbundenen Systemgrenzen religiöser Kommunikation. Vgl. Ebd. 120f.
259 So auch Goertz in seiner Arbeit zur Kaufmann Rezeption. Vgl. GOERTZ 1999, 407.
260 Vgl. KAUFMANN 1989, 30.

Ausdifferenzierung der modernen Gesellschaft hat insofern ihre Wirkung gezeitigt, als sie die Religion ihrer umfassenden Kosmisierungsfunktion beraubt hat. Indem Religion zu einem gesellschaftlichen Teilbereich neben anderen geworden ist, ist ihre Kosmisierungsfunktion im Sinne der Herstellung eines umfassenden Kosmos rückläufig.[261] Zugleich bestand genau in dieser Kosmisierungsfunktion jedoch eine der wesentlichen Identifikations- und Abgrenzungsmöglichkeiten von Religion gegenüber anderen Diskursen.[262] Das Unbestimmtwerden des Religionsverständnisses scheint eine Trennschärfe zwischen den Einzelleistungen von Religion kaum noch zu ermöglichen. Insofern ist eine eindeutige Unterscheidbarkeit von Religion und Nicht-Religion auf der Ebene der Einzelleistungen nicht mehr möglich. Dieser Einschätzung neigt auch Hermann Steinkamp zu, der davon ausgeht, dass unter modernen Bedingungen eine diesbezügliche Unterscheidung nicht mehr möglich ist. Seine These ist, dass es unter heutigen Bedingungen gelungen ist, "den 'alten Religionen' gleichsam ihre 'Baugesetze' abzugucken, sie – gentechnologischen Manipulationen ähnlich – im Labor 'nachzuahmen', um sie dann zu ökonomischen bzw. politischen Zwecken zu instrumentalisieren"[263]. Damit entfalle die Möglichkeit, Religion von Nicht-Religion zu unterscheiden, und zwar sowohl hinsichtlich der "Versatzstücke" individueller Religiosität als auch mit dem Blick auf sogenannte Quasi-Religionen, wie beispielsweise den Psychomarkt.[264] Auch hier wird deutlich, dass im Rahmen einer funktionalen Betrachtung von Religion auf der Ebene von Einzelaspekten eine Unterscheidbarkeit von Religion und Nicht-Religion nicht mehr gegeben ist. Dieses bedeutet aber auch, dass eine universale Bestimmung von Religion

---

261 Vgl. KAUFMANN 1999, 86; 1989, 63

262 Dies gilt natürlich unter der Voraussetzung, dass Religion über lange Zeit immer mit Christentum gleichgesetzt wurde und es erst unter modernen Bedingungen mit dem Auftauchen anderer Sinndeutungsmuster zu einer Entflechtung dieses engen Zusammenhangs kam.

263 STEINKAMP 1994b, 142. Steinkamps These schließt sich an Gollwitzers Behauptung an, dass eine Religion nur dann zur Erzielung von Massenloyalität verwendet werden kann, wenn sie nicht eigens zu diesem Zwecke erfunden sei und diese Verwendung nicht ihr ursprünglicher Zweck sei und sie unabhängig von diesem Zweck einen überzeugenden Gehalt besäße. Vgl. GOLLWITZER 1980, 29. Diese These sieht Steinkamp durch zwei Beobachtungen außer Kraft gesetzt: In Lateinamerika wirkten seit geraumer Zeit "religiöse" Sekten systematisch im Sinne der alten Opium-Funktion von Religion, die systematisch zu konterrevolutionären Zwecken gegen die Befreiungstheologie und Basisgemeinden gleichsam aus der Retorte geschaffen und dorthin importiert seien. Hier würde Religion sozusagen geschaffen und für bestimmte Zwecke eingesetzt, ohne dass es sich um Religion handele. Zum anderen nennt er die amerikanischen Fernsehprediger und Sekten wie die Moonsekte oder Scientology, die als religiös getarnte multinationale Konzerne gelten müssten und unter dem Deckmantel der Religion keine religiösen Ziele verfolgen. Vgl. STEINKAMP 1994b, 142.

264 Vgl. STEINKAMP 1994b, 142.

auf der Ebene rein funktionaler Betrachtung nicht leistbar ist und verweist noch einmal an die religionsphilosophische Aufgabe.

Gegenüber dem Abnehmen der Kosmisierungsfunktion nehmen unter heutigen Bedingungen die auf Identitätserhaltung und Lebensführung bezogenen Leistungen von Religion einen deutlich wichtiger werdenden Platz ein und zwar sowohl im Bewusstsein der Beteiligten als auch für den sozialwissenschaftlichen Blick.[265] Identitätsstiftung ist – so Kaufmann – nicht auf Kosmisierung angewiesen, Identitätsmodelle könnten auch "innerhalb von bewusst partikulären Solidarzusammenhängen"[266] entwickelt werden. In diesem Sinne verlagert sich die wesentliche Funktion der Religion von der Kosmisierung auf die der Identitätserhaltung.[267]

Mit diesem plurifunktionalen Raster zur Bestimmung von Religion liegt ein Entwurf vor, der – die Überlegungen zu Beginn dieser Erörterung aufnehmend – Religion nicht auf die allgemeine Funktion der Kontingenzbewältigung beschränkt und dieser alles subsumiert. Indem weitere Leistungen von Religion für und in Gesellschaft berücksichtigt werden, kommen in den fünf anderen Funktionen Aspekte in den Blick, die sonst Gefahr laufen, allzu leicht vernachlässigt zu werden. Dieses ist – im Kontext des Anliegens dieser Arbeit – insbesondere für die Funktion der Identitätserhaltung zu betonen, vor allem, wenn dabei berücksichtigt wird, dass es eine Funktionsverlagerung der Religion in die Richtung der Identitätskonstitution und -erhaltung gibt. Mit dieser Feststellung scheint auch schon eine erste Antwort auf die zu Beginn gestellte Frage, inwieweit Religion mehr leistet als Kontingenzbewältigung, gegeben worden zu sein. Dass Religion – insbesondere die Christliche, die Kaufmann hier im Blick hat – offensichtlich mehr umfasst, kommt insbesondere in der sechsten Funktion der Weltdistanzierung, die anders als die anderen Funktionen einen widerständigen Anteil impliziert, zum Ausdruck. Mit dieser stärkeren Differenzierung der Funktionen von Religion, die natürlich auch mit der gewählten Analyseebene zusammenhängt, ist ein heuristisches Raster gewählt, das anders als die gegenüber Kaufmann noch wesentlich abstraktere Bestimmung beispielsweise von Luhmann geeignet erscheint, einzelne Funktionen von Religion auszumachen, bzw. auch funktionale Äquivalente in den Blick zu nehmen. Damit liegt hier ein Instrument vor, das die nötige Konkretion aufweist, um auf einer empirischen Ebene auf konkrete

---

265 Vgl. KAUFMANN 1999, 86.
266 KAUFMANN 1989, 63.
267 Diese Funktionsverschiebung begründet Kaufmann mit explizitem Rekurs auf das Christentum. Insofern die christliche Volksreligiosität den transzendenten Gott subjektivisch interpretiere und die jüdisch-christliche Tradition eine Tradition sei, die den Ort des Glaubens im Individuum sehe (als Beispiel für den Ort des Glaubens im Individuum führt Kaufmann Abraham und Hiob an) "könnten die gegenwärtig zu beobachtenden Subjektivierungstendenzen des Religiösen durchaus affin zu Kulturmustern dieser Tradition werden." KAUFMANN 1999, 88.

Erscheinungen und Phänomene in heutiger Gesellschaft bezogen werden zu können. Zwar richtet sich der Blick dieser Arbeit stärker auf die Bedeutung von Religion für das Individuum und spitzt damit die Perspektive individuell zu, dennoch ist – wie bereits ausgeführt – letzteres nicht von ersterem zu trennen.

2.3.4 Zwischenstand: Vom religionssoziologischen zum theologischen Diskurs über die Struktur und Funktion von Religion und Religiosität

Hinsichtlich der Frage nach einer strukturalen Perspektive von Religiosität und einer funktionalen Analyse von Religion soll an dieser Stelle ein Fazit gezogen werden, nicht zuletzt auch mit Blick auf die bereits mehrfach angesprochenen Frage nach der Möglichkeit einer Bestimmung von Religion. Die Erörterungen um die Frage nach dem Religionsbegriff machten deutlich, dass in dieser Arbeit an der Notwendigkeit einer universalen Bestimmung von Religion festgehalten wird und diesbezüglich das Konzept eines transzendentalphilosophischen Religionsverständnisses zugrundegelegt ist. Damit ist auf einer historisch-positiven Ebene allerdings nicht die Frage nach der Bestimmung von Religion gelöst. An dieser Stelle sollen zunächst kurz die beiden vorliegenden Verständnisformen von Religiosität und Religion miteinander in Verbindung gebracht werden, bevor ich die Frage nach der Möglichkeit einer Bestimmung von Religion noch einmal kurz aufgreife.

So unterschiedlich die beiden Ansätze einer strukturalen und funktionalen Analyse von Religion bzw. Religiosität auf den ersten Blick anmuten, so lassen sich doch Parallelen und Ergänzungen der beiden Ansätze untereinander feststellen. Die entscheidende Parallele besteht darin, dass sich beide Konzepte letztlich in einer funktionalen Perspektive treffen. Bei Oevermann ist eine universale Funktion vorausgesetzt, die darin besteht, die Bewährungsdynamik zu bewältigen; also alle Antwortversuche, auf die zur Bewältigung der Bewährungsdynamik zurückgegriffen wird, haben letztlich die Funktion, die Bewährung in der Lebenspraxis zu gewährleisten bzw. die Bewährungsdynamik auszuhalten. Diese universale Funktion korrespondiert mit der Funktion der Kontingenzbewältigung in der funktionalen Analyse.[268] Beide Ansätze gehen also insgesamt von der Frage nach Problemstellungen und entsprechenden Problemlösungen aus.[269]

Wird im Strukturmodell die universale Funktion vorausgesetzt, so fragt die strukturale Analyse zunächst nicht weiter nach den Funktionen oder einer

---

268 So ist mit dem Überführen des Unbestimmten in Bestimmtes ja letztlich nichts anderes gemeint als die Milderung – mit Oevermann gesprochen – der Bewährungsdynamik.
269 Vgl. WOHLRAB-SAHR 1999, 118.

Funktion, sondern im Sinne der Herausarbeitung der Struktur nach der Art und Weise, wie das Individuum mit dem sich ihm jeweils stellenden Bewährungsproblem umgeht und dieses bewältigt. Die strukturale Analyse stellt damit in gewisser Weise das Individuum in den Mittelpunkt seiner Analyse.[270] Angesichts der Tatsache, dass Struktur und Inhalt nicht voneinander zu trennen, sondern immer dialektisch aufeinander bezogen sind, insofern die Struktur nur spezifisch über die gelebte Praxis zu analysieren ist und diese Praxis ihrerseits immer auf Materialität bezogen sein muss, kristallisieren sich mit der Analyse der Struktur auch die konkreten Inhalte, auf die sich das Individuum in der Gestaltung seiner Lebenspraxis und dem Umgang mit der Bewährungsdynamik bezieht, heraus.

An dieser Stelle liegt der Ansatzpunkt für eine funktionale Analyse. Diese fragt nach der Funktion, also der Leistung der jeweiligen zur Bewältigung der Bewährungsdynamik und dem sich jeweilig stellenden Bewährungsproblem herangezogenen Inhalte bzw. nach der/den Funktion(en) des diese Inhalte repräsentierenden Systems, oder in der Terminologie des Strukturmodells von Religiosität nach der/den Funktion(en) des gewählten Bewährungsmythos. Damit fragt die funktionale Analyse über die Funktion direkt nach dem Inhalt[271] ohne Berücksichtigung des "Wie", also der Struktur. In der funktionalen Analyse jedoch – zumindest wenn ein multifunktionales Verständnis zugrundeliegt – kann die eher allgemein gehaltene, in der strukturalen Analyse vorausgesetzte Funktion der Tauglichkeit des Bewährungsmythos zur Bewältigung der Bewährungsdynamik spezifiziert werden, indem nicht nur die Funktion des Systems bzw. des Bewährungsmythos zu bestimmen ist, sondern dieser über den Rückgriff auf die Leistungen der materialen Gehalte des Bewährungsmythos oder des Systems in seinen Einzelfunktionen ausgewiesen

---

270 Dies bedeutet nicht, dass in der strukturalen Analyse die allgemeine Ebene ausgeschlossen ist. Diese kommt in der Analyse der latenten Sinnstruktur deutlich zur Geltung. Vgl. dazu auch weiter unten die Ausführungen zur Methodologie in Kapitel 3.

271 Dieser materiale Bezug ergibt sich aus der Tatsache, dass die Funktionen immer auf Leistungen, die seitens des Systems zur Verfügung gestellt werden, bezogen ist, eine Leistung jedoch nur erbracht werden kann, wenn sie auf einen materialen Gehalt rekurrieren kann. Dies soll kurz an einem Beispiel veranschaulicht werden: Wird beispielsweise der Religion die Funktion der Kontingenzbewältigung zugewiesen, so ist die Frage nach der Funktion nur über die Bestimmung der Leistung eines bestimmten Inhaltes möglich, anders formuliert: die an den Inhalt gerichtete Frage nach der Funktion ist ausschließlich über die zur Verfügung gestellte Leistung des jeweiligen Inhaltes zu beantworten. Für das hier gewählte Beispiel bedeutet das, dass die Möglichkeit der Kontingenzbewältigung auf einen materialen Gehalt zurückgreift, z. B. auf die Gegenwart eines transzendenten Gegenübers oder die Hoffnung auf ein Leben nach dem Tod, der genau diese Leistung, die Bewältigung von Kontingenz, ermöglicht. Das funktionale Verständnis von Religion greift also über die Leistung auf die materialen Gehalte des Systems Religion zurück.

werden kann.[272] Im Rahmen der funktionalen Analyse steht damit weniger das Individuum, sondern viel stärker das jeweilige System im Vordergrund der Analyse, und dies entweder im direkten Zugriff auf das System oder aber über den Weg des Individuums, indem die Frage beantwortet wird, welche Funktionen dem jeweiligen System durch das Individuum zugeschrieben werden.[273]

Zusammenfassend lässt sich also formulieren: über die strukturale Analyse ist die Frage nach dem Handlungsmodus des Individuums oder anders formuliert die Form der Problemlösung zu analysieren. Die funktionale Analyse ermöglicht demgegenüber die Analyse der einzelnen Funktionen und ihrer Leistungen, die von einem Bewährungsmythos entweder in Anspruch genommen oder aber diesem seitens des Individuums zugesprochen werden. Letztlich drängt die strukturale auf die funktionale Analyse hin.[274]

Hinsichtlich der Frage, wie Religion in der Moderne zu fassen und Religion von Nicht-Religion zu unterscheiden ist, zeigte sich in den vorangegangenen Erörterungen, dass weder eine strukturale Analyse aufgrund ihrer inhaltlichen Leere noch eine funktionale Betrachtung von Religion in dieser Frage letztlich weiterhilft.[275] Am ehesten ist eine solche Qualifizierung mit dem hier zugrundeliegenden multifunktionalen Raster von Kaufmann möglich, da dort die Qualifizierung nicht ausschließlich an *einer* Leistung hängt. In der Frage nach einer Qualifizierung von Einzelphänomenen hilft das Strukturmodell von Religiosität schließlich auch nur bedingt weiter, insofern sich diese Frage – wie bereits angesprochen wurde – im Rahmen des Verständnisses über die Struktur von Religiosität so nicht stellt. Oevermann unterscheidet klar zwischen religiösen und säkularen Bewährungsmythen und dementsprechend existieren für ihn auch nur zwei Religionsformen, eine traditionell-inhaltliche und eine säkular-strukturelle.[276] Hinsichtlich der traditionell-inhaltlichen Religionsform scheint er sich dabei auf das klassische Verständ-

---

272 Vgl. das multifunktionale Raster von Kaufmann, der diverse Einzelfunktionen von Religion ausweist, die diese übernehmen kann.

273 Wie die strukturale Analyse ist auch die funktionale nicht einseitig und bezieht sich nicht nur auf das System. Liegt in der strukturalen Hermeneutik der Ansatzpunkt bei der sozialen Praxis des Individuums, so hat die Frage nach der Funktion zuerst die Leistung des Inhalts und dann das Individuum im Blick. Natürlich handelt es sich hier um eine rein methodische keine lebenspraktische Trennung und Schwerpunktsetzung.

274 "Es [das Modell von Lebenspraxis, J.K.] nimmt Religionen und entsprechend Religiosität auch nicht primär in den Blick als Instanzen von Moralität und Ethik, sondern als auf das Bewährungsproblem bezogene Krisenlösungen." OEVERMANN 2001, 290.

275 Dass dieses auch niemals das Ziel (religions-)soziologischer Bestimmungsversuche sein kann, liegt in der Art und Weise ihrer wissenschaftlichen Fragestellung begründet. Dazu müsste sie nach dem Wesen, d. h. nach dem Ursprung und dem Wahrheitsgehalt von Religion fragen, wozu sie nicht über das notwendige Instrumentarium verfügt und die Beantwortung dieser Frage auch nicht als ihre Aufgabe ansieht. Vgl. auch GOLLWITZER 1980, 61.

276 Vgl. OEVERMANN 1995; 2001. Vgl. ferner DEUSER 2000, 329.

nis von Religion zu beziehen. Repräsentiert wird dieses Verständnis einer traditionell-inhaltlichen Religionsform in unserem kulturellen Kontext von der christlichen Religion. Wie allerdings eine Einordnung so genannter "neureligiöser" Phänomene erfolgen würde, insbesondere solcher, die für sich beanspruchen, klassisch religiös bzw. Religion zu sein oder denen seitens des Rezipienten/der Rezipientin Religiosität zugeschrieben wird, bleibt m. E. unklar. Allerdings könnten in der Unterscheidung von Oevermann mehrere Vorteile liegen: Es würde der mehrfach angesprochenen Ununterscheidbarkeit insofern Rechnung getragen, als religiöse als religiöse und säkulare als säkulare Deutungsmuster angesprochen werden und trotzdem keine Sinndeutungsmuster übersehen werden, wie dies bei einem engen Religionsverständnis der Fall ist. Obwohl Oevermanns Ansatz eng an den von Luckmann anschließt und Religiosität aus der sozialen Praxis heraus konstituiert wird, werden Sinnfragen nicht unmittelbar als religiöse Fragen angesprochen und somit das Verständnis von Religion auch nicht so ausgeweitet, das eine nichtreligiöse Bearbeitung unmöglich ist. Sinnfragen werden erst einmal als universelle Fragen angesprochen, die dann im Rückgriff auf einen bestimmten Bewährungsmythos entsprechend religiös oder säkular beantwortet werden.[277]

Diese Interpretation wirft die Frage nach dem in dieser Arbeit zugrundegelegten Verständnis von Religion und Religiosität auf. Unter Religion wird hier die historisch spezifische, material gefüllte Religion wie z. B. das Christentum verstanden, aber auch andere Religionsformen. Religion ist dabei allerdings nicht an die Form der Institutionalisierung gebunden, sondern an eine inhaltliche Füllung, an die Tatsache eines materialen Gehaltes. In diesem Verständnis kann eine solcherart gefasste Religion bestimmte Funktionen erfüllen, insofern ihr entsprechend der jeweiligen Bedürfnisse bestimmte Funktionen in der Erwartung ihrer Erfüllung zugeschrieben werden, wie die Erörterungen zur funktionalen Erfassung von Religion deutlich machen.[278] Unter Religiosität wird demgegenüber ein Zweifaches verstanden: Zum einen bezeichnet Religiosität die individuelle Ausformung der Religion im subjektiven Lebenszusammenhang, die auch als 'gelebte Religion' oder 'gelebte Praxis' bezeichnet wird[279], und zum anderen wird darunter – im Anschluss an das hier zugrundegelegte strukturale Verständnis von Religiosität von Ulrich

---

277 Diese Einschätzung setzt allerdings voraus, dass Oevermann zwischen Religiosität als Struktur und Religion als Inhalt unterscheidet, was allerdings aus der Literatur nicht deutlich hervorgeht. Ist dies nicht der Fall, dann steht das Oevermannsche Verständnis von Religion demjenigen von Luckmann sehr nahe. Wohlrab-Sahr fragt diesbezüglich auch nach der Möglichkeit einer Religionslosigkeit in den Ansätzen von Luckmann und Oevermann, da diese Religion unmittelbar an Identität binden. Für Luckmann trifft dies zu, differenziert er doch nicht zwischen Religion und Religiosität, bei Oevermann wäre dies weiter zu klären. Vgl. WOHLRAB-SAHR 2001, 163.

278 Vgl. das 2.4, bes. 2.4.2.

279 So der Gebrauch in der Studie von: FEIGE/DRESSLER/LUKATIS/SCHÖLL 2001, 35.

Oevermann – eine dem Lebenszusammenhang zugrundeliegende formale Struktur verstanden. Um demgegenüber Religion noch näher fassen zu können, bedarf es der Hinzunahme einer materialen Bestimmung von Religion. Mit dem Verweis auf die Materialität wird jedoch die Außenperspektive und damit der (religions-)soziologische Diskurs verlassen[280], die inhaltliche Bestimmung von Religion kann dementsprechend immer aus der Innenperspektive des jeweilig eingenommenen Diskurses erfolgen.

Über die in dieser Untersuchung im Mittelpunkt stehende Frage nach den Handlungs- und Orientierungsmustern, die Menschen sich zueignen, um mit den Anforderungen der Moderne umzugehen und der Bedeutung, die Religion und Religiosität in diesem Zusammenhang zukommt, stellt sich zugleich die Frage nach einer Kompatibilität zwischen Religion und Moderne. Entsprechend der vorgenommen Klärung des dieser Arbeit zugrundeliegenden Verständnisses von Religion und Religiosität und dem Christentum als eine Diskursform von Religion kann die Frage nach der Kompatibilität von Religion und Moderne hier auch zugespitzt werden auf die Frage nach der Kompatibilität zwischen Christentum und Moderne. Die Frage nach einer möglichen Kompatibilität von Religion und Moderne, die im abschließenden Teil der Arbeit unter Berücksichtigung der empirischen Ergebnisse noch einmal aufgegriffen wird, wird hier aus Sicht der christlichen Religion gestellt und als Frage danach, was das Christentum dem Menschen in der Moderne und zugleich der modernen Gesellschaft in seinem materialen Gehalt zur Verfügung stellen kann, und was das "Besondere" des christlichen Diskurses für die Moderne ist. Diese Frage stellt sich insbesondere angesichts der Aporien der Moderne. Eine theologische Perspektive, wie sie dieser Arbeit zugrundeliegt, geht davon aus, dass das Christentum eine Religion ist, die dem Menschen ein Sinndeutungssystem zur Verfügung stellt, das geeignet ist, gelingendes Leben zu ermöglichen und dieses nicht in einer individualistischen, zum Solipsismus neigenden Verengung, sondern in solidarischer Praxis.[281]

Mit letzterer Formulierung deutet sich bereits an, dass es nicht darum geht, eine inhaltlich-theologische Bestimmung und Positionierung der christlichen Religion im Sinne der Theologie der Religionen[282] vorzunehmen, sondern dass versucht werden soll, zentrale Gehalte des christlichen Glaubens aufzunehmen, um damit die religionssoziologische Bestimmung von Religion und Religiosität (funktional und strukturell) durch die materiale Perspektive

---

280 Dies wird an der These von Hermann Steinkamp deutlich; in funktionaler Betrachtung sind Religion und Nicht-Religion demnach nicht mehr unterscheidbar.

281 Diese genuin theologische Dimension bedarf selbstverständlich einer ausführlichen Begründung, die allerdings ureigene Aufgabe der Fundamentaltheologie ist. An dieser Stelle sei deshalb auf zwei neuere Entwürfe verwiesen: VERWEYEN 2000 sowie WERBICK 2000.

282 Auch hinsichtlich einer intensiven Auseinandersetzung mit der Theologie der Religionen sei auf die Fundamentaltheologie verwiesen. Vgl. dazu: SCHMIDT-LEUKEL 1997; SCHWAGER 1996; WERBICK 1996; WALDENFELS 1998; 1992; PANNENBERG 1989.

der christlichen Religion zu ergänzen. Bleibt diese theologische Verortung aus, so läuft die Erörterung über die Funktion von Religion Gefahr, die Notwendigkeit von Religion ausschließlich als eine Notwendigkeit ihrer Funktion[283] für die Gesellschaft und nicht auch als eine Notwendigkeit ihres Inhalts zu bestimmen.[284] In diesem Sinn wird die nachstehend vorzunehmende theologische Auseinandersetzung Aspekte der jüdisch-christlichen Botschaft aufgreifen und ihre Bedeutung für das Individuum und die gesellschaftlichen Zusammenhänge aufzuzeigen suchen.

2.3.5 Überlegungen zur Bestimmung von Religion aus theologischer Perspektive: Die prophetisch-politische Dimension von Religion

Bestimmte die christlich theologische Tradition lange Zeit den materialen Gehalt des christlichen Glaubens in der Person Jesus Christus selbst und seinem Heils- und Erlösungshandeln (das unterscheidend Christliche ist Christus selbst) und dies in der Betonung der Differenz zwischen Christentum und Judentum[285], so suchten Theologien des ausgehenden 20. Jahrhunderts, insbesondere die neuere politische Theologie und die Befreiungstheologie, das gemeinsam Verbindende zwischen Judentum und Christentum ins Zentrum des theologischen Diskurses zu rücken und machten dieses Gemeinsame am Befreiungshandeln Gottes in der Geschichte fest. War der christliche Heils- und Erlösungsgedanke bis dahin vornehmlich auf die individuelle Heilsperspektive ausgerichtet[286], so wurden diese theologischen Interpretamente nun um die Perspektive eines göttlichen Befreiungshandelns erweitert, das neben der individuellen vor allem eine politische Dimension von Freiheit und Befreiung im Blick hat. Neben der Perspektivenverschiebung hinsichtlich des Verständnisses von Heil und Erlösung gilt diese auch für das Verständnis von Sünde und Schuld, welches um die Dimension struktureller Sünde und dem Blick auf (existierende) Unrechtsstrukturen erweitert wird.

---

283 Der Gebrauch der Rede von der Funktion impliziert hier die strukturale Betrachtung von Religiosität, insofern beide Analyseformen ja wie ausgeführt auf eine funktionale Perspektive hinauslaufen.

284 Vgl. diesen Einwand auch bei GOLLWITZER 1980, 65.

285 Der Kernpunkt des theologischen Suchens war weniger bestimmt von der Praxis Jesu als vielmehr von seinem Gang durch die Geschichte, seinem Tod und seiner Auferstehung. Vgl. dazu beispielsweise BALTHASAR 1969; GRESHAKE 1973a; 1973b.

286 So z. B. in den zentralen theologischen Aussagen und deren Deutung: Christus ist für unsere Sünden und zu unserer Sühne gestorben, mit seinem Tod wird die Last der Erbsünde genommen.

Die Befreiungstheologie[287] rückt – ausgehend von der konkreten Lebens-praxis der Menschen und gemäss der jüdisch-christlichen Tradition – das befreiende Handeln Gottes in der Exodustradition sowie die prophetische Kritik an den gesellschaftlichen Strukturen und kultischen Handlungsweisen wieder in den Mittelpunkt christlicher Theologie. Damit erhielten diese Tradi-tionen eine neue, insbesondere auch gesellschaftskritische Relevanz. Aus der christlichen Tradition wird das Leben und Sterben Jesu nicht nur als individu-elles Heils- und Erlösungsgeschehen interpretiert, sondern die Reich-Gottes-Botschaft als die Idee universaler Gerechtigkeit auch in einer politischen Dimension gedeutet, verbunden mit der Überzeugung, dass Gott auf der Seite der Armen und Unterdrückten steht und eine deutliche Option für die Armen und die Anderen einnimmt.[288] Eine politische Dimension christlicher Glau-benspraxis ist demnach immer verbunden mit einer unbedingten Parteilichkeit für die Leidenden und Unterdrückten als solidarischer Praxis in der Nachfol-ge Jesu.[289]

Eine solche ansatzhaft auf die biblische Tradition zurückgreifende inhalt-liche Bestimmung dessen, was der Kernpunkt christlichen Glaubens ist, hat – zumindest aus theologischer Perspektive – Konsequenzen für eine mögliche Bestimmung der Funktion von Religion für Gesellschaft und Individuum in der späten Moderne.[290] Ist der Kern jüdisch-christlicher Tradition der Bun-desgedanke und damit unmittelbar impliziert der Gemeinschaftsgedanke und bedeutet Menschsein aufgrund der Reich-Gottes-Idee immer auch Bezogen-heit (Relation) auf etwas oder jemanden hin, so ist eine Konsequenz des gött-lichen Befreiungshandelns eine unaufgebbare und unhintergehbare Praxis der Solidarität. Mit dieser ansatzhaft inhaltlichen Bestimmung kommt eine we-sentliche Funktion christlicher Religion in den Blick, die im multifunktiona-

---

287 Vgl. zum Ansatz der Befreiungstheologie exemplarisch: BOFF 1985; DUSSEL 1985; GU-TIERREZ 1973; 1984; MESTERS, 1984.

288 Sekretariat der Deutschen Bischofskonferenz 1979. Vgl. zur Erweiterung der Option für die Armen durch die Option für die Anderen das Dokument Santo Domingo: Für eine Kul-tur solidarischen Lebens. Die Stimme der lateinamerikanischen Kirche vor der IV. Konfe-renz Santo Domingo (1992) 1993. Ferner zur Verlagerung der Option für die Armen zur Option für die Anderen im theologischen Kontext: ARENS 1995.

289 Vgl. BOFF 1983; BOFF/PIXLEY 1987. Vgl. zum Konzept solidarischer Praxis auch den Ansatz der Sozialpastoral von Hermann Steinkamp: STEINKAMP 1991; ferner 1994a. Vgl. zum Konzept der kommunikativen solidarischen Praxis: ARENS 1992. Vgl. ferner das Kon-zept anamnetischer Solidarität von PEUKERT 1988.

290 Im weiteren Verlauf der Erörterung wird in diesem Punkt vorwiegend die Rede von der Funktion der Religion sein, damit ist die strukturale Dimension nicht aus dem Blick verlo-ren, allerdings geht es hier um den Schnittpunkt zwischen strukturalem und funktionalem Verständnis, nämlich um die universale Funktion des Bewährungsmythos. So steht hier auch nicht die Struktur der Religiosität im Mittelpunkt, sondern wie Oevermann formuliert der jüdisch-christliche Erlösungsmythos (OEVERMANN 1995) der aus der Innenperspektive auf seine Leistung oder Problemlösungskompetenz befragt wird.

len Raster von Kaufmann mit dem Begriff "Weltdistanzierung" bezeichnet wird[291] und hier etwas näher inhaltlich gefasst werden kann: die Funktion des widerständigen und kritischen Potentials christlicher Religion gegenüber bestehenden Unrechtsverhältnissen und -strukturen als politische Aufgabe.

Es zeigt sich, dass diese nähere inhaltliche Bestimmung christlicher Religion den Raum der Funktionsbestimmungen in der Generierung von Widerstandspotential und einer solidarischen Praxis auch in politischer Dimension weitet; dabei ist der Bezug auf die jüdisch-christliche Tradition der Parteilichkeit und Befreiungspraxis Gottes in der Geschichte allerdings notwendige Voraussetzung dieser Konkretion.[292] In hermeneutischer Perspektive bedeutet dies: Eine rein formale Bestimmung der Aufgabe und Funktion christlicher Religion lässt sich nur durch die Voraussetzung von aus der biblischen Tradition gewonnenen materialen Gehalten der christlichen Glaubensbotschaft und damit unter Voraussetzung eines auf solche Traditionen rekurrierenden theologischen Diskurses überwinden.[293] Darüber hinaus leistet die hier vorgenommene inhaltliche Bestimmung noch ein Zweites: Sie liefert eine Kriteriologie zur Unterscheidung zwischen berechtigt angenommenen und diese auch erfüllenden Funktionen von Religion und einer Funktionalisierung derselben. Denn wenn christlicher Religion wesentlich ein widerständiges Potential eingeschrieben ist, wenn zum christlichen Bekenntnis das Bekenntnis zu einem Gott hinzugehört, der sich als befreiender Gott offenbart, wenn das christliche Zeugnis nicht lediglich ein theoretisches Bekennen, sondern eine solidarische Praxis der Nachfolge Jesu ist, dann gibt diese Tradition ein Kriterium vor, das als Richtschnur der Kritik von Funktionalisierungen von Religion im Sinne von Stabilisierungen des status quo, von Reduktion auf eine rein privatistische Haltung und der Beschränkung auf individuelle wie auch

---

291 Vgl. KAUFMANN 1989, 85. Die Metzsche Kategorie ist die der "Unterbrechung". Vgl. METZ 1980; 1984.

292 Die Differenz zwischen der Außen- (funktionale Betrachtung) und der Innenperspektive wird hier noch einmal besonders deutlich, kann doch der materiale Bezug die Funktionen noch einmal stärker verdeutlichen und zeigt diese materiale Bestimmung, dass christliche Religion nicht ausschließlich affirmativ gegenüber Individuum und Gesellschaft zu verstehen ist, wie dies im älteren Funktionalismus der Fall war.

293 Zwar ist es unbestreitbar notwendig, die Gültigkeit dieser biblischen Traditionen, d. h. auch die Gültigkeit des Bekenntnisses zu einem Gott, der in Geschichte parteilich und solidarisch handelt und solcherart 'zur Freiheit befreit hat' zu begründen. Dies ist aber Aufgabe der Fundamentaltheologie, die Begründung durch dieselbe wird hier folglich bereits vorausgesetzt. Unter Voraussetzung dieser Begründungsleistung ist daher der hier skizzierte hermeneutische Zirkel (die Funktion christlicher Religion wird durch Rekurs auf einen konkreten Traditionsstrang dieser Religion inhaltlich bestimmt und dadurch entformalisiert) durchaus methodisch vertretbar.

gesellschaftliche Kontingenzbewältigung (als Zivilreligion) dienen kann.[294] Dies entspricht der Kritik an der "Bürgerlichen Religion", wie sie insbesondere von der politischen Theologie eingebracht wurde. Diese Kritik richtet sich gegen ein als bürgerlich bezeichnetes Religionsverständnis, welches das Christentum seiner Gehalte, insbesondere der Befreiungsbotschaft und des auch darin enthaltenen Widerstandspotentials gegenüber gesellschaftlichen Strukturen beraubt und statt dessen eine letztlich inhaltsleere, geschichtslose, die herrschenden Strukturen stabilisierende Zivilreligion schafft. So schreibt etwa Peter Eicher unter Bezugnahme auf Hegel und Marx:

"Beide [Hegel, Marx, J.K.] aber erkennen, dass für diese bürgerliche Wirtschaftsgesellschaft die *inhaltliche* Bestimmung der Religion gleichgültig geworden ist und ihr Bedeutung nur noch zukommt zur Verinnerlichung und Legitimation der staatlichen 'Vernunft' *(Hegel)* bzw. der Entfremdung durch die staatliche Unvernunft *(Marx)*. Wichtig ist also nicht mehr die Frage, was Jesus Christus nach der biblischen Tradition war und gebracht hat, sondern die Frage, wozu er in der Moderne gebraucht wird oder gebraucht werden kann."[295]

Diese funktionalistisch-zivilreligiöse 'Ingebrauchnahme' von christlicher Religion lässt sich also in direktem Bezug auf konkrete Überlieferungen des Christentums kritisieren, wobei es dabei u. a. zu verdeutlichen gilt, dass der eigentliche Sinn vor allem christlicher Religion und Gottessuche verfehlt wird, wenn das christliche Bekenntnis lediglich dazu benutzt wird, sich selbst Trost und Erleichterung zu verschaffen oder der Gesellschaft die Legitimation zur Bestandssicherung zu liefern. Dass übrigens die Frage nach einer funktionalistischen Verkürzung christlicher Religion jedoch nicht erst in der Moderne aufkommt, sondern bereits in der mittelalterlichen Mystik thematisiert und kritisiert worden ist, zeigen entsprechende Überlegungen Meister Eckharts:

"Aber manche Leute wollen Gott mit den Augen ansehen, mit denen sie eine Kuh ansehen und wollen Gott lieben, wie sie eine Kuh lieben. Die liebst du wegen der Milch und des Käses und deines eigenen Nutzens. So halten's alle Leute, die Gott um äußeren Reichtums oder inneren Trostes willen lieben; die aber lieben Gott nicht recht, sondern sie lieben ihren Eigennutz." Gott zu lieben bedeutet: "Gott nehmen, wie er in sich ist" – um seiner selbst willen, nicht um dessentwillen, was ihm in Gott und von Gott her an Gütern zuteil wird.[296]

Erster Sinn oder erster Zweck der Religion kann folglich nach Eckhart immer nur die Suche nach Gott oder die Suche nach Transzendenz sein und im zweiten Schritt, sozusagen als zweiter Zweck, erfüllt Religion – als Folge einer "erfolgreichen" Vergewisserung Gottes – verschiedene Funktionen, die wahr-

---

294 Vgl. zur Zivilreligion exemplarisch: BELLAH 1978; BELL 1970 und ferner die Auseinandersetzung mit den verschiedenen Ansätzen der Zivilreligion von Schieder. Vgl. SCHIEDER 1987.
295 EICHER 1983,140. Vgl. zur Definition wie auch zur Kritik der Bürgerlichen Religion auch SCHELLONG 1975; vgl. auch METZ 1980; 1984; CONCILIUM 15, 1979.
296 MEISTER ECKHART 1963, 227f.

nehmbar und eruierbar sind. So steht Religion immer in der Dialektik von Funktion und Funktionalisierung. Allerdings kann Religion ihre Funktionen, die sie zweifelsohne erfüllt, nur dann genuin und im Sinne der Religion wirkungsvoll entfalten, wenn der erste Zweck der Suche um ihrer selbst willen erfüllt ist.

In der Moderne finden sich dann vor dem Hintergrund der Bürgerlichen Gesellschaftsstruktur weitere Ausfaltungen dieser Kritik, so z. B. in Immanuel Kants "Die Religion innerhalb der Grenzen der bloßen Vernunft", in der er die von ihm so genannte 'Kult- und Observanzenreligion' als 'Afterdienst' bezeichnet[297], sowie dann vor allem durch Karl Marx und dessen Kritik der Religion als Opium des Volkes.[298] Auf der anderen Seite erkannte auch Marx die wichtige Funktion der Religion an als Möglichkeit der *"Protestation gegen das wirkliche Elend".*[299]

Kritisiert man nun aus der hier eingenommenen und kurz skizzierten theologischen Perspektive eine funktionalistisch verkürzte Bestimmung von Religion bzw. die Reduktion des Christentums auf eine den status quo absichernde Zivilreligion bzw. "Bürgerliche Religion", so muss sich diese Kritik in besonderer Art und Weise gegen Entwürfe richten, die Religion ausschließlich als Kontingenzbewältigungspraxis definieren und die christliche Religion ausschließlich affirmierend in der Gesellschaft verstehen.[300] Gemeinsam ist diesen Entwürfen, dass sie der Religion eine wichtige Funktion für den Einzelnen und die Gesellschaft zuweisen, diese Funktion, deren Bedeutung an sich nicht geschmälert wird, jedoch zum einen von jeder konkreten ethischen, sozialen oder politischen Praxis und zum anderen von den konkreten Motiven und Gehalten des christlichen Bekenntnisses und dessen Wurzeln in der jüdischen Tradition (insbesondere als Botschaft der Freiheit und Befreiung) abgetrennt wird.[301] Eine solche Abtrennung der Funktionen von Religion von jeglichen Inhalten unterwirft diese der Funktionalisierung und weitergehend einer Instrumentalisierung.[302] Diese Instrumentalisierung von Religion wird

---

297 Vgl. hierzu KANT 1983, B225-B314.

298 Vgl. MARX 1966, 17 .

299 Vgl. MARX 1966, 17. "Das religiöse Elend ist in einem der Ausdruck des wirklichen Elends und in einem die Protestation gegen das wirkliche Elend. Die Religion ist der Seufzer der bedrängten Kreatur, das Gemüt einer herzlosen Welt, wie sie der Geist geistloser Zustände ist. Sie ist das Opium des Volks." Ebd.

300 Sowohl Luhmann als auch Lübbe verstehen Religion respektive die christliche in einer ausschließlich affirmierenden Form. Eine ähnliche Kritik ist auch an die formale Funktion der Milderung der Bewährungsdynamik zu richten, die Oevermann einem Bewährungsmythos zuweist, scheint doch auch hier der affirmierende Anteil sehr hoch zu sein.

301 Vgl. zu dieser Kritik an der Reduktion von Religion auf Kontingenzbewältigungspraxis ARENS, 1993. Vgl. auch MOLTMANN 1984, 70-78.

302 Dies ist allerdings bei jeder Trennung von Form und Inhalt der Fall, insofern der Form oder der Struktur unterschiedliche Inhalte eingeschrieben werden können. Die Evidenz entscheidet sich immer am Inhalt, so ist denn letztlich immer auch der Inhalt zu untersuchen.

allerdings nur so lange ihre Wirkung zeitigen, wie sie keiner Reflexion unterzogen wird; denn sobald die Wirkung von Religion einer Reflexion unterzogen wird, seien es die Wirkungen in gesellschaftlichen Zusammenhängen, seien es die Wirkungen von Religion für das Individuum, und in der Reflexion die inhaltliche Leere eines solchermaßenen funktionalistischen Verständnisses zutage tritt, verlieren die vermeintlichen Wirkungen ihre Tragfähigkeit.

In den hier vorgenommenen Überlegungen zur Bestimmung von Religion aus christlich-theologischer Perspektive liegt der materiale Gehalt der christlichen Religion in der Zusage Gottes als ein den Menschen befreiender und ihm zugewandter Gott und in Konsequenz dieser Tatsache in einem in der christlichen Freiheitsgeschichte gründenden Widerstandspotential gegenüber gesellschaftlichen Strukturen, die eine universale Gerechtigkeit gegenüber allen Menschen verhindern. Die hier vorgenommene Erörterung leistet damit eine – wenn auch nicht umfassende – hermeneutische Bestimmung christlicher Religion, wie sie in 2.3.1 als notwendige Bestimmung zur Konkretion der transzendentalphilosophischen Möglichkeitsbedingung von Religion eingefordert wird bzw. entspricht der Bedingung von Universalität und gleichzeitiger Partikularität, die an einen Bewährungsmythos gestellt. Im Rückgriff auf die mehrebenenanalytische und multifunktionale Bestimmung von Religion bei Kaufmann wird mit dieser inhaltlichen Bestimmung die auch von Kaufmann erst später aufgenommene Funktion der Weltdistanzierung näherhin gefasst und damit aus christlich-theologischer Perspektive ein Potential christlicher Religion und ihrer Wirkung oder Funktion zur Verfügung gestellt, das nicht konform an Stabilisierung von oder Integration in Gesellschaft anschließt. Demgegenüber stellt diese Funktion vielmehr die Möglichkeit einer Kriteriologie als Korrektiv bereit, mit dem gesellschaftliches wie individuelles Handeln zu hinterfragen bzw. zu kritisieren ist. Damit nimmt christliche Religion ihre politische Dimension ernst und ist im Sinne Gollwitzers "befreit zu ihrem eigentlichen Ziel der Transzendierung und eben damit auch zu einer kritisch-moralischen und sinngebenden Instanz für Politik"[303]. Diese ethische Dimension mit ihrem widerständigen Potential, der eine Praxis universaler Solidarität eingeschrieben ist, kann als Spezifikum des Christentums gelten und ist unterscheidendes Merkmal gegenüber anderen Religionsdiskursen, insbesondere solcher, in denen die individuelle (religiöse) Dimension deutlich im Vordergrund steht.[304] Auch die anderen fünf Funktionen, die Kaufmann Religion zuspricht, könnten einer näheren inhaltlichen Bestim-

---

303 GOLLWITZER 1980, 34f. Damit wird allerdings keiner Gleichsetzung von Christentum und Ethik das Wort geredet.

304 Zu denken ist hier vor allem an Sinndeutungssysteme, die in den letzten Jahren an Bedeutung gewannen, wie z. B. der Bereich der Esoterik und des New Age, die eine politische Dimension – wie ja auch oft beklagt wird – gänzlich vermissen lassen und vornehmlich auf ein gelingendes Leben des Individuums ausgerichtet sind.

mung christlicher Theologie zugeführt werden. Das Besondere an der Funktion der Weltdistanzierung – und deshalb ist in dieser theologischen Erörterung der Focus auf diese Funktion gelegt worden – ist jedoch, dass sie gerade nicht konform bzw. stabilisierend zu gesellschaftlichem und individuellem Handeln liegt, sondern aus einer funktionalen Betrachtungsweise heraus eine Funktion von Religion gegen den Strich eben diesen Handelns bürstet.

Der Rekurs auf die biblische Tradition sprengt ferner die Möglichkeit eines rein formal funktionalistischen Verständnisses der christlichen Religion, wie dies in der kritisierten "Bürgerlichen Religion" oder in rein funktionalistischen Zuschreibungen gegeben ist. Unter Beibehaltung der funktionalen Betrachtungsweise ist mit dieser materialen Bestimmung christlicher Religion ferner die Möglichkeit der Kritik einer bloß funktionalistischen Betrachtungsweise von Religion gegeben und damit auch einer Verzweckung von Religion im Sinne von Instrumentalisierung die Basis genommen. Damit liefert eine solche materiale Bestimmung von Religion gleichzeitig die Möglichkeit aus christlich-theologischer Perspektive, zwischen (berechtigten) Funktionen von Religion und ihrer Funktionalisierung zu unterscheiden.

Neben der Kritik funktionalistischer Betrachtung von Religion bei gleichzeitig berechtigt angenommenen Funktionen für Gesellschaft und Individuum, die Religion erfüllt, stellt diese schlaglichtartige Erörterung des materialen Gehaltes meine eigene theologische Verortung dar, von der aus im Weiteren der Blick auf die Bedeutung von Religion für das Individuum in der späten Moderne geworfen wird; nicht im Sinne eines kriteriologischen Rasters, in das die identifizierten religiösen Deutungsmuster eingeordnet und diesem subsumiert werden, denn dann würde die empirische Untersuchung ihrem qualitativen, Hypothesen generierenden Anspruch nicht gerecht, jedoch als Offenlegung der eigenen theologischen Prämissen und des theologischen Ausgangspunktes.

Betrachtet man die in diesem Teilkapitel dargelegten Verständnisformen von Religiosität als Struktur einerseits und funktionales Verständnis von Religion andererseits, dann zeigt sich deutlich, wie die beiden Ansätze trotz ihrer Unterschiedlichkeit auch Parallelen aufweisen und sich in ihren verschiedenen Zielperspektiven ergänzen. Lässt sich über eine strukturale Analyse der Handlungsmodus bzw. die Handlungsstruktur herausfiltern, so erlaubt die funktionale Analyse eine differenzierte Wahrnehmung der Leistungen des jeweils gewählten Bewährungsmythos. Mit Blick auf die empirische Untersuchung können so sowohl die herausgebildeten Handlungs- und Orientierungsmuster zum Umgang mit den Anforderungen der Moderne als auch die Funktionen von Religion und der gelebten religiösen Praxis herausgefiltert werden.

Zu Beginn der Erörterungen über eine funktionale Betrachtung von Religion wurden – im Rückgriff auf Drehsen – verschiedene Kriterien, die eine funktionale Analyse erfüllen muss, formuliert: mehrdimensionale Analyse,

Multifunktionalität und eine Analyse der sozialen Möglichkeitsbedingungen von Religion in gesellschaftlicher Lebenswelt. Werden nun die bisherigen Überlegungen mit diesen Kriterien in Verbindung gebracht, so zeigt sich, dass mit den Überlegungen zur Problematik des Religionsbegriffs und dem hier zugrundegelegten mehrebenenanalytischen sowie multifunktionalen Rasters zur Religionsbestimmung von Kaufmann die ersten beiden Kriterien einer funktionalen Analyse und Bestimmung von Religion erfüllt sind. Die in 2.1 und 2.2 vorgenommenen Erörterungen zur reflexiven Moderne und der Religion in dieser stellen den ersten Teil der geforderten Bedingungsanalyse – die gesellschaftliche Rahmenbedingungen von Religion – dar. Der zweite Teil einer solchen Bedingungsanalyse, der die individuelle Dimension in den Blick nimmt, wird in 2.4 in der Auseinandersetzung mit der Funktion und Bedeutung von Religion und Religiosität für das Individuum erfolgen.

Im Hinblick auf die Bedeutung und Funktion von Religion und Religiosität für das Individuum und seine Biographie zeigt diese hier vorgenommene Bestimmung von Religion die Verbindung und Verflechtungszusammenhänge zwischen Individuum und Gesellschaft auf: Mit dem Postulat einer solidarischen Praxis wird mit einer individualistischen, ausschließlich auf das Heil des Einzelnen focussierten Dimension von Religion gebrochen, insofern die Möglichkeit eines gelingenden Lebens des Einzelnen immer an die Idee einer universalen Gerechtigkeit für alle Menschen gebunden ist und ferner immer auch eingebettet ist in gesellschaftliche Kontexte, Strukturen, sozioökonomische und soziokulturelle Bedingungen.

Die Auswirkungen der gesellschaftlichen Kontexte auf das Lebensführungskonzept des Individuums der reflexiven Moderne wurden in 2.2 aufgezeigt. Sie führen dazu, dass auch in der späten Moderne die Chronologie des Lebenslaufes für alle Individuen relativ standardisiert ist, gleichzeitig jedoch die gesellschaftlichen Bedingungen dem Individuum die Generierung seiner nur auf sich selbst focussierten Biographie auferlegen, einer Biographie, die zugleich immer wieder auf die gesellschaftlichen Kontexte und Bedingungen abgestimmt werden muss. In diesen engen Verflechtungszusammenhang von Gesellschaft und Biographie sind Religion und Religiosität sowohl als Teil der Gesellschaft als auch als genuiner Teil der Biographie einzuordnen. Für das Individuum bedeutet dies eine Beeinflussung auch in der religiösen Haltung durch die gesellschaftlichen Strukturen und Konstruktionen mit der Folge, auch die eigene Biographie zum einen als Konstruktion zu deuten und zum anderen als Folge dessen, die eigene religiöse Haltung als Teil dieses biographischen Konstruktes anzusehen. Damit wird keiner Determination des Individuums durch gesellschaftliche Strukturen das Wort geredet, sondern an der bleibenden Bedeutung von Individualität und Subjektivität festgehalten, dieser Verflechtungszusammenhang jedoch immer mitbedacht. Religion erfüllt dementsprechend ihre Funktionen nicht nur im gesellschaftlichen, sondern eben auch im biographischen Zusammenhang. Allerdings sind Religion und Religiosität nicht ausschließlich aus dieser Begründungslinie heraus als Teil der Biographie zu betrachten, sondern Religion und Religiosität als Teil der Biographie zu begreifen liegt, in der jedem Menschen aufgegebenen Bewährungsdynamik und damit in der Notwendigkeit, sich mit den sich jedem Menschen stellenden existentiellen Fragen aus einander zusetzen, die Kant in den drei zentralen Fragen: Was kann ich wissen? Was soll ich tun? Was darf ich hoffen? zusammenfassend formulierte.[305] Oder anders formuliert: Jeder Mensch muss wissen, wofür er lebt und woran er glaubt. Im Rückgriff auf die in 2.3.1 erfolgte transzendentalphilosophische Religionsbestimmung als einer Möglichkeitsbedingung der Hinwendung zu religiösen Sinndeutungsmustern zur lebenspraktischen Bearbeitung und Auseinandersetzung mit diesen existentiellen Grundfragen als auch im Rückgriff auf das Strukturmodell von Religiosität ist der Religiosität von dieser Seite eine in der Existenz des Individuums liegende Dimension eingeschrieben im Sinne eines anthropologischen Existentials. Trotz aller Verflechtungszusammenhänge zwischen Gesellschaft, individueller Biographie und Religion obliegt dem Individuum immer die (freie) Entscheidung hinsichtlich der Wahl seines Sinndeutungssystems bzw. seines Bewährungsmythos. Die Rolle und Bedeutung von Religion und Religiosität im individuellen Lebenszusammenhang kann also nur im Zusammenspiel von Struktur von Religiosität einerseits und zugewiesener Funktion andererseits bestimmt werden.

2.4 Zur Struktur und Funktion von Religion und Religiosität in der Biographie der Moderne

In 2.2 und 2.3 stand die Analyse der gesellschaftlichen Entwicklungen in der späten Moderne und deren Auswirkungen auf die Verfasstheit von Religion im Vordergrund. Im ersten Durchgang der theoretischen Auseinandersetzung kam dabei zum einen der Struktur von Religiosität und zum anderen den Funktionen von Religion im gesellschaftlichen Zusammenhang besondere Aufmerksamkeit zu. Die vorliegende Untersuchung fragt nach den Handlungs- und Orientierungsmustern, die sich moderne Individuen im Umgang mit den Anforderungen der Moderne zueignen, und nach der Bedeutung bzw. Funktion, die Religion und Religiosität in diesem Zusammenhang einnehmen bzw. in der Sprache des Strukturmodells von Religiosität; wie angesichts der sich jedem Individuum stellenden Bewährungsdynamik die Bearbeitung bzw. der Umgang mit dieser erfolgt und auf was für einen Bewährungsmythos dabei zurückgegriffen wird.

---

305 KANT 1983, B833.

Entsprechend dieser Fragestellung soll nun im Folgenden zweiten Durchgang der theoretischen Auseinandersetzung der Blick auf die individuelle Perspektive zugespitzt werden und zwar speziell auf die Rolle und Bedeutung von Religion und Religiosität im individuellen Lebenszusammenhang. Entsprechend dem dynamischen Zusammenhang von Bewährungsdynamik, Bewährungsmythos und notwendigem Evidenzerweis der strukturalen Analyse von Religiosität wird in den folgenden Überlegungen die Situation der Bewährungsdynamik als gegeben vorausgesetzt und entsprechend dem zweiten Teil der Forschungsfrage der Blick stärker auf die Aufgaben bzw. die Funktionen des Bewährungsmythos gelenkt.[306] Das heißt: Aus der Perspektive des Individuums wird der Frage nachgegangen, welche Aufgaben im Sinne von Problemlösungskompetenzen dem Sinndeutungssystem Religion zugeschrieben werden.[307] Ziel der folgenden Überlegungen ist es ferner, den Zugang zum empirischen Teil dieser Untersuchung zu eröffnen, um im dritten Teil der Ergebnisinterpretation die Ergebnisse der empirischen Untersuchung mit den auf Theoriebasis gewonnenen Ergebnissen querlesen und in Beziehung setzen zu können.

Der Ausgangspunkt für dieses kurz skizzierte Anliegen ist die dem Individuum in der reflexiven Moderne anheim gegebene Notwendigkeit der Konstituierung und Konstruktion einer je eigenen, individuellen Biographie. Die Entscheidung, die Bedeutung bzw. Funktion von Religion und Religiosität über die Konstituierung der individuellen Biographie anzugehen, erfolgt aus zwei Gründen: Zum einen kristallisieren sich an dieser Notwendigkeit die Anforderungen, die die späte Moderne an das Individuum stellt, äußerst deutlich heraus und zum anderen sind – wie die Überlegungen in 2.3 zeigten – Religion und Religiosität immer auf Engste mit der individuellen Existenz, mit der jeweiligen Sozialisation und Lebensgeschichte verbunden. Die Religiosität eines Menschen ist somit nicht von biographischer Entwicklung und Konstituierung zu trennen.

Entsprechend des hier formulierten Anliegens wird in einem ersten Schritt der Zusammenhang zwischen Biographie und Religion und Religiosität aufgezeigt. Der zweite Schritt dieser Überlegungen beleuchtet dann – angesichts des Bewährungsproblems und seiner Dynamik – die (religiösen) Bedürfnisse, die an religiöse und säkulare Bewährungsmythen herangetragen

---

306 Das Strukturmodell von Religiosität stellt also für dieses Kapitel die Interpretationsfolie sowohl für den Zusammenhang von Religion und Biographie als auch für die Analyse der zugeschriebenen Funktionen von Religion und Religiosität als gelebter Praxis dar. Auch hier wird wie unter 2.3.4 bereits angemerkt mit dem Begriff Funktion die gemeinsame Perspektive von struktureller und funktionaler Analyse verstanden.

307 Damit steht weniger die Form bzw. Struktur der Problemlösung an dieser Stelle im Mittelpunkt, ist diese nur über den konkreten Einzelfall zu analysieren und von daher entscheidender Bestandteil der empirischen Untersuchung, sondern das Sinndeutungssystem sowie die vom Individuum an das Sinndeutungssystem Religion herangetragenen Bedürfnisse.

werden, und nimmt die entsprechenden Funktionen, die Religion und Religiosität hier zugewiesen werden, in den Blick. In einem letzten Schritt werden die Ergebnisse dieser Überlegungen und Analysen an die in 2.3.5 vorgenommenen theologischen Überlegungen rückgebunden, um sie mit dem seitens des Christentums zur Verfügung stehenden Potential hinsichtlich individueller Lebensführung in der Moderne in Beziehung zu setzen.

2.4.1 Zum Zusammenhang von Biographie und Religion

"Und es kann als eine hintergründige Ironie angesehen werden, wenn sich die gegenwärtige Theologie, übrigens über konfessionalistische und kontroverstheologische Grenzen hinaus, nur mühsam ein Thema wieder aneignet, zu dessen Herausbildung sie selbst einst den Nährboden mit bereitet hat."[308]

Der Zusammenhang zwischen Biographie und Religion bzw. Biographie und Religiosität ist nicht erst ein Ergebnis jüngster gesellschaftlicher und religiöser Individualisierungsprozesse, sondern reicht bis an den Beginn der Neuzeit zurück. Die Entstehung bzw. Wahrnehmung des Lebenslaufes als eine individuelle Biographie weist religiöse Wurzeln in zweifacher Hinsicht auf: Zum einen ist Biographie als Ergebnis neuzeitlicher Gesellschaftsentwicklung immer in der engen, nicht mehr zu trennenden Verflechtung von Kultur und Christentum entstanden und weist damit indirekt religiöse Wurzeln auf, zum anderen lassen sich ferner direkte auf den Protestantismus zurückgehende religiöse Wurzeln für die Herausbildung der Biographie ausmachen.[309] Entscheidende Impulse für die Herausbildung eines Subjektverständnisses des Individuums und seiner damit einhergehenden Individualität, als Voraussetzung für Lebensgeschichte als individuell zu gestaltendem Prozess, liegen zudem in den Veränderungen des Schuldverständnisses bereits im Mittelalter, insofern sich der Schwerpunkt der Sündenanalyse von den äußeren Handlungen auf die Intentionen verschob. Dieser Prozess, der eine Subjektivierung des Sündenverständnisses nach sich zog und damit eine Veränderung der Beichtpraxis, trug somit wesentlich zur Herausbildung eines Individualitätsverständnisses des Subjektes bei und bereitete damit den Boden, der eigenen Lebensgeschichte im Hinblick auf eine Gott wohlgefällige Lebensführung hohe Bedeutung beizumessen.[310]

---

308 DREHSEN 1990, 37.
309 Vgl. DREHSEN 1990, 33f.
310 Zum Zusammenhang von Subjektivität und Individualität vgl. FRANK 1991. Die Durchsetzung des Individualitätsgedankens wird theologisch vor allem auf die Ansätze von Abaelard, Duns Scotus und Roger Bacon zurückgeführt. Die Bedeutung der Beichte und anderer Formen institutionalisierter Bekenntnisse für die Durchsetzung neuzeitlicher Individualisierungsprozesse hat aus soziologischer Perspektive Alois HAHN (1982) untersucht.

Diese letztgenannte Entwicklung wurde vom Protestantismus aufgenommen und in seinem in erster Linie auf das Individuum rekurrierenden Lebensführungskonzept verstärkt.[311] Insbesondere die pietistische Bewegung stellt – so Drehsen – eine religiöse Variante exemplarischer Bedeutung für dieses protestantische Lebensführungskonzept aufgrund der Tatsache dar, dass dem Augenmerk des Einzelnen auf sich selbst nicht nur in singulären Akten, sondern im Hinblick auf seine gesamte Lebensführung zentrale religiöse Bedeutung zugesprochen wird. Dies führt denn auch im Pietismus bzw. im gesamten Protestantismus zu einer Ununterscheidbarkeit zwischen religiöser und 'profaner' Lebensführung.

"Denn Biographie wird hier als ein eigentümliches Gemisch begriffen, in dem Glaubenserfahrung und Selbsterfahrung miteinander verknüpft sind. Nicht die Zustimmungsbereitschaft gegenüber theologisch-dogmatischen Lehren, nicht die Konformität gegenüber vorgegebener Kirchlichkeit, sondern das Leben als Ganzes wird zum Ausdruck einer religiösen Grundhaltung. Glaube verwirklicht sich im wesentlichen nicht in singulären Akten, Haltungen, Urteilen oder Verhaltensweisen, sondern in der Gesamtverfassung einer menschlichen 'Lebenszeitidentität', in der sich die Anschaulichkeit der unmittelbaren Erfahrung als Verifikationsprinzip religiöser Wahrheit widerspiegelt."[312]

In dieser im Augenblick ausschließlich binnenreligiösen Perspektive des Protestantismus[313] werden verschiedene Aspekte deutlich, die sich im Zuge der gesamtgesellschaftlichen Entwicklung aus dem unmittelbaren gesellschaftlichen Konnex herauslösen und ihre gesamtgesellschaftliche Wirkung entfalten. Die neuzeitlichen gesellschaftlichen Differenzierungsprozesse ziehen immer stärker die Ausbildung und dann deutliche Wahrnehmung einer privaten Sphäre nach sich, die zunehmend zu einem Entflechtungsprozess von übergreifenden Systemen und der einzelnen Lebenszeit führen.[314] Im Zuge der Differenzierungsprozesse führt dies zu einer Umorientierung von der System- zur Subjektperspektive und zu einer immer stärkeren Verlagerung von einem öffentlichen zu einem privaten Interesse.[315] Diese Interessensverlagerung steht in engem Zusammenhang mit den Komplexitätssteigerungen, die die Prozesse gesellschaftlicher Ausdifferenzierung mit sich bringen. Übersichtlichkeit

---

311 Vgl. die ausführliche Analyse von Max WEBER 1981; 1972.
312 DREHSEN 1990, 40. Aus dem Fehlen einer Vermittlungsinstanz etwa geschichtlicher Tradition oder kirchenamtlicher Institution ergibt sich die Unmittelbarkeit, mit der sich der Mensch im Protestantismus vor seinem Gott verantworten muss, die dann dazu führt, der eigenen Lebensgeschichte eine hohe Aufmerksamkeit zu widmen. Vgl. ferner RÖSSLER 1986,164.
313 Diese Linie der Entwicklung des Protestantismus und seines Beitrags für die Verstärkung der Individualität und nachfolgend der Herausbildung eines biographischen Verständnisses soll an dieser Stelle nicht vertieft werden, sie ist andernorts ausführlich untersucht worden. Vgl. dazu z. B. SCHÖLL 1996, 171ff; vgl. ferner WEBER 1986; 1981; SCHLUCHTER 1998, bes. 273-330; 1988, 11-128.
314 Vgl. auch dazu DREHSEN 1990, 40.
315 Vgl. GUSDORF 1989, 125.

findet das Individuum in aller Unübersichtlichkeit (Habermas) moderner Lebenswelt bei sich und in der eigenen Biographie.[316] Weiteren Einfluss in diesem Prozess gewinnen die im Zusammenhang mit Aufklärung und Französischer Revolution sich durchsetzenden Leitideen von Autonomie und Emanzipation, insofern die Beschäftigung und Auseinandersetzung mit der eigenen Person immer stärker zum Ausdruck individueller Autonomie, verbunden mit einem Emanzipationsanspruch wird. Damit passt sich das Lebensführungskonzept der Moderne in die gesellschaftlichen Anforderungen derselben ein.

Die Konstituierung und Gestaltung der Biographie hat sich in der reflexiven Moderne zur bestimmenden Kraft individueller Lebensführung herausgebildet.[317] Lassen sich die Zusammenhänge zwischen der Herausbildung des Phänomens der Biographie als individueller Lebensgeschichte und den religiösen Implikationen in der historischen Entwicklung sehr deutlich nachzeichnen, so stellt sich die Frage nach diesem Zusammenhang in der späten Moderne. Damit ist die zentrale Frage nach der Bedeutung und Funktion, die Religion und Religiosität für das Individuum innehaben, gestellt. Diese Frage stellt sich insofern verschärft, als sich das moderne Individuum nicht mehr automatisch der Religion als Ausdruck eines für das Leben notwendigem transzendenten Gegenübers verpflichtet weiß, sondern die Hinwendung zu religiöser Sinndeutung der freien Entscheidung unterliegt.

In der reflexiven Moderne lassen sich zwei grundlegende Konzepte zum Zusammenhang von Biographie und Religion und Religiosität unterscheiden, denen sich m. E. weitere zuordnen lassen.[318] Das erste Konzept weist der Religion die Funktion einer das Leben des einzelnen strukturierende und ordnende Kraft zu, an der sich das Leben ausrichtet. Das zweite Konzept geht demgegenüber davon aus, dass Religion eine eher reflexive Funktion zukommt, indem sie zum Motiv und Mittel der biographischen Reflexion und Selbstthematisierung wird. Auf der Grundlage dieser beiden Konzepte soll im Folgenden dem Zusammenhang von Biographie und Religion sowie Religiosität nachgegangen werden.

---

316 So auch die These von Alois Hahn: "Der Grund für gesteigertes biographisches Interesse kann auch ganz generell in Komplexitätssteigerungen liegen, wie sie etwa bei der Ausdehnung des Raumes der Möglichkeiten entstanden, durch die die europäische Neuzeit charakterisiert war." HAHN 1988, 60.

317 Auf die Zusammenhänge und Unterschiede von Biographie und Lebenslauf sowie die Herausbildung des Lebenslaufes und seine Institutionalisierung wird hier nicht mehr eigens eingegangen. Vgl. dazu die einschlägigen Veröffentlichungen insbes. von: KOHLI 1985; 1986; 1988. Vgl. ferner LEITNER 1982.

318 Die Unterscheidung dieser beiden grundlegenden Konzepte wird hier übernommen von WOHLRAB-SAHR 1995a.

2.4.1.1 Religion als lebensgeschichtlich ordnende Kraft

Innerhalb dieses Konzeptes lassen sich zwei unterschiedliche Facetten, wie Religion als lebensgeschichtlich-ordnende Kraft wahrgenommen wird, unterscheiden. Eine erste Facette schließt an die über lange Zeit gültige Rolle der Religion an, welche jedoch aufgrund der gesellschaftlichen Veränderungsprozesse in der späten Moderne in dieser genuinen Form kaum noch auszumachen ist. Die zweite davon zu unterscheidende Facette greift auf die erste zurück, antizipiert dabei jedoch deutlicher die Anforderungen der Moderne.

In der ersten Variante wird Religion die Rolle zugewiesen, das Leben des Einzelnen und der Gemeinschaft als Ganze zu strukturieren und zu ordnen. Diese Rolle wurde bis zum Einsetzen der Modernisierungsschübe im 20. Jahrhundert in weiten Bereichen vom Christentum eingenommen. Solange christlicher Religion das Monopol für den übergreifenden Sinn- und Deutungshorizont zukam, war ihr damit zugleich die Rolle der normierenden Kraft für gesellschaftliche und individuelle Zusammenhänge zugewiesen. Der Lebenslauf des Individuums orientierte sich an den strukturierenden Riten der Religion und war insgesamt darin eingebettet. Als sich über das ganze Leben erstreckende und dieses gleichzeitig mit Deutung versehende Kraft bedurfte es keiner individuellen Ausgestaltung einer eigenen Biographie, da das Leben des Einzelnen voll und ganz in das Deutungssystem der christlichen Kirche eingebettet war. Die Religion stellte dem Individuum alle notwendigen Deutungsleistungen für auftretende und zu entscheidende Lebens- und Alltagsfragen zur Verfügung und übernahm damit gleichzeitig die Begründungsleistung für diese Interpretationen und Entscheidungen. Das Individuum war insofern handlungsentlastet, als es keine selbstverantworteten Entscheidungen treffen musste und entsprechend einer Begründungspflichtigkeit enthoben war. Gewährleistet und zur Verfügung gestellt wurden diese Deutungsleistungen unter anderem in Form vielfältiger das Leben begleitender, ordnender und damit interpretierender Riten. Denkt man an die katholischen Milieus, so ist dort das Leben strukturiert durch Passageriten, die den Einzelnen und die Gemeinde betreffen, darüber hinaus jedoch durch vielfältige religiöse Bräuche, die das Gemeindeleben als Ganzes ordnen und auch dem gemeinschaftlichen Leben einen festen Rahmen verleihen.

Die Ausdifferenzierung gesellschaftlicher Teilsysteme, die Religion zu einem System neben anderen werden ließ und sie damit ihres übergreifenden Sinn- und Deutungsmonopols beraubte, setzte diese umfassende lebensgeschichtlich-ordnende Funktion in dieser damit einhergehenden Selbstverständlichkeit außer Kraft.[319] Ein weiterer Grund liegt darin – dieses haben die Forschungen Kohlis zur Institutionalisierung des Lebenslaufes deutlich ge-

---

319 Allerdings ist sie in den noch vorfindlichen Restbeständen der katholischen Milieus noch mit einem relativ hohen Selbstverständlichkeitsgrad weiterhin wirksam.

macht[320] –, dass der Lebenslauf in der Prognostizierbarkeit der einzelnen Phasen, die in seiner Institutionalisierung begründet liegt, nicht mehr auf die Religion angewiesen ist. Das bedeutet, dass die sozial entscheidenden Phasen des Lebens in der Moderne sich mit und ohne Religion vollziehen. Damit ist Religion zur Wahl und Entscheidung geworden und nicht mehr notwendiges Element zur Gestaltung des Lebens. Beide Gründe führen in der späten Moderne dazu, dass der Rekurs auf eine solche Form lebensgeschichtlich-ordnender Kraft von Religion nicht mehr ungebrochen und unreflektiert erfolgen kann. Durch den Verlust des übergreifenden Sinndeutungsmonopols und angesichts der Pluralisierung der Sinndeutungsentwürfe wird die Entscheidung, sich in dieser Form den Deutungsleistungen der Religion für sein gesamtes Leben anheim zugeben, zur Wahl und prinzipiell begründungspflichtig.[321] Mit dieser Veränderung ist jedoch eine grundsätzliche Veränderung der späten Moderne angesprochen: Das Individuum muss sich für die Rolle, die Religion in seinem Leben einnehmen soll, entscheiden. Dieser Entscheidungspflichtigkeit kann es nicht enthoben werden, vielmehr ist es zudem gezwungen, seine Entscheidung prinzipiell begründen zu können. Auch an diesem Tatbestand zeigt sich der Unterschied von Lebenslauf und Biographie. War der Lebenslauf ein eher auch durch die Religion geprägter und damit der individuellen Gestaltung enthoben, so weist die Biographie als eindeutiges Charakteristikum die individuelle Gestaltungsnotwendigkeit auf, die sich u. a. in der Wahl des Sinndeutungsmonopols ausdrückt.

In der zweiten Variante ist diese Selbstverständlichkeit, die der Religion über lange Zeiträume zukam, nicht mehr gegeben. Religion kann und wird jedoch nach wie vor in dieser Rolle der lebensgeschichtlich-ordnenden Kraft wahrgenommen, wenn sie "die Abschnitte des 'institutionalisierten' Lebenslaufs (Kohli 1985) symbolisch markiert und damit zur Integration in gesellschaftliche Ablaufmuster beiträgt (...)"[322]. Die Riten, die die Religion z. B. an den Passagen zu deren Gestaltung bereitstellt, ihnen eine äußere Form gibt und diese gleichzeitig mit Interpretation und Deutung versieht, strukturieren so den Lebenslauf[323] und kanalisieren die potentiellen Verunsicherungen sowie die Krisenhaftigkeit, die an den einzelnen Passagen auftreten können, indem diese durch das Deutungssystem als überindividuelle ausgewiesen werden können.[324]

---

320 Vgl. dazu die in diesem Punkt angegebene Literatur.
321 Prinzipielle Begründungsverpflichtung wird hier im Sinne des bereits niedergelegten Modells von Lebenspraxis verstanden. Vgl. 2.3.2.
322 WOHLRAB-SAHR 1995a, 10.
323 An dieser Stelle wird bewusst von Lebenslauf gesprochen, da das Individuum eher an den institutionalisierten Lebenslauf angeschlossen erscheint als an die individuell zu gestaltende Biographie.
324 Vgl. dazu WOHLRAB-SAHR 1995a, 10. Hier wird noch einmal der entlastende Charakter deutlich, der durch das die einzelnen Passagen interpretierende Angebot, dem Individuum

In dieser letztgenannten Funktion sieht auch Peter Alheit den Zusammenhang von Biographie und Religion. Allerdings führt ihn seine Analyse zu der Einschätzung eines expliziten Deutungsverlustes institutionell verfasster christlicher Religion. Ausgehend von der skizzierten ersten Variante zur Rolle christlicher Religion beschreibt er den Veränderungsprozess mit dem Terminus der "Biographisierung des Religiösen"[325]. Waren die Lebensläufe – so Alheit – über lange Zeit hinweg weitgehend identisch mit religiösen Biographien, so haben sie sich dahingehend verändert, als Religion an bestimmten Punkten in die Biographie eingebaut wird, im Vordergrund jedoch nicht die Religion, sondern die Biographie steht.

"Aus den 'Lebensläufen' unseres Kulturkreises, die über lange Zeiträume hinweg mit 'religiösen Biographien' weitgehend identisch waren, sind Lebensläufe geworden, in denen Religion nur noch als 'biographisiertes' – der Biographie gleichsam als 'Ornament' hinzugefügtes – Versatzstück vorkommt."[326]

Unabhängig davon, ob man die eher pessimistische Einschätzung Alheits zum Bedeutungsverlust der Religion teilt, wird mit Alheits Terminus die Veränderung von der Religion zum Individuum als Entscheidungsinstanz sehr klar.

Diese biographisierten Versatzstücke sieht Alheit insbesondere an den Lebenswendepunkten angesiedelt, an denen die Religion mit ihren Passageriten diesen zum einen eine Form gibt und zum anderen – wie bereits oben beschrieben – ihre Interpretations- und Deutungsleistung zur Verfügung stellt. Ob bei Inanspruchnahme der Passageriten eher ausschließlich die Form oder auch die Interpretationsleistung in Anspruch genommen wird, kann an dieser Stelle nicht entschieden werden. Alheits Position geht – im Rekurs auf Kohlis Forschungen – dahin, anzunehmen, dass in der Inanspruchnahme der kirchlichen Kasualien diesen zwar noch eine gewisse Referenz erwiesen wird, sie letztlich jedoch nicht in Anspruch genommen werden, um auf die Bedeutung des Religiösen hinzuweisen, sondern um die Relevanz der biographischen Passagen zu verdeutlichen.[327]

Alheit sieht den Zusammenhang zwischen Religion und Biographie im Weiteren in drei typischen Funktionen[328], die Religion zugeschrieben werden, verwirklicht: a) Religiosität als biographische Rahmung; b) Religiosität als Kommunikationsmilieu und c) Religiosität als 'Verlaufskurve'. Im ersten Fall

---

zur Verfügung steht und damit von individueller Erklärungs- oder Begründungsleistung sowie prinzipiell von Entscheidungsverantwortung enthebt.

325 ALHEIT 1986, 130.
326 ALHEIT 1986, 131.
327 Vgl. ALHEIT 1986, 136f.
328 Alheit spricht hier von Religiositätstypen, allerdings sind damit auch Funktionen von Religion benannt, die dieser zugeschrieben werden. Deshalb scheint es mir nicht zuletzt unter dem Aspekt, Funktionen von Religion für das Individuum zu untersuchen, angemessener, von Funktionen zu sprechen.

siedelt Alheit Religion ausschließlich an den "Weichstellen" der Biographie an. Ausschließlich in diesen lebensgeschichtlichen Phasen habe sie überhaupt noch eine Chance, in den Lebenslauf einzudringen. In der eigentlichen Aktivitätsphase der zumindest männlichen Arbeitsbiographie spiele Religion keine Rolle.[329] Als Kommunikationsmilieu (b) befriedige Religion ein Aktivitäts- und Geselligkeitsbedürfnis, jedoch gehe es auch dabei nicht um genuin religiöse Fragen. "Religion ist in diesem Kontext 'Kommunikationsmilieu' wie der Turnverein oder der Tennisclub."[330] Die dritte Funktion von Religion in der Biographie beschreibt die Möglichkeit einer Transformation. Damit ist die Möglichkeit des Wechsels, der Transformation von einem System in ein anderes gemeint. Alheit führt als Beispiel den Wechsel von einer exzessiven Suchtkarriere in eine scheinbar unproblematische religiöse Aktivität an.[331] In solcherart biographischen Tiefpunkten sieht Alheit ebenfalls "Einlaßschleusen für religiöse Prozeduren"[332].

Alle drei der Religion zugeschriebenen Funktionen verdeutlichen einen Eigenständigkeitsverlust (Funktion a und b) der Religion oder verweisen auf eine Instrumentalisierung derselben (Funktion c) im Rahmen der Biographie. Unabhängig von einer binnentheologischen Einschätzung dieser Funktionen scheint ihnen individuell, zumindest in manchen Fällen, Relevanz zuzukommen, und damit fordern sie zu weiterer empirischen Untersuchungen auf.

Die hier vorgestellten drei nuanciert unterschiedlichen Ansätze zum Zusammenhang von Biographie und Religion stimmen darin überein, den Riten der Religion und ihren Kasualien im Rahmen der ihr zugewiesenen lebensgeschichtlich-ordnenden Kraft eine hohe Bedeutung zuzuweisen, unabhängig davon, wie hoch deren religiöse Relevanz im Einzelfall eingeschätzt wird. Dass die Bedeutung von Religion und Religiosität im Rahmen der Biographie auch unabhängig, wenn auch nicht unbedingt ausschließlich unabhängig von Passagen verstanden werden kann, sollen die folgenden Überlegungen zeigen.

2.4.1.2 Religion und Religiosität als reflexive Form der Selbstthematisierung

Das Konzept der Religion[333] als reflexive Form der Selbstthematisierung impliziert, der Frage nachzugehen, welche Bedeutung das Individuum der Reli-

---

329 Vgl. ALHEIT 1986, 140.
330 ALHEIT 1986, 141.
331 Vgl. ALHEIT 1986, 141.
332 ALHEIT 1986, 141.
333 Wohlrab-Sahr spricht in beiden Varianten von Religion, sowohl der Religion als lebensgeschichtlich-ordnende Kraft als auch der Religion als reflexive Form der Selbstthematisierung. Entsprechend dem hier zugrundeliegenden Begriffsgebrauch von Religion und Religiosität müsste vor allem in diesem zweiten Konzept auch die Rede von Religiosität als gelebter Praxis sein. Ich werde trotzdem im Folgenden den Sprachgebrauch von Wohlrab-

gion im Rahmen der Generierung seiner Biographie zumisst. Bevor diese am Individuum orientierte Perspektive einer näheren Untersuchung unterzogen wird, erscheint es jedoch von einem eher religionstheoretischen Standpunkt ausgehend notwendig, der Frage nach dem Bezugspunkt der Religion im Individuum nachzugehen, denn: beide Entwicklungen bedingen einander und können nicht unabhängig voneinander erfolgen.

Der Frage nach dem Bezugsproblem der Religion ist insbesondere die Systemtheorie nachgegangen. Die Systemtheorie hat den Zusammenhang zwischen Religion und Individuum in der Moderne sehr deutlich herausgearbeitet und damit m. E. eine wichtige Voraussetzung für die zu erörternde Form der Religion als reflexive Selbstthematisierung geklärt.[334]

Für die Systemtheorie stellt die Verortung von Religion im Individuum eine sich an die Veränderungsprozesse der Moderne logisch anschließende Entwicklung dar. Wichtige Voraussetzung für diesen Prozess stellt die Biographisierung des Lebenslaufes dar und damit die Tatsache, dass das Individuum in der ausdifferenzierten Gesellschaft zum zentralen Ort der Integration heterogener gesellschaftlicher Ansprüche geworden ist.[335] Insofern der Religion in der späten Moderne nicht mehr zukommt, den übergreifenden Sinnhorizont der Gesamtgesellschaft zu stellen, steht sie in der Notwendigkeit, sich ein neues Bezugsproblem zu erschließen. Dieses findet sie, indem sie an die Individualität des Menschen anschließt, die individuelle Lebensgeschichte und die ihr – wie oben skizziert – gestellten Aufgaben als ihren Bezugspunkt entdeckt und damit die Frage nach dem und die Sorge um das Seelenheil in die Individuen hineinverlagert. Damit wird, so die These Armin Nassehis, die Glaubensspannung zwischen heiliger Sphäre und profaner Welt nicht mehr gesellschaftlich aufgelöst, sondern in den Einzelnen hineinverlagert.[336] Obgleich die Religion damit ihre gestaltende Funktion für die Organisation von Biographien in weiten Teilen der Bevölkerung verloren hat – diese Feststellung korrespondiert mit der Tatsache, dass Religion kein zwingend notwendiges Element für die Organisation und Gestaltung der Biographie darstellt –, eruiert sie ihr Bezugsproblem in der Individualität von Individuen.[337] Die

---

Sahr und auch anderer Autoren und Autorinnen beibehalten, um den Gedankengang nicht zu verzerren. Die Entsprechungen zum Strukturmodell von Religiosität werden hier ganz deutlich, ist doch Religion als reflexive Form der Selbstthematisierung eine Form der Inanspruchnahme eines Bewährungsmythos zur Gestaltung von Lebenspraxis.

334 Vgl. NASSEHI 1995.
335 NASSEHI 1995, 114: "Der einzige Ort, an dem die disparaten Teile der Gesellschaft verbunden werden, ist das Individuum, das die unterschiedlichen sozialen Ansprüche in Einklang zu bringen hat (...), sie [biographische Perspektiven, J.K] sind der Ort, an dem *exkludierte* (sic!) ganze Personen ihre Individualität mit den und gegen die Ansprüche gesellschaftlicher Funktionszentren in Form institutionalisierter Lebensläufe oder präskriptiver Rollen ausbilden."
336 Vgl. NASSEHI 1995, 114f.
337 Vgl. NASSEHI 1995, 115.

Biographie ist damit zu einem der zentralen Bezugspunkte von Religion geworden. Für den Zusammenhang von Biographie und Religion bedeutet dies:

"Sie [die Religion, J.K.] findet sich in der historisch paradoxen Situation vor, dass sie *erstens* die Motivdisposition zur biographischen Selbstthematisierung mit hervorgebracht hat, dass sie *zweitens* gerade durch die Individualisierung und Biographisierung von Lebenslagen und ihre gesellschaftsstrukturellen Bedingungen gesellschaftlich marginalisiert wurde und dass sie *drittens* in biographischen Thematisierungen heute einen ihrer wirksamsten Bezugspunkte sieht."[338]

Dass diese Verlagerung des Bezugspunktes der Religion auf das Individuum nicht gleichzeitig ihre Reduktion auf Kontingenzbewältigung bedeuten muss, wie dies von der Systemtheorie nahegelegt wird, kann m. E. der im weiteren noch vorzustellende Ansatz, der die Biographie auch als religiöse Selbstauslegung versteht, ausweisen.

Zu Beginn dieses Teilkapitels wurde der Beitrag des Christentums zur Entstehung von Individualität und Subjektivität kurz angerissen. Die Untersuchungen Hahns zur Veränderung der Beichtpraxis räumten der individuellen Selbstbeobachtung und Selbsterforschung, also insgesamt dem Blick des Individuums auf sich selbst, großen Raum ein.[339] Mit Blick auf eine am Individuum orientierte Perspektive kristallisiert sich für den Zusammenhang von Biographie und Religion immer deutlicher heraus, dass Religion einerseits Motiv und andererseits Mittel biographischer Reflexionsprozesse zur Verfügung stellt und ihr gleichzeitig diese Funktionen vom Individuum zugewiesen werden.[340] Diese Tatsache setzt zugleich einen hohen Bedarf an Selbstbeobachtung und biographischer Reflexion voraus. Die Rolle der Religion im Rahmen dieses Bedürfnisses nach Selbstbeobachtung und Selbstthematisierung lässt sich dabei noch einmal unterschiedlich bestimmen: Nach Wohlrab-Sahr werden diese Prozesse der Selbstthematisierung durch die Religion und ihre spezifischen Gehalte initiiert und durch ihre dafür bereitgestellten Institutionen begleitet.[341] Wird der Gehalt der Religion für biographische Reflexionen solchermaßen bestimmt und mit den Übergängen des Lebenslaufes in Verbindung gebracht[342], so scheint darin eine Verkürzung des Potentials dieses Ansatzes zu liegen, insofern eine Beschränkung einerseits auf biographische Übergänge und deren mögliche Krisenhaftigkeit nahe liegt und andererseits Hoffnung auf Erlösung und Furcht vor Strafe als Gehalte christlicher

---

338 NASSEHI 1995, 117.
339 Vgl. HAHN 1982.
340 In der Sprache des Strukturmodells von Religiosität handelt es sich hier um die zentrale Aufgabe des Bewährungsmythos, nämlich die schlüssige und für die individuelle Lebenspraxis stimmige Beantwortung der drei zentralen Fragen des Woher, des Wohin und des gegenwärtigen Sinns des Daseins.
341 Vgl. WOHLRAB-SAHR 1995a, 12. Solche Initiierungsmomente können laut Wohlrab-Sahr Hoffnung auf Erlösung oder Furcht vor Strafe sein.
342 Vgl. WOHLRAB-SAHR 1995a, 11.

Religion letztlich doch den Tun-Ergehen-Zusammenhang wieder sehr nahe rücken lassen.

Im Rahmen dieser Erörterungen soll deshalb auch der Frage nachgegangen werden, ob die Bedeutung der Religion als Motiv und Mittel biographischer Reflexion nicht weiter zu fassen und auf die Kontinuität des Lebens auszudehnen ist, ohne damit die Zentralität der biographischen Übergänge und die mögliche inhärente Krisenhaftigkeit zu schmälern. Vorab jedoch sei zunächst die grundsätzlichere Frage nach der Funktion biographischer Thematisierung gestellt: "Im Rahmen welcher Handlungsprobleme werden biographische Verläufe thematisiert, und was wird dadurch – in Abhebung von rein aktualitätsorientierter Problembearbeitung – sozial geleistet?"[343] Als allgemeinste Antwort zur Funktion biographischer Thematisierung gibt Martin Kohli das "Verstehen" an und differenziert dieses in drei Verstehensformen aus. Da er biographische Thematisierung reflexiv als auch prospektiv versteht, sind diese Verstehensformen sowohl auf Vergangenheit als auch auf Zukunft angelegt. "Fremdverstehen" als erste Form des Verstehens bedeutet das Verstehen der Biographie eines anderen. Die zweite Form, die "Selbstdarstellung" versteht biographische Thematisierung als Ganzes oder einzelner Passagen zum einen als Erklärung des 'so geworden seins', nach Kohli häufig mit einem eher apologetischen Charakter versehen[344] und zum anderen als Anspruchsbegründung, insofern aufgrund vorangegangener Leistungen entsprechende Ansprüche angemeldet und begründet werden. Für den hier zu erörternden Zusammenhang ist im Augenblick jedoch die dritte Form des Verstehens, das "Selbstverstehen", von größter Bedeutung. Der Focus des Selbstverstehens liegt auf der Selbstvergewisserung (reflexiv) und daraus erwachsend auf der Handlungsplanung (prospektiv). Kohli unterscheidet vier Aspekte, unter denen Selbstvergewisserung erfolgt. Erstens bedarf es der Selbstvergewisserung eines Individuums zur Konstituierung biographischer Kontinuität als wesentlichem Bestandteil der je eigenen Identität.[345] Biogra-

---

343 KOHLI 1980, 504. Kohli versteht unter "biographischer Thematisierung" jede explizite Thematisierung lebensgeschichtlicher Verläufe sowohl als Ganzer als auch wesentlicher Teile, ferner subsumiert er unter "Biographie" Thematisierungen der Vergangenheit als auch der Zukunft. Vgl. Ebd. 505.

344 Vgl. KOHLI 1980, 507.

345 Vgl. KOHLI 1980, 508. Dabei legt Kohli die Identitätsdefinition von Döbert zugrunde: "Identität nennen wir die symbolische Struktur, die es einem Persönlichkeitssystem erlaubt, im Wechsel der biographischen Zustände und über die verschiedenen Positionen im sozialen Raum hinweg Kontinuität und Konsistenz zu sichern." DÖBERT 1977, 9. Dieses Verständnis soll an dieser Stelle um den Akzent von Nunner-Winkler erweitert werden, die Identität auch im Sinne von Individualität als "sich seiner selbst als unverwechselbar, unaustauschbar, unersetzlich, als einzigartig gewiß [zu] sein" versteht. NUNNER-WINKLER 1985, 467. Nunner-Winkler unterscheidet bei den Begriffen Identität und Individualität zwischen einer Innen- und Außenperspektive. Dieses ist eine hilfreiche Unterscheidung, insofern der Begriff der Identität damit etwas ausdifferenziert wird. Entscheidend für den

phische Thematisierung erfolgt zweitens in Situationen der Bedrohung oder der Verunsicherung, wenn es darum geht, sich des eigenen personalen Kerns oder der eigenen Identität zu vergewissern, um die Verunsicherung oder Bedrohung bewältigen zu können.[346] Selbstvergewisserung kann drittens auch in Form der Bilanzierung erfolgen. "Bilanzierung heißt, dass Erreichtes oder noch erreichbar Scheinendes mit ursprünglich Erwartetem, heutige Erträge mit früheren Kosten (oder umgekehrt) verglichen werden."[347] Bilanzierung steht in engem Zusammenhang mit der Irreversibilität bestimmter lebensgeschichtlicher Entscheidungen. Gerade in der Bilanzierung wird deutlich, dass Leben niemals erneut gelebt werden kann. Der vierte Aspekt des Verstehens im Sinne der Selbstvergewisserung betrifft den Akt von Selbstbefreiung, Selbstbefreiung verstanden als der Versuch der Löslösung von beispielsweise Traditionen oder der Verarbeitung lebensgeschichtlicher Erfahrungen, die nur in Auseinandersetzung mit der eigenen Lebensgeschichte erfolgen können.[348]

Ist mit der Selbstvergewisserung der reflexive Blick des Individuums angesprochen, so ist Selbstverstehen prospektiv auf Handlungsplanung bezogen. Zukünftige Handlungsplanung ist mit dem reflexiven Blick eng verbunden, insofern entsprechend dem Bedürfnis nach Kontinuität zukünftige Planungen des Anschlusses an das bisher Gewesene bedürfen.[349]

Biographische Thematisierung erfolgt also, so die hier zugrundegelegte These, immer unter dem Aspekt des Verstehens. Zu den (Zeit-)punkten, an denen eine solche biographische Thematisierung einsetzt, führt Kohli aus, dass

"(...) biographische Thematisierung *subsidiär* ist: sie ist solange unnötig, als die Orientierung an den Marken, die durch Status oder Karriere gesetzt sind, ausreicht und erfolgt dann, wenn diese nicht mehr genügt. Solange die Orientierung ausreicht, kann ich es mir z. B. leisten, mir über die Zukunft 'nicht den Kopf zu zerbrechen'; das bedeutet in diesem Fall nicht (wie es das intellektualistische Vorurteil haben möchte), den Kopf in den Sand zu stecken, sondern ist eine durchaus adäquate Form der Handlungsorientierung, sogar adäquater als ein überflüssiges Sich-Sorgen."[350]

Zusammenhang hier ist, dass aus der Innenperspektive des Individuums Identität und Individualität fast identisch sind. Vgl. Ebd. 468.

346 Vgl. KOHLI 1980, 509.
347 KOHLI 1980, ebd.
348 Vgl. KOHLI 1980, 510.
349 Anschluss im Sinne von Kontinuität ist hier nicht misszuverstehen als stringente Fortsetzung des Bisherigen. Es können damit auch Brüche oder radikale Veränderungen intendiert sein, die sich aber immer in irgendeiner Form aus dem Bisherigen ergeben. Die dem biographischen Thematisieren inhärente Zeitperspektive ist natürlich immer mitzubedenken: Die Konsistenzanforderung der Biographie führt zur Identität zwischen erinnertem und erinnerndem Ich. Damit ist auch eine Identität zwischen gegenwärtig erinnerndem und späterem zukünftigen Ich verlangt. Vgl. dazu LUTHER 1992, 113.
350 KOHLI 1980, 515.

Den meisten Ansätzen, die sich mit der Konstruktion und Konstituierung der Biographie auseinander setzen, ist zu eigen, die Notwendigkeit und das Aufkommen biographischer Thematisierung an den Bruchstellen und Diskontinuitäten anzusiedeln; an diesen Stellen wird das Bewährungsproblem für das Individuum lebenspraktisch spürbar und ist nicht mehr über Routine, über die bewährten Handlungsoptionen zu lösen. In dieser Krise muss sich das Individuum auf Neues und ihm (noch) nicht Bekanntes einlassen, muss also eine geeignete Krisenlösung finden, die sich ihrerseits wieder bewähren muss. Religion stellt sich also so als auf das jeweilige Bewährungsproblem bezogene Krisenlösung dar.[351] Der Bedarf an Religion wird dann entsprechend genau an diesen Bruchstellen verortet und ihr damit die Funktion der Kontingenzbewältigung zugewiesen. Entscheidende Aufgabe von Religion ist es sicher, diese Funktion der Krisenlösung zu erfüllen, allerdings ist aus dem bisher Erörterten bereits an mehreren Stellen deutlich geworden, das dass Verständnis von Religion breiter zu fassen ist und der hier behandelte Gegenstand des Zusammenhangs von Biographie und Religion auf ein erweitertes Verständnis von der Rolle der Religion im Rahmen biographischer Thematisierung aufmerksam machen kann.

Angesichts des im Vorhergehenden erörterten Gehaltes, der dem Verstehen als grundlegender Kategorie biographischen Thematisierens inhärent ist, ist es m. E. möglich, Verstehen – explizites wie implizites – als kontinuierliche Dimension auf das ganze Leben zu erstrecken im Sinne eines Verstehens der eigenen Existenz und der damit einhergehenden existentiellen Grundfragen, die auch, jedoch nicht zwangsläufig, nur an biographischen Brüchen auftreten. Dazu ist es allerdings notwendig, den Begriff des Verstehens um den Begriff der Deutung zu erweitern. Beide Begriffe sind aufs Engste miteinander verbunden, insofern etwas zu verstehen zugleich impliziert, dieses Etwas zu deuten, ihm also einen Sinn zu unterlegen bzw. in ihm einen Sinn zu generieren. Die Funktion biographischer Thematisierung als Verstehen zu kennzeichnen, heißt denn auch, Lebensgeschichte im Verstehen gleichzeitig zu deuten.

Für den hier zu verfolgenden Zusammenhang von Biographie und Religion stellt sich die Frage, welchen Platz Religion/Religiosität im Rahmen dieses Verstehens und Deutens von Lebensgeschichte einnehmen kann. Wird Verstehen und die damit einhergehende Deutung als zentrale Grundkategorie der Biographie und ihrer Vergewisserung verstanden, so geht dieses Verständnis über die Verortung von Religion in sozialisatorischen Zusammenhängen oder einzelnen religiösen Erlebnissen bzw. Handlungen hinaus und versucht, Religion bzw. Religiosität zu verstehen als die Art der Deutung, die einem Leben und seiner Geschichte gegeben wird. Um dieses plausibel zu machen, soll an

---

351 Vgl. Oevermann 2001, 290 und ferner 2.3.2.

dieser Stelle auf das Verständnis der Transzendentalphilosophie und deren Religionsverständnis, wie es in 2.3.1 dargelegt wurde, zurückgegriffen werden. Insofern sich das Selbst im Bewusstsein seiner selbst zugleich auf etwas außerhalb seiner selbst Liegendes verwiesen weiß, kann in dieser konstitutiven Verwiesenheit und Offenheit des Menschen auf Transzendenz hin eine Auseinandersetzung mit den Grundfragen seiner menschlichen Existenz geführt werden. Unter Voraussetzung dieser transzendentalphilosophischen Perspektive liegt in der Hinwendung des Individuums zur eigenen Existenz und den mit ihr verbundenen Fragen die Möglichkeitsbedingung für Religion. Das Begreifen und Deuten der eigenen Lebensgeschichte kann in diesem Sinne als kontinuierliche[352] Auseinandersetzung mit der eigenen Existenz und den existentiellen Fragen auch verstanden werden als eine mit dieser Möglichkeitsbedingung gegebene religiöse Selbstauslegung. Dabei ist Religion nicht festgemacht an "ihren institutionellen, rituellen und traditionell-interpretativen Gehalten (...), sondern am Vollzug der Selbsterfassung eines bewussten Lebens, mit dem dieses zugleich den Grund zur Darstellung bringt, der es selber ermöglicht (...)"[353]

Religiöse Selbstauslegung wird so verstanden als ein das Leben als Ganzes begleitender Prozess, insofern das Individuum immer wieder versucht, sich selbst zu verstehen und sein Sein zu deuten. Im Prozess der Selbstvergewisserung durch das Verstehen und Deuten des eigenen Lebens wird dieses bewusst und der Deutende so auf seine Existenz als Ganze und der Frage nach dem Sinn derselben verwiesen.[354] Religiosität wird hier also auch – ähnlich wie dies im Strukturmodell von Religiosität der Fall ist – formal verstanden.[355] Anders als der Ansatz, der Religion als lebensgeschichtlich-ordnende Kraft versteht und der Deutungsmuster quasi von außen dem Individuum zur Verfügung stellt, vollzieht und generiert sich Religion und Religiosität hier als Prozess des Verstehens und der Deutung der eigenen Lebensgeschichte.[356] In diesem Prozess der Selbstdeutung und Selbstvergewisserung

---

352 Kontinuierlich wird nicht verstanden als permanente bewusste Auseinandersetzung des Individuums mit sich selbst, sondern als ein das Leben und die Existenz latentes immer begleitendes Faktum, das an bestimmten Punkten, z. B. bei biographischen Verunsicherungen oder Brüchen, expliziter Auseinandersetzung bedarf.

353 GRÄB 1990, 83. Zum Ansatz religiöser Selbstauslegung vgl. ferner: GRÄB 1998. Vgl. zum Verständnis von "Bewusstsein", das hier mit vorausgesetzt wird und an dieser Stelle nicht weiter entfaltet werden kann: HENRICH 1982a.

354 Mit dieser Aussage ist der Prozess der Reflexivität angesprochen, die hier gleichzeitig angenommene Vorreflexivität des Bewusstseins ist damit nicht ausgeschlossen. Im Prozess der religiösen Selbstauslegung *wird* das Leben im Sinne von Reflexivität bewusst und ist es noch nicht. Vgl. zur Vorreflexivität des Bewusstseins: HENRICH 1970; 1982b.

355 Dieses Verständnis wird aus einer (praktisch-)theologischen Perspektive nicht nur von Gräb, sondern auch von Henning Luther vertreten. Vgl. LUTHER 1992, 121.

356 Vgl. GRÄB 1990, 88.

verinwendigt sich die Religion sozusagen zur Religiosität[357], sie wird ins Innere des Ichs verlagert und entfaltet dort ihre Bedeutung. Dieser Prozess der Selbstdeutung ist dabei allerdings kein solipsistischer, denn Deutungsprozesse sind immer abhängig von Kommunikation und damit Intersubjektivität, bedarf es doch immer auch eines Deutungsrahmens. Damit erweisen sich die seitens der Religion zur Verfügung gestellten Deutungsmuster aus zwei Gründen eben nicht als obsolet: Zum einen, weil das Individuum in seinem individuellen Verstehens- und Deutungsprozess immer auf kulturelle Ressourcen als Interpretationsrahmen zurückgreifen muss, denn: niemand kann ausschließlich aus sich selbst schöpfen, und zum anderen, weil die seitens der Religion zur Verfügung stehenden Deutungsmuster mit den eigenen Deutungsperspektiven quergelesen werden und so – im Sinne einer Handlungsorientierung, die prospektiv auf Zukunft hin angelegt ist – für das Individuum noch nicht in Betracht gekommene Impulse setzen können.

Religiöser Selbstauslegung als Verstehen und Deuten des eigenen Lebens ist zugleich der Prozess der eigenen Identitätsbildung als Prozess der Entfaltung eigener Subjektivität und Autonomie inhärent. Die Bedeutung, die der Prozess der Entfaltung der eigenen Subjektivität und Autonomie in der Moderne gewonnen hat, ist in den Wandlungsprozessen, denen der Lebenslauf in der Moderne unterworfen ist, grundgelegt. Mit Engelhardt kann von einer zunehmenden "Verzeitlichung und Reflexivität der personalen Identität"[358] gesprochen werden. Dies bedeutet näherhin die Verschiebung der personalen Identität von einer sozial gelebten relativen Selbstverständlichkeit hin zu einer für das Individuum expliziten Thematik, in der die Entwicklungsdimension von Identität im Rahmen einer biographisch-reflexiven Form im Vordergrund steht.[359]

Subjektivität als entscheidendes Moment der Identität wird hier verstanden als eine dem Individuum einerseits immer schon vorausliegende Gegebenheit und andererseits als das Selbstkonzept, welches ein Individuum von sich ausbildet, das immer wieder im Prozess der Lebensgestaltung zu konstituieren ist und ihm somit ein Wissen um sich selbst und eine Sicherheit um seines personalen Kerns verleiht.[360] Dieses ist in drei ineinander verschränkte Dimensionen auszudifferenzieren, die der Identität innewohnen: Identität als

---

357 Zum Begriff der Verinwendigung vgl. 2.1.
358 ENGELHARDT 1990, 197-247, 214.
359 Vgl. ENGELHARDT 1990, 214.
360 Diese Form der Identität ist zu unterscheiden von einer eher strukturellen, äußeren Form von Identität, die über die Zuweisung von physischen oder raum-zeitlichen Merkmalen, z. B. Alter oder Berufsangabe erfolgt. Dieses Verständnis unterlegt Nunner-Winkler, wenn sie Identität von Individualität unterscheidet. Vgl. NUNNER-WINKLER 1985, 466f. In diesem Sinne unterscheidet Engelhardt zwischen einer strukturellen und synchronen Darstellung von Identität und einer genetischen und diachronen, d. h. einer entwicklungsgeschichtlichen Darstellung von Identität. Vgl. ENGELHARDT 1990, 211f.

Vermittlung zwischen der Person und ihrer sozialen Umwelt, Identität als Vermittlung der inneren Instanzen der Person und Identität als Vermittlung zwischen den verschiedenen biographisch-historischen Phasen des Lebenslaufs.[361]

Die in der späten Moderne dem Individuum aufgegebene Notwendigkeit zur Konstituierung der eigenen Biographie hat diese drei Dimensionen von Identitätskonstituierung zu berücksichtigen. Insofern es in der Konstituierung der eigenen Biographie immer auch um die – über die immer schon gegebene (präreflexive) Subjektivität hinaus – Generierung der eigenen Identität und Subjektivität im Sinne der drei angesprochenen Dimensionen geht, ist die Zielperspektive der reflexiven Thematisierung nicht die einer scheinbaren Objektivität entsprechenden Chronologie, sondern solchermaßen eine Aneignung der eigenen Lebensgeschichte, die mit der eigenen Person identisch ist. Das biographische Thematisieren ist damit die Rückverfolgung und Vergegenwärtigung der eigenen Individuierung, indem die Ausbildung und Entwicklung der eigenen Subjektivität und Autonomie über die Rekonstruktion der in der Lebenspraxis immer wieder getroffenen Entscheidungen auf der Basis der jeweils ausgeschlagenen auch möglich gewesenen Handlungsoptionen vorgenommen wird.[362] Damit unterliegt jede biographische Generierung dem Konstruktionscharakter, dessen Kriterien Konsistenz und Kontinuität darstellen, mit dem jeweils übergeordneten Ziel, sich der eigenen Subjektivität als eigenem Kern zu versichern (Innenperspektive) und sich als unverwechselbares Individuum mit einer gleichermaßen unverwechselbaren Biographie sich selbst und anderen vorstellen zu können (Innen- und Außenperspektive).[363]

Die Biographie in der späten Moderne ist somit engstens mit der Entwicklung von Subjektivität und Autonomie über den Vollzug von Entscheidungen in der Lebenspraxis und damit mit der Individuierung eines Menschen verbunden.

Von der Konstituierung der Subjektivität und Autonomie über die Thematisierung des biographischen Gewordenseins schließt sich der Bogen zum Verständnis des Zusammenhangs von Biographie und Religion. In der Biographie und der mit ihr einhergehenden Individuierung liegt zugleich die Konstituierung von Sinn,

---

361 Diese Unterscheidung wird hier übernommen von Engelhardt, der sich auf die klassischen Theorien von Freud, Erikson, Mead, Goffman, Habermas und Krappmann bezieht und eine kurze Zusammenfassung der jeweiligen Ansätze gibt. Vgl. dazu ENGELHARDT 1990, 200ff.

362 Vgl. dazu das Modell von Lebenspraxis unter 2.3.2. und die noch erfolgenden Ausführungen zur Methode der strukturalen Hermeneutik in Kapitel 3.

363 Die Darstellung der Biographie oder einzelne biographische Phasen können unterschiedlich akzentuiert sein, je nachdem, welcher Aspekt der eigenen Person besonders betont und mit Aufmerksamkeit versehen werden soll, so z. B. in Bewerbungsgesprächen, die einen deutlichen Focus auf die Berufsbiographie setzen.

"der gerade nicht vom Empirischen ausgeht, sondern dieses Empirische vielmehr in sich aufnimmt und darin 'sinnvoll' macht. In dem Maße also, in dem der Einzelne Identität gewinnt (...), tritt er in religiöse Deutungs- und Vorstellungszusammenhänge ein. Die symbolische Welt der Religion wird zum Horizont und zum Medium für die Ausbildung des Bewusstseins von sich selbst, das in der erzählten Lebensgeschichte seinen unmittelbaren, authentischen und anschaulichen Ausdruck findet."[364]

Die vorgestellten Überlegungen beleuchteten den Zusammenhang von Biographie und Religion in der späten Moderne unter den zwei grundlegenden Perspektiven, Religion zum einen als lebensgeschichtlich-ordnende Kraft zu verstehen und zum anderen in ihr Motiv und Mittel zur biographischen Selbstreflexion und Selbstthematisierung zu sehen. Beide Ansätze wurden dabei in unterschiedlichen Nuancierungen vorgestellt. Empirisch werden sie in Überschneidungen und Koppelungen vorfindlich sein. Angesichts der Anforderungen, die die Moderne an das Individuum stellt, scheint die Rolle, die Religion im Ansatz reflexiver Thematisierung einnimmt, diesen Anforderungen der Moderne viel eher zu entsprechen und ein geeignetes religiöses Instrumentarium zur Generierung von Sinn und Bewältigung von Lebenspraxis bereitzustellen. Anhaltspunkte, inwieweit dies zutrifft, werden neben den folgenden Erörterungen zu den Funktionen von Religion und Religiosität auch die Ergebnisse der empirischen Untersuchung geben können.

2.4.2 Funktion und Struktur von Religion und Religiosität im individuellen Lebenszusammenhang

Verschiedene Formen des Zusammenhangs zwischen Biographie und Religion sind im Vorhergehenden erörtert worden. Der dabei am Ende geäußerten These von einer Bedeutungsaufladung von Religion und Religiosität als reflexive Form der Selbstthematisierung kann nun im Folgenden auf der Ebene der bisherigen theoretischen Erkenntnisse nachgegangen werden.

Angesichts der Schwierigkeiten der Bestimmbarkeit von Religion spricht Gabriel von der Auflösung des etablierten Felds des Religiösen und zugleich von der Ausweitung desselben.[365] Im Rahmen der Erörterungen zur Struktur von Religiosität und der funktionalen Betrachtung von Religion wurde zwischen religiösen und säkularen Bewährungsmythen unterschieden; die funktionale Analyse arbeitet ihrerseits mit dem Begriff des funktionalen Äquivalents. Das von Gabriel so bezeichnete "religiöse Feld" soll näher in den Blick genommen werden und damit die Problemlösungskompetenzen, die dem Bewährungsmythos im individuellen Lebenszusammenhang zugeschrieben

---

364 DREHSEN 1990, 45.
365 Vgl. GABRIEL 1996d, 47f.

120

werden, genauer untersucht werden. Dabei werden auch funktionale Äquivalente zu Religion in den Blick genommen.

Diese Analyse erfolgt unter dem Blickwinkel der gesellschaftlichen Veränderungen und der daraus folgenden Anforderungen an das Individuum hinsichtlich Lebensgestaltung, Biographiekonstituierung und Sinngenerierung. Dieser auf die Perspektive des Individuums gelenkte Blick fragt dementsprechend auch nach den Wünschen und Bedürfnissen sowie daraus resultierenden Handlungsoptionen des Individuums, die das Individuum zur erhofften Bewältigung von Lebenspraxis in der Moderne entwickelt.

2.4.2.1 Paradigma: Innenorientierung

Die Janusköpfigkeit der späten Moderne findet im Individuum ihren prägnantesten Ausdruck. Einerseits stellen die Errungenschaften der Moderne deutlich höhere Handlungsspielräume und Freiräume zur Verfügung und brechen so mit auch einengenden traditionalen Zusammenhängen, andererseits führen die spezifischen Anforderungen der Moderne, der Wahl- und Entscheidungszwangs innerhalb der pluralisierten Möglichkeiten, die Notwendigkeit zur Konstituierung und Gestaltung der eigenen Biographie mit dem Anspruch der Einmaligkeit und Unverwechselbarkeit, der damit eng verbundenen individualisierten Verantwortungsübernahme für die getroffenen Entscheidungen, das Postulat der Ausbildung von Autonomie und der gleichzeitige Wegfall übergreifender Sinndeutungssysteme zu einer wachsenden Orientierungslosigkeit und Empfindungen der Überforderung. Dem damit korrespondierenden Verlust an Weltbildwissen steht ein entsprechend erhöhter Bedarf an Lebenssinn und Orientierung für das eigene Leben gegenüber. Eine weitere Folge der Individualisierungs- und Pluralisierungsprozesse ist in den Veränderungen sozialer Verbindlichkeiten zu sehen, die auch hier zur Suche nach neuen adäquaten Formen von Verbindlichkeiten führen.[366]

Habermas analysiert diese Veränderungsprozesse der Moderne und ihre Auswirkungen auf das Individuum in seinem Ansatz der "Kolonialisierung der Lebenswelt".[367] Nach Habermas haben die Ausdifferenzierungsprozesse der späten Moderne eine neues qualitatives Stadium erreicht, das durch einen engen Verflechtungszusammenhang des ökonomischen und administrativen Subsystems gekennzeichnet ist. Das Individuum erfährt die Auswirkungen dieser globalen Zusammenhänge als Anonymisierung und reagiert darauf mit

---

366 Angesichts der vielfachen Rede vom Verbindlichkeitsverlust könnte dieser Wunsch überraschen. Die Tatsache, dass die "alten" Verbindlichkeitssysteme nur vermindert weitertradiert werden, ändert nichts an der Suche und dem Wunsch nach anderen adäquaten Verbindlichkeitsformen. Vgl. die Untersuchung von Gabriel zu neuen Formen der Verbindlichkeit: GABRIEL /HERLTH/STROHMEIER 1997.
367 Vgl. HABERMAS 1985; 1988a.

Apathie, Interessenlosigkeit oder Empfindungen von Ohnmacht, die sich auch in Wut äußern können. Die Auswirkungen dieser Überkomplexität zeigen sich im Alltag des Individuums z. B. in der täglich einströmenden Informationsfülle, die individuell nicht mehr zu verarbeiten ist.[368] Diese Prozesse, die die Lebenswelt kolonialisieren, führen beim Individuum zu einer Konzentration auf sich selbst als dem Ort, dem am ehesten Übersichtlichkeit, Sicherheit und Strukturiertheit zugesprochen wird.

Hinsichtlich der Notwendigkeit der Konstituierung von Sinn in der Moderne und der Art und Weise, wie diese vorgenommen bzw. auf welche entsprechenden Sinndeutungssysteme dabei zurückgegriffen wird, kommen – unabhängig von den theoretischen Ausgangspunkten, ob eher auf den Ansatz der Kolonialisierung der Lebenswelt oder direkt auf die Individualisierungsthese von Beck rekurriert wird – viele soziologische, religionssoziologische und auch theologische Untersuchungen, seien sie theoretischer oder empirischer Art, zu einem recht einhelligen Ergebnis: Die subjektive Umgangsform mit Sinnfragen wird mit unterschiedlichen Begriffen bezeichnet wie Synkretismus, Bricolage (Gabriel), Fleckerlteppichnäherei (Krüggeler/Voll) oder Cocktailglaube (Kaufmann), Bastelbiographie, patchwork-Identität. Gemeint ist letztendlich damit immer das gleiche Phänomen: Das Individuum der Moderne schließt sich für die Erfüllung seiner (religiösen) Bedürfnisse nicht (mehr) verbindlich einem geschlossenen Sinnorientierungs- und Deutungssystem an, wie z. B. einer der beiden christlichen Großkirchen, sondern stellt sich aus unterschiedlichsten Traditionen sein eigenes, individuelles Religionssystem, von dem die Antworten auf die existentiellen Fragen erhofft werden, zusammen. Die Prozesse der Sinnkonstitution "sind immer weniger durch eindeutige, allgemein verbindliche Sinngehalte vermittelt"[369]. Diese so beschriebene Mentalität erfolgt unabhängig von der Zugehörigkeit zu einem Religionssystem und rekurriert in den meisten Fällen deutlich auf Elemente des Christentums, die jedoch nicht mehr ausschließlich für den persönlichen Glauben genutzt werden.[370]

Die Ursachen dieser Veränderung in der individuellen Wahrnehmung von Religion und Religiosität sind in den Folgen der (religiösen) Individualisierung und Pluralisierung zu finden und verdeutlichen das Aufkommen vielfach so bezeichneter "neuer religiöser Bedürfnisse"[371]. Die vielfältigen, auf unterschiedlichsten Ebenen liegenden Konsequenzen dieser Entwicklungen können

---

368 So wird z.B. Auswirkungen des Internets auf das individuelle Bewusstsein in jüngster Zeit deutlich vermehrt Aufmerksamkeit geschenkt. Vgl. dazu MÜLLER 1999; 1998b.

369 KAUFMANN 1988, 77.

370 Zur immer noch vorherrschenden Rolle des Christentums als Reservoir von Symbol- und Sinnelementen vgl. GABRIEL 1996d, 50f; DUBACH 1993, 304.

371 Der Begriff der "neuen religiösen Bedürfnisse" oder der Neoreligiosität macht die Schwierigkeiten der Bestimmung von Religion in der Moderne sehr deutlich.

am besten mit dem Begriff der "Innenorientierung" zusammengefasst werden oder wie Gabriel es formuliert: "Der wichtigste Parameter der Veränderung besteht in einer folgenreichen Verschiebung der Machtbalance zugunsten des Individuums."[372] Das Individuum in der späten Moderne reagiert auf die vielfachen Anforderungen der reflexiven Moderne mit einem Paradigmenwechsel von einer Außenorientierung zu einer Innenorientierung seiner selbst. Die mit den Pluralisierungsprozessen einhergehende "Unübersichtlichkeit" und das Fehlen kollektiv bindender Orientierung führen zu instabilen, unzusammenhängenden und teilweise unzuverlässigen Plausibilitäten. Sinnkonstitution und Sicherheit werden dementsprechend ins eigene Ich verlagert, das eigene Ich ins Zentrum der individuellen Aufmerksamkeit gerückt.

"Sinnverarbeitung geschieht daher in Referenz auf sich selbst und damit auf je einzigartige und unvergleichbare Weise. Der einzelne sucht Sicherheit in der eigenen Subjektivität. An einer Reihe von Untersuchungsergebnissen lässt sich eine Wende von der Außenstabilisierung durch kirchliche Institutionen zur Innenstabilisierung durch Subjektivität aufzeigen."[373]

Gefördert wird diese Innenorientierung dadurch, dass sie vom Markt entdeckt und kommerzialisiert wird. Diese Entwicklung aufgreifend spricht Schulze von der Erlebnisgesellschaft mit dem ihr inhärenten Imperativ: "Erlebe dein Leben"[374]. Das Paradigma der Innenorientierung durchdringt alle gesellschaftlichen Bereiche und hat zu grundlegenden Veränderungen im Umgang mit Gütern und Dienstleistungen geführt. Im Zusammenhang von Außen- und Innenorientierung steht nicht mehr der sachorientierte, zweckrationale Charakter im Vordergrund, sondern der subjektive Erlebniswert der Angebote.[375] Höhn beschreibt diese aus der Innenorientierung resultierende Haltung als Erlebnisrationalität, die mit einer deutlichen Erlebnisorientierung einhergeht:

"Erlebnisrationalität bedeutet nun: die Ziele im Subjekt selbst zu definieren und auf die Erfüllung dieser Ziele hin die äußeren Umstände zu arrangieren. Das Innenleben wird mit äußeren Mitteln bearbeitet. (...) Erlebnisorientierung ist die unmittelbarste Form der Suche nach Glück und Sinn. Glück und Sinn werden nicht mehr für das Ganze, sondern in aneinandergereihten Einzelerlebnissen gesucht, über deren Qualität das Subjekt befindet."[376]

Dieser Prozess der Innenorientierung als Paradigma des Umgangs mit den Auswirkungen der "Pathologien der Moderne" lässt sich auch im Umgang des Individuums mit Religion wiederfinden. Betrachtet man die Studie zur Religiosität der Schweizer und Schweizerinnen[377], so kommen sie zu ähnlichen Ergebnissen. Sie stellen eine zunehmende Entflechtung zwischen organisier-

---

372 GABRIEL 1996d, 51.
373 DUBACH 1993, 301.
374 SCHULZE 1993, 58.
375 Vgl. dazu SCHULZE 1993, 13; ferner die Darstellung von HÖHN 1996, 56ff.
376 HÖHN 1996, 58.
377 Vgl. DUBACH/CAMPICHE 1993.

ter und privater Religiosität fest, die zu einer Verschiebung von exklusiv-bestimmten Formen der Religiosität zu eher inklusiv-unbestimmten, synkretistischen Formen führt.[378] Die Bricolage ist die gesellschaftlich verbreitetste Form des Umgangs mit religiöser Pluralität, wobei das Christentum nach wie vor die Hauptquelle religiöser Orientierung darstellt.[379] Eine Beziehung zur institutionell verfassten Form der Religion werde immer im Blick auf den subjektiven Nutzen aufgenommen.

"Eine innere Beziehung zur Kirche ist vorhanden, wo sie für den einzelnen in seine Erlebnis- und Vorstellungswelt integrierbar ist und zu seiner Selbstthematisierung beiträgt. (...) Beziehung zur Kirche wird nur aufgenommen, wenn man das Gefühl hat, dass diese Beziehung einem etwas bringt, zu Bewältigung des Alltags beiträgt. Kirche interessiert in bezug auf den lebenspraktischen Nutzen, den sie dem einzelnen zu bieten vermag."[380]

Angesichts dieses Befundes bleibt zum einen die Frage, welche tieferliegenden Bedürfnisse sich hinter dieser Subjektorientierung verbergen, für deren Befriedigung und Erfüllung Religion als Äquivalent in Anspruch genommen wird, und wie diese Bedürfnisse ihrerseits auf die Religion einwirken. Diesen Fragen und Bedürfnissen des Individuums hinsichtlich der Religion soll im Folgenden nachgegangen werden.

2.4.2.2 Religion und Religiosität angesichts (religiöser) Bedürfnisse des Individuums

Im Rückgriff auf die Erörterungen zum Zusammenhang von Biographie und Religion sowie dem Paradigma Innenorientierung als eine moderne Bewusstseinsform können wesentliche Bedürfnisse des modernen Individuums, die mit seinen Fragen nach Sinngenerierung und Bewältigung von Lebenspraxis einhergehen, bereits festgehalten werden: das Bedürfnis nach Identität und Individualität und die sich darin ausdrückende Unverwechselbarkeit der eigenen Person, das Bedürfnis, das eigene Ich und sein Gewordensein zu thematisieren sowie sich dessen zu vergewissern[381], die Suche nach Sicherheit und Orientierung angesichts der Überkomplexität, die Suche nach adäquaten Formen der Verbindlichkeit. Karl Gabriel spricht angesichts der Folgen von einem in der radikalisierten Moderne systematisch erzeugten Überschuss an Kontingenzen, der sich auf der Ebene des Individuums in Form von Handlungsohnmacht, Ängsten, Ungewissheit und in einem Verlust des Ich-

---

378 Vgl. DUBACH 1993, 300.
379 Vgl. DUBACH 1993, 300.
380 DUBACH 1993, 308.
381 Natürlich sind genau diese hier unter Bedürfnissen genannten Punkte zugleich Anforderungen, die die Moderne an die Individuen stellt, nichtsdestotrotz stellen sich diese Anforderungen aus individueller Perspektive als Bedürfnisse dar.

Erlebens niederschlägt[382] und damit Wünsche und Bedürfnisse nach mehr Konsistenz des weltanschaulichen bzw. religiösen Weltbildes, den Wunsch nach neuen Gemeinschaftsformen auch hinsichtlich der eigenen Religiosität aufkommen lässt.

Vielfach werden diese Bedürfnisse als "neue religiöse Bedürfnisse" gekennzeichnet, insofern ihnen die Fragen nach der eigenen Existenz inhärent sind und damit eine Dimension, die über das rein empirisch Fassbare hinausgeht. Entsprechend des hier zugrundegelegten Verständnisses von Religiosität der religiösen Selbstauslegung (vgl. 2.4.1.2), dem Strukturmodell von Religiosität und dem transzendentalphilosophischen Religionsverständnis haben diese Bedürfnisse insofern eine religiöse Dimension, als ihnen die Möglichkeitsbedingung der Hinkehr zu Religion eignet, die existentiellen Fragen also sowohl religiös im Rückgriff auf Religion als auch säkular im Rückgriff auf ein anderes Sinndeutungssystem beantwortet werden können. Die Bedürfnisse als solche scheinen jedoch nicht neu zu sein, es sind die Bedürfnisse, die Menschen immer schon bewegten. Neu scheinen allerdings drei Aspekte zu sein: zum einen die deutliche Häufigkeit und die in ihnen liegende Brisanz, mit der sie angesichts von Orientierungslosigkeit und Suche nach Weltbildwissen sowie der Subjektivierung von Sinnkonstitution nach Antwort und Erfüllung streben, zum zweiten die Orte, denen seitens des Individuums die Möglichkeit von Antworten und Erfüllung zugesprochen wird und die entsprechend auf diesen Bedarf reagierenden Angebote[383], und drittens die deutliche, öffentliche Thematisierung, die augenscheinlich mit dem Bedürfnis nach Selbstthematisierung eng zusammenhängt.[384]

Betrachtet man die Suchbewegungen, die angesichts dieser Bedürfnisse eingeschlagen werden, so lassen sich diese in zwei grundlegenden Richtungen bündeln: a) die Erfüllung der Bedürfnisse durch intensives "Wir-Erleben" und b) die Erfüllung durch intensives "Ich-Erleben" oder Selbsterfahrung bzw. Selbstthematisierung.[385] Der ersten Suchbewegung des intensiven Wir-

---

382 Vgl. GABRIEL 1996b, 52; ferner 1996b, 51; 1996d, 47.

383 Wurden diese Fragen früher fast ausschließlich an die institutionell verfasste Religion delegiert und die Antwort in der Religion gefunden, so werden die Antworten nun eher in außerkirchlichen Angeboten gesucht.

384 Unter "öffentlich" wird hier die Tatsache verstanden, dass das Individuum diese Fragen nicht in seinem Innern bzw. von der Religion die Antwort erhält, sondern ein hohes Erzähl- und Austauschbedürfnis existiert. Dieses wird dementsprechend befriedigt in allen Selbsterfahrungsangeboten, die diese Bedürfnisse aufgreifen. Vgl. zur Öffentlichkeit von Intimität auch das Buch von SENNETT 1983.

385 Dieser Typologie liegt die Unterscheidung von Bernhard Grom zugrunde, der von Religiosität in der Wir-Form und in der Ich-Form spricht. Vgl. GROM 1992. Krüggeler und Voll kommen zu einer anderen Typologie. Sie ordnen den beiden Gruppen der "exklusiven Christen" und der Atheisten je eine synkretistische Gruppe zu: die Fleckerlteppichnäher, die sich noch auf dem Boden der christlichen Weltanschauung befinden, und die "Neo-

Erlebens entspricht die Beobachtung eines sich immer stärker ausbreitenden Marktes psychologischer Gruppenangebote, seien es therapeutische Angebote oder Angebote im Bereich von Selbsterfahrungsseminaren.[386] Die Gemeinsamkeit aller Angebote liegt in der Selbsterfahrung bzw. Therapie im Kontext einer Gruppe und damit verbundenen Spannung von Selbstthematisierung und gleichzeitigem intensiven Wir-Erleben. Für die Teilnehmer und Teilnehmerinnen erfüllt eine solche Gruppe oftmals das Bedürfnis und die Sehnsucht nach intensiver und dichter Beziehung, einer Handlungsentlastung im Sinne symbiotischer Zustände und einem Empfinden von Geborgenheit und Akzeptanz.[387] Offensichtlich wird damit ein Desiderat geschlossen, für das der Alltag und die Möglichkeit von Beziehungsaufnahme kaum mehr Ausdrucksmöglichkeiten zur Verfügung stellt oder die Möglichkeit solcher intensiven Erfahrungen diesem nicht mehr zugesprochen wird. Unter dem Aspekt der Religion leisten diese Gruppen etwas, das Wössner als konstitutives Bedürfnis für Religion kennzeichnet: existentielle Annahme und Geborgenheit.[388] Diese Funktion wird hier nicht mehr der christlichen Religion zugewiesen, sondern in anderen außerchristlichen Angeboten gesucht und gefunden. Steinkamp geht davon aus, dass in Intensivgruppen dieser Art verlorene Gemeindeträume wiederentdeckt bzw. erstmals Erfahrungen gemacht werden, die solchen entsprechen. Zwei Motive können dabei, so Steinkamp, als religiöse identifiziert werden: In der Tradition der Neo-Freudianer werden solche Erfahrungen als "rückwärtsgewandte Sehnsucht nach der paradiesischen Ureinheit [gesehen, J.K.], wobei Gott weitgehend mit den Eigenschaften einer nährenden und beschützenden Mutter ausgestattet ist"[389] und damit die Gruppe als Mutterimago fungiert. In der jüdisch-christlichen Tradition wird z. B. bei Buber das "Zwischen" zwischen zwei Menschen mit göttlicher und numinoser Qualität versehen.[390]

Ein anderer Aspekt, der hinsichtlich der immer wieder relevanten Frage nach Religion auffallend ist, besteht darin, dass diese Bedürfnisse offensichtlich nicht mehr in "großen" Transzendenzen[391] gesucht werden, also der existentiellen Annahme durch ein Göttliches, sondern auf die zwischenmenschlichen Beziehungen verschoben werden. Man könnte so auch von einer Ver-

---

Religiösen", die einer nicht christlichen New-Age-Religiosität nahe kommen. Vgl. KRÜGGELER/VOLL 1992, 151f.

386 Angebote der Selbsterfahrung gehören inzwischen zum Standardkanon fast einer jeden Bildungsstätte.

387 Vgl. STEINKAMP 1993/94, 30.

388 Vgl. WÖSSNER 1975, 139.

389 FUNKE 1986, 56.

390 STEINKAMP 1993/94, 30f.

391 Hier wird auf die Luckmannsche Unterscheidung zwischen kleinen, mittleren und großen Transzendenzen zurückgegriffen. Vgl. dazu auch 2.2.1.

schiebung des "Gott über uns" zu dem "Gott zwischen uns" sprechen.[392] Dieser "Gott zwischen uns" wird angesichts der Anonymisierung, so auch die These von Beck/Beck-Gernsheim, heute der sexuellen, partnerschaftlichen Liebe zugesprochen und diese damit mit religiöser Qualität versehen.[393] Die zweite Suchbewegung, die mit dem Stichwort des Ich-Erlebens umschrieben ist, sucht ganz ähnlich wie die erste, allerdings ohne den Gruppenbezug, die Erfüllung der angesprochenen Bedürfnisse im eigenen Ich, und dies durch eine intensive Thematisierung des eigenen Selbst und seines Gewordenseins. Karl Gabriel spricht von der religiösen Qualität in der Thematisierung des Selbst.[394] Auf der Seite der diese Selbstthematisierung ermöglichenden Angebote reicht das Spektrum von klassischen Therapieformen über esoterische Ansätze und Ausprägungen (New Age, Astrologie) bis zu unterschiedlichen Adaptionen östlicher Meditationstechniken.[395] Diese vielfach kommerzialisierten Angebote füllen das Vakuum, das durch die Vernachlässigung der christlichen Großkirchen, sich dem Einzelnen als Individuum und seinen Fragen, die nach auf die jeweilige Person ausgerichtete Antworten suchen, zuzuwenden, entstanden ist.[396] Wohlrab-Sahr vertritt die These einer stillschweigenden Arbeitsteilung zwischen den christlichen Kirchen einerseits und außerkirchlichen Formen von Religiosität andererseits:

"Während die Kirchen den äußeren Rahmen für religiös inszenierte Übergangsriten bieten, zeigt sich die reflexiv-biographische Dimension der Biographie – sofern sie nicht gänzlich in der Psychokultur oder einer säkularisierten Leistungsethik aufgegangen ist – eher in den verschiedenen Formen von Esoterik und neuer Spiritualität oder auch den Anleihen aus Religionen fremder Kulturen."[397]

Steht beim Wir-Erleben die Selbsterfahrung im Kontext der Gruppe im Vordergrund, so ist in dieser zweiten Form das Ich uneingeschränktes Zentrum der Reflexion und versucht aus sich selbst heraus eine Gesamtordnung zu konstruieren, indem das Ich und seine Biographie direkt mit der "Welt" verklammert wird, um sich so aus sich selbst heraus die notwendige Sicherheit zu

---

392 Diese Terminologie geht zurück auf ein Modell von Hermann Steinkamp. Vgl. STEINKAMP 1993/94, 30f.

393 Vgl. BECK 1990.

394 Vgl. GABRIEL 1992, 158.

395 Auch die beiden Großkirchen suchen in dieser Vielfalt ihren Platz zu behaupten, in dem beispielsweise östliche Meditationstechniken deutlich unter christlichem Siegel adaptiert werden. Östliche Meditationstechniken sind ähnlich wie Selbsterfahrungsseminare inzwischen fester Bestandteil christlicher Bildungsprogramme, oftmals sind östliche Meditationsformen mit Selbsterfahrung verbunden. Zum Synkretismus der christlichen Religion vgl. den Aufsatz von Raguse im Kommentarband zur Schweizer Religiositätsstudie. RAGUSE 1996.

396 Vgl. dazu STEINKAMP 1993/94, 27. Vgl. ferner zur Auseinandersetzung mit dieser Seite der Kirchen und der Entmündigung ihrer Mitglieder: SCHMÄLZLE, 2000, Kapitel 3.

397 WOHLRAB-SAHR 1995a, 15.

geben.[398] Neben diesem Aspekt spielt ferner der Aspekt des Erlebens eine
große Rolle. Das Erleben des eigenen Ichs oder um eine therapeutisch ange-
lehnte – inzwischen in Alltagssprache übergegangene – Formel zu verwen-
den, "der Kontakt zu sich selbst, das mit sich im Kontakt sein" scheint im
Alltagsleben immer mehr abhanden zu kommen und wird in Angeboten zur
Selbsterfahrung und -thematisierung gesucht bzw. es wird der Versuch gemacht, diesen Kontakt herzustellen.[399] Dabei unterliegt dieses Ich-Erleben
unter Umständen einer tendenziellen Inszenierung, bei der die Bedingungen
zur Ermöglichung des Erlebens erst hergestellt werden müssen. Eine Unmittelbarkeit ist diesem Ich-Erleben somit nicht mehr gegeben. Im Zuge von
Selbstthematisierung und Selbststeuerung des Individuums kristallisiert sich
nicht selten eine Revitalisierung des alten Tun-Ergehen-Zusammenhangs
heraus, insofern beispielsweise intensiv biographischen Ursachen für gesundheitliche Probleme nachgegangen wird mit dem Unterschied, so Wohlrab-
Sahr, dass die Stelle, die im jüdisch-christlichen Kontext Gott (als Strafender)
einnahm, nun selbstbezüglich und diffus bleibt und ein Verweis auf etwas
außerhalb seiner selbst Liegendes kaum noch möglich ist.[400] So kommt Wohlrab-Sahr zu dem Schluss: "Einerseits ist das eigene Ich uneingeschränktes
Zentrum aller Reflexion, gleichzeitig aber versucht man sich von den vielfältigen Selbststeuerungszumutungen zu entlasten durch den Rekurs auf gehei-
me, okkulte Logiken."[401]

Gemeinsam scheint allen Richtungen und Angeboten der Selbtthematisie-
rung zu sein, dass sie versuchen, das suchende Individuum "in die Geheimnis-
se ihrer Biographien, in die Tiefen ihres Selbst oder auf dem Weg der Er-
leuchtung zu begleiten".[402]

Wurde die Form des Wir-Erlebens als die Suche nach dem "Gott zwischen uns" bezeichnet, so kann analog für die Form des Ich-Erlebens diese als
die Suche nach dem "Gott in mir" oder in den Tiefen meiner Selbst bezeich-

---

398 Vgl. WOHLRAB-SAHR 1995a, 15.
399 Auch hier werden unterschiedlichste Angebote zu Hilfe genommen, die diesen "Kontakt"
ermöglichen sollen. Vielfach gehen diese Angebote in die Richtung der "Leibarbeit" und
körperorientierter Therapieformen. Sehr polemisch fasst Höhn dieses Bedürfnis zusammen:
"Durch Bewegungstechniken wie Tai Chi oder durch die Stimulierung bewusster Energie-
ströme sollen jene Blockaden brechen, die verhindern, dass das Göttliche im Menschen zur
Welt kommt. Während in Fitness-Studios ein physischer Vitalismus gepflegt wird, sucht
man in Psychozirkeln nebenan mit einem enormen Aufwand an 'Körperarbeit' Anschluss
an die kosmische Urenergie zu gewinnen." HÖHN 1996, 64. Ich teile an dieser Stelle nicht
die Polemik Höhns und auch nicht die inhärente Diskreditierung dieser Bedürfnisse. Allerdings wird in dem Zitat die wichtige Tatsache deutlich, das dem inszenierten Charakter
keine Unmittelbarkeit mehr zukommt.
400 Vgl. WOHLRAB-SAHR 1995a, 15.
401 WOHLRAB-SAHR 1995a, 16.
402 STEINKAMP 1993/94, 32.

net werden.[403] Dabei wird das – nach Wössner – zweite Konstitutivum für Religion, das Bedürfnis nach Absolutheit, hier in das Ich der Person transferiert.[404] Betrachtet man die Verlagerung der mit diesen Bedürfnissen des Individuums in der reflexiven Moderne einhergehenden Transzendenzbezüge, so kann durchaus mit Luckmann von einer Verdiesseitigung des Religiösen gesprochen werden in dem Sinne, dass immer weniger Erfahrungen von "großen" Transzendenzen gemacht werden, sondern diese sich auf die Ebenen vornehmlich der "mittleren" Transzendenzen verlagert haben.[405]

In den vorangegangenen Überlegungen wurde aufgrund der vorgenommenen Analyse deutlich, dass die hinter den jeweiligen Bedürfnissen stehenden Problemlagen eine Beantwortung durch ein entsprechendes Sinndeutungssystem suchen, und dass für eine Reihe von Problemlagen, deren Beantwortung traditionellerweise der Religion zugeschrieben wurde, andere Sinndeutungsmuster als funktionale Äquivalente gewählt werden, von denen eine Antwort erhofft wird.

Diese hinter den Bedürfnissen stehenden Problemlagen können nun in die Anforderung an die Problemlösung überführt werden, d. h. im Folgenden werden – ausgehend von den eruierten Bedürfnissen – die sich daraus der Religion zugeschriebenen Problemlösungen[406] als Funktionen abgeleitet. Dabei werden die herauskristallisierten Einzelfunktionen[407] zusammengefasst und einander zugeordnet, so dass sich folgende Funktionskomplexe verdeutlichen lassen: 1. der Komplex der Komplexitätsreduktion und Bedarf an Lebensführungskompetenz sowie Religion als ordnendes Prinzip des Lebenslaufes; 2. Identitätsgewinnung und -erhaltung stehen in engem Zusammenhang mit Selbstthematisierung und dem Erwerb von Deutungskompetenz, der Schaffung einer Verbindung von Individuum und Welt sowie der Transformation biographischer Prozesse; 3. Kontingenzbewältigung und damit in engem

---

403 Vgl. STEINKAMP 1993/94, 32.
404 Vgl. Wössner 1975, 139.
405 Vgl. zur Verdiesseitigung des Religiösen LUCKMANN 1991.
406 An dieser Stelle geht es nicht um das "Wie" der Problemlösung, dazu bedarf es – wie bereits zu Beginn von 2.4 ausgeführt – zum einen einer genauen strukturalen Analyse und der Hinzunahme der materialen Perspektive. Hier steht die zugeschriebene Problemlösungskompetenz im Vordergrund.
407 Als wichtige Funktionen von Religion, die sich in den Überlegungen zum Zusammenhang von Biographie und Religion (2.4.1) sowie den Erörterungen zu religiösen Bedürfnissen (2.4.2) herauskristallisiert haben, können festgehalten werden: Reduktion von (Über-)Komplexität und Hilfen für den Bedarf an Lebensführungskompetenz; ordnendes Prinzip des Lebenslaufes; Kontingenzbewältigung; Angstbewältigung; die Funktion, eine direkte Verbindung von Individuum und Welt und ferner Beziehungen zwischen den an sich disparaten Lebensbereichen in der Moderne herzustellen; Identitätsgewinnung und -erhaltung; Selbstthematisierung und Deutungskompetenz; Konstituierung von Sinn; Transzendierung; Transformation eigener biographischer Prozesse; Bereitstellung von Geselligkeit; Schaffung von Verbindlichkeitsbezügen über intensive Beziehung.

Zusammenhang stehend Angstbewältigung[408]; 4. der Komplex der Konstituierung von Sinn und das Bedürfnis nach Transzendierung; 5. die Suche nach neuen verbindlichen Bezügen und Geselligkeit.

Betrachtet man die hier eruierten Bereiche, für die Religion oder andere Sinndeutungssysteme in Anspruch genommen werden, dann fallen die Parallelen bzw. Übereinstimmungen mit den von Kaufmann analysierten Funktionen unmittelbar ins Auge. Der hohe Stellenwert, den die Funktion der Identitätsgewinnung und -erhaltung einnimmt, überrascht angesichts der Aporien der Moderne nicht weiter; ferner stellt die Vergewisserung von Identität eine der zentralen Aufgaben oder Funktionen eines Bewährungsmythos dar, die dieser für die individuelle Lebenspraxis zu beantworten hat. Deutlich wird ferner, dass für die sechste Funktion Kaufmanns, der "Weltdistanzierung", sich im individuellen Zusammenhang keine klare Entsprechung findet. Ein völliges Ausfallen derselben muss deshalb an dieser Stelle jedoch nicht zwingend angenommen werden, da der biographischen Thematisierung und der Interpretation biographischer Übergänge eine Weltdistanzierung inne liegen kann. Ein solche Form der Weltdistanzierung könnte sich in der empirischen Untersuchung erweisen. Für den hier zu erörternden Kontext muss allerdings zunächst von einem Ausfall dieser Funktion ausgegangen werden. Zusammenfassend lässt sich sagen, dass die Problemlösungskompetenz, die Religion und auch anderen Bewährungsmythen in der späten Moderne zugeschrieben wird, sich vor allem auf die Bereiche Reflexion und Selbstthematisierung und damit auf die Fragen nach der Identitätsgewinnung für die eigene Person und in diesem Zusammenhang auf die Frage der Subjektivitäts- und Autonomieentwicklung richtet. Die über lange Zeit entscheidende Rolle der christlichen Religion als lebensgeschichtlich-ordnende Kraft im individuellen Lebenszusammenhang und für die Lebensführung ist demgegenüber in der späten Moderne völlig in den Hintergrund getreten.

In den Überlegungen zur Bedeutung von Religion und Religiosität im individuellen Lebenszusammenhang wurde diese gerade angesprochene Verschiebung der Rolle der Religion anhand der Analyse des engen Zusammenhangs von Biographie und Religion im ersten Teil dieses Kapitels herausgearbeitet. Die Aufgaben bzw. Funktionen, die einem Bewährungsmythos, sei es ein religiöser oder säkularer, in der späten Moderne zukommen, konnten dann im zweiten Teil der hier vorgenommenen Überlegungen konkretisiert und

---

408 Die Funktion der Angstbewältigung könnte auch der Funktion der Identitätsgewinnung und -erhaltung zugeordnet werden, da die Ausbildung von Biographie und die Gestaltung von biographischen Unsicherheiten natürlicherweise auch mit Angstbewältigung einhergeht. M. E. ist dies mit der Kontingenzbewältigung allerdings mindestens in genauso starkem Maße gegeben, da Kontingenzen immer Ängste schaffen, die mittels der Kontingenzbewältigung bearbeitet werden sollen, demgegenüber muss nicht jede biographische Thematisierung mit Ängsten verbunden sein.

damit auch differenziert sowie an die gesellschaftlichen Funktionen von Religion rückgebunden werden. Dabei richteten sich die Überlegungen vor allem im zweiten Teil somit stärker auf die Problemlösungskompetenzen, die Religion oder entsprechenden funktionalen Äquivalenten zugeschrieben werden, und weniger auf die Form, also die Art und Weise der Problemlösung bzw. des Umgangs mit dem sich stellenden Bewährungsproblem.

Da dieser Arbeit jedoch nicht allein eine soziologische, sondern auch eine christlich-theologische Perspektive zugrundeliegt, erscheint es notwendig, die aufgrund religionssoziologischer Forschungen gewonnene Erkenntnis der Pluralisierung des Sinndeutungsmarktes auch aus einem theologischen Blickwinkel näher zu beleuchten und damit aus einer Perspektive, die stärker normativ ausgerichtet ist als der soziologische Diskurs. Dabei steht zum einen das Problem der Machbarkeit und Marktförmigkeit eben jenes pluralisierten Sinndeutungsmarktes im Zentrum und zum anderen vor allem die Konsequenzen, die sich daraus für die christliche Religion ergeben.

2.4.3 Ein theologisch motivierter Einspruch: Von der Pluralisierung des Sinndeutungsmarktes zur Machbarkeit und Marktförmigkeit (christlicher) Religion

In der Analyse des Zusammenhangs von Biographie und Religion und der Problemlösungskompetenzen von Religion für das Individuum zeigte sich, dass allen Funktionen von Religion die individuelle Hin- und Zuwendung zum Individuum und dessen Fragen und damit einhergehend die Suche nach und Auseinandersetzung mit Lebensführungskonzepten, die eine notwendige Orientierung zur Bewältigung von Lebenspraxis geben und dabei Angebote der Sinngenerierung enthalten, gemeinsam ist. Zugleich kann auch festgestellt werden, dass die Erfüllung dieser Funktionen zunehmend weniger in der institutionell verfassten Religion der beiden Großkirchen gesucht und diese dementsprechend immer weniger den Kirchen zugesprochen wird.[409] Es wurde bereits kurz auf die These Wohlrab-Sahrs von der Arbeitsteilung zwischen organisierter, institutionell verfasster Religion und außerhalb dieser liegender Angebote hingewiesen Vgl. 2.4.2). Deren Ursachen lassen sich auf mehreren Ebenen finden. Zum einen gilt es gerade als Charakteristikum von Individualisierung, dass mit der Ausweitung von Wahlmöglichkeiten heterogene Elemente verschiedener Sinndeutungsangebote religiöser wie säkularer Provenienz ausgewählt werden, die erst in der individuellen Lebenspraxis zusammengefügt werden oder auch in ihrer Heterogenität unverbunden stehen bleiben. Mit dem Verlust des Monopols für Sinndeutung der christlichen Kirchen

---

409 Vgl. HÖHN 1996, 62, 66f; ferner DUBACH/CAMPICHE 1993.

gewinnen zugleich andere Sinndeutungssysteme an Bedeutung und können sich auf dem Markt behaupten; in dem Moment, in dem das christliche Angebot zur Entscheidungssache wird, ist es dem Individuum freigestellt, sich auch gegen dieses Angebot zu entscheiden bzw. Elemente aus dem Gesamtduktus auszuwählen. Eine letzte Ursache von entscheidender Bedeutung – auch dies wurde schon angedeutet – liegt darin, dass die Kirchen über einen langen Zeitraum die Ausbildung und Förderung von Subjektivität und Autonomie ihrer Mitglieder vernachlässigt haben und eher die autoritären Züge der Kirche selbst denn die emanzipativen betont wurden. Steinkamp beschreibt dies folgendermaßen:

"Der Zusammenhang mit dem Versagen der beiden großen Kirchen in der Bundesrepublik lässt sich dann auf die These bringen, dass diese in der Vergangenheit und Gegenwart vor allem den 'Gott über uns' – als Symbol ewiger, 'objektiver' religiöser Wahrheit einerseits und höchster moralischer Autorität andererseits – verkündet und gepredigt und dabei den 'Gott zwischen uns' und den 'Gott in uns' vernachlässigt haben."[410]

Die katholische Kirche hat sich einer Auseinandersetzung mit der zentralen ethischen Option der Moderne und der darin liegenden Option für Emanzipation und Freiheit bis zum II. Vaticanum verweigert.[411] Erst das Konzil setzte in der katholischen Kirche das deutliche Signal für einen Prozess des Umdenkens. Mit dem Bekenntnis zur Religions- und Gewissensfreiheit wurde eine neue Sichtweise auf den Menschen eröffnet, insofern dieser nicht mehr im Bild des Hirten (Pastor) und seiner Herde (Volk Gottes) in erster Linie als Empfänger dessen, was "gut für ihn" ist, angesehen[412] und damit in seiner Entscheidungsfreiheit und Erkenntnismöglichkeit entmündigt wurde, sondern der Mensch in seiner Entscheidungsfreiheit als "Wert an sich" in den Mittelpunkt von Theologie und Pastoral rückte[413]. Pastoral, so das Anliegen des Konzils, soll den Menschen zur Realisierung seiner Subjektivität und Autonomie befähigen. Mit dem II. Vaticanum hat sich, so Schmälzle, in der Theologie etwas Bedeutsames verändert; das Neue liege in der "Entdeckung des Menschen und der Begründung seiner Freiheit in der Berufung durch Gott"[414]. Bestimmt das Konzil den Weg der Kirche durch den Menschen, so hat dieses deutliche Konsequenzen für Theologie und Pastoral:

---

410 STEINKAMP 1993/94, 26f. Die Unterscheidung Erich Fromms zwischen einer 'kalten' Religion mit autoritärem Charakter und einer 'heißen' Religion, die eher emanzipative Züge trägt, bringt diese Dichotomie sehr deutlich zum Ausdruck. Vgl. dazu die Auseinandersetzung Hans-Eckehard Bahrs mit den Thesen Erich Fromms: BAHR 1975.

411 Vgl. dazu SCHMÄLZLE 2000, 61-79.

412 Vgl. dazu die Analyse Hermann Steinkamps zu den subtilen Machtimplikationen dieses über lange Zeit in der Pastoral – teilweise auch noch bzw. in der gegenwärtigen Situation wieder verstärkt seitens der Kirchenleitung vertretenen – vorherrschenden Verständnisses der Rolle des Christen: STEINKAMP 1999, 24-33.

413 Vgl. dazu SCHMÄLZLE 2000, 67.

414 SCHMÄLZLE 2000, 68.

"Der Mensch mit seinem Suchen und Fragen, mit seinen Zweifeln und seiner Sehnsucht, mit seinen natürlichen Anlagen und seinem sittlichen Anspruch, der ganze Mensch mit dem unauflöslichen Geheimnis von gelebter und ungelebter Freiheit wird in seiner personalen Würde Teil der Lehre, zur subjektiv-existentiellen Wahrheit und damit zum Dialogpartner in Theologie und Kirche."[415]

Inweiweit die Errungenschaften des II. Vaticanums in Theologie und vor allem Pastoral umgesetzt sind, kann und soll an dieser Stelle nicht diskutiert werden. Jedoch wird bei Betrachtung der religionssoziologischen Studien zumindest deutlich, dass sich die Außenwirkung der Kirchen nicht insofern grundlegend verändert hat, als ihr in hohem Maße die Erfüllung der gewünschten Funktionen von Religion zugesprochen wird.

Nun gibt es aber ungeachtet der Notwendigkeit, seitens der Kirchen die Autonomie der Menschen hinsichtlich ihrer religiösen Orientierung und damit auch die Chancen des Prozesses religiöser Individualisierung und auch der Pluralisierung anzuerkennen, eine Schattenseite dieses Pluralisierungsprozesses: die Möglichkeit der Marktförmigkeit und der Kommerzialisierung von Religion. Das, was als Religion bezeichnet wird, ist in der späten Moderne käuflich zu erwerben, indem Religion – wie Steinkamp das am Beispiel der Fernsehprediger in den USA und den pentecostalen Sekten ausführt – "herstellbar" und für politische und/oder ökonomische Zwecke instrumentalisierbar und dementsprechend machbar und marktfähig geworden ist. Diese Instrumentalisierung und Funktionalisierung von Religion vollzieht sich genau dann, wenn die bestimmte Bedürfnisse und Leistungsansprüche erfüllenden Funktionen von Religion von den materialen Gehalten religiöser Systeme gelöst und damit "entleert" werden. Das heißt: Der Konnex zwischen Funktion und Materialität, auf die eine Funktion letztlich immer bezogen ist, wird aufgelöst und Religion dadurch funktionalisiert und instrumentalisiert. Diese Instrumentalisierbarkeit von Religion wiederum ist von bestimmten Interessen der Anbieterinnen und Anbieter wie der Adressatinnen und Adressaten abhängig, die mit der Motivation, ein bestimmtes Sinndeutungssystem anzubieten bzw. 'nachzufragen', gegeben sind. Deshalb sind hinsichtlich der Frage nach der Machbarkeit und der Marktförmigkeit von Religion diese Interessen genau zu analysieren.

Aus einer christlichen Perspektive sind nicht die im Vorangegangenen eruierten Bedürfnisse des Menschen zu kritisieren, stehen doch dahinter konkrete zu bewältigende Bewährungsprobleme, und auch nicht der Rückgriff auf säkulare Bewältigungsstrategien, machten doch die Ausführungen zur inhaltlichen Bestimmung von Religion in 2.3.5 sehr deutlich, dass die Erfüllung der meisten Funktionen genuines Anliegen der christlichen Religion ist. Subjektivität und Autonomie, die Unverwechselbarkeit des Menschen, die Beziehungswilligkeit Jahwes kulminierend im Bundesgedanken sowie die Zuwen-

---

415 Schmälzle 2000, 67.

dung Jesu zum Menschen als Ausdruck der absoluten Beziehungswilligkeit Gottes, gründend in der Inkarnation[416], können für die Funktion der Identitätsfindung und -erhaltung geltend gemacht werden und entsprechen der biblischen Botschaft. Gleichermaßen kann dies für die anderen Funktionen, der Handlungsführung im Außeralltäglichen, Kontingenzbewältigung, Konstituierung von Sinn und Reduzierung von Komplexität ausgemacht werden.

Eine theologische Kritik gegenwärtiger Sinndeutungsangebote richtet sich vielmehr auf zwei verschiedene Gesichtspunkte: Zum einen ist nochmals ein genauerer Blick auf die der Religion zugeschriebenen Problemlösungskompetenzen zu werfen. Zum anderen muss sich eine theologische Kritik auf die Machbarkeit und Marktförmigkeit von Religion beziehen und gleichzeitig den Aufweis erbringen, inwieweit die christliche Religion jenseits einer solchen Machbarkeit und Marktförmigkeit liegt.

Werden an dieser Stelle noch einmal die Bedürfnisse und die dahinter stehenden Problemlagen betrachtet, für die ein Sinndeutungssystem herangezogen wird, dann zeigt sich, dass diese entsprechend der aufgezeigten Innenorientierung stark auf das Individuum selbst bezogen sind. Nicht diese Tatsache an sich ist zu kritisieren, angesichts der modernen Lebensbedingungen ist sie – wie bereits aufgezeigt wurde – Aufgabe moderner Lebenspraxis und die Unterstützung in derselben Aufgabe des herangezogenen Sinndeutungssystems. Zu kritisieren ist dies jedoch, wenn die Zuschreibung der Funktionen von Religion bei der Erfüllung individuell berechtigter Bedürfnisse stehen bleibt. Das heißt: Zu kritisieren sind Sinndeutungsangebote jedweder Provenienz, in denen gelingendes Leben und gelungene Lebenspraxis in einer individualistischen und privatistischen Verzerrung verstanden wird, indem die Dimension einer universalen Gerechtigkeit und die Option für den Anderen aus dem Blick verloren wird und damit die Tatsache, das wirklich gelingendes Leben nur in Sozialität und gegenseitiger Verantwortung möglich ist. Diese Dimension stellt die christliche Religion als ein religiöses, auf ein Absolutes bezogenes Sinndeutungssystem zur Verfügung: Die Deutung des eigenen Lebens, das eine Offenheit für die Dimension des Transzendenten zeitigt, impliziert immer schon einen unauflöslichen Bezug zum Anderen; denn insofern der Mensch auf Sozialität und Interaktion hin angelegt ist, kann das Bemühen um gelingendes Leben nicht unabhängig vom Anderen und der

---

416 Vgl. dazu SCHMÄLZLE 2000, 81-93. Setzt man eine psychologische Perspektive voraus, so kann die absolute Zusage Gottes an den Menschen im Bundesgedanken bzw. der Inkarnation eine Ermöglichung von Beziehungsfähigkeit des Menschen bedeuten, in der die liebende Zuwendung unabdingbare Voraussetzung für die Entwicklung des Urvertrauens ist. Das wiederum ermöglicht die Ausbildung von individueller Identität. Um Missverständnissen vorzubeugen: Das heißt nicht, dass Beziehungsfähigkeit nur im Rekurs auf die biblische Botschaft und den Glauben an diese möglich ist, genauso wenig wie dieser ohne die Vermittlung von Menschen eine Garantie für diese Beziehungsfähigkeit darstellt. Für das Gegenteil ließen sich genügend Beispiele finden.

Welt verstanden werden, das unthematische Wissen um die eigene Unverwechselbarkeit und Würde impliziert die Offenheit für den Anderen. Das bedeutet auch: Mit Rekurs auf die befreiende Botschaft Jesu und die Beziehungszusage Jesu zum Menschen und damit auch zu den Menschen untereinander ist Befreiung und Heil des Einzelnen immer an das Heil und die Befreiung des Anderen gebunden. Insofern sind aus theologischer Perspektive religiöse Entwürfe, die ausschließlich auf das individuelle Wohl ausgerichtet sind, einer entscheidenden Dimension beraubt und in dem Sinne nicht mehr als christliche Religion zu kennzeichnen.

Der Verlust bzw. die Veränderung des materialen Gehaltes von Religion zieht also die Möglichkeit der Machbarkeit und damit auch der Marktförmigkeit von Religion nach sich. Aus einem christlichen Blickwinkel heraus sind solche marktförmig gewordenen Formen von Religion – wie oben in Bezug auf entsprechende Überlegungen Hermann Steinkamps aufgezeigt – aufgrund der ihnen inhärenten Möglichkeit der Funktionalisierung und Instrumentalisierung entschieden zu kritisieren. Nur durch die Offenlegung und Bestimmung eines materialen Gehaltes und damit auch immer der mit der Materialität einhergehenden verfolgten Interessen kann Religion diesen Gefahren entgehen. Aus christlicher Perspektive heißt das: Die Option für die Armen und Anderen, grundgelegt in der biblischen Botschaft, schließt eine individualistische und privatistische Verengung von Religion auf das individuelle Heil aus und betont demgegenüber vielmehr die prophetisch-politische Dimension des Reich-Gottes-Gedankens und dem damit einhergehenden Einsatzes für universale Gerechtigkeit. Gegenüber einer Manipulation der religiösen Bedürfnisse des Individuums betont die christliche Theologie in ihrer Option für die Einmaligkeit des Menschen die freie, bewusste und reflektierte Zustimmung des Menschen zu seinem "Heil". Marktförmige Religionen, die das Individuum für die eigenen Zwecke funktionalisieren, entbehren jeglicher Geschichtlichkeit von Welt und Mensch, insofern sie immer auf den Augenblick und die darin enthaltene Instrumentalisierung bezogen sind. Demgegenüber ist die christliche Religion eine Geschichtsreligion, die sich gegen jegliche Sinnentwürfe wehrt, die die Geschichtlichkeit von Mensch und Welt leugnen. Insbesondere das Christuszeugnis, sein Leiden, Tod und seine Auferstehung impliziert die Hineinnahme der Leidenden und Toten der Geschichte und Gegenwart[417] und die dauernde Solidarität mit ihnen. Christliche Religion liegt in ihrer materialen Bestimmung letztlich auch jenseits von Machbarkeit und Marktförmigkeit und damit der 'Käuflichkeit' ihres 'Gegenstandes', insofern sie immer auf Transzendenz und damit auf ein "extra nos" bezogen ist: "eines Schöpfers und rettend-erlösenden 'Gegenübers', der weder Werk

---

417 Vgl. dazu die Theologie von Johann Baptist METZ 1984.

menschlicher Projektionen noch Symbol des 'Guten', Edlen usw. der Menschheit ist."[418]

Eine inhaltliche Bestimmung von religiösen oder säkularen Sinndeutungsangeboten ist somit immer verbunden mit dem Offenlegen der eigenen Interessen. Nur so ist zwischen seriösen Angeboten, die das Individuum in seiner Suche nach Orientierung und Weltbildwissen unterstützen wollen, und instrumentalisierenden kommerzialisierten Angeboten zu differenzieren. Die Offenlegung der Interessen ermöglicht dementsprechend, sich für religiöse oder säkulare Sinndeutungssysteme zu entscheiden, die genuin Subjektivität und Autonomie fördern.

2.5 Bilanz und offene Fragestellungen

Am Ende dieses theoretischen Durchgangs zur Frage nach der Moderne und ihrer Auswirkungen auf das gesellschaftliche und individuelle Verständnis von Religion und Religiosität gilt es Bilanz zu ziehen, um von dort aus den Blick für die nachfolgende empirische Untersuchung zu öffnen. Dabei sollen die Ergebnisse gebündelt werden und in offene, weiter zu diskutierende Fragestellungen einmünden. Analog der beiden unterschiedenen und trotz aller Überschneidungen und Verflechtungen getrennt erörterten Ebenen von Religion, Religiosität im gesellschaftlichen wie individuellen Zusammenhang ergeben sich zwei Fragenkomplexe, die im Folgenden getrennt erörtert werden.[419] In einem dritten Block werden dann die für die nachfolgende Empirie relevanten und diese motivierende Fragen, soweit sie sich aus dem theoretischen Duktus herauskristallisieren, gebündelt.

2.5.1 Fragestellungen hinsichtlich Religion und Gesellschaft

Ein Charakteristikum der reflexiven oder späten Moderne ist neben allen positiven Entwicklungen, die die Veränderungsprozesse mit sich gebracht haben, insbesondere die Brechung des Fortschrittsglaubens und das Entstehen von Risiken und Bedrohungen für die Welt und die Menschen.

Für die Rolle der Religion in der Gesellschaft wurde eine deutliche Veränderung ihres Stellenwertes gegenüber der Vormoderne festgestellt, die darin liegt, dass ihr in der späten Moderne nicht mehr die Rolle zukommt,

---

418 STEINKAMP 1993/94, 35.
419 Aufgrund des engen Verflechtungszusammenhangs von Gesellschaft und Individuum wird es dabei zu Überschneidungen kommen, insbesondere wenn Fragestellungen sowohl die gesellschaftliche wie die individuelle Ebene betreffen.

Garantin eines umfassenden Sinn- und Deutungshorizontes sowohl von Gesellschaft als auch für das Individuum zu sein. Im Duktus des Ansatzes der Ausdifferenzierung gesellschaftlicher Teilsysteme und am deutlichsten im Rahmen der Systemtheorie formuliert, ist Religion nur mehr ein Teilsystem unter anderen und eben nicht mehr der die Gesellschaft umgreifende Überbau.

Angesichts dieser Situation stellt sich ein erster Fragenkomplex: Wie kann Religion – und an dieser Stelle beziehe ich mich auf die in unserem Kontext vornehmlich vorfindliche Religion des Christentums – ihre Rolle aus dieser veränderten Situation heraus gestalten? Für das Christentum ist diese Frage von besonderer Relevanz, hat es doch in langer Tradition einen solchen Deutungshorizont zur Verfügung gestellt und diese Aufgabe einerseits als seinen eigenen Anspruch formuliert und andererseits genau diese Aufgabe auch gesellschaftlich zugewiesen bekommen. Damit stellt sich die Frage nach einer möglichen Kompatibilität, also der Anschlussfähigkeit von Religion respektive Christentum und moderner Gesellschaft unter Beibehaltung der eigenen Identität von Religion im Allgemeinen und dem Christentum im Besonderen. Daran schließt sich unmittelbar die Frage nach der Notwendigkeit einer solchen Kompatibilität an. Die Frage nach dem Verhältnis von Religion und Gesellschaft verschärft sich angesichts der globalen Risiken zu der Frage, aus welcher gesellschaftlich verankerten Autorität und mit welchem Einfluss das Christentum Stellung zu globalen Fragestellungen und Risiken nimmt. An die Frage einer möglichen Kompatibilität schließt sich in diesem Zusammenhang ferner die Frage nach den religionsproduktiven Tendenzen in der modernen Gesellschaft an, insbesondere die Frage, inwieweit diese sich entweder ausschließlich durch die in der späten Moderne produzierten Risiken ergeben und damit Moderne und Religion diametral einander gegenüberstehen oder inwieweit die späte Moderne auch ein religiöses Potential schafft, das nicht ausschließlich an den Bruchstellen und negativen Kontingenzen, also an den Restrisiken ansetzt.

Ein weiterer Fragenkomplex ergibt sich aus der bislang immer wieder festgestellten Diffusion des Verständnisses von Religion und der sich damit ergebenden Schwierigkeit einer Qualifizierung des Religiösen. In diesem Zusammenhang stellt sich die Frage nach einer universalen Religionsbestimmung, die in der Lage ist, sowohl Universalität als auch Partikularität zu gewährleisten. Das hier aufgezeigte und zugrundegelegte transzendentalphilosophische Religionsverständnis erfüllt hier nur die Bedingung der Universalität. Zu klären, inwieweit eine solche universale und zugleich dem Kriterium der Partikularität genügende Bestimmung mit dem hier gleichermaßen zugrundeliegenden Strukturmodell von Ulrich Oevermann vorgelegt ist, bleibt anderen – religionstheoretisch ausgerichteten – Studien vorbehalten.[420] Allerdings vermag auch die Unterscheidung zwischen einer traditionell inhaltlichen und einer säkular nur noch strukturellen Religionsform, wie dies im Strukturmodell von Religiosität der Fall ist, nicht alle Erscheinungen des "religiösen Feldes" zu klären.

An die Frage der Religionsbestimmung schließt sich die Problematik der Möglichkeit einer Machbarkeit und Marktförmigkeit von Religion unmittelbar an. Dieser Möglichkeit liegt zugleich die Gefahr der Beliebigkeit und vor allem die Möglichkeit der Funktionalisierung und Instrumentalisierung inne. Für Religion und auch hier wieder insbesondere für das Christentum bleibt die Frage, wie einer solchen Marktförmigkeit und ferner einer Reduktion des Christentums z. B. auf Kontingenzbewältigung[421] oder einer Reduktion in Form von Instrumentalisierung entgangen werden kann und welche Reaktionsmöglichkeiten seitens der christlichen Kirchen zur Verfügung stehen oder entwickelt werden können.

2.5.2 Fragestellungen hinsichtlich Religion, Religiosität und Individuum

Entsprechend dem Duktus des bisherigen Vorgehens, den Zusammenhang von Religion, Religiosität und Gesellschaft in einem zweiten Schritt auf den Zusammenhang von Religion, Religiosität und Individuum eng zuführen, sind einige der unter 2.5.1 für den dortigen Zusammenhang formulierten Fragen auch für den hier zu betrachtenden Kontext von bleibender Relevanz. Aufgrund der engen Verflochtenheit von gesellschaftlichen und individuellen Zusammenhängen stellt sich auch mit Blick auf den individuellen Lebenszusammenhang die Frage nach der Beliebigkeit und der Möglichkeit einer Funktionalisierung bzw. Instrumentalisierung von Religion und Religiosität. Gleichzeitig ist auch hier zu fragen, wie christliche Religion angesichts des Ausfalls der Funktion der Weltdistanzierung ihrem Anspruch einer kritischen und prophetisch-politischen Dimension, verbunden mit dem Gedanken der Subjektivität und Autonomie gründend in Freiheit gerecht werden kann. Dazu wäre es notwendig, dass sich das Individuum diesen Anspruch in seinen inhaltlichen Aussagen zu eigen macht. Gerade auf diesen Aneignungs- und Vermittlungsprozess richtet sich die Anfrage an die christliche Religion.

Mit Blick auf die Analyse der Bedürfnisse des Individuums und dem im Anschluss an diese der Religion zugeschriebenen Funktionen ist an dieser Stelle noch einmal auf den Transzendenzbezug von Religion zurückzukommen. In der Analyse in 2.4.2 wurde eine Verlagerung des Transzendenzbezu-

---

420 Eine Auseinandersetzung von theologischer Seite findet sich bei DEUSER 2000.
421 Hier ausschließlich verstanden im Sinne der Bearbeitung von Risiken.

ges von den großen Transzendenzen hin zu den mittleren festgestellt und diese Verlagerung mit dem Modell von Hermann Steinkamp, als "Gott zwischen uns" und des "Gott in mir" bezeichnet. Wenn diese These zutreffend ist, muss sich Religion damit auseinander setzen, wie sie mit einer solchen Verlagerung der Transzendenzebene umgehen will und kann, ist doch der Bezug zum Absoluten entscheidendes Konstitutivum zumindest der monotheistischen Religionen.

Entscheidendes Ergebnis der Analyse über den Zusammenhang von Biographie und Religion bzw. Religiosität ist eine Verlagerung der Religion in der Moderne von der lebensgeschichtlich-ordnenden Kraft hin zur Inanspruchnahme als reflexive Form der Selbstthematisierung und Selbstreflexion. Religion kommt somit im Rahmen der Biographie weniger die Rolle bestimmender Autorität zu, sondern sie ist vielmehr gefragt als das Leben begleitende und mit ihrer Deutungskompetenz unterstützende Kraft. Dies führt unmittelbar zur Frage nach der Lebensführung in der Moderne. In der Analyse zur Individualisierung als dem die gesellschaftliche Realität des Individuums beschreibenden Theorem wurde der hohe Anspruch, der an das Individuum und seine Entscheidungskompetenzen gestellt wird, hervorgehoben und die Frage nach einer Überforderung gestellt. Diese Tatsache der Entscheidungsnotwendigkeit findet sich wieder in dem Modell von Lebenspraxis und seiner Basis der widersprüchlichen Einheit von Entscheidungszwang bei gleichzeitiger Begründungsverpflichtung, der Grundlage des Strukturmodells von Religiosität als dem dynamischen Zusammenhang von Bewährungsdynamik, Notwendigkeit eines Bewährungsmythos und gleichermaßen notwendigem Evidenzerweis desselben. Daran schließen sich zwei Fragehorizonte an: Zum einen ist aus der Perspektive der christlichen Religion zu fragen, inwieweit sie als ein Bewährungsmythos bzw. ein Sinndeutungssystem in der Moderne angesichts der sich stellenden Problemlagen eines hohen Bedarfs an Orientierung und vielfältiger Verunsicherungen ihren Beitrag zu einer Generierung von Orientierung und Weltbildwissen leisten und damit zur Handlungsfähigkeit des Individuums in der Moderne beitragen kann. Zum anderen ist aus der Perspektive des Individuums zu fragen, wie das Individuum mit den Anforderungen, die die Moderne stellt, umgeht, welche Handlungs- und Orientierungsmuster ausgebildet werden und in welcher Weise auf religiöse oder säkulare Sinndeutungsmuster zurückgegriffen wird, um die sich in der Moderne radikalisierende Bewährungsdynamik zu bewältigen. Dies zu untersuchen ist Gegenstand der nachfolgenden empirischen Analyse.

2.5.3 Zum Kontext der nachfolgenden empirischen Untersuchung

Empirische Forschungen werden im Rahmen der Humanwissenschaften und in den letzten Jahren auch verstärkt in der Theologie, insbesondere der praktischen Theologie dann unternommen, wenn der Forschungsgegenstand so ausgerichtet ist, dass er im Rahmen einer rein theoretischen Auseinandersetzung nicht hinreichend zu erfassen ist. Gerade Forschungen über Religion im Rahmen der Religionssoziologie und der praktischen Theologie, die unter Rekurs auf die systematisch-theologischen Auseinandersetzungen das Ziel haben, etwas über die Bedeutung und Funktion von Religion im gesellschaftlichen und individuellen Kontext auszusagen, kommen ohne den empirischen Befund nicht aus. Die empirische Untersuchung hat dabei die Aufgabe, einerseits die vorgenommene Theoriebildung auf ihre Stimmigkeit hin zu überprüfen, um sie gegebenenfalls zu modifizieren, und andererseits durch ein empirisches Verfahren neuen, noch nicht erkannten und durch Theorie nicht zu erfassenden Entwicklungen und Zusammenhängen auf die Spur zu kommen, um so die theoretische Forschung weiterzutreiben.[422] In der Untersuchung eines Forschungsgegenstandes ergänzen Theorie und Empirie einander und sind im Sinne der Weiterentwicklung des Forschungsgegenstandes miteinander verflochten.

In diesen engen Verflechtungszusammenhang von Theorie und Empirie ist auch diese Arbeit einzuordnen. Theorie und Empirie werden als einander ergänzend und sich gegenseitig hinsichtlich des Erkenntnisstandes weitertreibend verstanden. Der bisher vorgenommene theoretische Durchgang zur gesellschaftlichen und individuellen Bedeutung von Religion und Religiosität stellt für die nachfolgende empirische Untersuchung die theoretische Voraussetzung und Grundlage dar, von der aus diese vorgenommen wird. Es kann nicht Absicht der empirischen Untersuchung sein, allen Fragen, die in den vorangegangenen Ausführungen angesprochenen worden sind, näher nachzugehen. Ziel der empirischen Untersuchung ist es, entsprechend der diese Untersuchung leitenden Forschungsfrage, einen Beitrag im Rahmen der empirischen Grundlagenforschung zu leisten.

Der empirischen Untersuchung liegt der qualitativ-empirische Ansatz der strukturalen Hermeneutik, wie er von Ulrich Oevermann entwickelt wurde, zugrunde. Dieses Verfahren ist aus zwei Gründen hinsichtlich des Forschungsinteresses besonders geeignet: Zum einen schließt das Verfahren eng an das religionstheoretische Modell von Religiosität an, ist doch dieses Modell unter anderem ein Resultat des von Oevermann entwickelten methodischen Verfahren und seiner mit diesem Verfahren durchgeführten empirischen Forschungen. Zum anderen bietet gerade das Verfahren der strukturalen Hermeneutik die Möglichkeit, auf der individuellen Ebene – am konkreten

---

422 Die hypothesengenerierenden Verfahren sind in der Regel eher der qualitativen Empirie zugeordnet. Allerdings können m. E. beide Ansätze nicht das jeweils Andere ausschließend verstanden werden, denn auch in der qualitativen Empirie werden Thesen aus der Theoriebildung überprüft. Eine solches Vorgehen ist auch in dieser Arbeit angezielt. Vgl. ausführlich zur Methodologie Kapitel 3.

Fall – den Handlungsmodus herauszukristallisieren, also nicht nur die Frage des "Was" und "Wozu" zu beantworten, sondern vor allem auch die Frage des "Wie". Vom konkreten Fall, also vom 'Besonderen' kann dann auf das Allgemeine einer Lebensführung in der späten Moderne rückgeschlossen werden. Beide Perspektiven werden in dieser Untersuchung verfolgt.

Der im ersten Teil der Arbeit vorgenommene theoretische Durchgang stellt den Horizont und das leitende Erkenntnisinteresse für die Empirie dar mit dem Ziel, diese Erkenntnisse in Zusammenhang mit den empirischen Ergebnissen zu bringen und Gemeinsamkeiten und Unterschiede festzustellen. Dazu wird der dynamische Zusammenhang des Strukturmodells von Religiosität sowie die Funktionen von Religion und Religiosität im Kontext des konkreten individuellen Lebenszusammenhangs untersucht. Im Mittelpunkt steht also die Untersuchung des Umgangs mit der Bewährungsdynamik und der damit verbundenen Bedeutung von Religion und Religiosität. Diese Untersuchung wird nachfolgend an drei exemplarischen und idealtypischen Beispielen erfolgen, die unter dem Kriterium der Konstrastivität ausgewählt sind, um eine breite Hypothesengenerierung zu ermöglichen.

3 Qualitative Empirie als Zugang zur Bedeutung von Religion und Religiosität

Zwei Ziele werden mit dem folgenden Kapitel verfolgt. Zum einen soll aufgewiesen werden, dass mit der qualitativ-empirischen Sozialforschung ein sowohl aus wissenschaftstheoretischer als auch aus methodologischer Perspektive geeigneter Ansatz gegeben ist, um auf empirischer Ebene einen Zugang zur Erforschung von Handlungsmustern und der Bedeutung von Religion und Religiosität in der Lebensführung des modernen Menschen eröffnen zu können (3.1). Mit der Darlegung des im Rahmen der qualitativen Sozialforschung für diese Untersuchung gewählten Ansatzes der strukturalen Hermeneutik[1] wird diese Begründungslinie fortgesetzt und ferner Anschlussmöglichkeiten an die inhaltlichen Konzepte des ersten Teils dieser Arbeit aufgezeigt (3.2). Des Weiteren will dieses Kapitel neben der methodologischen Einführung die Anlage der empirischen Untersuchung darlegen und damit in die Fallanalysen überleiten (3.3).

3.1 Begründung eines qualitativ-empirischen Forschungsansatzes für diese Untersuchung

Grundlegendes Ziel dieser Untersuchung ist es, Handlungs- und Orientierungsmuster aufzuspüren, mit denen Menschen in der späten Moderne ihre Lebenspraxis und Lebensführung gestalten, um in diesem Rahmen die besondere Bedeutung und Funktion von Religion und Religiosität, die diese in der Bewältigung der Anforderungen an moderne Lebensführung einnehmen, zu untersuchen. Dieses Ziel der Arbeit legt nahe, ein Forschungsverfahren zu wählen, das sowohl methodologisch als auch methodisch in der Lage ist, diesem Anspruch gerecht zu werden. Die Entdeckung von subjektiven Deutungsmustern und lebenspraktischen Bezügen ist das zentrale Ziel qualitativer Sozialforschung. Die Begründungslinie soll im Folgenden aus dem wissen-

---

[1] Es wird bewusst der Titel der strukturalen und nicht der objektiven Hermeneutik, der sich vielfach in der Literatur findet, gewählt. Dies erfolgt aufgrund der vielfältigen Missverständnisse, die mit dem Begriff "objektiv" einhergegangen sind und teilweise immer noch einhergehen.

schaftstheoretischen Hintergrund sowie den Charakteristika und Anliegen qualitativer Forschung heraus verdeutlicht werden.[2]

3.1.1 Paradigmenwechsel in den Sozialwissenschaften

Als methodologischer Gegenstrom zur positivistisch ausgerichteten und am Ideal der Naturwissenschaften orientierten Sozialforschung gewann die qualitative Sozialforschung seit den 70er Jahren deutlich an Einfluss und entwickelte sich zunehmend als eigenständiges Paradigma.[3] Anders als die positivistisch orientierte Sozialforschung, die insbesondere nach dem II. Weltkrieg zum beherrschenden Paradigma der Sozialwissenschaften wurde, schließt die qualitative Sozialforschung an die geisteswissenschaftliche Tradition der verstehenden Soziologie an. Die Kritik an den positivistisch orientierten, die naturwissenschaftlichen Ideale der Exaktheit und des Experimentes aufnehmenden Sozialwissenschaften wurde insbesondere durch die Kritische Theorie formuliert und richtete sich gegen den fast ausschließlich an den Naturwissenschaften orientierten Objektivitätsbegriff der Sozialforschung.[4] Habermas' Forderung nach einer eher geisteswissenschaftlich verfahrenden Soziologie[5] und seine Auseinandersetzung mit den soziologischen Theorieansätzen eröffnete die Möglichkeit eines geisteswissenschaftlichen Kontrastprogramms zur positivistisch verfahrenden Soziologie. Vor allem seine Analyse des Sinnverstehens, die Betonung von Forschung als Kommunikation und die Hinwendung zur pragmatischen Sprachtheorie gaben eine Richtung an, in der eine weitere Ausarbeitung hermeneutischer oder interpretativer Sozialforschung erfolgen konnte.[6] Neben den wissenschaftsinternen Diskussionen erschütterten allerdings erst die gesellschaftlichen Veränderungsprozesse Ende der 60er Jahre das positivistische Wissenschaftsideal grundlegender und stellten deren Erkenntnis- und Forschungsmethoden in Frage.[7] Als antipositivistische Gegenbewegung erfolgte eine Rückbesinnung auf die sprachlich vermittelte Bedeutung des Handelns, das wiederum zu einem Aufkom-

---

2   Die Charakterisierung qualitativer Sozialforschung verfolgt hier ausschließlich das Ziel, in die empirische Untersuchung einzuführen und die Wahl des Vorgehens und seine besondere Eignung für das hier verfolgte Anliegen zu begründen. Nicht beabsichtigt ist eine umfassende Darstellung qualitativ-empirischer Sozialforschung und ihrer Entwicklung. Insofern wird auf die verschiedenen, forschungsinternen Diskussionen nicht näher eingegangen.
3   Von diesem Paradigmenwechsel spricht HOFFMANN-RIEM 1980, 339.
4   Insbesondere Adorno kritisierte den Objektivitätsbegriff der Sozialforschung. Vor allem hielt er die positivistische Forschungspraxis unvereinbar mit den Zielen der kritischen Theorie. Vgl. dazu ADORNO 1972.
5   Vgl. HABERMAS 1977, 143-167.
6   Vgl. dazu: HABERMAS 1977, ebd.; ferner HOFFMANN-RIEM 1980, 341.
7   Vgl. zum Positivismusstreit: ADORNO 1976. Zur Entwicklung der qualitativen Sozialforschung vgl. die Darstellung und Analyse von LEPENIES 1989.

men der hermeneutischen bzw. hermeneutisch-dialektischen Philosophie führte.[8] Zu einer Veränderung der soziologischen Perspektive trug ferner die Aufnahme des konstruktivistischen Gedankengutes und dessen Einfluss auf die Konzeption gesellschaftlicher Wirklichkeit bei, insofern gesellschaftliche Wirklichkeit als konstruierte und damit als nicht objektiv wahrnehmbare angenommen wurde.[9]

Der methodologische Gegenstrom zum positivistischen Verständnis greift die Habermas'schen Prinzipien auf und rückt die Bedeutungsstrukturierung sozialen Handelns, das Sinnverstehen, in den Mittelpunkt seiner theoretischen Verortung und erklärt diese zum methodologischen Leitfaden für Sozialforschung.[10] "Symbolischer Interaktionismus, Phänomenologie, speziell Ethnomethodologie – mit diesen paradigmatischen Etiketten lässt sich die veränderte soziologische Perspektive umreißen: (...)"[11] In den Vordergrund getreten ist damit eine interpretative Soziologie, die nach den handlungsleitenden Orientierungen ihrer Gesellschaftsmitglieder fragt.

Rückgreifend auf die "alte" Tradition der verstehenden Soziologie und in Auseinandersetzung mit der Phänomenologie sowie den verschiedenen Formen der hermeneutischen bzw. textinterpretativen Ansätze[12] entwickelten sich die qualitativen Forschungsansätze auf dieser veränderten wissenschaftstheoretischen Basis zu einem eigenständigen Forschungsbereich, dessen Eigenständigkeit auch unabhängig von den quantitativen Ansätzen der Sozialforschung hervorgehoben wird.[13] Die Homogenität der qualitativen Forschungsansätze liegt im Ausgangspunkt des Verstehens und im interpretativen Paradigma, ihre Heterogenität spiegelt sich in den unterschiedlichen methodologischen und methodischen Zugängen wider.[14]

---

8 Vgl. HOFFMANN-RIEM 1980, 342.
9 Der Einfluss, den die Arbeit von Berger und Luckmann zur gesellschaftlichen Konstruktion der Wirklichkeit auf diese Entwicklung hatte, kann offensichtlich nicht hoch genug eingeschätzt werden. Vgl. BERGER/LUCKMANN (1966) 1992.
10 Vgl. HOFFMANN-RIEM 1980, 342. Insbesondere die Forschungen der Arbeitsgruppe Bielefelder Soziologen haben hier wesentliche Beiträge hinsichtlich der Andersartigkeit der sozialwissenschaftlichen gegenüber den naturwissenschaftlichen Gegenstandsbereichen geleistet. Vgl. dazu auch ARBEITSGRUPPE BIELEFELDER SOZIOLOGEN 1973; 1976.
11 HOFFMANN-RIEM 1980, 342.
12 Hier sind exemplarisch die Auseinandersetzungen von und mit Dilthey sowie mit Gadamer zu nennen.
13 In diesem Zusammenhang wird nur insoweit auf die die Diskussion lange Zeit beherrschende Auseinandersetzung zwischen quantitativen und qualitativen Verfahren eingegangen werden, wie dies zur Charakterisierung qualitativer Forschung notwendig ist. Ansonsten sei auf die entsprechende Literatur verwiesen, von der hier nur einige exemplarisch angeführt wird: ESSER 1987; KÜCHLER 1983; LÜDERS 1993.
14 Auch wenn der Ansatz der verstehenden Soziologie von allen Vertretern der qualitativen Sozialforschung geteilt wird und sie sich auf die geisteswissenschaftliche Traditionslinie beziehen, sind die einzelnen Ansätze in ihrer methodologischen wie auch methodischen

3.1.2 Ziel und Charakteristika qualitativer Forschung

"Qualitative Forschung hat ihren Ausgangspunkt im Versuch eines vorrangig deutenden und sinnverstehenden Zugangs zu der interaktiv 'hergestellt' und in sprachlichen wie nicht-sprachlichen Symbolen repräsentiert gedachten sozialen Wirklichkeit. Sie bemüht sich dabei, ein möglichst detailliertes und vollständiges Bild der zu erschließenden Wirklich-keitsausschnitte zu liefern. Dabei vermeidet sie so weit wie möglich, bereits durch rein methodische Vorentscheidungen den Bereich möglicher Erfahrung einzuschränken oder rationalistisch zu 'halbieren' (Habermas 1964). Die bewusste Wahrnehmung und Einbezie-hung des Forschers und der Kommunikation mit den 'Beforschten' als konstitutives Ele-ment des Erkenntnisprozesses ist eine zusätzliche, allen qualitativen Ansätzen gemeinsame Eigenschaft."[15]

Qualitative Forschung bezieht sich – wie dieses Zitat sehr deutlich macht – auf die Erkenntnis der sozialen Wirklichkeit, auf die Erkenntnis der Umwelt. Die entsprechenden Methoden zur Erkenntnis der Umwelt – so die These Kleinings – entstehen aus den Alltagstechniken, denn in ihnen werden die persönlichen und die tradierten Erfahrungen so organisiert, dass sie einen Bestand von unmittelbar zur Verfügung stehenden Strategien darstellen.[16] Die sozialwissenschaftlichen Methoden greifen zur Erkenntnis der Umwelt auf diese Alltagstechniken zurück und finden in diesen ihr Reservoir. Die Er-kenntnis der Umwelt richtet sich dabei nach den gleichen Regeln wie die Alltagstechniken und dabei stellen die Regeln die Abstraktionen von Verhal-tensweisen und Tätigkeiten, wie sie auch im Alltag verwendet werden, dar. Dementsprechend haben "alle Erkenntnisstrategien [haben] dieselbe, nämlich die *pragmatische* [sic!] Basis. (...) Qualitative Sozialforschung ist die Heraus-lösung und Systematisierung der Entdeckungstechniken aus den Alltagsver-fahren."[17] Von den drei Schlussfolgerungen, die sich für Kleining aus dieser Konzeption der Sozialwissenschaften ergeben, soll an dieser Stelle nur die dritte und für unseren Zusammenhang wichtigste genannt werden[18]: Sie rich-tet sich in Auseinandersetzung mit den quantitativen Verfahren auf den Ge-gensatz zwischen qualitativer und quantitativer Forschung. Betone die zwei-te Schlussfolgerung die Überordnung qualitativer über quantitative For-schung, zielt die dritte Folgerung auf die unterschiedlichen Zielsetzungen ab und schreibt der qualitativen Forschung die Aufdeckung von Bezügen zu,

---

Ausrichtung eher heterogen. Dies drückt sich in unterschiedlichen Bezeichnungen aus, z. B. verstehende, narrative, interpretative oder hermeneutische Sozialforschung.

15 KARDORFF 1995, 4.
16 Vgl. KLEINING 1982, 225, 227.
17 KLEINING 1982, 225.
18 Die ersten beiden Schlussfolgerungen aus dieser Konzeption sind: a) die Behauptung der Einheit der Methoden. Vgl. KLEINING 1982, 227. Schlussfolgerung b) bezieht sich auf eine daraus abgeleitete Überordnung der qualitativen über die quantitativen Ansätze, insofern sich qualitative Verfahren als eine erste Abstraktion aus den Alltagstechniken entwickeln und quantitative Verfahren erst die zweite Stufe der Abstraktion darstellen. Vgl. ebd. 227.

während quantitativer Forschung das Messen unterschiedlicher Ausprägungen schon bekannter Bezüge zugeschrieben wird.[19]

Insofern also qualitative Sozialforschung Bezüge aufdecken und Neues finden will, gehören ihre unterschiedlichen Ansätze zu den Entdeckungsverfahren. Entdeckt werden soll die in ihren Verbindungen und Bezügen, in ihren Relationen unentdeckte soziale Realität.[20] In diesem Sinne verstehen sich bestimmte qualitative Verfahren wie z. B. die strukturale Hermeneutik als interpretative Verfahren. Im Rückgriff auf das Anliegen dieser Untersuchung zeigt sich an dieser Stelle bereits die besondere Eignung des qualitativen Forschungsansatzes für das hier verfolgte Anliegen. Bedeutungsgehalten und Relationen ist nur durch einen entdeckenden und interpretativen Ansatz auf die Spur zu kommen und nicht mittels der Messung bereits eruierter Ausprägungen. Aus der hier dargestellten Zielsetzung wird ferner sehr deutlich, dass es qualitativer Forschung – auch dies im Unterschied zu quantitativer – nicht um das Erreichen repräsentativer Ergebnisse geht, sondern sie in der Erforschung des Einzelbeispiels neuen Phänomenen auf die Spur kommt, die u. U. in eine repräsentative Untersuchung umgesetzt werden können.[21] Insofern kann qualitative Forschung Eingangsforschung und gleichzeitig unabhängige Forschung sein.[22] Auch die hier vorgenommene Untersuchung zielt nicht auf repräsentative Forschungsergebnisse ab, was durch Ziel und Auswahl des Auswertungsverfahrens deutlich wird.

Ausgehend vom Ziel und dem Ansatz qualitativer Forschung bei der sozialen Realität ergeben sich daraus vier generelle Merkmale hinsichtlich derselben: Erstens: Wirklichkeit ist immer sozial konstruiert. Zweitens: Ein verstehender Zugang zu dieser Wirklichkeit ist somit unumgänglich. Drittens: Fallbezogene Untersuchungen haben zentralen Charakter und eröffnen die Möglichkeit einer soziologischen Typenbildung, und viertens: Der Forscher/die Forscherin muss sich unmittelbar auf die Praxis einlassen.[23] Diese vier zentralen Merkmale leiten unmittelbar auf die Regeln oder auch Grundprinzipien qualitativer Forschung über.[24] Ein erstes Grundprinzip behandelt die Frage nach der Offenheit des Forschers/der Forscherin für neue Zugänge und Erkenntnisse im Rahmen des Forschungsprozesses. Offenheit im qualita-

---

19 Vgl. KLEINING 1982, 227.
20 Vgl. KLEINING 1982, 228; 1995, 16.
21 Die Frage nach den Gütekriterien qualitativer Sozialforschung ist bis heute eine nicht gänzlich geklärte Frage. Zur Entwicklung eigener Gütekriterien qualitativer Forschung. Vgl. ausführlich LAMNEK 1993a, 152-192; KARDORFF 1995, 4.
22 So auch die bereits ausgeführte These von Kleining.
23 Diese vier Merkmale werden hier übernommen von GARZ/KRAIMER 1991a, 13.
24 Ich beziehe mich hier auf die Prinzipien, wie sie von KLEINING 1982, 231-240 und HOFF-MANN-RIEM 1980, 343-351 aufgestellt werden, da sich m. E. in diesen Modellen viele Aspekte anderer Modelle wiederfinden und diese Grundprinzipien zudem handlungsleitend für die hier vorgenommene Untersuchung sind.

tiven Forschungsprozess bedeutet, das theoretische, eventuell auch praktische Vorverständnis über den Forschungsgegenstand zunächst als vorläufig anzusehen, damit auch als veränderbar, gegebenenfalls überwindbar und somit offen für neue zu gewinnende Informationen.[25] In diesem Prinzip ist das Bewusstsein von der Unmöglichkeit voraussetzungsloser Forschung so aufgegriffen, dass das Vorverständnis als Wissen und Strukturierung betrachtet wird, auf dessen Basis u. U. Forschungsbedarf erkannt wird, die Forschung gleichzeitig zur Modifikation und Überwindung – verstanden als Erweiterung von Theoriebildung – führen kann. In diesem Sinne ist auch der theoretische Durchgang dieser Arbeit – wie schon ausgeführt – zu verstehen. Diese geforderte Offenheit gegenüber dem Forschungsprozess zieht unmittelbar ein zweites Prinzip nach sich: das des Verzichtes auf eine Hypothesenbildung ex ante.[26] Sich der eigenen Prämissen bewusst zu sein, jedoch keine zu überprüfenden Hypothesen im Vorfeld der Untersuchung zu formulieren, sondern demgegenüber diese im laufenden Prozess herauszukristallisieren, ist Ziel dieses Prinzips. Damit wird deutlich der Explorationsfunktion qualitativer Forschung Rechnung getragen. Insofern Neues entdeckt und Bezüge aufgedeckt werden sollen, widerspricht dies einer Hypothesenbildung im Vorfeld einer Untersuchung, die dann zu verifizieren, zu modifizieren oder zu falsifizieren wären. Dementsprechend ist ein wichtiges Charakteristikum der unterschiedlichen Ansätze qualitativer Sozialforschung, dass sie sich als hypothesengenerierende Verfahren verstehen. In diesem Sinne sind auch die unter 2.5 formulierten Fragen, die sich aus den theoretischen Erörterungen ergeben, als theoretisches Vorverständnis zu verstehen, ebenso die forschungsleitenden Fragestellungen unter 3.3.3.

Hohe Bedeutung ist ferner dem grundlegenden Prinzip der "Forschung als Kommunikation" zuzumessen, vielfach wird dieses Prinzip als Subjekt-Objekt-Bezug im Rahmen der Forschung erörtert.[27] Qualitative Forschung ist immer als Kommunikation und Interaktion zu verstehen, vor allem ist sie Kommunikation zwischen Forscher/Forscherin und dem/der Erforschten bzw. dem zu Erforschenden. Ohne diese Kommunikationsbeziehung, deren Unmittelbarkeit oftmals bereits durch die Erhebungsverfahren, z. B. in biographischen Interviews gegeben ist, ist Forschung nicht denkbar. Diese Kommunikationsbeziehung ist als konstitutiver Bestandteil des Forschungs-

---

25 Vgl. KLEINING 1982, 231.
26 Vgl. HOFFMANN-RIEM 1980, 345f.; implizit auch bei KLEINING 1982. Vgl. ferner LAMNEK 1993a, 22.
27 An dieser Stelle wird auf eine ausführliche Erörterung des Subjekt-Objekt-Bezuges im Rahmen qualitativer Forschung verzichtet. Vgl. dazu Kleining 1995, 17-22. Zudem liegt die Betrachtung des Forschungsprozesses als Kommunikationsprozess zwischen Gleichen mit unterschiedlichen Rollen näher, ist damit doch eine Verobjektivierung des Forschungssubjektes vermieden.

147

prozesses zu betrachten und damit auch bei der Analyse der Daten zu berück-sichtigen. [28]

Schütze spricht vom "kommunikativen Grundcharakter"[29] der Sozialfor-schung. Dem Subjekt, das der Forscherin/dem Forscher Informationen zur Verfügung stellt, wird dementsprechend eine entscheidende Rolle im For-schungsprozess zugewiesen. "Der kommunikative Sozialforscher behandelt das informierende Gesellschaftsmitglied als prinzipiell orientierungs-, deu-tungs- und theoriemächtiges Subjekt."[30] Die kommunikative Interaktion rückt damit in das Zentrum des Forschungsinteresses mit dem Ziel, die forschungs-spezifische Kommunikation möglichst weitgehend an die kommunikativen Regeln des alltagsweltlichen Handelns anzunähern. Das Subjekt als prinzi-piell orientierungs-, deutungs- und theoriemächtiges zu verstehen, wie dies in dieser Untersuchung geschieht, beinhaltet zugleich die Konsequenz, dass das Subjekt die ihm zugängliche Wirklichkeit nicht nur deutet, sondern analog dem Konstruktionscharakter von Wirklichkeit diese auch mitkonstituiert. Im Forschungsprozess ist diese Wirklichkeitskonstruktion selbstverständlich zu berücksichtigen. Eine weitere Voraussetzung ist im Prinzip der Kommunika-tion und Interaktion impliziert. Das Forschungssubjekt soll Subjekt bleiben und nicht zum erforschenden Objekt funktionalisiert werden.[31]

Wird qualitative Forschung als Kommunikation verstanden, so liegt ihr zugleich eine Prozesshaftigkeit inne, insofern Kommunikation und Interak-tion nie festgeschrieben sind, sondern sich immer im Fluss befinden. Diese Prozesshaftigkeit ist jedoch nicht nur dem Forschungsunternehmen zu un-terstellen, sondern sie bezieht sich ebenso auf den Forschungsgegenstand.[32] Wenn qualitative Forschung Deutungs- und Handlungsmuster zu ihrem For-schungsgegenstand macht, so können diese nicht statisch vorausgesetzt sein, sondern werden entsprechend dem interpretativen Paradigma immer durch die Gesellschaftsmitglieder, die den Prozess des Deutens und Handelns vor-nehmen, reproduziert und modifiziert und schaffen so soziale Wirklichkeit. "Diesen Konstruktionsprozess von Wirklichkeit zu dokumentieren, analytisch zu rekonstruieren und schließlich durch das verstehende Nachvollziehen zu

---

28 Vgl. LAMNEK 1993a, 23. Die Interaktions- und Kommunikationsbeziehung ist genuiner Bestandteil des Verfahrens der strukturalen Hermeneutik.
29 SCHÜTZE 1978, 118.
30 SCHÜTZE, 1978, 118
31 Mit diesem wichtigen Aspekt empirischer Forschung hat sich ausführlich Birgit Hoyer auseinander gesetzt mit dem Ziel, das Forschungssubjekt in seiner Subjekthaftigkeit ernst zu nehmen. Vgl. HOYER 1998. Vgl. ferner: BECKER-SCHMIDT/ BILDEN 1995. Nichtsdesto-trotz ist die dem Forschungsverhältnis eingebaute Distanz nicht aufzuheben und kann ein rekonstruktives Verfahren wie das hier gewählte den Widerspruch nicht vermeiden. Dabei ist auch zu bedenken, dass für die Analyse ausschließlich Texte die Grundlage bilden und diese bereits gegenüber den Produzenten eine Distanz beinhalten; ferner entscheidet sich die Interpretation ausschließlich am bereits entäußerten Dokument und nicht an der Person.
32 Vgl. LAMNEK 1993a, 24.

erklären, ist *das* [sic!] zentrale Anliegen einer qualitativen Sozialforschung und der sie begründenden interpretativen Soziologie."[33]

3.1.3 Interpretieren in den Sozialwissenschaften – Sozialwissenschaft als Textwissenschaft

"Gegenstand der Sozialwissenschaft ist die Analyse 'symbolischen', d. h. sinnhaften, zeichenhaft repräsentierten und damit interpretierbaren sozialen Handelns. Sozialwissenschaftliche Daten – die Beschreibung, Darstellung, Aufzeichnung etc. sozialen Handelns sowie der Bedingungen und Produkte sozialen Handelns – beziehen sich auf zeichenhaft repräsentierte und interpretierbare Handlungen und Handlungslelemente. Sie sind zugleich selbst zeichenhaft repräsentiert und interpretierbar. Aufgrund ihrer Zeichenqualität lassen sich sowohl sozialwissenschaftliche Daten als auch ihr Gegenstand als 'Texte' und sozialwissenschaftliche Interpretation weitgehend als Textinterpretation bestimmen. Darüber hinaus beschäftigen sich sozialwissenschaftliche Analysen – sieht man von wenigen Ansätzen zur Analyse non-verbaler (jedoch ebenfalls zeichenhaft geprägter) Kommunikation ab – nahezu ausschließlich mit der Analyse sprachlicher Dokumente und sprachlicher Interaktion oder der sprachlichen Beschreibung sozialen Handelns."[34]

Diese These Hans-Georg Soeffners betrachtet Sozialwissenschaften im Prinzip als Textwissenschaften und im Umkehrschluss Sprach- und Literaturwissenschaften als Sozialwissenschaften. Dieser These liegt zum einen die Prämisse des Konstruktionscharakters sozialer Wirklichkeit und zum anderen die Wiederentdeckung der Zeichen- und Sprachqualität sozialen Handelns als Konstitutivum des interpretativen Paradigmas zugrunde.[35] Insofern Soeffner Sozialwissenschaften "im Prinzip" als Textwissenschaften versteht, damit offensichtlich von einem nicht konstruierten "Rest" von Wirklichkeit ausgeht, setzt er sich ab vom radikalkonstruktivistischen Ansatz, die gesamte Wirklichkeit als Text zu verstehen.[36] Nach Soeffner kann alles zum Gegenstand von Deutungen und Interpretation gemacht werden, "was als sinnhaft postuliert und als zeichenhaft repräsentiert angesehen wird."[37] Der "nicht konstruierte Rest" von Wirklichkeit wird nicht zum Gegenstand sozialwissenschaftlicher Analyse erhoben.[38] Dem Verständnis Soeffners, Sozialwissenschaften als Textwissenschaft zu verstehen, wird hier insofern zugestimmt, als Wirklichkeit textuell strukturiert und aufgrund ihres vermittelten Charakters auch konstruierte ist, was jedoch keineswegs die radikalkonstruktivisti-

---

33 LAMNEK, 1993a, 25.
34 SOEFFNER 1979, 328.
35 Vgl. SOEFFNER 1979, 328.
36 Zwischen den beiden Polen Konstruktivismus und Radikalkonstruktivismus respektive Poststrukturalismus vertritt Soeffner einen konstruktivistischen Ansatz. Vgl. auch seine Kritik am Radikalkonstruktivismus in: SOEFFNER 1992.
37 SOEFFNER 1982, 19.
38 Vgl. SOEFFNER 1982, 24.

sche bzw. poststrukturalistische These impliziert, dass alles konstruiert bzw. Text ist.

Da auch der Auswertung der hier vorgenommenen empirischen Untersuchung Texte in Form von verschriftlichten Interviews zugrundeliegen, erscheint es für das Verständnis der hier zugrundegelegten Prämissen im allgemeinen und des Auswertungsverfahrens der strukturalen Hermeneutik im besonderen wichtig, auf das Verhältnis von Text und Realität bzw. sozialer Wirklichkeit und der Interpretation derselben näher einzugehen.[39]

Bevor jedoch dieses Verhältnis von Text und Realität thematisiert wird, sind einige Bemerkungen zur wissenschaftlichen Interpretation von Texten zu machen. Ausgangspunkt aller interpretativen Verfahren und in unserem Falle auch der Textinterpretation ist die – wie bereits ausgeführt – begründete Annahme, dass Texte Dokumente bzw. die sprachliche Darstellung von Interaktion, von sozialem Handeln sind. In ihrer sprachlichen Gestalt ist dieses Handeln zeichenhaft repräsentiert und damit auch interpretierbar. Ziel der Interpretation ist die gültige Deutung und Einordnung einzelner Handlungsvollzüge in den zugrundeliegenden Handlungs- und Sinnzusammenhang, eben "die Erschließung einer intersubjektiv gültigen Sinnzumessung zu einer konkreten sozialen Handlung"[40]. Die wissenschaftliche Interpretation greift dabei auf die Regeln der Alltagskommunikation zurück[41] und unterscheidet sich von dieser nicht durch eine andere Methodologie oder andere Verfahren, sondern dadurch, dass der Vorgang der Interpretation – im Unterschied zur Alltagskommunikation – als ein bewusster vollzogen wird, in der der Prozess der Interpretation kaum von dem der Wahrnehmung getrennt und mittels Intuition vorgenommen wird. Ein weiterer Unterschied liegt – bedingt dadurch, dass wissenschaftliche Interpretation von aktuellem Handlungsdruck entlastet ist – darin, dass nicht nur die gewählte Handlung interpretiert wird, sondern darüber hinaus die Möglichkeit der extensiven Ausschöpfung möglicher Alternativen der Sinnzumessung gegeben ist. Das was das Individuum im Rahmen des alltagsweltlichen Handelns intuitiv im Prozess der Interpretation/Interaktion vollzieht, wird im wissenschaftlichen Prozess verlangsamt, stärker reflektiert und in seinen vielfältigen Alternativmöglichkeiten untersucht.[42]

Insofern Texte nach Soeffner als "Protokolle irreversibler Interaktions- und Interpretationssequenzen"[43] gelten und einen Handlungszusammenhang

---

39 Im Folgenden stütze ich mich die Überlegungen von Soeffner, die m. E. sehr treffend den Konstruktionscharakter sowohl der sozialen Wirklichkeit als auch der Interpretation derselben deutlich machen.
40 SOEFFNER 1979, 330.
41 Vgl. KLEINING 1982, 225.
42 Darin liegt ein entscheidendes forschungspraktisches Charakteristikum der strukturalen Hermeneutik.
43 SOEFFNER 1982, 13.

repräsentieren, in dem die Einzeläußerungen immer über sich selbst hinaus-
weisen, sind hier hinsichtlich des Verhältnisses von Text und Realität, also
der Textförmigkeit sozialer Wirklichkeit und ihrer wissenschaftlichen Interpretation, drei Aspekte näher zu betrachten[44]: a) die eigene Realität von Texten, b) ihr Bezug auf eine über ihre eigene Realität hinaus gehende interpretierte Realität und c) ihr Interpretations- und Interaktionsangebot an den Re-
zipienten/die Rezipientin. Entsprechend dem Konstruktionscharakter sozialer
Wirklichkeit sind Texte nicht deckungsgleich mit der Realität, die sie abzubilden versuchen, sondern schaffen eine eigene Realität (a). Der Text, der die
Ursprungsszene einzufangen und zu beschreiben sucht, ist nicht mit dieser
identisch, da auch der Text selbst wiederum ein eigens konstruierter ist und
so bereits eine andere Wirklichkeit darstellt als die Ursprungsszene, die er
abzubilden sucht. Dem Problem der Textrezeption wird dadurch begegnet,
dass sowohl Texterzeugung als auch Textrezeption auf die gleichen Regel-
systeme und deren Anwendung zurückgreifen und dabei formal immer das
Gelingen von Kommunikation voraussetzen.[45] Insofern ist jeder Text die
beispielhafte Realisierung des Regelsystems, die Kompetenz der Texterzeu-
gerin/des Texterzeugers sowie der Rezipientin/des Rezipienten besteht darin,
unter Bezug auf dieses Regelsystem den Text zu verstehen.[46]

Insofern Texten immer eine eigenständige Realität gegenüber der sie ab-
bildenden Ursprungsszene zu eigen ist (b), beziehen sie sich über diese Realität hinaus "auf eine in ihnen zeichenhaft vermittelte und interpretierte Realität"[47]. In der Textförmigkeit wird diese Realität als zeichenhaft vermittelte
intersubjektiv wahrnehmbar. Allerdings wird diese Realität nicht nur repräsentiert, sondern entsprechend der eigenen Realität von Texten auch konstruiert. Damit sind Handlungen und die Daten über Handlungen nur als
zeichenhaft strukturierte sinnhaft, somit interpretierbar und sozial verallge-
meinerungsfähig.[48] Texte als Produkte sprachlicher Handlungen sind aus
funktionaler Perspektive als "Handlungsprotokolle, Transkriptionen, das
heißt sprachlich-zeichenhafte Repräsentation zeichenhaft strukturierter sozialer Handlungen und des in diesen repräsentierten sozialen Handlungssinns"[49]
anzusehen. Insofern Texte als Protokolle sozialen Handelns sowie des in
ihnen liegenden sozialen Handlungssinns immer in sprachlicher Gestalt vor-

---

44 Vgl. diese drei Aspekte auch bei SOEFFNER 1979.
45 Zu den Grundlagen der intersubjektiven Verständigung vergleiche Habermas' Entwurf zur
    Theorie kommunikativen Handelns: HABERMAS 1988a.
46 Vgl. SOEFFNER 1979, 332.
47 SOEFFNER 1979, 332.
48 Vgl. SOEFFNER 1979, 333. Die in der Sozialisation erlernten Typisierungsmuster, Ord-
    nungsschemata und Handlungsrepertoires stellen dabei den Wirklichkeitsbereich dar, auf
    den sich der Text bezieht bzw. aus denen er selbst abgeleitet ist und seinen Handlungssinn
    ableitet.
49 SOEFFNER 1979, 333.

liegen, kommt eine Analyse und Interpretation ohne die Berücksichtigung und eigene Interpretation der sprachlichen Gestalt als konkrete Ausdrucksform dieses Handlungssinns nicht aus. Die Interpretation von Texten als Handlungsprotokolle bedeutet jedoch auch, dass der Text auf das konkrete Handlungsgefüge bezogen werden muss, das er repräsentiert. Dabei allerdings darf die Differenz zwischen der Eigenrealität des Textes und der Realität der Ursprungsszene nicht aus dem Blick geraten. "Der Interpret muss um die Unerreichbarkeit der Ursprungsszene, der den Text außerhalb seiner selbst fundierenden Handlung wissen – und zugleich darum, dass er das Protokoll dieser Handlung so wie die darauf bezogene Handlungserwartung vor sich hat, dass der Text in dieses Handlungsnetz eingebettet ist."[50]

Für die Interpretation liegt letztlich nicht mehr als der reine Text zugrunde. Eine Interpretation bezieht sich daher ausschließlich auf den Text, d. h. die Interpretation wird unter Ausschluss von außerhalb des Textes liegendem Kontextwissen vorgenommen, zugleich muss die Interpretation immer am Text selbst überprüfbar sein.[51] Diesem Faktum liegt die Prämisse zugrunde, dass der Fixierung sprachlicher Handlungen ein Entscheidungsverfahren zugrundeliegt. In der Situierung einer sprachlichen Handlung wird immer eine Wahl zwischen mehreren anderen – auch möglichen – Realisierungen getroffen, die Niederlegung stellt dementsprechend immer einen Ausschluss von Alternativen dar. Dies bedeutet, "dass durch den Sprecher/Schreiber eine signifikante und verpflichtende Zuordnung zwischen der konkreten sprachlichen Äußerung – der textlichen Fassung – und der darin repräsentierten Bezugshandlung vorgenommen wird."[52] Zudem bedeutet dieses Entscheidungsverfahren im Rahmen der Textproduktion, dass keine Äußerung, und sei es eine noch so alltägliche, zufällig ist. Sie ist immer Produkt einer Wahl, die gleichzeitig andere Wahlalternativen ausschließt.[53] Die Interpretation geht dabei den gleichen Weg wie die Textproduktion, nur wird dieser umgekehrt vorgenommen. So wie der Text nach einem bestimmten Regelsystem produziert wird, lässt sich der Text in seiner Produktion rekonstruieren und die möglichen im konkreten Fall ausgeschlossenen Alternativen offen legen. Der Handlungssinn wird dadurch in der Notwendigkeit der irreversiblen Abfolge seiner Elemente erschlossen und rekonstruiert, "es ist die Wahl der Textgestalt, der Elemente und der Abfolge der Elemente, in der der gültige Sinn eines Textes durch den Ausschluss von Deutungsmöglichkeiten in der Textabfolge vorgenommen wird"[54].

---

50 SOEFFNER 1979, 334.
51 Dies ist ein entscheidendes Prüfkriterium der intersubjektiven Gültigkeit. Vgl. zum Gültigkeitsproblem GERHARDT 1985.
52 SOEFFNER 1979, 334.
53 Diese hier vorgestellte Prämisse ist eine wesentliche Grundlage für das Verfahren der strukturalen Hermeneutik, da ihr sequenzanalytisches Vorgehen darauf aufbaut.
54 SOEFFNER 1979, 335.

Der letzte Aspekt (c) hinsichtlich des Verhältnisses von Text und Realität bezieht sich auf das Interaktionsangebot, das Texte, die ihrerseits bereits Interaktionsprodukte sind, insofern sie immer schon im Blick auf einen tatsächlichen oder vorgestellten Interaktionspartner entstehen, zur Verfügung stellen. Damit sind Texte als Interpretationsangebot an den Hörer/die Leserin zu verstehen. In diesem Interpretationsprozess, zugleich verstanden als Interaktionsprozess zwischen Text und Rezipient, ist der Bedeutungsgehalt, der interaktive Handlungssinn des Textes zu erschließen. Der "objektive" Sinn eines Textes ist – laut Oevermann – somit nicht an den Sprecher oder die Autorin als Träger oder alleinige Garantin gebunden, sondern zu verstehen als eine intersubjektive Größe, die interaktiv rekonstruiert werden muss.[55] Soeffner zieht für die wissenschaftliche Interpretation daraus die Konsequenz, dass der Sinn eines Textes "nicht irgendwie verborgen 'im' Text selbst" liegt und "an dieser Stelle unter Absehung von seinen konkreten Rezipienten ausgegraben" werden muss, sondern dass der Sinn vielmehr "nur im Hinblick auf und durch einen kompetenten Interaktionspartner, von dem er nachvollzogen werden muss"[56], existiert. Damit bestimmt Soeffner Sinn als Interaktionsprodukt zwischen Text und Rezipient. Sinn ist insofern laut Soeffner keine statische, sondern eine relationale Größe.[57] Wissenschaftliche Sinnerschließung beinhaltet dementsprechend die Offenlegung der interaktiven Beziehung des Interpreten zum Text.[58]

Die vorangestellten Überlegungen haben gezeigt, dass Sozialwissenschaften, die einem interpretativen Paradigma folgen, als Textwissenschaft zu verstehen sind, insofern der Textförmigkeit sozialer Wirklichkeit entscheidende Bedeutung zukommt. Mit dieser hohen Bedeutung, die der Sprach- und Zeichenqualität im Rahmen des interpretativen Paradigmas zugemessen wird, greift dieser sozialwissenschaftliche Ansatz zum einen auf den "linguistic turn" in Philosophie und Wissenschaftstheorie zurück. Zum anderen wird damit auf die Hermeneutik, insbesondere derer in der Tradition Schleiermachers und Diltheys sowie in jüngerer Zeit der philosophischen Herme-

---

55 Vgl. OEVERMANN 1976.
56 SOEFFNER 1979, 336.
57 Vgl. SOEFFNER 1979, 336. Wenn Soeffner Sinn als relationale Größe bestimmt, stellt sich die Frage, ob damit Sinn für ihn ausschließlich relational bestimmt ist oder ob es daneben auch einen Sinn gibt, der unverfügbar ist, unabhängig von jeglicher Beziehung. An dieser Stelle kann ich Soeffner zustimmen, wenn damit dieses hier angesprochene umfassendere Verständnis von Sinn gemeint ist. Eine ausschließlich relationale Bestimmung von Sinn greift m. E. zu kurz, da andere Sinnformen damit ausgeschlossen werden.
58 Vgl. SOEFFNER 1979, 336f. Zu dieser bedarf es der Offenlegung des Regelwissens über die Erzeugung und Interpretation von Texten, der in der Analyse verwendeten Regeln sowie des daraus entstandenen kommunikativen Sinns dieser Regelanwendung.

neutik Gadamers als wesentlicher wissenschaftstheoretischer Grundlage des interpretativen Paradigmas zurückgegriffen.[59]

In der hier durchgeführten empirischen Untersuchung wird eine Analyse textförmig dargestellter sozialer Wirklichkeit durchgeführt, um über diese Analyse die vorfindliche Religion bzw. religiöse Artikulation sowie Denk- und Deutungsmuster von Individuen herausfiltern zu können. Um diesem Ziel des Zugangs zur religiösen Wirklichkeit näher zukommen, liegt es nahe, ein Verfahren zu wählen, das zum einen diesem hier erörterten Verständnis von Sozialwissenschaft als Textwissenschaft gerecht wird und dem zum anderen ein interpretativer Ansatz zugrundeliegt. Das Verfahren der strukturalen Hermeneutik steht in der Tradition dieses interpretativen Paradigmas der Sozialwissenschaften und soll im Folgenden näher dargestellt und begründet werden.

3.2 Strukturale Hermeneutik – Darstellung und Begründung des Verfahrens

Mit dem Begriff der strukturalen Hermeneutik ist ein theoretisches, methodologisches und methodisches Verfahren verbunden, das im wesentlichen auf die Arbeiten von Ulrich Oevermann zurückgeht, der diesen Ansatz Ende der 60er Jahre im Rahmen eines von ihm und anderen geleiteten Forschungsprojektes zu Sozialisationsbedingungen entwickelte und seitdem kontinuierlich weiter entfaltet.[60] Neben forschungspraktischen Fragen widmet sich Oevermann in den letzten Jahren insbesondere der theoretischen Weiterentwicklung seines Ansatzes. In diesem Rahmen ist in den letzten Jahren auch das bereits im ersten Teil vorgestellte religionstheoretische Strukturmodell von Religiosität entstanden. Innerhalb der qualitativ-empirischen Sozialforschung hat das Verfahren der strukturalen Hermeneutik große Resonanz gefunden, es gilt als eines der verbreitetsten und reflektiertesten innerhalb der deutschen qualitativen Sozialforschung.[61] Dementsprechend groß ist der Einfluss auf die Diskussion der Sozialforschung. Neben den theoretischen Prämissen und Implikationen wird vielfach das forschungspraktische Verfahren der Textinterpretation rezipiert.

---

59   Vgl. SCHLEIERMACHER 1959; 1977. Vgl. zu Dilthey: DILTHEY 1957, 317-338. Vgl. zu Gadamer: GADAMER 1975.
60   Sie wurde im Rahmen eines von Oevermann, Krappmann und Kreppner geleiteten Großforschungsprojekts zu "Elternhaus und Schule", das sich mit der Bedeutung von Sprachbarrieren für den Schulerfolg und den Möglichkeiten eines kompensatorischen Unterrichts beschäftigte, entwickelt. Vgl. REICHERTZ 1995, 224.
61   Vgl. REICHERTZ 1995, 226.

3.2.1 Zum Ansatz der strukturalen Hermeneutik

Im Rahmen der interpretativen Forschungsansätze wird die strukturale Hermeneutik zu den (strukturalistisch) rekonstruktiven Ansätzen gezählt, deren Anliegen die Rekonstruktion von Deutungsmustern ist, die auf einen sozialen Kontext bezogen sind.[62] Zielperspektive stellt die Rekonstruktion sozialer Sinnstrukturen im menschlichen Handeln dar. Die Sinn- und Strukturzusammenhänge der lebenspraktischen Erfahrungen der Individuen und damit die Bedeutungs- und Sinnstrukturen im sozialen Kontext, von dem das Handeln ausgeht und auf den es sich richtet, stehen im Mittelpunkt des Verfahrens. Unter Deutungsmustern werden dabei die Regeln sozialen Handelns verstanden, die als Habitus quasi 'hinter dem Rücken' der Subjekte wirken. "Deutungsmuster bilden ein Orientierungs- und Rechtfertigungspotential von Alltagswissensbeständen in der Form von eher latenten Situations-, Beziehungs- und Selbstdefinitionen, in denen die Perspektive der handelnden Individuen auf sich selbst und die Welt zum Ausdruck kommt."[63] Wie die Bezeichnung als "strukturale" Hermeneutik bereits zum Ausdruck bringt, liegt ihr Hauptaugenmerk auf der Rekonstruktion von Strukturen, die menschlichem Handeln zugrundeliegen.

Im Sinne der Sozialwissenschaften als Textwissenschaften geht die strukturale Hermeneutik von einem weiten Textverständnis sozialer Wirklichkeit aus und bindet die Möglichkeit der Interpretierbarkeit an die Bedingung der Versprachlichung oder sprachlichen Paraphrasierbarkeit der Interaktionsbedeutungen.[64] In ihren theoretischen Prämissen greift sie vor allem auf die Theoriekonzeptionen des Strukturalismus von Levi-Strauss, auf die Psychoanalyse Freuds sowie auf die Sprachtheorie Chomskys zurück.[65]

Ausgehend von dem Verständnis, dass Sprache und Handlungen sich aus Regeln generieren und dementsprechend Handeln ein gemeinsam geteiltes Regelsystem zugrundeliegt, welches Verständigung erst ermöglicht[66], besteht die Grundprämisse der strukturalen Hermeneutik darin, aus einem vorliegenden Handlungstext die ihm zugrundeliegenden allgemeinen Regeln, also die Objektivationen, die objektive Bedeutungsstruktur rekonstruieren zu können.[67] Das bedeutet, dass das gemeinsam geteilte Regelsystem bzw. die objektive Bedeutungsstruktur jedem Handeln zugrundeliegt und vorausgesetzt

---

62 Vgl. zur Typisierung der unterschiedlichen Forschungsansätze TERHART 1983, 157; LÜDERS/REICHERTZ 1986.
63 FISCHER/SCHÖLL 1993, 20. Vgl. ferner dazu LÜDERS 1991, sowie MATTHIESEN 1994.
64 Vgl. OEVERMANN 1983a, 95.
65 Vgl. ausführlicher zu den theoretischen Grundlagen auf die sich Oevermann in seiner Methodologie bezieht: OEVERMANN 2000; 1979a; 1983a.
66 Mit diesem Verständnis greift Oevermann auf das entsprechende Verständnis bei Mead zurück. Vgl. dazu auch MEAD 1973.
67 Vgl. OEVERMANN 1983a, 95; 1979a, 380.

werden kann. Die dahinterliegende Überlegung ist die, dass Menschen über dieses Regelsystem verfügen und es in Anwendung bringen, um Sprache bzw. sinnvolle Handlungen zu generieren (know how), diese jedoch nicht in der Lage sind, das dahinterstehende Regelsystem (die Tiefenstruktur) zu explizieren (know that).[68] Ziel der strukturalen Hermeneutik ist somit die Analyse dieses Regelsystems, dieser Tiefenstruktur. Zur Erreichung ihres Ziels legt die strukturale Hermeneutik die Annahme zugrunde, diese objektive Bedeutungsstruktur, das Allgemeine (in der Sprache der strukturalen Hermeneutik die latente Sinnstruktur), in konkreten Handlungsvollzügen[69] eines Textes, also dem Besonderen, entdecken und analysieren zu können. Daraus ergeben sich zwei Konsequenzen: zum einen, dass in jedem Text sowohl das Allgemeine wie auch das Besondere vorfindbar ist, zum anderen, dass das Allgemeine nur über den Weg der Analyse des Besonderen zu analysieren ist.[70] Insofern liegt der Ausgangspunkt der strukturalen Hermeneutik immer in der Einzelfallanalyse, um von dieser aus auf das Allgemeine schließen zu können. "In der Fallstruktur ist das Allgemeine, nämlich die potentiellen Handlungsmöglichkeiten, die sich aus dem Kontext der Handlungssituation ergeben, und das Besondere, nämlich die Entscheidung des Subjekts für eine Handlungsoption, zugleich enthalten."[71] Mit diesen Grundvoraussetzungen geht die strukturale Hermeneutik in ihrem Anspruch – entsprechend der Typologien von Terhart bzw. Lüders/Reichertz – weit über den Nachvollzug subjektiv gemeinten Sinns oder der Deskription sozialen Handelns hinaus. Der Zusammenhang zwischen dem Allgemeinen und dem Besonderen im Rahmen einer Fallstruktur bedarf über diese grundlegenden Bemerkungen hinaus jedoch noch weiterer Klärungen, insbesondere weil dieser Zusammenhang nicht von dem Oevermannschen Modell von Lebenspraxis zu trennen ist.

3.2.2 Zum Konzept der latenten und subjektiv-intentionalen Sinnstruktur

Das Konzept der strukturalen Hermeneutik beansprucht, soziales Handeln zugleich in seiner Allgemeinheit und Besonderheit zu analysieren. Dabei ist sie auf konkrete Protokolle – also Texte – angewiesen, da sie davon ausgeht,

---

68 Vgl. GARZ/KRAIMER/AUFENANGER 1983, 127. "Wir verfügen über das know how in Form eines intuitiven Wissens, eines 'tacit knowledge', welches wir im Sozialisationsprozess erworben haben." Ebd.
69 Handlung wird im Sinne des von Oevermann weiten Textverständnisses verstanden und dementsprechend des Kompetenz-Performanz-Modells Chomskys und Oevermanns Übertragung auf Handlung.
70 Vgl. dazu OEVERMANN 1979a, 367; 1983a, 96.
71 FISCHER/SCHÖLL 1993, 21.

dass in ihnen der konkrete Ablauf einer Handlung abgebildet ist. Soziales Handeln wird als eine Abfolge von Auswahlentscheidungen verstanden, die entsprechend des dem Individuum latent zur Verfügung stehenden Regelsystems getroffen werden.[72] Die Auswahlentscheidung für die konkrete Handlung wird nach dem Kriterium einer schlüssigen, intersubjektiv nachvollziehbaren Anschlussmöglichkeit an vorangegangene und zukünftige Entscheidungen getroffen. Insofern vollzieht sich auf der Basis eines vorausgesetzten allgemeingültigen Regelsystems die konkrete Struktur einer individuellen Handlungsabfolge.

"Die Kette solcher Selektionsknoten ergibt die konkrete Struktur des Gebildes, das als Lebenspraxis jeweils, sei sie individuell oder kollektiv, gehandelt hat und im untersuchten 'natürlichen' Protokoll gültig zum Ausdruck gekommen ist. Die konkrete Besonderheit des historischen Gebildes bildet sich auf diese Weise scharf als Kontrast auf der Folie der 'objektiven ' Möglichkeit der objektiven Vernunft universeller Regeln ab."[73]

Zwei Realitätsebenen strukturieren demnach den konkreten Ablauf einer sozialen Handlung: Die erste Realitätsebene bezeichnet die Menge aller Regeln, also das Regelsystem, welche festlegen, welche Handlungen oder Äußerungen regelgerecht angeschlossen werden können bzw. vorausgehen können.[74] Diese Realitätsebene bzw. Gesamtmenge aller Regeln bezeichnet Oevermann als latente Sinnstruktur.[75] Diese ist "unabhängig von der jeweiligen psychischen Repräsentanz auf seiten des Textproduzenten und Textrezipienten rekonstruierbar."[76] Die zweite Realitätsebene zielt auf die individuelle Struktur der Handlung ab, die sich aufgrund der Selektionsentscheidungen des jeweils handelnden Individuums für eine der insgesamt möglichen Handlungsoptionen herauskristalliert. In dieser individuellen Struktur werden die subjektiv intentional repräsentierten Bedeutungen eines Textes für das handelnde Individuum deutlich; entsprechend wird diese Ebene von Oevermann als subjektiv-intentionale Sinnstruktur bezeichnet.[77]

Entsprechend der latenten Sinnstruktur stecken allgemeine Regeln mit unterschiedlicher kultureller und historischer Reichweite den Spielraum möglichen sinnstrukturierten Handelns ab. Die Konkretion innerhalb dieser latenten Sinnstruktur wird durch die Selektionsentscheidungen des handelnden Individuums bestimmt. "Die Anzahl der insgesamt vorgegebenen Möglichkeiten ist determiniert, nicht aber die Wahl zwischen den Optionen. Diese

---

72 Vgl. OEVERMANN 1991, 270.
73 OEVERMANN 1991, 270.
74 Vgl. OEVERMANN 1991, 271.
75 Zum Konzept der latenten Sinnstruktur vgl. OEVERMANN 1979a, 378-391; 1983b; 1991, 269-273.
76 OEVERMANN 1979a, 367.
77 Vgl. OEVERMANN 1979a, 367.

sind in die Entscheidungsautonomie des Subjekts gestellt."[78] Handeln bzw. lebenspraktisches Handeln ist dementsprechend ein Prozess des sich ständigen Entscheidens innerhalb der existierenden Möglichkeiten; dabei erlauben die jeweiligen Entscheidungen einen jeweils sinnvollen Anschluss an vorausgegangene und eröffnen zukünftige Optionen.[79] Eine Entscheidung innerhalb der möglichen Handlungsoptionen muss fallen, da nicht alle möglichen gleichzeitig realisiert werden können, erst die getroffene Entscheidung ist historisch konkret. Das bedeutet, "Lebenspraxis 'bildet' sich in ihrer fallspezifischen Strukturgesetzlichkeit, indem sie Entscheidungen vollzieht"[80]. Dieser so verstandenen subjektiv-intentionalen Sinnstruktur liegt das bereits im Rahmen der Erörterungen des Strukturmodells von Religiosität vorgestellte Modell von Lebenspraxis zugrunde, das sich eng an das Becksche Theorem der reflexiven Moderne und der ihr inhärenten Individualisierungsthese anschließt. Der Vollzug von Entscheidungen – wie im ersten Teil schon dargelegt – konstituiert Autonomie und letztlich die Individuierung des Individuums. Demgegenüber bedeutet "Nicht-Entscheidung (...) lebenspraktisch gesehen die Einrichtung von Abhängigkeit, ebenso wie die Verleugnung der Verantwortlichkeit für Entscheidungsfolgen."[81]

Eingangs wurde der Anspruch der strukturalen Hermeneutik, in der Einzelfallanalyse sowohl das Allgemeine als auch das Besondere zu analysieren, angesprochen. Die konkrete individuelle Lebenspraxis äußert sich in der Besonderheit der Fallstruktur. Diese ist die Abfolge und das Resultat der individuellen Auswahl von Handlungsmöglichkeiten im Rahmen des universalen Regelsystems.[82] Zugleich ist sie damit Ausdruck der Entscheidungsautonomie eines Subjektes und zeigt damit die Individuierung desselben auf.[83]

---

78 FISCHER/SCHÖLL 1993, 22.
79 Diese Entscheidungen sind allerdings nicht beliebig, sondern eine Folge des inneren Zusammenhangs der Regelgeleitetheit sozialen Handelns und der Autonomie der Lebenspraxis.
80 OEVERMANN 1991, 271.
81 OEVERMANN 1985, 466; 1988, 243.
82 Das Individuum kann auf die latente Sinnstruktur zurückgreifen, da diese – so Oevermann – qua Sozialisation erworben wurde. Vgl. OEVERMANN 1979a, 382,384; 1979b.
83 Zwei Grenzfälle des Misslingens einer Individuierung führt Oevermann an. Zum einen kann sie misslingen, wenn sich das Individuum – so Oevermann – einer "Richtigkeitsrationalität" unterwirft. Dies würde bedeuten, dass es sich vollständig den Anforderungen der äußeren Realität unterordnen und sozusagen mit dem Allgemeinen ohne Rest in eins fallen würde. Das Risiko autonomer Entscheidungen entfällt bei dieser Handlungslogik. Der gegenteilige Grenzfall demgegenüber trifft Entscheidungen ohne jeglichen Bezug auf die Anforderungen des konkreten Handlungsfeldes. Jeder äußere Zwang wird in diesem Fall aufgrund der Entscheidungsautonomie geleugnet und damit dem Anspruch von Autonomie in der späten Moderne nicht gerecht. "Im ersten Fall läge nur noch Transformation der Fallstruktur in Funktion der sachlichen Anforderungen vor, im zweiten Fall nur noch pathogene Reproduktionsgesetzlichkeit ohne Transformationschanchen. Gelungene Individuierung liegt also zwischen diesen beiden Grenzbestimmungen (...)." OEVERMANN 1991, 280f.

Allgemeinheit kann eine Fallstruktur insofern beanspruchen, indem sie sich bedeutungsgenerierender Regeln bedient und diese quasi als Folie dem konkreten Handlungsablauf unterlegt sind. Fallspezifische Verläufe und ihre Rekonstruktion sind damit in der Lage, das Individuelle mit dem Anspruch auf allgemeine Geltung und Begründbarkeit herauszuarbeiten.

"Die Autonomie des Falles, der immer eine konkrete Lebenspraxis ist, wird hier nicht als irgendwie hypostasierte, geheimnisvolle Größe beschworen, sondern sie wird materialisiert in der je fallspezifischen Strukturgesetzlichkeit, die gewissermaßen dessen Inneres ausmacht; sie wird also nicht von außen als theoretisch oder normativ bloß konstruiertes Modell an den Fall herangetragen."[84]

Mit dem Modell von Lebenspraxis schließt die Methodologie der strukturalen Hermeneutik eng an die Bedingungen spätmoderner Lebenswelt, wie sie im ersten Teil der Arbeit entfaltet wurden, an. Indem Handlungen als Abfolge von Auswahlentscheidungen betrachtet werden und ferner die zwei Realitätsebenen von latenter und subjektiv-intentionaler Sinnstruktur innerhalb eines Protokolls sozialer Handlungsverläufe unterschieden werden, ermöglicht das Konzept methodologisch die Ebene der Allgemeinheit und vor allem die Ebene der individuellen Besonderheit zu analysieren. Über das Besondere, die subjektiv-intentionale Sinnstruktur lässt sich das Allgemeine, die latente Sinnstruktur rekonstruieren. Mit dieser Methodologie ist somit ein Verfahren gegeben, das die sehr detaillierte Herausarbeitung individueller Handlungsentscheidungen ermöglicht und die Bedeutung der jeweilig getroffenen Option verdeutlicht. Damit stellt die strukturale Hermeneutik das notwendige Instrumentarium zur Verfügung, den Handlungsmodus, das Vorgehen des Individuums zu rekonstruieren als auch den in der Generierung der Lebenspraxis gewählten Inhalten auf die Spur zu kommen, um von da aus wieder zu allgemeineren Aussagen hinsichtlich der Bedeutung und Funktion von Religion kommen zu können. Bevor dies jedoch durch die Darlegung des forschungspraktischen Verfahrens noch näher verdeutlicht wird, ist es hinsichtlich des Gesamtansatzes erforderlich, das Verständnis der Regelgeleitetheit sozialen Handelns noch näher zu beleuchten.

3.2.3 Zur Regelgeleitetheit sozialen Handelns

Grundlegend für die Theorie der strukturalen Hermeneutik ist die Annahme der Regelgeleitetheit allen sozialen Handelns. Sprache und Handlungen generieren sich aus Regeln, die den Menschen für den Umgang mit der objektiven Welt, der sozialen Welt und für den Umgang mit der eigenen inneren Welt

---

84   OEVERMANN 1991, 273.

ausstatten.[85] Darunter werden universale Bewusstseinsstrukturen verstanden, die unter Voraussetzung der Geltung dieser Strukturen die Verständigung zwischen Menschen als Gattungswesen sowie die Verständigung mit sich selbst erst ermöglichen. Diese Handlungskompetenz – der notwendige und gleichzeitig mögliche Rückgriff auf das Regelsystem – des Individuums stellt die Möglichkeitsbedingung für regelgeleitete und damit sinnhafte Handlungen dar. Es ist also von einer objektiven Bedeutungsstruktur auszugehen, die durch eine sinnhafte oder allgemein geregelte Beziehung zwischen Handlung und Situation bestimmt ist. An diese intersubjektiv geteilte objektive Bedeutungsstruktur schließt die strukturale Hermeneutik die Möglichkeit der Rekonstruktion der beiden Realitätsebenen von latenter und subjektiv-intentionaler Sinnstruktur an, indem sie davon ausgeht – übrigens ähnlich wie dies von Kleining dargelegt wird –, dass zur Generierung wie auch der Rekonstruktion einer Handlung auf dasselbe Regelsystem zurückgegriffen wird. "Kriterium für die Gültigkeit der Auslegung der Sinnstrukturen sind genau jene Regeln, die in der Realität selbst an der Erzeugung der Sinnstrukturen beteiligt waren und über die der Interpret mehr oder weniger gut per Sozialisation in seiner gesellschaftlichen Lebenspraxis verfügt."[86] Insofern bedient sich ein Fall derselben Regeln, von denen die Interpreten bei der Rekonstruktion Gebrauch machen.

In der theoretischen Grundlegung der strukturalen Hermeneutik werden zwei Typen von Regeln unterschieden: a) universelle Regeln, deren materiale Geltung jenseits jeglicher Kritisierbarkeit liegt. Dazu gehören nach Oevermann bedeutungsgenerierende Regeln, die soziales Handeln mit Sinn ausstatten und damit Regeln der Grammatikalität, Logizität, Moralität und Vernünftigkeit.[87] Als zweiter Typ b) werden davon unterschieden Regeln vom Typ historisch spezifischer Normen, die im Gegensatz zu ersterem Typus hinsichtlich ihrer Geltung kritisierbar sind, da sie als historisch konkrete immer auch dem gesellschaftlichen Wandel unterliegen.[88] Die universellen Regeln werden empirisch nie in Reinform auftreten, sondern immer im Zusammenhang mit historisch konkreten. Von daher ist auch die Rekonstruktion des Regelsystems ausschließlich an historisch-konkreten Handlungsvollzügen, also damit am Einzelfall möglich und steht somit einer Deduktion aus Theorie entgegen.[89] Dementsprechend werden auch die forschungspraktischen

85 Vgl. GARZ/KRAIMER/AUFENANGER 1983, 127.
86 OEVERMANN 1986, 22.
87 Vgl. OEVERMANN 1983a, 104. "Als wichtiges Unterscheidungskriterium für verschiedene Typen von Regeln wäre also zunächst festzuhalten, dass gewisse universelle, ihrem materialen Gehalt nach nicht kritisierbare Regeln Bedingungen der Möglichkeit von Praxis darstellen." OEVERMANN 1986, 29.
88 Vgl. OEVERMANN 1983, 104.
89 Vgl. OEVERMANN 1986, 38.

Hypothesen – dies im grundlegenden Unterschied zur quantitativen Empirie – aus dem Protokoll selbst generiert und nicht vorab formuliert.[90]

Im Rahmen der theoretischen Konzeption der strukturalen Hermeneutik nimmt mit der Unterscheidung der Strukturebenen von latenter und subjektiv-intentionaler Sinnstruktur der Strukturbegriff eine entscheidende Rolle ein.[91] Die latenten Sinnstrukturen[92] als Menge aller Regeln mit unterschiedlicher historischer und kultureller Reichweite stecken den Rahmen möglichen sinnstrukturierten sozialen Handelns ab. Für Oevermann nimmt dabei die latente Sinnstruktur "eine Ebene der Realität eigener Art in Anspruch"[93], mit dem Anspruch der Möglichkeit einer vollständig expliziten und konsistenten Rekonstruktion der Realität von Bedeutungsmöglichkeiten, die in einem Text vorhanden sind.[94] Von einer Realität subjektiver Entwürfe, Definitionen und Konstruktionen sozialer Wirklichkeit ist die latente Sinnstruktur strikt zu trennen.[95] Ihre Genese liegt dementsprechend auch außerhalb der handelnden Subjekte, denn die Subjekte sind diesen latenten Sinnstrukturen immer schon unterworfen und können ausschließlich im Rahmen derselben die subjektiv-intentionale Sinnstruktur hervorbringen. Insofern steuern die latenten Sinnstrukturen relativ autonom die Handlungen von Subjekten, unabhängig davon, ob dies dem Subjekt bewusst ist oder nicht und sind so auf allen Ebenen der Sozialität zu finden: an jedem Ort, in der Zeitgeschichte, in der einzelnen Lebensgeschichte, in Institutionen.[96] Objektiv sind sie aufgrund ihrer Unabhängigkeit von dem subjektiv gemeinten Sinn der Individuen und weil sie

---

90 Vgl. ausführlicher zum forschungspraktischen Verfahren unter 3.2.4.
91 Der Strukturbegriff bei Oevermann changiert und scheint nicht völlig eindeutig zu sein, so z. B. in den Fragen einer Auseinandersetzung mit der Reproduzierbarkeit und Transformation von Strukturen sowie deren genauer Verortung (Natur, Kultur oder ein sogenanntes Drittes). Die schärfste Kritik am Strukturverständnis Oevermanns übt Reichertz, der ihm eine Metaphysik der Strukturen vorwirft. Vgl. dazu REICHERTZ 1988. Vgl. zu der Kritik an Oevermann insgesamt: REICHERTZ 1995, 227; REICHERTZ 1994, 125-152; GARZ/KRAIMER AUFENANGER 1983; TERHART 1983; LAMNEK 1993, 186-200; BUDE 1982, 1994; HEINZE 1987. Antworten auf die Anfragen seitens Oevermanns liegen vor in: OEVERMANN 1983b.
92 Bisher war immer die Rede von "der" latenten Sinnstruktur, allerdings benutzt Oevermann auch den Plural und redet von "den" latenten Sinnstrukturen. Der Gebrauch des Plurals ist auch konzeptangemessener, da sich die latente Sinnstruktur aus einzelnen Strukturen zusammensetzt.
93 OEVERMANN 1979a, 381.
94 Vgl. OEVERMANN 1983a, 107.
95 Vgl. OEVERMANN 1979a, 381.
96 Vgl. OEVERMANN 1979a, 381; 1981,40. Zwei wesentliche Vorwürfe werden gegenüber diesem Strukturkonzept erhoben: Zum einen der Vorwurf einer Ontologie der Strukturen, die Genese der Strukturen sei völlig ungeklärt und werde auch von Oevermann an keiner Stelle näher erörtert. Vgl. REICHERTZ 1988; ferner dazu SUTTER 1992. Zum anderen werde die Subjekthaftigkeit des Individuums verabschiedet und die Subjekte ausschließlich zu Trägern der Strukturen gemacht, denen sie zwar unterliegen, auf die sie jedoch keinerlei Einfluss hätten. Vgl. REICHERTZ 1988, 220.

immer schon ein intersubjektiv Allgemeines bergen.[97] Aufgrund dessen erhebt Oevermann auch den Anspruch einer "Theorie universeller Strukturen der Intersubjektivität und der Sozialität"[98]. Träger der Strukturen sind "soziale Gebilde", die von Oevermann auch als Fälle bezeichnet werden. Darunter versteht er Individuen, Familien, historische Institutionen, Organisationen, Lebenswelten oder auch konkrete Gesellschaften.[99]

Betrachtet man die Genese der strukturalen Hermeneutik insgesamt, so zeigt sich, dass gerade der Strukturbegriff bei Oevermann fortwährend in Entwicklung ist. Der theoretischen Auseinandersetzung soll an dieser Stelle nicht weiter nachgegangen werden, sind doch die hinsichtlich des methodischen Ansatzes der strukturalen Hermeneutik wichtigen wissenschaftstheoretischen Voraussetzungen hinreichend deutlich geworden. Deshalb soll im folgenden das forschungspraktische Verfahren, das dieser empirischen Untersuchung zugrundeliegt, dargelegt werden.

3.2.4 Zum forschungspraktischen Verfahren

Grundlegend für den forschungspraktischen Prozess[100] ist die Tatsache, das die zu rekonstruierenden Regeln nicht direkt angegangen werden, sondern aus den schriftlich vorliegenden einzelnen Situationen deren allgemeine Struktureigenschaften expliziert werden. Dazu werden die faktisch in Anspruch genommenen Regeln, die eine Äußerung erst sinnvoll machen, herausgearbeitet. Zwei Fragen stellen sich in diesem Zusammenhang für den Forschungsprozess: "Wie kann die Menge aller Regeln in einer konkreten, in einem Protokoll dokumentierten Handlungssituation bestimmt werden, und wie können davon unterschieden die Handlungsentscheidungen der Subjekte in diesem besonderen Fall nachvollzogen werden?"[101] Wie also können die Ebenen der latenten und der subjektiv-intentionalen Sinnstruktur unterschieden werden?[102] Um diese Unterscheidung sichtbar zu machen und damit zur Weiterarbeit zur Verfügung zu stellen, wird forschungspraktisch so vorgegangen, dass jede Sequenz, jeder Interakt interpretiert wird und zu jeder zu interpretierenden Sequenz möglichst viele Lesarten entwickelt werden. Das heißt: Die Interpretierenden produzieren gedankenexperimentell Situationen, in denen die Aussage auch hätte stattfinden können; dabei müssen die produ-

---

97 Vgl. OEVERMANN 1983c, 273.
98 OEVERMANN 1981, 32.
99 Vgl. OEVERMANN 1981, 40.
100 Das methodische Vorgehen der strukturalen Hermeneutik ist nicht einheitlich. Oevermann selbst hat unterschiedliche Vorgehensweisen in seinen Veröffentlichungen vorgestellt. Vgl. OEVERMANN 1979a; 1981; 1988.
101 FISCHER/SCHÖLL 1993, 27f. Vgl. zum Folgenden ebd. ferner OEVERMANN 1979a, 413.
102 Vgl. zum forschungspraktischen Vorgehen v. a. OEVERMANN 1979a, 391-394 und 412-429.

zierten Lesarten logisch sinnvoll zur sozialen Realität der zu interpretierenden Aussage passen.[103] Dies ist im Prinzip ein unendlicher Prozess, weshalb er immer aus forschungspraktischen Gründen abgebrochen werden muss. Mit dieser Produktion von Lesarten bildet sich die latente Sinnstruktur heraus, also die vom Probanden im Augenblick der Interaktion ausgeschlossenen Handlungsoptionen. Diese Lesarten werden durch die darauf folgende Sequenz deutlich eingeschränkt, da immer nur eine Handlungsoption in der sozialen Realität ausgewählt werden kann und diese gewählte Handlungsoption in der nächsten Sequenz zum Ausdruck kommt.

"In diesem Prozess der Konstruktion von Lesarten (Annäherung an die latente Sinnstruktur dieser Sequenz), die mit dem Text kompatibel sind, und der Einschränkung dieser potentiell möglichen Lesarten wird sowohl das Allgemeine des Falls, nämlich die latente Sinnstruktur, als auch dessen Besonderung, die Individuierung und der subjektiv-intentionale Anteil der Sinnstruktur, rekonstruiert."[104]

Das Ziel der Sequenzanalyse ist die Rekonstruktion der Fallstruktur, dabei kristallisiert sich die individuelle Fallstruktur (subjektiv-intentionale) auf der Folie der latenten durch gedankenexperimentell produzierte Lesarten heraus. Oevermann stellt für die Interpretation verschiedene Regeln auf[105]:

Erstens: Die gedankenexperimentelle Produktion von Lesarten sollte sehr ausführlich sein, denn je deutlicher die sinnlogisch möglichen mit dem Interakt übereinstimmenden Lesarten produziert werden, desto klarer und konturierter bildet sich die spezifische Fallstruktur heraus. Deshalb hält Oevermann es auch für sinnvoll, die Interpretation in einer Forschungsgruppe vorzunehmen, da die Produktion dann reichhaltiger ausfällt.

Zweitens: Es soll möglichst lange an der sogenannten "Sparsamkeitsregel" festgehalten werden. Das bedeutet, dass Lesarten über fallspezifische Besonderheiten erst dann legitim sind, wenn eine fallunspezifische Motivierung nicht gefunden werden kann.[106] Diese Regel hängt eng mit Oevermanns nicht unumstrittenen Konzept von Normalität zusammen. Zugrundegelegt wird von ihm ein Horizont von Normalerwartung oder normaler Kontexttypen, die die Forschungsgruppe konstruiert. Dabei stellt sich unmittelbar die

---

103 Vgl. OEVERMANN 1979a, 393.
104 FISCHER/SCHÖLL 1993, 28.
105 Vgl. OEVERMANN 1979a, 412-427; FISCHER/SCHÖLL 1993, 30ff.
106 "In Begriffen eines explizierten Regelsystems, über dessen Wissen wir zumindest intuitiv als Mitglieder derselben oder einer verschiedengradig verwandten Lebenswelt verfügen, (...) entwerfen wir in einem ersten Interpretationsschritt gewissermaßen gedankenexperimentell, was vernünftigerweise, d. h. nach Geltung des unterstellbaren Regelsystems, in einem spezifizierten Kontext bei Konfrontation mit einem Handlungsproblem ein individuiertes Handlungssystem, z. B. eine Person mit bestimmten Merkmalen, in einem spezifizierten Handlungsproblem tun könnte und sollte." OEVERMANN/ALBERT/KONAU 1980, 22f.

Anfrage an die Kriterien für Normalität.[107] Oevermann stellt an die Interpretinnen und Interpreten nur wenig spezifische Anforderungen. Nach Oevermann kann jeder erwachsene Mensch, der nicht pathologisch ist, Interpretationen vornehmen, allerdings sollten die Interpreten mit der Lebenswelt, aus der der zu interpretierende Text stammt, möglichst vertraut sein.[108] Mit dieser Regel wird verhindert, dass Vorannahmen zu früh und zu schnell an den Fall herangetragen werden.

Drittens: Es wird methodisch streng zwischen äußerem und innerem Kontext des Falles unterschieden.[109] Der innere Kontext wird durch die Interpretation so herangezogen, dass die bereits rekonstruierten Bedeutungen in die Interpretation der nachfolgenden Interakte einbezogen werden. Damit kristallisiert sich die spezifische Besonderheit des Falles immer deutlicher heraus. Der äußere Kontext, also eventuell außerhalb des Textes liegendes Kontextwissen ist nicht mit in die Interpretation einzubeziehen, da sich die Gültigkeit der Interpretation nur aus dem Text selbst ergibt und ausschließlich an diesem überprüfbar sein muss.[110]

Viertens: Die letzte Regel bezeichnet die 'Selektivität' des Falls.[111] Sie besagt, dass in einem fortschreitenden Interpretationsprozess Lesarten oder aufgrund der bis dahin erfolgten Interpretation formulierte Hypothesen über den Fall in einem Falsifikationsverfahren ausgeschlossen werden, sofern sie durch die fortschreitend sich herauskristallisierende Fallstruktur nicht mehr gedeckt sind. "Je weiter die sequentielle Analyse voranschreitet, desto schärfer konturiert sich die Selektivität der Fallstruktur von der Folie der ursprünglich, zu Beginn einer Szene noch offenstehenden und mit der allgemeinen latenten Sinnstruktur des Anfangsaktes gedeckten möglichen Interpretation

---

107 Diese Vorstellung setzt voraus, dass die Forschungsgruppe weiß, was "normal" oder "vernünftig" ist und ist damit nicht unproblematisch, geht sie doch von einer von allen geteilten Vorstellung des "Normalen" aus. Gerade die feministische Forschung hat herausgearbeitet, dass diese Vorstellungen von Normalität oftmals aus der männlichen Lebenswelt abgeleitet sind, der gegenüber andere Vorstellungen sehr schnell als deviant oder gar pathologisch bezeichnet werden. Vgl. KLEIN 1994, 154. Vgl. zu den Normalitätsvorstellungen OEVERMANN 1983a, 109f.; 1979a, 392. Vgl. kritisch dazu REICHERTZ 1994.

108 Die Kritik lässt sich ausdehnen auf den Begriff "pathologisch", da letztlich ungeklärt bleibt, was pathologisch bedeutet. Eine klarere Differenzierung der Begrifflichkeiten und damit klarere und differenziertere Aussagen zu den Interpreten steht für die Methodologie noch aus. Hintergrund dieser unscharfen Minimalbestimmung ist die Vorstellung, dass für Textproduzenten als auch Rezipienten die gleichen Regeln gelten und sich der Vorgang letztlich nicht grundlegend von der Alltagskommunikation unterscheidet. Vgl. 3.1.2. Vgl. zu den Anforderungen an die Interpreten eines Falles OEVERMANN 1983a, 109f.

109 Vgl. zum Kontextwissen OEVERMANN 1979a, 414ff.

110 Eine Ausnahme, die die Einziehung des äußeren Kontextes ermöglicht, liegt dann vor, wenn in einem besonders abweichenden Fall besonders unwahrscheinliche Lesarten nicht realisiert werden. Vgl. OEVERMANN 1979a, 420.

111 Vgl. OEVERMANN 1979a, 421f.

des Falles."[112] Allerdings muss die Sequenzanalyse den realen Prozess der Selektivität rekonstruieren, da sich nur so die Struktur des Falls in der Sprache des Falls abbildet.[113] Die Fallstruktur bildet sich dementsprechend so heraus, dass sich über die möglichst reichhaltige Produktion von Lesarten, die sinnlogische Anschlüsse an den Text bieten, die latente Sinnstruktur herausfiltert. Über das Selektionsverfahren im Verlauf der fortschreitenden Interpretation kristallisiert sich auf der Folie der rekonstruierten Regeln die subjektiv-intentionale Sinnstruktur des Falles heraus.

3.3 Anlage der Untersuchung

Im Folgenden soll auf der Basis der theoretischen und methodologischen Grundlegung die Anlage der konkreten empirischen Untersuchung vorgestellt werden. Dazu werden in einem ersten Schritt die Auswahl der Untersuchungspersonen sowie die Datenerhebung und in einem zweiten – noch einmal – gebündelt die forschungs- und erkenntnisleitende Fragestellung dargelegt.

3.3.1 Auswahl der Untersuchungspersonen

Um hinsichtlich der Forschungsabsicht, Deutungsmuster und Handlungsmodi in gegenwärtiger Lebensführung angesichts der Anforderungen der späten Moderne aufzuspüren, eine möglichst große Bandbreite zu ermöglichen, erfolgte die Auswahl der Untersuchungspersonen zunächst nach dem Kriterium der Kontrastivität.[114] Dies bedeutet, dass die Untersuchungspersonen aus möglichst weit auseinander liegenden Kontexten ausgewählt wurden. Kriterium der Kontrastivität war in diesem Fall das jeweilige Berufsfeld.[115] Interviewt wurden Führungskräfte aus dem Sektor der Wirtschaft und dem Journalismus sowie Sozialarbeiter und Sozialpädagoginnen aus dem Bereich der

---

112 Oevermann 1979a, 421.
113 Vgl. Oevermann 1991, 271.
114 Das Kriterium der Kontrastivität ist insbesondere von Glaser/Strauss eingeführt und diskutiert worden. Insofern es qualitativer Forschung eben nicht um die Häufigkeit von Merkmalsausprägungen geht, sondern um die exemplarische Analyse von Einzelfällen mit dem Ziel, Neues zu entdecken, bietet sich das Kriterium der Kontrastivität an, liegt doch der Sinn darin, in den jeweiligen Einzelfällen möglichst Unterschiedliches zu entdecken. Vgl. dazu Glaser/Strauss 1979a.
115 Die Kontrastivität kann an unterschiedlichen Kriterien festgemacht werden. In diesem Fall wurde sie auf die Berufsfelder angewendet. Die Gründe werden im Folgenden noch deutlich gemacht.

Jugendhilfe und der Psychiatrie. Liegen die beruflichen Felder der ausgewählten Personen weit auseinander, so sind sie – so die These – durch das
Merkmal einer besonderen Betroffenheit hinsichtlich der Bedingungen der
reflexiven Moderne miteinander verbunden, und zwar insofern, als Führungskräfte diesen qua Globalisierung, Rationalisierungs- und Effektivitäts-
steigerungen in ihrem beruflichen Handeln entsprechen müssen, Personen
aus dem Feld des Journalismus – je nach journalistischer Fachrichtung – zudem eine Metaperspektive hinsichtlich der Modernisierungserscheinungen
einnehmen. Demgegenüber sind Sozialarbeiter und Sozialpädagoginnen aus
den Berufsfeldern der Jugendhilfe und Psychiatrie tendenziell eher mit den
Risiken, den Folgen, dem Scheitern von Lebenspraxis unter den Bedingungen der Moderne konfrontiert. Inwieweit sich angesichts dieser Gemeinsamkeit und in der jeweiligen Unterschiedlichkeit die Bedeutung und Funktion
von Religion und Religiosität gestaltet, ist ein Forschungsinteresse dieser
Untersuchung.

Neben dem Kriterium der Konstrastivität für die Auswahl der Untersuchungspersonen waren weitere Kriterien das Alter und die religiöse
Sozialisation. Die Perspektive dieser Untersuchung zielt auf die Bedeutung
religiöser Deutungsmuster für die Lebensführung bei Erwachsenen ab. Zum
einen liegen für den Bereich der Religiosität bei Jugendlichen bereits eine
Reihe von Untersuchungen vor[116], zum anderen will sich diese Untersuchung
Handlungs- und Deutungsmustern von Religion und Religiosität nähern, die
jenseits der Adoleszenz und den damit einhergehenden Fragen liegen. Deshalb ist die Untersuchungsgruppe eingeschränkt auf Personen, die – so ist
zumindest von der jeweiligen Lebenssituation auszugehen – die Adoleszenzphase abgeschlossen haben und entsprechend der zuvor formulierten
Forschungsfrage im aktiven Erwerbsleben stehen. Konkret bedeutet dies,
dass die Interviewten im Alter zwischen 30 und 50 Jahren sind. Keine
Kriterien wurden an die Lebensform gestellt.

Hinsichtlich der religiösen Sozialisation war Kriterium, dass die Untersuchungspersonen katholisch getauft und in irgendeiner Form religiös sozia-
lisiert sind. Damit ergibt sich eine Einschränkung auf den Kontext der katholischen Sozialisation. Auch wenn die konfessionellen Unterschiede immer
stärker verschwimmen, wurde der Focus hier auf die katholische Sozialisation gelegt, nicht zuletzt deshalb, weil die Autorin selbst in dieser beheimatet
ist und der Zugang zur eigenen Konfession damit leichter fällt, ferner lassen
sich bestimmte spezifische Elemente bei genauer Kenntnis der eigenen Konfession und Theologie präziser einschätzen. Da das Verständnis von Religion
in dieser Untersuchung nicht auf die christliche Religion eingeschränkt ist,

---

116 Vgl. z. B. die Studie von: BARZ 1992a; 1992b; 1993; des Weiteren BECKER/NORD 1995;
SCHÖLL 1992; FISCHER/SCHÖLL 1993; AUGST 2000; ferner FISCHER/ SCHÖLL 1994. Als
theoretische Auseinandersetzung ist hier exemplarisch GABRIEL 1994 zu nennen.

war ein aktives Engagement in der katholischen Kirche oder eine Kirchenzugehörigkeit zum Zeitpunkt des Interviews kein Kriterium für die Auswahl. Vielmehr ist es Anliegen dieser Untersuchung, den Blick gerade auch für die Bedeutung und Funktion von Religion jenseits einer tiefen Verwurzelung in der christlichen Religion im Sinne einer Übernahme von klassischen (katholisch) religiösen Deutungsmustern zu öffnen.

3.3.2 Die Datenerhebung

Für die vorliegende Untersuchung sind insgesamt elf Interviews in beiden Zielgruppen durchgeführt und interpretiert worden. Im Anschluss an die Interpretationen wurden drei Interviews für die Bearbeitung und Analyse in dieser Arbeit ausgewählt. Die Auswahl dieser drei Interviews erfolgte noch einmal unter dem Kriterium der Konstrastivität, allerdings in diesem Fall aufgrund der inhaltlichen Konstrastivität hinsichtlich des Forschungsinteresses, um in ihrer Exemplarität eine möglichst große Breite zu gewährleisten.

Der Kontakt zu den Interviewpartnern und -partnerinnen und die Abklärung der Bereitschaft für ein Interview erfolgte zum einen über persönliche Kontakte und zum anderen über eine offizielle Kontaktaufnahme meinerseits mit entsprechenden Institutionen.[117] Abgesehen von der ersten Kontaktaufnahme, die dazu diente, die Bereitschaft für ein Interview zu klären, war entscheidendes Kriterium meine persönliche Unabhängigkeit von den betreffenden Personen. Das bedeutet, dass die Interviewten mir völlig unbekannte Personen waren und es auch nach der Interviewdurchführung keinen weiteren Kontakt zwischen mir und den Interviewpartnern und -partnerinnen gab.[118]

Die durchgeführten Interviews haben eine Länge von ca. eineinhalb Stunden und wurden an von den Interviewpartnern festgelegten Orten durchgeführt.[119] Mit Einverständnis der Interviewpartner wurden die Interviews auf Tonträger aufgezeichnet und im Anschluss von mir transkribiert.[120] Die Transkription wurde wortwörtlich und unter Beibehaltung aller damit einhergehenden lautlichen Äußerungen und Idiome vorgenommen. Veränderungen

---

117 Für die Kontaktaufnahme verschickte ich bzw. leitete ich über persönliche Kontakte ein Exposé zu Forschungsanliegen und -ziel sowie den Kriterien für die Untersuchungspersonen weiter.

118 Dies gilt mit Ausnahme eines in diese Arbeit aufgenommenen Interviews. Hier gab es einen flüchtigen Kontakt im Vorfeld der Untersuchung, worauf die Anrede des 'Du' zurückzuführen ist. Im Anschluss an das Interview gab es auch in diesem Fall keinen weiteren Kontakt.

119 Dies war vielfach der jeweilige Arbeitsplatz oder in wenigen Fällen die Privatwohnung der Interviewpartnerin/des Interviewpartners.

120 Alle Interviews sind ausschließlich von mir selbst durchgeführt und transkribiert worden, im Transkriptionsprozess wurden auch die notwendigen Anonymisierungen vorgenommen, so dass auch bei der Interpretation nur die anonymisierten Texte vorlagen.

der Stimmlage sowie Pausen sind im Interviewtext kenntlich gemacht. Die Interviews wurden als leitfadengestützte problemzentrierte Interviews durchgeführt.[121] Entsprechend der Zielgruppenauswahl und dem Forschungsinteresse, möglichen Zusammenhängen zwischen Berufsfeld sowie der Bedeutung und Funktion von Religion nachzugehen, rekurrieren die Interviews sowohl auf das berufliche Handlungsfeld als auch auf biographische Entwicklung sowie die aktuelle Bedeutung der Religion im subjektiven Empfinden der Interviewpartnerinnen und -partner.

Die Interpretation der Interviewtexte wurde entsprechend dem forschungspraktischen Vorgehen der strukturalen Hermeneutik sequenzanalytisch vorgenommen. In der nachfolgenden Darstellung der Fallanalysen findet sich die sequenzanalytische Interpretation des jeweiligen Interviewtextes, allerdings ist die Darstellung der Interpretation aus Gründen der Lesbarkeit um einige Passagen gekürzt worden. Dargestellt sind die für die Herauskristallisierung und Bestätigung der Fallstruktur entscheidenden Textpassagen.

3.3.3 Forschungs- und erkenntnisleitende Fragestellungen der Untersuchung

Die erkenntnisleitende Fragestellung dieser Untersuchung ist bereits an mehreren Stellen benannt worden, soll aber im Blick auf die nachfolgenden Fallanalysen noch einmal explizit ausgeführt werden. Sie beruht auf der Grundlage des Modells von Lebenspraxis und des Strukturmodells von Religiosität. Die Forschungsfrage ist dabei in zwei Teilfragen gegliedert:

Welche Orientierungsmuster, welche Modi der Aneignung von Handlungs- und Deutungskompetenz bilden Menschen in der späten Moderne aus und wie tragen diese den spezifischen Anforderungen derselben zur Bewältigung von Lebenspraxis Rechnung? Besonderes Augenmerk liegt dabei auf der Frage, auf welche Sinndeutungsmuster in diesem Zusammenhang zurückgegriffen wird und welche Bedeutung und Funktion dabei Religion und Religiosität im Rahmen der Ausbildung von individuellen Orientierungs-,

---

121 Vgl. dazu LAMNEK 1993b. Als problemzentrierte Interviews werden die für diese Untersuchung geführten Interviews in Abgrenzung zu anderen Interviewformen bezeichnet. Verschiedene Themenkreise wurden seitens der Interviewerin eingebracht. Insofern unterscheiden sie sich vom narrativen und Tiefeninterview als auch vom focussierten. Der Leitfaden für das Interview wurde entwickelt, da es für diesen Forschungskontext nicht um eine ausschließliche Erzählung des biographischen Gewordenseins ging, sondern es mir ein wichtiges Anliegen war, sowohl Biographie, speziell die religiöse Sozialisation, berufliches Handeln und aktuelle Bedeutsamkeit von religiösen Deutungsmustern in den Blick zu nehmen. Trotz des Leitfadens wurden die Interviews offen geführt, mit der Möglichkeit zu ausführlichen Erzählungen. Vgl. insbesondere zu dem vielfach angewandten narrativen Interview: SCHÜTZE 1976; 1977; 1983; KRAIMER 1983. Zu den Interviewformen insgesamt LAMNEK 1993b, 68-91.

Handlungs- und Deutungsmustern zur Bewältigung von Lebenspraxis einnimmt.

3.3.4 Kurzprofil der Interviewpartner und -partnerinnen

Fallanalyse 1: Herr Büttner ist zum Zeitpunkt des Interviews 38 Jahre alt, promovierter Chemiker und arbeitet als Gruppenleiter in einem großen international tätigen Chemiekonzern. Innerhalb der ausgewählten Untersuchungsgruppen in dieser Arbeit gehört Herr Büttner der Zielgruppe der Führungskräfte an. Seine Biographie ist besonders von einer umfassenden Krise im Alter von 28 Jahren geprägt. Zu diesem Zeitpunkt stellte sich zum einen heraus, dass sein Wunsch, die Hochschullaufbahn einzuschlagen, nicht realisiert werden konnte, zum gleichen Zeitpunkt scheiterte die Ehe von Herrn Büttner und eine schon längere Glaubenskrise kumulierte mit dem Austritt aus der Religionsgemeinschaft der Mormonen, der Herr Büttner seit seinem 17. Lebensjahr angehörte.

Fallanalyse 2: Frau Neuhaus ist zum Zeitpunkt des Interviews 48 Jahre alt. Sie ist stellvertretende Chefredakteurin einer großen deutschen Frauenzeitschrift. Innerhalb der ausgewählten Untersuchungsgruppen in dieser Arbeit gehört Frau Neuhaus der Zielgruppe der Führungskräfte an. Frau Neuhaus absolvierte zunächst eine Ausbildung als Journalistin an einer Journalistenschule, um dann als Redakteurin bei der Zeitschrift zu arbeiten, bei der sie heute noch tätig ist. Nachdem sie eine Zeit als Redakteurin gearbeitet hatte, entschloss sie sich, ein Studium der Soziologie und Psychologie zu absolvieren, um dann im Anschluss zu ihrer früheren Zeitschrift zurückzukehren. Frau Neuhaus erreichte relativ schnell die Position einer Ressortleiterin und wurde schließlich stellvertretende Chefredakteurin. Frau Neuhaus war verheiratet, zur Zeit lebt sie mit ihren zwei Kindern zusammen.

Fallanalyse 3: Frau Adam ist zum Zeitpunkt des Interviews 32 Jahre alt. Sie ist diplomierte Sozialpädagogin und arbeitet als Gruppenleiterin einer Außenwohngruppe von psychisch Kranken in einer psychiatrischen Langzeitklinik. In der Klinik leben sowohl psychisch Kranke als auch geistig und körperlich Behinderte. Innerhalb der ausgewählten Untersuchungsgruppen in dieser Arbeit gehört Frau Adam der Zielgruppe der im sozialen Bereich Arbeitenden an. In der Klinik arbeitet Frau Adam seit drei Jahren als Gruppenleiterin und hat davor auch ihr Anerkennungsjahr in derselben Einrichtung gemacht. Frau Adam hat eine Tochter und ist alleinerziehend. Zum Zeitpunkt des Interviews befindet sie sich noch in ihrem einjährigen Erziehungsurlaub.

Teil II: Die empirische Untersuchung

4 Fallanalysen

4.1 Fallanalyse: Herr Büttner

4.1.1 Die berufsbiographische Orientierung

4.1.1.1 "Liebe auf den ersten Blick" – Das Selbstverständnis als Naturwissenschaftler

1I   Ja gut, Stefan mh, vielleicht kannst du ganz zu Beginn erstmal sagen mh, was du bist von Beruf, von der Ausbildung her und in welchem Bereich du arbeitest? Dass natürlich alle Angaben verschlüsselt und unkenntlich gemacht werden, ist selbstverständlich.[1]

I. eröffnet das Interview mit dem Signal "ganz zu Beginn" und setzt damit den offiziellen Beginn des Interviews fest. Wenn vorher noch ein informelles Gespräch stattgefunden hat, so steht dies in keinem direkten Zusammenhang zum Interview. Die Anrede des 'Du' deutet entweder darauf hin, dass sich die Interviewpartner schon kennen und sich aufgrund dessen duzen oder in dem informellen Vorgespräch beschlossen haben, sich zu duzen.

Das Interview beginnt mit der Frage nach objektiven Daten, indem I. nach dem Beruf, der Ausbildung und dem momentanen Tätigkeitsbereich fragt. Damit eröffnet sie das Interview mit einer Frage, die in das Interview einführt; nach diesen objektiven Daten kann gefragt werden, ohne eine Intimitätsgrenze zu überschreiten. Herr Büttner wird hier als Repräsentant der Zielgruppe Führungskräfte interviewt, von daher wird das erfragt, was ihn als Repräsentant dieser Zielgruppe ausweist. Mit dieser Frage ist ferner die Frage nach der beruflichen Rolle, dem beruflichen Habitus, ja noch weitergehend der Bereich der beruflichen Identität mit gemeint. Dies lässt sich in der Formulierung, "was du bist" sehen, da das Verb "sein" auf Identität abzielt. Es bestünde auch die Möglichkeit zu fragen, 'welchen Beruf du hast', dann würde das Verb "haben" verwendet, womit der Beruf quasi als ein äußeres Element zur persönlichen Identität hinzutreten würde. In der Frage kann damit

---

1   Wie unter Punkt 3.3.2 bereits erwähnt, werden in der Dokumentation der sequenzanalytischen Interpretation die für die Fallstruktur entscheidenden Textpassagen dargestellt, für die Herauskristallisierung der Fallstruktur weniger entscheidende Passagen sind deshalb nicht abgedruckt. Auf diese Tatsache ist die nicht vollständige chronologische Interaktzählung zurückzuführen.

schon die Frage nach einer beruflichen, persönlichen Identität liegen. Es ist zu verfolgen, ob und wie Herr Büttner diese Frage aufnimmt.

2S Gut.
3I Ja, ja, selbstredend.
4S Mh. Okay.
5S Gut, von der eh schulischen universitären Ausbildung her bin ich eh Naturwissenschaftler.

Herr Büttner beginnt die Ausgangsfrage von I. zu beantworten, in dem er sich zunächst auf seine Ausbildung bezieht. Die momentane Tätigkeit wird noch nicht in den Blick genommen. Bei der Beantwortung geht Herr Büttner chronologisch vor, dies liegt in einem auch biographisch orientierten Interview nahe. Die schulische und universitäre Ausbildung wird von ihm zusammengefasst. Auffällig ist, dass 'schulisch' hier vorgesetzt wird, insofern die Schule Allgemeinbildung vermittelt und noch keine Spezialisierung darstellt. Von daher läge nahe, von der universitären Ausbildung zu sprechen oder noch kürzer 'von der Ausbildung her'. Wird 'schulisch' hier mit in den Werdegang hineingenommen, dann scheint dies dem Sinn von Schule, nämlich Allgemeinbildung zu vermitteln, zu widersprechen. Wenn die schulische Ausbildung hier genannt wird, dann ist Herr Büttner entweder ein sehr korrekter und akribischer Mensch oder aber der schulischen Laufbahn kommt im Hinblick auf seine berufliche Biographie eine besondere Bedeutung zu, indem die schulische Ausbildung so bereits mit in die eigentlich der Universität vorbehaltene Spezialisierung hineingenommen wird. Damit scheint in der Rekonstruktion der eigenen beruflichen Biographie von Herr Büttner alles auf das Ziel, Naturwissenschaftler zu werden, ausgerichtet zu sein. Die Formulierung "Naturwissenschaftler" drückt aus, dass es für Herrn Büttner in seiner Berufsbeschreibung um mehr geht als 'nur' um einen Beruf als Möglichkeit der Existenzsicherung, vielmehr spricht Herr Büttner hier über seine berufliche Identität. Dadurch, dass Herr Büttner sich zunächst nicht als Chemiker definiert, also über seine eigentliche Ausbildung, sondern über die der Chemie übergeordneten Wissenschaften, wird deutlich, dass genau darin sein Selbstverständnis gründet. Herrn Büttners berufliche Identität ist die des Naturwissenschaftlers. Damit ist ein bestimmtes Weltbild und eine bestimmte Deutung von Wirklichkeit impliziert. Herr Büttner setzt sich in Beziehung zur Welt als Naturwissenschaftler. Der Beruf ist dabei nicht nur pragmatische Existenzsicherung, sondern ist mehr, ist ein umfassender Habitus des Verhaltens, ist Teil seiner Identität. Zwei Möglichkeiten der Interpretation bieten sich in diesem Zusammenhang an: a) entweder wollte Herr Büttner immer schon Naturwissenschaftler werden, von Kindheit/Jugend an oder b) der Zusammenhang ergibt sich erst in der Rekonstruktion, wie eine Verklärung, quasi wie eine Konversion zur eigentlichen Bestimmung.

Ich sage also bewusst mal Naturwissenschaftler und nicht nur Chemiker,

In diesem Satz liegt durch das 'bewusst' und die eindeutige Abgrenzung 'nicht nur' eine nochmalige Verstärkung vor. Herr Büttner macht hier ganz deutlich, dass es ihm um seine eigentliche Identität geht. Mit der Identitätsaussage "Naturwissenschaftler" wird ein sehr umfassender Habitus gewählt. Die Selbstbeschreibung der beruflichen Identität erfolgt also nicht über eine wissenschaftliche Einzeldisziplin wie Chemie, die dann in den größeren Zusammenhang eingeordnet wird, sondern der Weg der Definition beginnt beim umfassenden Habitus des Naturwissenschaftlers, um sich dann zu spezialisieren. Mit diesem Handlungsmodus legt sich die Vermutung nahe, dass diese Habitusbeschreibung mehr als nur die berufliche Identität abdeckt, dass der gewählte Habitus des Naturwissenschaftlers für Herrn Büttner zugleich ein Weltbild oder ein System darstellt, mit dem Welt- und Sinnfragen erklärt oder bearbeitet werden. Trifft diese Interpretation zu, dann lässt sich hier die Hypothese formulieren, dass der Habitus des Naturwissenschaftlers alles umfasst, was mit Leben und Lebensführung zu tun hat. Das würde bedeuten, den Naturwissenschaften würde auch die Aufgabe der Sinnstiftung und Beantwortung der existentiellen Fragen des Lebens zugeordnet. Damit übernähmen die Naturwissenschaften im Habituskonzept Herrn Büttners die Funktion, die klassischerweise die Religion oder auch die Philosophie innehaben und sie würden so zum funktionalen Äquivalent dieser.

was ich eigentlich ja studiert hab, weil ich einfach auch relativ viel nebenher in anderen Bereichen parallel getan habe, also speziell in eh Richtung Physik.

Für diese Hypothese spricht zunächst, dass Herr Büttner weiß, dass die Chemie innerhalb der Naturwissenschaften nicht das prädestinierte Fach ist, in dem es um grundlegende Fragen der Weltzusammenhänge geht. Wenn er die Naturwissenschaften als Sinnstiftungsinstanz annimmt, dann muss Herr Büttner sich auch für andere naturwissenschaftlichen Fächer interessieren wie z. B. für Physik. Es ist zu vermuten, dass er sich nochmals spezieller für die Gebiete der Quantenmechanik und der Relativitätstheorie interessiert. Denn beides sind Bereiche, die sich mit grundlegenden Fragen auseinander setzen und nach den inneren Zusammenhängen der Welt suchen. Damit ist von naturwissenschaftlicher Seite die Frage nach der Herkunft des Menschen und der Welt angesprochen und damit eine zentrale religiöse Frage. Herr Büttner widmet sich innerhalb der Naturwissenschaften den Bereichen, die mit den existentiellen Fragen des Woher und Wohin des Menschen im Zusammenhang stehen. Die Auseinandersetzung mit den Naturwissenschaften ist dann für Herrn Büttner – wie bereits vermutet – nicht nur Möglichkeit einer beruflichen Ausbildung und Tätigkeit und auch nicht mit der Lust am reinen Erkenntnisinteresse verbunden, sondern sie ist der Ort, an dem für Herrn Büttner eine Auseinandersetzung mit Sinnfragen stattfindet und von denen er eine Klärung derselben erhofft. In diesem Sinne hätte er auch Theologie als der klassischen Wissenschaft der Sinnkonstituierung studieren können.

Die bisherige Interpretation zeigte, dass die Naturwissenschaften im Selbstkonzept von Herrn Büttner nicht Instrumentarium reiner Erkenntnis darstellen, sondern Herr Büttner über sie die sich jedem Menschen stellenden existentiellen Fragen zu beantworten sucht, um so Sinnkonstituierung für das Individuum zu gewährleisten. Mit Hilfe der Naturwissenschaften als empirisch exakter Wissenschaft sucht er also zu begründen, warum das Leben so und nicht anders ist und warum die Welt so ist, wie sie ist. Dies würde bedeuten, dass Herr Büttner auf die existentiellen Grundfragen des Lebens mittels der wissenschaftlichen Klärungsmöglichkeiten der Naturwissenschaften Antworten zu finden versucht. Wenn die Naturwissenschaften so zur Beantwortung der existentiellen Fragen als Weltbildgenerator fungieren, greift Herr Büttner damit auf ein Wissenschaftssystem zurück, das letzte Gewissheiten im Sinne eines Beweiswissens verspricht. Damit würde er einer Handlungslogik folgen, die Sinn aus empirisch beweisbarem Sachwissen abzuleiten und nicht aus der Praxis zu generieren sucht. Demgegenüber kann Sinnstiftung immer nur lebenspraktisch angelegt sein. Wissenschaft begründet oder legitimiert den lebenspraktisch generierten Sinn. Aber Wissenschaft schafft an sich keinen Sinn, sondern rekonstruiert den lebenspraktisch generierten Sinn. Analog dazu kann Theologie den gelebten Glauben auch nicht ersetzen, sondern rekonstruiert ihn und bildet eine Theorie darüber aus. Indem Wissenschaft über konkrete Lebenspraxis reflektiert und in einen Diskurs darüber eintritt, aber selber dem lebenspraktischen Handeln enthoben ist, ist sie handlungsentlastet. Insofern ist eine Generierung von Sinn ohne lebenspraktisches Handeln nicht möglich. Wenn Sinn aus der szientistischen Logik der Wissenschaft abzuleiten versucht wird, ist dies der Versuch, auf deduktivem Wege und damit handlungsentlastet Sinn zu konstituieren.

Als *Strukturhypothese* lässt sich an dieser Stelle formulieren: Im Habitus von Herrn Büttner übernehmen anstelle der Religion die Naturwissenschaften die Rolle des Weltbildgenerators, denen die Aufgabe der Sinnstiftung und Beantwortung der existentiellen Fragen des Lebens zugeordnet wird und mit deren Hilfe dementsprechend die existentiellen Fragen des Lebens, Welt- und Sinnfragen, erklärt oder bearbeitet werden. Zur Beantwortung dieser Fragen auf eine auf empirischem Beweiswissen fußenden Wissenschaft zurückzugreifen, legt den Schluss einer deduktiven Handlungslogik im Habitus von Herrn Büttner nahe, die versucht, Sinn ausschließlich theoriegeleitet und nicht qua konkretem lebenspraktischen Handeln zu konstituieren.

7 S Ehm Quantenmechanik eh auch so viel zu den philosophischen Grundlagen von Quantenmechanik und so.

Die These, dass Herr Büttner sich mit Quantenmechanik beschäftigen müsste, wenn die Hypothese, dass die Naturwissenschaften für ihn als Weltbildgenerator fungieren und an die Stelle der Religion treten, zutrifft, bestätigt sich hier. Das Interesse für Philosophie wird hier formuliert, vor allem für die philosophischen Grundlagen der Naturwissenschaften, mit denen sich besonders die Quantenmechanik beschäftigt. Die Lesart, dass Herr Büttner über die Naturwissenschaften eine Auseinandersetzung mit den zentralen Fragen des Lebens führt, erfährt hier eine Bestätigung. In der Logik von Herrn Büttner hieße das, dass sich aus den Naturwissenschaften die lebenspraktischen und ethischen Fragen ableiten lassen. Damit wäre zugleich die Grundlage gegeben, um mit Hilfe der Naturwissenschaften zentrale Sinnfragen zu bearbeiten. Die von Herrn Büttner vorgenommene Verschiebung liegt darin, dass sie für ihn darüber hinaus dazu dienen, die Grundfragen der eigenen Existenz zu klären und Identität zu stiften. Geht es Herrn Büttner um die Klärung der existentiellen Fragestellungen, wäre es eine folgerichtige Entscheidung, an der Universität Grundlagenforschung zu betreiben, da sich ihm dort die besten Möglichkeiten bieten.

9S   Also letztendlich Naturwissenschaftler, Schwerpunkt Chemie, Schwerpunkt Theorie.

Herr Büttner fasst sein Selbstverständnis zusammen, indem er sich vom Allgemeinen zum Speziellen hin bewegt. Sein eigentlicher Schwerpunkt liegt in der Theorie. Warum Herr Büttner die Bezeichnung Theorie und nicht Quantenmechanik oder philosophische Grundlagen wählt, ist nicht unmittelbar verständlich. Zu vermuten ist, dass er mit Theorie genau die Quantenmechanik und philosophische Grundlagen meint; das würde dann bedeuten, dass ihn am meisten die Theorie und nicht die wissenschaftliche Praxis interessiert. Sein Interesse gilt entweder dem rein theoretischen Erkenntnisinteresse oder aber der Theorie, um aus der Auseinandersetzung mit ihr lebenspraktisches Handeln ableiten zu können. Das auch in den Naturwissenschaften vorzufindende deduktive Vorgehen liegt diesem Ansinnen von Herrn Büttner nahe.

Die eben formulierte Strukturhypothese kann an dieser Stelle noch etwas weitergezogen werden. Will Herr Büttner aus der wissenschaftlichen Auseinandersetzung unmittelbar lebenspraktisches Handeln ableiten, dann ist dieses Vorgehen deduktiv bestimmt, insofern an eine Theorie die Praxis angelegt und dementsprechend gehandelt wird. Ein so ausgerichtetes Handeln unterliegt damit der Kontrollierbarkeit und Absicherung, gleichzeitig wird Unvorhersehbares auf ein Minimum eingeschränkt und die Spielräume für Neues begrenzt. Lebenspraktisch ist dieses Modell kaum durchzuhalten, wenn nicht die persönliche Handlungsfreiheit in hohem Maße eingeschränkt werden soll.

10I   Mh. Und ...

Die Interviewerin muss kaum Anstöße geben, bisher beschränken sich ihre Interventionen auf diese Äußerungen. Herr Büttner hat seine Ausführungen angefangen und entfaltet, besinnt sich jetzt auf die eigentliche Fragestellung nach Ausbildung und Tätigkeit, nachdem er weit ausgeholt und sein Selbstverständnis erläutert hat. Im Grunde antwortet Herr Büttner auf die oben gestellte und mit den Zusätzen jedoch eingeschränkte Frage 'Was bist du?', dass heißt, er beantwortet die Frage nach seiner Identität und seinem Selbstverständnis. Diese Ausführlichkeit kann die These des sinnstiftenden Weltbildes der Naturwissenschaften unterstützen, da Herr Büttner sehr schnell, ohne viel Anregung und ohne Nachfragen unmittelbar darauf zu sprechen kommt.

11S Ja, eh und jetzt mittlerweile seit etwas über sieben Jahren beschäftigt bei der A. in O. als eh Chemiker, als sogenannter leitender Mitarbeiter, d. h. also eh ich gehöre eh nach dem Betriebsverfassungsgesetz noch nicht der höheren Führungsebene der leitenden Angestellten an, sondern eh bin also noch eine Etage drunter etabliert.

Herr Büttner bearbeitet immer noch die Frage 'was bist du', jetzt auf der Ebene des Berufes. Mit auffallender Akribie wird die Frage nach der jetzigen Tätigkeit beantwortet. Äußerte er sich oben ausführlich zu seinem Selbstverständnis als Naturwissenschaftler, so ist hier nichts von diesem Selbstverständnis spürbar. Die Motivation für diese Akribie ergibt sich vielleicht aus dem Vorverständnis des Interviews. Er weiß, dass es sich um eine Promotion u. a. über Manager handelt. Nachdem er sein Selbstverständnis dargelegt hat, will er sich nun als der gefragten Zielgruppe entsprechend ausweisen. Auffallend ist der völlige Wechsel zwischen der Formulierung des Selbstverständnisses auf der einen Seite und der akribischen Statusformulierung, die hier mit ironischem Unterton erfolgt, ihm jedoch gleichzeitig – durch die Genauigkeit, mit der sie vorgenommen wird – sehr wichtig ist. Aufgrund des bisher Interpretierten ist deutlich, dass die Naturwissenschaften für ihn eine andere Bedeutung haben als die, die er in seinem momentanen Tätigkeitsfeld verwirklichen kann. Die Naturwissenschaften dienen in seinem Selbstverständnis entweder dem reinen Erkenntnisinteresse oder stellen die Sinnstiftungsinstanz für ihn da. Beides kann er in seinem Beruf, seiner momentanen Tätigkeit nicht verwirklichen.

12I Mhm. und wie bist du mh zu dieser beruflichen Entscheidung gekommen?

Angesichts des erläuterten Selbstverständnisses und der Aussage über seinen Status liegt in der Frage von I. Neugierde für diese berufliche Entscheidung, die aus dem oben ausgeführten nicht verständlich ist, liegt der Bereich der Forschung seinem Selbstverständnis doch sehr viel näher.

13S Eh ... zur Firma zu gehen oder eh ...?

Die Frage wird von Herrn Büttner hier nicht verstanden. Sein Unverständnis klärt sich nur, wenn es zwischen dem jetzigen Tätigkeitsfeld und seinem Selbstverständnis einen Bruch gibt. Ein Grund für Herrn Büttners Unverständnis kann darin liegen, dass es zwei berufliche Entscheidungen gibt, von denen im Moment nur die Tätigkeit in der Wirtschaft bekannt ist. Offensichtlich gibt es einen Inhalt, der hinter dem "oder" steht. Angesichts dessen, was

Herr Büttner oben gesagt hat, müsste er heute in der Universität beschäftigt sein und Grundlagenforschung betreiben.

17S generell zu den Naturwissenschaften ...?
18I ... generell zu den Naturwissenschaften und dann halt speziell auch zur Firma als Chemiker.

Der Bruch wird von I. thematisiert. I. will offensichtlich wissen, wie es zu diesem Bruch gekommen ist, zumal Selbstverständnis und Beruf für I. zueinander in Widerspruch stehen. I. lässt Herrn Büttner allerdings die Möglichkeit auszuwählen, welches Thema er zuerst anspricht. Er hat die Möglichkeit, den Bruch, die Krise noch etwas hinauszuschieben. Er kann sich zunächst den Naturwissenschaften zuwenden.

19S Mmh. Also zu den Naturwissenschaften, das das war wirklich ehm muss man sagen Liebe auf den ersten Blick. (I Mhm.)

Herr Büttner entscheidet sich für die Thematisierung seiner Leidenschaft für die Naturwissenschaften und damit für sein eigentliches Thema. Diese Entscheidung steht in logischem Zusammenhang zum Vorhergehenden. Das Wort Liebe wird als Gesamterklärung benutzt. Es war "Liebe auf den ersten Blick". Durch diese Wortwahl wird die existentielle Dimension, die die Naturwissenschaften für ihn haben, deutlich und explizit hervorgehoben. Gleichzeitig ist Liebe aber auch ein Phänomen, das jeglicher Begründungsverpflichtung enthoben ist, jemanden zu lieben muss nicht begründet werden. Damit wird sie auch unhinterfragbar. Liebe kann hier im Sinne von Identitätsstiftung gemeint sein oder auch Liebe im Sinne von reinem Erkenntnisinteresse. An dieser Stelle schwingt beides mit, das Sachinteresse und das existentielle Interesse. Herr Büttner nutzt hier geradezu die Möglichkeit, erst einmal sein eigentliches Interesse zu klären, wobei noch nicht klar ist, worin seine Faszination für die Naturwissenschaften liegt.

21S Als ich so mit mit na elf, zwölf Jahren also das erste Mal da überhaupt was mit eh oder damit in Berührung kam, war ich also sofort fasziniert ... von Chemie ...

Die von Herrn Büttner gewählte Sprache macht die existentielle Dimension sehr deutlich. Er muss dazu sagen, dass es um Chemie geht und nicht um seine erste Frau, wie man vom Sprachgebrauch her vermuten könnte. Interessant ist auch, dass Herr Büttner an dieser Stelle von Chemie spricht und nicht von den Naturwissenschaften, d. h. seine Faszination setzt bei etwas Speziellem an und hat sich dann ausgeweitet. Interessant ist dieses Vorgehen deshalb, weil es Herrn Büttner bisher sehr wichtig war, immer das 'Ganze', also die gesamten Naturwissenschaften mit ihren unterschiedlichen Disziplinen im Blick zu haben. Vielleicht hat Herr Büttner die Ausweitung auf die Naturwissenschaften erst später entwickelt, als er sich schon intensiver mit der Materie der Chemie beschäftigt hatte und aufgrund dessen neue Fragen auftauchten, die zur Auseinandersetzung auch mit den anderen Disziplinen führte.

hab also zu Hause wirklich fleißig experimentiert, sehr zum Leidwesen meiner Mutter und sehr zum Leidwesen unserer Küche, die massiv drunter gelitten hat. (schmunzeln, lachen von beiden). Ehm ... (Räuspern) ich hab auch sehr früh angefangen, also so die die Fachliteratur zu lesen. Ich hatte also mit fünfzehn Baier´s Lehrbuch der organischen Chemie bereits durch und das hat mich also das hat mich einfach immer kolossal fasziniert.

Der Beginn seiner Faszination wird hier ausgeführt. Sein Interesse richtet sich zunächst, wie dies im Alter von elf/zwölf Jahren auch zu erwarten ist, auf die experimentelle Seite, auf die Lust am Experimentieren. Die hier vorgenommene biographische Rekonstruktion wird neben der Darstellung seiner Faszination zugleich auch inszeniert. Herr Büttner baut seine Erzählung nicht nur inhaltlich, sondern auch dramaturgisch auf. Mit dem Räuspern kehrt Herr Büttner zum 'eigentlichen' Thema zurück. Er geht jetzt etwas detaillierter auf seine Biographie ein, macht anhand der Tatsache, schon mit fünfzehn ein Standardwerk der Chemie gelesen zu haben, klar, wie früh die Wurzeln seines Interesses für die Chemie und weitergehend für die Naturwissenschaften in seiner Biographie begründet liegen. Die Faszination geht über das reine Experimentieren und über die Faszination am 'Knallen' hinaus. An dieser Stelle wird auch die Bedeutung der Formulierung "schulisch universitär" klar, die Spezialisierung von Herrn Büttner begann bereits in der Schule.

25S Irgendwann dacht ich mir mal, so das ist wahrscheinlich eh so die diese faustische Frage nach dem, was die Welt im Innersten zusammenhält, was mich da einfach immer fasziniert hatte in dem Bereich. Und eh in der Chemie eben am allermeisten, also bezüglich der Chemie am allermeisten.

Hier erfolgt die Klärung und zugleich die Bestätigung hinsichtlich der formulierten Strukturhypothese. Wenn Herr Büttner mittels der Naturwissenschaften die faustische Frage klären will, d. h. die Frage nach dem allgemeinen Sinn in dieser Welt, nach dem archimedischen Punkt, der die Welt im Innersten zusammenhält, dann ist dies die religiöse Frage in säkularer Form. Damit fungieren die Naturwissenschaften als Weltbildgenerator; über sie sollen die existentiellen Sinnfragen bearbeitet werden. Das bedeutet aber auch, dass Herr Büttner die Sinnfragen des Lebens mittels einer positivistischen Wissenschaft beantworten will. Darin liegt ein grundlegender Widerspruch, da sich Sinnfragen nicht mittels Empirie und Positivismus beantworten lassen. Der Wunsch nach einem solchen Modus der Beantwortung bedeutet lebenspraktisch den Wunsch nach höchstmöglicher Sicherheit, denn empirische, greifbare Fakten vermögen anschaulicher Sicherheit zu verleihen. 'Irgendwann' heißt entweder, dies war nicht immer so, oder es war nicht immer bewusst oder es war irgendwann mal so und dann wieder anders. Als zutreffende Lesart ist anzunehmen, dass das Interesse für die Naturwissenschaften bei Herrn Büttner schon seit frühester Jugend existierte, ihm die eigentliche

Motivation für sein Interesse aber nicht bewusst war; denn ansonsten hätte Herr Büttner nicht in dieser Form in die Beantwortung der Frage einsteigen müssen, die vor allem dazu dient, sein besonderes Interesse an den Naturwissenschaften zu vermitteln.

Die Klärung der faustischen Frage ist nicht mit einer Disziplin der Naturwissenschaften zu erreichen. Aber Herr Büttner greift eine Fachrichtung der Naturwissenschaften heraus, die sein größtes Interesse findet, und das ist die Chemie. Der Zugang zu der Frage, was die Welt im Innersten zusammenhält, erfolgt für ihn also über die Chemie und hat sich dann auf die gesamten Naturwissenschaften ausgeweitet. Das Leben hat sich um diese faustische Frage, die mittels Chemie bzw. Naturwissenschaften gelöst werden soll, zentriert. Aus diesem Interakt geht ganz deutlich hervor, dass die Naturwissenschaften für Herrn Büttner das Weltbild darstellen, mit dessen Hilfe er seine grundsätzlichen, vielleicht auch letzten Fragen klären will.

4.1.1.2 "ursprünglich, ursprünglich war für mich ganz klar Universitätslaufbahn"

26I Ja,ja und wie bist du dann zur A., O. und zur Anwendungstechnik gekommen?

Hat I. Herrn Büttner vorher noch die Möglichkeiten gegeben zu wählen und seine Neigung zu den Naturwissenschaften darzulegen, fordert sie jetzt die Erläuterung für den gesehenen Bruch ein. Herr Büttner kommt nicht umhin, darauf einzugehen.

27S Jaa. Also Firma und Ort und Anwendungstechnik, das ist eh im Wesentlichen meiner Ex-Frau zu verdanken.

Plötzlich und unvermittelt wird die private Ebene mit hineingenommen und die Verantwortung für die Entscheidung, in die Industrie zu gehen, an seine ehemalige Frau abgegeben. Eigentlich ist hier die Nennung der Gründe zu erwarten bzw. die Entscheidung für die Industrie und die Gründe dafür, warum er in die Industrie gegangen ist, z. B. widrige Umstände oder weil es sein Wunsch war. Deutlich spürbar ist die Ironie in dieser Aussage Das Einbringen der privaten, der Beziehungsebene ist an dieser Stelle nur dann zu verstehen, wenn eine enge Verbindung zwischen dem Bruch auf der beruflichen Ebene und der privaten Beziehung existiert. Eventuell wird diese Verbindung von Herrn Büttner thematisiert. In logischer Fortsetzung müsste das Interview weitergehen, indem er darüber spricht, wie er der faustischen Frage nachgegangen ist. An dieser Stelle wird offensichtlich, dass in der Karriere von Herrn Büttner ein Bruch vorliegt, für den er auch seine ehemalige Frau verantwortlich macht.

29S Allerdings sehr mittelbar, aber eh ich hatte ursprünglich, also ursprünglich war für mich ganz klar Universitätslaufbahn.

Die der ehemaligen Frau zugeschriebene Verantwortung wird hier deutlich eingeschränkt. Entweder stellt sich der Sachverhalt für Herrn Büttner doch plötzlich anders dar oder aber er möchte auf dieses Thema nicht näher eingehen und schränkt seine Bedeutung deshalb ein. Herr Büttner wechselt nun wieder auf die sich logisch anschließende berufliche Ebene. Sein Wunsch nach einer Hochschulkarriere überrascht an dieser Stelle nicht weiter, bietet ihm diese doch den Rahmen, der seinen Bedürfnissen am meisten entgegenkommt, hat er doch als Wissenschaftler die besten Möglichkeiten, Grundlagenforschung zu betreiben. Die Hochschullaufbahn entspricht ihm in beiden bisher erörterten Lesarten: a) um dem Erkenntnisinteresse nachzugehen und b) um Sinnfragen zu bearbeiten. Die Hochschule stellt vor allem den Ort dar, wo es möglich ist, handlungsentlastet Forschung zu betreiben, da die Forschung zunächst nicht auf unmittelbare praktische Verwertbarkeit hin ausgerichtet sein muss.

31S Und eh das war so mein Ziel, den vierbuchstabigen Vornamen zu haben und das Institut, und was man eben so braucht.

Die Formulierung in der Vergangenheit weist darauf hin, dass dieses Ziel aus bestimmten Gründen nicht erreicht wurde. Insofern wird der weitere Interviewverlauf nach diesem Beginn entweder das Scheitern dieses Zieles oder das Verwerfen dieses Zieles thematisieren. Die nähere Qualifizierung seines Zieles erfolgt – wieder mit ironischem Unterton – über den Status. Nicht die Orientierung an der Sache, die Möglichkeit, der faustischen Frage nachzugehen, wird als erstes genannt, was angesichts der Faszination eigentlich zu erwarten wäre, sondern der mit der Hochschullaufbahn verbundene Status und die dazugehörigen Mittel, die diesen Status und das damit verbundene Prestige unterstreichen. Der 'vierbuchstabige Vorname' steht so für etwas Besonderes und für Herausgehobenheit aus der Masse der Vielen, die ihn nicht tragen. Die Hochschullaufbahn bietet Herrn Büttner sowohl auf der Ebene seines formulierten Anliegens optimale Bedingungen und Möglichkeiten als auch auf der Ebene des Status und der Karriere.

32I Vierbuchstabiger Vorname?
33S "P r o f" (Herr Büttner buchstabiert die vier Buchstaben).
34I Ach so (Gelächter) a ja mhm die typische Hochschulkarriere.

Aus der bisherigen Interpretation zeigt sich, dass Herr Büttner innerhalb seiner Logik das Ziel, die Zusammenhänge der Weltentstehung zu untersuchen, am besten im Rahmen der Universität erreichen kann. Gleichzeitig zeigen seine Formulierungen und Prioritäten, dass für ihn dazu die äußeren Mittel von entscheidender Wichtigkeit sind. Dies legt den Schluss nahe, dass für ihn die Erforschung dieser Fragen nur im abgesicherten Rahmen der Hochschule möglich ist, also die äußeren Bedingungen wie Institut und Mittel, die Sicherheit gewährleisten, gegeben sein müssen. Im Gegensatz dazu ist die Suche nach der Weltformel aus reinem Erkenntnisinteresse absolut risikobehaftet, zugleich würde das Finden Einzigartigkeit gewährleisten. Man kann sie finden, aber die Chance zu scheitern ist sehr groß. Wenn Herr Büttner seinem Bedürfnis nach Erkenntnisinteresse und Herausgehobenheit im Rahmen der Sicherheit einer Universitätslaufbahn nachgehen will, dann zeigt sich hier – wie schon im Anfang vermutet – eine deduktive Handlungslogik, indem erst die äußeren Sicherheiten gewährleistet sein müssen, der Titel, das Institut und die damit verbundenen Gelder und ideell das Ansehen, um dann die Leistung erbringen zu können.

In der Logik lebenspraktischen Handelns jedoch stehen das Bedürfnis nach Einzigartigkeit und das Bedürfnis nach Absicherung und Sicherheit einander widersprüchlich gegenüber und schließen sich im Grunde genommen aus. Einzigartig zu sein und gleichzeitig vollkommen abgesichert zu leben, ist nicht möglich; denn derjenige oder diejenige, der/die Einzigartigkeit erreichen will, muss etwas Neues finden, eben etwas Einzigartiges, etwas noch nie Dagewesenes. Sicherheit und Absicherung stehen jedoch für Bekanntes und Vertrautes, eben etwas, das Sicherheit bietet und sind damit nichts Neues mehr. Insofern kann etwas noch nie Dagewesenes nicht gleichzeitig vorab vollständige Sicherheit und Absicherung gewährleisten.

Ist für Herrn Büttner Einzigartigkeit nur im Rahmen der Absicherung zu leisten, dann bedeutet dieses, den Gedankengang logisch fortsetzend, er kann erst dann Einzigartiges leisten, wenn ihm die nötigen Mittel zur Verfügung stehen. Im Umkehrschluss heißt das, wenn diese nicht gegeben sind, ist es ihm auch verwehrt, Einzigartiges zu leisten. Dieses impliziert ferner die Möglichkeit, dass Herr Büttner von seiner Genialität überzeugt sein kann, ohne sie gleichzeitig unter Beweis stellen zu müssen. In seinen Augen stellt es sich dann so dar, dass er sie gar nicht beweisen kann, da die notwendigen Bedingungen nicht gewährleistet sind. Der Beweis der Genialität vollzieht sich so immer unter dem Vorbehalt des "Wenn erst einmal", zumindest so lange, bis die Rahmenbedingungen gegeben sind. In dieser Logik kann Herausgehobenheit und Einzigartigkeit gedanklich immer aufrechterhalten werden, die Verwirklichung ist prinzipiell möglich, liegt jedoch nicht mehr in der eigenen Person, sondern in den Rahmenbedingungen und ist damit der Selbstverantwortlichkeit des Individuums enthoben. Das Individuum ist damit handlungsentlastet, was die bisher als Hypothese vermutete Logik Herrn Büttners unterstützt.

35S Ja, genau das strebte ich an, ne typische Hochschulkarriere im Bereich der theoretischen Chemie.
37S Ehh, da gab´s zu der Zeit, als ich mit darüber Gedanken machte und die gibt´s auch heute noch, ein sehr großes Defizit.

Nachdem im Vorhergehenden die äußeren Rahmenbedingungen geklärt wurden, beginnt Herr Büttner hier, sein Anliegen, das hier nicht näher ausgeführt wird, vom Forschungsbedarf her zu begründen. Es ist an dieser Stelle auch nicht klar, worauf sich inhaltlich der Forschungsbedarf bezieht. Ist sein Forschungsanliegen wirklich, die 'faustische Frage' mittels Naturwissenschaften zu lösen, dann ist er auf der Suche nach der Weltformel. Diesbezüglich gibt es deutlich Forschungsbedarf. Herr Büttner hat begonnen, an diesen Forschungslücken zu arbeiten. Wenn die theoretische Chemie dafür steht, herauszufinden, was die Welt im Innersten zusammenhält, dann ist dort der Ort gegeben, an dem er sich in seiner Besonderung erweisen kann, wenn er die Forschungslücken schließt. Offensichtlich ist es Herrn Büttner nicht gelungen, diese Lücken zu schließen. Gleichzeitig macht er aber auch sehr deutlich, das es noch keinem/keiner anderen gelungen ist, diese Desiderate aufzuarbeiten.

39S Es gibt zwar viele Leute, die eh einen Computer nehmen und nen paar Programme und dann irgend etwas ausrechnen über Moleküle oder Festkörpereigenschaften, aber eh es gibt so gut wie niemanden, der sich über das spezifisch Chemische, was z. B.: die Chemie von der Physik abgrenzt eh hier in einem theoretischen Bereich Gedanken macht.

Von einer Wissenschaft, die einer profanen EDV-Praxis gleichkommt, grenzt sich Herr Büttner deutlich ab, ja schon mit einem abfälligen Tonfall werden Leute, die solches tun, disqualifiziert. Diese Art des Forschens ist nichts Besonderes, das kann jeder. Rein dramaturgisch konstituiert Herr Büttner deutlich seine Herausgehobenheit, die allein schon darin besteht, dass er sich über die Abgrenzung der wissenschaftlichen Disziplinen Gedanken gemacht hat. Zur Konstituierung von Einzigartigkeit bedarf es nicht zwingend konkreter Forschungsergebnisse, sondern die Tatsache der Forschungsfrage reicht zumindest zunächst aus. Inhaltlich lässt Herr Büttner das Gesagte eher im Allgemeinen und damit auch etwas im Unklaren. Dramaturgisch steigert Herr Büttner seine Erzählung, denn angesichts dieser Situation bleibt die Frage, was seine Hochschullaufbahn zum Scheitern gebracht hat.

Unverständlich erscheint hier, warum das, was zuvor von Herrn Büttner erweitert und als Naturwissenschaften zusammengefasst wurde, hier erneut in die einzelnen Fachdisziplinen aufgeteilt wird. Möglich ist, dass diese Ausdifferenzierung notwendig ist im Hinblick auf das Forschungsziel. Eine andere mögliche Lesart ist, dass die Differenzierung für die Person von Herrn Büttner wichtig ist, da etwas, das differenziert ist, leichter zu systematisieren ist und gleichzeitig etwas, das systematisiert und kategorisiert ist, auch leichter kalkulier- und überschaubar ist und damit weniger Risiko in sich birgt. Dies käme Herrn Büttners Sicherheitsbedürfnis entgegen. Erweist sich diese Lesart als zutreffend, dann entpuppt sich die Suche nach der Weltformel als die Suche nach den klaren und logischen Gesetzmäßigkeiten, nach denen die Welt funktioniert, innerhalb derer der Mensch sich bewegt und nach denen er seine Lebensführung ausrichten kann. Dies würde gleichzeitig eine Entlastung von Eigenverantwortlichkeit beinhalten, insofern sich alles Agieren des Menschen innerhalb dieser Gesetzmäßigkeiten vollziehen würde. Die Naturwissenschaften, die von Herrn Büttner als Weltbildgenerator angesprochen werden, stellen dann die klaren und logischen Gesetzmäßigkeiten für die Lebensführung zur Verfügung.

4.1.1.3 Das Drama der Hochschulkarriere

41S .. gibt's also in Europa, in Mitteleuropa zumindest lediglich den Primas in U., der mittlerweile auch emeritiert ist, der da wirklich bahnbrechend gewirkt und zu dem wollt ich dann auch nach der Dissertation, aber das schlug fehl ...

Herr Büttner macht deutlich, dass auf diesem Gebiet, das ihn besonders interessiert, nur ganz wenige Menschen bisher geforscht haben. Sehr unspezifisch wird hier das 'der da' benutzt. Ist damit das 'spezifisch Chemische' gemeint, dann will Herr Büttner eventuell für die Chemie das leisten, was Heisenberg im Bereich der Physik tat und damit das Spezifische herausarbeiten. Die Zentralität seiner Fragestellung wird deutlich unterstrichen und durch den 'Primas' legitimiert. Zugleich ist diese Forschungsfragestellung so bedeutend, das es des Primas in Europa bedarf. Damit kann Herr Büttner gleichzeitig seine Herausgehobenheit und Einzigartigkeit unterstreichen. Fast schon lapidar wirkt gegenüber der sprachlichen Einführung des Primas die Feststellung 'aber das schlug fehl', wobei unklar ist, was genau fehlschlug, ob diese Aussage sich auf sein gesamtes Projekt bezog oder nur auf die Möglichkeit der Habilitation bei diesem Primas.

42I Mhm also du wolltest nach U., um dich zu habilitieren?
43S Ich wollte dann nach U., um mich zu habilitieren, ja ... so also das schlug fehl und eh dann zeitgleich gab's dann also ne wirklich ganz massive, wie soll man sagen Existenzkrise bei mir, nämlich a) ehm ... brach dann damals die Ehe auseinander und ehm b) ehmm steckte ich ich auch schon längere Zeit in ner Glaubenskrise drin, die dann wirklich an an an ungefähr auch zu dieser Zeit kumulierte. Es machte also insgesamt plop.

Das Fehlschlagen seiner Absicht zu habilitieren, wird von Herrn Büttner in Zusammenhang mit zwei anderen Krisen gebracht, der privaten Ehekrise und einer Glaubenskrise. Ob und wenn, wie dieser genaue Zusammenhang zwischen den verschiedenen Krisen aussieht, wird hier nicht thematisiert. Vom Duktus der Erzählung wird nahegelegt, dass das Fehlschlagen der wissenschaftlichen Arbeit nichts mit seinem wissenschaftlichen Können zu tun hat, sondern mit den beiden anderen Krisen.

45S Und eh dann dacht ich mir: Gott, was soll ich mich jetzt noch hier mit ner Hochschulkarriere belasten, jetzt muss einfach Geld her. Und es war dann wirklich Geld das ausschlaggebende Motiv, mich in der Industrie um ne Stelle zu bewerben. Nun wollt ich nicht unbedingt Schwefelsäure herstellen bei der P. und dann fand ich eben eine Anzeige der Firma, die Chemiker suchte und ich dachte mir, Firma ah das klingt gut, ich hab sowieso schon immer gerne dies getan und na ja so kam das dann.

Mit dieser Aussage ist entschieden, dass sich das Fehlschlagen auf die Möglichkeit der Hochschulkarriere erstreckt. Von der beschriebenen Situation her ist die Krise umfassend, d. h. sie erstreckt sich auf den Beruf, den Beziehungsbereich und die Religiosität. Wenn jemand vor so einer massiven Krise steht, scheitert entweder alles oder er versucht sich auf eine Sache zu konzentrieren, um in einem Bereich den verlorenen Halt wiederzufinden. So wird es von Herrn Büttner auch beschrieben. Angesichts dieser Situation entscheidet sich Herr Büttner zunächst für die Sicherung der materiellen Ebene und ordnet alle anderen Dinge entsprechend nach. Mit jeder dieser Entscheidungen wäre er jedoch an der Notwendigkeit einer pragmatischen Existenzsicherung vorbeigegangen. Herr Büttner versucht, die Situation ganz zu verlassen und was Neues zu beginnen. Diese Entscheidung erscheint sehr plausibel, da es in keinem der drei Handlungsfelder weitere Chancen zu geben scheint. Seine Entscheidung fällt für den Beruf. Er hätte auch erst einmal eine neue Beziehung eingehen oder sich einer anderen Glaubensrichtung anschließen können. Er wählt die Möglichkeit eines neuen Berufes, die am ehesten zumindest äußere neue Sicherheiten bringt. Diese Entscheidung wird wahrscheinlich auch durch die Tatsache, dass er ein Mann ist, beeinflusst, denn für männliche Identität sind oftmals der Beruf und die Identifikation über den Beruf noch bedeutender als für Frauen. Die Entscheidung, sich im Beruf eine neue Grundlage zu verschaffen, korrespondiert mit dem für Herrn Büttner festgestellten Sicherheitsbedürfnis. Zugleich zeigt sich, dass Herr Büttner über einen klaren Realitätssinn hinsichtlich des Notwendigen verfügt.

Der ideelle Unterschied zwischen den beiden beruflichen Handlungsfeldern wird hier überaus deutlich. Die Hochschullaufbahn ist im Habitus von Herrn Büttner verbunden mit Faszination und hohem Interesse an der Sache, trotz der dahinterliegenden leitenden Motive, die Tätigkeit in der Industrie ist demgegenüber ausschließliche Existenzsicherung, also eine rein pragmatische Entscheidung und wird – sofern sich Herrn Büttners innere Haltung nicht verändert – immer die zweite Wahl sein.

46I Und die Sache mit dem Geld war Existenzsicherung? Weil da alles zusammengebrochen ist?
47S Ja, das war wirklich ne Existenzsicherungsgeschichte, ehh ich mein, du weißt genau so also ne Hochschullaufbahn anzustreben, d. h. erstmal ackern wie ein Berserker und jedes Jahr wieder eine Hängepartie, ob irgendwelche Stellen oder Gelder verlängert werden. ... und eh ich hatte einfach nicht mehr den Nerv dazu, das durchzustehen.

Trotz der umfassenden Krise und angesichts des Sicherheitsbedürfnisses ist Herr Büttner nicht bereit, seine Ansprüche an eine berufliche Tätigkeit gänzlich aufzugeben. In dem Maße hat ihn das Scheitern nicht verunsichert. Dieser Zug setzt sich in Charakterisierung der Firma fort, diese Firma scheint ihm etwas bieten zu können, das irgendwie seinen Interessen entgegenkommt. Herr Büttner begründet seine Entscheidung, in die Industrie zu gehen, im Rahmen der hier vorgenommenen biographischen Rekonstruktion, indem er die Hochschullaufbahn gegenüber der Industrie als eine existentiell unsichere Laufbahn darstellt. Bisher stellte Herr Büttner die Universitätslaufbahn als den klar vorgezeichneten Weg und das einzig erstrebenswerte Ziel für seine Person dar. Nachdem dieser Weg ihm plötzlich verschlossen ist, muss er Gründe finden, die ihm diese Tatsache erträglicher machen; eine Möglichkeit ist die, die Hochschullaufbahn in ihrer Bedeutung zu nivellieren, dies erfolgt im vorhergehenden Interakt "was soll ich mich jetzt noch mit ner Hochschulkarriere belasten". Das, was das höchste und größte Ziel war, wird hier zur Belastung und damit für nicht erstrebenswert erklärt. Die Fortsetzung dieser Nivellierung findet in diesem Interakt statt, insofern die Hochschule bis zur Position des Ordinarius eine wenig gesicherte Existenz darstellt und damit an Attraktivität verliert. Gleichzeitig muss Herr Büttner Gründe finden, die seine Entscheidung, in die Industrie zu gehen, stützen und diese attraktiver werden lassen. Auch die hat er gefunden, zum einen in der Existenzsicherung und zum anderen darin, dass er nicht irgendeine Stelle antreten musste, sondern eine Wahl hatte. Es ist zu vermuten, dass Herr Büttner zumindest in gewissem Maße sein Interesse mit seiner Tätigkeit in der Industrie verbinden konnte. Die Gründe für das Scheitern der Hochschullaufbahn sind an dieser Stelle inhaltlich nicht weiter klar. Ungeachtet dessen setzt Herr Büttner hier auf die Anteilnahme und Solidarität von I. ("weißt du genau so"), ohne die Möglichkeit zu geben, die Beweggründe und die eigentliche Situation nachzuvollziehen. I. bzw. die Leserin/der Leser werden derart von Herrn Büttner in die Darstellung mit hineingenommen, dass eine Zustimmung zu Herrn Büttners Sicht der Dinge quasi unabdingbar erscheint und die Frage nach seinen Idealen und nach der faustischen Frage völlig in den Hintergrund tritt.

50I Und bedauerst du das sehr?
51S Fpuuuh teilweise, teilweise mmh. Es kam noch ne andere Geschichte dazu, was mich also dann auch bewogen hat, unabhängig jetzt vom Geld.

Die andere Geschichte scheint die eigentliche Geschichte zu sein, nämlich die des Scheiterns der Hochschulkarriere, die zu erzählen er nun beginnt. Inzwischen gibt es mehrere 'Geschichten', dies scheint die 'Habilitationsgeschichte' zu sein, und aus dem Vorhergehenden ist zu entnehmen, dass es neben der 'Existenzsicherungsgeschichte' noch die 'Beziehungsgeschichte' und eine 'Glaubensgeschichte' gibt. Man könnte auch sagen, Herr Büttner teilt sein Leben und die Ereignisse seines Lebens in einzelne Geschichten ein. Es sind nicht Abschnitte oder Ereignisse, sondern in sich abgeschlossene Geschichten, die erzählt werden. Diese Einteilung korrespondiert mit dem vermuteten Bedürfnis nach Systematisierung und Kategorisierung. Erst die in sich abgeschlossenen Geschichten ergeben die Biographie. Gleichzeitig ermöglicht die Geschichte, die man erzählen und auch ausschmücken kann, eine Distanzierung von der eigenen Person. Vielleicht kann die Geschichte auch nur aus der Haltung der Distanzierung erzählt werden.

Ehh ich hatte damals im Rahmen der Dissertation an was ganz Theoretischem gearbeitet und zwar ich hab neue Lösungen einer speziellen Schrödinger-Gleichung gesucht.

Die Tatsache, dass Herr Büttner an einer Schrödinger-Gleichung gearbeitet hat, deutet darauf hin, dass er im Rahmen der Dissertation seine eigentliche Frage, die faustische Frage, bearbeitete. Mittels der Arbeit an einer Schrödinger-Gleichung macht Herr Büttner deutlich, dass er an den zentralen Fragen der Naturwissenschaften arbeitet. Wenn ihm hier der Erfolg gelingt, dann gehört er zu den entscheidenden Forschern in den Naturwissenschaften. Das Außerordentliche seines Forschens drückt sich in den kleinen Worten aus, z. B. 'ganz' theoretisch, 'neue' Lösungen, 'spezielle'. Ähnlich wie im Interakt über die Forschungsdesiderate wird auch hier in der Darstellung von Herrn Büttner nahegelegt, dass jedoch nicht erst der eigentliche Erfolg zählt, sondern das Besondere bereits in der Tatsache liegt, dass er daran arbeitet. Die Besonderheit liegt schon in der Gesinnung, in der Absicht.

53S Und eh ich hab auch was gefunden, hab aber die Bedeutung dessen etwas überschätzt.

Wenn auf diesem Gebiet jemand neue Erkenntnisse macht, dann sind das ganz neue Ergebnisse, an denen schon viele geforscht haben. Wenn er hier neue Erkenntnisse gewinnt, ist diese Leistung nobelpreisreif. Unabhängig von den inhaltlichen Einzelheiten ist die Darstellung von Herr Büttner äußerst bedeutungsvoll und spannungsvoll inszeniert. Das Außerordentliche wird darüber transportiert, dass die Inhalte nicht genannt, sondern nur angedeutet werden.

Der aufgebaute Spannungsbogen fällt allerdings unmittelbar rapide ab, denn eigentlich wären nun die Forschungsergebnisse zu erwarten und die scheint es nicht zu geben. Aufrechterhalten wird der Spannungsbogen insofern, als immer noch keine inhaltliche Qualifizierung erfolgt. Es wird auch nicht deutlich, ob die Überschätzung der Bedeutung der Grund für das Scheitern des Habilitationsprojekts ist. Wenn diese 'leichte' Überschätzung der Ergebnisse der Grund des Scheiterns der Hochschullaufbahn war, dann liegt eine sehr unangemessene Reaktion vor; denn dann muss ein gravierender Fehler vorliegen und nicht, wie Herr Büttner hier euphemistisch formuliert, eine leichte Überschätzung. Entweder er gesteht sich selbst gegenüber den schweren Fehler nicht ein, der dann – wie hier zu vermuten – zum Scheitern seiner Karriere führte, oder er will gegenüber I. diesen Fehler herunterspielen. Letztere Lesart würde bedeuten, dass der Fehler letztlich nicht bei Herrn Büttner lag (er überschätzte ja nur die Ergebnisse etwas), sondern dass der eigentliche Fehler bei denen lag, die für Herrn Büttners Scheitern verantwortlich waren, da sie die Geringfügigkeit des Fehlers überschätzten.

55S Und dann eh versuchten mein Doktorvater und ich das zu publizieren

Die Dramaturgie der Erzählung baut darauf auf, dass keine inhaltliche Qualifizierung vorgenommen wird und dementsprechend der Leser/die Leserin sich kein eigenes Urteil bilden kann, sondern auf den präsentierten Gedankengang angewiesen ist. Die Publikation der offensichtlich falschen Forschungsergebnisse scheint nicht gelungen zu sein, denn sonst müsste hier nicht von 'versuchen' gesprochen werden. An dieser Stelle, an der Herr Büttner sagen muss, dass er sich in der Bedeutung seiner Forschungsergebnisse verschätzt hat, wird der Doktorvater als Autorität hinzugezogen und bietet so die Möglichkeit, das Scheitern zumindest zu halbieren, denn die Dissertation stand unter dessen Begleitung und als Hochschullehrer hätte er die Überschätzung sehen müssen. Damit wird von Herrn Büttner die Möglichkeit konstruiert, sein Scheitern mit Berufung auf den Doktorvater, der besser hätte begleiten müssen, abweisen zu können. In Herrn Büttners Logik heißt das ferner, dass die äußeren Rahmenbedingungen nicht stimmten, die erforderlich sind, um Erfolg und Erweis der Besonderung zu gewährleisten.

57S ... und wir hatten also von einem Journal zum nächsten Journal eh ganz außerordentliche Probleme das unterzubringen, ...

Die Schwierigkeiten klingen auf dem Hintergrund des Bisherigen sehr verständlich. Hier werden die verschiedenen Zeitebenen der Rekonstruktion deutlich. Die Bedeutung "überschätzt" liegt chronologisch nach dem Versuch der Veröffentlichung und ist die heutige Rekonstruktion. Dieser Teil liegt sozusagen vor der Klammer und nun folgt der Teil in der Klammer, jetzt wird die "andere Geschichte" erzählt, zu dem Zeitpunkt, als die Ergebnisse noch richtig eingeschätzt wurden. Das hier aufgebaute Konstrukt erfüllt die Funktion, angesichts des Scheiterns der Sache die Herausgehobenheit aufrechterhalten zu können.

An dieser Stelle kann die bereits formulierte *Strukturhypothese* um einen Aspekt ergänzt werden: Die Auseinandersetzung und Beschäftigung mit Wissenschaft dient Herrn Büttner dazu, neben seinem Interesse an dem, was die Welt im Innersten zusammenhält, sein Selbstbild von Herausgehobenheit und Besonderung aufrechterhalten zu können.

denn offensichtlich haben die Leute nicht verstanden, was wir wollten und wir verstanden nicht, was die ehh Einwände waren, also das war eh über´n nen halbes dreiviertel Jahr hinweg ein einziges Sammelsurium von gegenseitigen Miss- und Unverständnissen ... ... und irgendwann hatte ich dann einfach, also wir kamen so zu einem Punkt eh, wo dann mein Doktorvater zu mir sagte: 'Also eh Herr Büttner, sie müssen jetzt nach U. fahren und mit dem Merzner persönlich sprechen.' ...

Das 'nicht verstanden werden' kann unter der Prämisse gelesen werden, etwas ganz Neues, noch nie Dagewesenes erforscht zu haben, das nicht verstanden wird. Dieses entspräche der Anlage von Herrn Büttners Forschungsprojekt. 'Nicht verstanden' werden kann aber auch so gelesen werden, dass die Forschungsergebnisse einfach nicht zu verstehen sind und damit auch nicht das Bahnbrechende derselben. Diese Lesart spräche Herrn Büttner seinen Erfolg ab. Angesichts der Überschätzung der Ergebnisse kann die letztere Lesart die größere Wahrscheinlichkeit für sich beanspruchen.

Die letzte Möglichkeit die Unverständnisse auszuräumen war die, persönlich mit der maßgeblichen Person, dem Primas in U. zu reden. Diesem wird die Entscheidungsgewalt und offensichtlich auch die Entscheidungskompetenz über das Sein oder Nichtsein der Forschungsergebnisse zugestanden. Dadurch dass Herr Büttner von seinem Doktorvater aufgefordert wird, mit dem Verantwortlichen zu reden, drückt sich auch die Bedeutung der Sache aus und vor allem auch die Bedeutung, die der Doktorvater ihr beimisst. Eine andere Möglichkeit wäre, dass der Doktorvater bei Gelegenheit mit dem Primas redet oder aber selbst zu ihm fährt. Dass Herr Büttner fährt, kann in zweierlei Richtung interpretiert werden: Entweder will der Doktorvater den möglichen Erfolg der Reise ganz Herrn Büttner zukommen lassen, da es dessen Forschungen sind und der Doktorvater sich nicht mit fremden Federn schmücken will, oder aber der Doktorvater ahnt den Misserfolg und will nicht zu sehr in diese Verhandlungen involviert werden. Herr Büttner wiederum hat im Fall des Misslingens die Möglichkeit, die Verantwortung von sich fernzuhalten, indem er sich auf die Aufforderung seines Doktorvaters beruft. Deutlich wird an dieser Stelle, dass Herr Büttner keine eigene Entscheidung getroffen hat, die er allein zu begründen und zu vertreten hat.

Das war der letzte, allerletzte Obergutachter des allerletzten Journals, was in Frage kam und der hatte sich also vehement dagegen ausgesprochen, also auch mit sehr deutlichen Worten.

An dieser Stelle tritt die schon in den vorangegangenen Interakten immer wieder von Herrn Büttner vorgenommene Hierarchisierung deutlich zutage. In seiner Darstellung gelang es Herrn Büttner bisher immer, eine noch weitere hierarchische Ebene einzuführen. Die Art und Weise, wie dies erfolgt, deutet darauf hin, dass Hierarchien und damit auch Autoritäten, auf die man sich berufen kann und die gleichzeitig hohe Macht haben, im Habituskonzept von Herrn Büttner eine wichtige Rolle spielen.

Der 'letzte Obergutachter' wird hier auch im Sinne von absoluter Autoritätsinstanz angesprochen. Offensichtlich wurde er bereits angefragt, soll jetzt aber noch einmal in einem persönlichen Gespräch überzeugt werden. Wenn dem so ist, dann wird es großer Überzeugungskraft bedürfen, um ihn umzustimmen. Der Gebrauch des Plusquamperfektes ist an dieser Stelle uneindeutig. Hat sich der Obergutachter wie oben vermutet schon vorher gegen die Veröffentlichung ausgesprochen und Herr Büttner fährt jetzt auf Rat des Doktorvaters noch einmal persönlich hin, um ihn zu überzeugen? Diese Lesart erscheint als die wahrscheinlichste, vor allem angesichts des Plusquamperfektgebrauchs, zudem Herr Büttner einen insgesamt sehr korrekten Umgang mit Sprache hat. Wenn dies der Fall ist, wird auch klarer, warum der Doktorvater nicht selbst fährt. Denn wenn der Artikel schon einmal abgelehnt wurde, wird es umso schwieriger, den Gutachter zu überzeugen. Unter diesen Umständen erscheint die Fahrt nach U. mehr als ein Bittgang denn als die Präsentation von neuen Forschungsergebnissen.

59S Ja und okay, dann bin ich also nach U. gefahren. Das war Anfang 86, ja Anfang 86, ne 20. Februar, das war ein Mittwoch, mein schwarzer Mittwoch – werde ich nie vergessen. ...

Der Beginn des Interaktes stellt in Kürze die Quintessenz dieses Besuches dar. Die genaue Erinnerung an das Datum und Mächtigkeit des Bildes 'schwarzer Mittwoch' machen die existentielle Dimension dieses Ereignisses deutlich und gleichzeitig Herrn Büttners Hang zur Inszenierung. Für die persönliche, individuelle Krise die Symbolik einer kollektiven, sich über die ganze Welt erstreckenden Krise (schwarzer Freitag der Weltwirtschaftskrise) in Anspruch zu nehmen, zeugt von Herrn Büttners Selbstbild der Herausgehobenheit und Besonderung.

Soo, ich fuhr also nach U. und besuchte den Merzner und wir diskutierten sechs Stunden über das Ganze und ehh nach diesen sechs Stunden ehh schwahnte mir ... das ich wirklich eh in einer zentralen Gleichung einen gedanklichen Fehler drin hab, keinen prinzipiellen Fehler, aber eh ich hatte eh eh diese Konstante, die da ne wesentliche Rolle spielt in der Gleichung, ich hatte eh eh diese Konstante einfach mit dem eh um den Faktor zehn hoch also um den Faktor drei drei Zehnerpotenzen falschen Zahlenwert hereingepackt und damit auch die ganzen Anwendungen durchgerechnet, wunderte mich über die absoluten Wahnsinnseffekte, ich mein die gingen alle in die richtige Richtung, das war – das war also schon sehr logisch, man konnte alles damit erklären, nur die Zahlenwerte waren exorbitant.

An dieser Stelle klären sich die Ursachen für alle Miss- und Unverständnisse. Die Unterscheidung zwischen einem gedanklichen und einem prinzipiellen Fehler erscheint sehr wenig plausibel, wirkt diese Unterscheidung doch mehr wie eine Ehrenrettung der eigenen Forschungsidee. Die Unterscheidung, die Herr Büttner hier trifft, passt zu der bereits vorher am Beispiel der Forschungsfrage festgestellten Tendenz, dass die Gesinnung und Absicht wichtig und entscheidend ist, denn beides ist an dieser Stelle gegeben: Herr Büttner hat innerhalb der Wissenschaftlichkeit einen Fehler gemacht, nicht aber in seiner Gesinnung. Ist das sein Verständnis der Unterscheidung von "gedanklich" und "prinzipiell", dann hat er prinzipiell, also von seiner Gesinnung her, Herausragendes geleistet, es nur nicht wissenschaftlich umgesetzt. Die auf diesem Wege aufrecht zu erhaltende Einzigartigkeit existiert dann nur in seinem Selbstbild und nicht in der Realität. Dies wird auch an den Reaktionen der Fachkollegen deutlich.

Es liegt hier eine starke Verschleierungstaktik vor, scheint es doch fast so, als hätte Herr Büttner nicht an der Schrödinger-Gleichung als Gleichung gearbeitet, um hier eine neue Theorie zu entwickeln, sondern schlicht eine Konstante mit einem anderen Zehnerwert genommen. Damit hätte sich nicht die Gleichung geändert, sondern nur die Ergebnisse der Gleichung. Das heißt: er hätte mit der Theorie die Empirie und nicht aufgrund der Empirie die Theorie induktiv auf neue Phänomene hin verändert. Das Neue wären dann schlichtweg neue Messwerte, die von ihm als exorbitante Werte angesprochen werden. Damit würde auch Interakt 51 klarer, in dem es darum geht, dass er neue Lösungen einer bestimmten Schrödinger-Gleichung sucht.

Die 'neuen Lösungen einer speziellen Schrödinger-Gleichung' beziehen sich dann auf die Ergebnisse und nicht auf die Gleichung. Die neuen Ergebnisse, die er erzielte, lägen so im Bereich der Anwendungswissenschaft und nicht im Bereich der Theoriebildung. Darin können auch die Schwierigkeiten begründet liegen, die Ergebnisse zu publizieren und der Grund, weshalb sich der Obergutachter so vehement gegen die Publikation der Ergebnisse ausgesprochen hat, denn das eigentlich Neue der Dissertation wäre damit hinfällig gewesen, womit auch der Boden für die Habilitation entzogen wäre.

61S Ja und dann eh ging mir also da das so eh das Licht auf, das eh da wahrscheinlich eben der Faktor drei bzw. drei Zehnerpotenzen da die Sache daneben liegt. ... Ja und und das war also wirklich ein ziemlicher Schlag in den Nacken. Dann hatte ich am Abend desselben Tages noch nen Gespräch mit ehh dem Prof. Zack, der mittlerweile der Chef der ganzen eh physikalischen Chemie an BZ-Hochschule in U. ist, also einer von von den, also wirklich das ist Top-Level, mehr geht nicht.

Auch hier baut Herr Büttner wieder den Spannungsbogen auf, langsam wird immer klarer, was passiert ist, erst "schwante" ihm, jetzt geht ihm "das Licht" auf. Die Tatsache des Scheiterns seiner Hochschulkarriere wird hier in einer spannungsreichen, kunstvollen Inszenierung verarbeitet und in allen Einzelheiten dargelegt. Es ist die vollkommene Inszenierung der eigenen Niederlage. Anders ist die Ausführlichkeit kaum verständlich, mit der Herr Büttner dieses Ereignis erzählt. Angesichts des bisher Erzählten ist ferner kaum verständlich, warum er überhaupt noch zu der anderen wissenschaftlichen Kapazität geht. Entweder besitzt er eine ausgesprochene Leidensfähigkeit oder er will die Tatsache seiner Niederlage nicht akzeptieren und es bedarf einer Rückmeldung von der größten Kapazität – dem vom ihm so bezeichneten "Top-Level" – auf diesem Feld. Dies stellte eine Bestätigung für die eben vermutete Konzentration auf Hierarchien und Autoritäten dar, bei Zutreffen dieser Lesart handelt es sich bereits um eine Fixierung auf Autoritäten.

63S So und der gute Zack lehnte sich also da in seinem ... tschuldige bin ich jetzt da einfach zu ausführlich? ... weil das ist echt ne wichtige Geschichte auch für mich in meiner Entscheidung gewesen.

Die Art und Weise der Einführung dieser Sequenz innerhalb der zu erzählenden Geschichte macht deutlich, dass Herr Büttner nun ins Erzählen kommt, jetzt wird eine weitere 'Geschichte' angeschlossen, die Inszenierung der eigentlichen Katastrophe vor der höchsten Kapazität. Die Ereignisse werden nochmals unterteilt in einzelne Geschichten, gleichwohl ist mit der Benutzung des Wortes "Geschichte" in Interakt 65 wohl die gesamte Geschichte des Scheiterns gemeint. Man könnte vermuten, dass es für Herrn Büttner kein Kontinuum innerhalb seines Gesamtlebenslaufes zu geben scheint, sondern einzelne Szenen oder Geschichten, die von ihm inszeniert werden. Seine Rolle ist dabei die des Choreographen, der die Regie führt. Es ist wie ein Spiel mit den eigenen Geschichten innerhalb des eigenen Lebens. Als Regisseur seiner Geschichten steht er außerhalb des Geschehens und schaut mit Distanz auf die eigene Inszenierung. Nur so kann er auch das Scheitern seines Lebenswunsches in dieser ausführlichen und an sich bloßstellenden Art und Weise erzählen. Die Art der Darstellung zeigt weiterhin, dass es kaum noch um die eigentliche Sache geht, die 'faustische Frage', mit der er angetreten ist, ist völlig in den Hintergrund getreten. Hier erweist sich Herr Büttner nicht als der herausgehobene bzw. einzigartige Naturwissenschaftler, sondern hier erweist er sich als der geniale Regisseur seiner Geschichten und kann darüber erneut sein Selbstbild aufrechterhalten. Herr Büttner wählt an dieser Stelle diese Form der Inszenierung, eine andere Form der Inszenierung wäre es, unter Fachkollegen zu erzählen, wie leicht er an seinen Doktortitel gekommen ist, obgleich in seiner Dissertation ein entscheidender Fehler ist.

67S So und der Zack empfing mich dann sieben Uhr abends, da in seinem Büro ...
68I Nach den sechs Stunden mit Merzner?
69S ... nach diesen sechs Stunden mit Merzner un ner kleinen Pause zwischendrin. So, empfing mich also da in seinem Büro .. na sag´m so vierzig Quadratmeter Raum, die Hälfte völlig bedeckt mit Tafeln, leeren Tafeln. Er fläzte sich in einem überdimensionalen Ledersessel, legte die Haxen auf den Tisch und meinte: 'So, Herr Büttner, jetzt nehmen sie sich mal ne Kreide, geh´n dort zur Tafel und erklären mir ihre Idee. Versuchen Sie mir das mal zu verkaufen.' So (knurren), und ich also wie der dumme Schuljunge kritzel, kritzel und erklär und Formeln schreib und (räuspern) ehh und dann am Schluss sagte er zu mir: 'Jetzt möcht ich ihnen noch drei Dinge mit auf den Weg geben. Also erstensmal, so hätte ich sie nicht promovieren lassen ... da fehlt nämlich noch einiges.' Das war die erste Ohrfeige. Die zweite mmh: 'Sie müssen sich drüber im Klaren sein, mmh, wenn se das hinkriegen, wenn se also die ganzen Zweifel, die an der Sache bestehen, wenn se die ausräumen können, dann ist gut ... '
70I an deiner Theorie da?
71S ... an dieser Theorie da genau, 'dann ist gut, dann ist okay, aber wenn nicht, dann haben sie ihre Karriere versaut. Und das Dritte ich wünsche ihnen noch einen angenehmen Abend und alles Gute für ihren weiteren Lebensweg.' Damit verabschiedete er sich und das war´s dann.

Die Interpretation hinsichtlich dessen, was er in seiner Dissertation gemacht hat und welche Schwierigkeiten auftraten, bestätigen sich hier; denn die Zweifel über das wirklich Neue und Andere können offensichtlich nicht ausgeräumt werden. Ferner wiederholt sich für Herrn Büttner die Möglichkeit, die Verantwortung für das Scheitern zumindest nicht allein tragen zu müssen. Denn letztlich ist auch sein Doktorvater an der Dissertation beteiligt und hätte das Scheitern mit seinem Wissen eigentlich vorhersehen müssen. Insofern werden hier auch Doktorvater und Kapazität gegeneinander ausgespielt; die Kapazität, die nur einen Blick auf die Formeln werfen muss und sofort weiß, wo der Fehler liegt, und der Doktorvater, der den Fehler nicht bemerkt hat. Für Herrn Büttner bietet sich somit erneut die Möglichkeit, die Entscheidungsverantwortung zu delegieren und sich damit nicht lebenspraktisch auseinander setzen zu müssen. Im weiteren Verlauf des Interviews wird zu prüfen sein, ob dieser Wunsch nach Handlungsentlastung, der auch eingangs schon einmal vermutet wurde, sich auch auf der Ebene der Religion und des Privatbereichs feststellen lässt.

Die Inszenierung wird in diesem Interakt noch deutlicher. Es entsteht der Eindruck, als sei die ganze Darstellung auf diesen Punkt hin angelegt gewesen. In der Inszenierung liegt die Virtualisierung von objektiven Realitäten vor, die auftretenden Personen erhalten in diesem Arrangement eine Rolle, die sie einnehmen, um die Erzählung zum Gelingen zu bringen. Sein eigenes Scheitern kann jemand nur in dieser Weise erzählen, wenn er sich selbst in großer Distanz zu den eigenen Erlebnisinhalten befindet bzw. die Inszenierung die Möglichkeit der Distanzierung bereitstellt. Innerhalb des Interaktes findet hier die Inszenierung von Macht und Prestige statt, die sich durch die Requisiten und die Demonstration von Macht ausdrücken. Gleichzeitig drückt sich hier auch aus, was es bedeutet, wenn die Rahmenbedingungen stimmen. Man könnte vermuten, dass dies die Rahmenbedingungen sind, von denen Herr Büttner zu Beginn des Interviews sprach.

Es findet eine völlige Degradierung Herrn Büttners statt, so könnte auch die Grundschullehrerin mit dem/der Erstklässler/in reden. Die Degradierung kann die Leserin/der Leser aber nur wahrnehmen, weil sie von Herrn Büttner in dieser Weise erzählt wird. Innerhalb der Darstellung gelingt es Herrn Büttner, die Leserin/den Leser mit in seine Perspektive zu nehmen und auf seiner Seite zu wissen. Nachdem ihm angesichts dieses Scheiterns die Sache völlig entzogen worden ist, bleibt die Besonderung, die nun jedoch nicht mehr wie bisher an der Intellektualität festgemacht, sondern durch die Inszenierung beibehalten wird. Dies heißt aber gleichzeitig, dass der eigentlich treibende Motor seines Agierens nicht – wie schon im Anfang vermutet wurde – die Sache, das Erkenntnisinteresse ist, sondern das Bedürfnis nach Herausgehobenheit.

72I Das war dein schwarzer Mittwoch?
73S Das war der schwarze Mittwoch und das hat auch mit ehh dazu beigetragen, abgesehen von diesen Existenzsicherungsgeschichten mit oder eigentlich den Ausschlag gegeben. Das war so dieser Impuls ... um dann zu sagen, ja okay gut, dat dat bringt et nicht.

Die Ausdrucksweise ist hier gegenüber der sonstigen Ausdrucksweise ungewöhnlich. Er redet nicht Hochdeutsch, sondern plötzlich einen Dialekt, der nicht sein eigener ist. Vielleicht drückt sich darin jetzt auf diese Weise die Distanzierung aus. Es ist jedoch auch möglich, dass gerade in diesem "dat dat ..." auf eine flapsige Art das ganz Echte ausgedrückt ist, so dass hier keine Inszenierung mehr vorliegt. Möglich wäre auch, dass Herr Büttner hier die Quintessenz seiner Karriere zieht. Begonnen mit dem Ideal, der faustischen Frage auf den Grund zu gehen, und abgeschlossen mit dem Endergebnis, dass es das einfach nicht 'bringt'.

Es lässt sich hier die Frage anschließen, ob mit dem 'dat dat bringt et nicht' auch gemeint sein kann, dass seine Forschungen sehr von dem geleitet waren, was Herr Büttner sowieso schon suchte, nämlich die Gesetzmäßigkeiten, nach denen die Welt funktioniert, er jedoch scheiterte, da sich die Realität als anders herausstellte als dieses Weltbild. Dann bezieht sich diese Aussage nicht nur auf die Ebene des Scheiterns der Hochschulkarriere in formaler Hinsicht, also den Verlust bzw. das Nicht-Erreichen des Status des Hochschulordinarius, sondern vor allem scheiterte Herr Büttner dann in inhaltlicher Hinsicht mit seinem Wunsch und der Absicht, die faustische Frage zu klären. Wenn diese Interpretation zutrifft, dann sind die Naturwissenschaften nur das Mittel zum Zweck insofern, als sie dazu dienen sollten, Herrn Büttners Weltbild zu vertiefen bzw. aufrechtzuerhalten, und das heißt, im Grunde die Regeln für die konkrete Lebensführung zur Verfügung zu stellen. Scheitert Herr Büttner nun in seiner Absicht, die klaren Gesetzmäßigkeiten für die Lebensführung zu finden, dann relativiert sich die Bedeutung der Naturwissenschaften für ihn. Darin läge eine Erklärung dafür, dass sich Herr Büttner so problemlos von den Naturwissenschaften verabschieden kann; denn ginge es ihm wirklich um das Erkenntnisinteresse und um die Sache, dann könnten ihn die schlechten Rahmenbedingungen nicht von seinem Interesse und seiner Faszination abhalten.

77S Mmh, ja daraufhin habe ich mich eben beworben und eh eh bin dann ehm im Sommer 86   eh eingestiegen bei der Firma und kurz darauf auf ner Tagung, da eh traf ich dann noch meinen Doktorvater wieder. Mein Doktorvater eröffnete mir freudestrahlend: 'Wissen Sie Herr Büttner, was ich neulich gemacht habe? Da hab ich den Geutner getroffen.' Also der Geutner der ist gehört in die dieselbe Riege wie Zack rein, aber Geutner das ist der große alte weise Mann der physikalischen Chemie. So also eh eh von daher ist er eigentlich noch nen Tacken besser.
79S 'Ich hab den Geutner getroffen, hab ihm erklärt, was wir gemacht haben und wissen Sie, was der Geutner zu mir sagte? Herr Gug, Herr Gug, zwanzig Jahre suche ich nach so einer Möglichkeit und jetzt ham mer se.'

Die Liste der Hierarchisierungen wird hier fortgesetzt. Es gibt noch eine höhere Autorität. In seiner Erzählung führt Herr Büttner diese Autorität nach dem Vollzug des Scheiterns und nach dem Abschied von dem Gedanken an eine Hochschulkarriere ein. Angesichts dessen erscheint die Inszenierung des Scheiterns noch einmal in einem anderen Licht, wird doch die Rehabilitation von Herrn Büttner immer mitgedacht, und damit ist das Scheitern für ihn eigentlich kein Scheitern.

Mit dieser Rehabilitation eröffnet sich Herrn Büttner eine neue Chance, sein ursprüngliches Anliegen doch noch weiter verfolgen zu können. In diesem Interakt liegt eine entscheidende Teststelle des gesamten Interviews vor. Es steht die Entscheidung an, ob er wirklich bereit ist, seine Herausgehobenheit und Besonderung unter Beweis zu stellen und sein Selbstbild damit der konkreten lebenspraktischen Überprüfung auszusetzen, oder ob Herr Büttner diese Bewährung in der Lebenspraxis verweigert. Wählt Herr Büttner die erste Möglichkeit, dann bestätigt sich hier endgültig, dass es ihm in seiner Faszination für die Naturwissenschaften nicht um ein Erkenntnisinteresse ging, wählt Herr Büttner die zweite Möglichkeit, dann verweigert er den konkret lebenspraktischen Erweis seiner Genialität und wird sein Selbstbild in seiner Gesinnung aufrechterhalten. Dies wird vermutlich mit der Begründung erfolgen, dass er selbst weiß, dass er die Leistung erbringen könnte, wenn er sich denn dazu entschließen würde. Damit ist es nicht mehr notwendig, die eigene Leistung für andere nachvollziehbar zu machen.

80I Ist doch nicht zu fassen.
81S Ja
82I Und das hieß ...?
83S (Husten) Das hieß dann für mich nichts mehr, ich hatte da wirklich schon für mich abgeschlossen.

Herr Büttner nimmt die Rehabilitation auf der Gesinnungsebene an, verweigert jedoch entschieden die Möglichkeit der praktischen Umsetzung. Er ist nicht bereit, das Angebot anzunehmen, seine Forschungen fortzuführen und damit wirklich konkret und auf der Ebene der Lebenspraxis seine Herausgehobenheit unter Beweis zu stellen. Die Rehabilitation auf der Gesinnungsebene reicht für ihn aus. Das, was in der Interpretation als Möglichkeit unter dem "Wenn erst einmal" festgestellt wurde, wird hier in Herrn Büttners Logik zu einem "Wenn ich wollte, könnte ich jederzeit". Damit wählt er die zweite der beiden aufgestellten Möglichkeiten. An diesem Interakt bestätigen sich die bisher aufgestellten Hypothesen. Herr Büttner geht es in seinem Handeln zum einen um die Sicherung der alltäglichen Lebensführung und zum anderen um die Aufrechterhaltung seines Selbstbildes von Besonderheit und Herausgehobenheit.

85S Und eh se? sind mir zwar lange hinterher durch den Kopf gegangen, so diese Selbstgeißelung. Hab ich da nicht einfach zu früh aufgegeben, fehlte es da nicht einfach an Durchhaltevermögen, aber ... ich war dann bei der Firma drin und ehm ein warmer Gedanke an mein monatliches Entgelt hat mich dann doch drüber weggetröstet. (Schmunzeln)

Die Bewährung seiner Gesinnung in lebenspraktischer Hinsicht wird hier erneut von den Rahmenbedingungen abhängig gemacht. Denn offensichtlich weiß Herr Büttner darum, dass das Wort der Autorität allein nicht ausreicht, um den Erfolg zu sichern. Jedoch der Weg, diese 'Geschichte' als abgeschlossen zu betrachten, ermöglicht es ihm, sein Selbstbild auf jeden Fall aufrechtzuerhalten, während ein Fortsetzen der Hochschullaufbahn das öffentliche Exempel wäre, wie es um seine Genialität wirklich steht. Insofern ist diese Entscheidung innerhalb der Logik Herrn Büttners die sichere Entscheidung, die Entscheidung, die alle Möglichkeiten scheinbar offen lässt. Diese Entscheidung stützend, macht Herr Büttner die fehlenden Rahmenbedingungen im Hochschulwesen bzw. die besseren Rahmenbedingungen in der Industrie geltend. Angesichts seines Sicherheitsbedürfnisses ist dies verständlich, denn sich erneut auf die Hochschullaufbahn einzulassen, hätte wiederum in bestimmtem Umfang ungesicherte Existenz und fehlende Rahmenbedingungen bedeutet.

4.1.2 Die religiös-biographische Orientierung

4.1.2.1 Auf der Suche nach einem Gott, "der was hermacht" – Die Zugehörigkeit zu den Mormonen

102S aber gut ... Nein, die Wurzel für diese Glaubenskrise, ja mei, da muss man relativ weit ausholen. (Räuspern) Ich war zu dem damaligen Zeitpunkt Mormone ....

Herr Büttner nimmt in diesem Interakt die Einleitung für seine Glaubenskrise vor. Auch hier neigt er zu einem chronologischen Vorgehen. Er will ganz zu Beginn anfangen und deutet an, dass es sich um eine umfassendere Sequenz in seinem Leben handelt. Für diese sucht er den richtigen Einstieg, den richtigen Beginn. Ferner wird in diesem Interakt mit ausgesagt, dass er heute nicht mehr Mormone ist. Dementsprechend ist zu vermuten, dass sich die Glaubenskrise an seiner Zugehörigkeit zu den Mormonen entzündet hat und im Folgenden die Gründe für seinen Eintritt und seinen Austritt thematisiert werden.

104S ... hatte mich ehm ... also ursprünglich von Hause aus bin ich Katholik.

So wie Herr Büttner beginnen will, kann er die Geschichte nicht erzählen, die Mormonen liegen in seinem chronologischen Vorgehen nicht am Anfang. Um I. ein Verständnis seiner Glaubensgeschichte zu vermitteln, muss er weiter ausholen, ganz vorn anfangen. Die Glaubensgeschichte ist nicht rückwärts aufzurollen. Damit diese Lebensphase verständlich wird, muss an der ursprünglichen oder ehemaligen religiösen Identität angesetzt werden, dies drückt sich im "von Hause aus bin ich Katholik" aus. Auffallend ist hier der Gebrauch des Präsens 'bin ich'. Eher zu erwarten wäre die Formulierung 'war ich'. Entweder ist Herr Büttner wieder zum Katholizismus zurückgekehrt, bezieht sich hier aber nur auf die Ursprünge, oder er ist nicht zum Katholizismus zurückgekehrt, die Prägungen sind aber noch so stark, dass der Gebrauch des Imperfekts unpassend erscheint. Festgehalten werden kann an dieser Stelle auf jeden Fall, dass sich in dieser Formulierung keine sehr große Distanz zum Katholizismus ausdrückt.

106S ... Ehm. Ich hab bzw. ich habe eh ich bin mit siebzehn also mit siebzehn habe ich die Kirche verlassen und bin, das war der Anlass für den Austritt aus der Kirche, und bin Mitglied eh bei der ja wie's offiziell heißt 'Kirche Jesu Christi der Heiligen der letzten Tage' geworden. Ehmm ich denke, der Grund war einfach, der mich überhaupt zu einer Beschäftigung damit gebracht hat, war der, dass ich immer nach eh einer einfach zu durchdringenden, in sich logischen ehh Religion eh od oder Glauben mh ja, nach so etwas in der Richtung gesucht hab´ und ehmm das bot eigentlich für mich der Katholizismus überhaupt nicht. Das schien mir alles wirklich viel zu sehr entrückt zu sein, viel zu wenig konkret und ja eh eh wirklich so in einer eigenartigen mystischen Sphäre gehoben, mit der ich damals überhaupt nichts anfangen konnte. Also im Gegenteil eh eh sogar eh eh wie soll man sagen ... so ne gewisse grundsätzliche Ablehnung, grundsätzlich ablehnende Haltung gegenüber dem Katholizismus bei mir zustande gebracht hat.

Nachdem Herr Büttner seine religiös-biographische Herkunft eingeführt hat, muss in der Logik der Erzählung jetzt die Begründung für den Austritt gegeben werden. Als Begründung für den Austritt aus der katholischen Kirche und den Eintritt in die Gemeinschaft der Mormonen wird zunächst ein rein formales Kriterium genannt, nämlich der Wunsch, den Mormonen anzugehören. Mit großer Akribie wird der genaue Titel der Mormonen genannt. Herr Büttner scheint selbst festzustellen, dass nur die Nennung des formalen Kriteriums nicht befriedigend ist und Nachfragen provozieren wird. Es besteht jedoch auch die Möglichkeit, dass die Erzählung und die damit verbundene Erinnerung es nötig macht oder ihm selbst die Gelegenheit gibt, sich noch einmal der genauen inhaltlichen Gründe zu vergegenwärtigen.

Der Zeitpunkt des Eintritts in die Gemeinschaft der Mormonen liegt bei Herrn Büttner genau in der Adoleszenzphase und genauer in dem Moratorium der Adoleszenzkrise. Den Jugendlichen in dieser Lebensphase, die grob gesagt den Übergang in das Erwachsenenalter beschreibt, ist aufgegeben, ihre eigenen Orientierungen und Haltungen zu finden. Es ist die Lebensphase, in der Jugendliche sich ihrer eigenen Identität bewusst werden, auf der Suche nach derselben sind und ihre eigene Persönlichkeit konstituieren. Im Umgang mit dieser Adoleszenzphase, die ihrerseits aufgrund der angesprochen existentiellen Themen viel Unsicherheit auslösen kann, gibt es für den Jugendlichen vereinfacht gesagt zwei Möglichkeiten, mit dieser Krise umzugehen: Die eine besteht darin, in dieser Zeit die aufkommenden existentiellen Fragen so zu bewältigen, dass man sich auf die Suche nach Antworten in verschiedene Richtungen begibt, um die für sich geeignete Antwort zu finden. Motivation und Beweggrund für diese umfassende Suche ist nicht unbedingt die Tatsache, etwas ganz anderes zu machen, sondern vor allem autonom das Eigene nach eigenen und nicht nach vorgegebenen Kriterien zu suchen. Das Entscheidende ist für die/den Jugendliche/n, dass sie/er seine Haltungen und Maximen aus sich selbst findet und diese ihm/ihr nicht von einem System vorgegeben werden. Sinn und Konsequenzen des eigenen Tuns müssen selbst verantwortet und können nicht mehr an ein System oder andere Autoritäten delegiert werden. Insofern sind die 'Ergebnisse' der Adoleszenzkrise nicht unbedingt ganz anders oder ganz neu, entscheidend ist vielmehr, dass diese Entscheidungen vom Jugendlichen selbst getroffen werden. Die Adoleszenzphase ist vor allem auch die Lebensphase, in der Autonomie und Eigenverantwortlichkeit herausgebildet werden und die Erfahrung, die eigenen Entscheidungen begründen und verantworten zu müssen. Der andere Weg, der beschritten werden kann, zeichnet sich durch das Gegenteil aus: Nicht Autonomie wird gesucht, sondern der Anschluss an ein System, das die notwendigen Antworten auf Fragen der Lebensführung und auf die Sinnfragen ungeachtet der jeweiligen Person zur Verfügung stellt. Damit übernimmt das System die Aufgabe, die eigentlich dem Individuum aufgegeben ist und gibt die Antworten in meist autoritativer Weise weiter.

Herr Büttner entscheidet sich für den zweiten der beiden aufgezeigten Wege, er wählt den Weg in die gegenüber dem Katholizismus noch strengere Glaubensgemeinschaft der Mormonen. Dies wird von ihm damit begründet, dass der Katholizismus für ihn nicht genügend Klarheit aufwies. Der Katholizismus ist nicht zu streng, einengend und reglementierend, sondern zu entrückt, zu mystisch und damit nicht klar genug. Demgegenüber sucht Herr Büttner nach der 'einfachen, logisch zu durchdringenden Religion'. Diese scheint ihm im System der Mormonen gegeben zu sein, einer Glaubensgemeinschaft mit klaren Regeln und dementsprechend – ist zu schließen – auch mit einem klaren Ge- und Verbotskatalog. Diesen in ihrem täglichen Leben zu verwirklichen sind die Mitglieder aufgerufen. Dies bedeutet jedoch auch, dass die einzelnen Mitglieder wenig eigene Entscheidungsfreiheit haben, da die Entscheidungen durch die Regeln, also durch das System getroffen werden.

Die Motivation Herrn Büttners, sich den Mormonen anzuschließen, deutet darauf hin, dass er nach etwas sucht, das klar und eindeutig ist, also nach einem System, das klare Regeln vorgibt, wo klare Handlungsmaximen gegeben werden, nach denen er sich zu richten hat. Damit tritt hier auch für den Bereich der Religion sehr deutlich das zutage, was schon für den Bereich der berufsbiographischen Orientierung festgestellt wurde, nämlich die Suche nach Entlastung von Eigenverantwortlichkeit. Als Angehöriger der Mormonen muss Herr Büttner keine Entscheidungen hinsichtlich der konkreten Lebensführung oder hinsichtlich der Beantwortung existenzieller Sinnfragen treffen, sondern diese Entscheidungen werden vom System der Mormonen formuliert. Zudem wird damit auch die Begründungsverpflichtung vom System übernommen und ist nicht dem Individuum auferlegt. Gleichzeitig gewährleistet das System damit ein hohes Maß an Sicherheit, was Herrn Büttners Bestreben nach Sicherheit und Handlungsentlastung sehr entgegenkommt.

Mit dem Wissen um Herrn Büttners Zugehörigkeit zu den Mormonen lässt sich noch einmal ein Blick auf die Frage werfen, warum jemand, der eigentlich nach dem sucht, was die Welt im Innersten zusammenhält, sich gleichzeitig in ein System mit klaren Handlungsmaximen integriert, um handlungsentlastet leben zu können. Diese Frage findet eine Antwort, wenn Herr Büttner – wie bereits vermutet – mit der faustischen Frage und der Frage danach, was die Welt im Innersten zusammenhält, zugleich den Wunsch nach einfachen, klaren und logischen Gesetzmäßigkeiten, nach denen die Welt und das Leben funktioniert, verbindet. Das hieße, dass er in der Religion genau das Gleiche sucht wie in der Wissenschaft. Die faustische Frage diente somit dazu, aufgrund der gefundenen Gesetzmäßigkeiten von eigener Verantwortlichkeit entlastet zu sein. Diese These korrespondiert mit der Tatsache, dass ihm der Katholizismus als ein viel zu diffuses System erscheint, in dem offensichtlich für ihn nicht genügend Stringenz herrscht, und ferner mit der Art und Weise, wie er in seiner Dissertation gearbeitet hat, nämlich mittels der Theorie die Empirie zu verändern und nicht umgekehrt. Die faustische Frage ist von ihm nie gelöst worden, so dass es auch in der Wissenschaft nie den Schritt zu den eindeutigen Gesetzmäßigkeiten gab. Das, was er in der Wissenschaft nicht gefunden hat, sucht er nun in der Religion, die jetzt aufgrund klarer Regeln von Lebenspraxis entlastet.

Im Zusammenhang mit der berufsbiographischen Orientierung wurde herausgearbeitet, dass Herrn Büttners Faszination für die Naturwissenschaften als auch die angestrebte Hochschulkarriere unter anderem dazu diente, sein Selbstbild von Besonderung und Herausgehobenheit zu sichern, was auch nach dem Scheitern der Hochschulkarriere über die Gesinnung aufrechterhalten wurde. Im Folgenden ist zu überprüfen, ob sich dies auch für den Bereich der Religion bestätigt. Der Mormonismus bietet Herrn Büttner für die Aufrechterhaltung seines Selbstbildes insofern eine gute Möglichkeit, als es sich um eine relativ kleine und rigide Gemeinschaft handelt, die von ihren Mitgliedern den Einsatz der ganzen Person auch in deren Alltagshandeln fordert. Gleichzeitig ist das Maß der sozialen Kontrolle hoch anzusiedeln. Dieses strenge System ermöglicht den Mitgliedern jedoch auch, sich als religiöse Virtuose zu betrachten und damit auch als aus der Gemeinschaft der anderen Menschen herausgehoben. Wesentlich für solche Gemeinschaften ist neben dem Alltagshandeln vor allem die innere Haltung, also auch die Gesinnungstreue. Der Mensch muss sich ganz für die Gesinnung einsetzen, nur dann hat er die Chance, seinem Ziel näher zukommen. Gleichzeitig wird damit vieles andere ausgeschlossen, beispielsweise das Leben von Sozialität außerhalb der Gemeinschaft. Auf der Gesinnungsebene hat Herr Büttner die Möglichkeit, sein Selbstbild von Besonderheit aufrechtzuerhalten, denn je mehr er sich dafür einsetzt, desto näher kommt er seinem Ziel, dem religiösen Virtuosentum, von dem dann wiederum die Besonderheit und Herausgehobenheit abgeleitet werden können. Zu überprüfen ist, wie Herr Büttner im Folgenden mit dem rigiden Lebensführungskonzept der Mormonen umgeht.

107I Mmh kannst du für dieses Entrückte ein Beispiel geben? Also eh was was dir da so entrückt.
108S Ehh ja, irgendwie diese Unbegreifbarkeit Gottes. Eh dieses eh ich sag mal Dreifaltigkeitsdogma .... diese ganze Trinitätsgeschichte. (I Ja, ja)
114S Ehm auch da dann dann immer dieses Gerede von diesem Dualismus also in Bezug auf Jesus, dieser Dualismus Mensch Gott, ehh dann sowieso diese Geschichte mit der unbefleckten Empfängnis und so alles d'das ich hielt das damals einfach an den Haaren herbeigezogen ehh und ich suchte nach etwas, was so richtig straight forward ist ... ... und was sich nicht so in Dualismen und eh eh Zusammenfügungen so reinpasst, reinpackt reinpacken lässt so. Also so ein Satz wie der von Nicolaus Cusanus mit coincidentia oppositorum, also das das war für mich damals die schiere Häresie, ich dachte, also so was kann's nicht geben, das ist Quatsch, schlicht und einfach Quatsch. (Räuspern) Und ehm mir ging es einfach auch um, wie soll ich sagen, um einen starken Gott, also mehr so was Archaisches so so'n richtigen, der was hermacht, der also auch durchaus so einfach was Handfestes ja. Ja und das schien mir damals der Mormonismus also durchaus zu bieten ...

197

und das war dann für mich eh eigentlich so die Veranlassung, mich damit eben zu beschäftigen. Und nachdem mir dann ... ja zu irgend nem Zeitpunkt war einfach klar, das is es.

Herr Büttner führt in dieser Sequenz näher aus, was ihm am Katholizismus zu entrückt, zu mystisch war. Es entsteht der Eindruck, dass dies all das ist, was nicht mit den Sinnen greifbar und erfahrbar ist. Vor allem darf es keine auch nur scheinbare Widersprüchlichkeit geben. Auf dem Hintergrund des von Herrn Büttner Ausgeführten ist es nachvollziehbar, dass für ihn der Katholizismus mit seinen dogmatischen Inhalten und Formulierungen einer logischen, einfach zu durchdringenden Religion widersprochen hatte.

Demgegenüber hat Herr Büttner sehr klare Vorstellungen von dem Gott, den er sucht. Auf dem Hintergrund der bisher interpretierten Sequenzen ist die Suche nach dem starken Gott verständlich; wäre dieser nicht gegeben, erschiene diese Suche nach der Einfachheit und Klarheit und sein großes philosophisches Interesse als Widerspruch. Es kristallisiert sich immer deutlicher heraus, dass das, was Herr Büttner sucht, klare Handlungsmaximen sind, die außerdem mit Autorität vertreten werden. Dies erinnert an die schon festgestellte Orientierung Herrn Büttners an Autoritäten. Es scheint, als gäbe es für Herrn Büttner nur so etwas wie einen binären Code von richtig und falsch bzw. gut und böse, stark und schwach. Alles, was in irgendeiner Form differenzierter ist oder nicht auf den ersten Blick erfassbar ist, wird entschieden abgelehnt. Dies erklärt auch, dass die coincidentia oppositorum als Häresie erscheinen muss, bedarf es doch für Herrn Büttner der Eindeutigkeit nicht erst in einem Jenseits. In diesem Habitus zeigt sich erneut das Bedürfnis nach einer Delegation von Verantwortung auf ein außerhalb seiner selbst liegendes System, wie dies beispielsweise von der Religion bereitgestellt wird. Zugleich liegt darin ein Abweis an die klassische Anforderung der Moderne, selbst herausfinden zu müssen, was der eigenen Person entspricht.

Diese von ihm gewünschten Vorstellungen von Religion fand Herr Büttner im Mormonismus gegeben. Er hat sich offensichtlich nicht sofort dieser Gemeinschaft angeschlossen, sondern erst sorgsam geprüft, ob sie wirklich seinen Vorstellungen entspricht und dann seine Entscheidung getroffen. Vielleicht hat er sich auch noch über andere Glaubensgemeinschaften informiert, bevor er zu den Mormonen ging. Es ist auf jeden Fall festzuhalten, dass der Eintritt wohlüberlegt war und keine Laune des Augenblicks oder ausschließlich auf die Faszination einer Person oder einer Führerpersönlichkeit zurückging.

118S Und daraufhin hab ich mich taufen lassen ... bei denen. Und ehh lebte dann so einige Jahre eben so in dieser Gemeinschaft ... relativ streng ... was heißt rela ..., also relativ streng von den Ansprüchen, die ich an mich selber gestellt habe.

Herr Büttner sagt hier nicht nur aus, dass er in der Gemeinschaft der Mormonen einige Jahre lebte, sondern qualifiziert das Wie noch näher. Im Grad seiner Strenge scheint er sich unsicher zu sein, entweder lebte er streng oder lebte er relativ streng. Die konsequente Strenge wird im nochmaligem Überlegen zurückgenommen und zur 'relativen' Strenge. Wie diese sich inhaltlich qualifiziert, wird an dieser Stelle nicht ausgeführt. Ferner ist im Folgenden zu erwarten, dass Herr Büttner das 'relativ' klärt, denn von der Genese des Eintritts her wäre ein strenges Leben zu erwarten. Offen bleibt hier auch ferner, ob die Maßstäbe, die er an sich gestellt hat, auch im Grad der Strenge mit dem System übereinstimmen.

In diesem Interakt bestätigt sich ein Zug, der aus vielen Sekten bekannt ist, nämlich der, dass das System kaum noch die Einhaltung seiner Ansprüche reglementieren muss, sondern die Mitglieder sie sogar noch zu übersteigern versuchen. Betrachtet man die Motive, die Herr Büttner veranlassen, sich dieser Gemeinschaft anzuschließen, der Wunsch nach klaren Regeln der Lebensführung und der einer Handlungsentlastung, so ist es schlichte Notwendigkeit für ihn, sich an die Regeln zu halten, denn diese gewähren ja gerade das hinter diesen Wünschen stehende Sicherheitsbedürfnis. Ferner hat sich Herr Büttner dieser Gemeinschaft aus innerer Überzeugung angeschlossen. Deshalb war er auch motiviert, die Ansprüche zu halten bzw. sie zu übertreffen.

Die Tatsache, dass er 'so' also in dieser Art und Weise in der Gemeinschaft lebte, deutet daraufhin, dass der Mormonismus zumindest für diese Zeit seinen Wünschen und Bedürfnissen entsprochen hat. Die Formulierung "einige Jahre" deutet darauf hin, dass dies irgendwann anders geworden ist. Außerdem ist Herr Büttner zum Zeitpunkt des Interviews nicht mehr Mormone gewesen.

4.1.2.2 "Und ich begann zu fragen, immer weiter zu fragen" – Der Bruch mit den Mormonen

120S Mmh nur ich hatte also immer Schwierigkeiten einfach mit diesem Verhaltens- und Gebotskodex.

An dieser Stelle wird zumindest in einem gewissen Teil das 'relativ' der Strenge deutlich. Wenn Herr Büttner schon immer Schwierigkeiten mit den Maßstäben hatte, dann scheint eher das 'relativ streng' angemessen zu sein. In diesem Interakt wird von Herrn Büttner eine eigenwillige Konstruktion vorgenommen. Einerseits überhöht er die Ansprüche, weil er sie nicht nur als vom System auferlegt ansieht, sondern sie von diesem abkoppelt und zu seinen eigenen macht und auf der anderen Seite hat er immer Schwierigkeiten mit gerade diesen zu seinen eigenen gemachten Ansprüchen. Die Schwierigkeiten deuten darauf hin, dass auch hier die konkrete lebenspraktische Umsetzung der Gesinnung nicht so einfach gelingt. Auffallend in diesem Zusammenhang ist, dass Herr Büttner nun nicht mehr von Ansprüchen, sondern von Verhaltens- und Gebotskodex spricht. Gerade in der Formulierung "einfach mit diesem" kann eine größere Distanzierung und evtl. auch eine gewisse Abwertung gesehen werden.

137S ich hab da wirklich sehr hohe Ansprüche an mich gestellt und es funktionierte eben einfach nicht so da mit dem Halten der Halten der Gebote.

Angesichts seiner Überzeugung, mit der Herr Büttner sich dem Mormonismus angeschlossen hat und der damit verbundenen Abweisung des Katholizismus überraschen die Schwierigkeiten und das 'Nichtfunktionieren', das er hier formuliert, denn im Grunde entspricht der Mormonismus genau seinen Wünschen und Bedürfnissen. Auch Herr Büttner selbst scheint fast überrascht darüber zu sein, dass er den an sich selbst gestellten Ansprüchen nicht gerecht wurde.

Betrachtet man diese Schwierigkeiten jedoch auf der Folie der bisherigen Interpretationsergebnisse, so erklären sie sich; denn auch hier zeigt sich erneut die Dynamik im Habitus von Herrn Büttner, die bereits für das berufliche Handeln festgestellt wurde: der sehr hohe Anspruch an sich selbst, an sein Können bzw. an seine Lebensführung und zugleich die Schwierigkeiten mit der konkreten lebenspraktischen Umsetzung dieser ideellen Ansprüche.

Auffällig ist die Formulierung des 'Funktionierens'. Funktionieren beinhaltet eine technische Vorstellung. Es gibt die Möglichkeit, dass etwas funktioniert oder es nicht funktioniert. Vielleicht liegt die eben formulierte Überraschung Herrn Büttners, dass es nicht funktionierte, darin begründet, dass das Funktionieren eigentlich logisch ableitbar sein müsste. Dann beinhaltet diese Formulierung erneut die Vorstellung eines deduktiv ableitbaren Regelsystems, nach dem sich aus gewissen Prämissen gewisse Folgerungen ergeben. Seine Überraschung wäre dann darin begründet, dass er die Erfahrung macht, dass sich Lebenspraxis nicht deduktiv ableiten lässt.

139S also ich mein das Wort eh die dieser Begriff ist mittlerweile ein echtes rotes Tuch für mich (Räuspern)
140I Welcher? sag nochmal die Gebote?
141S Das Halten der Gebote. So, eh ja ich ich hatte da damit also durch die Bank Schwierigkeiten, durch die Bank. Ehh und hab mir da also immer größte Vorwürfe draus gemacht, und dann eben immer dieser ganze Kram von Bereuen, Bekennen, Buße usw. usf. Und irgendwann nach Jahren also dann tauchte so allmählich der Gedanke auf, also ... mh entweder bin ich per se völlig unfähig das zu tun, was Gott von mir will, nämlich 'Gebote halten', oder diese ganze Sippschaft versteht das einfach völlig falsch, was unter diesem Begriff eh 'Gebote halten' gemeint ist eh eh und und ja. Das war irgendwie so der Keim der Zersetzung. ...

Die lebenspraktische Umsetzung der vom Religionssystem geforderten Gesinnung gelingt Herrn Büttner offensichtlich nur schwer bzw. gar nicht. Die Tatsache, dass Herr Büttner seine Ansprüche lebenspraktisch nicht umsetzt, führt dazu, das System, das solche Gebote aufstellt, zu hinterfragen. Darin liegt zum einen die Fortsetzung des bereits herausgearbeiteten Handlungsmodus, dass auch in diesem Fall die eigene Gesinnung, das eigene Selbstbild von Besonderheit und Herausgehobenheit aufrechterhalten werden kann, indem das System in Frage gestellt wird und nicht die eigene Person. Auch an dieser Stelle wird keine Auseinandersetzung mit der eigenen Person bei Herrn Büttner deutlich, und zwar insofern es zumindest zu einem ansatzhaften Hinterfragen seines eigenen Handlungsmodus kommt.

Zum anderen wird mit dieser Sequenz die langsame Verabschiedung vom System der Mormonen eingeleitet. Herr Büttner beschreibt hier die Ebene seiner damaligen Reflexion, auf der er zum einen sich selbst 'bin ich per se völlig unfähig das zu tun, was Gott von mir will, nämlich Gebote halten' und zum anderen die Gemeinschaft mit ihren rigiden Regeln 'oder diese ganze Sippschaft versteht das einfach völlig falsch' hinterfragt. Hier zeichnet sich ein Prozess der Emanzipation von der Gemeinschaft ab. Herr Büttner schloss sich der Gemeinschaft aufgrund des rigiden Regelsystems, das für ihn die von ihm gewünschte Sicherheit und Handlungsentlastung bereitstellte, an. Für den Anschluss an die Mormonen war außerdem sein Gottesbild entscheidend und genau hinsichtlich dieses Gottesbildes nimmt Herr Büttner einen Perspektivenwechsel vor, denn er stellt zum ersten Mal die Frage, was denn Gott von ihm will und nicht umgekehrt. Hier liegt eine paradoxe Situation vor, denn die Autonomiegenerierung liegt in diesem speziellen Fall nicht in Herrn Büttners Frage nach einem eigenen Gottesbild, sondern in der Auseinandersetzung mit Gottes Willen. Die Ansätze einer Autonomiegenerierung gründen sich also im Einlassen auf den Willen eines Anderen und nicht auf einer reinen Selbstbestimmung. An dieser Stelle ist nicht festzustellen, wie weit die Reflexion der eigenen Person geht, ob sie auch die Frage nach der eigenen Lebenspraxis mit einschließt oder ob sie stärker auf das Regelsystem der Mormonen bezogen bleibt. Doch durch die Selbstreflexion Herrn Büttners, die durch sein Scheitern im Lebensführungskonzept der Mormonen ausgelöst wurde, ist die Möglichkeit gegeben, dass er seine biographischen Entscheidungen zumindest ansatzweise in den Blick nimmt. Insofern kann in dieser Sequenz gleichzeitig mit der beginnenden Ablösung von den Mormonen ein deutlicher Zug an Autonomiegewinnung und eigenständiger Entscheidung gesehen werden. Denn ginge es Herrn Büttner ausschließlich um die Sicherheit der Lebensführung, hätte er diesen Schritt der Loslösung wahrscheinlich nicht vollzogen. Darin findet sich auch eine Parallele zu der von ihm sehr realitätsangemessenen beruflichen Veränderung von der Hochschule zur Industrie.

Und dann dazu kam ... aber das hat dann die Sache eigentlich erst wirklich voran gebracht dazu kam meine Begegnung mit dem Werk Heideggers, die dann so als ich na 23 na 24/25 war, die da dann ganz intensiv wurde.

Herr Büttner arbeitet hier stark an der Loslösung von den Mormonen. Ein solcher Schritt gelingt kaum ohne äußere Unterstützung. Es hätte verschiedene Möglichkeiten gegeben, sich Anstöße von außen, also außerhalb des mormonischen Systems zu holen. Er könnte sich intensiver mit Religion und anderen religiösen Gemeinschaften beschäftigen, oder er könnte zu anderen Leuten gehen, Freunden, um mit denen zu reden, oder er könnte zu einer entsprechenden Beratungsstelle gehen. Die Möglichkeit, die Herr Büttner wählt, liegt ganz in seiner bisherigen Logik: Er beschäftigt sich mit Philosophie, speziell einem modernen Philosophen. Erneut tritt Herr Büttner in Auseinandersetzung mit Wissenschaft und sucht dort Hilfe. Wenn sich dieses hier angedeutete Lösungsmuster für die gesamte Loslösung von den Mormonen feststellen lässt, dann kann man die These formulieren, dass Herr Büttner auch in diesem Fall seine Lebenspraxis einer theoriegeleiteten Vorgehensweise unterwirft. Weder in dieser biographischen Phase der Loslösung von den Mormonen noch im gesamten bisherigen Interviewverlauf ist bislang ein Sozialitätsbezug aufgetaucht.

145S Ehh ja ich mein Heidegger verleitet ja nun wirklich zu fragen. Er verleitet zu fragen und zwar mit außerordentlicher Sorgfalt und Stringenz ehh und dieses Fragen eh das kann natürlich auch nicht vor so was wie einer Glaubensüberzeugung halt machen und ich fragte dann diesbezüglich sehr sehr viel mich selber. ... Ehm was dann einfach auch mit der Sache zusammenfiel, mit diesem Gedanken, den ich gerade erwähnt hatte, könnte es nicht sein, das die ganze Sippschaft der Mormonen da irgendetwas nicht richtig begriffen hat, mit den Geboten und so weiter. Also es traf sich es traf sich wirklich sehr gut. (Räuspern)

Es zeigt sich hier deutlich eine Erweiterung der Handlungsspielräume, denn Herr Büttner beginnt zu fragen und bezieht damit kritische Position gegenüber den Mormonen. Seine Fragen leiten sich aus der Beschäftigung mit Heidegger ab, der von Herrn Büttner als eine Instanz herangezogen wird, die es ihm offensichtlich ermöglicht, Abstand vom System der Mormonen zu erhalten. Im Zusammenhang mit der eben geäußerten Anfrage an den Sozialitätsbezug ist der Satz: "... und ich fragte dann diesbezüglich auch sehr viel mich selber" näher zu betrachten. Eine mögliche Lesart dieses Satzes ist folgende: Herr Büttner hinterfragt sich angesichts seiner Zweifel hinsichtlich seiner bisherigen Glaubensüberzeugungen selbst und tritt so in einen Prozess der Selbstreflexion ein, der zu einer Stärkung des Autonomiebedürfnisses führen könnte, wie dies im vorherigen Interakt schon angedeutet wurde. Gegen diese Interpretation spricht allerdings die Formulierung, die eine Selbstreflexion einleitet. Diese Formulierung entspricht eher einem Infragestellen denn eines Befragens der eigenen Person. Eine andere Möglichkeit der Interpretation des Interaktes ist diejenige, dass es hier nicht um ein Hinterfragen der eigenen Person und Glaubensüberzeugungen geht, sondern dass Herr Büttner sich quasi selbst als Wissensinstanz befragt, die in der Beschäftigung mit Heidegger Antworten auf die eigenen Fragen finden kann. Diese zweite Lesart findet eine gewisse Plausibilität aufgrund der Textformulierung, die ein Befragen seiner selbst nahe legt sowie aufgrund des bisherigen Kontextes des Interviews, in dem ein Ansatz von Selbstreflexion bisher nicht auftauchte. Außerdem werden die Inhalte des Fragens hier nicht deutlich. Trifft diese zweite Lesart zu, legt sich die Vermutung nahe, dass Herr Büttner sich mit dieser Auseinandersetzung völlig in sich selbst zurückzieht. Damit legt sich eine Tendenz Solipsismus nahe; die einzige anerkannte Wissensinstanz wäre er selbst. Wird diese Lesart weitergedacht, folgt daraus, dass das, was Herr Büttner bisher der religiösen Gemeinschaft zugewiesen hatte, nämlich der binäre Code von richtig und falsch bzw. gut und schlecht, sich nun ausschließlich in die Person von Herrn Büttner verlagert, weil das religiöse System aufgrund seines falschen Ansatzes gescheitert ist. Damit wäre Codegeber und Codenehmer in der Person Herr Büttner vereint. Einzigartigkeit und Besonderung wären damit im Selbstbild immer hergestellt und die Notwendigkeit einer lebenspraktischen Umsetzung – als außerhalb des Selbst liegenden Codegebers – stellte sich dann nicht mehr.

Auch in diesem Interakt wird deutlich, dass es keinerlei Bezüge zu irgendeiner Form von Sozialität gibt, die Lösungen oder Fragen werden ausschließlich mit Hilfe von Wissenschaft und Herrn Büttner selbst gestellt. Insofern vollzieht sich auch die Verabschiedung von den Mormonen ausschließlich theoriegeleitet, mit theoretischer Absicherung, aber nicht in lebenspraktischer Umsetzung.

147S Ja und von daher bekam ich eben ein sehr kritisches Verhältnis zu so Dingen wie dem Glauben, also zunächst den Geboten dann eh Glaube dann Gott so in dieser anthropomorphen Form eh. Und irgendwann sagte mir dann der für die Gemeinde in G. zuständige Bischof: 'Eh Stefan, es gibt einen Punkt, wo ein gläubiger Mensch nicht weiterfragt.' Und darauf sagte ich ihm: 'Hans, es gibt ein Fragen, eine spezielle Art von Fragen, die kein Aufhören duldet!' Ja. Ja, das war dann im Grunde genommen das Ende oder der Anfang des Endes.'
149S Ich hab immer weitergefragt und es ging mir dann auch wirklich sehr bald auf, das kann´s nicht sein, was die Leute da machen, überhaupt nicht. Und deshalb habe ich mich auch von dieser Gemeinschaft vollkommen abgewendet.

Herr Büttner vollzieht die Loslösung von den Mormonen, die auch dadurch bedingt wird, dass ihm vom Vertreter der Mormonen genau das verwehrt wird, was für Herrn Büttner in diesem Prozess sehr wichtig ist, nämlich das Fragen als entscheidender Schritt zur Gewinnung von Handlungsspielräumen und damit von Autonomie. Hinsichtlich seines Auseinandersetzungsprozesses wird hier ausschließlich Bezug auf die Mormonen genommen, der Prozess der Selbstreflexion wird nicht weiter thematisiert. Es wird hier eine deutliche Unterscheidung von Herrn Büttner zwischen moralischen Geboten und dem Glauben an Gott vorgenommen. Hinsichtlich seines Gottesbildes verabschiedet sich Herr Büttner von einem anthropomorphen Gottesbild, ob und was an die Stelle Gottes tritt, bleibt im Moment unklar. Mit dieser Verabschiedung vom Mormonismus wird für Herrn Büttner gleichzeitig die Notwendigkeit einer begründeten Glaubensentscheidung in den Vordergrund gerückt.

154I Mh das war alles gleichzeitig mmh. Und von deiner mmh wie ging´s dann weiter von deiner Biographie also beruflich hatten wir ja eben die 'Firma' in 'Ort' ; privat ehh jaa und wie ging´s dann religiös weiter, du hast dich dann abgewendet und dann ...

155S Ich hab mich abgewendet und von daher auch ehh seit dem mit den Leuten auch überhaupt keinen Kontakt mehr gehabt. ... ... Ja, wie ging des in der Hinsicht weiter? Mh. Wenn man mich ein Jahr später mal fragte, eh was bist du eigentlich, bist du katholisch oder evangelisch, dann sagte ich, ich bin Existenzialist.

Nach der Loslösung von den Mormonen fragt I. nach der weiteren religiösen Biographie von Herrn Büttner. Im Hintergrund steht vermutlich die Frage, ob er sich einem neuen, einem anderen Religionssystem zuwandte und wie er mit entsprechenden diesbezüglichen Wünschen umging. Herr Büttner muss auf diese Frage hin überlegen, das deutet die Pause im Interakt an. Zunächst betont er noch einmal, dass er sich 'abgewendet' hat. Dies könnte heißen, er hat sich insgesamt von Religion abgewendet, darauf deutet bereits im Interakt vorher die Formulierung der Abwendung vom Glauben hin, die dann jedoch wieder eingeschränkt wird. Auf die von ihm selbst gestellte rhetorische Frage 'was bist du eigentlich?', die hier nur in religiöser Hinsicht verstanden wird, eröffnet Herr Büttner die Antwortmöglichkeiten "katholisch" oder "evangelisch". Diese beiden christlichen Konfessionen scheinen für ihn zunächst das Selbstverständlichste zu sein. Neben diesen beiden christlichen Konfessionen und dem Mormonismus scheint es für Herrn Büttner keine anderen Religionssysteme zu geben, die hinsichtlich einer möglichen Zugehörigkeit in Frage kämen. Herr Büttner bezeichnet sich selbst nun als Existentialist, d. h. er schließt sich also keinem anderen Religionssystem an und verneint auch einen Transzendenzbezug.

157S So das war also die offizielle Erklärung. ... ich hab in der Hinsicht wirklich nichts mehr unternommen, ich glaube ich habe dann wirklich eh oder sagen wir so, Heidegger hat mir da für mich für mein Denken die Horizonte geöffnet. Und ich hab dann angefangen sehr viel selber zu machen, selber zu schreiben.

Auffällig ist, dass der Existentialismus nur die offizielle Erklärung ist, es scheint also noch eine inoffizielle zu geben, sozusagen die Erklärung für die Eingeweihten. Was damit genau gemeint ist, führt Herr Büttner jedoch nicht weiter aus, sondern betont, dass er von sich aus nichts weiter in Sachen Religion unternommen hat. Zu erzählen, wie er sich weiterhin mit Heidegger beschäftigt hat, scheint Herrn Büttner in diesem Interakt wichtiger zu sein, vielleicht geht er auch deshalb nicht weiter auf das zunächst Gesagte ein.

In den letzten Interakten dieser Sequenz über den Abschied von der Gemeinschaft der Mormonen wird deutlich, dass sich bisher an der Logik des Handelns von Herrn Büttner hinsichtlich der Bewältigung existentieller Fragen nichts geändert hat. Als Lösungsmöglichkeiten lassen sich die gleichen feststellen, die schon für die berufsbiographische Orientierung festgestellt wurden: a) Die Aufarbeitung der Erfahrungen mit den Mormonen und seinen Austritt vollzieht er mit Hilfe der Philosophie Heideggers, also mit einer wissenschaftlichen Auseinandersetzung. Damit folgt er einem theoriegeleiteten Modell. In seiner persönlichen Auseinandersetzung, in der er selber zu schreiben beginnt, zeigt sich die ausschließlich auf die eigene Person bezogene Beschäftigung. Ferner gibt es auch an dieser Stelle keinen Hinweis auf Sozialität und Auseinandersetzung in Intersubjektivität. b) Außerdem wurde festgestellt, dass die Mormonen ihm durch das religiöse Virtuosentum die Möglichkeiten geboten hatten, sein Selbstbild von Herausgehobenheit und Besonderheit aufrechterhalten zu können. In dem Moment, in dem Herr Büttner feststellt, dass auch in diesem System die lebenspraktische Umsetzung seiner Gesinnung nicht gelingt, beginnt er zwar ansatzhaft einen Prozess der Selbstreflexion, der zu einer Veränderung führen könnte, dieser wird aber nicht weiter verfolgt. Er wendet sich seinem schon bekannten Lösungsmuster insofern zu, als er der Herausforderung der lebenspraktischen Umsetzung aus dem Weg geht, die Ursachen in den nicht stimmenden Rahmenbedingungen (Gebote halten) sucht und daraufhin diese Gemeinschaft verlässt. In diesem Fall geht er also einerseits der lebenspraktischen Bewährung aus dem Weg, andererseits stellt das Verlassen der Mormonen aber auch eindeutig einen Akt der Autonomie dar. Sein Selbstbild von Herausgehobenheit und Besonderung wird dadurch allerdings nicht berührt. Wie Herr Büttner schon in der Lösung der faustischen Frage in seiner Absicht scheiterte, die klaren Gesetzmäßigkeiten für die Welt zu entdecken, so scheint auch der Versuch gescheitert zu sein, diese nun innerhalb der Religion über die Umsetzung in klare Handlungsanweisungen zu erlangen, um von Eigenverantwortlichkeit entlastet zu sein, indem es ihm nicht gelingt, diese praktisch umzusetzen.

4.1.2.3 "Das hat was mit Stabilität zu tun" – Religiosität heute

172I A ja. Würdest du dich als religiösen Menschen bezeichnen?

I. fragt jetzt sehr direkt, ob Herr Büttner sich als religiösen Menschen bezeichnen würde. Damit fragt sie auch nach dem, was hinter der offiziellen Version steht, Existentialist zu sein.

173S ... Ja, eigentlich schon, eigentlich schon.

Betrachtet man diese Aussage auf der Folie der vorhergehenden Aussagen, dann überrascht sie, denn dort hatte Herr Büttner gesagt, dass er sich ganz abgewendet habe. Hier wird deutlich, dass sich diese Abwendung offensichtlich auf den Mormonismus bezieht und nicht auf Religion bzw. Religiosität insgesamt. Eine weitere Lesart ist diejenige, dass sich seine Ablehnung auf institutionalisierte Religionssysteme bezieht. I. hat nach der Gegebenheit von Religiosität gefragt und auf diese Frage kann Herr Büttner zustimmend antworten. Im Folgenden ist zu untersuchen, wie Herr Büttner für sich seine Religiosität versteht und wie die bisher herausgearbeiteten Wünsche nach

Sicherheit und Handlungsentlastung darin eingeordnet werden, ferner, wie er mit seinem Selbstbild von Herausgehobenheit umgeht.

175S ich bin sicherlich kein Anhänger eines anthropomorphen Gottes.

Mit überraschender Selbstverständlichkeit grenzt sich Herr Büttner von einem anthropomorphen Gottesbild ab. Mit der Loslösung von den Mormonen fand gleichzeitig ein grundlegender Wandel hinsichtlich des Gottesbildes bei Herrn Büttner statt. Mit Bezug auf die bisherige Interpretation und die herausgearbeitete Handlungslogik von Herrn Büttner stellt sich an diesem Punkt erneut die Frage, inwieweit mit der Veränderung seiner religiösen Vorstellungen auch eine Veränderung in der Logik und Struktur seiner Lebenspraxis einhergeht und die veränderten religiösen Vorstellungen dementsprechend der Ausdruck derselben sind. In diesem Zusammenhang wird auch noch einmal der Blick auf einen etwaigen Sozialitätsbezug zu richten sein.

178I Kannst du, könntest du für dich näher fassen, was das für dich sei, wäre reli religiös sein? oder religiöser Mensch sein?

Nun will I. genauer wissen, was für Herrn Büttner Religiosität bedeutet. Diese Frage stellt sie mit einer Erweiterung, a) religiös sein und b) religiöser Mensch sein. Dies sind offensichtlich für I. zwei unterschiedliche, wenn auch eng zusammenliegende Dinge. Wahrscheinlich zielt a) auf das Verständnis, die Inhalte ab und b) geht einen Schritt weiter, indem implizit nach Auswirkungen auf das Menschsein gefragt wird. Vielleicht hat I. dabei ihr eigenes Verständnis von Religiosität im Hinterkopf und geht davon aus, dass Religiosität sich in irgendeiner Weise im Menschsein umsetzen muss.

179S ... mh ... ... Das hat was mit Stabilität zu tun. Mit irgendeinem Ankerpunkt, um den so rum sich das Leben bewegt. Es hat sicher nichts zu tun so so mit Vorschriften, mit eben Geboten, also wie gesagt rotes Tuch mittlerweile für mich eh es hat sicher auch nichts zu tun so so mit üblicher so Glaubensausübung un un und so, mit Beten, mit in die Kirche rennen oder so etwas. ... mmh. Ja, mmh das hat etwas mit nem Angelpunkt zu tun.

Herr Büttner grenzt sich entschieden von einer traditionellen Religiosität ab, die sich in Gebote halten, Beten, in die Kirche gehen und Glaubensausübung, also dem, was er bei den Mormonen erlebt hat, ausdrückt. Hinsichtlich seines Gottesverständnisses zeigt sich hier eine Veränderung, die vom personalen Verständnis Gottes zu einer apersonalen Vorstellung führt: "das hat was mit Stabilität zu tun". Alles das, was in der Regel die organisierten religiösen Systeme auszeichnet, kommt in der Religiosität von Herrn Büttner nicht mehr vor. In der Charakterisierung seiner Religiosität fällt es Herrn Büttner leichter, die Negativ-Abgrenzung vorzunehmen, also auszudrücken, was Religiosität für ihn nicht ist, als positiv zu formulieren, wie sie gekennzeichnet ist. Es zeigt sich an dieser Stelle, wie in der Abwendung von den bekannten Religionssystemen und damit auch von der Sprache, die diese zur Verfügung gestellt hatten, die Formulierung der eigenen Religiosität sehr schwer wird, weil die verbalen Ausdrucksformen fehlen bzw. nur schwer zu finden sind. Die von den Religionen bzw. von der christlichen Religion bereitgestellten Formulierungen können nicht übernommen werden, da sie mit deren Inhalten besetzt sind, die 'neue' Form von Religiosität dagegen ist nur schwer in Worte zu fassen.

Der Wunsch nach Stabilität und nach einem Ankerpunkt, um den sich das Leben bewegt, kennzeichnet die Religiosität von Herrn Büttner. Damit ist etwas intendiert, das immer zur Verfügung steht. Der Mensch muss für diese Stabilität nichts tun, was allerdings die Vorstellung von einer immerwährenden Versorgtheit impliziert. Dieses Bild von einem Leben, das um einen Ankerpunkt kreist und sich immer auf diesen beziehen kann, impliziert zugleich die Vorstellung von starker Gebundenheit, weil sich das Individuum von diesem Ankerpunkt nicht weit entfernen kann. Allerdings kann der Ankerpunkt mitwandern. Es fällt ferner auf, dass es keinen direkten Interaktions- und Sozialitätsbezug, also keine Auseinandersetzung mit diesem Ankerpunkt gibt. Trifft die Vorstellung von Herrn Büttner zu, so bedeutet dies den Wunsch nach einer ständigen Versorgung. Bringt man diese Vorstellung mit der Notwendigkeit zur Ausbildung von Autonomie in der Moderne in Verbindung, dann scheint sie in jener Form von Religiosität nicht gefördert zu werden, denn Autonomie bildet sich immer innerhalb einer Beziehung heraus, die auf gegenseitige Bindung und Wechselseitigkeit beruht, in der Austausch stattfindet, in dem beide Partner(innen) voneinander fordern und sich einfordern, in dem sie sich lebenspraktisch bewähren müssen. Diese Aspekte tauchen bei Herrn Büttner nicht auf.

180I Um den dein Leben kreist, oder?
181S Jjja kreisen möchte ich nicht sagen, das hieße ja, eh dass man sich na eh eh vielleicht nicht unbedingt ständig, aber zumindest häufig so ganz bewusst diesem Angelpunkt zuwendet. Das ist eher so etwas ... eher eine Kreisbewegung, aber mit dem Rücken zu diesem Angelpunkt, etwas das praktisch hinter mir als ein gewisses stabilisierendes Element steht. Also nichts, eh wo ich jetzt mit dem den Blick drauf gewandt habe und mich da so drum rum bewege, sondern ich um 180 Grad gedreht, also eher mit dem Rücken dazu.

Die Vermutung eines fehlenden Sozialitätsbezugs bestätigt sich hier, eine direkte Interaktion zwischen dem Menschen und dem Ankerpunkt wird ausdrücklich abgewiesen. Ein Grund für den Ausfall der direkten Hinwendung zu dem Ankerpunkt mag in der Befürchtung einer Fixierung auf denselben liegen, die zur Folge haben könnte, dass sich Herr Büttner nicht mehr anderen Dingen zuwenden kann. Die Tatsache, dass sich dieser Punkt in seinem Rücken befinden muss, scheint für Herrn Büttner auf jeden Fall sehr bedeutsam zu sein, denn er wird mehrfach in diesem Interakt betont. Auffallend ist die Bildsprache, der Ankerpunkt, hier der Angelpunkt, jeweils Bilder für etwas, an dem man sich festmacht, auf irgendeine Weise verbunden ist. Es zeigt sich, dass das Thema Sicherheit weiterhin in der Religiositätsvorstellung von Herrn Büttner eine große Rolle einzunehmen scheint.

Zugleich hat eine deutliche Veränderung in Herrn Büttners Religiositätsvorstellung stattgefunden: von einem Gott, der personal war und viel forderte
zu einer apersonalen Macht, die kaum benennbar ist (vor allem erfolgt die
Kennzeichnung über "Es" und "Das"), die nichts mehr einfordert und deren
einzige Aufgabe es ist, bedingungsloses Angenommensein, Sicherheit,
Schutz und Stabilität zu gewährleisten. Mit dieser Macht muss sich das Individuum nicht auseinander setzen, sie steht immer zur Verfügung. Interaktion
und Kommunikation sind dieser Vorstellung von Religiosität gleichermaßen
fremd. War der Bezug zur Religion zur Zeit von Herrn Büttners Angehörig-
keit zu den Mormonen eher außengeleitet, so hat mit dieser Vorstellung von
Religiosität eine Veränderung zugunsten einer völligen Innenwendung stattgefunden, zugleich trägt diese Vorstellung deutlich pantheistische Züge.

Angesichts des bisher analysierten Religiositätsverständnisses ist zu vermuten, dass Herr Büttner zwar grundlegend die Inhalte verändert hat, nicht
aber die Logik seines Handelns. Die Entlastung von Eigenverantwortlichkeit
wird nun in der äußerst engen Bindung an die stabilisierende Macht gesucht,
die durch ihre Funktion der ständigen Versorgung kaum Raum für eigenes
Handeln und für Eigenverantwortlichkeit lässt. Insofern werden auf der inhaltlichen Ebene die klaren Handlungsanweisungen mit der allumfassenden
Versorgtheit vertauscht. Allerdings stellt diese Religiositätsvorstellung keine
konkreten lebenspraktischen Regeln zur konkreten Lebensführung zur Verfügung, diesbezügliche Entscheidungen muss Herr Büttner in autonomer
Regie treffen. Es lässt sich außerdem festhalten, dass die Religion in dem
Moment, in dem sich ihre Funktion der Bereitstellung klarer Handlungsmaximen als obsolet erwiesen hat (Mormonen), ihre dominierende Rolle einbüßt
und sich auf die Bereitstellung einer zwar immer noch äußerst wichtigen
Macht, aber letztlich doch einer Macht im Hintergrund beschränkt, die keinerlei Forderungen stellt und mit der keine Auseinandersetzung gefordert ist.

182I also, versteh ich das so, mehr die Gewissheit im Hintergrund oder im Rücken? Oder
eine Gewissheit im Hintergrund?
183S Ja, ja eine Gewissheit im Hintergrund.
184I Eine. A ja. Und hat es gibt es da gew gibt's da konkrete Auswirkungen in dein konkretes Leben? ... Oder anders gefragt: Wenn du dich selbst als religiösen Menschen be-
zeichnest eh würdest du sagen das das, gibt's da konkrete Auswirkungen?
185S ... mmmh ... mh ... konkrete Auswirkungen in welcher Hinsicht?

I. geht in ihrer Frage nach möglichen Auswirkungen, die diese Haltung auf
das Leben von Herrn Büttner haben könnte, davon aus, dass die religiöse
Haltung einen Einfluss auf bestimmte Haltungen oder Handlungen, also einen Einfluss auf die Lebenspraxis hat. Fast ohne Worte, nur durch die langen
Pausen des Überlegens wird klar, dass dieser Bereich in Herrn Büttners Denken und Verständnis zumindest nicht sehr unmittelbar vorkommt. Er fragt
erst einmal nach, wie es denn gemeint sei. Vielleicht hat er die Frage nicht
richtig verstanden oder möchte noch weitere Zeit zum Überlegen gewinnen.

186I Eh also würdest du sagen, es gibt irgend etwas in deinem alltäglichen Leben, wo du sagen würdest, das ist, weil ich so eine konkrete Gewissheit im Hintergrund habe, das wäre sonst anders?

189S Nein, nein, das gibt es nicht. ... Das ist eher, z. B.: wenn ich im Siebengebirge wandere und auf die Löwenburg hochkraxel und dann oben eh so einfach auf der Ruine drauf sitze und ins Land runterschaue. Irgendw, das ist so ein ganz wohlige Verbundenheit mit dem, was mich umgibt. So´n ganz bewusstes, allein schon so´n bewusstes Anfassen der Steine auf dem ich sitze, so´n ganz bewusstes Einatmen der Luft, die mich umgibt, nen ganz bewusstes Anschauen des Landes um mich herum. Irgendwo so ne gewisse Verwurzelung. (I Mhm)

Herr Büttner antwortet mit einem entschiedenen Nein. Konkrete Auswirkungen hat seine Religiosität für ihn auf sein Leben oder sein lebenspraktisches Handeln nicht. Diese Aussage bestätigt damit die bisherigen Interpretationen hinsichtlich der Funktion von Religiosität für Herrn Büttner und zudem die Interpretation des bisherigen Gesamtinterviews.

Herr Büttner betont noch einmal, dass es keine Auswirkungen von Religiosität auf seine Lebenspraxis gibt, spricht aber gleichzeitig über seine religiösen Erfahrungen. Was Herr Büttner hier bezüglich seiner religiösen Erfahrung anspricht, die Erfahrung von Religiosität in Natur, das Verbundenheits- und Verwurzelungsgefühl, entspricht dem pantheistischen Zug dieser Religiosität und der Loslösung von jeglicher institutionalisierten Form. Herr Büttner wählt als Beispiel für eine religiöse Erfahrung keine Alltagssituation, sondern eine herausgehobene Situation und beschreibt eine Erfahrung, die er nicht täglich machen wird, denn sonst würde er als stellvertretendes Beispiel eher eine Situation aus seiner Alltagserfahrung auswählen. Das passt zu der konstatierten Unabhängigkeit von Religiosität und Alltagsleben. In den Formulierungen dieses Beispiels wird die religiöse Erfahrung zu etwas, wozu er sich entscheiden muss. Das heißt: Wenn Herr Büttner seine Erfahrung in der beschriebenen Weise machen will, muss er sich entscheiden, in diesem Fall, ins Siebengebirge zu fahren, auf den Berg zu wandern etc. Diese Erfahrung verliert so jedoch ihre Spontaneität und Direktheit, die bei einer religiösen Erfahrung in der Regel der Fall ist. Für Herrn Büttner wird es zu einer bewussten Entscheidung, eine religiöse Erfahrung zu machen. Dieses widerspricht im Grunde dem Charakter von religiösen Erfahrungen, die nicht aufgrund eigener Entscheidung herbeigeführt werden, sondern auf den Menschen zukommen. Ähnlich wie in der Sequenz seines Scheiterns der Hochschulkarriere kommt die Erfahrung nicht einfach auf Herrn Büttner zu, sondern wird von ihm inszeniert und ausgestaltet. Damit macht sich Herr Büttner zum Regisseur seiner religiösen Erfahrung. In diesen Zusammenhang passt auch die mehrfache Verwendung des Wortes "bewusst", eine Erfahrung kann man sich niemals im Augenblick des Erfahrens bewusst machen, sondern das Bewusstwerden ist immer mit einem Akt der Reflexion verbunden und liegt damit aber bereits jenseits der Erfahrung. Das Selbstbild von Besonderheit und Herausgehobenheit kann hier darüber aufrechterhalten werden, dass Herr Büttner sich als Regisseur seiner religiösen Erfahrungen versteht.

191S Mmh hat eher damit was zu tun. ... macht sich, macht sich für mich wirklich deutlich in Naturerfahrung.

192I Mmh. Sonst noch in anderen Bereichen? Oder oder auch wirklich ausschließlich oder

193S Nee ... Da fällt mir ein ... eh. Ich hab mal durch Zufall nen Interview mitbekommen, was mit Kardinal Döpfner geführt worden ist. Vor vielen vielen Jahren, das wurde gesendet eh als der eh ehh seinen zeitlichen Abgang machte. Ehh. Irgendwie habe ich das durch Zufall mitbekommen. Er wurde gefragt, eh welche Musik er denn besonders schätze und da sagte er Bach und Bruckner. Und das sind nun just die beiden Komponisten, die ich ebenfalls am meisten am m jedenfalls mit deutlichem Abstand am meisten von allen schätze. Und die Begründung, die er dann sagte, muss ich sagen, ist eigentlich auch meine Begründung. Ehm Er sagte ... In der Musik von Bach und in der Musik von Bruckner, da wird das Göttliche manifest. ... Und das hab´ ich eigentlich auch immer so erlebt. Von daher also ebenso eine jetzt im allerweitesten Sinne Gotteserfahrung gibt´s für mich z. B. auch in Musik. (I Mhm ja.)

195S Ob´s jetzt die Kunst der Fuge ist oder Bruckners Symphonien, des eheheh ich merk das, das bewegt mich innerlich total. Also es gibt viel Musik, die ich nicht mag, viel Musik, die ich mag, die ich sehr gerne höre, aber es gibt ganz wenig, was mich wirklich inwen ja inwendig, um ein Lieblingswort zu zitieren bewegt, zum Teil auch erschüttert. Und das ist gerade bei Bach und bei Bruckner. Und ich denke wirklich, des das ist auch nen Stück von dieser Erfahrung des Hintergrunds, der sich hinter mir befindet.

Als ein weiteres Beispiel für eine religiöse Erfahrung gibt Herr Büttner den Bereich der Musik an. Die Aufrechterhaltung des Selbstbildes erfolgt hier über die Einführung von Kardinal Döpfner und die Parallelisierung zwischen diesem und Herrn Büttner im Musikgeschmack. Die Berufung auf Kardinal Döpfner an dieser Stelle ist auffällig, da die Parallele keine sehr einzigartige ist, gibt es doch viele Menschen, die eine besondere Vorliebe für die Musik von Bach und Bruckner haben. In diesem Fall betont Herr Büttner seine Besonderheit über die Parallelisierung mit dem katholischen Würdenträger als Autorität. Dafür spricht auch, dass er sich nicht durch Kardinal Döpfner zu dieser Erfahrung anleiten lässt, sondern dass Herr Büttner die gleiche Begründung wie Kardinal Döpfner hat, dessen Begründung ist auch die seine, er entwickelt seine Begründung jedoch unabhängig von Kardinal Döpfner, was für ihn sehr wichtig zu sein scheint.

In seiner Beschreibung vollzieht Herr Büttner den Wechsel von der religiösen Erfahrung zur Gotteserfahrung. Dies geschieht entweder, weil er sich so an Döpfner anlehnt, der vielleicht diesen Begriff benutzte, so dass er ihn übernimmt, oder Herr Büttner vollzieht hier auch einen inneren Wechsel von der stabilisierenden Macht zu einem personalen Gott. Dann läge an dieser Stelle erneut ein verändertes Religiositätsverständnis vor, dies erscheint allerdings angesichts der pantheistischen Züge, die sich in der Interpretation herauskristallisiert haben, eher unwahrscheinlich. Möglich ist jedoch auch, dass die Unterscheidung zwischen der Vokabel "Gott" und der Formulierung

"Angel-/Ankerpunkt" für Herrn Büttner nicht existiert und beides von ihm mit demselben Bedeutungsgehalt benutzt wird. Die Formulierung der Gotteserfahrung im allerweitesten Sinn scheint dies zu bestätigen.

Die Musik, die diese Gotteserfahrung oder religiöse Erfahrung ermöglicht, wird von Herrn Büttner noch einmal deutlich in eine Steigerungslinie oder auch innere Hierarchie gebracht. Es gibt Musik, die er nicht mag, Musik, die er mag, und innerhalb dieser steht die Musik von Bach und Bruckner an der höchsten Stelle. Diese Steigerungslinie erinnert an die immer neuen Steigerungsmöglichkeiten bei den Hochschulautoritäten.

Auch in diesem Interakt wird wie schon im Interakt 189 die religiöse Erfahrung inszeniert. Es ist ein bewusstes Entscheiden für diese Musik, eine Auswahl aus der Musik, die er mag. Damit wird nicht abgewiesen, dass durch Musik religiöse Erfahrungen gemacht werden können, aber in der Ausschließlichkeit und dieser bewussten Entscheidung, in der Herr Büttner sie anstrebt, erhalten sie den Charakter der Inszenierung. Ansonsten wäre die religiöse Erfahrung in der Natur oder in der Musik eine Möglichkeit von vielen anderen. Die Benutzung der Vokabel 'inwendig' drückt genau das aus, was Herr Büttner bezüglich seiner Religiosität immer wieder formuliert. Die starke Dichotomie von innen und außen, die Herrn Büttners gesamte Haltungen durchzieht, wird an dieser Stelle nochmals sehr deutlich. Die Erfahrungen seiner Religiosität vollziehen sich ausschließlich inwendig. Die Ausschließlichkeit wird dadurch gestützt, dass Herr Büttner 'inwendig' als sein Lieblingswort bezeichnet.

In beiden Beispielen, die Herr Büttner als religiöse Erfahrung anspricht, ist eine deutliche Innenorientierung festzustellen, die auch nicht mit einem Außen in Beziehung gesetzt und damit kommunikabel gemacht wird. Religiosität ist damit im Selbstverständnis von Herrn Büttner auf Engste mit dieser Innenorientierung verbunden und nicht mit der Erfahrung von Austausch, von Gemeinschaft oder sich daraus ergebenden lebenspraktischen Bezügen.

4.1.3 Zusammenfassung der Fallrekonstruktion

Die Biographie von Herrn Büttner ist gekennzeichnet durch eine umfassende Krise im Alter von 28 Jahren. In beruflicher Hinsicht wurde diese Krise ausgelöst durch ein Scheitern der beabsichtigten Hochschulkarriere als Ordinarius für theoretische Chemie, das einen beruflichen Wechsel von der Tätigkeit an der Universität in die Industrie nach sich zog. In privater Hinsicht scheiterte zu diesem Zeitpunkt seine Ehe und in religiöser Hinsicht verließ Herr Büttner die Gemeinschaft der Mormonen, deren Mitglied er seit seinem 17. Lebensjahr war. Diese schwere Erschütterung in beruflicher, privater und religiöser Hinsicht erforderte eine Neuorientierung auf allen drei Ebenen.

4.1.3.1 Berufsbiographische Entwicklung und Logik des beruflichen Handelns

Eine berufliche Tätigkeit, die naturwissenschaftlich ausgerichtet war, stand für Herrn Büttner seit seinem 12. Lebensjahr und der damaligen Entdeckung seiner Faszination für Chemie fest. Von daher lag das Studium der Chemie nahe und führte zu der – spätestens seit Beginn des Studiums geplanten – Laufbahn des Hochschulordinarius für theoretische Chemie. Die Hochschulkarriere scheiterte daran, dass Herr Büttner nach der Dissertation keine Fakultät fand, die bereit war, ihn zu habilitieren. Der Grund dafür lag – so Herr Büttner – daran, dass der "Primas der theoretischen Chemie", bei dem er habilitieren wollte, seine Dissertation als nicht dissertationswürdig einschätzte ("so hätte ich sie nicht promovieren lassen ..." I.69) Der Eintritt in die Industrie stellte so die pragmatische Konsequenz ("jetzt musste einfach Geld her ... das war wirklich ne Existenzsicherungsgeschichte " I.45/47) und immer auch die zweite Wahl hinsichtlich des eigentlichen Berufswunsches dar.

Das Scheitern der Hochschulkarriere wirkte sich umso erschütternder auf Herrn Büttner aus, als diese für ihn nicht nur mit wissenschaftlichem Ansehen und Renommee verbunden war, sondern ihm ferner die Möglichkeit bot, seinen Habitus als Naturwissenschaftler ("eh bin ich eh Naturwissenschaftler. Ich sage also bewusst Naturwissenschaftler und nicht Chemiker" I.5) zu verwirklichen. Als Motiv der Faszination für Chemie gibt Herr Büttner an, ein genuines und tiefgreifendes Interesse an der "faustischen Frage", an der Frage, "was die Welt im Innersten zusammenhält" (I.25) zu haben. Dies als die eigentliche Motivation der beruflichen Orientierung anzugeben bedeutet – so konnte in der Sequenzanalyse herausgearbeitet werden –, die letztlich religiöse Frage nach den Ursprüngen der Welt mittels eines nicht-religiösen Systems über eine wissenschaftliche Auseinandersetzung beantworten zu wollen.

Damit erhalten die Naturwissenschaften für Herrn Büttner die Funktion der Welterklärung, sie werden zur Sinnstiftungsinstanz, die für die existentiellen Fragen des Lebens Antworten zur Verfügung stellen soll und treten somit an die Stelle, die traditionell von der Religion eingenommen wird. Herr Büttner versucht über diese Handlungslogik, die jedem Menschen zur Beantwortung aufgegebenen existentiellen Fragen mittels der wissenschaftlichen Klärungsmöglichkeiten der Naturwissenschaften und damit mittels eines empirischen Beweiswissens zu beantworten. Werden die Klärungen für die Fragen des Lebens somit ausschließlich in der positivistischen Wissenschaft gesucht und diese zur Sinnstiftungsinstanz, so widerspricht dies dem Primat von lebenspraktischem Handeln (vgl. 2.3.2), insofern die Evidenz lebenspraktischer Entscheidungen nicht ausschließlich aus wissenschaftlichen Theorien ableitbar ist. Stellte dieser Wunsch die eigentliche Motivation für Herrn Büttners berufliche Orientierung dar, gewinnt auf dieser Folie der Wunsch nach einer Hochschulkarriere an Deutlichkeit und Plausibilität, denn nur an der Hochschule besteht die Möglichkeit, praxisunabhängig theoretischen Fragestellungen, gewendet auf Herrn Büttners Motivation, also den Ursprüngen der Welt, mit dem Ziel, die "Weltformel" zu finden, nachzugehen.

Neben dieser an einer Universität gegebenen Möglichkeit, Forschung zu betreiben, verbindet Herr Büttner mit der Hochschullaufbahn ferner gesellschaftliches Ansehen und mehr noch Herausgehobenheit (Status) ("Und eh das war so mein Ziel, den vierbuchstabigen Vornamen [Prof., J.K.] zu haben und das Institut und was man eben so braucht." I.31). Die Sequenzanalyse zeigte, das für Herrn Büttner die Professorenlaufbahn neben Ansehen und Herausgehobenheit mit einem hohen Maß an existentieller und materieller Sicherheit (Verbeamtung, Lehrstuhlausstattung etc.) verbunden ist, die sich ihm als notwendige Voraussetzung herausstellte, damit er seinem eigentlichen Erkenntnisinteresse überhaupt nachgehen kann. Dies bedeutet gleichzeitig, dass die Leistung – in diesem Fall die Frage nach den inneren Weltzusammenhängen – erst bei entsprechenden Rahmenbedingungen erbracht werden kann. Strukturell gesehen bedeutet dieses Vorgehen, dass letztlich die Sicherheit Vorrang vor dem Erkenntnisinteresse hat, eine Logik, die dem Anliegen einer Klärung der "faustischen Frage" konträr gegenübersteht, insofern die Suche nach etwas Neuem immer risikobehaftet ist und nicht im Rahmen vollständiger Absicherung erfolgen kann, sonst wäre es nichts Neues und Einzigartiges mehr. Etwas noch nie Dagewesenes kann nicht gleichzeitig vorab Sicherheit gewährleisten. Damit bestätigte sich hinsichtlich des Berufswunsches die Vermutung einer deduktiven Logik zur Bewältigung von Lebenspraxis bei Herrn Büttner, wie sie ansatzhaft bereits für die religiöse Frage festgestellt worden war. In der Erzählung über das Scheitern seiner Hochschulkarriere verdeutlichten sich beide herausgearbeiteten Aspekte, das Sicherheitsbedürfnis als auch das notwendige Vorhandensein der Rahmenbedingungen, um Leistung erbringen zu können, noch einmal in der Art und Weise, wie Herr Büttner eine Hierarchie bzw. ein Ranking der Autoritäten (Doktorvater; Merzner, der letzte, allerletzte Obergutachter; Zack, Top-Level, mehr geht nicht mehr, I.57, 59, 69) aufstellt.

Mit dem Abbruch der Hochschulkarriere verschwand für Herrn Büttner gleichzeitig das Bedürfnis, der "faustischen Frage" nachzugehen. Wäre die Klärung dieser Frage ein wirkliches, existentielles Anliegen, so würden die mangelnden Rahmenbedingungen die Auseinandersetzung mit dieser Frage höchstens unterbrechen, nicht aber beenden können, wie es bei Herrn Büttner der Fall war. Insofern sorgen das mit der Hochschullaufbahn verbundene Ansehen und der Status auf der pragmatisch-praktischen Seite sowie der Habitus des Naturwissenschaftlers (Suche nach der "Weltformel") auf der ideellen Seite für ein Selbstbild der Herausgehobenheit und Besonderung bei Herrn Büttner.

Dieses Empfinden von Herausgehobenheit und Einzigartigkeit seiner selbst kann Herr Büttner auch nach dem Scheitern der Hochschulkarriere aufrechterhalten. Zur Aufrechterhaltung dieses Selbstbildes trägt insbesondere bei, dass Herr Büttner die sich dann doch noch eröffnende Möglichkeit, eine Hochschulkarriere einzuschlagen und damit die ihm abgesprochene Kompetenz unter Beweis zu stellen, nicht nutzt, seine Leistungen damit letztlich nicht einer lebenspraktischen Bewährung aussetzt und sie somit für andere nachvollziehbar bzw. überprüfbar macht ("... das hieß dann für mich nichts mehr, ich hatte da wirklich schon für mich abgeschlossen ... und ein warmer Gedanke an mein monatliches Entgelt hat mich dann doch drüber hinweggetröstet." I.85). Dieses Vorgehen ermöglicht es Herrn Büttner auf der ideellen, also auf der Gesinnungsebene, die Illusion seiner Herausgehobenheit aufrechterhalten zu können. Mit dieser Konstruktion ist er in seinem Selbstkonzept gleichzeitig von seinem ureigenen Anliegen, der Klärung dessen, was die Welt im Innersten zusammenhält, enthoben, da die für ihn notwendigen Voraussetzungen der Rahmenbedingungen einer Hochschulprofessur nicht gegeben sind.

Die Art und Weise, wie Herr Büttner das Scheitern seiner Hochschulkarriere im Interview erzählt, machte deutlich, wie sehr er in dieser Erzählung in Distanz zu sich selbst geht, sich zum Regisseur seiner eigenen Erzählung macht und sein Scheitern geradezu fast lustvoll inszeniert. Diese Inszenierung ermöglicht ihm dabei zweierlei: zum einen die innere Distanz zu diesem Erleben aufrechterhalten zu können, um das Scheitern überhaupt erzählbar zu machen im gleichzeitigen Versuch, diese "Geschichte" als biographisch abgeschlossene Episode darzustellen; zum anderen kann er über diese Art und Weise die Tatsache, dass er sich als Regisseur seines eigenen biographischen Scheiterns geriert, das Selbstbild des Besonderen und Herausgehobenen aufrechterhalten.

Als ein wesentlicher Zug der Handlungslogik von Herrn Büttner zeigte die Analyse der berufsbiographischen Entwicklung hinsichtlich seines wichtigsten Anliegens, der Klärung der "faustischen Frage", ein Vermeiden der lebenspraktischen Bewährung zugunsten der Aufrechterhaltung des Selbstbildes von Herausgehobenheit und Einzigartigkeit. Im weiteren beruflichen Werdegang von Herrn Büttner in der Industrie ist diese konkrete Umsetzung und lebenspraktische Bewährung von Leistung kein Thema, da er sonst nicht seit sieben Jahren in seiner Position in dem Unternehmen tätig wäre. Allerdings stellt seine jetzige Berufstätigkeit auch "nur" die pragmatische Alternative gegenüber seinem ursprünglichen Wunsch dar und ist von daher mit wesentlich geringeren ideellen Ambitionen versehen.

4.1.3.2 Religiös-biographische Entwicklung und die Haltung gegenüber Religion

Die religiös-biographische Entwicklung von Herrn Büttner ist äußerlich insbesondere durch den Übertritt vom Katholizismus zur Gemeinschaft der Mormonen und ca. 10 Jahre später durch den Austritt aus dieser Gemeinschaft gekennzeichnet. Danach schloss er sich keiner anderen Religionsgemeinschaft mehr an.

Die Begründung für den Austritt aus der katholischen Kirche lag in dem Wunsch nach "einer einfach zu durchdringenden, in sich logischen eh Religion od oder eh Glauben" (I.106), die ihm das Christentum respektive der Katholizismus für sein Verständnis überhaupt nicht bot ("Das schien mir alles wirklich viel zu sehr entrückt zu sein, zu wenig konkret" ebd.). Dieser Wunsch war verbunden mit dem Wunsch nach einem "starken, handfesten Gott, der straight forward ist und was hermacht" (I.114/15), den er im rigiden System des Mormonismus, dem er sich dann anschloss, fand. Mit dem Übertritt zu den Mormonen entschied sich Herr Büttner somit für ein Religionssystem, das seinem Bedürfnis nach Klarheit, Übersichtlichkeit und Überschaubarkeit sowie Struktur sehr entgegenkommt. Die Religion erfüllt hier die Aufgabe, feste Regeln anzubieten und klare Handlungsanweisungen in Form von Geboten zu geben. Indem Herr Büttner die einfach zu durchdringende Religion mit klaren Handlungsanweisungen und Regeln sucht, sucht er zugleich nach einem System, das handlungsentlastend wirkt und das ihn über die Delegation von Entscheidungen von Eigenverantwortlichkeit befreit. Die individuelle Notwendigkeit von Entscheidungszwang bei gleichzeitiger Begründungsverpflichtung wird so von Herrn Büttner der Religion zugewiesen als auch von dieser übernommen und zur Verfügung gestellt. Der Nutzen dieser Delegation von Entscheidungen liegt in der Entlastung von Verantwortlichkeit und einer (Handlungs-)Sicherheit, der damit einhergehende Preis in der klaren Unterwerfung unter diese Regeln und damit in einem Autonomieverlust.

Betrachtet man auf diesem Hintergrund noch einmal die Motivation von Herrn Büttner für die Beschäftigung mit den Naturwissenschaften, so läuft die "faustische Frage" letztlich auf die Frage nach den klaren, logischen und überschaubaren Gesetzmäßigkeiten hinaus, nach denen sich das Leben richtet bzw. richten kann. In diesem Kontext kann auch die Dissertation eingeordnet werden (in der Herr Büttner nach neuen Gleichungen einer speziellen Schrödinger-Gleichung suchte, dabei allerdings einen mathematischen Fehler beging und deshalb zu sehr unwahrscheinlichen Ergebnissen kam), in der sich hinter der Suche nach dem Neuem und Grundlegenden, das sich dann als das Alte mit anderen Zahlenwerten entpuppte, gleichermaßen die Suche nach den einfachen und überschaubaren Gesetzmäßigkeiten verbarg.

Dieser herausgearbeiteten Handlungsstruktur, dem Wunsch nach Handlungsentlastung und dem hohen Sicherheitsbedürfnis, korrespondiert der Anschluss an die rigide religiöse Gemeinschaft der Mormonen, bietet diese doch über ihre strengen, das Leben im einzelnen regelnde Gebote und Vorschriften die gesuchte Entlastung und Sicherheit. Das dort über die hohen Ansprüche an Lebensführung und Glauben praktizierte religiöse Virtuosentum trägt zugleich zur Stärkung eines Selbstbildes von Herausgehobenheit und Besonderung bei. Die Konversion Herrn Büttners zu den Mormonen zeigt, dass die von der Adoleszenz aufgegebene Identitätskonstruktion hier mittels Besonderung durch religiöses Virtuosentum vorgenommen wird. Mit dem Anschluss an die Gemeinschaft der Mormonen kann Herr Büttner das Bedürfnis und Selbstbild von Besonderung und Einzigartigkeit auf der Ebene der Religion somit genauso leben wie im angesprochenen beruflichen Feld.

Diese Struktur bleibt auch über seinen Austritt aus der Gemeinschaft der Mormonen erhalten: Die Gründe liegen in den strengen, das konkrete Leben regelnden Vorschriften, die einzuhalten Herrn Büttner schwer fiel bzw. nicht gelang ("funktionierte eben einfach nicht so da mit dem Halten der Gebote" I.137) und einem anschließenden kritischen Infragestellen derselben. Dieses Scheitern an der praktischen Umsetzung seiner Ideale ("hohe Ansprüche an mich gestellt" ebd.) führt – so zeigte die Analyse – dann jedoch nicht zu einer (kritischen) Auseinandersetzung mit den eigenen Idealen bzw. der eigenen Person, sondern zu einer Infragestellung und zur Abwendung von dem System des Mormonismus ("diese ganze Sippschaft versteht das völlig falsch" I.143).

Die Umgangsweisen mit dem Scheitern der Hochschulkarriere sowie mit dem Austritt aus der Gemeinschaft der Mormonen folgen so der gleichen Struktur: Herr Büttner verfügt über hohe Ideale sowie über ein Selbstbild der Herausgehobenheit und Besonderung (in der wissenschaftlichen Auseinandersetzung durch den Anspruch, der "faustischen Frage" auf den Grund zu gehen herausgebildet, für die Auseinandersetzung mit Religion durch das religiöse Virtuosentum gefördert). In dem Augenblick, in dem sich diese Gesinnung einer lebenspraktischen Bewährung aussetzen muss und diese nicht besteht, verlässt Herr Büttner das jeweilige System und kann so auf der Ebene der Gesinnung sein Selbstbild und die Illusion seiner Herausgehobenheit und Einzigartigkeit aufrechterhalten. Damit übernimmt Herr Büttner allerdings letztlich weder für das Scheitern seiner Hochschulkarriere noch für seine Zeit bei den Mormonen Verantwortung hinsichtlich des Anteils, der bei seiner Person zu suchen ist.

Die Art und Weise, wie Herr Büttner die Glaubenskrise und letztlich den Bruch mit den Mormonen verarbeitet, schließt an das im Zusammenhang mit der Rolle der Naturwissenschaften festgestellte Muster an: Krisen mittels wissenschaftlicher Auseinandersetzung bearbeiten und bewältigen zu wollen. Die Bearbeitung dieser Glaubenskrise versucht Herr Büttner über die Be-

schäftigung mit Heidegger, d. h. allein mittels theoretischer Auseinandersetzung, die er dann auch nach seinem Austritt weiter verfolgte, indem er sich
erneut stärker mit den Naturwissenschaften beschäftigte (I.165). In dieser
Bewältigungsform – so zeigte die Sequenzanalyse sehr deutlich – werden
keinerlei soziale Bezüge zu Hilfe genommen. Die Auseinandersetzung vollzieht sich nicht zwischen seiner Person und einer anderen oder in einem praktischen Vollzug, sondern eine Bewegung existiert ausschließlich zwischen
ihm und Theorie. Eine Bewältigung, die sich mittels bzw. in sozialer Verbundenheit vollzieht, gehört nicht zum Handlungsduktus von Herrn Büttner,
so taucht auch Sozialität als eine tragende Struktur oder Beziehung als ein
wichtiges Element der Lebensgestaltung an keiner Stelle im Interview auf.
Diese deduktive Handlungslogik, die für die Bewältigung von Krisen festgestellt werden kann, als auch das Fehlen jeglicher sozialer Bezüge und das
über die Krisen hinweg durchgehaltene Selbstbild von Herausgehobenheit
und Einzigartigkeit führen zu einer fast schon isolationistischen Selbstbezüglichkeit.

4.1.3.3 Aktuelle Vorstellungen von Religiosität

Nach dem Bruch mit den Mormonen schließt sich Herr Büttner keiner anderen religiösen Gemeinschaft mehr an ("also so im Grunde mit Religion und
Glauben eh ehm hab ich eigentlich gar nichts mehr am Hut, sondern das hat
sich wirklich so so auf ne lebensphilosophische Ebene bewegt" I.171). Er
bezeichnet sich aber weiterhin als religiösen Menschen. Die beschriebene
Religiosität wird von ihm allerdings nicht explizit als Religiosität benannt,
sondern mit 'Das' und 'Es' bezeichnet. Seiner Vorstellung nach steht das, was
er sich darunter vorstellt, für Stabilität, ist ein Ankerpunkt, so etwas wie ein
Angelpunkt, der sich als Gewissheit in seinem Rücken befindet (I.179). Es
steht für bedingungsloses Angenommensein, für Versorgung und Schutz.
Dadurch, dass sich diese Gewissheit im Rücken befindet, gibt es keinen direkten Kontakt im Sinne einer 'face to face'-Begegnung und gegenseitiger
Beziehungsaufnahme. Die Religiosität dient damit allein als Garantin eines
kosmischen Verbundenheitsgefühls, ohne jedoch einen konkreten Bezug zur
unmittelbaren praktischen Realität des Lebens zu haben.
    Herrn Büttners Vorstellung von Religiosität ist somit eine, die vor allem
Sicherheit gibt, die keine Auseinandersetzung einfordert oder ihrerseits Unsicherheiten schafft und insbesondere ist es – angesichts seiner Geschichte –
eine Form, an der er nicht scheitern kann. Nach dem Bruch mit den Mormonen ist eine deutliche Veränderung hinsichtlich seiner Vorstellung von Religiosität festzustellen: Ging es dort noch um einen 'starken Gott', der deutlich
als Gegenüber und außerhalb seiner selbst liegend wahrgenommen wurde,
hat sich diese Vorstellung zugunsten einer völligen Innenwendung verändert.
Die Form von Religiosität – die hier eindeutig pantheistische Züge trägt –

lässt keinerlei Außenbezug erkennen, sondern vollzieht sich ausschließlich im intrapersonalen Raum, führt allerdings auch nicht zu einer Auseinandersetzung mit der eigenen Person. Der für die Bearbeitung von Kontingenzerfahrungen festgestellte solipsistische Zug findet sich hier wieder. In diese "Innenwendung" fügt sich die Art und Weise von Herrn Büttners Beschreibung ein, es ist eine Erfahrung von 'inwendiger' Bewegtheit und teilweise auch Erschütterung (I.197), ausgelöst durch eine Naturerfahrung oder durch Musik, in der für ihn "das Göttliche manifest" (I.195) wird. Die Art und Weise, wie diese Erfahrungen vorbereitet werden – in aller Bewusstheit (I.189) – und sich als Erfahrung mit dem Transzendenten nicht "einfach" ereignen und auf ihn zukommen, verdeutlicht an dieser Stelle noch einmal die Lust an der Inszenierung bei Herrn Büttner, wodurch erneut sein Selbstbild von Besonderung hervorgehoben wird.[2]

Betrachtet man Herrn Büttners Vorstellungen von Religion, wie sie noch für die Zeit bei den Mormonen bestimmend waren und sein aktuelles Religiositätsverständnis, so folgt daraus: Im System der Mormonen fand Herr Büttner die von ihm gesuchte Sicherheit und Entlastung, allerdings zum Preis des Scheiterns an den rigiden Vorschriften bezüglich der Lebensführung; die aktuelle Vorstellung von Religiosität stellt demgegenüber ein Höchstmaß an Stabilität und damit auch an emotionaler Sicherheit zur Verfügung, an dieser Form ist auch kein Scheitern möglich, da sie nichts einfordert, aber es werden auch keine Vorgaben für lebenspraktische Entscheidungen zur Verfügung gestellt. Diese Verantwortung, die Herr Büttner noch zur Zeit der Mormonen an die religiöse Gemeinschaft delegieren konnte, muss er nun eigenständig in autonomer Regie treffen.

Insgesamt machte die Sequenzanalyse deutlich, dass Sicherheit und Entlastung von Eigenverantwortlichkeit ein wichtiges Moment im Selbstkonzept von Herrn Büttner über lange Zeit darstellten. Die intensive Auseinandersetzung mit den Naturwissenschaften ("faustische Frage") als auch die hohe Bedeutung der Religion hatten in diesem Zusammenhang insbesondere die Aufgabe, die Komplexität des modernen Lebens zu reduzieren, indem sie Klarheit und Überschaubarkeit zur Verfügung stellten. Mit dieser Struktur schränkte Herr Büttner allerdings seine Autonomie und deren Konstituierung ein. Zugleich bedeutete die Suche "nach dem, was die Welt im Innersten zusammenhält" ferner den Versuch einer Klärung der existentiellen Fragestellungen mittels eines wissenschaftlichen Systems; eine Klärung, die allerdings im letzten nur über einen bedingungslosen Glauben möglich ist.

Die Aufrechterhaltung der richtigen "Gesinnung" konnte als weiteres wichtiges Selbststeuerungsmuster für Herrn Büttner festgestellt werden. Die-

---

2 Im Unterschied zum Scheitern der Hochschulkarriere, wo die Erzählung und nicht das Ereignis einer Inszenierung gleichkam, liegt die Inszenierung an dieser Stelle nicht in der Art der Erzählung, sondern in einer Inszenierung des Ereignisses.

ses ermöglicht ihm in bestimmten Punkten, sein Selbstbild von Besonderung und Herausgehobenheit aufrechtzuerhalten, auch ohne sich einer unmittelbaren lebenspraktischen Bewährung auszusetzen. In der Art und Weise, wie Herr Büttner sich an den herausgearbeiteten Punkten der konkreten Bewährung entzieht, kann auch eine Verweigerung von Lebenspraxis für diese angesprochenen Bereiche gesehen werden. Diese Handlungsstruktur ließ sich sowohl in seiner Berufsbiographie als auch seiner religiösen Biographie feststellen.

Hinsichtlich der Aneignung von Religion bei Herrn Büttner ließ sich neben den schon genannten Funktionen eine instrumentelle Aneignung feststellen, insofern Religion bzw. Religiosität dazu dienen, das Selbstbild von Besonderung und Herausgehobenheit aufrechterhalten zu können.

4.2 Fallanalyse: Frau Neuhaus

4.2.1 Die berufsbiographische Orientierung

4.2.1.1 Der berufliche Werdegang

1I   Frau Neuhaus, können Sie zu Beginn unseres Gespräches etwas zu Ihrer beruflichen Aufgabenstellung sagen und vielleicht den Weg beschreiben, wie Sie bis zu dieser Position gekommen sind?

Das Gespräch wird von I. mit der Eingangsfrage eröffnet, wobei die Formulierung "zu Beginn" darauf hindeutet, dass vorher ein informelles Gespräch stattgefunden hat und nun das "eigentliche" Gespräch beginnt. Die Frage enthält zwei Aspekte: a) nach der momentanen beruflichen Aufgabenstellung und b) nach dem Werdegang (hier mit Weg umschrieben). Es ist die Frage nach dem, was 'ist' und nach dem, was 'war', wobei das 'wie war es' offen mitschwingt. Im ersten Teil der Frage geht es um die Dinge, die momentan zum Aufgabenbereich gehören, im zweiten Teil um den beruflichen Werdegang, um den Karrieregang. Beim Karrieregang spricht I. nicht mehr von Aufgabe, sondern antizipiert den ihr bekannten Status von Frau Neuhaus und spricht von 'Position'. Dieser Ausdruck würde wahrscheinlich nicht bei einer Arbeiterin, einem Arbeiter verwendet werden. I. weiß bewusst oder unbewusst darum und passt sich dem Milieu, in dem sie sich in dem Moment bewegt, an.

Frau Neuhaus hat verschiedene Möglichkeiten, auf die Einstiegsfrage zu reagieren und diese zu beantworten: Sie kann mit der Beschreibung ihrer augenblicklichen Aufgabenstellung einsteigen oder eher chronologisch, indem sie ihren Werdegang bis zu ihrer jetzigen Position skizziert. Eine weitere

Möglichkeit wäre, eine kurze Positionsbenennung vorzunehmen, um dann in den Rückblick überzugehen. Je nach Beginn des Interviews liegt eine unterschiedliche Akzentuierung vor. Folgende Möglichkeiten sind denkbar: Ein direkt chronologischer Einstieg wäre stärker am Lebenslauf orientiert und würde die Bedeutung des beruflichen Lebenslaufes für die heutige Position verdeutlichen. Mit der momentanen Aufgabenstellung zu beginnen (so wie es die Einstiegsfrage nahe legt) stellt demgegenüber weniger die Geschichte und den Werdegang in den Vordergrund als vielmehr die momentane Tätigkeit. Damit könnte eine Orientierung am Status vorliegen; denn I. hat zwar die Position nicht noch einmal eigens benannt, aber Frau Neuhaus kann davon ausgehen, dass sie I. bekannt ist.

[An dieser Stelle kam es zu einem Gerätedefekt, so dass die kurze, nicht aufgenommene Sequenz paraphrasiert wiedergegeben wird.]

Frau Neuhaus hat nach dem Abitur die Journalistenschule in München besucht, wo sie von ca. tausend Bewerbern und Bewerberinnen als eine von fünfundzwanzig angenommen wurde. Im Anschluss an die Ausbildung dort erhielt sie eine Stelle als Redakteurin bei der Zeitschrift, bei der sie auch heute tätig ist. Mit 22 Jahren bekam sie starke Depressionen, fühlte sich in ihrem Beruf überfordert und entschloss sich deshalb, noch ein Studium zu absolvieren. Diese Entscheidung beruhte auch auf der Tatsache, dass sie das Gefühl hatte, zu jung zu sein und für ihren Beruf noch etwas mehr Hintergrundwissen erwerben zu wollen. Sie studierte Soziologie mit dem Nebenfach Psychologie und war während dieser Zeit weiterhin als freie Mitarbeiterin für die Zeitschrift tätig. Nach Abschluss des Studiums kehrte sie wieder mit voller Stundenzahl zur Zeitschrift zurück, zunächst als Redakteurin und wurde dann nach zwei Jahren Ressortleiterin.

Frau Neuhaus entscheidet sich für eine kurze, chronologische Erzählung ihres beruflichen Werdegangs. Dadurch legt sie nahe, dass sie ihre jetzige Tätigkeit in enger Verbindung zu ihrem beruflichen Werdegang sieht. Entsprechend der eben geäußerten Lesart kann die chronologische Skizzierung ihres Werdegangs allerdings auch die Darstellung von Besonderheit und Herausgehobenheit unterstreichen. Durch die chronologische Erzählung wird die I. auch mit in die biographische Erzählung hineingenommen. Dass der Beginn der berufsbiographischen Erzählung beim Abitur als Abschluss der Schullaufbahn gewählt wird, erscheint logisch, weil die Schulbildung die Grundlage zu jeder weiteren Spezialisierung darstellt, aber selbst noch kein solche ist.[3] Demgegenüber stellt der Beruf in jedem Falle eine Spezialisierung dar, so dass es nahe liegt, den Einstieg der berufsbiographischen Erzählung nach der allgemeinen Schulbildung anzusetzen.

Frau Neuhaus studierte nicht Journalismus, sie wählte auch nicht den Weg, zunächst ein geisteswissenschaftliches Studium zu absolvieren, um dann ein Volontariat zu machen, sondern sie besuchte eine Journalistenschu-

---

3   Trotz mancher Möglichkeiten der Schwerpunktsetzungen erlangt man mit dem Abitur immer noch die allgemeine Hochschulreife..

le. Dort wurde sie als eine von wenigen (25 von 1000) angenommen, damit muss sie eine der Besten gewesen sein und dieses wird damit offensichtlich auch angedeutet. In dieser Erwähnung, dass sie als eine von wenigen den Ausbildungsplatz erhalten hat, kann ein Hinweis auf ihre Fähigkeiten und Kompetenz enthalten sein, die schon damals von dem Auswahlgremium erkannt wurden. Direkt im Anschluss an ihre Ausbildung erhielt sie eine Stelle als Redakteurin bei der Zeitschrift, bei der sie auch heute noch tätig ist. Sie hat also offensichtlich nie ihren Arbeitgeber gewechselt, es sei denn, sie war irgendwann für ein anderes Blatt tätig und kehrte zu ihrem jetzigen Arbeitgeber zurück. Das bedeutet, dass sie journalistisch immer im Bereich der Printmedien gearbeitet hat und innerhalb dieses Bereiches in der Sparte der Zeitschriftenpresse, also nicht im Bereich Tagespresse oder anderen Formen. Ferner hat sie dann auch immer für eine explizite Frauenzeitschrift gearbeitet. Entweder verbindet sie mit ihrer Tätigkeit für eine Frauenzeitschrift das Interesse an expliziten frauenorientierten und frauenpolitischen Themen oder sie schätzt die Arbeitsbedingungen und das -klima so sehr, dass sie kein Interesse hatte, den Arbeitsplatz zu wechseln, bzw. beides trifft bei der Zeitschrift, bei der sie arbeitet, zusammen.

Die von Frau Neuhaus erwähnten Depressionen sowie die berufliche Überforderung deuteten in ihrer berufsbiographischen Entwicklung einen deutlichen Einschnitt und damit eine Krise an. Diese Krise wird von ihr be- bzw. verarbeitet, indem sie sich zu einem Studium der Soziologie und Psychologie entschließt. Das Studium bot ihr so die Möglichkeit eines Zwischenmoratoriums, in dem sie sich zum einen fachlich und zum anderen – angesichts ihres Alters von 22 Jahren – auch in persönlicher Hinsicht weiterqualifizieren und die Hintergründe ihrer Depressionen klären konnte. Eine andere an dieser Stelle mögliche Lesart ist die, dass das Studium als Moratorium die Möglichkeit bot, sich in eine weitere Ausbildung zurückziehen zu können, ohne die eigentlichen Fragen angehen oder Probleme, die zu ihrer Depression führten, verarbeiten zu müssen und so jeglichen Ansprüchen an die eigene Person sowohl fachlicher als auch persönlicher Art aus dem Weg gehen zu können.

Die Tatsache, dass sie nach Abschluss ihres Studiums unmittelbar wieder zu ihrer Zeitschrift zurückkehrte und während ihres Studiums dort als freie Mitarbeiterin tätig war, legt den Schluss nahe, dass Frau Neuhaus das Studium zur eigenen Weiterqualifizierung sowie zur persönlichen Weiterentwicklung nutzte. Für die Vermeidung von Auseinandersetzung, wie in der zweiten Lesart angedeutet, finden sich im Text keine Anhaltspunkte. Vielmehr scheint ihr das Studium in persönlicher als auch fachlicher Hinsicht das hilfreiche Rüstzeug für ihren sich dann schnell vollziehenden Aufstieg gegeben zu haben. Damit erweist sich Frau Neuhaus – so kann als These hier formuliert werden – als jemand, die ein Gespür dafür hat, was für sie das Passende ist und ansteht und die das Passende dann umsetzt. Ferner wird in der beruflichen Karriere und dem Umgang mit den Depressionen eine klare Zielgerichtetheit deutlich. Frau Neuhaus hat sehr klare Vorstellungen von dem, was sie möchte und setzt dieses dann stringent um.

Die Wahl der Fächer Soziologie und Psychologie passt zu der oben geäußerten Vermutung, dass sie besondere Affinitäten zu bestimmten in Frauenzeitschriften behandelten Themen hat. Die Psychologie setzt sich mit der Persönlichkeit auseinander und die Soziologie erstreckt sich auf den gesellschaftlichen Bereich. Beide Disziplinen sind für die Wahrnehmung von Fraueninteressen von Wichtigkeit. Zu der Zeit, als Frau Neuhaus diese Fächer studierte, waren diese noch eine starke Männerdomäne. Die Tatsache, dass sie sich diesen Fächern zuwendete, bedeutet in diesem Sinne auch, dass sie hier ihre Interessen vertritt, die Interessen auch auf gesellschaftlicher Ebene von Frauen vertreten will und dies mit einem politischen Anspruch ihrerseits einhergeht. In der Hinwendung zu einer Männerdomäne, zumindest in der damaligen Zeit, kann ein deutlicher Hinweis gesehen werden, dass Frau Neuhaus eine Frau ist, die sich über Konventionen hinwegsetzt und einen Anspruch auf Unabhängigkeit und Autonomie von gängigen Setzungen erhebt.

2N Bin dann ... ein oder zwei Jahre später Ressortleiterin geworden eh für Medizin, Psychologie und ...

Frau Neuhaus fährt nun fort, die einzelnen Stationen ihres beruflichen Werdeganges zu erzählen. Sehr schnell wurde sie Ressortleiterin. "Ein oder zwei Jahre später", es scheint, als erinnere sie sich nicht mehr genau. Wenn sie wirklich innerhalb eines Jahres Ressortleiterin geworden ist, hätte sie einen Blitzstart in ihrer Karriere gemacht und ließe diese Botschaft hier beiläufig mit anklingen. Für Frau Neuhaus ist im Rückblick nicht mehr so wichtig, ob sie nach ein oder zwei Jahren Ressortleiterin wurde, entscheidend ist, dass sie schnell von der Redakteurin zur Ressortleiterin befördert wurde.

Das "eh" wirft die Frage auf, warum sie an dieser Stelle stockt. Vielleicht kann sie sich ad hoc nicht mehr genau erinnern, welche Bereiche es genau waren. Es kann jedoch auch bedeuten, dass sie schon für so viele verschiedene Bereiche zuständig war, dass sie erst einmal eine kurze Pause braucht, um sich genau zu erinnern, welcher es gerade zu der Zeit war. Insgesamt fällt auf, dass Frau Neuhaus im Erzählfluss sehr schnell redet, es ist von daher möglich, dass das kurze Stocken ihr eine Denkpause verschafft.

Sie wird Ressortleiterin für Psychologie und Medizin, also damit für einen Bereich, für den sie aufgrund ihres Studiums qualifiziert ist. An dieser Stelle wäre zu überlegen, ob ihre Zeitschrift damals schon ein Ressort Gesellschaft hatte, das ihrem Schwerpunkt Soziologie entsprechen würde. Denn wenn dem nicht so war, es also für die gesellschaftlichen Themen nicht einen eigenen Schwerpunkt gab, wird damit verständlicher, warum der Arbeitsschwerpunkt von Frau Neuhaus auf ihrem Nebenfach und nicht im Hauptfach der Soziologie lag. Dieses Ressort konnte natürlich auch besetzt sein. Eine andere Möglichkeit ist die, dass Frau Neuhaus stärker an den psychologischen Fragestellungen als an gesellschaftlichen interessiert war und dieses Ressort noch stärker ihrer persönlichen Neigung entgegenkäme. Dies allerdings widerspräche ihrer Schwerpunktsetzung im Studium. Wenn Frau Neuhaus das Ressort Medizin und Psychologie übernimmt und nicht z. B. das Ressort Mode und Kosmetik, dann scheint dieses im Zusammenhang mit ihren Studienfächern dafür zu sprechen, dass sie – wie oben bereits vermutet – ein politisches Interesse an Frauen betreffende Themen hat und sie hinsichtlich der Rolle von Frauen etwas erreichen und verändern will. Ihre Studienkombination von Soziologie und Psychologie unterstützt diese These.

... bei dem nächsten Chefredakteurswechsel eh ehm nachdem dann unsere neue Chefredakteurin angefangen hatte en halbes Jahr später hat sie mich dann als Stellvertreterin eh geholt ehm. Ich bin jetzt seit acht Jahren hier in der Chefredaktion, ...

Frau Neuhaus fährt fort, die nächste Etappe ihres beruflichen Werdegangs zu benennen. Der Wechsel in der Chefredaktion ermöglichte Frau Neuhaus den Aufstieg, da die neue Chefredakteurin sie "holte". Als Chefredakteurin kam sie offensichtlich (noch) nicht in Frage. Auf die Gründe, warum die Entscheidung auf sie fiel, geht Frau Neuhaus nicht ein. Diese zu thematisieren ist an dieser Stelle nicht wichtig, entscheidend ist im Augenblick allein die Tatsache als solche und die positive Auswirkung des Wechsels in die Chefredaktion auf ihre Karriere. Die Entscheidung legt nahe, dass sie aufgrund von Frau Neuhaus Kompetenzen fiel, die an dieser Stelle auch nicht weiter benannt werden müssen. Die Tatsache, dass sie "geholt" wurde, sie sich nicht einmal um die Stelle bewerben musste, konstelliert ihre Herausgehobenheit und Besonderheit.
Die Formulierung "hier in der Chefredaktion" ist einerseits eine gebräuchliche Formulierung, sie hätte aber auch mit dem Status formulieren können "bin jetzt seit acht Jahren stellvertretende Chefredakteurin". Ihre gewählte Formulierung impliziert Gemeinsamkeit, 'nicht ich allein, sondern wir zusammen'. Auf diese Weise spricht Frau Neuhaus hier weniger die Hierarchie an, sondern das Team. Bisher hat sie in dem Interview noch kein einziges Mal explizit ihren Status im Sinn des oben formulierten "bin jetzt seit acht Jahren stellvertretende Chefredakteurin" formuliert. Diesen setzt sie offensichtlich als bekannt voraus, und es ist für sie nicht notwendig, ihre Position noch einmal explizit zu formulieren. Damit kann die These formuliert werden, dass Frau Neuhaus ein deutliches Bewusstsein ihrer Kompetenz hat, dass sie ihr Selbstbewusstsein und Selbstvertrauen nicht im Status, sondern vielmehr in ihrer Kompetenz, also nicht formal, sondern inhaltlich gründet.[4]

---

4   Unter Kompetenz wird hier immer eine ganzheitliche Kompetenz verstanden, die sich sowohl auf die fachliche als auch auf Beziehungskompetenz erstreckt.

bin im Prinzip zuständig für alle Textressorts, sprich ehm Kultur, Reportagen, Medizin, Psychologie, Beruf ehm Reise, Unterhaltung ehm, ...

Nachdem Frau Neuhaus kurz ihren Werdegang umrissen hat, geht sie nun dazu über, den zweiten Teil der Eingangsfrage, ihre momentane Aufgabenstellung zu beantworten. Die Formulierung "im Prinzip" kann unterschiedlich verstanden werden: Sie kann bedeuten, dass Frau Neuhaus die letzte Verantwortung trägt, in Teilbereichen die Aufgaben jedoch an Mitarbeiter und Mitarbeiterinnen[5] delegiert werden. Es ist auch möglich, sie so zu verstehen, dass Frau Neuhaus im Prinzip zuständig ist, es aber aus bestimmten Gründen Ausnahmen von dieser Regel gibt und Kollegen Zuständigkeitsaufgaben übernehmen. Wenn Frau Neuhaus für alle Textressorts zuständig ist, dann ist sie eben "im Prinzip" für die gesamte inhaltliche Linie der Zeitschrift zuständig, da andere Ressorts, wie z. B. Graphik, Layout, Bild eher die inhaltlichen Aussagen unterstützen. Ein wichtiger Bereich wurde nicht von Frau Neuhaus benannt, der der Mode und Kosmetik; für diesen Bereich scheint jemand anders zuständig zu sein oder aber dieser ist in der Zeitschrift nicht vertreten.

Frau Neuhaus benennt an dieser Stelle die für sie wichtigen Bereiche ihrer Zuständigkeit, dabei mischt sie inhaltliche Fachbereiche und journalistische Form wie Reportage. Die Reportage scheint als Form somit große Bedeutung zu haben.

ich entwickle mit den Redakteuren zusammen Konzepte eh für für eh Dossiers nicht zu vergessen, wir entwickeln gemeinsam Konzepte für Themen eh strukturieren z. B. Dossiers, welche Themen in welcher Größe, wer soll die schreiben und so weiter ehm (leichter Seufzer), bespreche Themenvorschläge, die aus der Redaktion, von den Redakteuren kommen oder auch von außen, wenn uns eine Reportage angeboten wird, wolln wir die machen, wolln wir die nicht machen. ...

Indem Frau Neuhaus zusammen mit den Redakteuren Konzepte entwickelt, macht sie deutlich, dass sie so wichtige Dinge wie Konzeptentwicklung im Team vornimmt. Es ist davon auszugehen, dass Frau Neuhaus Teamarbeit sehr wichtig ist, denn sonst würde sie die Konzeptentwicklung allein vornehmen, zumal diese weit reichende Konsequenzen für den Inhalt und damit für den Charakter der Zeitschrift hat. Zugleich macht sie jedoch auch deutlich, dass sie die Tonangebende und Entscheidende in der Konzeptentwicklung ist, wenn sie sagt, "ich entwickle ... zusammen". Läge ihr Focus gänzlich auf gemeinsam im Team entwickelten Ideen, würde sie eher formulieren 'wir entwickeln zusammen'. Insofern verbindet sich hier Teamarbeit mit der Wahrnehmung von Verantwortlichkeit als Vorgesetzte. Ist dann die inhaltliche Linie klar, können die Themen von den Redakteuren bearbeitet werden.

---

5   In der Regel wird hier immer die männliche und weibliche Redeform verwandt, wird allerdings der Lesefluss an manchen Stellen dadurch gehindert, wird mal ausschließlich die weibliche bzw. die männliche Form verwandt.

Im Duktus ihrer Erzählung wird nachgeschoben "Dossiers zu machen". Dieses liegt wieder auf der Ebene der Form wie die Reportage. Die Konzeptentwicklung scheint gerade für die Dossiers sehr wichtig zu sein und fast hätte sie vergessen, diese zu erwähnen. Das ist verständlich, da ein Dossier in einer Zeitschrift vom Umfang als auch vom Stellenwert her wichtig ist. Ihre Zuständigkeit dafür – anschließend an das oben Gesagte – stützt die These, dass sie in ihrem Selbstverständnis für die wichtigen Inhalte der Zeitschrift verantwortlich ist.

Auffallend ist die Veränderung in der Art ihres Redens, seitdem sie über ihre momentane Tätigkeit spricht. Ihre Sprache wird viel lebhafter, die Redegeschwindigkeit erhöht sich, die Füllsel wie eh und angefangene nicht zu Ende gesprochene Wörter werden mehr. Frau Neuhaus lebt in ihrer Erzählung und nennt die Dinge so, wie sie sie für das, was sie sagen will, braucht, ohne dabei Wert auf Vollständigkeit zu legen. Es geht bei dem, was sie sagt, erst um den Inhalt und nicht um die Vollständigkeit ihrer Tätigkeit oder eine geordnete Darstellung. Sie ist nun bei dem Eigentlichen, bei dem, was sie tut, beim 'Alltagsgeschäft', und wie es den Anschein hat bei dem, was ihr Spaß macht.

Ehm. ... Alle Texte gehen dann über meinen Schreibtisch, d. h. eh meistens lese ich sie schon in der Urfassung, ob das überhaupt was ist, oder ob wir das fest einplanen können oder ob ich ehm finde, das muss nochmal umgeschrieben werden .. und dann kommen auch zum Schluss also dann guckt man sich gemeinsam sich g geht das in die Graphik guckt man sich die Layouts an und ehm ob dann auch die kleinen Texte, als ob der Vorspann (Räuspern) is, das man da wirklich anfängt zu lesen, ob die der Titel zum Photo passt und so weiter. ...

Nach der Konzeptentwicklung wird nun die eigentliche Texterstellung angesprochen. Der Prozess der Entstehung eines Textes für die Zeitschrift wird sehr detailliert beschrieben. Frau Neuhaus kümmert sich bis zum letzten Detail um die Dinge. Die Orientierung an der Sache und der Wille, eine gute Zeitschrift zu machen, bestätigen sich hier. Zugleich setzt sich die Spannung von Teamorientierung einerseits und Wahrnehmung von Leitungsverantwortung andererseits fort. Frau Neuhaus nimmt zu einem frühen Zeitpunkt Einfluss auf die Texte ("in der Urfassung"), darin könnte einerseits Kontrolle und Einschränkung der Selbständigkeit und Kreativität der Redakteurinnen und Redakteure gesehen werden oder aber auch eine deutliche Unterstützung derselben. Die Entscheidung darüber ist abhängig davon, wie Frau Neuhaus in den Besprechungen mit den Texten umgeht. Die Wahrnehmung ihrer Leitung wird hier sehr deutlich und ist in der Frage der Mitarbeiter- und Mitarbeiterinnenführung angesprochen.

Zu untersuchen ist im Folgenden zum einen, welchen Stellenwert bei dieser bisher herausgearbeiteten Haltung die Teamarbeit hat, ob sie wirklich im Sinne einer gemeinsamen Ideenentwicklung genutzt wird oder eine reine Strategie zur Optimierung der Arbeit darstellt. Zum anderen ist zu untersuchen, ob die hier festgehaltene Lesart der Teamorientierung und Mitarbeiterinnenführung wirklich die zutreffende ist, oder ob hinter den letzten Formulierungen eher ein hohes Kontrollbedürfnis oder sogar Misstrauen gegenüber der Arbeit ihrer Mitarbeiter steht, wenn ihr es so wichtig ist, am Entstehensprozess eines Textes beteiligt zu sein.

Ehm. Das ist der eine Teil, der andere Teil innerhalb der Chefredaktion, wir entscheiden hier ganz viel im Team, ehm Jahresplanung ehm finanzielle Et also Etatgeschichten ehm Personal Personal kostet wahnsinnig viel Zeit, Personalfragen, wer mit wem nicht mehr kann und warum es da die eh in das andere Ressort möchte oder ehm das jemand grad ne Schreibkrise hat oder also das kost das is sehr eh ne eh ne eh nen ganz großer eh eh Faktor, weil wir hams ja mit kreativen Leuten zu tun, die nicht unkompliziert sind und die man auch pfleglich behandeln muss ...

Der hohe Stellenwert der Teamarbeit wird hier explizit formuliert. Erwähnt werden zwei Teams, das Team mit den Redakteurinnen und das Team der Chefredaktion, denn es ist nicht davon auszugehen, dass alle Redakteure an den Sitzungen der Chefredaktion teilnehmen. Auf beiden Ebenen arbeitet sie im Team, die mit jeweils unterschiedlichen Schwerpunkten arbeiten. Es hat den Anschein, dass in der Chefredaktion weniger die inhaltlichen Dinge behandelt werden, sondern eher Fragen der Finanzen und des Personals. Neben der Sachorientierung gibt es aber auch die bereits angesprochene Ebene der Mitarbeiterführung. Gerade diese Ebene ist Frau Neuhaus hier sehr wichtig.

Das heißt, dass Frau Neuhaus eine Frau ist, der das Arbeiten im Team wichtig ist, die sich zugleich jedoch ihrer Position und der damit verbundenen Verantwortlichkeit bewusst ist. Sie weiß, dass sie Entscheidungen treffen muss und diese zu verantworten hat. Der Führungsstil, der bisher für Frau Neuhaus herausgearbeitet werden konnte, ist dergestalt, dass sich Frau Neuhaus nicht im Team auflöst, um damit die Wahrnehmung ihrer Verantwortlichkeit zu umgehen. Sie nutzt vielmehr das Team, um die Arbeit zu qualifizieren im Sinne von 'viele Köpfe denken mehr als einer'. Damit wird gleichzeitig sehr deutlich, dass es ihr um die Sache und um das Produkt geht, ihre Arbeit soll möglichst produktiv sein, um gute Qualität zu erreichen. Damit steht dieses Interesse wenn auch nicht über, so doch gleichberechtigt neben dem Interesse persönlicher Profilierung. Wäre letztere ihr Hauptinteresse, würde sie wahrscheinlich alle Entscheidungen selbst treffen und die Mitarbeiterinnen nicht beteiligen. Ihre Profilierung erfolgte – so ist hier zu vermuten – sowohl auf der Ebene der Qualität ihrer Zeitschrift als auch auf der Ebene eines modernen Führungsstils. Mit dieser Art ihres Arbeitens ist sie neben der Sach- und Produktorientierung auch sehr zielorientiert. Das korrespondiert mit der Interpretation zu Beginn des Interviews, dass sie auch das Studium zielorientiert zur Weiterqualifizierung nutzte.

4N Ehm ... es sind aber auch öffentliche Veranstaltungen oder Auftritte, dass ich dann irgendwie interviewt werde zum Thema was weiß ich "Frauen zur Bundeswehr" oder irgendwas wo man, was gerade im Gespräch ist oder zum Thema 218, wo wir ne große

Aktion gemacht haben also ehm ... ich muss öfter mal Vorträge halten vor irgendwelchen Gremien, Workshops oder was auch immer und ich hab jetzt ehm drei Jahre hintereinander einen Lehrauftrag an der Hamburger Uni gehabt am Institut für Journalistik und hab dort Reportage gelehrt (sehr kurzes fast ironisches Auflachen) bzw. mit denen richtig, die habn alle Reportagen geschrieben und wir ham also eh i ich hab die dann beurteilt und die Themen entwickelt, also da jeweils ein Semester lang mit Journalistikschülern bzw. Journalistikstudenten gearbeitet.

Nachdem bisher die Aufgabenstellung in der Redaktion skizziert wurde, wendet sich Frau Neuhaus nun den Tätigkeiten zu, die sie außerhalb ihrer Aufgabe in der Redaktion wahrnimmt. Diese Veranstaltungen stehen in keinem unmittelbaren Zusammenhang zu ihrer Zeitschrift, aber gleichzeitig trägt die Wahrnehmung solcher Einladungen etc. zum Renommee der Zeitschrift und zu ihrer persönlichen Reputation bei. In einer fast beiläufigen, gleichzeitig doch sehr selbstbewussten Art verdeutlicht sie hier, dass sie auch außerhalb des unmittelbaren Bereichs ihres Blattes bekannt ist und eingeladen wird. Sehr klar wird das in ihrer Wortwahl "Auftritte" und in der Tatsache, dass sie interviewt wird, was sonst in der Regel immer die Journalistinnen und Journalisten machen. Nun wird sie als Journalistin selbst interviewt. An dieser Stelle soll noch einmal die Frage aufgegriffen werden, auf welche Weise sie ihr Selbstbewusstsein zum Ausdruck bringt. Auch hier definiert sie sich nicht über ihre Position, sondern über inhaltliche Schwerpunkte, über Themen. Ihren Status erhält sie über ihre inhaltliche Kompetenz, die Statusfrage ist damit immer in Sachfragen eingebettet.

Dieser Interakt zeigt ferner, dass Frau Neuhaus ein politisch soziales Engagement hat. Es gibt Themen, die ihr wichtig sind und wie schon vermutet wurde, sind das politische, vor allem frauenpolitische Themen. Diese vertritt sie außerhalb ihrer Redaktion in öffentlichen Veranstaltungen und auch innerhalb ihrer Zeitschrift, wenn sie z. B. von der § 218-Aktion erzählt, wobei sich das "Wir" hier sehr wahrscheinlich auf ihre Zeitschrift bezieht. Deutlich wird, dass Frau Neuhaus sehr wohl unterscheidet zwischen dem, was sie allein macht und dem, was sie gemeinsam mit anderen macht. Wenn sie etwas nicht allein gemacht hat, würde sie nicht in der Ich-Formulierung sprechen. Der klare Wechsel vom "ich" zum "wir" zeigt dies.

In umgekehrter Weise erfolgt diese Formulierung, wenn sie über ihre Lehrtätigkeit an der Uni spricht. Dort verbessert sie sich vom "wir" zum "ich". Noch einmal wird an dieser Stelle deutlich gemacht, bei wem die Verantwortlichkeit liegt und dass sie bereit ist, diese zu übernehmen und sich nicht hinter einem "wir" zu verstecken. Die Bewertung der Arbeit liegt eindeutig in ihrer Hand. Gleichzeitig sagt sie auch so oft als möglich "wir". An diesem Beispiel wird sehr deutlich, wie bewusst ihr ist, wann das "wir" angebracht ist, wann aber auch die Verantwortlichkeit gefragt ist. Daraus ist zu schließen, dass ihr ein soziales Miteinander wichtig ist, sie zugleich jedoch auch die Grenzen von Mitarbeiterbeteiligung deutlich wahrnimmt und sich nicht hinter einer Scheindemokratie verschanzt. Das Arbeitsklima, sei es im

Universitätsseminar oder in der Redaktion, ist ihr somit ein wichtiges Anliegen. Allerdings ist dies nicht das eigentliche Ziel, sondern die Bedingung für gutes Arbeiten. Hier wie auch schon an früherer Stelle bleibt die Frage offen, in welchem Verhältnis die Sach- und die Beziehungsorientierung zueinander stehen.

Das ironische Auflachen wundert ein wenig. Eine Lesart wäre, dass sich das Lachen auf das Folgende bezieht. Sie hat ihr Seminar sehr praktisch angelegt und keinen Theoriediskurs über Reportage gegeben. Das Lachen könnte sich darauf beziehen, dass diese praktisch orientierte Arbeitsweise in vielen Fällen nicht die an der Universität übliche Arbeitsweise ist, die viel eher auf den Theoriediskurs angelegt ist, dass sie es einfach anders gemacht hat und damit vielleicht Aufmerksamkeit erregte. Das Lachen ergäbe sich dann aus der Erinnerung an diese Situation. Eine weitere Lesart wäre, dass sich ihr Lachen auf den Begriff "gelehrt" bezieht, der ja sofort mit einem "beziehungsweise" wieder eingeschränkt wird. Vielleicht erscheint ihr der Ausdruck Lehre, so wie er vielfach inhaltlich methodisch im Universitätssystem verstanden wird, für das, was sie macht, etwas seltsam und sie muss deshalb lachen. Das muss nicht bedeuten, dass ihr eigenes Selbstverständnis nicht das einer Lehrenden ist. Jedoch ist ihre Art der Lehre wesentlich praxisorientierter und damit vom Theoriediskurs der Universität unterschieden. Damit fällt Frau Neuhaus zwar keiner Theoriefeindlichkeit anheim, aber ihre Lehre muss für sie über den Theoriediskurs hinausgehen und durch die Praxis geerdet werden. Ihr Ansatzpunkt ist in ihren Seminaren die Praxis und es scheint auch so zu sein, dass die Praxis und das Handeln für sie der eigentliche Zugang zu dem, was sie vermitteln will, ist. In der Art, wie sie ihr Universitätsseminar gestaltet, wird sehr deutlich, dass ihr Vorgehen kein theoriegeleitetes deduktives Vorgehen ist, sondern eher den Ansatzpunkt in der Praxis sucht.

6N Und das hat mir sehr viel Spaß gemacht, hat auch viele Rückkoppelungen hier für meine Arbeit gehabt (I Mhm)
8N bestimmte Themen, wie z. B. auf die ich nicht unbedingt gekommen wäre, das Thema Einsamkeit bei jungen Leuten z. B. das ist nen direktes Ergebnis, ham wir dann später als Dossier gemacht, direktes Ergebnis die dieser Unidiskussion.

Die Arbeit, Lehre und Redaktion, lebt vom gegenseitigen Geben und Nehmen. Im Verhältnis zu den Studierenden gibt es über das Lehrerin-Schülerinnen-Verhältnis hinaus also auch die Ebene des Lernens von den Studierenden. Dazu passt und wird dadurch verstärkt, dass Frau Neuhaus insgesamt – wie schon herausgearbeitet – die Ideen und Anregungen von anderen sehr ernst nimmt und keinen Anspruch auf Alleingang erhebt. Hier vereint sie zwei Seiten: zum einen macht ihr die Arbeit Spaß, sie kann etwas von dem vermitteln, was ihr wichtig ist und zum anderen erhält sie Einblick in das, was Studierende oder allgemeiner die jüngere Generation gerade beschäftigt, was sie ihrerseits für ihre Arbeit verwerten kann. Eine andere Lesart wäre, dass sie den Lehrauftrag aus strategischen Gründen durchführt in dem Sinne: 'wenn ich in die Universität gehe, kann ich neue Ideen für meine Arbeit bekommen'. Wenn jedoch reine Verwertbarkeitsgründe für ihre eigene Tätigkeit sie bewegen würden, könnte sie nicht so engagiert davon erzählen und die Arbeit würde ihr auch keinen Spaß machen.

Indem sie für die Rückkoppelungen sofort ein konkretes Beispiel gibt, bleibt ihre Aussage nicht im Allgemeinen, sondern gewinnt an Konkretheit. In dieser Sequenz wird der bereits vorher festzustellende unmittelbare Praxisbezug von Frau Neuhaus nochmals deutlich. Der Aspekt, die Ergebnisse der 'Unidiskussion' in die Zeitschrift mittels eines Dossiers einzubringen ist für sie ein wichtiges Motiv. Eine weitere Frage ist die, ob sie den Studierenden auch die Möglichkeit gibt, gute Beiträge in ihrer Zeitschrift zu veröffentlichen oder ob sich der Gebrauch des "wir" hier ausschließlich auf die Redaktion bezieht.

Es erscheint an dieser Stelle lohnenswert, noch einmal der Frage nach ihrer Motivation, in der Universität Lehraufträge abzuhalten, nachzugehen. Mehrere Möglichkeiten bieten sich an: a) es könnte ihr um Status und persönliche Reputation gehen; b) sie weiß nicht so recht, wie man mit kreativen Leuten umgeht und geht deshalb an die Universität, denn da kann sie sich auf abstrakte, rein theoriegeleitete Inhalte zurückziehen; c) die Arbeit macht ihr Spaß, sie ist engagiert und es ist ihr wichtig, ihre Begeisterung auch weiterzugeben. Dass es Frau Neuhaus nicht um Status geht, wurde aus der bisherigen Interpretation deutlich. Damit wird nicht geleugnet, dass ihr das Ansehen, das sie mit ihrer Tätigkeit erlangt, nicht willkommen ist, allerdings erfolgt ihre Profilierung dabei über die Inhalte und nicht über den Status. Gegen die zweite Lesart spricht zum einen, dass sie in ihrer Redaktion mit kreativen Leuten zusammen arbeitet und zum anderen, dass sie sich in dem Bereich der Printmedien, in dem sie arbeitet, kaum auf hochwissenschaftliche Diskurse zurückziehen kann. Ein weiteres Argument gegen Lesart b) ist, dass sie dann ihre Seminare inhaltlich anders gestalten würde. Vermutlich würde sie sich viel stärker auf die abstrakte Theorieebene zurückziehen und nicht gemeinsam mit den Teilnehmern praxisorientiert an einem Thema arbeiten. Beim momentanen Stand der Analyse spricht am meisten für Lesart c): für ihr Engagement für die Inhalte und für ihre Lust an der Arbeit und den Menschen. Wenn sie dieses Engagement nicht hätte, würde sie wahrscheinlich den Lehrauftrag nicht übernehmen, denn er bedeutet für sie ja auch eine zeitliche Belastung, die zu der übrigen Arbeit in der Redaktion noch hinzukommt.

An dieser Stelle kann eine erste *Strukturhypothese* formuliert werden: Frau Neuhaus handelt in ihrem Beruf aus einem hohen Selbstbewusstsein und Selbstvertrauen heraus, das in einem klaren Glauben an und Vertrauen in ihre Kompetenz gründet. Sie legt deutlichen Wert auf selbstbestimmtes Handeln und ist in dieser Selbstbestimmung zugleich sozial verbunden. In ihrer beruflichen Praxis ist Handlungsorientierung ein wesentliches Element in dem, was sie sagt und tut, und in dem, wie sie dieses sagt und tut, ist sie auf Praxis ausgerichtet. Letztes Kriterium für Frau Neuhaus ist folglich immer die Praxis.

Im Folgenden wird zu untersuchen sein, ob und inwieweit sich diese Handlungsorientierung und Gestaltung ihrer beruflichen Lebenspraxis weiterhin bestätigt.

4.2.1.2 "Zum Schreiben braucht man Talent"

11I Ja, ja das ist klar. Schreiben Sie auch selber?

I. fragt jetzt nach, ob Frau Neuhaus auch noch selber schreibt. Dahinter steht wahrscheinlich der Gedanke, das es sinnvoll ist, dass auch eine Chefredakteurin selbst in der Praxis ist, wenn sie mit Journalistinnen und Journalisten umgeht und Journalismus lehrt.

12N Zu wenig eh also ich hab ehm immer versucht, so zwei drei größere Stücke im Jahr zu schreiben, ist in letzter Zeit irgendwie ehm bin ich nicht dazu gekommen, weil das bedeutet eigentlich, dass man's am Wochenende machen muss also das kommt noch oben drauf und ich hatte einfach keine ... Lust. Es ist trotzdem wichtig, das ab und zu zu tun, weil ehm weil man ständig anderer Leute Texte beurteilt, dann is es gut, wenn die wissen, das man es selber auch noch kann. Also eh das is einfach so ne ehm ... man nich aus dem hohlen Bauch eh eh heraus entscheidet, sondern weil man selber auch weiß, wie schwer es ist, oder eh wie bestimmte Sachen gehn, wie wie man sich in ehm bestimmten Interviewsituationen fühlt und so weiter. Also man kann einfach besser argumentieren, auch wenn man es selber immer wieder macht.

Die oben geäußerte Vermutung von I. wird hier deutlich bestätigt. Die Begründungslinie für das eigene Schreiben ist folgende: Es ist für die anderen besser zu wissen, dass sie selbst noch schreibt. Also handelt es sich um eine Begründung im Hinblick auf diejenigen, die beurteilt werden. Sie hätte auch sagen können, dass das eigene Schreiben deshalb wichtig ist, weil immer die Texte von anderen beurteilt werden. Darum geht es Frau Neuhaus jedoch nicht in erster Linie, sondern im Mittelpunkt steht vor allem, dass ihre Beurteilung von den anderen anerkannt wird. Es handelt sich letztlich um eine Frage von Autorität und deren Anerkennung. Diese gründet sie eindeutig nicht auf Macht, sondern in dem sie auf inhaltliche Zustimmung setzt. Sie will ihren Mitarbeitern zeigen, dass sie auch noch schreiben kann, damit ihre Beurteilung für die anderen überzeugend ist. Ferner erhält sie über ihr eigenes Schreiben auch immer wieder einen Zugang zu den mit dem Schreiben u. U. verbundenen Schwierigkeiten. Gleichzeitig fördert sie durch ihren Umgang mit dem Thema eine offene und angstfreie Atmosphäre.

15I Braucht man viel Talent zum Schreiben?
16N Ja, ja eindeutig. Ja, es gibt, ich hab das auch bei den bei den Unileuten immer wieder erlebt, ich erleb es hier eigentlich immer wieder mit Journ mi auch mit Journalistenschülern, ehm mit mit Handwerk und eh viel Übung und ehm ... pfff ja indem man sich weiter-

bildet und und viel liest und viel aufnimmt und so weiter kann man, wenn man nicht besonders begabt ist, ein ganz guter Journalist werden, der sein ja ganz ordentliche Artikel schreibt, aber ein richtig, ein Kisch-Preisträger wird man nicht werden und eh also eh bestimmt es gibt ganz eindeutig so was wie ne Begabung. Ich hab auch immer wieder die Studenten gehabt, die ehm sich wahnsinnige Mühe gegeben haben und recherchiert und eh eh alles gemacht haben, was man so tun kann und trotzdem war es eine langweilige Geschichte, sie hatte einfach keine Spannung oder sie war sie hat, sie ham einfach eine bürokratische Sprache, die auch durchs Studium noch gefördert wird, also so'n substantivisches Deutsch z. B. ehm da wird der ein oder andere vielleicht mal nen Durchbruch haben, aber in der, ich denke mal, ne wirkliche Begabung erkenne ich schon, also das ehm. Wir ham auch hier solche Beispiele gehabt, das ganz junge Redakteurinnen plötzlich die schwierigsten und kompliziertesten und eh sprachlich eh auch anspruchsvollen Geschichten schreiben konnten, also eine eine 23jährige, die hat auch einen Preis dafür bekommen, hat eine Reportage über eine ein Sterbehospiz geschrieben, die einfach grandios ist, die nicht kitschig, aber gefühlvoll die die de dn eh wo man sich d die Situation plastisch vor Augen hat, wie die Menschen dort leben oder sterben, ehm die einfach nur anrührend war eh ohne eben irgendwie kitschig zu sein und das ist einfach absolut eine Begabung, also

Auch in diesen Ausführungen ist erneut zu beobachten, dass sie von der unmittelbaren Praxis, von ihrer Erfahrung ausgeht und nicht von Theorie. In der Ausdifferenzierung ihrer Position unterscheidet sie zwischen Talent und Handwerk. Sie will das Handwerk nicht abwerten, aber es gibt noch viel mehr. Das Talent fungiert so auch als Selektionsmechanismus zwischen den soliden Arbeitern, die aber nie den wirklichen Durchbruch haben werden bzw. keinen Kisch-Preis erhalten, und den Begabten, die an die Spitzen vordringen können. Ihre Überzeugung wird auch hier wieder mit einem Beispiel aus ihrer Erfahrung belegt. Vielleicht will sie an dieser Stelle auch folgendes deutlich machen: Wer eine gute Geschichte schreiben will, muss eine Begabung dafür haben, die reale Lebenspraxis mit in die Geschichte hineinzunehmen. Der Journalist/die Journalistin braucht die Begabung, die Lebenspraxis so spannend wahrzunehmen wie sie ist, und muss dies dann noch so mit in die Sprache aufnehmen können, dass die konkrete Lebenspraxis in der Sprache noch spürbar ist. Das wäre dann die Begabung, von der sie spricht.

Dadurch, dass sich Frau Neuhaus zuspricht, eine solche Begabung zu erkennen, transportiert sie ihr Selbstbewusstsein auch hier wieder über ihre Kompetenz, nämlich über die Kompetenz, Begabungen zu erkennen. Frau Neuhaus formuliert kaum Postulate oder Wünsche, sondern belegt das, was sie sagt, mit Beispielen aus ihrer Praxis. Mitzubedenken ist dabei natürlich, dass ihre Aussagen auch ihre Konstrukte sind und deshalb nicht die 'objektive Realität' widerspiegeln. Dass sie ihr Selbstbewusstsein nicht über Status und Titel definiert, wurde schon mehrfach herausgearbeitet. Hier tritt eine weitere Komponente hinzu: Ein wichtiges Fundament für ihr Selbstbewusstsein ist ihre Begabung, die sie durch Handwerk und Erfahrung ausgefaltet hat. Das Phänomen Begabung bei sich und anderen scheint für Frau Neuhaus etwas sehr Wichtiges und Zentrales zu sein, vielleicht deshalb, weil es nicht selbst erworben ist.

4.2.1.3 Zwischen Sach- und Beziehungsorientierung

Im Vorausgehenden war schon mehrfach die These erhoben worden, dass Frau Neuhaus neben ihrer starken Sachorientierung und Zielgerichtetheit gleichzeitig beziehungsorientiert handelt. Inwieweit diese These zutreffend ist, soll in folgenden Interakten untersucht werden.

23I Und zu dieser Mitarbeit im Team, sie sagten ja eben Journalisten oder Redakteure sind kreative Leute, wollen pfleglich behandelt werden, können Sie das noch en bisschen näher ausführen, was Ihnen da sehr wichtig ist an der Zusammenarbeit?
24N Ehm Also mir ist unglaublich wichtig eh das Thema Motivation

I. fragt jetzt nach der Zusammenarbeit, worauf Frau Neuhaus nicht mit einer allgemeinen Bemerkung antwortet, sondern unmittelbar ihr wichtigstes Anliegen benennt. Frau Neuhaus will in ihrer Kritik konstruktiv sein und dazu ermutigen, den jeweils eigenen Stil zu entwickeln und die Mitarbeiterinnen in ihren je eigenen Begabungen zu fördern.

26N weil ehm Leute, die in die innere Emigration gehen, können ehm viellleicht noch in ner Versicherungsgesellschaft eh irgendwie noch den Computer bedienen, aber nicht eh eh ehm kreativ arbeiten, können also nicht eh schreiben nicht mehr so gut ham keine Ideen mehr eh das eh ist jetzt mal ganz egoistisch so sozusagen son Arbeitergeberstandpunkt und ne schlechte Stimmung in der Redaktion schlägt sich auf'n Blatt nieder, ganz eindeutig, ehm das kann man nie nachweisen und die Leser merken's auch ganz lange nicht, aber es vermittelt sich doch über nen längeren Zeitraum und das ist, das kann man nicht wollen, da das da sich so'n negative Grundhaltung irgendwie vermittelt und was mäklerisches und ehm ja oder was ehm Besserwisserisches z. B. daraus entsteht. ...

Das Thema der Motivation wird jetzt weiter ausgefaltet. Sie beginnt mit den Interessen für das Blatt. Ihr "Arbeitgeberstandpunkt" ist ihr sehr bewusst. Sie zeigt einen sehr offenen Umgang mit diesem Thema und versucht nicht, dieses Interesse zu leugnen. Ferner zeigt sic sich hier auch ihrer Position angemessen, sie hat das Gesamtsystem im Blick und kann die langfristige Wirkung von Unstimmigkeiten einschätzen.

Ehm. ... Ich hab eher mal Probleme mit Ressortleitern oder Ressortleiterinnen, die nicht gut sind in Sachen Motivation, die ehm das ist da kommt dann auch oft die Männer-Frauen-Thematik rein, die also ehh nachdem jemand drei Wochen in Guatemala irgendwie sich durch den Dschungel geschlagen hat, dann schließlich sein Manuskript bringt und der Ressortleiter sagt: "Prima", das ist einfach zu wenig, da muss man sich dann schonmal die Geschichten anhören, was da noch am Rande war und auch mal mitfühlen und mal zeigen, Mensch es war klasse, das du das überstanden hast und wie wars denn so. Also da so ne, zu sehr Matter of Fact, ja klasse die Geschichte ist da, vielen Dank, das geht natürlich nicht, aber da gibts da so einige, die das so draufhaben, weil die selber auch diese Motivation vielleicht nicht brauchen und dann von sich aus auf andere schließen, aber das is ... eh das is sehr schlecht, da das muss ich dann auch oft auffangen, dann kommen die dann zu mir und dann hör ich mir das alles an.

Das Thema Motivation und dessen Bedeutung sowie ihre Einstellung und Haltung dazu und der Umgang damit ist für Frau Neuhaus klar. Ihr momentanes Interesse liegt zwar immer noch auf dem Thema Motivation, aber mit dem Focus darauf, wie manche, vor allem männliche Abteilungsleiter ihre Mitarbeiter und Mitarbeiterinnen motivieren oder demotivieren. In ihrer Kritik wird ihre eigene Einstellung sehr deutlich. Frau Neuhaus spricht eindeutig aus einer beziehungsorientierten Haltung mit einem authentischen Interesse am Menschen heraus. Dabei wird gerade nicht die so genannte 'Arbeitgeberseite' aus dem Blick verloren, aber würde sie ausschließlich eine rein strategische Haltung vertreten, dann würde sie nicht die Energie investieren, sich die 'Geschichten' ihrer Mitarbeiter anzuhören. Diese Authentizität in den Beziehungen ist nur dann möglich, wenn Frau Neuhaus neben dem Grundinteresse an der Person auch eine grundlegende Neugier am Menschen und den sozialen Beziehungen hat. Gleichzeitig ermöglicht diese Haltung, dass das "dann muss man mal" nicht zu einer Abwertung wird. Die Beziehungsorientierung als Haltung bei Frau Neuhaus, die im Bisherigen immer schon vermutet wurde, klärt sich an dieser Stelle in eindeutiger Weise.

Auf der Metaebene bringt Frau Neuhaus ihr Bewusstsein bezüglich der Mann-Frau-Thematik ein. Männer sind, so Frau Neuhaus, in der Regel viel stärker sach- und kognitionsorientiert und verfügen nicht bzw. weniger über die Fähigkeit, sich in die Bedürfnisse anderer Menschen hineinzudenken. Ferner schließen sie zu schnell von sich auf andere. Sprach sie zu Beginn des Interaktes den Arbeitgeberstandpunkt an, so macht sie ihn an diesem Beispiel in einer negativen Kontrastfolie deutlich. Das Fehlen einer sozialen Haltung führt zu diesem Standpunkt, während sich in ihrer Haltung beide Interessen, das Interesse an einem guten Blatt und das Interesse an motivierten Mitarbeitern in positiver Weise miteinander verbinden lassen. Ihre Haltung schafft damit eine Atmosphäre des Vertrauens, was daran deutlich wird, dass die Mitarbeiterinnen die Ebene der Abteilungsleiter überspringen und mit ihren Anliegen zu ihr kommen. Das wurde auch schon im Interakt 2 klar, weil sie die Texte schon in der Urfassung liest, es somit wenig Scheu seitens der Mitarbeiter zu geben scheint, auch unfertige Produkte vorzulegen.

4.2.1.4 "Wo das Herz schlägt"

33I Und was macht Ihnen persönlich am meisten Freude bei der Arbeit, wo schlägt so Ihr Herz?
34N Ja, wenn man was in Bewegung setzen kann. ...

In der Beantwortung der Frage wird kein thematisch-inhaltlicher Zugang gewählt, sondern ein kategorialer, unter den sich viele verschiedene inhaltliche Themen subsumieren lassen. Wenn jemand etwas bewegen will, dann beinhaltet das Veränderungswillen, entweder Veränderung zu etwas Besserem hin oder Veränderung, um Statik und Stillstand zu vermeiden. Die hier gewählte Formulierung erscheint als Paradoxie, weil einerseits 'Bewegung' 'Veränderung' impliziert, andererseits 'setzen' jedoch die Statik festschreibt. Daraus ist zu schließen, dass das Veränderte zunächst einmal Statik erlangen soll. Damit wird die Lesart plausibel, dass der Wunsch nach "in Bewegung setzen" auf eine Veränderung zum Besseren zielt, die dann vorerst erhalten bleiben soll. Als Bezugspunkte erscheinen aus dem inneren Kontext des Textes zwei Gebiete, auf die sich dieser Veränderungswillen beziehen kann, plausibel: a) Veränderung innerhalb des beruflichen Feldes, also in der Redaktion hinsichtlich Innovation und Fortschritt; b) Veränderung im Hinblick auf gesellschaftliche Fragestellungen, insbesondere hinsichtlich Frauen betreffender Themen, die durch das Medium der Zeitschrift forciert werden können.

Also wenn eine Reportage bei uns bewirkt, dass ein Moskauer Kinderkrankenhaus für die nächsten drei Jahre Medikamente hat. Eh, wenn eh wir ne 218-Aktion machen eh die wirklich d den Bundestag erstmal erschüttert, da nämlich sämtliche deutsche Frauenzeitschriften sich zusammengeschlossen haben. So was mache ich wahnsinnig gerne, da könnt ich auch also schmeiß ich mich auch richtig rein. ...

Die Konkretion und die Handlungsoption zeigen, dass Lesart b) für Frau Neuhaus an dieser Stelle im Vordergrund steht. Wenn es um das Eigentliche geht, um das, an dem ihr Herz hängt, dann geht es – inhaltlich – um ihr soziales Engagement. Auf der Strukturebene erweist sich das Eigentliche als die Praxis, als das Handeln. Von der strukturellen Seite her betrachtet legt der Habitus der autonomen Handlungsorientierung bei Frau Neuhaus eine unmittelbar inhaltliche Beantwortung der Frage nicht nahe. Der Habitus richtet sich auf Aktivität, auf Veränderung und darauf, eine Aufgabe zu bewältigen, die Sinn macht, so z. B. für etwas Sorge zu tragen. Dieser Habitus wird nochmals in der Art der Sprache und Rede sehr klar.

Aber auch, wenn ehm wenn wir einfach gute Qualität liefern, wenn wir nen Dossier haben, wo wir was weiß ich also Herrn Drewermann dazu gekriegt haben, dass er nen Interview gibt, oder ehm es einfach so klasse geschrieben is, dass man selber eh schon beim Lesen des Manuskriptes sich freut. ...

Qualitativ gut arbeiten heißt erfolgreich arbeiten und Erfolg haben. Erfolg aufgrund von Qualität wurde schon oben, dort allerdings stärker implizit ausgeführt. Aufgrund der Tatsache, dass Frau Neuhaus ihre berufliche Identität auf fachlich-inhaltliche Kompetenz begründet, ergibt sich diese Aussage in logischer Konsequenz aus diesem Habitus. Es zeigt sich deutlich, dass sie neben der fachlichen Einschätzung von Texten gleichermaßen einen stark emotionalen Zugang hat. Diese Wahrnehmung ihrer Emotionen gegenüber einem Text ermöglicht ihr, sehr nah an den Reaktionen der Leserschaft zu sein, denn diese beurteilt in erster Linie emotional und nicht fachlich. Daraus ergibt sich, dass sie die Qualität eines Textes sehr genau einschätzen kann.

Ehm, wenn man eh sieht auch wie, also einfach da ja wenn man da dann auch Leserreaktionen hört oder wenn man drauf angesprochen wird, das war aber nen tolles Dossier, also so schon dieses ehm oder vor allem natürlich auch nur vom Kollegen kommt auch sehr gut, ne wenn im M. diskutiert wird, dass unser Thema ist schlechter als als das in der G. war oder so, das freut einen dann auch. Ehm. Also schon ehm ... diese Freude daran, wenn was gelungen ist. Ne und wenn das dann auch ne Wirkung hat.

Der dritte Punkt, der ihr für die Beantwortung der Frage nach dem, woran ihr Herz hängt, wichtig ist, ist die positive Kritik von anderen. Dabei gibt es Unterschiede. Es gibt die Leserreaktionen, die einen Rückschluss auf den Erfolg beim Publikum erlauben. Damit ist stärker der Bereich der emotionalen Rückmeldung angesprochen. Ferner gibt es die Rückmeldung aus dem Kollegenkreis, die eher Rückschlüsse auf die fachlichen Aspekte zulässt. Die dritte Möglichkeit der Rückmeldung liegt in der Diskussion eines eigenen Beitrags in einem Blatt der Konkurrenz. Letztgenannte Rückmeldungsform hat die größte Breitenwirkung, da diese wieder veröffentlicht wird.

In allen drei von ihr angesprochenen Punkten wird deutlich, dass das, was ihr beruflich am Wichtigsten ist und am meisten Freude macht, dem herausgearbeiteten Habitus der Handlungs- und Erfolgsorientierung sowie der Sozialität im Sinn der Beziehungsorientierung entspricht.

4.2.2 Die religiös-biographische Orientierung

4.2.2.1 Die Herkunft aus dem katholischen Milieu

61I Ja, ja. Sie haben ja eingangs en bisschen schon Ihre Biographie skizziert, beruflich eh und so weiter, dass Sie sehr früh ja schon in d in den Journalistenberuf gegangen sind. Können Sie vielleicht noch ein bisschen was über Ihre Jugend, Kindheit erzählen und auch in Bezug auf Ihre religiöse Entwicklung und Erziehung, wie Sie aufgewachsen sind? Was es da für Stationen gab?

Von dem berufsbiographischen Teil des Interviews leitet I. nun zum religiösbiographischen Teil über und bittet Frau Neuhaus, anknüpfend an die schon erwähnten biographischen Notizen, etwas über ihre religiöse Biographie zu erzählen.

62N Also ich bin streng katholisch, nicht streng, also ich bin katholisch erzogen ...

Im ersten Halbsatz wird eine grundsätzliche Aussage zur eigenen religiösen Biographie gegeben. Diese bildet damit sozusagen die Folie für das Folgende, das Frau Neuhaus erzählen wird. Vermutlich wird sie diese allgemeine Aussage inhaltlich füllen, gleichzeitig wird die Leserin/der Leser das Folgende auf der Folie dieser biographischen Einschätzung hören. Die Erzählung der eigenen religiösen Biographie mit einer solchen die Gesamtsituation und -atmosphäre umschreibenden Formel zu beginnen ist häufig in biographischen Erzählungen zur Religiosität zu finden. Ähnlich wie in der Erzählung ihres beruflichen Werdegangs beginnt Frau Neuhaus auch hier wieder chronologisch und setzt bei ihrer Erziehung an. Eine andere Möglichkeit wäre, mit der Benennung der eigenen religiösen Verortung zu beginnen und dann auf die biographische Entwicklung zu sprechen zu kommen.

Auffallend ist hier, dass Frau Neuhaus ihre spontane Einschätzung "streng" katholisch erzogen worden zu sein, unmittelbar zugunsten der Formulierung "ich bin katholisch erzogen" zurücknimmt. Für beide Formulierungen antizipiert sie – in diesem Fall mit Recht – bei I. das notwendige unausgesprochen mitschwingende Hintergrundwissen, das nötig ist, um diese Formulierungen in ihren Bedeutungsgehalten einschätzen zu können. Dass I. die intendierten Bedeutungsgehalte versteht und die Nuancen unterscheiden kann, zeigt sich auch daran, dass sie keine weitere Nachfrage stellt. Für die Zurücknahme bieten sich verschiedene Lesarten an: a) aus heutiger Distanz erscheint ihr ihre religiöse Erziehung spontan als streng, in der Reflexion aber eher als katholisch ohne den Zusatz der Rigidität; wenn das Katholischsein mit einem Adjektiv versehen werden soll, so könnte die Formulierung "gut katholisch" verwendet werden; b) die religiöse Erziehung war de facto streng, Frau Neuhaus will dies jedoch öffentlich so nicht zugestehen und so wird die spontane Äußerung zurückgenommen und abgemildert. Insgesamt deutet diese Formulierung auf eine innere Distanz zu dieser Erziehung hin. Nur aus der Distanz heraus lässt sich eine solche Einschätzung vornehmen. Ferner lässt sich aus der Aussage vermuten, dass Frau Neuhaus in einem katholischen Milieu aufgewachsen ist.

in der Diaspora, eh die Familie stammt auch aus dem O., also so ner katholischen Enklave und seit meiner Mutter aus dem R. ehm. Meine Mutter war schon eh eh leicht gebrochen in ihrem Katholizismus, die is ganz extrem streng aufgewachsen, jeden Tag in die Kirche und allem drum und dran. ...

Das Aufwachsen im katholischen Milieu bestätigt sich hier. In ihrer biographischen Erzählung geht Frau Neuhaus sehr weit zurück und benennt auch die Herkunft ihrer Eltern. Daran wird deutlich, dass beide Eltern aus katholischen Gegenden stammen. Die katholische Verwurzelung der Familie ist biographisch sehr stringent, umso erstaunlicher, dass ihre Mutter bereits etwas gebrochen in ihrem Katholizismus war. Zu fragen ist hier, wie sich diese innere Gebrochenheit auf Frau Neuhaus ausgewirkt hat. Die Tatsache, dass sie an dieser Stelle erwähnt wird, weist auf eine Bedeutung für Frau Neuhaus hin. Die Mutter kann ihre Gebrochenheit offen oder verdeckt gelebt haben, d. h. sie kann ihre Ambivalenzen veröffentlicht haben oder aber sie war innerlich gebrochen, hielt aber nach außen hin den Eindruck des traditionell verwurzelten Katholizismus aufrecht. Dass die zweite Möglichkeit als die wahrscheinlichere erscheint, wird dadurch gestützt, dass die Familie in einer Enklave, einem geschlossenen katholischen Milieu lebte und es vermutlich kaum möglich war, sich öffentlich anders zu verhalten oder anderes zu denken, ohne negative Konsequenzen befürchten zu müssen. Die extrem strenge

Erziehung der Mutter wird hier quasi als Begründung oder Erklärung für die Gebrochenheit der Mutter angeführt. Auffallend ist, dass der Vater außer in der Bezeichnung seiner Herkunft noch keinerlei Erwähnung fand. Entweder spielt er für die Erziehung keine Rolle, was dem damaligen Familienbild entspräche, und/oder der Vater hat in diesem Punkt keinen nachhaltigen Einfluss auf Frau Neuhaus gehabt. Eine andere Möglichkeit wäre, dass der Vater nicht anwesend ist, entweder weil er gestorben ist oder aufgrund einer Trennung.

Eh und sie hatte schon ein etwas gespaltenes Verhältnis zum Katholizismus, hat das aber erst eigentlich erst so richtig rausgelassen (leichtes Auflachen) sag'm wir mal als wir in der Pubertät waren. Ehm. ...

Die Gebrochenheit wird unmittelbar erneut aufgenommen. Als Vermutung legt sich ein Einfluss auf Frau Neuhaus' eigenes Verhältnis zur Kirche nahe, insofern diese Gebrochenheit eine Kritik innerhalb des ansonsten geschlossenen katholischen Milieus ermöglichte. Hinsichtlich des Zeitpunktes der Veröffentlichung der eigenen Gebrochenheit lassen sich verschiedene Lesarten formulieren: a) es gab zu diesem Zeitpunkt einen wichtigen inneren oder äußeren Anlass für die Mutter, aufgrund dessen sie sich entscheidet, davon zu erzählen; b) es gab bei den Kindern ein entsprechendes Ereignis, das sie dazu bewegte; c) sie wollte den Kindern eine eindeutige kohärente Erziehung mitgeben und sie nicht durch ihre Gebrochenheit Ambivalenzen aussetzen und ging davon aus, dass die Pubertät der Zeitpunkt ist, an dem die Kinder von ihrer Entwicklung her so weit sind, um diese Ambivalenzen verstehen zu können; d) wenn der Grund ihrer Gebrochenheit in der kirchlichen Sexualmoral lag, dann ist die Pubertät der Zeitpunkt, an dem auch für die Kinder die Sexualmoral der Kirche virulent wird. Da sie selbst extrem streng aufgewachsen ist, will sie diese Erziehung so nicht an ihre Kinder weitergeben, und deshalb kann die Pubertät der geeignete Zeitpunkt für die Mutter gewesen sein, ihre Gebrochenheit deutlich werden zu lassen.

Sie hat diese Doppelmoral in puncto Sexualität abgelehnt und auch schon durchaus so ne so ne Art Frauenbewusstsein entwickelt, eh dass die Kirche sozusagen eine Männerkirche ist. ...

Die Motivation für den Zeitpunkt der Veröffentlichung ihrer Gebrochenheit klärten sich an dieser Stelle. Es dreht sich um die Doppelmoral der Kirche bezüglich der Sexualität. Der Zeitpunkt des Virulentwerdens für die Mutter ist die Pubertät der Kinder. Vielleicht will sie ihren Kindern nicht zumuten, auf die gleiche Art und Weise mit der Sexualmoral der Kirche und der anstehenden Pubertät umgehen zu müssen wie sie selbst. Allerdings hat die Mutter – laut Frau Neuhaus – nur ein "leicht gebrochenes Verhältnis", das sie lange Zeit nicht veröffentlichte. Angesichts dessen wird deutlich, dass Frau Neuhaus in ihrer Mutter kein eindeutiges und geradliniges Beispiel für eine Kritik an der Kirche hatte, sondern vielmehr ein eher widersprüchliches. Von Seiten der Mutter ist es kein Bruch, keine öffentliche, sondern nur eine den Kindern gegenüber geäußerte oder gezeigte Kritik und dies auch zu einem sehr späten Zeitpunkt. Es ist aber auch keine völlige Identifikation mit der Kirche mehr vorhanden, es ist immer beides: Identifikation und Distanz. Dies legt den Schluss nahe, dass sich die beklagte Doppelmoral der Mutter durch die Uneindeutigkeit ihrer eigenen Person reproduziert. Als Hypothese wird hier formuliert, dass Frau Neuhaus genau diese Doppelmoral und die damit einhergehende Inkonsequenz ablehnt und dass die Ablehnung nochmals verstärkt wird durch das Erleben in der eigenen Familie.

Ehm. Ich durfte jahrelang (leichtes Auflachen bei der Erinnerung) nicht auftreten austreten aus der Kirche, ich wollte es schon mit sechzehn, siebzehn, eh weil, wir die einzige katholische Schreinereibetrieb und (leises Auflachen) ehm Innenausbaufirma in M.-Stadt hatten und da kriegte man eben die Aufträge von den katholischen Architekten. Meine Mutter hatte mich gebeten noch so lange ich zu Hause lebe, das nicht zu tun. Und ich bin dann später mit zweiundzwanzig oder was ausgetreten. ...

Interessant an dieser Stelle ist der Versprecher, denn er könnte bedeuten, dass Frau Neuhaus wirklich nicht auftreten durfte mit ihrer Distanz zur Kirche, die sie ja gehabt haben muss, wenn sie austreten wollte. Austreten zu wollen bedeutet auch, das eigene Denken und Meinen nicht zu veröffentlichen und nicht manifest werden zu lassen. Die Begründung für die Verweigerung der Erlaubnis des Austritts wird von der Mutter mit Bezug auf das katholische Milieu gegeben. Die diesbezüglichen Hypothesen von oben bestätigen sich hier. Für das geschlossene, in den sechziger Jahren noch regional intakte katholische Milieu wird hier ein sehr gutes Beispiel beschrieben: Gerade das katholische Unternehmertum konnte sich kein Abweichen von der Norm und damit ein Ausscheren aus dem Milieu leisten, wollte es nicht wirtschaftliche Einbußen hinnehmen. Hieran zeigt sich sehr deutlich, dass innerhalb des katholischen Milieus die Wirtschaftlichkeit nicht auf Leistung und Markt, also auf kapitalistischen Gründen beruht, sondern auf der Zugehörigkeit zum religiösen System. (vgl. 2.2.1)

Die Mutter, die aufgrund der Sexualmoral und den patriarchalen Strukturen gegenüber dem religiösen System eine ambivalente Haltung eingenommen hatte, konnte diese nicht veröffentlichen oder das System verlassen, weil damit ihre Existenzgrundlage gefährdet war. Dieser Umstand erstreckt sich nicht nur auf sie, sondern auch auf die Kinder. Insofern reproduziert die Mutter – wenn auch aus nachvollziehbaren Gründen – die von ihr beklagte Doppelmoral. Gleichzeitig verfügt sie in einem gewissen Maße über ihre Tochter mit, indem sie dieser auch nicht zugesteht, die Ambivalenzen aufzuheben. Das Bewusstsein über die elterliche als auch eigene Milieugebundenheit amüsiert Frau Neuhaus beim Erzählen. Amüsieren kann es sie deshalb, weil sie sich inzwischen daraus gelöst und eine Distanz dazu aufgebaut hat. Die Altersangabe des Austritts korrespondiert mit ihrer Loslösung vom Elternhaus (Besuch der Journalistenschule) und dem Moment, ab dem sie keine

Rücksicht mehr auf ihre Mutter und das Milieu nehmen musste. Damit erweist sich Frau Neuhaus erneut – jetzt auch in ihrem privaten Handeln – als zielgerichtet, konsequent und selbstbestimmt.

Im Erzählduktus fällt bei Frau Neuhaus erneut auf, dass sie zunächst einen Gesamteindruck von der erzählten Geschichte vermittelt, dann in die Einzelheiten geht und die zum Verständnis nötigen Informationen hinzufügt. Sie schildert also zunächst das, was geschehen ist oder was sie getan hat und begründet anschließend ihre Handlungsweise. Damit bewegt sie sich auf einer sehr handlungsorientierten Ebene. Dieses korrespondiert auch mit ihrem beruflichen Handeln und bestätigt damit erneut die Strukturhypothese. Auch im religiös-biographischen Teil wird also ihre Handlungsorientierung, ihre Eigenständigkeit und ihr Wunsch nach Selbstbestimmung sehr deutlich und damit die Strukturhypothese bestätigt.

Bisher hat Frau Neuhaus noch keinerlei inhaltlichen Gründe für ihren Kirchenaustritt angegeben. Nachdem nun schon mehrfach v. a. im Zusammenhang mit ihrer Mutter die Sexualmoral der Kirche und die sich unter Umständen bei Mitgliedern der Kirche daraus ergebende Doppelmoral erwähnt wurde, lässt sich vermuten, dass darin zumindest ein Grund für ihren Austritt liegt. Wenn sich diese Vermutung bestätigt, dann bestätigt sich erneut ihre Konsequenz und Geradlinigkeit. Dies wird weiter zu prüfen sein.

Ehm. Ich hab auch mal spä in der Zeit einen Kommentar geschrieben, der ehm diese Kirche ist ein Kreuz für Frauen hieß er, in dem ich das explizit nochmal erklärt habe, also auch zum Thema Abtreibung, dass ich eh also erstens diese Männerkirche, dass Frauen dort nichts gelten, ehm die doppelte Moral in puncto Verhütung, ...

Zu Beginn des Interviews wurde schon herausgearbeitet, dass Frau Neuhaus ein klares Interesse an gesellschaftlichen Fragestellungen und an Frauenthemen hat, das sie auch beruflich umsetzt. Dieses spiegelt sich in dieser Sequenz sehr deutlich wider. Um ihre persönlichen Erfahrungen mit Kirche zu verarbeiten, hätte sie auch einen persönlichen Erfahrungsbericht schreiben und veröffentlichen können. So wie es der Titel zeigt, geht sie jedoch über die rein persönliche Ebene hinaus und nutzt die Möglichkeit, das Problem auf der allgemeineren Ebene von a) Kirche in Gesellschaft und b) Situation von Frauen in Kirche zu behandeln. Sie setzt so ihre persönliche Erfahrung in Beziehung zu einer gesellschaftlichen Frage und zu einer gesellschaftlichen Institution. Damit schließt sie zum einen andere Frauen in ihre Erfahrungen mit ein und macht als Journalistin die Thematik der Frauen in der Kirche allgemeiner zugänglich. Dabei handelt sie nach der Maxime "das Individuelle ist politisch". Offensichtlich ist diese Herangehensweise, das Individuelle auf eine allgemeinere Ebene zu heben und auch auf der allgemeineren Ebene zu bearbeiten, eine Form der lebenspraktischen Verarbeitung persönlicher Erlebnisse und Erfahrungen bei Frau Neuhaus.

Zugleich wird an diesem Beispiel erneut die auch schon für das berufliche Handeln herausgearbeitete Handlungsorientierung sichtbar. Indem sie nicht auf der persönlichen Ebene bleibt, sondern ihre Erfahrungen mit der allgemeinen gesellschaftlichen Ebene in Verbindung bringt, setzt sie handlungsorientiert ihre Interessen um, um auch hier etwas zu bewegen. Auch dies wurde ja schon im ersten Teil deutlich. Darin liegt vermutlich eine Motivation zur Veröffentlichung, nämlich ausgehend von ihrem persönlichen Fall auf der gesellschaftlichen Ebene etwas zu verändern.

An dieser Stelle erfolgt ferner die Klärung ihrer inhaltlichen Beweggründe für den Kirchenaustritt. Sie erhebt dabei die gleichen Kritikpunkte wie ihre Mutter: die Sexualmoral und die Rolle der Frau in der Kirche. Wenn es um kirchliche Zusammenhänge geht, ist die Frage der Abtreibung von zentraler Bedeutung, darauf deutet das "also auch" hin. Sie scheint aber auch in besonderer Weise für Frau Neuhaus von Bedeutung zu sein. Auffallend ist an dieser Stelle jedoch, dass sich Frau Neuhaus von der Einstiegsfrage nach ihrer religiösen Biographie im Augenblick völlig wegbewegt hat und über konkrete Ereignisse spricht, durch die sie ihre Haltung verdeutlicht.

Als eine eigenwillige Formulierung ist die "doppelte Moral in puncto Verhütung" anzusehen. Die Kirche in ihrer eigenen Logik verfolgt keine doppelte Moral, sondern ist sehr klar. Entweder liegt hier eine unreflektierte Aussage vor, dass es, wenn es um Kirche geht, immer um Doppelmoral geht oder aber die doppelte Moral bezieht sich eher auf (katholische) Frauen, die an den moralischen Grundsätzen der Kirche festhalten, trotzdem aber Verhütungsmittel benutzen und dies nicht öffentlich machen. Der Titel des Artikels bezieht sich vielleicht genau auf diese Zerreißprobe für die Frauen, denen die Inhalte der Kirche wichtig sind, die sich aber zugleich nicht mit allen Maximen und besonders nicht mit denen der Sexualmoral identifizieren können. Darin genau besteht dann das "Kreuz für Frauen". Deutlich wird damit auch, dass sich Frau Neuhaus mit diesem Titel nicht so weit von der Kirche weg bewegt hat als dass ihr diese Dinge völlig gleichgültig wären, denn dann gäbe es kein Kreuz mehr. Auch daran zeigt sich, dass dieser Artikel eine Form der Verarbeitung ihrer Vergangenheit darstellt.

also das is jetzt zwanzig Jahre her oder was, zweiundzwanzig und habe in diesem eh Artikel auch geschrieben, dass ich abgetrieben habe. ...

Sich unabhängig von den Vorgaben der Kirche und der Gesellschaft zur damaligen Zeit für eine Abtreibung zu entscheiden zeugt von einer hohen Selbstbestimmung. Dabei ist letztlich nicht die Entscheidung für oder gegen eine Abtreibung das Ausschlaggebende – auch die Entscheidung, das Kind auszutragen hätte, getroffen in dieser Unabhängigkeit, dieselbe Qualität –, sondern die Entscheidung aufgrund der eigenen Kriteriologie. Die Veröffentlichung der eigenen Abtreibung, insbesondere vor zwanzig Jahren, zeigt eine hohe Risikobereitschaft sowie ein hohes Selbstbewusstsein, da die gesellschaftliche Situation zur damaligen Zeit noch eine andere als die heutige war.

Aufgrund der bisherigen Ergebnisse lässt sich festhalten: Frau Neuhaus zeichnet sich durch Risikobereitschaft und ein aktives Eintreten für ihre eigene Meinung aus. Das Recht der eigenen Entscheidung, also ihre Selbstbestimmung, ist ihr dabei äußerst wichtig; entscheidendes Kriterium ihres Handelns ist Konsistenz und Integrität.

Und da kam dann, das war also einer der ersten zu dieser Thematik, war'n auch glaub ich et etwa in de der Zeit vor diesen Stern Geschichten, oder nen bisschen später. ...

Die relativ genaue Zeitangabe erhält noch eine weitere Funktion, nämlich ihre diese Thematik betreffende Pionierfunktion deutlich zu machen. Ihr bereits festgestelltes hohes Selbstbewusstsein wird hier erneut greifbar. Großes Aufsehen hat die Abtreibungsthematik durch die Abtreibungsbekenntnisse von Prominenten im Stern erregt. Frau Neuhaus lässt in dieser Darstellung mitschwingen, dass der Stern gar nicht der erste war, der so etwas veröffentlicht hat, sondern dass sie mit ihrem Artikel schneller gewesen ist und der Stern das Thema danach aufgegriffen und im größeren Stil veröffentlicht hat. Frau Neuhaus scheut sich an dieser Stelle nicht, sich als einzelne Journalistin mit dem Stern insgesamt zu vergleichen.

Und bin dann hier also eingedeckt worden von diesen Lebensschützern mit Drohungen und Photos von Embryonen und sie wünschten mir, dass meine Kinder sterben, weil u so weiter. Also ehm das ham we ja jedesmal bei dieser Thematik, dass es hier die ehm da das es richtig organisierte Kampagnen dazu gibt. Eh wir ham's auch einmal nachgewiesen, da hab ich die alle nach Postleitzahlen ordnen lassen die Briefe und ehm das war'n immer der gleiche Wortlaut, also bestimmte Nester in Heidenheim oder sonstwo, wo die sich dann gleichen Wortlaut gleich da wird d das vervielfältigt und sonstwie und das macht natürlich erstmal auf auf Chefredakteure erstmal nen Eindruck, o Gott jetzt sind so viele .. dagegen. Also das is schon ... ehm. ...

Das "hier" deutet darauf hin, dass Frau Neuhaus diesen Artikel geschrieben hat, als sie schon eine Festanstellung innehatte, von daher war das Risiko vielleicht doch nicht so groß.

Es handelt sich hier insgesamt um eine sehr im Nachhinein gedeutete und konstruierte Fassung der damaligen Ereignisse, die Frau Neuhaus aus ihrer heutigen Perspektive erzählt. Sie berichtet nicht über ihre Empfindungen und Gefühle in der Situation, sondern aus der reflektierten Haltung einer Person heraus, die diese Ereignisse schon verarbeitet hat. Frau Neuhaus verfügt über die Fähigkeit, Sachverhalte treffend zu formulieren und Widersprüche aufzudecken. Ihr journalistisches Geschick wird an dieser Stelle sehr deutlich, indem sie die Abtreibungsgegner als Lebensschützer betitelt, ein Titel, der auch von diesen selbst reklamiert wird. Gleichzeitig wünschen ihr dieselben Menschen den Tod ihrer Kinder. Damit wird das paradoxe Handeln dieser Gruppe offengelegt und in ihrer eigenen Unglaubwürdigkeit und in ihrer Doppelmoral bloßgestellt.

Ähnlich wie beim beruflichen Handeln zeigt sich auch hier wieder, dass Frau Neuhaus sobald als möglich den Ausdruck 'wir' benutzt: Nicht 'sie' hat nachgewiesen, sondern 'wir' haben das nachgewiesen. Sie zeigt sich hier aber auch als diejenige, die die Dinge koordiniert und delegiert, wobei sie dann keinen Anspruch auf die Ich-Formulierung erhebt. Dass sie als Chefin der gedankliche Kopf der Aktion ist, hält sie jedoch bei aller Kooperativität mit anderen nicht zurück. Diese Haltung scheint insgesamt ihr Habitus zu sein.

Also in dieser Thematik bin ich eigentlich ziemlich resigniert, weil ehm ... da bewegt sich nun irgendwie gar nichts. Und wenn man sich so Extrembeispiele wie in' n USA anguckt, wo eh eh in Staaten Missisippi und Utah is es glaub ich, es gibt da noch einen einzigen Arzt, der Abtreibungen macht jeweils oder Ärztin ehm, weil es zwar legal ist, aber die der Druck auf die Ärzte so massiv ist, dass sich das s also wirklich bis zur Lebens- bis zum Morddrohung und auch Morden, die da passiert sind. Und dass eh Frauen nun wieder gezwungen sind eh ehm zu irgendwelchen Engelmacherinnen zu gehen, das ist einfach unglaublich, was sich w wie wenig sich da tut. Und auch bei uns ehm ich halte die Zwangsberatung für absurd, eine kein Psychologe nimmt irgend jemand, der ihm hinge-schickt wird, weil es gar nichts bringt, eh also ne Beratung, zu der ich gezwungen werde ist keine Beratung, das ist sozusagen nen Widerspruch in sich für mich. Und ehm bei der Vorstellung, dass meiner Tochter, obwohl wir wirklich eine meine Generation da so ge-kämpft hat, dass die dann vielleicht auch mal irgendwann dann von Pontius nach Pilatus laufen muss, weil sie vielleicht was weiß ich mitten im Examen zufällig schwanger wird oder so was. Das ist für mich schon ziemlich furchtbar.

Frau Neuhaus nimmt an dieser Stelle eine reflektierende Gesamteinschätzung der gesellschaftlichen Situation bezüglich der § 218-Problematik vor, die sie insgesamt bedrohlich erlebt. Die Ausführlichkeit, mit der sie auf dieses The-ma eingeht, macht deutlich, wie wichtig ihr dieses Thema ist, nicht nur für sich persönlich, sondern auch für alle anderen betroffenen Frauen. Nach dem kurzen Einschub ihrer damaligen persönlichen Situation als Redakteurin kehrt sie unmittelbar wieder auf die allgemeine Ebene der Abtreibungsprob-lematik insgesamt zurück. Ihr Engagement wird aus ihrer persönlichen Ge-schichte heraus sehr verständlich. Gerade in dieser Frage ist für sie das Indi-viduelle politisch. Im Rahmen ihres beruflichen Handelns klang im Zusam-menhang mit dem "etwas bewegen wollen" schon ein (soziales) Engagement an. Sie spricht zwar verbal von Resignation, aber die Art der Sätze und des Redens deuten nicht auf Resignation hin, sondern vielmehr auf Zorn und Ohnmachtsgefühle. Angesichts ihrer Formulierungen kommt nicht der Ein-druck auf, dass sie jetzt resigniert, nicht mehr das unternehmen wird, was in ihren Möglichkeiten steht. Man hat eher den Eindruck, dass dies ein Grund ist, trotz der Resignation weiter für ihre Interessen zu kämpfen. Dieses Enga-gement für die Dinge, die sie betreffen, findet sich hier am Beispiel der Ab-treibungsproblematik wieder. Ihr Engagement, 'etwas in Bewegung setzen zu wollen', das schon für das berufliche Handeln festgestellt wurde, zeigt sich hier erneut.

Insgesamt ist Frau Neuhaus bei der Frage nach ihrer religiösen Biogra-phie sehr schnell auf die Gegenwart und auf ein ihr persönlich sehr wichtiges Thema, das der Abtreibungsproblematik, zu sprechen gekommen. Daraus könnte einerseits geschlossen werden, dass die Gegenwart für sie momentan einen wichtigeren Stellenwert zu haben scheint als die Vergangenheit, denn sonst hätte sie ja sehr ausführlich über ihre Geschichte reden können. Eine andere Erklärungsmöglichkeit ist die, dass die Vergangenheit oder die Gegenwart – je nach Erzählperspektive – dann relevant wird, wenn es Parallelen oder Anstöße zu dem gibt, was erzählt wird. Hier war der Anstoß Frau Neuhaus' eigene Abtreibung gewesen, ein Ereignis der Vergangenheit, das quasi als 'Aufhänger' für die Schilderung ihrer gegenwärtigen Situation dient. Vielleicht ist auch der umgekehrte Fall denkbar. Dies würde bedeuten, dass es für Frau Neuhaus keine isolierte oder geschichtete[6] Vergangenheit gibt, die man erzählen kann, sondern dass es eine Geschichte nur in aktuellen Bezügen gibt, die auch heute praktisch relevant sind.

Strukturhypothese: Insofern alle Ereignisse bei Frau Neuhaus lebenspraktisch verarbeitet werden, gibt es die Lebensgeschichte nicht an sich, sondern nur in ihrer je konkreten lebenspraktischen Verarbeitung. In dieser lebenspraktischen Verarbeitung besitzt sie ihre Relevanz für die Gegenwart. Eine Form dieser lebenspraktischen Verarbeitung scheint die Handlungsorientierung zu sein, zu der persönliche Erfahrungen oder auch andere in irgendeiner Form bewegende Ereignisse motivieren. Dies wiederum geschieht durch Verlagerung der persönlichen Ereignisse von der privaten auf die systemische, also allgemeine, hier gesellschaftliche Ebene gehoben werden. Diese Hypothese der lebenspraktischen Verarbeitungsform ist im Weiteren zu untersuchen.

4.2.2.2 Die Zerissenheit in der Autonomie

63I Mhm. Und ehm welche Bedeutung hat Religion für Sie?

Nach der Frage zur religiösen Biographie fragt I. nun nach der heutigen Bedeutung von Religion für Frau Neuhaus. I. wählt hier den allgemeinen Begriff der Religion. Sie will auf die subjektive Bedeutung von Religion zu sprechen kommen und wählt eine Formulierung, die möglichst viel Freiraum lässt. Sie hätte auch nach der Bedeutung des Glaubens fragen können, diese Frage allerdings würde vermutlich einen unmittelbaren Konnex zum christlichen Glauben auslösen, da Glaube in unserem Kulturkreis in sehr enger Verbindung zum christlichen Glauben steht.

64N Ich wünschte, ich ich wäre gläubig, glaub ich (leichtes Auflachen). ...

---

6   Mit diesem Beispiel ist F. Schütze zu widersprechen, der aufgrund von narrativen Interviews davon ausgeht, dass die Vergangenheit sich in der narrativen Erzählung immer aufschichtet, d. h. die einzelnen bedeutsamen Ereignisse des Lebenslaufes in der Biographie aufschichten. Vgl. SCHÜTZE, 1984.

Frau Neuhaus greift allerdings den Sprachgebrauch von I. nicht auf, sondern siedelt sich genuin in der christlichen Terminologie an. Dies deutet darauf hin, dass sie, wenn die Rede von Religion ist, in erster Linie den christlichen Glauben assoziiert. Offensichtlich scheint es in ihrem Denken hinsichtlich Religion nur den christlichen Glauben und seine Institutionalisierung in Form der Kirchen zu geben. Das legt die Vermutung nahe, dass Frau Neuhaus wenig Zugang zu so genannten modernen religiösen Bewegungen hat.

Frau Neuhaus formuliert ihre Antwort als Paradoxon, mit zwei Konjunktiven und einer Vermutung am Ende des Satzes. Sie wäre gerne gläubig, gleichzeitig ist nicht nur die Gläubigkeit konjunktivisch formuliert, sondern auch der Wunsch, der durch die konjunktivische Formulierung in Zweifel gezogen wird. Die gesamte Aussage wird noch einmal im "glaub ich" bezweifelt. Als mögliche Lesarten zu dieser paradoxen Formulierung kommen in Betracht: a) Es gibt ganz vage den Wunsch nach einer wie auch immer gearteten Gläubigkeit, aber gleichzeitig das Wissen darum, dass es diese nicht gibt; b) es gibt den Wunsch nach Glauben, die Realisierung ist jedoch aufgrund der Tatsache, dass es für Frau Neuhaus kein (religiöses) System gibt, in dem die Gläubigkeit gelebt werden kann und der Katholizismus sich für sie als obsolet erwiesen hat, so unwahrscheinlich, dass auch der Wunsch nur noch hypothetisch formuliert werden kann; c) es gibt einen Wunsch nach Gläubigkeit, gleichzeitig jedoch eine große Unsicherheit, ob dieser Wunsch überhaupt da sein soll oder vielleicht auch da sein darf und dies aufgrund eventuell vermuteter Folgen wie z. B. den Verlust der eigenen Unabhängigkeit und Selbstbestimmung, so dass dem Wunsch kaum Raum gegeben wird; d) es gibt eine Hoffnung im Sinne einer allumfassenden tiefgründigen Lebenshoffnung, diese ist jedoch verborgen, dass sie zwar spürbar und tragend, aber nicht thematisierbar ist. Die Möglichkeit eines Bestehens dieser Hoffnung wurde oben schon einmal angesprochen.

Festzustellen ist eine Offenheit gegenüber der Frage nach einem Transzendenzbezug und eine wie auch immer geartete Auseinandersetzung damit. Vielleicht kann in der Interpretation soweit gegangen werden, eine Faszination oder Sehnsucht nach der Möglichkeit eines Glaubens festzustellen. Dies kann insbesondere dann vermutet werden, wenn Lesart d) angenommen werden kann. Würde Frau Neuhaus diesem Thema völlig gleichgültig gegenüberstehen, dann hätte sie anders geantwortet bzw. gesagt, dass diese Frage keine Bedeutung für sie habe. Frau Neuhaus beendet ihren Satz mit einem leichten Auflachen. Dies kann zum einen darauf hindeuten, dass ihr ihre eigenwillige Formulierung in dem Moment bewusst wird und sie deshalb auflacht. Das Auflachen kann aber zum anderen auch dahingehend gedeutet werden, dass hier ein sehr persönliches Thema angesprochen ist, über das im Alltag kaum geredet wird. Das Auflachen relativiert dann die Intimität dieser Aussage. Insgesamt kann zumindest angenommen werden, dass Frau Neuhaus in dieser spontanen Aussage etwas sehr Bedeutsames nennt.

Oder ich ich wünschte, ich hätte da nen besseren oder en engeren Zugang. ...

Mit dem "oder" beschreibt Frau Neuhaus entweder einen weiteren Wunsch oder sie benennt hier die Konkretion ihres Wunsches aus dem vorherigen Satz. Wiederum erfolgt die Formulierung sehr vorsichtig im Konjunktiv, sie 'wünscht' nicht einen besseren Zugang, sondern sie "wünschte, dass sie einen besseren Zugang hätte", wobei "besser" in "engeren" konkretisiert wird. Unklar bleibt, wozu sie sich diesen engeren Zugang genau wünscht. Zu denken ist in diesem Duktus a) an einen engeren Zugang zum Glauben und damit zu dem, was sie damit verbindet; b) gedacht sein kann auch ein religiöses System, zu dem sie sich einen engeren Zugang wünschte. Frau Neuhaus lässt das Referenzsystem ihres Wunsches offen. Eine inhaltliche Ausgestaltung ist vielleicht nur im Rahmen dessen möglich, was sie als religiöses System kennen gelernt hat und was aufgrund der negativen Erfahrungen mit diesem System abgelehnt werden muss.

Frau Neuhaus wünscht sich einen engeren "Zugang", gleichzeitig wird dieser Wunsch aufgrund der konjunktivischen Formulierung rein hypothetisch. Die Frage ist, was Frau Neuhaus denn bewegen könnte, diesen Wunsch zu haben. Gründe für den Wunsch nach einem engeren Zugang zu einem Glauben oder etwas Transzendentem können der Wunsch nach Geborgenheit, nach Angenommensein, nach Heimat, nach Hoffnung und Lebensperspektive sein, also nach Sinn, der Wunsch danach, nicht immer alles selbst entscheiden zu müssen. Dies wäre insgesamt der Wunsch nach Entlastung und Unterstützung. Gerade in der modernen Gesellschaft, in der der Mensch gezwungen ist, seine Entscheidungen immer begründet treffen zu müssen und in der es aufgrund der Vielzahl möglicher Handlungsoptionen und Sinndeutungssysteme kein System mehr gibt, das verbindlich Entscheidungen bereitstellt, der Mensch also immer wählen und seine Entscheidungen verantworten muss, ist dieser Wunsch nach Handlungsentlastung und Unterstützung für die Lebensführung in der späten Moderne typischer.

Die Befürchtung, die mit dem Zulassen dieses Wunsches einhergehen könnte, wäre die des Autonomieverlustes durch die Einordnung in ein solches sinnstiftendes und gleichzeitig entlastendes System. Durch ihr Aufwachsen in einem geschlossenen katholischen Milieu, das durch seine Geschlossenheit einerseits Handlungsentlastung garantierte, in dem es Entscheidungen bereitstellte und auch verantwortete, andererseits aber durch sein Regelsystem die persönliche Autonomie einschränkte, machte Frau Neuhaus genau diese Erfahrung von Autonomieverlust. Aus dieser von ihr empfundenen Autonomiebeschränkung hat sie sich dezidiert durch ihren Kirchenaustritt herausgelöst. Gewählt hat Frau Neuhaus damit die Autonomie, gleichzeitig gibt sie damit jedoch auch in bestimmter Hinsicht die Erfüllung des jedem Menschen eigenen Wunsches nach Handlungsentlastung in einem religiösen System auf. Sie trifft damit die Entscheidung, die Entschcidungen ihres Lebens selber treffen zu müssen und nicht an ein System delegieren zu können.

Ist für Frau Neuhaus ein religiöses System immer mit Verlust von Autonomie verbunden, dann wird klar, warum sie die Frage nach der Bedeutung der Religion mit einem fast dreifachen Zweifel beantworten muss. Die Möglichkeit eines Glaubens (und eines religiösen Systems), der/das nicht gleichzeitig autonomiebeschränkend, sondern befreiend ist, scheint für Frau Neuhaus hier nicht denkbar zu sein.

Ich eh habe so viele Jahre gebraucht mich von den ehm Zwängen und ehm dieser ganzen Schuld eh Geschichte und so weiter eh eh des Katholizismus zu lösen, ehm dass ich da jetzt keinen wirklichen Zugang mehr habe. ...

Zugang zu einem religiösen System bedeutet für Frau Neuhaus immer Zugang zum Christentum bzw. zum Katholizismus. Außerdem bestätigt sich auch hier, dass der Katholizismus für sie in enger Verbindung mit den Einschränkungen steht, die sie erfahren hat, und der deshalb abgelehnt wird. Die lange Zeit, die Loslösung von Schuldfragen, die sie hier anspricht, zeigt ihre starke emotionale Verbindung zum Katholizismus, die sie hatte und teilweise eventuell auch noch hat. Aufgrund ihrer Erfahrungen ist ihr kein "wirklicher" Zugang mehr möglich. Auffallend an dieser Formulierung ist die Einschränkung. Wenn sie keinen "wirklichen" Zugang hat, dann bedeutet dies ja, dass sie einen nicht wirklichen oder eventuell einen nicht so recht wahrnehmbaren Zugang zum Katholizismus als Religion hat. Auf jeden Fall scheint es noch irgendeinen Zugang oder zumindest eine Gebundenheit an den Katholizismus oder ihre religiöse Sozialisation zu geben. Der andere Zugang könnte eventuell in etwas Unthematischem, in einer Perspektive liegen oder in einer konkreten Handlungsorientierung. Wie dieser andere "Zugang" aussieht, wird im Folgenden noch zu analysieren sein. Die Aussage deutet jedenfalls darauf hin, dass es solch einen anderen Zugang gibt, der, wenn er denn herauszufiltern ist, nichts mit dem von ihr erfahrenen System des traditionellen Katholizismus zu tun hat.

Ich kenn natürlich das wunderbare Gefühl in irgendner italienischen Kirche bei der Messe und es kommt auch so ne Vertrautheit und irgendwo eh gefühlsmäßig dann schon mal was hoch, ...

Das Gefühl, das Frau Neuhaus hier benennt und mit dem Wort "wunderbar" umschreibt, kann als das Empfinden verstanden werden, das oben als Bedürfnis nach Handlungsentlastung formuliert worden ist: das Gefühl des Angenommenseins, in einem System aufgehoben zu sein und Entscheidungen delegieren zu können. Diese Empfindungen, vielleicht auch die Ruhe und das Empfinden einer All-Einheit, werden von vielen Menschen auch in Verbindung mit Naturerfahrungen genannt und als religiöse Erfahrungen benannt. So weit geht Frau Neuhaus nicht. Sie kennt das Gefühl, es scheint für sie etwas "Wunderbares", aber auch nichts völlig Außergewöhnliches zu sein. Obgleich sie diese Erfahrung in einem Raum macht, der mit der katholischen

Kirche in engem Zusammenhang steht, gibt es keine Anzeichen dafür, in dieses System zurückkehren zu wollen.

Viel eher spricht aus ihrer Formulierung, dass sie sich zwar punktuell diesem Gefühl hingeben kann, dass sie aber genau weiß, dass sie sich nicht darin fallen lassen kann. Würde sie genau dies tun, dann würde ihr Bedürfnis nach Handlungsentlastung und Sinnstiftung erfüllt, gleichzeitig würde sie ihrer Eigenverantwortlichkeit verlustig gehen. Sie könnte dieses Gefühl auch als religiöse Erfahrung charakterisieren und formulieren, dass sie darin ihre Religiosität gefunden hat. Dass sie dies nicht tut und nicht in einem allgemeinen kosmischen Verbundenheitsgefühl aufgeht, zeigt sehr deutlich, dass sie sich der Widersprüchlichkeit des modernen Menschen zwischen dem Wunsch nach Handlungsentlastung und dem Wunsch nach Autonomie sehr bewusst ist. Ihr ist bewusst, dass sie dieses Gefühl des Angenommenseins und der Geborgenheit punktuell empfinden kann, die Formulierung macht jedoch zugleich sehr deutlich, dass dies für sie nicht die eigentliche Erfahrung ist. Dieses Empfinden ist für sie nicht grundlegend für ihre konkrete Lebenspraxis, die auf Handlungsorientierung und Eigenverantwortung ausgerichtet ist. Denn ansonsten würde sie nicht formulieren: "ich kenn natürlich".

Aus diesen Überlegungen lässt sich folgern, dass dies nicht die Form ihrer Religiosität ist, dass das, was sie unter gelebter Religiosität versteht, noch etwas anderes ist, oder dass eine solche Religiosität von ihr abgelehnt wird. Aus der bisher analysierten Handlungsorientierung sowie aus ihrem Bezug zum sozialen Handeln lässt sich vermuten, dass ihre Form von Religiosität eher eine ist, die sich in konkretem Handeln ausdrückt und mit sozialem Handeln verknüpft ist. Frau Neuhaus ist sich der Vertrautheit der von ihr benannten Empfindungen sehr bewusst, aber ihr ist auch bewusst, dass sie so nicht leben kann. Sie scheint diese Momente zuzulassen, diese bedeuten für sie aber nicht das eigentliche Leben. Durch die Klarheit ihrer Erfahrung wird die schon angesprochene widersprüchliche Einheit des Wunsches nach Handlungsentlastung und des Wunsches nach Autonomie in aller Deutlichkeit greifbar.

aber ... ehm ich finde eigentlich eine Religion, die ehm verlangt, dass man seinen Sohn opfert Abraham, die ehm ... eh einen allwissenden Gott hat, das hat mich als Kind immer fertig gemacht, dass der immer alles sieht (sehr betont), also so s tut mir leid (fast unverständlich)

Die Begründung dafür, warum das eben benannte Gefühl nicht konstitutiv für ihre Lebenspraxis ist, erfolgt sofort. Die Religion, die sie kennen gelernt hat, ist, trotz allem, was sie an Positivem bereitstellt, inakzeptabel. In dem Beispiel der "Opferung Isaaks" erscheint die christliche Religion – im Verständnis von Frau Neuhaus – als eine sehr anachronistische Religion und gleichzeitig in ihren Forderungen nach Menschenopfern sowie der Tatsache der umfassenden Kontrolle absurd und diametral dem gegenüberstehend, was Frau Neuhaus sich unter einer den Menschen begleitenden und unterstützenden Religion vorstellt. Das Beispiel der "Opferung Isaaks" kann natürlich auch für die Bereitschaft stehen, die Eigenständigkeit und Autonomie aufzugeben, bis dahin, den möglichen Tod mit einzubeziehen und dies, ohne einen erkenntlichen Sinn darin zu sehen. Im Denkansatz von Frau Neuhaus erscheint dies völlig inakzeptabel und desgleichen eine Religion, die diese Bereitschaft von ihren Mitgliedern verlangt. Ein enger biographischer Zusammenhang ist zum zweiten Kritikpunkt des kontrollierenden Gottes gegeben. Ihre Empörung darüber ist in ihren Worten deutlich spürbar, vor allem ihre Empörung darüber, was dies als Kind für sie bedeutete und welche Folgen sich daraus für sie ergeben haben. Gleiches gilt für die daraus folgende Frage nach Schuld. Frau Neuhaus verbindet hier ihre persönliche Erfahrung und Betroffenheit mit einem klassischen Mythos der christlich-jüdischen Vergangenheit und macht darüber ihre starke Ablehnung deutlich.

Der Abschluss dieses Satzes "also es tut mir leid" ist eher als eine paradoxe Intervention zu betrachten, denn im wörtlichen Sinne tut ihr das Gesagte vermutlich nicht leid. Dieses "es tut mir leid" könnte sich eher darauf beziehen, dass es ihr leid tut, dass dieses System so ist, wie es ist und ihr aufgrund ihres Denk- und Handlungsansatzes die Zugehörigkeit verunmöglicht. Zugleich verhindert das System damit eventuell auch den anderen "Zugang".

65N ehm also dieser moralische Druck und eh eh bis heute einfach die die Frauenfeindlichkeit der Kirche und die Haltung zur Bevölkerungspolitik, ich kann damit also ich kann das nicht nachvollziehen. Es ist mir ehm ich finde es ein eine Schande, dass wir so einen Papst haben.

Erneut bewegt sich Frau Neuhaus von der persönlichen auf die allgemeine Ebene. Dabei sind alle hier angesprochenen Punkte sowohl Punkte, die sie persönlich betreffen als auch von allgemeiner Relevanz sind. Angesprochen werden von ihr die moralischen Normen der Kirche, die Frauenfeindlichkeit und die Verhütungsthematik. Alle drei genannten Punkte machen die Einschränkung ihrer Autonomie, würde sie der katholischen Kirche noch angehören, deutlich. Ihre Ablehnung und zugleich so etwas wie ihre eigene Moral macht sie dadurch deutlich, dass sie diese Haltung als eine "Schande" bezeichnet und diese auch unmittelbar auf den Verantwortlichen bezieht. Auffällig ist, dass sie das Personalpronomen "wir" bei der Nennung des Papstes benutzt. Darin liegt doch eine immer noch starke Identifikation mit der Kirche, was für die These spricht, dass auch bei einer eindeutigen Distanzierung die religiösen Prägungen der Kirche beim Menschen sehr stark sind und auch nicht unmittelbar abgelegt werden können.

Der Duktus des Vorgehens ist hier parallel zur Erzählung über die Abtreibung gestaltet. Sie wählt das Einzelbeispiel aufgrund einer persönlichen Betroffenheit, bleibt dann aber nicht bei ihrer Betroffenheit stehen, sondern bereitet das Beispiel so auf, dass es allgemeinen Charakter beanspruchen kann und damit auch für die Allgemeinheit bzw. für die gesellschaftliche Ebene Relevanz erlangt. Ihre Kritik erhält damit Plausibilität und gerinnt nicht zu einem Stereotyp in dem Sinne, dass es jeglichen persönlichen Bezugs entbehrt. Plausibilität und Stimmigkeit gewinnt das Beispiel damit sowohl auf der individuellen als auch auf der allgemeinen Ebene. Frau Neuhaus schafft über die Reflexion ihrer eigenen Erfahrungen eine Verbindung zwischen ihrer persönlichen Betroffenheit und dem Allgemeinen. Damit verfolgt sie die Vorgehensweise einer induktiven Logik. Würde sie einer deduktiven Logik folgen, dann würde der Weg über eine allgemeine gesellschaftliche Analyse z. B. zu dem Thema 'moralischer Druck seitens der Kirche, Frauenfeindlichkeit etc'. zu den persönlichen Äußerungen führen.

66I Mhm. Sie sagten gerade ehm sie wünschten sie würden glauben. Was fasziniert sie da so dran, warum wünschen Sie sich das?
67N Ja, mein eh weil man dann nicht eh als. dann ganz viele Entscheidungen eh dann nicht so hin und her gewälzt werden müssten, weil man ein sichreres eh ... e ich denk mal sichrere Kriterien hätte für bestimmte Entscheidungen oder Verhaltensweisen, also eh dieses Stück Festigkeit auch, was es es einem geben kann. Mhm Zugehörigkeit zu einer größeren Gruppe, ehm ja vielleicht auch mehr Vertrauen in sich selber und in das Schicksal.

Die im Interakt 64 aufgestellten Thesen bezüglich ihrer Wünsche und des Zugangs bestätigen sich hier. Dieser Interakt zeugt gleichzeitig von dem sehr hohen Bewusstheitsgrad, über den Frau Neuhaus im Hinblick auf ihre eigene Person verfügt. Indem sie über das klare Bewusstsein verfügt, dass das Faszinierende am Glauben und dem damit in unmittelbarer Verbindung stehenden religiösen System die Handlungsentlastung und Unterstützung ist, ist ihr gleichzeitig die widersprüchliche Einheit des Wunsches nach Handlungsentlastung und dem nach Autonomie bewusst. Diese Klarheit scheint aus ihrer Lebenspraxis zu erwachsen, in der sie diese Spannung immer wieder erfährt und in der sie ihre Entscheidung zugunsten der Autonomie getroffen hat, in dem gleichzeitigen Bewusstsein dessen, was sie damit aufgibt.

Frau Neuhaus formuliert hier mit großer Selbstverständlichkeit, was dann das Leichtere wäre, genauso selbstverständlich ist aber auch, dass dies nicht ihr Weg ist und dass für sie die Wahrnehmung der Autonomie das Selbstverständliche ist. Nichts deutet darauf hin, dass es bei ihr so etwas wie eine Autonomie aus Prinzip gibt und sie für sich deshalb das Prinzip erhoben hat, eigenverantwortlich und autonom leben zu müssen. Vielmehr sind ihr ihre Wünsche nach Handlungsentlastung und einem sinnstiftenden System sehr bewusst wie auch die Tatsache, dass sie für ihre Person diese Wünsche lebenspraktisch auf diese Art und Weise nicht leben kann. Diese Gestaltung ihrer Lebenspraxis erfolgt unter Voraussetzung ihres Denkansatzes, dass diese Wünsche nach Ganzheitserfahrung und das Bereitstellen und Verantworten von Entscheidungen durch ein religiöses System immer auch eine Aufhebung oder zumindest Einschränkung der Autonomie bedeuten.

Im Weiteren nennt Frau Neuhaus "ein Stück Festigkeit", "Zugehörigkeit zu einer größeren Gruppe" und "vielleicht mehr Vertrauen in sich selbst und das Schicksal" als Momente, die für sie die Faszination ausmachen. Diese

Punkte werden von ihr nicht als unwichtig abgetan; wäre dem so, dann hätte sie die Autonomie zum Prinzip erhoben und wäre ein Mensch, für den diese Dinge im Leben keine Wichtigkeit hätten. Eine solche Form von Leben würde zur Beziehungsunfähigkeit und in die menschliche Isolation führen und damit eine Verweigerung von Lebenspraxis bedeuten. Dass die Autonomie als Prinzip nicht zum Habitus von Frau Neuhaus gehört, wird auch durch die schon für das berufliche Handeln herausgearbeitete Beziehungsorientierung bestätigt. Hier ist es eher so, dass Frau Neuhaus um die Wichtigkeit dieser Dinge für ihr Leben weiß und sich vielleicht auch wünscht, sie auf diese Art in einem religiösen System leben zu können, dass sie aber zugleich weiß, dass z. B. der Wunsch nach Handlungsentlastung in heutiger Gesellschaft außer in Form der Regression nicht erfüllt werden kann.

Frau Neuhaus' Denkansatz kann so verstanden werden, dass die Faszination am Glauben in der Gewährleistung von Entlastung besteht, indem Entscheidungen vorgegeben oder aber klare Kriterien geboten werden, nach denen Entscheidungen getroffen werden. Diese Kriterien bieten ihrerseits Sicherheit und diese wiederum schafft Festigkeit. Gleichzeitig wird diese Festigkeit auch von der größeren Gruppe, der Gemeinschaft geboten und zwar in dem Sinne, dass alle nach diesen Kriterien leben. Dies schafft Vertrauen in sich selbst. Die Entscheidungssicherheit durch das System ist relativ hoch und die individuelle Begründungsverpflichtung entfällt, wodurch das Vertrauen in sich selbst gefördert wird. Demgegenüber ist das Risiko einer 'falschen' Entscheidung sehr viel höher, wenn die Kriterien für die Entscheidung selbst gefunden werden müssen, dieses wiederum beeinflusst das Vertrauen in sich selbst.

Etwas näher einzugehen ist an dieser Stelle noch auf den Begriff des Schicksals. Der Begriff des Schicksals ist eher ein Begriff, der eine starke Determination beinhaltet, das Schicksal ist nicht zu ändern. Dies widerspricht im Grunde dem Habitus des Menschen, der seine Autonomie einfordert. Auf der anderen Seite ist die Vokabel "Schicksal" jedoch in heutiger Alltagssprache eine Vokabel, die in einem allgemeinsten Sinne die individuelle Zukunft eines Menschen in ihrer Nicht-Gewusstheit umschreibt, ohne eine explizit religiöse Konnotation zu beinhalten. Wäre Frau Neuhaus streng gläubige Protestantin, würde sie wahrscheinlich eher formulieren 'es liegt alles in Gottes Hand', als streng gläubige Katholikin würde sie vielleicht formulieren 'es ist Gottes Fügung'. Mit der Wahl der Vokabel "Schicksal" macht sie jedoch deutlich, dass sie sich aus diesen Zusammenhängen herausgelöst hat und verdeutlicht damit ihre Distanz zur institutionalisierten Form der Religion des Christentums. Gebraucht sie jedoch die Vokabel nicht in diesem Sinne, sondern in dem der Determiniertheit, so widerspricht dies ihrem Habitus.

68I Also Sie sprachen ja gerade von Kriterien, für die, um die eigene Entscheidung zu finden ...

69N Na ja, da kommt dann da entstehen ja dann die Konflikte, ne. Die Verlogenheit zeigt sich ja an dem Beispiel der der katholischen deutschen Frau, die die Pille nimmt, da eh hat sie diese Kriterien natürlich nicht, also da eh richtet sie sich gegen das, was die Kirche off offiziell postuliert. Na ich denke, dass die wenigsten Leute mit allen Regeln, die die Kirche aufstellt, mit irgendwelchen Enzykliken und sonstwie eh ehm völlig konform gehen, aber das das eine ehm d eh das der Glaube an die Existenz Gottes und die eh ehm Allmacht Gottes schon ein Stück Festigkeit gibt.

Nachdem Frau Neuhaus in den Blick genommen hat, was das religiöse System zur Verfügung stellen würde, wenn sie sich denn darauf einlassen könnte, wird hier unmittelbar die Seite der von Frau Neuhaus abgelehnten institutionellen Strukturen deutlich und damit genau die Seite, aufgrund derer es Frau Neuhaus eben nicht möglich ist, auf die Religion als unterstützendes System zurückzugreifen. Das Thema der Doppelmoral wird hier eingeführt, und zwar nicht nur indirekt über Hierarchie, sondern viel stärker von den Mitgliedern selber. Am Schluss dieses Interaktes wechselt Frau Neuhaus noch einmal auf die Ebene des Glaubens. Der im Christlichen verwurzelte Sprachgebrauch tritt hier wieder zutage und macht die Gleichsetzung bei Frau Neuhaus von Religion mit Christentum deutlich. Die Spannung zwischen dem, was zur Verfügung stehen könnte und dem, was de facto für Frau Neuhaus nicht zur Verfügung steht, wird insofern deutlich, als sie unmittelbar auf die Ebene des Glaubens und der "Vorteile" wechselt. In ihren Formulierungen kommt zugleich ihre Distanz zum Ausdruck, sie sind eine konsequente Fortsetzung des Satzes "ich wünschte, ich wäre gläubig, glaub ich".

Frau Neuhaus nimmt hier eine Unterscheidung zwischen Glauben und Kirche vor, die sie für sich jedoch so nicht durchhalten kann; denn sie kann gläubig sein und sich gleichzeitig von der Kirche distanzieren: Glaube bleibt eine Faszination bzw. ein Wunsch, von dem, bei dem sie sich nicht sicher ist, ob sie diesen Wunsch hat. Der Glaube und die Kirche, die diesen Glauben vermittelt, sind für sie auf so enge Weise verknüpft, dass die Ablehnung der Kirche auch zur Unsicherheit über den Wunsch nach dem Glauben führt bzw. dieser aufgrund des Systems nicht möglich ist. Die Gründe dafür wurden oben ausführlich dargelegt. Schärfer könnte man formulieren: Die Möglichkeit des Glaubens ist für Frau Neuhaus durch die Ablehnung des Systems verwehrt. In einer paradoxen Art nimmt Frau Neuhaus den Katholizismus damit sehr ernst: Glaube wird für sie nämlich offensichtlich nur durch die Kirche vermittelt.

4.2.2.3 Der Wunsch nach einer anderen Kirche

70I Mhm. Würden Sie sagen, dass wenn die Kirche anders wäre, Sie haben sich ja gerade sehr stark auf die diese Institutionskritik bezogen, wenn die Kirche anders wäre, eh dass Sie ihr dann zugewandter sein könnten?

Nach der Kritik an der Kirche fragt I. jetzt nach der Kirchenutopie von Frau Neuhaus. Dahinter kann der Gedanke stehen, wissen zu wollen, ob Frau Neuhaus sich insgesamt gegen die Zugehörigkeit zu einem System verwehrt, also ob sie davon ausgeht, Autonomie auf sich allein gestellt leben zu müssen, oder ob die Zugehörigkeit zu einem System durchaus wünschenswert ist, eine solche jedoch an den konkreten Bedingungen des Systems Kirche scheitert.

71N Ja, denke ich schon. ...

Diese positive Antwort kann als eine weitere Bestätigung dafür aufgefasst werden, dass es Frau Neuhaus nicht um Autonomie überhaupt geht, sondern dass sie um die Notwendigkeit der Autonomie weiß, diese aber in der Kirche verwehrt sieht. Würde diese gewährt, wäre sie dem System wahrscheinlich zugewandter. Aufgrund des bisher Interpretierten und dieser positiven Antwort auf die Frage wird die These aufgestellt, dass für Frau Neuhaus der Glaube nicht in erster Linie ein Problem des Glaubens oder des Zugangs zum Glauben ist, sondern ein Problem der Institution Kirche. Weil sie in dem religiösen System nicht leben kann, kann sie ihren Wunsch nach Glauben nicht leben. Trifft dies zu, macht Frau Neuhaus damit etwas genuin Christliches deutlich: Glaube ist nicht etwas rein Privates, sondern bedarf immer auch der Gemeinschaft und des Austausches. Auf der strukturellen Ebene vertritt Frau Neuhaus wichtige christliche Maximen, ohne dass damit an dieser Stelle Frau Neuhaus ein Glaube oder eine Christlichkeit zugesprochen werden soll, die sie für sich vielleicht verneinen würde.

Ich denke, dass eh ... ... dass die Kirche die emotionalen Bedürfnisse der Menschen nicht erfüllt. Ehm. Das sind die nach Verstanden werden auch in den Schwächen, siehe ich nehm die Pille oder ich habe einen geschiedenen Mann oder alle diese Dinge, ...

Die Kirche soll den Menschen in seinen Bedürfnissen, vor allem in seinen emotionalen Bedürfnissen ernst nehmen. "Emotionale Bedürfnisse" ist eine andere umfassende Formulierung der Aspekte, die Frau Neuhaus schon in Interakt 67 formuliert hat. An dieser Stelle formuliert Frau Neuhaus wahrscheinlich konkreter, was sich hinter ihrem eventuellen Wunsch "ich wünschte, ich wäre gläubig" verbirgt. Von dem System wünscht sie sich genau das Aufgreifen des Bedürfnisses nach Geborgenheit, das Bedürfnis nach Entlastung, jedoch in einer Form, die wie schon formuliert, die Autonomie der/s Einzelnen zulässt. Entlastung soll an dieser Stelle nicht verstanden werden als Verweigerung der Gestaltung des eigenen Lebens, Verweigerung von Lebenspraxis, sondern als Bereitstellen einer darüber hinausgehenden Perspektive, einer Hoffnung im Sinne von 'es wird alles mal gut werden'.

Frau Neuhaus formuliert hier im Grunde die genuin christlichen Werte wie z. B. die Option für die Armen und Schwachen. Zugleich macht sie an dieser Stelle auch ihr eigenes ethisches Konzept deutlich. Deutlich wurde dies bereits im Teil über ihr berufliches Handeln, im Kontext des Umgangs mit Mitarbeiterinnen und Mitarbeitern. Frau Neuhaus' Ethik orientiert sich daran, die Lebenssituation und Bedürfnisse von Menschen wahr- und ernst zunehmen, diesen nicht aber die konkreten Verhaltensweisen der Lebenspraxis vorzuschreiben. Dies impliziert gleichzeitig, dass (Wert-)Entscheidungen nicht delegierbar sind, sondern dass nur Hilfe zur Entscheidung bereit gestellt werden kann. Diese Form des Umgangs mit dem Menschen in einem System ist diejenige, die für Frau Neuhaus zugleich Entlastung gewährt und die Freiheit der eigenen Autonomie nicht einschränkt.

ehm das sie ehm die Zugehörigkeit zu einer Gruppe zur Gemeinde, das alles nicht sehr stark gepflegt wird, dass da ein großes Bedürfnis wäre, ehm ich denk mal die Vereinzelung kann nicht mehr so weitergehen, das wird auch irgendwann umkippen, irgendwann sind wir einfach nur noch Atome, d da wird ne Gegenbewegung auch kommen. Ehm. Also dass die Kirche dieses eh so als ehm ... ... Sinngeber auch oder eh eh also das Zugehörigkeits e gefühl der Menschen in der Gemeinde stärker ... fördern müsste, ...

Neben dem Einzelnen ist die Gruppe, also ein sozialer Bezug, für Frau Neuhaus von entscheidender Bedeutung. Denn Sozialität schafft Festigkeit und verhindert die Vereinzelung, ein Aspekt, der angesichts der Herausforderungen der Moderne wichtig ist. Die schon für das berufliche Handeln festgestellte Beziehungsorientiertheit bestätigt sich hier erneut. Festzuhalten ist, dass Frau Neuhaus eine Autonomie vertritt, die gleichzeitig Sozialität und Beziehungsorientierung beinhaltet. Explizit benennt Frau Neuhaus hier die Aufgabe der Kirche als Sinngeberin. In der Tatsache, dass die Kirche Sinngeberin sein soll, zeigt sich, dass Frau Neuhaus von der Kirche das Bereitstellen einer umfassenden Perspektive, einer Hoffnungsperspektive erwartet. Weil Sozialität und Sinnstiftung hier unmittelbar verknüpft werden, kann man vermuten, dass beide im Denken von Frau Neuhaus eng zusammengehören. Das wirft die Frage nach Sinngenerierung in der Lebenspraxis von Frau Neuhaus auf.

ehm ... ... ehm ja also ich denke, das wirklich mit dem Verstandenwerden und mit dem ... ehm ... die emotionalen Wünsche stärker zu berücksichtigen, also z. B. nach Zugehörigkeit oder nach da das ist meine Gemeinde, zu der gehöre ich und da engagiere ich mich auch und ehm da wird auch was Sinnvolles gemacht, sondern wird nicht nur irgendwas gepredigt, sondern wir arbeiten an bestimmten Projekten oder wir ham ne Jugendgruppe oder was auch immer. Also das is ehm da i sicher si sind die Aktivitäten der einzelnen Gemeinden oder der einzelnen Pfarrer dann sehr unterschiedlich, ...

Die Zugehörigkeit zu einer Gruppe oder einem System drückt sich für Frau Neuhaus aber nicht nur in einer geistigen Zugehörigkeit aus. Es geht nicht nur um die Idee von Zugehörigkeit, sondern um konkrete Zugehörigkeit, die sich in einem lebenspraktischen Tun wie der Arbeit an Projekten ausdrückt. Dieses konkrete Arbeiten ist dann sinnvoll, generiert also Sinn. Folglich generiert sich Sinn für Frau Neuhaus in der Praxis. Auch hier findet die Handlungsorientierung von Frau Neuhaus also ihren konkreten Ausdruck. Für Frau Neuhaus erfüllt die Kirche ihre Aufgabe als Sinngeberin genau dann, wenn sie diesen und die anderen genannten Aspekte wahrnimmt. Im Folgenden ist zu schauen, ob diese Art der Sinngenerierung für Frau Neuhaus charakteristisch ist.

4.2.2.4 Konsistenz als Lebensthema

aber da hab ich zum Beispiel als Kind und Jugendliche nur Enttäuschung erlebt, also da ich hatte eigentlich ... keinen einzigen Pfarrer oder Religionslehrer, der mich überzeugt hätte oder wo ich das Gefühl gehabt hätte, der spricht mich jetzt an oder der hat is integer, und der lebt auch das, was er predigt.

Das "aber" leitet offensichtlich den Begründungsteil für die Abwendung von der Kirche ein. Bisher hatte sie im Grunde nur die Tatsache des Austritts aus der Kirche erwähnt, aus ihrem Gesagten konnten sich die Gründe lediglich erschließen lassen. Im Folgenden scheint die konkretere Formulierung ihrer Gründe zu erfolgen. Da sie schon relativ früh aus der Kirche ausgetreten ist, muss sich die direkte Erfahrung mit der Kirche auf ihre Kindheit und Jugend beziehen. Deutlich wird an dieser Stelle der große Einfluss der Sozialisationsinstanzen und die Prägung durch Geistliche und Religionslehrer und -lehrerinnen.

Ihr Anspruch an persönliche Integrität ist bisher immer spürbar gewesen, wird aber an dieser Stelle deutlich ausgesprochen. Der Anspruch an Integrität, wobei im Folgenden noch zu untersuchen sein wird, was Integrität für sie heißt, wird am kirchlichen Funktionsträger festgemacht und nicht am Gläubigen. Dies ist in den meisten Fällen von Kirchenkritik der Fall, dass die Ansprüche an denen gemessen werden, die der Kirche hierarchisch am nächsten stehen und v. a. die Autorität besitzen. Die Tatsache, dass sie ihre Kritik zunächst an die Autoritäten richtet, erklärt sich auf dem Hintergrund ihrer Bedeutung in den Lebensphasen Kindheit und Jugend und der dort stattfindenden religiösen Sozialisation.

Also das war immer so nen Stück weit so ne, ja man wusste dann, der hat der lebt eigentlich mit seiner Freundin zusammen und aber stand er da vorne auf der Kanzel und hat irgendwie was von von der Schande der Mischehen gesagt. ...

Die mangelnde Integrität der Kirche wird nun am einzelnen Beispiel konkretisiert. Es besteht die Möglichkeit, dass Frau Neuhaus trotz ihres Kirchenaustritts den Zölibat vertritt und ihre Kritik sich auf die inhaltliche Seite des Lebens des Zölibats bezieht. Dann geht es inhaltlich um Sinn und Notwendigkeit des Zölibats, die hier verletzt werden. Diese Lesart erscheint aber eher unwahrscheinlich. Geht es Frau Neuhaus nicht um die inhaltliche Seite dieser Forderung seitens der Kirche, dann besteht im Grunde keine Notwendigkeit, dem Funktionsträger den Zölibatsbruch vorzuwerfen. Dann stellt sich die Frage, warum sie etwas verlangt, von dessen Notwendigkeit sie selbst nicht überzeugt ist. Wenn der Focus ihres Interesses in dieser Frage der Grund ist, weshalb sich der Pfarrer den Regeln dieses Systems unterstellt hat, dann deutet dies auf eine sehr starke Prinzipienorientiertheit von Frau Neuhaus hin. Es würde dann um Konsequenz um der Konsequenz willen gehen. Im Blick zu behalten ist eine solche mögliche Prinzipienorientiertheit bei Frau Neuhaus. Allerdings scheint diese Lesart aufgrund der Beziehungsorientiertheit von Frau Neuhaus und ihrer geäußerten Wünsche über die Kirche als nicht sehr wahrscheinlich.

Als eher zutreffende Lesart kann gelten, dass Frau Neuhaus die (moralischen) Kriterien des religiösen Systems übernimmt, die sie persönlich inhaltlich nicht unbedingt vertritt (Sinn und Inhalt des Zölibates) und die Lebensführung an deren eigenen Maximen misst, denen diese widerspricht. Ihre Kritik richtet sich damit nicht auf die inhaltliche, sondern auf die strukturelle Seite. Es geht ihr nicht darum, den Zölibat zu leben, es geht ihr auch nicht unbedingt darum, dass man als Mitglied des Systems nicht von dessen Regeln abweichen darf. Es geht vielmehr darum, dass jemand nicht das als verbindliche Regeln weitergeben darf, was er/sie selbst nicht lebt. Frau Neuhaus formuliert einen hohen moralischen Anspruch unabhängig von jeglichem System und dessen Maximen an die persönlich Integrität einer Person.

So, also das war war für mich immer dieser ganze Widerspruch zwischen den Postulaten und dem realen Verhalten, eh hat mich immer wahnsinnig gestört. Also auch die diese wirkliche Verlogenheit, die ja in so ner Gemeinde, das bleibt ja gar nicht aus, dass man das erfährt, ne. D es ist ja h genauso noch, auf der Taufe meiner Nichten trat der Pfarrer dieser Gemeinde, zu der ich früher auch mal gehört hab, mit seiner Lebensgefährtin auf, der Priester. Ist mir ja recht, aber e es wird dann so getan, als ob als ob sie nur für ihn kocht, das ist einfach Quatsch. Das weiß auch jeder, die verreisen zusammen und sie benimmt sich wie eine Gattin, ja was soll das?

Lesart drei als die zutreffende bestätigt sich hier. Ihre Haltung führt sie an einem weiteren Beispiel aus. Es geht Frau Neuhaus um den Widerspruch zwischen eigenem Verhalten und einem für sich selbst formulierten Postulat auf der strukturellen Ebene und nicht auf einer inhaltlichen. Es geht Frau Neuhaus also um die Ablehnung der so genannten Doppelmoral, die schon von ihrer Mutter kritisiert wurde.

72I Aber Sie würden dann ja sicher ... (dazwischen gesprochen)
73N Gut, ich versteh den Konflikt, ich versteh den Konflikt, in dem dieser Mann dann selber ist und so weiter (dazwischen gesprochen, heftig gesprochen), nur. Ich hab, ich denk mal von daher eine aus vielleicht auch aus der Auseinandersetzung mit dem Katholizismus, ehm ein Stück weit so ne ziemliche ... ... ha ... ne ziemliche h (Seufzer) Rigidität entwickelt, was Konsistenz angeht. ...

Frau Neuhaus hat für sich eine Rigidität in Bezug auf Konsistenz entwickelt. Die Wahl des Wortes Konsistenz als Widerspruchslosigkeit im Denken und Handeln wählt sie hier sehr passend, denn genau um diese Widerspruchslosigkeit geht es ihr. Sie hätte auch das Wort Konsequenz wählen können, also Konsequenz im Handeln, aber darum geht es ihr ja nicht, es geht ihr nicht um die Konsequenz um der Konsequenz willen, sondern eben um diese Widerspruchsfreiheit. An dieser Stelle formuliert Frau Neuhaus explizit einen Grundsatz ihrer Ethik. Offensichtlich ist sich Frau Neuhaus der etwas drastischen Formulierung "Rigidität, was Konsistenz angeht" bewusst, da sie zum einen eine Überlegenspause vor dieser Formulierung macht und Einschränkungen ("ein Stück weit", "ziemliche") benutzt und zum anderen diese Aussage mit einer Beteuerung ihres Verständnisses für den menschlichen Konflikt einleitet. Trotz ihres Verständnisses steht für Frau Neuhaus allerdings hier die Maxime "Konsistenz" über dem menschlichen Verhalten. Auf der Strukturebene ist Frau Neuhaus' Verhalten hier durchaus mit dem Verhalten der katholischen Kirche zu vergleichen. Beide formulieren bestimmte Ansprüche oder Maximen, die auch über jeden konkreten Handlungskontext hinaus Gültigkeit haben. Bei allem Verständnis für das menschliche Nicht-Erfüllen wird jedoch nicht die Maxime außer Kraft gesetzt. Damit wird hier ein ethischer Grundsatz formuliert, der sich inhaltlich von der katholischen Kirche bzw. von ihren Erfahrungen mit der katholischen Kirche unterscheiden mag, sich aber eben in der Struktur, die unveränderlich ist, nicht unterscheidet.

Also ich, hab überhaupt keine Probleme mit Leuten, die irgendwelchen Scheiß machen eh auch beruflich nicht, also das passiert jedem, aber wenn wenn jemand selber nie Schuld ist, wenn jemand selber eh nie nen Fehler macht, wenn jemand sich als moralisch besser darstellt und und ich weiß, dass es nicht so ist, oder e es ist zu vermuten, dass es nicht ist, dann ehm geh ich da auch ziemlich, dann eh das eh find ich find ich ziemlich schrecklich. ...

Das Verständnis für menschliche Fehler und Schwächen wird hier noch näher ausgeführt. Es geht ihr nicht um die Bewertung von menschlichem Fehlverhalten. Der Anspruch auf Widerspruchsfreiheit richtet sich auf das Handeln in jeder Situation. "Schrecklich" ist, wenn jemand seine Fehler nicht zugeben kann und sich moralisch über andere stellt. In dieser Art der Widerspruchsfreiheit, nämlich einer Konsistenz, der es nicht darum geht, dass Fehler nicht gemacht werden dürfen, sondern darum, dass das Verhalten auch im Fehlen konsistent sein muss, liegt für Frau Neuhaus der Unterschied zur Praxis der von ihr erfahrenen katholischen Kirche, in der es zwar Maximen gab, mit denen aber nicht konsistent umgegangen wurde. Da Frau Neuhaus hier ihre Forderung nach Widerspruchsfreiheit umfassender formuliert, weil es hier nicht mehr um Autoritäten geht, sondern um alle Menschen ("jemand"), scheint sich hier nicht zu bestätigen, dass Frau Neuhaus ihre ethischen Forderungen nur an Autoritäten richtet.

Also ich achte sehr auf solche Dinge. Ehm. ... ... Auch in der Politik, ich finde nat hem (Seufzer) ... also ich denk mal, wenn ich wenn ich in der aktuellen Tagespolitik wäre in Bonn oder sonstwie, dann hätte ich die Geschichte mit Herrn Kohl und seiner Dings oder auch mit Herrn Wörner, das ist einfach absurd, wenn es, wenn diese Leute so ehm und zwar interessiert mich das überhaupt nicht, was die Menschen für'n Privatleben haben, das ist das ist nicht gar nicht der Punkt, aber wenn sie ihr ihr eigenen Geschichten nicht verarbeitet haben und aus ner zum Beispiel aus ner bei sich selbst unterdrückten oder nicht offen gelebten Homosexualität andere Homosexuelle bekämpfen oder diffamieren, wie Herr Kießling, dann ist es finde ich ein Politikum, weil es weil es damit eh das is ja ne richtige also ne psychische Störung ist, die die jemand eben politisch aus ehm oder eh politisch dann eben ausbeutet oder kompensiert, eh kompensiert eben.

Nachdem Frau Neuhaus nun schon zwei Beispiele für ihr Bedürfnis nach Konsistenz gegeben hat, schließt sie nun noch zwei weitere an. Mit diesen beiden Beispielen, die nicht dem Bereich der Kirche entstammen, sondern demjenigen der Politik, macht sie deutlich, dass das Thema der Widerspruchsfreiheit für sie umfassend ist. Indem Frau Neuhaus auf den Bereich der Politik zurückgreift, macht sie auch noch einmal ihr Interesse an gesellschaftlichen Fragestellungen und Zusammenhängen deutlich. Alle von Frau Neuhaus angeführten Beispiele machen ihre große Sensibilität für Doppelmoral deutlich, gegen die sie sich entschieden wehrt. Aufgrund der Tatsache, dass bisher fast jegliche Kritik an der Kirche im Zusammenhang mit der Doppelmoral und der damit verbundenen Inkonsistenz stand, kann diese Forderung nach Widerspruchsfreiheit als ein zentrales Thema in ihrem Leben angesehen werden.

74I Ehm, glauben Sie an etwas?

Diese Frage ist ein ziemlicher Bruch zum eben Gesagten. I. geht hier noch einmal auf den Interakt 64 zurück und fragt erneut nach der Religiosität. Es scheint, als genüge I. das, was Frau Neuhaus bisher sagte, noch nicht. Es ist die Frage, wie Frau Neuhaus darauf antwortet, ob sie sich auf diese Frage einlässt oder sie abweist.

75N mhe (leise wie verneinendes mhm) Also ich glaube an ehm glauben Sie an etwas (leise) ja. ... Ich hab mich da auch lange nicht mehr mit eh mit wirkl auseinander gesetzt. Ehm ... Sag m mal so, ich habe moralische Grundsätze für mich selber und hoffe, dass die auch sag'm mal meinen Kindern oder auch sonst, dass ich danach halbwegs leben kann. ...

Frau Neuhaus braucht recht lange, bis sie zu einer Antwort kommt. Die Wiederholung der Frage kann bedeuten, dass dieser Themenwechsel etwas sehr abrupt kommt und sie erst einmal Zeit haben muss, ihre Gedanken hinsichtlich dieser Frage zu sortieren. Es scheint nicht so zu sein, dass sie mit der Frage gar nichts anfangen kann, sonst würde sie wahrscheinlich um eine Erläuterung von I. bitten. Es scheint ihr offensichtlich schwer zufallen, auf diese Frage nach dem Glauben – über den sie im Konjunktiv reden konnte – im Indikativ zu antworten. Fast entschuldigend beginnt sie den Einstieg in die Beantwortung mit der Tatsache, dass sie sich lange nicht damit auseinander gesetzt habe. Das bestärkende "wirklich" wird noch zurückgenommen, indem es nicht vollständig ausgesprochen wird. In dem Sinne könnte ihr Zögern auch verstanden werden als ein mühsames Suchen, um I. etwas anzubieten. Diese Lesart ist immerhin möglich und soll nicht ausgeschlossen werden, allerdings ist Frau Neuhaus so, wie sie sich zeigt, nicht der Typ, die ihre Kritik nicht offen ausspricht oder in dieser Hinsicht Zugeständnisse macht.

Auf die Frage nach dem Glauben antwortet Frau Neuhaus, dass sie 'moralische Grundsätze' habe. Es verdichtet sich der Eindruck, dass Frau Neuhaus dann, wenn sie über Glauben spricht, implizit oder explizit über Ethik spricht, zumindest ist sie im Vorstehenden immer sehr schnell auf moralische oder ethische Grundsätze – oft eben auch in der Negativabgrenzung – zu sprechen gekommen. In der Formulierung "sag'm mal so" wird deutlich, dass auch für sie 'glauben an etwas' etwas anderes ist als 'moralische Grundsätze' zu haben. Aufgrund ihrer bisherigen Aussagen zum "Glauben" lässt sich an dieser Stelle die Hypothese formulieren, dass Frau Neuhaus persönlich einen Glauben im Sinne des christlichen Glaubensverständnisses für sich ablehnt. Wichtig sind für sie jedoch ihre moralischen Grundsätze und ihre ethische Haltung. Wenn im Hinblick auf Frau Neuhaus überhaupt von Glauben gesprochen werden kann, dann wäre ihr Glaube demnach die moralischen Grundsätze.

Dass Frau Neuhaus ihren Habitus eher in ethisch-moralischen Grundsätzen wiederfindet, hat seine Entsprechung in ihrer starken Handlungsorientierung. Will sie über den Glauben sprechen, von dem sie nicht weiß, ob sie den Wunsch danach hat, müsste sie in ihrem Fall von Utopien oder umfassenden Hoffnungsperspektiven sprechen. Es ist zu vermuten, dass es diese zwar gibt, dass Utopien für Frau Neuhaus jedoch nicht konkret genug sind. Ihr Habitus ist der der Praxis, also Ideen und Anliegen konkret umzusetzen, zumindest soweit dies möglich ist. Damit wird nicht die schon angesprochene Hoffnungsperspektive ausgeschlossen, Hoffnungsperspektive im Sinne von "es ist etwas zu erreichen" und auch der Wunsch nach einer allumfassenden Hoffnungsperspektive, der sich im Wunsch nach Sinnstiftung ausdrückt. Allerdings müssen diese Perspektiven für Frau Neuhaus zumindest ansatzweise konkret in Praxis umzusetzen sein. Das Beispiel der Abtreibung passt dazu sehr gut. Sie hat die Hoffnungsperspektive einer langfristigen Veränderung der Praxis, gleichzeitig muss sie aber auch konkret darauf hinarbeiten können. Frau Neuhaus verbleibt damit niemals beim Ideellen. Die Hoffnungen oder Ideale, die sie hat, müssen sich vielmehr zumindest teilweise lebenspraktisch umsetzen lassen. Von daher erscheint es nur logisch, dass sie auf die Frage nach dem Glauben bei der Ethik ansetzt. Über ihre Ethik kann sie reden, über einen Glauben, der für Frau Neuhaus wenig lebenspraktische Relevanz hat, ist dann auch nicht viel zu sagen. Dies wird auch deshalb verständlich, weil sie sich mit dieser Ebene kaum auseinander setzt und beschäftigt. Frau Neuhaus, so lässt sich konstatieren, hat ein klares ethisches Lebensführungskonzept mit Anklängen an umfassende Hoffnungsperspektiven.

Ehm. ... Aber ich glaube nicht an ein Leben nach dem Tod. ... Ich glaube nicht, dass es einen Gott gibt, der alles sieht und eh alles weiß ... ... Ich glaube allerdings, dass eh ehm na ja der klassische Shakespeare Zitat mit Dinge zwischen Himmel und Erde, also ehm ... ... dass es so was schon wie schicksalhafte eh eh eh Verbindung gibt, dass es ehm eh das Geist ne Macht haben kann, also das wird ja nun inzwischen auch von der Neur Neuralpsychologie oder wie is mh, ich komm jetzt nich auf den Namen, Immunoneurologie genau, Psychoneuroimmunologie belegt. ...

Das, was Glaube sein könnte, wird jetzt material und zwar klassisch christlich gefüllt und gleichzeitig für die eigene Person abgelehnt. Die vielen Pausen deuten darauf hin, dass sie sich die klassischen Glaubensinhalte, die mit ihrer Kindheit verbunden sind, vergegenwärtigt. Frau Neuhaus bezieht sich zum einen unmittelbar auf den klassischen christlichen Glaubensinhalt, das Leben nach dem Tod, zum anderen auf das von ihr erlebte Gottesbild, das sie ablehnt. Eine grundsätzlich andere inhaltliche Ausgestaltung von Religiosität scheint es nicht zu geben. Dies ist als weiteres Indiz zu sehen, dass Frau Neuhaus keine Affinitäten zu außerchristlichen religiösen Formen hat.

Nach der Abgrenzung will sie das, was sie glaubt, auch material positiv füllen. Dies erfolgt mit langen Pausen, in denen sie nach der richtigen Formulierung sucht. Vom genuin christlichen Glaubensverständnis setzt sie sich hier ab und geht auf eine allgemeinere Ebene. Der Glaube wird so aus dem rein christlichen Zusammenhang gelöst und auf einen sehr allgemeinen Transzendenzbezug hin verlagert.

Allerdings verstrickt Frau Neuhaus sich an dieser Stelle in einen deutlichen Widerspruch, denn sie versucht ihre Aussage, dass es mehr gibt als das empirisch Fassbare, empirisch mit Rekurs auf Wissenschaft zu beweisen. Sie hat dabei etwas Bestimmtes im Auge, kommt aber nicht sogleich auf den richtigen Namen. Der zutreffende Ausdruck scheint ihr jedoch sehr wichtig zu sein, vielleicht um sicher zu gehen, dass I. ihre Aussage auch akzeptiert. Vielleicht kann sie es aber auch einfach nicht stehen lassen, dass ihr der Ausdruck nicht einfällt. Der wissenschaftliche Beleg ihrer Gedanken hat offensichtlich große Bedeutung für sie. Frau Neuhaus nimmt hier eine Verwissenschaftlichung eines möglichen Transzendenzbezuges vor und dies dadurch, dass sie etwas, das nicht belegt werden kann, weil es über das Empirische hinausgeht, mit Hilfe von Wissenschaft zu belegen versucht. Hier liegt ein deutlicher Widerspruch zu ihrem sonstigen Vorgehen vor. In dem Moment, in dem sie ihren Glauben inhaltlich material füllen will, in dem also der konkrete empirische Realitätsbezug transzendiert wird, scheint die bisherige Denkart nicht mehr zu gelingen. Sie kann nur noch formulieren: "ich wünschte, ich wäre gläubig". Das könnte heißen, dass Frau Neuhaus in dem Moment, in dem wo sie selbst den konkreten Bezug zu etwas nicht mehr herstellen kann, Hilfe in Form der Verwissenschaftlichung sucht bzw. darin, dass sie ihre Auffassung im Rückgriff auf andere Theorien zu beweisen sucht. Diese Hilfe sucht sie in einer Wissenschaft, die sich mit der Psyche des Menschen beschäftigt.

Also was Glauben zum Beispiel an an an an Erfolg oder Glauben an Heilung, dann wiederum auch direkt bewirkt, an so was hab ich eigentlich schon immer geglaubt, dass das nich alles nur was nicht nur nic ni nicht nur das alles gilt, was naturwissenschaftlich belegt werden kann. Aber .. Glauben im Sinne von Religion nein nich mehr.

Was sie hier formuliert, ist nicht schicksalhafte Verbindung, denn wäre diese gegeben, dann erübrigte sich im Grunde der Glaube, da alles determiniert ist und Veränderungen nicht möglich wären. Was Frau Neuhaus hier in zwei Beispielen ausdrückt, ist im Grunde so etwas wie der Glaube an die Hoffnung, dass alles gut wird. Dies kann auch im Sinne einer Hoffnung auf Transzendenz verstanden werden, gleichermaßen liegen die beiden Beispiele auf einer Ebene im Sinne eines Glaubens des Menschen an sich selbst, im Fall der Heilung der Glaube an die Selbstheilungskräfte des Menschen. Damit sind auch wieder Anklänge an die Psychologie oder auch Therapieformen gegeben, die diese Form des Glaubens unterstützen und fördern. Die Frage nach einem szientistischen Zug im Handlungsmodus von Frau Neuhaus kann hier negativ beantwortet werden, denn an dieser Stelle verzichtet sie eindeutig auf eine szientistische Absicherung und muss auch einen Transzendenzbezug nicht leugnen.

Dezidiert verneint Frau Neuhaus einen Glauben an die christlichen Glaubensinhalte, was nochmals verdeutlicht, dass Religion für Frau Neuhaus das Christentum bedeutet.

4.2.2.5 Die Generierung von Sinn und der Umgang mit Kontingenzen

80I Mhm. Sie haben ja gerade schon mal den Begriff der Sinnstiftung benutzt. Wie lösen Sie das Problem in Anführungsstrichen sag ich jetzt mal für sich selbst?
81N ... Na, ich habe eine Lebensaufgabe gehabt, oder hab sie noch, ...

Frau Neuhaus beantwortet die Frage ihrer individuellen Sinngenerierung mit dem Verweis auf ihre Lebensaufgabe. Sie hatte/hat eine Lebensaufgabe, der sie sich nicht entziehen konnte oder wollte. Die Art der Formulierung weist darauf hin, dass sie allein für die Bewältigung dieser Lebensaufgabe verantwortlich war und auch noch ist. Die Benutzung des Perfekt "habe gehabt" und die Verlängerung in die Gegenwart "oder hab sie noch" deutet darauf hin, dass die Lebensaufgabe noch existiert, ihr Schwerpunkt jedoch in der Vergangenheit liegt. Das macht es wahrscheinlich auch möglich, darüber zu reden, und dies in der reflektierten Form, die sich hier andeutet. Wäre sie im Augenblick ganz von dieser Lebensaufgabe gefangen, könnte sie vermutlich nicht anhand dieser Aufgabe ihre Art der Sinnstiftung erörtern. Dies ist in der Regel nur mit der Möglichkeit einer Reflexion gegeben.

Die verhältnismäßig theoretische Frage der Sinnstiftung beantwortet Frau Neuhaus mit ihrer Lebensaufgabe, also mit ihrem praktischen Handeln. Diese Antwort, die im Weiteren noch zu differenzieren ist, fügt sich logisch in den Habitus der Handlungsorientierung und der schon herausgearbeiteten Wahrnehmung und Bewältigung von Lebenspraxis bei Frau Neuhaus ein. Sinnstiftung ist demnach für Frau Neuhaus die Auseinandersetzung mit Praxis, die Auseinandersetzung mit praktischen Fragen, die auf sie zukommen, und die es zu bewältigen gilt. Die Frage des Sinns wird von Frau Neuhaus nicht theo-

retisch angegangen als grundsätzliche Frage, sondern immer nur situations-
bezogen. Die Bewältigung der verschiedensten Situationen und die Bewältigung derselben schaffen insgesamt Sinn für Frau Neuhaus.

eh mein früherer Mann ist .. hat sich umgebracht, war lange Zeit in der Psychiatrie und eh
es ging mir ei eigentlich d die ganzen Jahre wirklich darum, diese beiden Kinder stabil
irgendwie und gut groß zu kriegen, ...

Worin die Lebensaufgabe bestand bzw. besteht, wird jetzt konkretisiert. Die
Lebensaufgabe erstreckte sich wahrscheinlich sowohl auf den Ehemann sowie auf die beiden Kinder. Vielleicht ist die Formulierung der Vergangenheit
("gehabt") auf den Mann bezogen, der nicht mehr lebt, und die präsentische
Formulierung ("oder hab sie noch") auf die Kinder bezogen. Allerdings ist
aufgrund des reflektierenden Charakters der Ausführungen sowie des Textes
selbst davon auszugehen, dass auch die Kinder inzwischen relativ erwachsen
sind. Die Pause vor der Formulierung "hat sich umgebracht" kann darauf
hindeuten, dass sie überlegt hat, ob sie diese Formulierung wählt oder die
allgemeinere, dass er verstorben ist. Die gewählte ist die konkretere, die aus-
sagt, was wirklich ist. Es lässt sich daraus schließen, dass Frau Neuhaus eine
Frau ist, die sich den Tatsachen stellt, was zu ihrer lebenspraktischen Orientierung passt, gleichzeitig aber auch noch bereit ist, sich diesen Fakten öffentlich zu stellen und darüber zu reden.

In dem "eigentlich" liegt nun die Bestimmung der Lebensaufgabe, bisher
hat sie nur die Fakten zum Verständnis der Außenstehenden benannt. Die
Lebensaufgabe bestand/besteht darin, "die Kinder gut und stabil groß zu
kriegen". Der Satz lebt von den verstärkenden Vokabeln wie "eigentlich" und
"wirklich", die die subjektive Bedeutung dieser Aufgabe für Frau Neuhaus
hervorheben. Insgesamt geht es ihr an dieser Stelle weniger um den Mann,
sondern vielmehr um die Kinder. Die Wahl des Ausdrucks "stabil" erscheint
im ersten Augenblick vielleicht etwas ungewöhnlich im Zusammenhang mit
der Kindererziehung, wird aber im situativen Zusammenhang klar. Stabilität
hat in einer Familie mit hohen psychischen Belastungen einen besonderen
Stellenwert. Auffällig erscheint die Formulierung "diese beiden Kinder". Zu
denken wäre eher an die Formulierung "meine beiden Kinder". Die Formulierung erweckt den Eindruck einer gewissen Distanz. Diese etwas distanzierte-
re Formulierung weist eher auf den reflektierenden Charakter ihrer Erzählung
hin insofern, als die Lebensaufgabe so gut wie abgeschlossen ist, die Kinder
größer sind und sie hier quasi den Blick auf die Lebensaufgabe nimmt.

das ist en Stück eh, das ist eigentlich meine Lebensleistung. ...

Die gerade gemachten Ausführungen werden hier als 'ihre Lebensleistung'
zusammengefasst. Zunächst formuliert sie "nen Stück", dies wird jedoch
wieder zurückgenommen, denn von einem Stück ihrer gesamten Lebensleistung zu sprechen, erscheint ihr selbst unangemessen. Deshalb verbessert sie
sich und spricht von ihrer Lebensleistung. Mit dem Ausdruck "nen Stück"

soll vielleicht ausgedrückt werden, dass sie in ihrem Leben auch noch anderes geleistet hat als die Kinder großzuziehen. Wenn es jedoch um das Eigentliche und dass heißt im Denken von Frau Neuhaus um Sinnstiftung geht, dann ist dies ihre Lebensleistung.

In diesem Interakt wird die Art der Sinngenerierung von Frau Neuhaus sehr deutlich. Für sie liegt Sinn in der Bewältigung der Lebensaufgabe. Es gäbe auch die andere Formulierungsmöglichkeit, dass es eine große und schwierige Aufgabe zu bewältigen gab und dies nur durch Sinn oder die Kraft zum Durchhalten quasi 'von außen', beispielsweise "ich hatte eine große Aufgabe und mein Glaube hat mir geholfen". In diesem Fall generierte sich der Sinn nicht durch die Aufgabe selbst, sondern durch den Glauben, der das Durchhalten ermöglichte. Diese Form der Sinngenerierung scheint es für Frau Neuhaus nicht zu geben. Für sie liegt der Sinn in der Aufgabe selbst und tritt nicht sozusagen 'von außen' hinzu. Der Sinn liegt für Frau Neuhaus ausschließlich in ihrem Tun. Diese Form von sinnhaftem Handeln, das für Frau Neuhaus Sinn schafft, erscheint allerdings nur im Zusammenhang mit der Existenz einer umfassenden Hoffnungsperspektive möglich, die ja auch schon an mehreren Stellen festgestellt wurde, eine Hoffnungsperspektive, die es ermöglicht, an das Gelingen dieses Unternehmens zu glauben.

Ehm. Und das eh gibt einfach nen Sinn, ...

Bisher sprach Frau Neuhaus von ihrer Lebensleistung, jetzt spricht sie selbst von Sinn. Die Betonung liegt auf dem "einfach" und verstärkt noch einmal ihr Verständnis, dass für sie in ihrem Handeln Sinn liegt. In ihren Ausführungen wird allerdings auch deutlich, dass sich Sinn nicht in jedwedem Handeln ereignet, sondern in einem beziehungsorientierten Handeln. Die schon herausgearbeitete Beziehungsorientierung wird so auch hier nochmals bestätigt. Dabei deutet die Art der Darstellung an keiner Stelle darauf hin, dass Frau Neuhaus in den Beziehungen zu ihren Kindern aufgeht. Der Sinn liegt für sie ja auch nicht in der Existenz ihrer Kinder, sondern darin, alles dafür zu tun, dass diese "gut" groß werden können. Ihre Lebensgestaltung zeigt weiterhin, dass sie dabei nicht auf ihre eigene Selbstentfaltung durch den Beruf verzichtet. Frau Neuhaus' Art der Sinngenerierung korrespondiert mit ihrem Ethikverständnis, das sich ja gleichermaßen unmittelbar im Handeln ausdrückt. Ihre Religiosität drückt sich dann in ihrem lebenspraktischen Handeln, also in ihrer Ethik und in der Sinnstiftung, aus und ist eine lebenspraktische Orientierung in sozialen Bezügen.

also da is is auch so'n Stück auch wieder, ich ich meine, das war so furchtbar und alles so grauenhaft und das die da ehm ziemlich gut bei rausgekommen sind und heute also ehm weder irgendwelche Schäden noch irgendwelche Macken noch eh eh also wirklich stabile junge Leute geworden sind, das denk ich is schon ne eh die Leistung und eh und zwar nicht im, also da mein ich jetzt nicht, dass ich ihnen was weiß ich ne schöne Wohnung hab ermöglichen können und ne Kinderfrau oder was oder dass sie reisen können oder nach Amerika können, das ist irgendwie eher am Rande, sondern das eher wirklich die dieses

Stück Stabilität, was ich also auch durch harte Arbeit an mir selber und immer wieder auch in Frage stellen, was ich jetzt wie mit ihnen bespreche und so oder w wie wir jetzt miteinander umgehen, ...

Hinsichtlich ihrer "Lebensleistung" geht Frau Neuhaus nun noch etwas näher auf die Einzelheiten ein. Von der Art des Erzählens ist sie darin sehr nah an ihren Erinnerungen. Diese Sätze haben den Charakter einer Stegreiferzählung, die emotional sehr nah an der Biographie ist. Es wird hier näher expliziert, worin Frau Neuhaus ihre Lebensleistung sieht. Es scheint ihr wichtig zu betonen, dass sie die Leistung nicht im materiellen Sinne versteht, sondern im ideellen, wobei sie in der Abgrenzung von der materiellen Dimension gleichzeitig deutlich macht, dass diese auch gegeben war. Dass diese Lebensaufgabe für sie eine Leistung ist, wird dadurch verdeutlicht, dass sie es als "harte Arbeit" bezeichnet, "harte Arbeit" nicht im materiellen Verständnis, im Sinne der materiellen Existenzsicherung, sondern als harte Arbeit an sich selbst, die es letztlich ermöglichte, dass ihre Kinder ohne "Macken" und "Schäden" groß geworden sind. Auch hier geht es vorwiegend um Sozialität, um die Frage, wie Beziehungen gestaltet werden, wie sie und die Kinder miteinander umgehen. Das wird von ihr als harte Arbeit bezeichnet und macht zugleich ihre Bereitschaft deutlich, sich für Beziehungen damit auseinander zu setzen.

eh das denke ich is so der entscheidende Punkt. Das wird jetzt schwierig, wenn die jetzt aus dem Haus sind.

Frau Neuhaus schwenkt von der Vergangenheit zur Gegenwart, wobei unklar ist, was für Frau Neuhaus der entscheidende Punkt ist. Ob sie sich damit noch auf das Vorhergehende bezieht und damit die Notwendigkeit eigener Auseinandersetzung betont oder ob sich diese Bemerkung auf das Nachfolgende bezieht, also auf die Furcht, dass es schwierig wird, wenn die Kinder aus dem Haus sind.

Die Frage, die sich hier stellt, ist die, was das Schwierige ist, wenn die Kinder jetzt aus dem Haus gehen. Das Schwierige könnte sein, dass eine Leere entsteht, weil die Kinder nicht mehr da sind. Die Formulierung der Leere würde allerdings eher zu der nicht zutreffenden Möglichkeit passen, dass der Sinn in den Kindern gesehen wurde. Ferner spricht Frau Neuhaus davon, dass es schwierig *wird*. In logischer Fortsetzung der obigen Interpretation wird es für Frau Neuhaus deshalb schwierig, weil mit dem Weggehen der Kinder ihre (Lebens-)Aufgabe wegfällt. In ihrem Habitus fällt damit nicht nur das diesbezügliche Handeln fort, sondern auch ein Teil Sinngenerierung, die aufgefangen werden muss. Es scheint, dass es in ihrem Lebensführungskonzept immer ein Handeln geben muss und zur Sinngenerierung immer eine Aufgabe. Diese Aufgabe fällt für Frau Neuhaus nun weg und deshalb wird es für sie schwierig.

83N also das merk ich schon

84I Für Sie schwierig (unverständlich)
85N Klar. Also ich glaub keinem, der da sagt, dass is
86I ganz leicht
87N (unverständlich) Nein, das hat ja mit mit Älterwerden und mit eh eh auch beruflich is natürlich nicht mehr so die große Aufbruchsphase da und so da kommen so verschiedene Sachen zusammen und das ist einfach ne verdammt schwierige Zeit.

Frau Neuhaus sieht einen Zusammenhang zwischen dem Wegfallen von Aufgaben und dem eigenen Älterwerden. Der Beruf scheint keine adäquate Möglichkeit zu sein, denn da gibt es offensichtlich keine große Aufbruchsphase mehr, was wiederum mit dem Älterwerden zusammenhängt. Für Frau Neuhaus kommen "verschiedene Sachen zusammen" und "es ist eine verdammt eine schwierige Zeit".

Die Zeit davor war auch nicht einfach, aber die wird von ihr nicht als schwierig bezeichnet, da benutzt sie Vokabeln wie "es war furchtbar und grauenhaft". Aber die Lebensaufgabe war etwas, was es zu bewältigen galt. An dieser Stelle gibt es offensichtlich augenblicklich nichts, was es zu bewältigen gibt. Dies ist eine schwierige Situation, denn die Schwierigkeit besteht nicht darin, etwas bewältigen zu müssen, sondern darin eine Lebensaufgabe zu finden. Das Schwierigste für sie ist, keine Aufgabe zu haben, denn Sinnhaftigkeit ist aufs Engste mit einer Aufgabe verknüpft.

4.2.3 Zusammenfassung der Fallrekonstruktion

4.2.3.1 Berufsbiographische Entwicklung und Logik des beruflichen Handelns

Die berufsbiographische Entwicklung von Frau Neuhaus ist mit Ausnahme einer Krise im Alter von 22 Jahren sehr geradlinig verlaufen. Nach dem Besuch der Journalistenschule in München wurde Frau Neuhaus Redakteurin bei dem Blatt, für das sie auch heute noch tätig ist. Die Redakteurinnenlaufbahn wurde von ihr zugunsten eines Studiums der Soziologie und Psychologie unterbrochen, wobei die Gründe für die Aufnahme dieses Studiums in einer Krise im Alter von 22 Jahren, also zu Anfang ihrer Berufstätigkeit, lagen, deren Ursachen ihrerseits in dem Empfinden einer beruflichen Überforderung und dem deutlichen Wunsch nach größerer fachlicher Qualifikation ("Hintergrundwissen") gründeten.[7] Im Anschluss an ihr abgeschlossenes Studium kehrte Frau Neuhaus zu 'ihrem' Blatt zurück und hat anschließend in

---

7 Die Frage, inwieweit diese Krise ausschließlich beruflich bedingt war oder unter Umständen mit ihrer privaten Lebenssituation zusammenhing, war im Rahmen der Sequenzanalyse nicht zu beantworten, entsprechende Überlegungen gingen in den Bereich der Spekulation. Deutlich wird auf jeden Fall im Interviewverlauf, dass diese Krise keine weiteren negativen Auswirkungen auf Frau Neuhaus' Werdegang hatte.

rascher Folge die für eine Journalistin typischen Stationen der Redakteurin und der Ressortleiterin durchlaufen. Zum Zeitpunkt des Interviews ist sie seit acht Jahren stellvertretende Chefredakteurin in der Redaktion des Blattes.

Die inhaltliche Ausrichtung der Illustrierten ermöglicht Frau Neuhaus in hohem Maße die journalistische Umsetzung ihrer eigenen Ideal- und Wertvorstellungen, die entsprechend ihrer Studienfächer eher in der kritischen Auseinandersetzung mit gesellschaftlichen (Soziologie) und individuellen (Psychologie) Fragestellungen liegen. Für die Vertretung von Fraueninteressen, die – wie die Analyse deutlich machte – wichtiges, auch biographisch begründetes Anliegen von Frau Neuhaus ist, findet sie in der Redaktion dieses Blattes entsprechende Möglichkeiten, worin auch ein Grund für ihr langes Verbleiben bei diesem Blatt zu sehen ist.[8]

Die Analyse ihrer berufsbiographischen Entwicklung als auch ihres beruflichen Handelns zeigte, dass sowohl der Beruf als Möglichkeit der inhaltlichen Auseinandersetzung mit den von ihr für wichtig erachteten Themen und der gleichzeitigen Möglichkeit, damit öffentlich Wirkung erzielen zu können, als auch beruflicher Erfolg ein wichtiges Moment ihrer Selbstvergewisserung und Identität darstellen. Die Selbstvergewisserung erfolgt über eine hohe Identifikation zum einen mit der Profession der Journalistin und zum anderen mit der Zeitschrift, für die sie arbeitet.

Bereits der berufliche Werdegang zeigt eine deutliche Praxisnähe im Handeln von Frau Neuhaus. Diese ist darin zu sehen, dass sie nach dem Abitur eine Journalistenschule besucht und somit eine Ausbildung absolviert, die hinsichtlich des von ihr angestrebten Berufes deutlich praxisbezogener ist als ein Studium. Erst in dem Moment, in dem sich eine dringende praktische Notwendigkeit (der Ausbruch der beruflichen Krise) ergibt, unternimmt sie die entsprechend notwendigen und sinnvollen Schritte, um die Krise zu lösen. Dieses Ausgerichtetsein auf Praxis erweist sich hinsichtlich des gesamten beruflichen Handelns von Frau Neuhaus von entscheidender Bedeutung. In allem, was Frau Neuhaus angeht, der Gestaltung ihrer beruflichen Karriere, im Umgang mit ihren Mitarbeitern und Mitarbeiterinnen in der Redaktion, in ihrer Aufgabe der Ausbildung junger Journalistinnen und Journalisten, in ihrem politisch-sozialen Engagement und dem sich darin ausdrückenden Ethos als Journalistin, ist sie auf Praxis ausgerichtet. Ihr wichtigstes Anliegen ist: "Ja, wenn man etwas in Bewegung setzen kann. (...) wenn eine Reportage bei uns bewirkt, dass ..." und wenn "wir einfach gute Qualität liefern" (I.34).

Dieser klaren Handlungsorientierung liegt dabei eine induktive Logik zugrunde, denn wie bereits hinsichtlich der Gestaltung des beruflichen Werdegangs deutlich wurde, leitet Frau Neuhaus Entscheidungen aus der jeweiligen Praxis und den sich daraus ergebenden Notwendigkeiten ab. Sie hat ein

---

8   Es ist davon auszugehen, dass Frau Neuhaus auch andere Möglichkeiten im journalistischen Bereich gehabt hätte, die sie entweder ausgeschlagen oder nicht weiter verfolgt hat.

klares intuitives Wissen vom Primat der Praxis darum, dass sich lebenspraktisches Handeln nicht deduktiv ableiten lässt. Dies zeigt sich insbesondere in ihrem Umgang mit Kontingenzerfahrungen und der Be- bzw. Verarbeitung von Krisen. Die Auseinandersetzung mit Theoriemodellen kann das praktische Handeln bereichern, kann Perspektiven eröffnen bzw. zur Reflexion desselben herangezogen werden, nicht aber die Notwendigkeit des lebenspraktischen Vollzugs von Entscheidungen ersetzen. Dieser lebenspraktischen Logik folgt Frau Neuhaus in ihrem Handeln konsequent und vermag dementsprechend Theorie (z. B. systemische Ansätze) in ihre Praxis zu integrieren.

Die Sequenzanalyse des beruflichen Handelns zeigte ferner, dass Frau Neuhaus sehr ziel- und qualitätsorientiert ist und ihre Führungsposition sowohl mit hohem Selbstbewusstsein als auch mit einer deutlichen Führungsverantwortlichkeit wahrnimmt. Ihr Selbstbewusstsein generiert sie jedoch nicht aus ihrem Status der stellvertretenden Chefredakteurin (an keiner Stelle im Interview benennt sie explizit ihren Status), es gründet vielmehr immer in ihrer inhaltlichen Kompetenz. Diese inhaltliche Kompetenz bezieht sich sowohl auf den Bereich der Profession, also die thematischen Inhalte und das journalistische "Know how", als auch auf die Ebene der Mitarbeiter- und Mitarbeiterinnenführung. Hier erweist sich Frau Neuhaus als sehr beziehungs- und teamorientiert, ohne die (Entscheidungs-)Verantwortlichkeit, die mit ihrer Führungsposition einhergeht, zu leugnen. Die Wahrnehmung ihrer Mitarbeiterinnen und Mitarbeiter in ihren jeweiligen Persönlichkeiten sowie die Wertschätzung und Anerkennung der geleisteten Arbeit haben für Frau Neuhaus einen hohen Stellenwert. Die Analyse ließ dabei deutlich werden, dass Frau Neuhaus dabei aus einer hohen sozialen Verbundenheit heraus handelt und dieses Verhalten keine Instrumentalisierung moderner Schlüsselqualifikationen (soft skills) von Führungskräften darstellt. Insofern gelingt es Frau Neuhaus, die für eine hohe Arbeitszufriedenheit notwendige Balance von Sach- und Beziehungsorientierung, von notwendiger Eigenständigkeit und Autonomie einerseits und Kooperativität andererseits ausgewogen zu gestalten und eine offene, angstfreie und damit produktive Atmosphäre zu schaffen.

Als grundlegende handlungssteuernde Antriebskraft allen lebenspraktischen Handelns von Frau Neuhaus und somit auch für ihren Beruf und ihr berufliches Handeln zeigte die Sequenzanalyse neben allen inhaltlichen Themen vor allem eine Neugier auf Personen und soziale Bezüge. Dieser starke Sozialitätsbezug zeigte sich im Umgang mit Mitarbeiterinnen und Mitarbeitern, in den hohen ethischen Grundsätzen sowie im sozialen Engagement von Frau Neuhaus. Die Strukturlogik, die hinsichtlich des beruflichen Handelns festgestellt wurde, findet in der Analyse der religiös-biographischen Entwicklungslinien von Frau Neuhaus und in ihrer heutigen Haltung zu Religion weitgehend ihre Entsprechung.

4.2.3.2 Religiös-biographische Entwicklung und die Haltung gegenüber Religion

Frau Neuhaus' religiöse Biographie ist geprägt durch ein Aufwachsen in einer katholischen Enklave mit deutlichen Zügen des katholischen Milieus in der Diaspora. 1946 geboren, fällt Frau Neuhaus' Kindheit genau in die restaurative Phase des Katholizismus der 50er Jahre und ihre Jugend zusammen mit den gesellschaftlichen Veränderungen in den 60er Jahren und dem Nachlassen bzw. Brechen der katholischen Milieus. (vgl. 2.2.1) Damit gehört Frau Neuhaus der Generation an, die den Übergang von einer traditionellen katholischen Sozialisation ("ich bin streng katholisch, nicht streng, also ich bin katholisch erzogen" I.62), in der die Entscheidungen für die lebensrelevanten Fragen von der institutionalisierten Religion zur Verfügung gestellt wurden, zur verstärkten Individualisierung mit entsprechender Entscheidungsfreiheit und dem Zwang zur Wahl zu gestalten hatten. Frau Neuhaus bewältigt diesen Übergang, indem sie zu einem relativ frühen Zeitpunkt (mit 16/17 Jahren) die Entscheidung trifft, aus der katholischen Kirche auszutreten. Dass sie diesen Schritt erst mit 22 Jahren vollzog, begründet sich in der Anpassung ihrer Mutter an die Bedingungen des katholischen Milieus: "... wir [hatten, J.K.] die einzige katholische Schreinereibetrieb und ehm Innenausbaufirma in M.-Stadt hatten und da kriegte man eben die Aufträge von den katholischen Architekten." (I.62) Das katholische Milieu sorgt an dieser Stelle dafür, dass die sozialen Normen Vorrang vor der individuellen Entscheidung haben. Frau Neuhaus beugt sich dem Verbot der Mutter, aus der Kirche auszutreten und vollzieht diesen Schritt erst, als sie nicht mehr in ihrem Heimatort wohnt. Der Austritt aus der Kirche bedeutet für sie gleichzeitig auch die Abwendung von den Inhalten der christlichen Religion in dem Sinn, dass die Inhalte für ihre individuelle Lebenspraxis wenig Relevanz haben und die klassischen moralischen Maximen, vor allem der Sexualmoral, von ihr abgelehnt werden. Die Gründe für ihre Abwendung liegen zum einen – so machte die Analyse deutlich – vornehmlich in den von ihr in unterschiedlichen Facetten erlebten kirchlichen Doppelmoral (z. B. "man wusste dann, der hat der lebt eigentlich mit seiner Freundin und aber stand er da vorne auf der Kanzel und hat was von von der Schande der Mischehen gesagt" I.71), deren Perfidie im Widerspruch zwischen Handlung und Verkündigung besteht. Die Ablehnung eines solchen Verhaltens erhielt ihre individuell-psychische Verstärkung dadurch, dass sich diese Doppelbödigkeit im Verhalten ihrer Mutter widerspiegelte (die ein auch gegenüber den Kindern unveröffentlichtes Verhältnis mit dem evangelischen Pfarrer hatte) und damit in das Familiensystem hereingetragen wurde. Dass Konsistenz und Aufrichtigkeit im Denken und Handeln von Frau Neuhaus eine entscheidende Rolle für ihre Lebenspraxis spielen, ist auf dieser Basis leicht nachvollziehbar. "Ich hab, ich denk mal von daher eine aus vielleicht auch aus der Auseinandersetzung mit dem Katholizismus, ehm ein

Stück weit so ne ziemliche. ... ha ne ziemliche Rigidität entwickelt, was Konsistenz angeht." (I.73) Zum anderen war die Entscheidung, mit dem Katholizismus zu brechen, biographisch durch die Haltung der Mutter vorbereitet. Bereits diese hatte schon ein gebrochenes Verhältnis und verblieb stärker aus sozialer Anpassung und existentiellen Gründen denn aus Gründen des Glaubens. Insofern vollzieht die Tochter hier einen Schritt, der teilweise familienbiographisch vorbereitet ist.

Frau Neuhaus' Entscheidung für eine Abtreibung zu einer Zeit, in der sowohl die gesetzliche Lage als auch die gesellschaftliche Meinung gegenüber Abtreibung noch eher traditionellen Maßstäben unterworfen war, zeugt von Frau Neuhaus' Bereitschaft, nonkonforme Entscheidungen zu treffen, und verdeutlicht gleichzeitig ihr hohes Bedürfnis nach selbstbestimmten, autonomen Entscheidungen. Die anschließende Veröffentlichung im Rahmen der Stern-Kampagne lässt sich auch als Risikobereitschaft und als Einstehen für getroffene Entscheidungen lesen.

In der Lebenssituation der Moderne hat Frau Neuhaus ein klares intuitives und gleichzeitig reflektiertes Wissen um die Anforderungen der Individuierung und die Ausbildung einer individuellen Biographie. Dies wird – wie die Sequenzanalyse zeigte – an ihrer Auseinandersetzung mit dem Katholizismus sehr deutlich. Die Gründe für Frau Neuhaus' Kritik am und dem Bruch mit dem Katholizismus sind nicht in erster Linie in einer Kritik an den direkten Glaubensinhalten zu suchen.[9] Dennoch vollzieht Frau Neuhaus mit der Ablösung von der Amtskirche auch eine Abwendung von den christlichen Glaubensinhalten. Einen Glauben, der die christlichen Glaubensinhalte umfasst, verneint sie für sich: "Aber ich glaube nicht an ein Leben nach dem Tod. ... Ich glaube nicht, dass es einen Gott gibt, der alles sieht und eh alles weiß. (...) Aber ... Glauben im Sinne von Religion nein nich mehr." (I.77) Hinsichtlich des Transzendenzbezuges behält sie sich eine Offenheit vor, es existiert für sie mehr als das, was empirisch fassbar ist, dieses bleibt allerdings inhaltlich ungefüllt.

Zwei entscheidende Gründe liegen dieser Abwendung zugrunde: Zum einen hat die christliche Religion respektive der Katholizismus aus gerade ausgeführten Gründen für Frau Neuhaus seine Glaubwürdigkeit verspielt; zum anderen führt gerade das katholische Milieu zu der Erfahrung, dass der Katholizismus dem Menschen kein selbstbestimmtes Leben zugesteht und die Ausbildung von Autonomie verhindert, sondern vielmehr durch die Vorgabe

---

9   Für die These, dass als weitere Möglichkeit für die Abwendung ein Nicht-Glauben-Können im Sinne eines Unvermögens zu bedingungslosem Glauben in Frage kommt, lassen sich in der Analyse keine weiteren Anhaltspunkte finden. Eher spricht Frau Neuhaus' Handlungsorientierung und lebenspraktische Orientierung für das Vermögen einer begründeten und zugleich bedingungslosen Zu- bzw. Hingabe an etwas oder Jemanden, wie z. B. ihre Kinder zu erziehen.

von Entscheidungen und Maximen eine eigenständige Lebensgestaltung in Selbstbestimmung verunmöglicht. (''... ehm also dieser moralische Druck und eh eh eh bis heute einfach die die Frauenfeindlichkeit der Kirche und die Haltung zur Bevölkerungspolitik, ich kann damit also ich kann das nicht nachvollziehen. Es ist mir ehm ich finde es eine Schande, dass wir so einen Papst haben''. I.65) Wie bereits weiter oben erwähnt, ist diese Abwendung auch familienbiographisch aus zwei Gründen deutlich mit beeinflusst: a) ist bereits die Mutter in ihrem Katholizismus gebrochen und b) transportiert diese zugleich die Doppelmoral über ihre Lebensweise direkt in die Familie hinein.

Allerdings weiß Frau Neuhaus auch um das Bedürfnis und die Sehnsucht nach Entlastung (... weil man dann nicht eh als dann ganz viele Entscheidungen en dann nicht so hin und her gewälzt werden müssten ... I.67) und nach einem System, das Festigkeit geben kann, Zugehörigkeit zu einer Gruppe gewährleistet und ''vielleicht auch mehr Vertrauen in sich selber und in das Schicksal'' (I.67) gewähren könnte. Dass Bestreben nach Selbstbestimmung und Autonomie entspringt bei Frau Neuhaus zwar ihrem genuinen Bedürfnis nach Selbstbestimmung und aus dem Wissen, um die Anforderungen moderner Lebensführung, zugleich bleibt ihr jedoch der Wunsch nach Entlastung und Unterstützung sehr präsent. Die Erfüllung dieses Wunsches jedoch im Katholizismus zu suchen, ist für sie aufgrund ihrer Erfahrungen mit demselben nicht möglich.

Im Selbstkonzept von Frau Neuhaus existiert so eine deutliche Polarisierung zwischen der Möglichkeit, ein autonomes und selbstbestimmtes Leben zu führen, in dem die Kriterien des Handelns selbst entwickelt bzw. vorhandene auf Stimmigkeit überprüft werden, das aber zugleich den Preis beinhaltet, auf Entlastung auch durch Religion verzichten zu müssen, und einem Leben, das genau diese Entlastung seitens der Religion erhält, dafür jedoch auf Selbstbestimmung und Autonomie verzichten muss. In ihrer Biographie hat sich Frau Neuhaus sehr klar für die erstere Variante entschieden. Die mögliche Alternative zwischen diesen beiden Optionen kann sie – da für sie keine erfahrene Realität – nur als Wunsch beschreiben: Eine Kirche, die die emotionalen Bedürfnisse der Menschen ernst nimmt, die Geborgenheit und existentielle Annahme ausstrahlt, die Vergemeinschaftung zur Verfügung stellt (I.71) und Autonomie fördert, indem sie Hilfen und Kriterien zur Entscheidungsfindung bereit stellt und nicht die Entscheidung selbst und dadurch letztlich ihrer Aufgabe als Sinnstifterin nachkommt. (I.71)

Auf der Folie dieser Kritik am Katholizismus erscheint es fast selbstverständlich, dass Frau Neuhaus keinen – außer einen beruflichen – Zugang zu Sekten und esoterischen Bewegungen hat. Denn dort trifft sie in den meisten Fällen auf monokausale Erklärungsmodelle der Welt, die ihr in der heutigen Situation zu einfach sind. Dieser Monokausalität setzt Frau Neuhaus eine

Logik entgegen, die entsprechend der Moderne auf systemischen Denkansätzen (Batesson/Lamb) beruht.

Die Frage nach der Religiosität hängt bei Frau Neuhaus aufs Engste mit ihrer lebenspraktischen Orientierung zusammen. Insofern bei ihr letztlich alles auf Handeln und Praxis ausgerichtet ist, lässt sich sagen, dass sich ihre Religiosität in ihrer Ethik, ihren hohen ethischen Maßstäben, ihrem sozialpolitischen Bewusstsein und Engagement ausdrückt sowie in ihrem biographischen Thema der Konsistenz, das sich überall da wiederfindet, wo es um Sozialität und soziale Beziehungen geht. Ein in sich widerspruchsfreies Handeln ist die Maxime ihres Handelns, da hat sie Rigidität entwickelt, ob es sich um Religion oder um den Umgang mit Kontingenzerfahrungen handelt. Insofern hat Frau Neuhaus die Inhalte ihres Bewährungsmythos aus dem Kontext der Religion des Christentums gelöst und säkularisiert, eine Religiosität im Sinne von Religion ist kein Bestandteil von Frau Neuhaus' Lebensführung.

4.2.3.3 Sinngenerierung in der Lebenspraxis

Die Frage nach Sinngenerierung stellt sich – so macht die Sequenzanalyse sehr deutlich – für Frau Neuhaus in ihrer lebenspraktischen Orientierung als eine praktisch und nicht theoretisch zu lösende Frage dar. Am deutlichsten zeigte sich dies in der Art und Weise, wie Frau Neuhaus mit Grenzerfahrungen umgeht. Als ihre Ehe scheiterte, ihr Mann lange Zeit in der Psychiatrie war und sich dann letztlich das Leben nahm, beschreibt Frau Neuhaus Sinn in ihrem Leben als "Na, ich habe eine Lebensaufgabe gehabt, oder hab sie noch" (I.81), die für sie darin bestand, die Kinder "stabil irgendwie und gut groß zukriegen" (I.81). Das Thema der Konsistenz und Aufrichtigkeit taucht im Umgang mit dieser Grenzerfahrung am Beispiel der Unaufrichtigkeit der Familie ihres früheren Mannes erneut auf, insofern Aufrichtigkeit gegenüber ihren Kindern eine wichtige Voraussetzung darstellt, ihre Lebensaufgabe gut zu bewältigen.

Die Sequenzanalyse machte deutlich, dass sich Sinn im Leben von Frau Neuhaus im dauernden lebenspraktischen Vollzug von Entscheidungen generiert, Entscheidungen, die die Erziehung der Kinder und das gemeinsame Leben mit ihnen betreffen. Die Bewältigung ihrer "Lebensaufgabe" vollzieht sie im Tun, im sinnhaften/sinnstiftenden Tun. In der Leidenschaft und Hingabe an eine 'Sache' entsteht Sinn für Frau Neuhaus. Sinn tritt folglich nicht von außen hinzu, im Sinne eines 'und in der Situation hat mir das und das geholfen', sondern der Sinn liegt im Tun selbst. Das Gelingen, dass ihre Kinder, so wie sie empfindet, "ziemlich gut dabei rausgekommen sind (...) also wirklich stabile junge Leute geworden sind" (I.81), bestimmt sie als ihre Lebensleistung: "und das eh gibt einfach nen Sinn" (I.81). Durch diese lebenspraktische Haltung bestätigt sich auch die Hypothese, dass für Frau Neuhaus die religiöse Frage identisch mit der Sinnfrage ist. Oder anders formuliert: Die Sinnfrage ist die religiöse Frage, die nur lebenspraktisch gelöst werden kann. Die deutliche Handlungs- und lebenspraktische Orientierung von Frau Neuhaus, die bereits für das berufliche Handeln festgestellt wurde, erweist sich hier als das entscheidende Selbststeuerungsmuster.

Eine Konsequenz, die dieser handlungsorientierten Lebenspraxis inne liegt und von Frau Neuhaus deutlich benannt wird, ist, dass sich Sinn auch nur dann generieren lässt, wenn es eine Aufgabe zu bewältigen gibt. Für Frau Neuhaus stellte sich zum Zeitpunkt des Interviews die Frage nach der Generierung von Sinn angesichts der Tatsache, dass ihre Lebensaufgabe weitgehend vollendet ist, d. h. ihre Kinder aus dem Haus gehen und ein deutlich eigenständigeres Leben führen und sich der berufliche Erfolg eingestellt hat, so dass darin für sie keine neuen Herausforderungen liegen. Was ist die nachfolgende Möglichkeit der Sinngenerierung? Der hinsichtlich der Religion geäußerte Wunsch nach Unterstützung in der Sinnstiftung wird an dieser Stelle als Sehnsucht wieder virulent. Mit dieser Situation ist gleichzeitig die klassische Ambivalenz der Moderne beschrieben, in der sich das Individuum in der immerwährenden Dynamik befindet, sobald eine Krise bewältigt, sich die Lösung bewährt und damit zur Routine wurde, aus der Routine die neue Krise hervorgeht, die einer Bewährung und der anschließenden Routinisierung bedarf. Im Falle von Frau Neuhaus ist die mit vielen Auswirkungen versehene Krise des Scheiterns der Ehe und des Selbstmordes des Ehemannes mit dem Selbständigwerden der Kinder abgeschlossen und sogleich stellt sich die Frage, wie das Allein-Leben bewältigt werden kann: "... das ist einfach ne verdammt schwierige Zeit" (I.87).

Insgesamt zeigte die Sequenzanalyse des Interviews mit Frau Neuhaus eine hohe Entsprechung in den beruflichen und eher privaten Handlungsmustern. Dabei wurde festgestellt, dass das dominante Steuerungsmuster von Frau Neuhaus ihr Anspruch auf ein selbstbestimmtes Handeln, auf autonome Lebenspraxis in sozialer Verbundenheit ist. Religiosität ist lebenspraktisch als ethisches Handeln in diese Lebenspraxis integriert. Für die Lebenssituation des Menschen in der Moderne hat Frau Neuhaus ein hohes und reflektiertes Bewusstsein: Sie weiß um den Zwang zur Individuierung und zur Ausbildung von Autonomie und kennt zugleich die Sehnsucht nach Entlastung und Unterstützung.

4.3 Fallanalyse: Frau Adam

4.3.1 Die berufsbiographische Orientierung

4.3.1.1 Der konkrete Alltag

1I   Ja Frau Adam, wir haben ja bis jetzt erst einmal telefoniert, und ehm können Sie vielleicht eingangs etwas sagen zum zu dem, was Sie eigentlich im Moment machen, also Sie sind im Moment im Erziehungsurlaub, aber eh was Sie also wenn Sie im Beruf stehen, was was Ihre Aufgaben sind, wo Sie ar, nen bisschen die Einrichtung skizzieren. Ein bisschen sagen, was Sie machen, was so Ihre Aufgabenbereiche sind.

Das Interview wird von I. eröffnet mit dem Hinweis darauf, dass es bisher zu diesem Zeitpunkt nur einen telefonischen Kontakt gab. Nachdem I. mit einem Halbsatz die Vorgeschichte zu diesem Interview umrissen hat, formuliert sie die erste Frage. Dass diese Formulierung gemessen an der Tatsache, dass Frau Adam sich zur Zeit im Erziehungsurlaub befindet, nicht ganz passt, bemerkt sie und formuliert konkreter, was Frau Adam macht, wenn sie im Beruf steht. Die eigentliche Frage ist mit "was Sie so machen" sehr umgangssprachlich formuliert. I. hätte auch von der Aufgabenstellung sprechen können oder von der Tätigkeit. In der Eingangsfrage wird ausschließlich auf die berufliche Aufgabenstellung rekurriert, es wird nicht die Ausbildung bzw. der berufliche Werdegang erfragt.

4A   Ja. Gut. Also ehm ich bin Sozialpädagogin und arbeite eh in der Psychiatrie. ...

Mit "ja gut" signalisiert Frau Adam, dass ihr klar ist, worum es geht. Zugleich kommt darin ihre Zustimmung zum Ausdruck, dass sie bereit ist, auf diese Frage einzugehen. Frau Adam benennt zunächst die Fakten, ihre Berufs- bzw. ihre Ausbildungsbezeichnung und die Art der Einrichtung, in der sie arbeitet. Beides lässt noch keine konkreten Rückschlüsse auf ihre genaue Tätigkeit zu, schafft jedoch den allgemeinen Rahmen, der im Folgenden vermutlich ausgeführt wird. Sie hätte auch die Möglichkeit gehabt, sofort mit der Beschreibung ihrer Tätigkeit zu beginnen und die notwendigen Fakten dabei einfließen zu lassen. Demgegenüber setzt Frau Adam – wenn sie im Folgenden auf das Speziellere eingeht – eine klare Strukturierung: Zunächst wird der allgemeine Rahmen benannt und dann die Ausfaltung im Spezielleren.

Und eh in D. im O.-Krankenhaus und zwar bin ich beschäftigt in einer Außenwohngruppe für psychisch Kranke. Also war ich bisher, werd ich auch bald wieder sein. Und zwar eh war ich dort Gruppenleiterin, hab da eh es ging darum, Langzeitpatienten auszugliedern, wieder ja ehm ja gemeindenah unterzubringen. Also eh Bewohner, die halt auf Dauer ne Betreuung brauchten, sollten ehm innerhalb der Gemeinde untergebracht werden. ...

Die Konkretion erfolgt zunächst über den Standort und den Namen der Einrichtung, anschließend wird ihr konkreter Arbeitsbereich genannt. Die Angaben erfolgen sehr klar und strukturiert aufeinander aufgebaut, fast standardisiert. Diese Art der Vorstellung ist ihr vertraut, nicht zum ersten Mal skizziert Frau Adam ihre Ausbildung und Tätigkeit. Frau Adam arbeitet in einem für Sozialpädagogen und -pädagoginnen klassischen Arbeitsfeld. Die Erwähnung der Außenwohngruppe für psychisch Kranke legt nahe, dass in dieser psychiatrischen Einrichtung nicht nur psychisch Kranke leben, denn die Art der Einrichtung – eine Psychiatrie – hätte dies bereits deutlich gemacht. Aufgrund dieser Tatsache ist anzunehmen, dass wahrscheinlich noch geistig Behinderte und eventuell auch Altersverwirrte in der Einrichtung wohnen.

Frau Adam rekurriert hier auf ihren temporären Erziehungsurlaub. Offensichtlich steht sie am Ende ihres Erziehungsurlaubs und wird bald ihre Arbeit wieder aufnehmen. In ihren Formulierungen und der Darstellung der Tatsachen ist sie sehr präzise und differenziert. Nach der Berufs- bzw. Ausbildungsbezeichnung im ersten Satz erfolgt nun ihre Positionsbeschreibung innerhalb der Einrichtung, die allerdings im Imperfekt vorgenommen wird. Das kann darauf hindeuten, dass sie zwar in die Einrichtung zurückkehrt, aber noch nicht klar ist, ob sie an ihre alte Stelle zurückkehren kann oder ob ihr Aufgabenbereich wechselt bzw. sie ihn wechseln möchte. Ihre Positionsbenennung erfolgt mit Selbstverständlichkeit und ohne weitere Betonung. Frau Adam konzentriert sich in der Beantwortung der Frage sehr genau auf die Fakten, die zum Verständnis ihrer Tätigkeit nötig sind und nähert sich immer mehr deren konkreter Beschreibung an. Eine andere Möglichkeit wäre, zunächst in größerem Umfang die Einrichtung zu skizzieren und dann auf die Einzelheiten einzugehen.

Mit dem Satz, der mit "hab da" eingeleitet wird, soll vielleicht eine Tätigkeit eingeführt werden, die sie in ihrer Eigenschaft als Gruppenleiterin ausübt. Dieser Anfang wird jedoch nicht fortgeführt, statt dessen wird die Ausgliederung von Langzeitpatienten angesprochen. Grammatikalisch wird mit dem Wechsel von "hab da" zu "es ging" von der persönlichen auf eine abstraktere Ebene gewechselt. In ersterem Falle könnte der Satz nahe legen, dass Frau Adam die Patienten ausgegliedert hat, um sie gemeindenah unterzubringen und damit suggerieren, dass Frau Adam allein oder zumindest maßgeblich an dieser Veränderung beteiligt ist. Ist dieses Projekt sozusagen das Pilotprojekt für eine veränderte Konzeption hinsichtlich des Umgangs mit psychisch Kranken in der Einrichtung, dann würde Frau Adam eine wichtige Rolle in der Einrichtung einnehmen. Der Einstieg mit der Formulierung "hab da" würde somit ihre maßgebliche Rolle in dieser grundlegenden konzeptionellen Veränderung der Einrichtung nahe legen. Genau dieser Eindruck wird mit dem Wechsel zur unpersönlichen Formulierung zurückgenommen und die Verantwortlichkeit im Unklaren gelassen. Als These lässt sich hier formulieren, dass Frau Adam sowohl das Konzept der Außenwohngruppe als auch die Beteiligung an der Entwicklung und Durchführung einer solchen Konzeption sehr wichtig sind.

Auffällig ist hier der Gebrauch des Wortes "auszugliedern", denn bei Konzepten gemeindenaher Unterbringung handelt es sich eher um eine Eingliederung, da versucht wird, Menschen, die zu keinem eigenständigen Leben in der Gesellschaft in der Lage sind und deshalb über lange Zeiträume in entsprechende Einrichtungen ausgegliedert wurden, so weit als möglich wieder in das Leben der Gesellschaft einzugliedern. Dazu bedarf es entsprechender Betreuung, um sie in den Alltag der so genannten "normalen" Bevölkerung zu integrieren. Ausgegliedert werden Menschen, die in Langzeiteinrichtungen untergebracht werden, denn damit werden sie aus der so genannten "Normalität" ausgegliedert. Hier scheint es so zu sein, dass diese "Nicht-Normalität aufgrund des Charakters einer Langzeiteinrichtung offensichtlich bereits so zur "Normalität" geworden ist, dass eine gemeindenahe Unterbringung eine Ausgliederung bedeutet. Frau Adams Interesse an ihrer Tätigkeit ist deutlich mit dieser Konzeption gemeindenaher Unterbringung von psychisch Kranken verbunden. Das bedeutet: Ihr entscheidendes Anliegen ist, die Grenze zwischen Kranken und Gesunden bzw. zwischen so genannter "Normalität" und "Nicht-Normalität" so weit als möglich aufzuheben und nach Wegen zu suchen, im Alltag mit psychisch Kranken zusammenzuleben.

Und wir ham dieses Projekt schon (unverständlich), es gab schon mehrere von der Institution aus, und wir haben dieses Projekt da aufgebaut.

Es war nicht das Pilotprojekt, an dem sie hier beteiligt war, nichtsdestotrotz hat Frau Adam dieses Projekt in der Einrichtung mit aufgebaut und war offensichtlich an der konzeptionellen Entwicklung maßgeblich beteiligt. Frau Adam erhebt aber auch nicht den Anspruch, die einzige und erste zu sein, die ein solches Projekt aufgebaut hat. Das Projekt hat eine zentrale Bedeutung für sie, denn im Anschluss an die Durchführung leitet sie eine solche eingerichtete Wohngruppe. Für die Einrichtung scheint diese in der sozialpädagogischen Arbeit schon länger praktizierte Form der Bewohnerarbeit noch immer einen Projektcharakter zu haben, also auch den Charakter einer Erprobung. In Frau Adams Darstellung schwingt ein gewisser Stolz mit, dieses Projekt mit aufgebaut zu haben. Zudem hat Frau Adam es nicht als irgendwer, sondern als Leiterin ihrer Gruppe aufgebaut. Indem sie weiter oben ihre Position benannt hat, wird hier ihr maßgeblicher Einfluss auf dieses Projekt deutlich. Die Positionsbenennung hatte demnach auch die Funktion, ihre maßgebliche Beteiligung und Initiative für das Zustandekommen und die Durchführung des Projektes zu verdeutlichen. Nachdem sie ihre maßgebliche Beteiligung verdeutlicht hatte, kann sie dann auch von "wir" reden, denn ihre besondere Rolle ist positionell bereits umrissen. Eine nähere Bestimmung des "wir" findet allerdings nicht statt. Frau Adam zeichnet sich also durch ein hohes Interesse an konzeptioneller Arbeit und Eigeninitiative aus.

5A Es is also war eine Wohnung in O. mit sechs Bewohnern, die alle schon seit Jahren eh in ner Psychiatrie in unterschiedlichen Einrichtungen auch untergebracht waren. Also Patienten mit Psychosen, hech die jetzt aber relativ fit waren, also so fit, dass sie mit ner sehr geringen Betreuung halt leben konnten, und die auch tagsüber in ner Werkstatt also ner Behindertenwerkstatt oder psychisch Krankenwerkstatt gearbeitet haben. (6I Mhm.)

Das von Frau Adam und anderen aufgebaute Projekt wird nun näher beschrieben. Auffallend ist auch hier die Imperfektformulierung. Verständlich wird im Zusammenhang mit ihrem Erziehungsurlaub, dass Frau Adam von der Zeit davor in der Vergangenheit spricht. Die eher unwahrscheinliche Möglichkeit wäre, dass die Wohngruppe inzwischen aufgelöst ist. Dann würde sie allerdings auch nicht formulieren "werd ich auch bald wieder sein".

Indem Frau Adam hier die Außenwohngruppe und die Kriterien für die Möglichkeit, in einer Außenwohngruppe zu leben benennt, wird ihr Interesse noch deutlicher. Die Patienten müssen "relativ fit" sein. Sehr genau wird diese allgemeine Formulierung dann in ihrer Bedeutung ausdifferenziert in den gering notwendigen Betreuungsgrad und die Arbeit in einer Werkstatt. Nicht mehr ausdifferenziert wird, was "geringe Betreuung" im einzelnen bedeutet. Zu fragen wäre nach dem Bezugsrahmen für "geringe Betreuung". Der Referenzrahmen wird nicht derjenige von nicht behinderten Menschen sein. Auf der Folie der Betreuung innerhalb einer stationären Einrichtung ist der Betreuungsgrad in einer Außenwohngruppe als gering anzusehen. Das heißt auch, dass das Leben in einer Außenwohngruppe einem nicht betreuten eigenständigen Leben möglichst angeglichen ist, die Kranken unterscheiden sich damit kaum von Nicht-Kranken.

7A Es ging dann drum, eh die so alltagsnah halt zu betreuen, also
8I Was heißt das konkret alltagsnah?

Das Konzept alltagsnaher Bewohnerarbeit bedarf nach Frau Adam der weiteren Erläuterung, die sie hier anfügen will und damit auch das Konzept der Außenwohngruppen näher erläutern kann. Zwei Gründe kommen für diese weitergehende Erläuterungen in Betracht: zum einen hängt es auf das Engste mit ihrer Tätigkeit zusammen, auf die sich die Eingangsfrage bezieht und zum anderen kann Frau Adam hier genau ausführen, was sie unter alltagsnaher Arbeit versteht und wie eine Integration in den Alltag aussehen kann, die ein Zusammenleben von Kranken und Gesunden ermöglicht.

Mit "alltagsnah" benutzt Frau Adam einen Fachterminus ihrer Arbeit, den I. jetzt in seiner konkreten Bedeutung nachfragt. Die Nachfrage von I. scheint sehr schnell zu erfolgen, so dass I. offensichtlich nicht wahrnimmt, dass Frau Adam mit "also" höchstwahrscheinlich zu einer Erläuterung ansetzt. Dies ist umso mehr anzunehmen, da Frau Adam auf Verständlichkeit bedacht ist.

9A Ehm ja, ehm im Grunde geht's drum so den Alltag zu bewältigen und die dadrin zu unterstützen und zu begleiten. Also in ganz einfachen Dingen halt wie den Haushalt zu organisieren, eh angefangen vom Aufstehen morgens, wo dann einige auch Unterstützung brauchen, Motivation. Über Probleme, die bei der Arbeit auftauchen, gesundheitliche Fürsorge, also gemeinsame Arztbesuche und so was in der Art. (10I A ja.)

Sehr genau und detailliert erläutert Frau Adam, was zur Bewältigung des Alltags dazu gehört und was 'alltagsnah' so bedeutet. Hier wird auch konkreter, was weiter oben mit geringer Betreuung gemeint war. Die Bewohnerinnen und Bewohner werden bei alltagsnaher Betreuung in diesen Dingen, die unter anderem den Alltag ausmachen, unterstützt, darin liegt die Annäherung an den Alltag der Außenwelt. Es ist zu vermuten, dass bei nicht alltagsnaher Betreuung die Bewohner in diesen Dingen wenig oder keinen eigenen Handlungsspielraum haben. Der Referenzrahmen für Alltagsnähe und gemeindenahe Unterbringung, also Außenwohngruppen, ist immer die Welt der Psychiatrie und diese wird nicht als Alltag bezeichnet. Daraus folgt, dass es offenbar eine Sonderwelt und einen Alltag gibt. Frau Adam erläutert hier sehr konkret ihr berufliches Handeln. Ein Teil ihrer Tätigkeit besteht darin, die Bewohnerinnen und Bewohner in der Bewältigung der alltäglichen Dinge zu unterstützen. Die Beispiele, die Frau Adam dafür nennt, könnten auch aus einer Familie stammen. Genau dadurch wird auch die Alltagsnähe verdeutlicht. Alltagsnahe Bewohnerarbeit versucht also die Grenze zwischen "Normalität" und "Nicht-Normalität" so weit als möglich aufzuheben und ein Zusammenleben zwischen psychisch Kranken und Gesunden zu ermöglichen.

11A Ja, also unterstützende Gespräche in Krisensituationen, im Grunde aber ... ja es is ehm so'n Stück auch zusammenleben, also man betreut, die werden tagsüber dort betreut, vieles spielt sich dann so zwischen Tür und Angel auch ab. Ehm es geht dann auch drum, mit denen Zimmerpflege und Körperpflege zu machen, was bei einigen wichtiger is, bei andern nich mehr so wichtig, Medikamenteneinnahme zu unterstützen, auch zu kontrollieren teilweise. Zusammenarbeit mit den Ärzten und eh Psychologen im O.-Krankenhaus, die auch noch weiterbehandelt haben, ehm ja, Austausch mit darüber, über Krisen, wenn sie auftreten und so weiter.

Das Leben in einer Außenwohngruppe ist dem Leben in einer Familie und deren Alltagsleben vergleichbar. Die Rolle der Hauptamtlichen ist mit der Mutter- oder Vaterrolle in der Familie zu vergleichen, die den ver- und fürsorgenden Teil übernimmt, sowohl auf der pragmatischen als auch auf der emotionalen Seite, indem er/sie zuhört, Gespräche führt und auch für die medizinische und psychologische Versorgung die Verantwortung trägt. Wenn es Frau Adam darum gehen sollte und das soll an dieser Stelle als These formuliert werden, ein solch alltagsnahes Leben quasi im Sinne eines Familienlebens mit den psychisch Kranken zu führen, um darüber Möglichkeiten des Miteinanders von Kranken und Gesunden zu erproben, dann hat sie im Rahmen eines solchen Konzeptes die beste Gelegenheit dazu. Ihrer diesbezüglichen Motivation wird noch weiter nachzugehen sein.

Innerhalb der Erläuterung der konkreten Unterstützung in Alltagsdingen könnte man die Benennung der Krisengespräche auch als eine Unterbrechung dieser alltäglichen Verrichtungen verstehen, da Krisen und Gespräche darüber gerade die Dinge des Alltags und damit die unmittelbare Alltagsnähe unterbrechen. Eine andere mögliche Lesart schließt an die Absicht Frau Adams an zu verdeutlichen, dass ihr berufliches Handelns neben der rein betreuenden Funktion auch Krisenbewältigung und Gesprächsführung mit den Bewohnern beinhaltet, was professionelles Handeln und Ausbildung erfordert. Mit diesem Einschub könnte sie beabsichtigen, dem eben skizzierten Vergleich mit der Rolle eines Elternteils in der Familie, der die Kinder versorgt und betreut, entgegenzuwirken und demgegenüber die Professionalität zu betonen. Diese besteht unter anderem in der Verantwortung, die Frau Adam trägt, denn sie muss in der Lage sein, Krisen zu erkennen und entscheiden zu können, welche Maßnahmen notwendig sind. Gegen diese Lesart spricht, dass hier ein verzerrtes Bild von Familie entsteht, weil eine Trennung zwischen den pragmatischen Tätigkeiten und der psychischen Betreuung vorgenommen wird. Gerade in einer Familie sind unterstützende Gespräche und Krisengespräche wichtiger Bestandteil des Zusammenlebens.

12I Und das heißt, wenn ich Sie richtig verstehe, heißt das, Sie sind dann auch den ganzen Tag da?
13A Mhm, ja es gibt Schichtdienst. Die Bewohner werden morgens und abends oder nachmittags und abends betreut, tagsüber sind die in der Werkstatt und am Wochenende und Feiertage ganz und auch, wenn die Urlaub haben. Also die brauchen tagsüber halt Betreuung, also nachts nicht. Nachts ist dort keiner.

Die Frage von I. deutet darauf hin, dass sie das Bild einer Familie vor Augen hat und das bisher Gesagte auf dieser Folie betrachtet. Überspitzt formuliert ist es das Bild von der Mutter mit allen familiären Sozialbeziehungen. Auf diese Frage und von den damit schwingenden Implikationen wird sich Frau Adam abgrenzen, wenn sie nicht das eben skizzierte Selbstverständnis hat.

Frau Adam antwortet genau entsprechend der Fragestellung mit den Arbeitszeiten. Auf die mitschwingende Implikation geht sie nicht im Sinne einer Abgrenzung ein. Ganz so wie in einer Familie ist es nicht, die Hauptamtliche ist nicht immer da, sie steht nicht immer zur Verfügung. Allerdings sind die Zeiten, in denen keine Betreuung erfolgt auch die, in denen hinsichtlich des gemeinschaftlichen Miteinanders nicht viel geschieht. In den Zeiten, in denen die Sozialität im Mittelpunkt steht, sind die Bewohner und Bewohnerinnen immer betreut.

Die Bezeichnung Schichtdienst kann allerdings auf eine Abgrenzung hinweisen. Der Begriff kommt gerade nicht aus dem Kontext der pädagogischen Arbeit mit Menschen, es zeichnet ihn unter anderem aus, dass die zu leistende Arbeit zu einem geringen Grad an die Person gebunden ist und dementsprechend nahtlos von jemand anderem fortgeführt werden kann. Genau dies ist in der pädagogischen Arbeit nicht der Fall, da in vielen Fällen eine hohe Bindung an die Person vorliegt. Allerdings ist auch bei dieser Form des Schichtdienstes die Kontinuität gegeben, die zum Aufbau von Sozialbeziehungen notwendig ist. Anders läge der Fall, wenn das in der Wohngruppe arbeitende Personal häufig wechseln und dadurch der Aufbau von Beziehungen erschwert würde.

Für die bisherige Interpretation lässt sich festhalten: In ihrem beruflichen Handeln ist Frau Adam handlungsorientiert, sie ergreift Eigeninitiative und ist an konzeptioneller Arbeit sehr stark interessiert und darin engagiert. Die Beteiligung an konzeptioneller Arbeit ermöglicht ihr, ihre Ideen über die Möglichkeiten eines möglichst hohen Grades einer gemeindenahen Unterbringung psychisch Kranker umzusetzen. Als eine erste *Strukturhypothese* lässt sich im Anschluss daran formulieren: Frau Adam hat ein hohes Interesse an der Erprobung von Möglichkeiten einer Integration oder eines hohen Grades gemeinsamen Lebens von psychisch Kranken und Gesunden. Sie sucht eine Antwort auf die Frage, wie psychisch Kranke und Gesunde miteinander leben können, so dass für alle Beteiligten ein gutes Miteinander möglich ist und der/die Kranke möglichst weit in den Alltag integriert werden kann. Inwieweit hinter diesem Wunsch eine persönliche, über das berufliche Engagement stehende Motivation steht, wird im Folgenden zu prüfen sein.

Frau Adam konzentrierte die Beantwortung der Eingangsfrage sehr konkret auf ihre spezielle Tätigkeit, die sie sukzessiv darstellte. Dabei ist die Gesamteinrichtung offensichtlich von wenig zentraler Bedeutung, da sie wenig oder zumindest einen bislang noch wenig genannten Einfluss auf die Wohngruppenarbeit hat. Im Mittelpunkt steht für Frau Adam das Konzept alltagsnaher Bewohnerarbeit und ihr Interesse daran.

4.3.1.2 Die Faszination der psychischen Krankheiten

28I Und te fühlen Sie sich wohl in dem Beruf und den Bereichen, in denen Sie arbeiten? Macht ihnen das Spaß?
29A Jaa. Also ehm ich mein in den ersten zwei Jahr'n hat's mich noch mehr fasziniert, ...

Frau Adam antwortet zunächst etwas gedehnt auf diese Frage. Der Beginn dieser Antwort wäre eher auf die Frage nach der Motivation für ihre Tätigkeit zu erwarten und weniger auf die Frage nach dem, was sie an ihrer Arbeit mag. Sie antwortet auch nicht mit konkreten Dingen, die ihr Spaß machen. Sie antwortet vielmehr auf die Frage nach der Lust, dem Spaß an der Arbeit mit ihrer Faszination, also etwas, das viel weiter geht als Spaß. Wenn jemand Lust und Spaß an seiner Arbeit hat, muss er/sie nicht zugleich fasziniert sein. Auf die Frage nach der Lust, dem Spaß an der Arbeit mit der Faszination zu antworten deutet auf eine hohe persönliche Involviertheit hin, die über ein rein berufliches professionelles Interesse an der Arbeit hinausgeht.

Offensichtlich hat in der Motivation von Frau Adam seit einem bzw. zwei Jahren (unter Einschluss des Erziehungsurlaubs) eine Veränderung stattgefunden. Es könnte sein, dass in der Arbeit eine gewisse Gewohnheit und Routine eingetreten ist, dass sich die Arbeitsabläufe wiederholen und nicht viel Neues passiert. Die Faszination kann auch eng mit der Verwirklichung ihres Projektes verbunden gewesen sein, dieses hat Frau Adam nun eingerichtet und damit ist diese Aufgabe weggefallen. Ferner bedeutet das Leben in der Wohngruppe die Zusammenarbeit mit in der Regel denselben Bewohnern, und es wäre möglich, dass auch diese inzwischen bekannt sind und nicht mehr so faszinierend wie zu Beginn. Eine mögliche Lesart zum Nachlassen der Faszination ist, dass für Frau Adam zur Aufrechterhaltung der Faszination immer wieder etwas Neues geschehen muss oder Veränderungen erfolgen müssen. Das würde bedeuten, dass die Faszination im Neuen, Unbekannten und Unvertrauten liegt. Wenn es sich in Bekanntes wandelt, verliert es seine Faszination. Im Anschluss an die Strukturhypothese lässt sich eine weitere Lesart formulieren: Wenn Frau Adams genuines Interesse um die Frage einer möglichst großen Integration von psychisch Kranken in den Alltag der Gesunden kreist, so ist möglich, dass dieses Interesse sozusagen mit der Einrichtung der Außenwohngruppe positiv beantwortet wurde und ihr Interesse jetzt nachlässt, weil Routine eintritt oder aber ihr Interesse lässt aufgrund eines Scheiterns des Projektes nach. Für letztere Variante gibt es allerdings keine Anhaltspunkte.

so psychische Krankheiten vor allem fand ich doch sehr interessant. Also auch die geistig Behinderten, also es macht mir schon Spaß, mit den Menschen da zusammenzuarbeiten. Also ich bin gerne mit denen zusammen, ich hab da auch so keine Probleme. ...

Frau Adam führt ihr besonderes Interesse an dieser Stelle immer noch nicht inhaltlich aus. Als Möglichkeiten hinsichtlich ihres Interesses kommen in Betracht: a) sie hat sich während des Studiums damit beschäftigt und erlebt nun in der Lebensrealität, womit sie sich bis dahin nur theoretisch auseinander gesetzt hatte; b) sie war mit psychisch Kranken konfrontiert und hat sich daraufhin mit den Krankheitsbildern beschäftigt und das weckte ihr besonderes Interesse; c) sie kennt psychisch Kranke aus ihrem privaten Umfeld und hat dadurch ein Interesse, das sich im Sinne obiger These mit dem Interesse an einem gemeinsamen Alltag von Kranken und Gesunden beschreiben lässt. Dieses Interesse hat sie mit in den Beruf hineingenommen oder aufgrund dessen dieses Tätigkeitsfeld gewählt.

Den beiden Gruppen der psychisch Kranken und der geistig Behinderten wird in diesem Interakt unterschiedliches Interesse entgegengebracht. Die psychisch Kranken werden hier zunächst nicht als Menschen angesprochen, sondern als Krankheiten, die Frau Adam sehr interessant fand. Die Menschen kommen hier also eher als Träger von Krankheiten in den Blick. Dann werden die geistig Behinderten angesprochen. Dazu sagt sie, dass es ihr schon Spaß macht, „mit den Menschen da" zusammenzuarbeiten. Die Frage ist, ob sich die Formulierung auf beide Gruppen bezieht oder nur auf die geistig Behinderten. Durch die Einführung des "also" scheint sie eher beide Gruppen anzusprechen, womit die psychisch Kranken dann auch allgemein als Menschen angesprochen werden. Allerdings liegt in den Formulierungen ein deutlicher Spannungsabfall von "doch sehr interessant" zu "es macht mir schon Spaß". Das eigentliche Interesse scheint eindeutig bei den psychisch Kranken zu liegen und dort stärker bei den Krankheiten als bei den Menschen. Zumindest war dies für sie so, denn sie formuliert den Beginn wie auch schon im Eingangssatz dieses Interaktes im Imperfekt. Etwas scheint verloren gegangen zu sein, geblieben ist, dass ihr die Zusammenarbeit "schon Spaß macht". Im Folgenden ist noch der Frage nach den Gründen für das Nachlassen des Interesses nachzugehen. Die Tatsache, dass für Frau Adam das eigentlich Interessante an den psychisch Kranken die psychischen Krankheiten sind, macht eine starke Sachbezogenheit deutlich.

Also gerade so dieses eh eh Wahnhafte de psychischen Krankheiten, das fand ich sehr sehr interessant, sehr faszinierend. Auf Dauer kann's ich mir jetzt nich so gut vorstellen. Also da möcht ich schon auch noch mal was anderes machen.

Die Faszination für die psychischen Krankheiten wird konkretisiert. In den Formulierungen liegt eine immense Steigerung von "sehr interessant" zu "sehr sehr interessant" hin zu "sehr faszinierend". Das Faszinierende ist für sie das Wahnhafte, das Wahnhafte ist immer auch das ganz Andere, das ganz Unvertraute, auch das Unberechenbare. Dieses ist/war offensichtlich das Faszinierende für sie. Es gibt zwei Möglichkeiten, damit umzugehen: a) sich dagegen abzuschotten, weil es bedrohlich wirkt. Dieser Weg wird von Frau Adam eindeutig nicht eingeschlagen; b) darauf zuzugehen und sich damit auseinander zu setzen. Diesen Weg geht Frau Adam. Das heißt: Sie ist oder war zumindest bereit, sich auf dieses Wahnhafte, das Andere einzulassen. Gerade dadurch wird ihre Faszination geweckt. Im Hintergrund kann das Bedürfnis liegen, die psychisch Kranken in ihrem Sein zu verstehen, um so angemessene Formen des Zusammenlebens zu finden. Ist wie weiter oben vermutet ihre Faszination auch auf ein privates Interesse zurückzuführen, also biographisch verortet, dann kann ihr Interesse auch darin bestehen, diesen Menschen ihres privaten Umfeldes verstehen zu wollen. Frau Adams Handlungsmodus wäre dann, sich diesem Menschen nicht direkt zuzuwenden, sondern sich über den Beruf mit ihm auseinander zu setzen und ihr Verständnis an den Bewohnerinnen und Bewohnern zu erproben. Im Beruf würde das Thema dann sozusagen stellvertretend ausgetragen, dazu würde passen, dass die Krankheiten im Vordergrund stehen und nicht die Personen. Diese These ist im weiteren Interviewverlauf zu überprüfen.

Die vorhin formulierte *Strukturhypothese* lässt sich hier um zwei Aspekte erweitern: Es verdichtet sich die Vermutung eines privaten persönlichen Interesses, das mit der Tätigkeit von Frau Adam insofern verbunden ist, als Frau Adam mittels ihres beruflichen Handelns eine biographisch bedingte oder in ihrem privaten Umfeld wurzelnde Frage zu beantworten sucht, die auf Möglichkeiten eines gemeinsamen Lebens von psychisch Kranken und Gesunden abzielt. In diesem Zusammenhang zeigt sich eine deutliche Sachbezogenheit, in der es für Frau Adam weniger um die Subjekte zu gehen scheint als um die Faszination an den Phänomenen. Dieser mangelnde Bezug auf die konkreten Subjekte des Handelns könnte Anklänge an eine Funktionalisierung der Subjekte enthalten.

40I Können Sie diese Faszination nochmal nen bisschen näher beschreiben? Also was Sie so fasziniert an den Bewohnern/Bewohnerinnen?

41A Mhm mhm also so Unterschiede eh also ganz unterschiedlich sind ja so die geistig Behinderten und die psychisch Kranken. Und ich hatte so im Anerkennungsjahr so mit beiden zu tun, zwei getrennte Gruppen, die wir aber betreut haben und ich merkte so die geistig Behinderten ehm, die sind oft sehr ehm so spontan, sehr einfach strukturiert irgendwo auch oft. Und ehm das fand ich immer so ganz erholsam, einfach mit denen zu arbeiten. Also da kriegt man so ganz unreflektiert einfach so alles eh an Gefühlen halt so bring'n die einem entgegen, eh ob das jetzt eben Aggression is oder Liebe oder was auch immer, das is, das is war auch oft sehr lustig, auch oft anstrengend ne, aber na ja das fand ich sehr interessant. (I Mhm.)

In der Art und Weise, wie die geistig Behinderten und psychisch Kranken hier eingeführt werden, beschreibt Frau Adam so etwas wie einen maximalen Kontrast zwischen den beiden Gruppen. Dieser scheint ihr wichtig zu sein, denn sonst könnte sie sich unmittelbar auf ihren Focus, die psychsich Kranken konzentrieren. Dass sie einen Einstieg unter Einbeziehung der geistig Behinderten wählt, lädt diesen mit einer noch zu klärenden Bedeutung auf.

Frau Adam charakterisiert zunächst die geistig Behinderten. Es scheint, dass diese als Folie dienen, auf der sie dann ihre Faszination für die psychisch Kranken deutlich machen wird. Trifft diese These zu, so wird sie im Folgenden im Kontrast und in Abgrenzung zu den geistig Behinderten die psychisch Kranken bzw. das für sie Faszinierende deutlich machen. Die geistig Behinderten werden hier beschrieben als Menschen, die ihre lebenspraktischen Bedürfnisse, ihre Gefühle und Empfindungen völlig unmittelbar leben. So wie Frau Adam es hier formuliert, erfolgt dies viel unmittelbarer als bei nicht Behinderten, die sich diesbezüglich wesentlich stärker einer wie auch immer gearteten Selbst- und sozialen Kontrolle unterwerfen. Was den Ausdruck ihrer Gefühle und Empfindungen angeht, drücken die geistig Behinderten das ureigentlich "Menschliche" viel deutlicher und klarer aus als alle anderen Menschen. Damit stellen sie in diesem Denkmodell das ursprünglich Menschliche dar. Würde man dies experimentell auf einer Folie von Normalität betrachten, dann wären die geistig Behinderten "normaler" als die nicht Behinderten. Auf dieser experimentellen Folie heben sich die nicht Behinderten als "nicht normal" ab und wahrscheinlich noch mehr auch die psychisch Kranken.

Trifft die These des konstrastiven Vorgehens zu, dann werden die geistig Behinderten von Frau Adam als Folie für die psychisch Kranken benutzt, um das für sie eigentlich Faszinierende deutlich zu machen. Dann jedoch geht es nicht um die geistig Behinderten an sich, sondern diese sind für Frau Adam nur im Zusammenhang mit den psychisch Kranken interessant. Damit hätte Frau Adam hier keinen Blick für die Subjekte, sondern der Blick ist auf die

Funktion der geistig Behinderten in diesem Zusammenhang gerichtet. Die Art und Weise zu formulieren, z. B. "immer so ganz erholsam"; "eh an Gefühlen hat so bring'n die einem so entgegen" macht dennoch auch deutlich, dass darin nicht ihre Faszination liegt. Sie findet die Arbeit mit geistig Behinderten sehr interessant, aber nicht faszinierend.

43A Und bei den psychisch Kranken war es irgendwo so dieses ehm dieses völlig ehm Unnormale eigentlich auch, also Menschen zu begegnen, die man gar nich einschätzen kann. Also wo wo Dinge passieren, die man sich erstmal gar nich so vorstellen kann. Also man begegnet denen und die sind was weiß ich zum Beispiel autistisch, also sprechen gar nich, sind überhaupt nich ansprechbar und man hat keine Ahnung, was mit denen so is ne was in denen so vorgeht. Oder wahnhaft und erzählen Dinge, die eh man sich gar nich vorstellen kann, man weiß einfach nich, wa so gemeint is. Ganz skurril manchmal irgendwie eh also absurd so an Situationen, die da so ablaufen und da dann so'n bisschen sich mit zu beschäftigen fand ich spannend ehm mit diesen Krankheitsbildern, versuchen irgendwie sich da da so einzufühlen, wie könnte das und letztlich, denke ich, kann man's gar nich im Grunde ne. (I Mhm.)

Die Hypothese von der Konstruktion des maximalen Kontrastes bestätigt sich hier, denn auf der Folie der "Normalität" werden hier die psychisch Kranken abgehoben. Ganz deutlich stehen geistig Behinderte und psychisch Kranke einander gegenüber. Nachdem Frau Adam im Vorstehenden die Folie geschaffen hat, kommt sie jetzt zur eigentlichen Beantwortung der Frage von I., was ihre Faszination ausmacht.

Die Faszination macht Frau Adam mit der Kategorie der 'Normalität' versus 'Unnormalität' deutlich. Geht man davon aus, dass bei den geistig Behinderten ungefilterte Unmittelbarkeit zum Ausdruck kommt und diese die Normalität darstellen, dann unterscheidet sich Unnormale oder auch das ganz Andere in höchstem Maße davon. Die geistig Behinderten dienen insofern als Folie, um diese Differenz erkennen zu können. Die Behinderten sind dann, wenn man sie kennt, in ihren Reaktionen einschätzbar, sie sind in diesem Sinne bekannt und können durch ihren unvermittelten Gefühlsausdruck auch vertraut werden. Letztlich zeichnen sich die geistig Behinderten im Denkmodell von Frau Adam durch diese Einschätzbarkeit aus. Völlig konträr dazu die psychisch Kranken: Sie entziehen sich dem Verständnis, sie durchbrechen jegliche soziale Gesetzmäßigkeiten. Genau darin liegt jedoch die Faszination, sich mit den Krankheitsbildern auseinander zu setzen und nach Möglichkeiten des Verstehens – nicht nur des kognitiven Verstehens, sondern auch des emotionalen Einfindens, Einfühlens – zu suchen. Frau Adam weiß, dass es letztlich nicht wirklich möglich ist, sich in die Welt eines psychisch Kranken einzufühlen, dennoch scheint es ihr am Herzen zu liegen. Auf dem Hintergrund ihrer Faszination und dessen, was diese ausmacht, könnte man auf ein besonders ambitioniertes "Forschungsinteresse" schließen, also die distanzierte Erforschung des Phänomens. Dafür spricht ihre Ausblendung der Personen und der deutliche Blick auf die Krankheiten, dagegen spricht jedoch, dass es ihr offensichtlich nicht nur um ein kognitives Verstehen, sondern auch um ein affektives Einfühlen geht. Dies lässt demnach auch eher auf die schon geäußerte These einer persönlichen Betroffenheit schließen, die ihre Faszination und ihr Engagement erklärt.

45A Und dann so Möglichkeiten zu finden, wie kann man damit umgehen also ehm wie kann man mit jemanden reden, der Wahnvorstellungen hat und davon überzeugt ist, dass es die Realität is? Ja, das fand ich da ganz spannend. (Nachdenklich langsam gesprochen) Gleichzeitig is es auch sehr anstrengend, man weiß eigentlich nich, wie begegnen die einem im nächsten Moment, kann auch sehr bedrohlich wirken.

Bisher wurde die Faszination von Frau Adam eher grundsätzlich beschrieben. Jetzt scheint sie sich der Frage des Umgangs – im Sinne der formulierten These vielleicht auch ihrem eigentlichen Interesse, der Möglichkeit des Umgangs und des Zusammenlebens – zuzuwenden. Die Frage des Umgangs hängt letztlich auch von der Frage der Verständigung ab. Obgleich die Verständigung im Sinne des Verstehens sehr erschwert ist, muss sie mit den Menschen umgehen. In der Arbeit besteht der Zwang zur Kommunikation, wobei die Kommunikationspartner miteinander kommunizieren müssen, ohne sich letztlich zu verstehen. Dies ist ein völlig verändertes Verständnis von Kommunikation, denn in der Regel gehen die Kommunizierenden von einer gewissen gegenseitigen Grundverständigung aus, also von der unausgesprochenen Voraussetzung, dass der eine die andere versteht. Treten dabei Probleme auf, müssen diese im metakommunikativen Diskurs bearbeitet werden. Beim Umgang mit psychisch Kranken kann nicht von vornherein von einer unmittelbaren gegenseitigen Verständigung ausgegangen werden, erschwerend kommt hinzu, dass auch die Metakommunikation wahrscheinlich nur in beschränktem Maße möglich ist. Damit ist auch die gemeinsame Anschlussfähigkeit erschwert. Eine Kommunikation stockt, wenn bei einem Phänomen ein ganz anderer Anschluss gewählt wird, darin besteht jedoch auch die Chance für etwas Neues. Das Problem bei dieser hier beschriebenen Kommunikation besteht allerdings vermutlich vielmehr darin, überhaupt einen Anschluss zu finden, um die Kommunikation fortsetzen zu können.

Frau Adam beschreibt diese Frage des Umgangs als sehr spannend. Hier eröffnet sie neben interessant und faszinierend eine weitere Kategorie, die sich auf die Frage der Verständigung bezieht. Neben dem Spannenden ist dies aber auch sehr anstrengend, was sehr verständlich ist, wenn immer von einer prinzipiellen Nichtverständigung ausgegangen und die gemeinsame Verständigung gesucht werden muss. Anstrengend wird es auch dadurch, dass es nicht möglich ist, sich auf gemeinsame Erwartungen, Konventionen oder Deutungen von Erwartungen etc. zu verlassen. Letztlich kann nie von einer aufgebauten Beziehung ausgegangen werden, ein gemeinsam verbrachter Abend und die da entstandene Beziehung muss sich nicht am anderen Tag bestätigen. In der Wahnwelt gibt es wenig an Kontinuität, es wird immer ad hoc entschieden, was gerade gültig ist. Dieses bedingt letztlich die Unberechenbarkeit. Diese Wahnwelt mit ihren ganzen Implikationen kann jedoch auch manchmal bedrohlich wirken. Indem Frau Adam auch von dieser Bedrohlichkeit spricht, schränkt sie entweder das vorher Ausgeführte der Faszination ein, oder aber sie eröffnet hier eine andere Facette, beschreibt die Seite, die es neben der Faszination auch noch gibt. Trifft die letztere Lesart zu, dann bedeutet dies, dass Frau Adam auch einen ehrlichen Umgang mit sich selbst hat und verschiedene Seiten bei sich wahrnimmt. Faszination und ein Empfinden von Bedrohung können ja nebeneinander existieren.

Liest man diesen Interakt auf der Folie der zugrundegelegten Strukturhypothese, dann beschreibt Frau Adam hier genau die Empfindungen und Fragen, für die sie nach Lösungen und Antworten für ihr privates Umfeld sucht und für die ihr Beruf die Möglichkeit zur Verfügung stellt oder stellen soll, um diese Antworten zu finden.

Indem Frau Adam versucht, die psychisch Kranken zu verstehen und sich in sie einzufühlen, zeigt sie auch, dass sie bereit ist, sich immer wieder auf andere und verschiedene, ihr auch fremde Perspektiven und Sichtweisen einzulassen. Das heißt: Sie hat sowohl eine klare Idee als auch die Erfahrung davon, dass es neben der eigenen Realität und den eigenen Zugängen zur Realität auch noch ganz andere mögliche Zugänge zu und Optionen auf die Realität gibt. Realität ist nichts Statisches, Festgeschriebenes, sondern etwas sehr individuell zu Gestaltendes. Mit diesem mehrperspektivischen Blick auf die Realität kann Frau Adam dem Fremden und Anderen jedoch auch das ihm eigene lassen. Es bestünde auch die Möglichkeit, sich das Fremde sehr schnell affirmativ anzueignen, um es dann als das Eigene bearbeiten zu können. Damit würde die Fremdheit genommen und dadurch "handhabbarer". Gleichzeitig versucht Frau Adam, Bezüge zwischen sich und dem Fremden zu schaffen. Daraus folgt eine Neugierde, die sich in Frau Adams Haltung ausdrückt. In dieser Form der Auseinandersetzung nimmt Frau Adam eine Haltung der Offenheit, Offenheit gegenüber Anderem ein.

46I Mmh. Ja wie is das für Sie, damit umzugehen, also, wie wirkt das auf Sie, oder wie gehen Sie damit um?
47A Ehm also ich hatte immer so das Gefühl, es is für mich nich so was Fremdes, also ehm ich hatte jetzt nich große Probleme damit eigentlich. Also wie andere sagen, das könnten sie sich jetzt nicht vorstellen, da zu arbeiten, hab ich sicher auch Dinge, die ich mir nich vorstellen kann. ...

Das "es" bezieht sich hier vermutlich auf das vorher Ausgeführte, der Nicht-Einschätzbarkeit des Unberechenbaren und Wahnhaften, eben auf das psychisch Kranke. Die Tatsache, dass Frau Adam die Begegnung mit den psychisch Kranken als nicht so fremd erlebt, kann als Unterstützung der geäußerten Hypothese gelesen werden, denn es könnte deshalb für sie nichts Fremdes sein, weil sie schon lange in irgendeiner Weise mit psychischer Krankheit zu tun hat und von daher das Verstehen schwierig ist, aber das Verhalten für sie fast etwas Vertrautes hat. Vor allem die Formulierung "ich hatte immer so das Gefühl" weist darauf hin, dass dieses Gefühl in der Kombination mit "immer" wesentlich älter ist als ihre berufliche Auseinandersetzung mit dem Thema. Dadurch, dass Frau Adam wenig Fremdheit empfindet, fällt ihr die Arbeit in ihrem Arbeitsfeld auch relativ leicht, zumindest muss sie sich nicht die Frage stellen, ob sie sich eine solche Tätigkeit überhaupt vorstellen kann. Die oben angesprochene Bedrohung ist kein durchgängiges grundsätzliches Gefühl, sondern situativ bedingt.

Und diesen Menschen so zu begegnen eh war für mich erstmal so, ich kann das so akzeptieren, ich kann die auch sind ja manchmal sehr skurrile Gestalten auch vom Äußeren her ne, die sieht man ja manchmal auch so im Stadtbild oder grad da so auf'm Gelände, wenn man da mal so ist. Ehm und wenn die noch eh so verwachsen oder was auch immer sind, dann kann ich die halt so nehmen, wie sie sind. Das Gefühl hatt ich schon. (I Mhm.)

Im Folgenden kommt Frau Adam nun auf den konkreten Umgang mit den Menschen zu sprechen. Hier wird deutlich, dass sie die Frage zunächst nicht auf ihren eigenen persönlichen Umgang mit den Dingen, die ihr begegnen, bezieht, sondern auf ihren Umgang mit den psychisch Kranken. Frau Adam ist hier nicht auf sich bezogen, sondern auf ihre konkrete Arbeit, und das ist eine Arbeit mit Menschen. Entweder ist ihr persönlicher Umgang kein Thema für sie, oder sie will nicht unbedingt darüber reden.

Ihr konkreter Umgang mit den Menschen ist von Akzeptanz geprägt. Die Formulierung erweckt den Eindruck, als hätte sie noch etwas anderes sagen wollen, etwa dass die Arbeit anfangs etwas schwieriger, weil sie ungewohnt war. Es ist aber auch möglich, dass sie die dann benannte Akzeptanz durch das vorhergehende "erstmal so" unterstützt. So interpretiert heißt das: Die Kranken sind so und ich kann das akzeptieren. Akzeptieren heißt auch, sie will sie nicht ändern, kann und will so, wie sie sind, mit ihnen arbeiten. Akzeptanz drückt hier ein "lassen können" der psychisch Kranken aus. Das heißt auch, dass es Frau Adam nicht darum geht, diese Menschen zu verändern, sondern allein um die Möglichkeit des Zusammenlebens mit ihnen. Das bedeutet auch, dass Frau Adam eine notwendige und professionelle Distanz zu den Kranken hat, die ihr die Akzeptanz, sie so lassen zu können, ermöglicht.

49A Also es ist schon wichtig, sich auch viel selber damit auseinander zu setzen, das eh ich denk mal so, da passier'n ja dramatische Dinge einfach auch und da muss man schon gut gucken, wie man so damit umgeht und was es bei einem auslöst auch. Also es gab schon auch Situationen, die fand ich äußerst unangenehm oder beängstigend auch und sehr bedrückend. Und dann war's schon sehr wichtig, ne gute Begleitung so zu haben, was ja jetzt leider nich immer so is. Mhm obwohl ich nich sagen würde, das hat mich so so belastet, oder ich konnte da schlecht mit klar kommen, das war es also bestimmt nich.

Würde Frau Adam sich in einem hohen Maße mit den Kranken identifizieren, dann wäre zu vermuten, dass die persönliche Verarbeitung eher in die Richtung einer individuellen Auseinandersetzung mit der Selbstbetroffenheit ginge. Das ist nicht Frau Adams Ziel. Demgegenüber betont sie die Wichtigkeit einer Unterstützung im Prozess der Verarbeitung in Form einer Begleitung, etwa in Form von Supervision. Die Auseinandersetzung mit dem Erlebten ist entscheidend für ein professionelles pädagogisches Handeln, um angemessen agieren und intervenieren zu können. Das Ziel dieser Auseinandersetzung ist es, in der Arbeit handlungsfähig zu sein. Hinsichtlich der Auseinandersetzung mit ihrer Arbeit wird deutlich, dass Frau Adam ein professionelles Verständnis hat und es ihr um ein kompetentes Handeln am Arbeitsplatz geht, das nur über den Weg der Auseinandersetzung mit der Arbeit und sich selbst möglich ist. Frau Adam betont die Wichtigkeit der persönlichen Auseinandersetzung und die Inanspruchnahme einer professionellen Begleitung, möchte aber gleichzeitig deutlich machen, dass diese nicht aus einer Überforderung in der Arbeit resultiert. Würde sie hier sagen, dass sie da "schlecht mit klar" käme, dann würde sie sich in ihrem offenen Zugang auf die psychisch Kranken widersprechen.

4.3.1.3 Motivation für Studium und Beruf

84I Ich geh noch mal en bisschen zurück. Was war so Ihre Motivation, Sozialpädagogik zu studieren? Wie sind Sie da so hingekommen?

Mit der Frage nach der Studienmotivation wird ein neuer Themenkomplex eröffnet. Für I. stellt diese Frage die Möglichkeit dar, das Thema der Faszination evtl. weiter zurückverfolgen zu können bzw. den Motiven und Gründen für diese Faszination noch näher auf den Grund gehen zu können.

85A Mmh, schwierige Frage

Für Frau Adam ist diese Frage eine schwierige Frage. Dies ist möglich, a) weil die Frage unvermittelt kommt und sie sich erst darauf besinnen muss; b) inzwischen so überlagert ist von Studium und vor allem ihrer Berufspraxis, dass sie nicht mehr präsent ist; c) sie hat sich niemals die eigene Motivation für das Studium verdeutlicht und müsste sie auf diese Frage hin erst konstituieren. Möglichkeit c) erscheint angesichts des bisher Interpretierten und angesichts des festgestellten reflexiven Vorgehens von Frau Adam als nicht sehr wahrscheinlich.

86I Was hat Sie da so gereizt?
87A ... Ich hatt glaub ich immer die Vorstellung, man hat viel mit Menschen zu tun. Es is so'n Arbeiten, was sich nich im Büro abspielt oder auf so ner sachlichen Ebene. Man is da nich so irgendwie eingegrenzt, ... sondern eher flexibel. ...

Frau Adam beginnt die Beantwortung der Frage mit ihrem damaligen Bild von diesem Beruf oder den damit einhergehenden Berufsmöglichkeiten, auch hier erneut eine äußerst präzise Formulierung. Sie spricht genau von ihrer Vorstellung, die sie hatte, eine Vorstellung, die sich erst einmal bestätigen musste. Sie hätte auch sagen können, 'es ist ein Beruf, in dem man viel mit Menschen zu tun hat und deshalb ...'. Sie differenziert hier genau zwischen ihrer Vorstellung und einem sicheren Wissen. Die Formulierung "glaub ich" deutet darauf hin, dass sie sich in der Rückerinnerung nicht ganz sicher ist. Die Motivation liegt in ihrem Interesse, viel mit Menschen zu tun zu haben, und nicht darin, einer rein sachbezogenen, auf Gegenstände ausgerichteten Tätigkeit nachzugehen, wie es im Folgenden Satz in der Negativabgrenzung und dem gewählten Referenzpunkt deutlich gemacht wird. Das hier deutlich werdende Interesse muss den weiter oben festgestellten Sachbezug nicht ausschließen. Sie kann auch in ihrem Interesse am Menschen einen starken Sachbezug haben, wie sich dies in der Faszination für die psychischen Krankheiten ausdrückt.

Der gewählte Referenzpunkt der Bürotätigkeit schwingt auch weiter mit, und diese wird vermutlich als eingegrenzt und nicht flexibel eingeschätzt. Es ist zu fragen, auf was sich die Flexibilität bezieht, auf eine innerhalb der Arbeit oder auf eine in der Fülle der sich anbietenden Arbeitsfelder.

Also auch so von den Themen her, also dass es etwas mit Psychologie zu tun hatte, das war auch im Studium verschiedene auch Themenbereiche, das hat mich immer auch so interessiert und von jedem so etwas. Dazu mal vom Studium her eh hat mich auch wohl dieses dieses Vielfältige auch eigentlich wohl gereizt. Ich mein, das hat auch Nachteile, so im Endeffekt hat man von vielem nen bisschen hinterher mal gekriegt ne aber. (88I Mhm.)

Hier erfolgt eindeutig der Bezug auf das Studium, das sich von den Themen und wissenschaftlichen Disziplinen als vielfältig erweist. Das ist für Frau Adam das Reizvolle, die Vielfalt. Sie hätte sich auch spezialisieren und z. B. Psychologie studieren können, aber das würde für sie vermutlich eine Einschränkung bedeuten. Das "von jedem etwas" ist das Entscheidende. Ihre Motivation stellt sich bisher dar als das Interesse am Menschen und eine Vielfältigkeit im Zugang auf den Menschen. Die Vielfältigkeit besteht dann darin, die verschiedenen Bezüge, die mit dem Menschen zu tun haben und in denen Menschen leben, nachvollziehen zu können, und darin, Kenntnisse und eine Grundausbildung zu haben. Dazu braucht sie eine breite Palette an Themen und Bereichen, denn der Mensch lässt sich nicht nur auf psychologische Faktoren oder ähnliches festlegen. Die Hauptmotivation für das Studium besteht dann darin, den Menschen im Ganzen und als Ganzes zu verstehen und zu erfassen, und dazu ist ein mehrperspektivischer Blick notwendig.

In diese Motivation fügt sich ihr Interesse an den psychisch Kranken und den geistig Behinderten ein. Die psychischen Krankheiten stellen eine Facette des menschlichen Lebens dar, die zum Menschsein gehört, und das will sie verstehen. Ähnlich verhält es sich bei den geistig Behinderten, die wiederum die Vielfalt der unvermittelten menschlichen Grundbedürfnisse, Gefühle und Empfindungen ausdrücken. Frau Adams Blick auf den Menschen gewinnt durch diese beiden Gruppen von Menschen an Vielfältigkeit. Auch das Fremde, das Andere ist eine Facette der Vielfältigkeit menschlichen Seins. Das Bedürfnis nach Vielfältigkeit spricht Frau Adam hier direkt an, und sie macht noch einmal deutlich, dass ihr Zugang kein eindimensionaler ist, sondern ein vielfältiger, mehrperspektivischer. Das ist ihr so wichtig, dass sie auch bereit ist, die damit verbundenen Nachteile in Kauf zu nehmen.

89A Es eh ein einfach so die Vorstellung, glaub ich, so nett so'n na ja, wie soll ich sagen, ja so'n Arbeiten, das mit viel Austausch verbunden is, mit viel Reflexion, ich glaub, die Vorstellung hat ich schon am Anfang auch so. Also was eh immer auch so die eigene Person so sehr mit, wo man sich sehr mit einbringt ne.

Frau Adam hat eine Vorstellung von ihrer Arbeit in diesem Beruf, die diesen mit viel Austausch und Reflexion verbindet. Der Austausch kann aus heutiger Perspektive sowohl auf die Bewohner als auf die Kollegen und Kolleginnen bezogen sein. Die Ebene des Austausches und der Reflexion ist für Frau Adam sehr wichtig. Das passt auch sehr gut zu dem gerade geäußerten mehrperspektivischen Blick, denn beim Austausch kommen auch verschiedene Sichtweisen zusammen, ist auch Mehrperspektivität gegeben. Die Reflexion hebt den Austausch auf die Metaebene, wobei in der Reflexion des beruflichen Handelns mit Begleitung auch die Außenperspektive hineingenommen wird. Zu dem mehrperspektivischen Ansatz und dem hohen Bedürfnis nach Austausch und Reflexion gehört auch die Auseinandersetzung mit der eigenen Person. Auch diese wird ja mit in die Arbeit hineingebracht und gehört zum Reflexionsprozess dazu. Die Auseinandersetzung mit der eigenen Person wird hier von Frau Adam als zu ihrer Arbeit gehörig betrachtet, weil sie eine Arbeit ausübt, die sie nur ausüben kann, wenn sie sich mit ihrer Person einbringt. Die Auseinandersetzung mit der eigenen Person dient zur Professionalisierung der Arbeit.

94I Und für die Psychiatrie gab's da noch mal ne spezielle Motivation, jetzt wirklich mit geistig Behinderten, psychisch kranken Menschen zu arbeiten?
95A Mmh. Ich bin mir da jetzt gar nich mal so sicher, so im Nachhinein hab ich eh mich so, war auch mal öfter Thema in der Supervision (nachdenklich gesprochen), ist ja auch mal interessant zu gucken, wie kommt man da eigentlich so hin. ...

Die Formulierung lässt verschiedene Bezüge des Verständnisses zu. Entweder ist sie sich nicht mehr so sicher, warum sie in die Psychiatrie gegangen ist, dann weiß sie es einfach nicht mehr, oder aber sie hatte wirklich keine spezielle Motivation und es hat sich wirklich "so ergeben". Die Formulierung kann sich auch darauf beziehen, dass sie sich nicht mehr sicher ist, ihre Beweggründe von damals heute zu rekonstruieren. Oder aber sie kann so verstanden werden, dass die Beweggründe damals nicht so klar, im Sinne von 'nicht bewusst' waren und sie sich gar nicht mal so sicher ist, was es damals war. Dann kann sie kaum etwas über die damalige Motivation sagen, sie kann aber über den Prozess des Bewusstwerdens der Beweggründe im Laufe der Zeit reflektieren und die heute rekonstruierten Beweggründe benennen. Für diese Lesart spricht der angefangene Satz, der mit "im Nachhinein" beginnt. Es scheint eine Auseinandersetzung im Nachhinein stattgefunden zu haben.

Die Auseinandersetzung mit der eigenen Motivation für das Arbeitsfeld gehört in sozialen Berufen eigentlich zum Standard. Die Tatsache aber, dass dies für Frau Adam öfter Thema in ihrer Supervision war, bestätigt, dass die Auseinandersetzung im Nachhinein stattgefunden hat; sie deutet ferner darauf hin, dass dies ein wichtiges Thema für Frau Adam ist. Denn wenn es nur ein Thema unter einer Reihe von Themen ist, die in der Regel in Supervision bearbeitet werden, dann hätte sie sich nicht öfter damit beschäftigt. In den nachdenklich gesprochenen Formulierungen von Frau Adam drückt sich eine hohe Dichte und persönliche Betroffenheit aus, was allerdings wieder durch die letzte Formulierung zurückgenommen wird, die das persönliche Thema insofern allgemein ausweitet, als es eben immer interessant sei, nach der Motivation zu schauen.

Und ich hab bei mir dann immer so gedacht auch, ich hatte schon wohl auch in der Familie immer mit solchen Themen auch zu tun. Also es gab da auch einiges an psychischer Krankheit und eh geistiger Behinderung, ob das da. Ich denke schon, dass das da irgendwie mitgespielt hat. Einmal, dass es mir nich so fremd is einfach, dass ich da einfach immer, dass es mein Leben irgendwie so begleitet hat, ja. ...

Die Formulierung, "immer" mit solchen Themen zu tun gehabt zu haben, zeigt, dass diese Themen sie ihr ganzes Leben hindurch begleitet haben und nicht eine Phase darstellen oder immer wieder aufgetreten sind. "Einiges" deutet darauf hin, dass es mehrere Fälle gab oder gibt. Hier klärt sich die formulierte Hypothese zur persönlichen Involviertheit, die damit bestätigt wird. Zugleich muss es sich um ein familienbiographisches Thema handeln, denn sonst würde es sie nicht ihr ganzes Leben begleiten. Die persönliche Betroffenheit durch die eigene Familiengeschichte hat also die Wahl ihres Arbeitsfeldes mit beeinflusst. Wenn sie sagt "irgendwie mitgespielt", dann stellt sie es als nur eine Motivation unter anderen dar und nicht als die Hauptmotivation. Damit nimmt sie eine sehr deutliche Abschwächung vor insofern, als die Tatsache, immer von psychischer Krankheit und geistiger Behinderung begleitet worden zu sein, nicht als ein peripheres Motiv angesehen werden kann, zumal es ihr offensichtlich zum Zeitpunkt ihres Eintritts in dieses Arbeitsfeld nicht bewusst war. Diese Abschwächung ist jedoch verwunderlich, denn die Arbeit in einem Arbeitsfeld, wie demjenigen von Frau Adam bedeutet auch immer, dass die eigene Geschichte und Persönlichkeit die Arbeit in einem starken Maße beeinflusst. Bei Frau Adams Anspruch an professionelle Handlungskompetenz wäre zu erwarten, dass sie sich dieser Beeinflussung, die nicht als eine periphere, sondern als zentrale einzuschätzen ist, wie sie es hier nahe legt, bewusst ist – insbesondere dann, wenn sie sich schon mehrfach in ihrer Supervision damit auseinander gesetzt hat.

Der Grund für Frau Adams Abschwächung könnte darin zu finden sein, dass sie den Eindruck verhindern möchte, sie bearbeite ihre persönliche Betroffenheit über den Beruf, was den Eindruck mangelnder Kompetenz und Professionalität erwecken könnte. Die Professionalität, die für Frau Adam wie bereits erwähnt ein wichtiges Moment in ihrem Selbstverständnis einnimmt, wird hier implizit mit angesprochen, indem sie zu verdeutlichen versucht, dass sie um die Beeinflussung durch ihre Familiengeschichte weiß, welche sie mittels Supervision, also einer Hilfe von außen, bearbeitet.

Und vielleicht auch so was ehm da da da eh da noch was zu tun zu haben also da irgendwie ... ich weiß nich ehm ... nochmal auf so ner professionellen Ebene was tun zu können an den Problemen, die in der Familie halt gewesen sind. Vielleicht auch so, das is schon sehr ehm das geht sicherlich schon sehr tief. Das hat ich mal in der Supervision auf jeden Fall mal als Thema ne. Vielleicht so unbewältigte Familienprobleme einfach auch.

Die Tendenz bei Frau Adam, die Beeinflussung in der Wahl ihres beruflichen Handlungsfeldes durch die eigene Familiengeschichte abzuschwächen und nicht in der eigentlichen Bedeutung und Auswirkung wahrzunehmen, zeigt sich an dieser Stelle erneut, indem sie äußerst unklar und unkonkret formuliert "da noch was mit zu tun haben" und sehr viele Füllwörter benutzt. In der gerade zitierten Formulierung drückt sich eine große Distanz zu sich selbst aus, so als hätte dies kaum etwas mit ihrer eigenen Person zu tun. Über die eigentliche Bedeutung und Beeinflussung geht Frau Adam hinweg. Damit bestärkt sich die eben formulierte Vermutung, dass sie sich dieser Beeinflussung nicht so bewusst ist, wie sie im Vorangehenden zu verdeutlichen versucht hat. Gleichzeitig erhebt sie auch hier den Anspruch auf Professionalität im Handeln. Dieser zweite Teil der Aussage steht in einem inhaltlichen Widerspruch zum ersten. Denn das professionelle Handeln wird ihr erst möglich sein, wenn sie die Bedeutung der Beeinflussung bewusst wahrgenommen und aufgearbeitet hat. Trifft die Vermutung zu, dass sie sich der eigenen Beeinflussung durch ihre Familiengeschichte nicht in Gänze bewusst ist, dann erfolgt diese zweite Aussage eher aus der Idee heraus, was professionelles Handeln für sie ist und weniger aus der gelebten Realität. Dazu passt die Tatsache, dass Supervision nicht der geeignete Ort ist, um ein solches biographisches Problem aufzuarbeiten. Die Supervision kann nur auf das Problem und damit einhergehende Beeinflussung des beruflichen Handelns aufmerksam machen. Der eigentliche Ort zur Aufarbeitung wäre jedoch eine Therapie. An dieser Stelle zeigt Frau Adam trotz gegenteiliger Formulierung eine eher unreflektierte Haltung sich selbst gegenüber.

Dennoch führt Frau Adam hier das eigentliche Anliegen, das sie bewegt, aus. Dieses ist für sie sehr schwer zu formulieren, einerseits, weil sie hier über sehr persönliche Dinge redet und andererseits, weil sie verdeutlichen will, um was es ihr geht. Zwei Verständnismöglichkeiten bieten sich an: a) Es geht ihr darum, auf einer professionellen Ebene an den in der Familie aufgetretenen Problemen zu arbeiten. Dies ist eine sehr eigenwillige Formulierung, denn eigentlich kann sie an den Problemen in ihrer Familie nichts mehr ändern. Diese Formulierung ergäbe jedoch dann einen logischen Sinn, wenn es ihr darum geht, heute in ihrer Arbeit das zu tun, nämlich einen professionellen Umgang mit den Kranken zu haben, was in ihrer eigenen Familie nicht möglich war, weil sie zum einen zu sehr persönlich betroffen war und weil sie zum anderen nicht über das nötige Handwerkszeug verfügte. Die Zielrichtung sind dabei jedoch die psychisch Kranken, mit denen sie heute umgeht und nicht die Betroffenen in der eigenen Familie; b) die andere Möglichkeit ist die, dass sie versucht, mit ihrer Ausbildung und einem professionellen Handeln heute auf die Probleme in ihrer Familie einzuwirken und den Umgang damit anders zu gestalten, eben so, wie dies früher für sie nicht möglich war. Dies würde einer Therapeutisierung der Familie gleichkommen. Gleichzeitig wäre dies auch die Aufarbeitung der eigenen Geschichte durch den Beruf. Die Vermutung, dass sich Frau Adam der Beeinflussung durch die eigene Familiengeschichte nicht in ihrer ganzen Tragweite bewusst ist, legt diese Lesart nahe, auch wenn damit nicht zwingend eine Therapeutisierung einhergehen muss.

96I Mhm. Klingt auch ein bisschen nach Stellvertretung auch.
97A Ja genau, das dann noch mal später zu tun oder so was.
98I Hat das für Sie – is jetzt meine Idee – auch so was zu tun mit andere Lösungsmöglichkeiten zu finden für diese Fragestellungen bzw. Probleme?
99A Ja, ja und eh vor allem auch ne andere Art damit umzugehen. Also ne produktivere Art damit umzugehen ne. Ja, denk ich schon, weil es is wirklich sehr, sehr passt auch einfach gerade auch so dieser Bereich so psychisch Kranken und dann so Außenwohnbereich. Also konkret is es halt ne Tante von mir, die auch psychisch krank gewesen is und ehm woraus sich dann ganz viele Familienprobleme halt ergeben haben die jetzt auch in so'm Bereich halt lebt, wo wo ich immer das Gefühl hab, dass die ganze Familie eigentlich da, es immer großes Thema is, aber auch immer sehr sehr eh verdeckt alles abläuft mit ganz viel Aggressionen verbunden und unbewältigten, was eigentlich so seit dreißig Jahren sich so abspielt. Mhm.

Es wird deutlich, dass das unaufgearbeitete Familienproblem die eigentliche Motivation für Frau Adams berufliches Handeln darstellt. Im Vordergrund steht dabei wie vermutet die Suche nach anderen Formen des Umgangs und der Integration von psychisch Kranken und Gesunden im Alltag, also die Suche nach dem, was Frau Adam in ihrer Familie immer vermisst hat. Ihre professionelle Ausbildung soll sie dabei unterstützen. Genau dieses Handeln wird ihr aber erst möglich sein, wenn sie ihre eigene Familiengeschichte aufgearbeitet hat und sich der Auswirkungen auf ihr eigenes Handeln bewusst ist. Es fällt auf, dass Frau Adam in recht abstrakten Formulierungen über diese familiäre Betroffenheit reden kann, was in dem Grad der Nähe, die dieses Thema für sie hat, begründet sein mag. Die Faszination, von der Frau Adam spricht, ist das Verstehenwollen und die Ermöglichung eines anderen Umgangs und anderer Erfahrungen mit psychischer Krankheit und psychisch Kranken als denen, die sie in ihrer Familie erlebt hat.

Insgesamt zeigt sich in der Interpretation, dass das unaufgearbeitete biographisch bedingte Familienthema einen wesentlichen Faktor in der Motivation ihrer Studien- und Berufswahl darstellt. Dabei scheint es Frau Adam nicht um eine nachträgliche Therapeutisierung ihrer Familie zu gehen. Aller-

dings hat sie die Idee, der Beruf und die Auseinandersetzung in einer Supervision könnten die Aufarbeitung dieses Teils ihrer eigenen Familiengeschichte ermöglichen. Damit versucht Frau Adam allerdings etwas, was aus rein
strukturellen Bedingungen nicht möglich ist, nämlich die Aufarbeitung eines
unaufgearbeiteten biographischen Themas über ihr berufliches Handeln.

4.3.2 Die religiös-biographische Orientierung

4.3.2.1 Verschiedene Anläufe: Die biographische Entwicklung

106I Ja. Ja ich spring jetzt noch mal auf nen ganz anderen Bereich, ehm so Bereich Religion, Religiosität. Hat das ne Bedeutung für Sie? Religion oder christliche Religion oder
Religiosität?

Die Frage nach der Religiosität ist sehr offen gestellt, sie ist nicht eingeschränkt auf die christliche Religion oder den Katholizismus. I. fragt hier
nach der Bedeutung, die Religion bzw. Religiosität für Frau Adam hat.

107A Also im Moment wenig, hatte sicherlich eh bin ich sehr religiös auch erzogen wor-
den und so bis zu nem bestimmten Alter, ich denk das war so bis halt mit Auszug von zu
Hause, da hat es dann eigentlich erstmal eh war's so'n Abbruch, gut später vielleicht im
Studium nochmal so hier und da. ...

Frau Adam antwortet genau auf die Frage nach der Bedeutung von Religion
bzw. Religiosität. Diese wird auf den aktuellen Zeitpunkt eingeschränkt wodurch sie sich eine Offenheit für Vergangenheit und Zukunft vorbehält.

In die Beantwortung bezieht Frau Adam die religiöse Sozialisation mit
ein, sie sei "sicherlich" sehr religiös erzogen worden. Das heißt: Für Frau
Adam ist es entweder eine Selbstverständlichkeit, als Kind religiös erzogen
zu werden, oder – was als wahrscheinlich gelten kann – sie kommt aus einer
Region oder einem Milieu, in dem eine religiöse Erziehung selbstverständlich
ist. Das Religionssystem muss Frau Adam an dieser Stelle nicht benennen, da
eine katholische Sozialisation Kriterium für die Auswahl der Interviewees
war. Frau Adam antwortet sehr präzise und leitet von der Religion die Religiosität ab. Sie hätte auch sagen können, sie sei sehr katholisch oder gut katholisch erzogen worden.

Diese Erziehung hat sich bis zu ihrem Auszug aus dem Elternhaus
durchgetragen. Bei dieser Zeitangabe ist nicht so sehr das genaue Alter entscheidend, sondern die Eckdaten, die damit einhergehen: Selbständigkeit, frei
entscheiden können, nicht mehr der unmittelbaren Autorität der Eltern unter-
stehen. Mit dem Auszug aus dem Elternhaus gab es einen Abbruch, der sich
auf mehreres beziehen kann: a) durch den Wegfall des unmittelbaren Einflusses der Eltern gab es einen Abbruch der Erziehung, jedoch nicht in ihrer
persönlichen Religiosität; b) mit Wegfall des elterlichen Einflusses gab es
auch einen Abbruch der persönlichen Religiosität, die vorher da gewesen ist;

292

c) auch vor dem Auszug gab es keine persönliche religiöse Überzeugung, die jetzt offener gelebt werden kann, und der Auszug war die Chance, mit den Familiengegebenheiten zu brechen. In den Formulierungen zeigt sich, dass der Abbruch, von dem Frau Adam hier spricht, kein endgültiger Abbruch ist. Darauf deutet auch das "erstmal" als auch die späteren Kontakte im Studium hin. Mit Religion und Religiosität hat es offensichtlich noch mehrfach Begegnungen gegeben.

Wobei es im Moment eigentlich, ehm wobei ich mich jetzt eigentlich wieder nen bisschen mehr damit auseinander setze, ehm was so, wenn ich mir überlege, wie ich mich meine Tochter erziehen möchte auch so in dem Punkt. ...

Nach dem Blick in die Vergangenheit richtet sich Frau Adams Aufmerksamkeit wieder auf die Gegenwart. An dieser Stelle wird nichts über die Bedeutung ausgesagt, aber die persönliche Auseinandersetzung betont. Die Wahl des Wortes "mehr" lässt den Schluss zu, dass sie niemals ganz aufgehört hat, sich damit auseinander zu setzen. Im Augenblick ist die Auseinandersetzung mit Religion und Religiosität aktuell, ausgelöst durch die Erziehungsfragen hinsichtlich der Tochter. Das heißt, die Gretchenfrage, „wie hältst du's mit der Religion" wird über die Tochter auch für Frau Adam wieder relevanter. Religion hat für Frau Adam offensichtlich eine Funktion im Zusammenhang mit der Erziehung. Hinsichtlich der Tochter stehen jedoch im Augenblick weniger konkrete Erziehungsfragen an, sondern vielmehr die Frage, ob sie ihre Tochter taufen lassen will. Dieses konkrete Faktum könnte auch ein Anlass für das Aufbrechen der oben genannten Auseinandersetzung sein, die sich dann natürlich in den Fragen nach dem Stellenwert von Religion in der Erziehung allgemein fortsetzt.

Wo ich so merke, is vielleicht mal wieder Auseinandersetzung damit mal wieder nötig. Ehm irgendwie, also so zu gucken, wie will ich eigentlich weiterhin damit umgehen, wenn's jetzt so um Taufe geht und so was ne.

Es klärt sich hier, dass es neben den allgemeinen Erziehungsfragen wirklich die Frage der Taufe ist, die sie die erneute Auseinandersetzung aufnehmen lässt. Ihre Formulierung klingt fast ein wenig gezwungen, so als wolle sie nicht so recht, komme aber nicht daran vorbei. Die Tatsache der Taufe erscheint trotz des "Abbruchs" als etwas sehr Selbstverständliches in ihrem Leben, zumindest als etwas, mit dem man sich auseinander setzt. Das "mal wieder" deutet darauf hin, dass es nicht die erste Auseinandersetzung ist. Entweder gab es in bestimmten Abständen – wenn sie in Kontakt mit Religion kam – immer wieder Auseinandersetzungen oder aber es ist mit dem "mal wieder" eine grundlegende Auseinandersetzung seit dem damaligen Abbruch gemeint. Die Auseinandersetzung ist nötig, um sich klar zu werden, was sie für ihre Tochter will. Dazu muss sie sich aber erst einmal darüber klar werden, was sie will, zumindest dann, wenn sie den Anspruch hat, reflektiert und bewusst ihr Leben zu gestalten, wie dies ja im Kontext des beruflichen Handelns deutlich geworden ist. Frau Adam wählt hier den Weg der Reflexion über sich selbst, sie möchte also zunächst sich selber Klarheit verschaffen und ihre eigene Position finden, um diese dann an ihre Tochter weitergeben zu können oder ihr zumindest zur Auseinandersetzung anbieten zu können. Sie könnte auch den umgekehrten Weg wählen und sich damit beschäftigen, was sie für ihre Tochter will.

108I Können Sie ein bisschen was so zu Ihrer Biographie in dem Bereich erzählen? Was Sie da auch abgebracht hat, was Sie also was
109A Ehmm also ich hatte schon immer das Gefühl, es war eh schon mit Zwang immer verbunden auch, jetzt mal so von meinen Eltern her. Also ich denk mal die hatten, die war'n jetzt nicht so ganz erzkonservativ, eigentlich nich war'n schon re recht offen auch eingestellt so ehm kirchliche Fragen und so. Aber so ehm es war schon eh immer klar, dass wir sonntags zur Kirche gehen mussten ne. ...

Die religiöse Erziehung war seitens der Eltern für Frau Adam immer mit Zwang verbunden. Auffallend ist, dass sie das mit Gefühl beschreibt, denn Zwang ist als äußerer Zwang leicht festzumachen, z. B. als Zwang zur Einhaltung bestimmter Regeln. Mit Gefühl hat Frau Adam bisher immer etwas bezeichnet, das noch nicht klar fassbar zu formulieren war. Das dürfte bei diesem äußeren Zwang nicht so sehr der Fall sein, womit nicht gesagt sein soll, dass es diesen nicht gegeben hat. Jedoch so, wie Frau Adam es formuliert, scheint noch etwas anderes damit gemeint zu sein. Zu denken wäre eventuell, dass ihre Eltern in der Ausübung ihrer Religiosität etwas Zwanghaftes hatten oder dass es Frau Adam zumindest so erschienen ist. Von dieser Erfahrung musste sich Frau Adam erst durch einen Reflexionsprozess freimachen und entsprechende Alternativen entwickeln. Trotz dieser Erfahrung des Zwanghaften scheint es ein Potential zu geben, worin sie eine Chance sieht; denn zumindest ist es für sie wichtig, in eine Auseinandersetzung zu gehen. Als Vermutung kann formuliert werden, dass sie dieses Potential sucht mit dem Wissen oder der Sehnsucht, dass es in der Religion auch noch etwas anderes als Zwanghaftes gibt. Für sie ist ja auch nicht die Religion als Ganzes zwanghaft, sondern dieses wird dezidiert nur auf ihre Eltern bezogen. Die Haltung der Eltern wird noch ein wenig spezifiziert. Sie sind nicht "ganz erzkonservativ" und auch in kirchlichen Fragen recht offen. Trotzdem war den Eltern die Einhaltung von Konventionen wichtig. Wenn sie in kirchlichen Fragen offener eingestellt waren, dann ist es möglich, dass sie Glaubensfragen eher mit engerem Blick betrachteten. Deutlich wird in diesem Interakt, wenn Frau Adam von Religion spricht bzw. hier von Religion die Rede ist, dass, so zeigt der bisherige Interviewverlauf, für Frau Adam immer vom Christentum, spezieller noch vom Katholizismus die Rede ist.

Wozu man dann ja irgendwie auch nich mehr so viel Lust hat. Oder ich hatte es dann nich. Und es gab dann auch Auseinandersetzungen darüber, und es es musste halt so laufen. Also da ham sich meine Eltern dann schon irgendwie durchgesetzt ne. Also ich hatte dann schon trotzdem noch eh immer auch so mit Gemeinde zu tun und auch so mit Jugendarbeit und doch grade auch so, vielleicht auch als dieser Zwang so nachgelassen hat so'n bisschen mit 14/15 hat ich schon noch, ... ach so mit nach Taizé fahrn, bisschen mehr nochmal so eigene Sachen zu suchen, hatt ich schon wohl noch damit zu tun ... ja ... und das hörte eigentlich mit dem Anfang vom Studium so auf. ...

Sehr präzise geht Frau Adam hier vor, indem sie die Vereinnahmung aller Jugendlichen sofort zurücknimmt, obgleich sie wahrscheinlich eine Tatsache ausspricht, die viele Jugendliche mit ihr teilen. In der Familie spielte sich ein Machtkampf ab zwischen den Eltern und der Tochter, bei dem sich die Eltern durchgesetzt haben. Trotz des Zwanges war sie aktiv in die Gemeinde eingebunden, noch mehr, als der Zwang dann nachgelassen hat. Ob darin ein genuines religiöses Interesse gesehen werden kann, oder ob die Gemeinde vielleicht die einzigen Freizeitmöglichkeiten anbot, die sie hier ja auch mit Fahrten nach Taizé anspricht, muss offen bleiben. Frau Adam hat vielmehr begonnen, nach eigenen, ihr gemäßen Dingen zu suchen. Insgesamt legt die Art der Formulierungen nahe, dass ihr Engagement und wohl auch ihr Interesse grundlegend nachließ.

Ich hatte zwischen Abitur und Studium so'n so'n freiwilliges soziales Jahr gemacht, das war dann in einer Benediktinerabtei eh ehm in einem Gästehaus, was die da hatten, so'n Jugendgäste

Das soziale Jahr in der Benediktinerabtei ist hier ein Einschub, denn in der Chronologie ihrer religiösen Biographie war Frau Adam gedanklich bereits bei ihrem Abbruch ihrer Religiosität zu Beginn des Studiums. Das soziale Jahr hier einzufügen deutet darauf hin, dass es eine besondere Bedeutung für sie hat. Unabhängig von der Bedeutung des sozialen Jahres muss Frau Adam zu dem damaligen Zeitpunkt noch religiös oder gemeindlich engagiert gewesen sein, zumindest mit dem Jahr in dem Kloster eine Hoffnung verbunden haben, sonst hätte sie sich nicht dazu entschlossen. Bereits während ihres Gemeindeengagements begann sie das 'Eigene' zu suchen, dieses setzt sich vermutlich mit dem Jahr bei den Benediktinern fort. Es scheint so, als ginge es ihr um etwas Besonderes in ihrer Religiosität; das Allgemeine, was im Rahmen eines Gemeindelebens stattfindet, scheint ihr nicht ausgereicht zu haben. Sich ein Jahr unentgeltlich in einer religiösen Einrichtung zu engagieren, zeugt von einem hohen Engagement und Einsatz. Man könnte daraus schließen, dass das, wonach sie dort gesucht hat, ihr sehr wichtig gewesen ist.. Vielleicht ging es um ihre eigene Religiosität. Wenn das als Motivation zutrifft, wenn nach diesem Jahr und mit Beginn des Studiums ihr Interesse an Religion erloschen und der Kontakt zur Kirche abgebrochen ist, dann scheint während dieses Jahres im Kloster irgend etwas Gravierendes passiert zu sein.

112I   aber doch nich im M.-Kloster?
113A Ja genau (erfreuter Ausruf und Lachen) genau (Lachen) da war das, da hab ich soziales Jahr gemacht. Komischerweise, sollte man das ja nich so meinen, aber irgendwie hatt ich so das Gefühl, dass es ab da dann eh irgendwie auch weniger geworden is, da

schon und auch so danach eigentlich so mit Kirche oder der Religion überhaupt oder so mit der Auseinandersetzung damit dann wenig zu hatte.

Dass ihr Interesse nachgelassen hat oder dann fast ganz zum Erliegen kam, findet Frau Adam offensichtlich auch heute noch befremdend. Das bedeutet auch, dass sie für sich bis heute noch keine überzeugende Erklärung für dieses allmähliche Nachlassen gefunden hat. Das "komischerweise" drückt sowohl dieses Befremden aus als auch, dass eigentlich ein Nachlassen nicht zu erwarten war, sondern eher das Gegenteil. So wie Frau Adam hier formuliert, gab es keine bewusste Entscheidung gegen Religion oder Religiosität. Frau Adam hat wohl selbst eher einen intensiveren Zugang zu Religion und Religiosität erwartet, nicht aber ein Nachlassen des Bezuges zu Religion und Religiosität. Wenn Frau Adam zudem von Kirche und Religion spricht, dann scheint sich ihr Interesse nicht nur auf die kirchlich verfasste Religion zu beziehen, sondern insgesamt auf Fragen der Transzendenz und der Religion.

Auffallend ist an dieser Stelle die Formulierung, dass Frau Adam nicht nur mit Religion und Kirche in der Folgezeit wenig zu tun hatte, sondern dass es zusätzlich noch einmal eine davon getrennte Auseinandersetzung, deren Inhalte nicht weiter benannt werden, gab. Das lässt die Vermutung zu, dass es ihr an dieser Stelle mehr um den Prozess der Auseinandersetzung geht als um die in diesem Prozess transportierten Inhalte. So scheint die Realisierung ihres Interesses über Auseinandersetzung zu erfolgen. Auseinandersetzung ist damit für Frau Adam ein zentrales Stichwort. Schon in der Analyse des beruflichen Handelns tauchte die Auseinandersetzung mit sich selbst und dem Thema mehrfach auf. Trifft diese Hypothese zu, dann werden die Fragen nach der Religion und Transzendenz über Auseinandersetzung bearbeitet. Im Folgenden wird weiter zu verfolgen sein – wenn sich denn "Auseinandersetzung" als für den Habitus von Frau Adam bedeutend herauskristallisiert –, inwieweit sie in einem solchen Prozess eher auf sich selbst bezogen bleibt oder aber dialogisch auf Kommunikation ausgerichtet ist.

114I Gab's da irgendwas im M.-Kloster?
115A Ne eigentlich nicht, ich könnt das jetzt auch gar nich so fassen, nichts Bestimmtes. ...

Dass es nichts gab, was konkret benennbar wäre, scheint das eigentliche Problem zu sein. Es gab so zunächst einmal nichts Sichtbares, nichts Bestimmtes, woraus sich das Nachlassen ihres Interesses begründen ließe. Das Interesse scheint einfach verflacht zu sein.

Frau Adam hat sich implizit und explizit während ihrer religiösen Erziehung immer mit dem Zwang ihrer Eltern auseinander gesetzt. Als dieser wegfiel, begann sie das Eigene zu suchen, was sich wahrscheinlich im sozialen Jahr fortsetzte. Eine Auseinandersetzung, wie sie es aus ihrem Elternhaus kannte, fand vermutlich in dem Kloster nicht statt, folglich könnte es sein, dass es nichts gab, gegen das sie sich wehren musste oder gegen das sie eine Auseinandersetzung führen konnte. In der Benediktinerabtei entfiel der Widerpart für eine Auseinandersetzung im eben genannten Sinne. Wenn Auseinandersetzung nun aber zum Habitus von Frau Adam gehört, dann heißt das, dass ein Interesse dann verschwindet, wenn der Punkt der Auseinandersetzung entfällt. Daraus folgt wiederum, dass Frau Adam für sich keine andere Form der Aneignung von Dingen hat als über diese Form der Auseinandersetzung. Die Frage, die sich hier anschließt, ist die nach dem Interesse Frau Adams an der Religion. Ist das Interesse an Religion ein Interesse an den Inhalten der Religion, oder aber – so könnte aufgrund der gerade geäußerten Hypothese formuliert werden – liegt das Interesse eher im Prozess der Auseinandersetzung? Bisher hat sich Frau Adam inhaltlich noch nicht zu dem geäußert, was ihr Interesse begründet hatte. Andere Möglichkeiten für das Nachlassen ihres Interesses können sein, a) dass ihr die Lebensform des Ordenslebens nicht zusagte oder sie da nichts mit anfangen konnte und es deshalb zum Erliegen kam. Das hätte wahrscheinlich eher zu einer Abwendung geführt und nicht zu einem stillen Verschwinden, ferner wäre das etwas gewesen, das sie hätte benennen können; b) sie hat die von ihr gesuchte Auseinandersetzung geführt und festgestellt, dass das, was sie dort fand, nicht ihren Wünschen und Bedürfnissen entspricht und deshalb ihr Interesse nicht weiter verfolgt. Auch das hätte formuliert werden können; c) Frau Adam hat während ihrer Gemeindezeit begonnen, für sich das Eigene oder das für sie entscheidend Wichtige zu suchen und wollte dies in der religiösen Umgebung der Benediktinerabtei fortsetzen. Es ist möglich, dass sie das, was sie dort suchte, nicht fand oder festgestellt hat, dass sie es in der Religion nicht findet und ihr Interesse daraufhin nachgelassen hat. Diese Lesart kann aufgrund dessen, dass Frau Adam bereits begonnen hatte, ihr Eigenes zu suchen, einige Plausibilität für sich beanspruchen. Allerdings wäre dies dann etwas gewesen, das eher unthematisch und nicht verbalisierbar im Sinne einer Sehnsucht oder Hoffnung da war, die sich nicht erfüllt hat. Aber auch die Enttäuschung wäre dann inhaltlich nicht verbalisierbar und drückte sich eher im Nachlassen des Interesses aus. Wenn sie in einer Benediktinerabtei nach diesem Unthematischen sucht, könnte das Gesuchte in der Sehnsucht oder Hoffnung bestehen, einen anderen Zugang zu Religion oder Glauben zu finden, als dies in ihrem Elternhaus und/oder in der Gemeinde möglich war.

Ich hatt ja schon dann noch, ich hab dann an ner Katholischen Fachhochschule studiert, was aber jetzt mehr so den Hintergrund hat, das ich eh so gehört hab, das es einfach die besser anerkannte Ausbildung is. Ehh hab dann aber schon, wollt schon da auch noch Theologie eh machen, ...

Frau Adam geht über zu der nächsten Station in ihrem Lebenslauf über, dem Studium als dem Ort, wo die Auseinandersetzung mit Religion und Kirche dann aufhörte. Die Tatsache, an einer Katholischen Fachhochschule zu studieren, begründet sie nicht mit einer Bindung an Religion oder einem Interesse, sondern damit, dass dort die besser angesehene Ausbildung angeboten wurde.

Dennoch gibt es auch hier noch einen weiteren Ansatz der Beschäftigung mit Religion: Sie wollte an der KFH das Fach Theologie studieren oder hat es auch getan, was hier nicht ganz klar wird. Wenn ihr Interesse und ihre Auseinandersetzung während der Zeit des sozialen Jahres stark nachließ, dann stellt sich die Frage, was sie am Fach Theologie innerhalb ihres Studiums reizte. Eine Möglichkeit wäre, dass sie hofft, dort das zu finden, was ihr Gemeinde und Kloster nicht zur Verfügung stellten. Besteht Frau Adams Sehnsucht darin, einen Zugang bzw. einen anderen als den bisherigen zu Religion zu finden, so hatte sie bei den Benediktinern die Möglichkeit, sich mit der monastischen Lebensform auseinander zu setzen. In der Theologie könnte sie diese Suche mittels intellektuell wissenschaftlicher Auseinandersetzung gestalten und sich so nochmals auf eine andere Art und Weise mit Religion beschäftigen. Hinter der Beschäftigung mit Theologie könnte dann eventuell auch der Wunsch stehen, ein praxisentlastetes Denkgebäude aufzubauen, in dem sie die Beschäftigung mit Religion auf einer rein abstrakten Ebene führen kann. Für diese letztgenannte Möglichkeit bietet die bisherige Analyse aber wenig Anhaltspunkte; bisher deutet nichts darauf hin, dass Frau Adam ihre Lebenspraxis handlungsentlastet gestalten will. Eine weitere Verständnismöglichkeit könnte darin liegen, dass Frau Adam innerhalb der Theologie die Möglichkeit sieht, ihre bisherigen Erfahrungen mit Religion und Kirche, speziell vielleicht ihrer eigenen zwanghaften religiösen Erziehung im Elternhaus, aufzuarbeiten, um daraus weitere Perspektiven zu entwickeln.

gibt's ja als Fach dann auch, hab's dann aber irgendwie auch aufgehört, was da jetzt einfach auch den Grund hatte, das eh dieser Dozent da einfach en ganz komischer war. Also ich hab dann, jetzt mal so vom pff vom Gefühl her dazu, es hat mich einfach nich mehr so interessiert oder ehm ich hab so keine ehm ... vielleicht da so keine Perspektive für mich gesehen oder keinen Weg gefunden, irgendwie für mich da noch mal für mich da auch irgendwas zu suchen. ...

Auch das Theologiestudium im Rahmen der Sozialpädagogik hat Frau Adam abgebrochen. Der Grund liegt jedoch nicht in der Theologie selbst, sondern in demjenigen, der es lehrte, und darin, dass sie keine Perspektive mehr darin sah, sich weiter mit Theologie zu beschäftigen. Deutlich ist, das Frau Adam etwas sucht, von dem bisher nicht klar ist, was es ist, dabei scheint aber auch ihr selber nicht klar zu sein, wonach sie eigentlich sucht. Dieses sucht sie an unterschiedlichen Orten im Umfeld der institutionalisierten Religion und gibt jedes mal enttäuscht auf mit dem Empfinden, wieder nicht gefunden zu haben, was sie sucht.

Die Lesarten zu dem, was das Gesuchte sein kann, sind an dieser Stelle noch zu erweitern bzw. zu konkretisieren. Als Möglichkeit wurde schon genannt, einen Zugang zur Religion zu finden. Dieser kann bedeuten a) eine persönliche Perspektive wie z. B. einen religiös geleiteten Sinn für ihr Leben zu finden oder evtl. ein bestimmtes religiös geleitetes Konzept von Lebensführung; b) die Konstituierung der eigenen Identität über Religion zu suchen;

c) einen Zugang, der ihr gleichzeitig ihre Autonomie lässt oder d) die Aufarbeitung ihrer religiösen Sozialisation zu leisten.

Oder hab vielleicht, ich hab so'n bisschen auch das Gefühl, eh es gab dann auch so ne Art Ersatz dafür vielleicht, also mehr in so ne Richtung, dass ich mich sehr viel so dann mit Therapie und Selbsterfahrung auseinander gesetzt habe und in der Richtung so einiges auch gemacht. ...

Die Frage ist, wofür sie einen "Ersatz" fand. Das "dafür" kann sich eigentlich nicht auf Religion beziehen, denn für Religion kann es keinen Ersatz geben, aber es kann einen Ersatz oder ein Äquivalent für die Leistung geben, die Religion zur Verfügung stellt. Das bedeutet dann auch, dass es möglich war, in einem nicht-religiösen System das zu finden, was sie suchte. Das, was sie gefunden hat, wird von ihr als Ersatz bezeichnet; also als etwas nicht Gleichwertiges, denn das Wort Ersatz macht immer deutlich, dass es sich nicht um das eigentlich Gesuchte handelt. Für Frau Adam ist die Religion das eigentlich zuständige System, und nur weil sie hier nicht erhält, was sie sich wünscht, wendet sie sich einem anderen System zu.

An dieser Stelle klärt sich allerdings auch das von ihr Gesuchte. Die Auseinandersetzung mit Therapie und Selbsterfahrung zeigt, dass es um eine Auseinandersetzung mit der eigenen Person geht. Wenn sie in der Therapie und Selbsterfahrung das findet, das sie in der Religion gesucht hat, dann geht es ihr um die Aufarbeitung der eigenen Vergangenheit, um Fragen des Selbst- und Fremdbildes, um Fragen nach der eigenen Identität und Konstruktion derselben sowie insgesamt um existentielle Fragen des Lebens und um die Frage nach Sinn. Stimmt die Vermutung, dass es um diese Fragen geht, dann heißt das, dass Frau Adam in der Religion den Zugang zur Beantwortung bzw. der Bearbeitung ihrer Identitäts- und Sinnfragen suchte.

Die Formulierung "dass ich mich dass ich mich sehr viel so dann mit Therapie und Selbsterfahrung auseinander gesetzt habe und in der Richtung so einiges auch gemacht" ist angesichts des Inhaltes etwas ungewöhnlich. Sie kann sich natürlich theoretisch damit auseinander setzen, wenn es ihr jedoch um einen persönlichen Gewinn geht, dann kann sie nur Selbsterfahrung bzw. Therapie machen. Die rein theoretische Auseinandersetzung wird sie persönlich nicht weiterbringen. Es ist davon auszugehen, dass sie selbst Therapie gemacht hat, in der Formulierung liegt allerdings ein sehr distanzierter Blick auf die Dinge, in denen es um sie persönlich geht. Es scheint ein ähnlich distanzierter außengeleiteter Blick zu sein wie derjenige, den sie auf die psychisch Kranken und deren Krankheiten hatte.

Vielleicht auch so was von Sinn suchen und sich mit sich und und der Welt und so auseinander zu setzen, (unverständlich), dass sich das dann dahin so verlagert hat, also und zwar ohne jetzt sagen zu können, warum es mit der Religion eigentlich nich mehr so gewesen is.

Die Vermutung, dass das in der Religion Gesuchte die Möglichkeit der Bearbeitung von Sinn- und Identitätsfragen ist, wird hier explizit bestätigt. Ein weiterer wichtiger Punkt ist ferner die Auseinandersetzung mit sich und der Welt. Das korrespondiert mit der Tatsache, dass auch die Identitäts- und Sinnfragen nicht aus sich selbst heraus bearbeitbar und beantwortbar sind. Welt, Sinn- und Identitätsfragen hängen für Frau Adam eng zusammen. (vgl. 2.3.2) In der Religion war es für Frau Adam offensichtlich nicht möglich, diese Fragen zu bearbeiten. Zu vermuten ist in diesem Zusammenhang, dass die Art und Weise der Bearbeitung oder der Beantwortung ihrer Fragen für Frau Adam nicht das oder in der Art war, wie sie es sich vorgestellt hatte bzw. dem, was sie suchte, entsprach. Wenn sie in der Therapie das für sie Richtige fand, dann ist davon auszugehen, dass es ihr weniger um die Präsentation von bereits bestehenden Antworten geht als vielmehr um Begleitung oder Hilfestellung im Prozess der Bearbeitung und der Antwortgenerierung. Dazu erscheint ihr die Therapie als das geeignetere Instrument als die Religion. Die Religion hat ihr vermutlich nicht diese Prozessbegleitung angeboten, sondern klare Wege im Sinne von Antworten zur Verfügung gestellt. Darin könnte Frau Adam eine Einschränkung ihrer Autonomie gesehen haben. In dieser Hinsicht wäre der Anspruch auf ein Lebensführungskonzept in eigener Regie auch noch näher zu untersuchen.

In Fortführung der bereits formulierten *Strukturhypothese* kann festgehalten werden: Religion hat im Bezugssystem von Frau Adam die Aufgabe, die Bearbeitung existentieller Fragen, Fragen der Identitätskonstruktion und der Sinnfindung zu ermöglichen. Da die Religion respektive der Katholizismus diese Aufgabe in den Augen von Frau Adam jedoch nicht erfüllt, hat sie sich dem System der Therapie zugewandt, das genau dieses leistete.

Wenn Frau Adam der Religion die Aufgabe der Beantwortung der existentiellen Frage und damit auch der Sinnfrage zuweist, dann ist das eine genuinen Aufgaben von Religion. Es lässt sich an dieser Stelle allerdings die Hypothese formulieren, das analog zur Feststellung im beruflichen Handeln Frau Adam hier eine Verwechslung der Systeme vornimmt, und zwar dahingehend, das sie von der Religion eine Form der Auseinandersetzung mit diesen Fragen und der eigenen Person erwartet, die sehr eng an die Aufarbeitung der eigenen Biographie und der darin liegenden Brüche anschließt. Das heißt, im Denken von Frau Adam hat Religion die Thematisierung des Selbst zu ermöglichen. Eine solche Form der Auseinandersetzung entspricht jedoch nicht der Handlungslogik von Religion, sondern der eines therapeutischen Prozesses. Insofern erwartet Frau Adam hier etwas von der Religion, was diese in der von ihr gesuchten Art und Weise nicht zur Verfügung stellen kann und will. Umgekehrt stellt sich die Frage, ob Frau Adam im therapeutischen Kontext etwa einen Transzendenzbezug oder ähnliches vermisst, also etwas, das genuin der Religion zugehörig ist.

4.3.2.2 Religion und Glaube

120I Und ehm würden Sie denn von sich sagen, dass Sie ein religiöser Mensch sind oder ein gläubiger Mensch?
121A Nee, könnt ich jetzt im Moment nich sagen. Ich könnt jetzt noch nich mal sagen, ob das jetzt wirklich ... mal so ... gewesen is. Ich hatte nie so ganz das Gefühl, ach ja das ist jetzt wirklich für mich das das ganz genau das Richtige oder es zieht mich da jetzt so sehr hin oder es hatte immer eigentlich ne andere Bedeutung, was ich früher auch mehr gemacht hab, Kontakt halt, mit anderen was zusammen zu machen oder sich einfach ... eh mit bestimmten Themen zu beschäftigen. Also das ich jetzt irgendwie mal so das Gefühl hatte, das is mir jetzt nen Bedürfnis oder ich finde das was, irgendwas von Erfüllung oder von Sinn ehm, das kann ich gar nich so sagen. Und ich denke mal ehm vielleicht is das auch so der Grund eh, dass ich dann irgendwann einmal nach was anderem gesucht hab. (I.Mhm)

Frau Adam ist sich sehr unsicher, ob sie je ein religiöser oder gläubiger Mensch gewesen ist. Wenn Frau Adam einen Zugang zu Religion gesucht hat mit dem Ziel, dort ihre existentiellen Fragen bearbeiten zu können und in diesen Versuchen und Anläufen immer wieder enttäuscht wurde, um ihr Ziel dann in einer anderen Form zu erreichen, die zunächst einmal nichts mit institutionalisierter Religion zu tun hat, dann kann sich das heute für sie so darstellen, dass sie in der Religion nie das leben konnte und das fand, was für sie das Entscheidende ist, nämlich Sinn und Erfüllung, und dass sie sich deshalb nicht als religiös bezeichnet.

Religion hatte für sie ferner immer eine "andere Bedeutung". Hier bieten sich verschiedene Lesarten zu der Bedeutung von Religion/Kirche an: a) Religion hat eine andere Bedeutung für sie als diejenige, die sie sich darunter vorstellt, dieses ist zugleich von der Religion auch so gewollt, d. h. Religion/Kirche hat in ihrem Denksystem die Aufgabe, Fragen nach Sinn und Identität zu bearbeiten oder zu beantworten, Religion/Kirche selbst sieht dies aber nicht als ihre Aufgabe an. Dann hätte Frau Adam diese Bedeutung in die Religion/Kirche hineingelegt; b) von Seiten der Religion/Kirche her gedacht gäbe es die Möglichkeit, dass Religion/Kirche dies durchaus als ihre Aufgabe betrachtet, dieses aber von Frau Adam so nicht wahrgenommen wurde, vielleicht weil die Religion/Kirche diese Aufgabe auf andere Art und Weise wahrnimmt als von Frau Adam gewünscht und sie deshalb keinen Zugang zur Religion erhält; c) aus der Perspektive anderer Menschen (Gemeinde, Amtsvertreter) betrachtet hat die Religion/Kirche eine andere Bedeutung als für Frau Adam, die aber nur dieser einen Bedeutungsebene begegnet ist und feststellte, dass sie ein anderes Verständnis von Religion besitzt.

Religion bietet nun auch Kontakt und Geselligkeit. Das Gemeinschaftsmoment und der Geselligkeitsaspekt sind für Frau Adam allerdings eher etwas Sekundäres und nicht das "Eigentliche", das sie sucht.[10] Es ist davon auszugehen, dass die Entscheidung für das soziale Jahr bei den Benediktinern dem Wunsch entsprang, für sich das Richtige zu finden, dort hat sie wahrscheinlich nicht Kontakt und Geselligkeit gesucht, sondern einen existentiellen Zugang. Die Religion scheint in dieser Hinsicht für Frau Adam nicht existentiell genug zu sein, sie bietet keine Begleitung in dem Prozess der Sinnfindung und Bearbeitung existentieller Fragen.

123A Dass ich jetzt irgendwann mal das Gefühl hatte, ich bin jetzt gläubig, oder ich, es gibt was, das ich da so dran glauben kann. Also ich kann jetzt nich sagen, es is nich so. Es is vielleicht immer noch mehr so, so vielleicht nochmal so so so unklar eigentlich oder könnte mir auch vorstellen, dass sich das nochmal in andere Richtung so entwickeln kann ne, dass ich da immer noch so'n bisschen auf der Suche bin. (I.Mhm)

In der Fragestellung stellte I. die zwei Alternativen, ob sich Frau Adam als religiösen Menschen oder als gläubigen Menschen bezeichnet, zur Auswahl. Frau Adam greift die Vokabel 'glauben' auf. Auf die Frage des Glaubens wird mit einer doppelten Verneinung geantwortet. Das heißt letztlich, sie kann nicht sagen, dass sie glaubt, sie kann aber auch nicht sagen, dass sie es nicht tut. Sie kann sich nicht für und auch nicht gegen den Glauben entscheiden. Es bleibt ein Schwebezustand, der eine Offenheit für einen Zugang zu Religion impliziert, der Prozess Suche ist offensichtlich für sie nicht abgeschlossen. Die Frage, die sich in diesem Zusammenhang stellt, ist diejenige nach der konkreten Vorstellung eines Glaubens. Zwei grundlegende Möglichkeiten bieten sich hier an: zum einen könnte sie von einem reflexiven Glauben ausgehen im Sinne eines Glaubens an sich selbst und das eigene Vermögen. Damit wäre ihr Verständnis von Glaube genauso wie ihr Verständnis von Religion reflexiv auf die eigene Person bezogen. Die zweite Möglichkeit geht von einer Unterscheidung zwischen Religion und Glaube aus, insofern der Glaube auf etwas außerhalb der eigenen Person Liegendes bezogen ist und damit entweder immanent bestimmt oder auf eine Transzendenz bezogen wird. Bei aller Unklarheit, die diese Formulierung hier beinhaltet, scheint Frau Adam unter Religion eher den Ort zur Bearbeitung existentieller Fragestellungen zu verstehen und unter Glaube einen wie auch immer gearteten Glauben 'an etwas', also eine Glauben, der auf etwas außerhalb ihrer selbst Liegendes bezogen ist. Im Weiteren wird zu prüfen sein, wie sich Frau Adam zum Thema Glauben äußert.

Setzt man diese hier vermutete Unterscheidung zwischen Religion und Glaube in Beziehung mit Frau Adams an die Religion gerichteten Bedürfnissen, z. B. der Unterstützung in Identitätsfragen und Sinnfindungsprozessen,

---

10 Damit nimmt Frau Adam ein wesentliches Element des Katholizismus, nämlich das Vergemeinschaftungsmoment, das sich unter anderem in Kontakt und Geselligkeit ausdrückt, nicht wahr und erklärt es für sich persönlich als nicht bedeutsam.

dann bedeutet diese hier vorgenommene Unterscheidung, dass die Therapie (Therapie deshalb, weil diese für Frau Adam den Ersatz zur Religion darstellt) hinsichtlich der Fragen nach dem Sinn einen Beitrag im Sinne einer Hilfestellung leistet. Die Therapie selbst jedoch kann den Sinn nicht darstellen, sondern kann nur in der Generierung unterstützen. Insofern kann man an die Therapie auch nicht glauben, sondern sie ist eine Unterstützung in der reflexiven Auseinandersetzung mit sich selbst, sie ist ein Mittel, um etwas zu erreichen. Dieses stellt sich beim Glauben "an etwas", wie hier von Frau Adam formuliert, anders dar. Der Glaube z. B. an ein transzendentes Wesen oder Gott kann den Sinn an sich darstellen. Es besteht auch die Möglichkeit, dass der Glaube die Funktion hat, die Beantwortung der existentiellen Fragen zu übernehmen, insofern sie an eine höhere Instanz delegiert werden. Dies wäre ein Delegationsmodell, das mit einer Einschränkung der Autonomie einhergehen könnte. Ferner besteht die Möglichkeit, dass der Glaube "an etwas" Unterstützung (nicht Klärungshilfe) in der Klärung der eigenen Fragen bedeutet.

4.3.2.3 Die Frage nach Sinn

124I Ehm Sie ham ja jetzt zweimal auch so gesagt, Frage von Sinnsuche und so weiter. Und gesagt, Sie ham das so in Richtung Therapie verlagert, was ham Sie da für sich ge, oder ham Sie da für sich was gefunden oder wie hat sich das für Sie da geäußert? Also es klang grad so, als hätten Sie da mehr so Ihren Ort gefunden.

I. geht mit dieser Frage auf die von Frau Adam vorgenommene Verlagerung von der Religion auf die Therapie ein. Die Frage fordert Frau Adam auf, inhaltlich näher zu füllen, was – wie sie nahe legt – sie in der Therapie gefunden hat, in der Religion jedoch nicht finden konnte.

125A Jaa.
126I als eh bei der Religion, oder beim Christentum oder bei der Kirche.
127A Ja. Ehm ... ... oh das is jetzt schwierig so zu sagen. Also ... ... ja muss ich mal irgendwie überlegen, wie ich das so formulieren kann. Ehh ... ich glaub, was ich da so an Erkenntnissen immer mal wieder so hatte oder was so an Entwicklung so passiert is, ...

Das zu formulieren, was für sie inhaltlich wichtig geworden ist, ist schwierig. Die Schwierigkeiten rühren jedoch nicht daher, dass sie nicht weiß, was sie sagen möchte, sondern eher, dass sie nicht weiß, wie sie es sagen kann. Im Aussprechen den Kern des Gemeinten zu treffen und es für ihr Gegenüber plausibel zu machen, darin scheint die Schwierigkeit zu bestehen. Es fällt auf, dass sie mit dem Begriff „Erkenntnis" beginnt. Eher gebräuchlich für die eigene existentielle Auseinandersetzung wäre der Begriff der „Erfahrung". Demgegenüber wählt sie hier einen rational geprägten Begriff. Natürlich erlangt jemand in einem therapeutischen Prozess auch rationale Erkenntnisse, wirkliche Veränderungen der personalen Dispositionen können aber nicht auf diesem Wege, sondern nur über den Weg der Emotion erfolgen. Den Teil an notwendiger emotionaler Erfahrung scheint Frau Adam hier abzukoppeln. Aufgefangen wird dieser Teil noch am ehesten im Gebrauch des Wortes Entwicklung. Der Begriff der Erkenntnis deutet darauf hin, dass die Erfahrung, die sie in der Auseinandersetzung mit sich und ihren Themen gemacht hat, zu einem Wissen auch über sich geworden ist und damit zu Erkenntnis. Frau Adam scheint davon auszugehen, dass rationale Erkenntnis auf der Ebene der Gefühle zu Veränderungen führen kann.

is schon so was wie ehm ... ... mh mh also was is mir wichtig so oder was was ... mh ... ... Also vielleicht so was, wie sich angenommen fühlen also so ehm ... ... mh ... is ganz schwierig ... ... Ja, also eh das ich mich da immer mit so Fragen be be beschäftigt hab, was worin seh ich eigentlich so'n Sinn oder wie stell ich mir so mein Leben eigentlich vor, oder wohin möcht ich mich so entwickeln. Mh das is jetzt en bisschen konfus glaub ich, das is auch en bisschen unklar, das eh ...

Die inhaltliche Versprachlichung ist äußerst schwierig. Frau Adam versucht die Beantwortung über die Ebene dessen, was ihr wichtig geworden ist, worin sie eine Erkenntnis für sich sieht. Wichtig ist ihr vor allem, sich angenommen zu fühlen. Vielleicht unterscheidet diese Erfahrung die Therapie von der Religion/Kirche, dass sie in letzterer diese Erfahrung so nicht gemacht hat, dies dann jedoch in der Therapie möglich war. Denn es ist auch das Erste, das sie benennt, und scheint also eine sehr wichtige Erfahrung zu sein. Diesen Gedanken fortzusetzen ist ihr aber nicht möglich, es fehlt ihr offensichtlich der richtige Anschluss daran. In einem neuen Versuch der Antwort formuliert sie eher ihre grundlegenden Fragen, die die grundlegenden Fragen des Lebens sind, die Frage nach Sinn und nach Lebensperspektive. Die Ebene der konkreten inhaltlichen Ausgestaltung wird hier verlassen. Eine inhaltliche Ausgestaltung jener Fragen scheint so nicht möglich zu sein. Das wird dann verständlich, wenn Frau Adam den Anspruch erhebt, sozusagen bei ihren Erkenntnissen anzusetzen und wenn sie inhaltliche Ausgestaltung als Beantwortung im Sinne von letzten Erkenntnissen in diesen Fragen versteht. Dann aber muss sie scheitern, da diese Fragen einen lebenslangen Prozess bedeuten, ihre endgültige Beantwortung würde zu einem Stillstand ihrer Lebenspraxis führen.

Es zeigt sich, dass Frau Adam auf die Frage, was sie denn in der Therapie im Unterschied zur Religion gefunden hat, inhaltlich kaum etwas sagen kann. Es gäbe für sie die Möglichkeit, darüber zu sprechen, was ihr wichtig ist und geworden ist, was ihr die Therapie geboten hat, was sie in der Religion nicht gefunden hat. Sie könnte in diesen Punkten ganz konkret werden, ohne die grundlegenden Fragen des Lebens beantworten zu müssen. Entweder sind diese Dinge für sie doch nicht so bewusst, dass sie inhaltlich formulierbar wären, dagegen spricht jedoch, dass für sie die Beantwortung nicht deshalb schwierig ist, nicht weil sie nicht weiß, was sie sagen will, sondern ihre Schwierigkeit darin besteht, nicht zu wissen, wie sie die Dinge formulieren kann. Eine andere Möglichkeit der Interpretation bestünde darin, dass

Frau Adam so sehr in den existentiellen, alles umgreifenden Fragen befangen ist, die zu beantworten ihr Ziel ist, dass es ihr von daher kaum möglich ist, auf das Konkrete zu schauen und sich mit diesem Konkreten auseinander zu setzen. Beide Lesarten sind im Folgenden im Blick zu behalten.

128I Ja, das macht ja nichts
129A Ja eh (Lachen)
130I ber da ham Sie für sich schon so auch eh das gefunden, also im Sinne von Bearbeitung dieser Fragen, wo will ich hin, was is mir wichtig in ihrem eh meinem Leben.
131A Ja, ja genau so. Oder zumindest so Ansatzpunkte immer wieder ne oder so ... ... also immer wieder so die Auseinandersetzung mit mir selbst und ehm ... ... also jetzt zum Beispiel in dieser Fortbildung, die ich jetzt gemacht hab, dieses das war sehr psychoanalytisch orientiert, da gab's ja auch immer wieder so so ganz tiefe Erkenntnisse. Also ich fällt mir jetzt auch nen bisschen auf, dass es da so vielleicht auch so Parallelen gibt, von wegen irgendwo so was suchen ne oder was über sich erfahren zu wollen, also es is is irgendwie vielleicht wirklich so ne Art von Ersatz is oder was weiß ich nen anderer Weg einfach irgendwie ehm für sich nen Sinn halt zu suchen.

Die hier spürbaren Ausdrucks- und Formulierungsschwierigkeiten, fast eine inhaltliche Sprachlosigkeit widersprechen im Grunde Frau Adams gewonnenen Erkenntnissen, denn Erkenntnisse sind als reflektierte Erfahrung durchdacht und damit auch formulierbar. Frau Adam kreist um einige Begriffe, die mit hoher Bedeutungsaufladung versehen sind, so etwa Erkenntnis, Erfahrung, Auseinandersetzung mit sich selbst. Sie ist allerdings nicht in der Lage, diese Begriffe auf ihre Person hin zu konkretisieren, so dass die inhaltliche Füllung dem Gegenüber überlassen bleibt und damit aber auch dessen Interpretation. Inhaltlich sagt Frau Adam hier wenig aus. Eine Hypothese ist an dieser Stelle zu formulieren: Frau Adam geht es in ihren therapeutischen Prozessen weniger um die konkreten Inhalte als vielmehr um den Prozess an sich und damit um die Auseinandersetzung überhaupt.

Die implizite Parallele zur Therapie scheint in der Religion zu liegen, denn sie spricht vom Ersatz, davon hat sie jedoch nur im Zusammenhang der Religion gesprochen, die Therapie ist somit der Ersatz für die Religion. Allerdings wird die Therapie an dieser Stelle auch zu etwas Gleichwertigem erklärt, weil Frau Adam sie als anderen Weg bezeichnet. Frau Adam fasst ihr zentrales Anliegen hinsichtlich Religion bzw. Therapie im Begriff der Sinnsuche zusammen. Zu dieser gibt es anscheinend verschiedene Wege: a) den der Religion, der sich für sie als nicht erfolgreich zeigte; b) den der Therapie und c) in eingeschränkterem Maße den der beruflichen Fortbildung.

132I Mhm. Können Sie denn sagen, ich weiß, das is ne schwierige Frage, aber können Sie denn sagen, was für Sie Sinn macht? Also wie so sagen, dass is sinnhaft für mich? Oder das will ich, oder das such ich?
133A Mhm. Ja. Joa also was ich so suche, was ich so anstrebe is sicherlich so'n ehm ... so ne Zufriedenheit oder so ... ne Ausgeglichenheit. Also das ich so das Gefühl hab, ich weiß, was ich will, und dafür tu ich auch was und dafür steh dann ein und das erreich ich dann auch oder auch nich. Auf jeden Fall kämpf ich irgendwie drum, oder ich ich tu oder finde

das, was ich tun möchte, und mach das auch. Und bin so im Einklang mit mir und meinen Gefühlen, ich kann die so äußern und eh ehm Kontakt denk ich is ganz wichtig also ehm, Beziehungen. Ich denk, was ja irgendwie auch so ne Voraussetzung is. Ich weiß eh über meine Gefühle Bescheid und ehm kann kann eh die offenlegen und eh kann dann auch so Beziehungen leben, wie ich's mir dann wünsche. Mhm. ... ... Ja ,ja das is so also so denk ich das, woran ich bisher immer so gearbeitet hab, und das, was ich mir eigentlich so vorstelle.

Frau Adam antwortet auf diese Frage mit verschiedenen, in diesem Zusammenhang entscheidenden Stichworten, die das für sie Wichtige fassen. Zufriedenheit und Ausgeglichenheit ihrer eigenen Person, Klarheit über die eigenen Wünsche und Bedürfnisse, Kongruenz mit sich selbst und das Leben in Beziehungen sind dabei die entscheidenden Aspekte, die Frau Adam zugleich mit einem sinnhaften Leben in Verbindung bringt.

Zwei Dinge sind auffällig in dieser Beschreibung: Zum einen scheint nur wenig von dem, was sie nennt, bereits Realität zu sein, denn sie beschreibt mehr den Idealzustand dessen, was sie anstrebt, also ihre Ideale. Diese Ideale zu erreichen, ist mit harter Arbeit an sich selbst verbunden. Das bedeutet auch: Sinnhaftigkeit wird nicht geschenkt oder ereignet sich ohne äußeres Zutun, sondern ist Ergebnis harter Arbeit und Auseinandersetzung. Dieser Prozess, die Arbeit an und Auseinandersetzung mit sich selbst, ist genau das, was sie in der Religion suchte und nicht fand, weil es ihr nicht zur Verfügung gestellt wurde. Zum anderen fällt auf, dass das, was Frau Adam mit Sinnhaftigkeit in Verbindung bringt, fast ausschließlich reflexiv auf ihre eigene Person bezogen ist. Die Bezogenheit auf ein außerhalb ihrer selbst Liegendes, also die Hingabe an eine Sache, an eine Person findet hier keinen Ausdruck, selbst das Leben von Beziehungen erscheint hier sehr abstrakt abgekoppelt von konkreten Menschen, die diese Beziehungen verkörpern.

Frau Adam formuliert diesen Interakt mit einem eher distanzierten, analytischen Blick auf das, was ihr wichtig ist. Ihre Darstellung erhält immer stärker theoriegeleitete Züge, insofern sie theoretisch Ideale formuliert, deren Verbindung zu dem konkreten gegenwärtigen Leben von Frau Adam nicht deutlich ist. Zwischen dem, wie sie diese Dinge ausführt, und ihrer konkret gelebten Lebenspraxis gibt es an dieser Stelle keine Verbindung, die ausgeführt wird. Dies zeigt sich auch darin, wie Frau Adam über Beziehungen redet. Wie auch schon an früherer Stelle festgestellt wurde, ist ihre Sprache sehr abstrakt und die Art, wie sie über Beziehungen redet, schließt ein Subjekt, ein Gegenüber aus. Sie spricht von Beziehungsgestaltung unabhängig von konkreten Menschen, mit denen sie diese lebt oder leben will. Diese scheinen zunächst eine untergeordnete Rolle zu spielen, im Vordergrund stehen ihre Ideale von Beziehungsgestaltung. Diesbezüglich scheint hier ein Linearitäts- und Kausalitätsdenken auf und weniger ein Denken oder Leben in Interaktionen. Wenn sie im Einklang mit sich lebt, dann kann sie Beziehungen so leben, wie sie es sich wünscht. Ein Gegenüber, mit dem es in Auseinandersetzung zu treten gilt, das seinerseits auch Einfluss auf die Beziehungsgestaltung hat, taucht hier nicht auf. Die Frage der Beziehungen und Beziehungsgestaltung findet hier mit ausschließlichem Bezug auf ihre eigene Person statt. Dies widerspricht dem Grundprinzip von Sozialität und Interaktion, denn Beziehungen entstehen erst in konkreter Interaktion und können nicht unabhängig von Interaktion gestaltet oder gelebt werden. In der reflexiven Bezogenheit auf sich selbst, die sich in diesem Interakt ausdrückt, schließt Frau Adam ein Gegenüber von der Beziehungsgestaltung aus. Frau Adam entfaltet hier das Ideal einer reifen Persönlichkeit, die es zu erreichen gilt. Es hat den Anschein, als sei vorher wirkliches Leben kaum möglich.

Dieser distanzierte Blick zeigte sich bereits in der Analyse ihrer Berufsmotivation. Ähnlich wie hier formulierte Frau Adam auch dort sehr abstrakt und distanziert. Eine weitere Parallele zeigt sich darin, dass sie auch dort konkrete Vorstellungen von professionellem Handeln entwickelte, so wie sie hier konkrete Ideale in Bezug auf ihre eigene Person hat, aber die Umsetzung in die konkrete Lebenspraxis hier wie dort nicht deutlich wird.

Bezogen auf die Ausgangsfrage, was für sie Sinn macht, bedeutet dies, dass der Sinn für Frau Adam in der Verwirklichung ihres Ideals für ihre eigene Person liegt. Damit liegt der Focus ihres Interesses in der Thematisierung des Selbst, ohne Außenbezug und ohne Interaktion mit einem Anderen.

134I Gibt's auch so was von hach wie solls ich's sagen, ich hab jetzt grad im Kopf die Welt verbessern oder so, aber so will ich's gar nich formulieren. Also im Zusammenhang mit Ihrer Arbeit haben Sie das ja eben auch schon mal formuliert, also eh draußen ich sag jetzt mal in der Welt, also außerhalb der Familie oder so was zu tun.

135A Mhm. Joa, wobei das vielleicht gar nich so im Vordergrund steht. Ja, also auf die Arbeit bezogen vielleicht schon. Mhm. Wobei ich da jetzt da nicht so'n ehm so und (unverständlich) ich muss mich da jetzt irgendwie ganz doll anstrengen oder aufopfern für irgendwas oder für irgendwelche Vorstellungen oder Ideale. Mehr so ja das is meine Arbeit und die möcht ich gut machen oder auch so, dass es für so erfüllend is, aber in ganz bestimmten Grenzen auch auf jeden Fall nur. Mhm.

Nach dieser reflexiven Bezogenheit auf die eigene Person fragt I. jetzt nach dem Außenbezug hinsichtlich der Sinnfrage. Es wird hier allerdings überdeutlich, dass dieser Aspekt für Frau Adam kaum in ihrem Denken vorkommt, auf dieser Folie wird die festgestellte Selbstreflexivität noch einmal besonders deutlich. Die Sinnfrage ist für Frau Adam eine äußerst individuelle, die sich ausschließlich auf ihre eigene Person bezieht. Die Frage nach Sozialität oder sozialem Handeln ist für sie nicht mit der Sinnfrage verbunden, was allerdings nicht bedeutet, dass diese Aspekte für sie ohne Belang sind, sie gehören aber nicht zur Frage nach Sinn.

Insgesamt steigerte sich innerhalb des Interviews die Tendenz der starken Bezogenheit auf ihre eigene Person und der Ausschluss von sozialen Bezügen, seitdem die Bedeutung von Religiosität und Religion thematisiert wird. Die Bedeutung der Religion kann damit auch so beschrieben werden, dass Religion für Frau Adam immer die Thematisierung des Selbst ist; Religion wird verstanden als Ermöglichung von Selbstfindung und darin auch als

Ermöglichung von Sinnfindung. In diesem Verständnis wird auch noch einmal deutlicher, dass die Bedeutung von Religion, die sie erlebt hat, die eher in sozialen Bezügen, in Geselligkeit und sozialem Engagement lag, genau die Bedeutung von Religion ist, die Frau Adam ausschließt.

4.3.2.4 Taufe oder Nicht-Taufe: Die Sehnsucht nach einem Zugang

142I Und te im Zusammenhang mit ihrer kleinen Tochter, Sie haben ja eben so angedeutet, ob Sie die jetzt taufen oder nicht taufen lassen oder so. Was beschäftigt Sie da? Also was lässt Sie überlegen, sie taufen zu lassen oder sie eben nicht taufen zu lassen?
143A Ja, ja gute Frage, ich lasse sie nämlich jetzt taufen (Lachen) am Sonntag jetzt. Ich hab aber auch ne ich hab schon wohl immer hin und her überlegt, wie und in welcher Form. ...

Mit dieser Frage ist offensichtlich ein zentraler Punkt getroffen, darauf deutet sowohl die Formulierung "gute Frage" als auch das Lachen hin. Die Frage der Taufe ist nicht mehr offen, so wie es bei der vormaligen Thematisierung dieser Frage schien. Die Frage ist positiv zugunsten der Taufe entschieden worden. Angesichts des bisher von ihr Ausgeführten wird Frau Adam im Folgenden begründen, was sie dazu veranlasst hat, ihre Tochter taufen zu lassen. Gleichzeitig scheint die Begründung nicht leicht zu sein, denn sonst wäre es keine "gute Frage". Das "ob" steht hier zunächst allerdings nicht mehr zur Disposition, sondern vielmehr das "Wie", das durch die Doppelung ein hohes Gewicht erhält. Die Frage ist, welche Bedeutung in diesem Zusammenhang die Form für sie hat? Der Satz könnte so gelesen werden, dass die Frage der Taufe letztlich schon immer zugunsten der Taufe entschieden ist/war, z. B. aus familiären Gründen und/oder der Tradition, oder deshalb weil Frau Adam ein diffuses Gefühl davon hat, dass die Taufe wichtig ist und sie durch die Frage nach der Form eher nach einer Möglichkeit sucht, dies und ihre jetzige Haltung zur Religion möglichst widerspruchsfrei in Einklang zu bringen. Dann gäbe es einen rationalen Teil, der der Religion nur wenig Bedeutung beimisst und so gegen die Taufe spricht, und einen emotionalen Teil, der sich entweder vielleicht an Familientradition gebunden fühlt oder in dem sich eine starke Sehnsucht ausdrückt und der vielleicht Hoffnungen an die Taufe knüpft. Diese Möglichkeiten fordern die Auseinandersetzung und Reflexion der Entscheidung, die Frau Adam hier führt, zumal es ihr wie schon früher festgestellt um eine bewusste reflektierte Entscheidung geht.

Und das hat vielleicht auch damit zu tun, dass ich nicht recht wusste, will ich's jetzt eigentlich oder nich oder welchen Sinn seh ich darin. Und letztlich hab ich eben noch so gedacht eh, wenn mich dieser Diakon der das da jetzt macht, morgen abend fragt, der kommt jetzt morgen zum Gespräch und das liegt mir irgendwie auch schon schwer im Magen (Lachen) irgendwie so. Und das der (insgesamt etwas unverständlich) ja was sehen Sie da überhaupt für'n Sinn darin, oder warum machen Sie das überhaupt. Dann könnt ich eigentlich auch nur sagen, joa ich will sie vielleicht mal in nen katholischen Kindergarten tun, und oder ehm es is für ne schöne Familienfeier einfach auch ne und so. ...

So wie Frau Adam hier formuliert, hat sie sich für die Taufe ihrer Tochter entschieden, kann aber kaum ihre Beweggründe dafür angeben. Dazu passt auch, dass ihr der Besuch des Diakons "im Magen" liegt, denn wäre alles für sie klar, bliebe dies unverständlich. Die Entscheidung bezüglich der Taufe der Tochter scheint entweder aufgrund einer Gebundenheit an die Tradition oder aufgrund der deutlichen Wünsche der Familie oder aber aufgrund eines anderen nicht näher benennbaren und bestimmbaren Wunsches nach Vergemeinschaftung getroffen worden zu sein. Der Diakon steht sozusagen dafür, die Gretchenfrage zu stellen. I. erhält hier die ehrliche Antwort, dass es etwas gibt, was sie eigentlich sagen müsste, sich aber noch nicht sicher ist, ob sie das dann auch dem Diakon im Taufgespräch sagen wird.

Die Gründe, die sie hier für die Taufe anführt, gehen eher in die Richtung, dass Religion zur Ausgestaltung von Statuspassagen gehört bzw. im Rahmen von Erziehung oftmals einen besonderen Stellenwert genießt, den Frau Adam eventuell nutzen möchte. Gleichzeitig scheint es, dass sie diese Gründe selbst kritisch sieht und denkt, dass es eigentlich andere Gründe sein müssten, die sie bewegen, ihr Kind taufen zu lassen. Dazu passt auch, dass die Taufe für sie nicht einen singulären kirchlichen Akt darstellt, sondern eine Verbindlichkeit im Handeln beansprucht. Kritisch sieht sie ihre Gründe vermutlich auch deshalb, weil sie in dem religiösen System einen anderen als den von ihr formulierten Anspruch sieht und wohl auch für sich selbst annimmt.

Ehm ich jetzt nich wirklich auch nich unbedingt sagen kann, das hat jetzt für mich ne ganz große Bedeutung jetzt, die Taufe an sich so ne oder ne religiöse Bedeutung. Ich weiß nich, bin einfach gespannt, wie es einfach is, wenn's dann einfach passiert. Ob ich dann nochmal so das Gefühl hab, ach es is doch was, wo ich so'n Sinn drin empfinde dann auch ne oder oder nich. Aber also we w wenn ich jetzt über die Erziehung nachdenke schon auch überlege, was möcht ich dem auch so vermitteln, wie geh ich denn jetzt so mit Fragen um, die dann so auftauchen ne. Also wo ich schon so denke, da muss ich mir selber auch nochmal genau überlegen, wie steh ich so dazu ne, und was ich will da. Und wie soll das so gehen.

Frau Adam verbindet mit der Taufe ihrer Tochter recht hohe Erwartungen. Letztlich kann sie ihren Entschluss nicht begründen. Mit dieser auch für sie erstaunlichen Unbegründbarkeit ihres Entschlusses scheinen sich hohe Erwartungen an die Taufe der Tochter zu verbinden: vielleicht ermöglicht die Taufe ihr letztlich doch den lang ersehnten Zugang zur Religion. Die Taufe könnte damit zum Testfall werden, sie ist ein neuer Versuch, in der Religion das zu finden, was Frau Adam sich wünscht und sucht. In der Therapie hat Frau Adam zwar viel gefunden, aber offensichtlich gibt es eine Sehnsucht, die über das hinausgeht, was die Therapie zu leisten vermag. Diese Sehnsucht kann im Grunde nur in der Sehnsucht nach einem Transzendenzbezug zu einem Absoluten liegen, denn diesen kann die Therapie nicht zur Verfügung stellen.

148I Was, was w wie füllen Sie den Begriff Religiosität oder Glauben für sich, was ist das für Sie in Ihrem eigenen Denken? Wenn Sie sagen, ich kann da nichts mit anfangen, was is das inhaltlich gefüllt?

Frau Adam kann nur wenig inhaltlich Greifbares über ihre Gründe für die Taufe der Tochter formulieren. I. fragt deshalb noch einmal nach der Bedeutung von Religiosität und Glauben. Wenn Religiosität/Glaube keine große Bedeutung haben, dann möchte I. hier quasi über die Negation erfahren, was genau abgelehnt wird. In jedem Fall will I. hier erfahren, was Religiosität/Glaube inhaltlich für Frau Adam bedeutet.

149A Ehm ... ... also ich stell's, wie ich's mir so vorstellen würde, wenn ich's denn hätte ...

Frau Adam beginnt die Beantwortung der Frage nicht mit dem Bezug auf die Negation, sondern damit, wie sie es sich vorstellen würde, wenn sie es denn hätte. Damit antwortet sie mit einem zweifachen Konjunktiv, wobei der Konjunktiv in Bezug auf die Vorstellung verbessernd eingeführt wird. Der zweifache Konjunktiv macht deutlich, dass „es" relativ weit von ihr entfernt ist. Wobei an dieser Stelle unklar ist, worauf sich das "es" bezieht. Frau Adam macht sich – so wie sie es hier formuliert – keine Vorstellung von dem, was sie dann hätte. Das heißt: Sie muss auf diese Frage hin überhaupt erst eine Vorstellung von dem entwickeln, was sie dann haben könnte. In logischer Hinsicht ist dies kaum möglich, denn sie muss zumindest eine gewisse Vorstellung von dem haben, was sie möchte, um sich in irgendeiner Weise dazu verhalten zu können. Ohne eine solche Vorstellung würden Religion/Glaube in ihrem Bezugssystem nicht existieren. Frau Adam macht an dieser Stelle deutlich, dass ihr selbst die Vorstellung relativ fern ist. Dass dem so ist, erscheint an dieser Stelle nicht sehr plausibel, denn damit setzt sie sich zur Zeit intensiv auseinander. Es kann sein, dass es ihr hier eher um den Glauben geht, der an dieser Stelle explizit auch von I. eingeführt wird. Dieser wurde bisher erst an einer Stelle von Frau Adam thematisiert. Und dieser ist für Frau Adam vielleicht noch weiter weg, so dass sie im doppelten Konjunktiv darüber spricht.

also so, ehm dann wär das für mich wie so ne Sicherheit oder so'n so'n tiefes Gefühl eigentlich, da ist etwas oder da ist etwas, woran ich so glaube. Ehm womit ich wahrscheinlich immer mal wieder so hadern würde, aber irgendwo so ne GrundGewissheit, daran glaub ich und eh da is es für mich dann auch nen Bedürfnis, da was mit zu tun zu haben, also das zu praktizieren irgendwie so in der Form, ja.

Dass Frau Adam die Frage in Bezug auf den Glauben versteht, zeigt sich hier. Sie formuliert ihre Vorstellung in Form der Analogie. Damit äußert sie sich theologisch, insofern, als über das Transzendente nichts ausgesagt werden kann außer in Form der Analogie. Glaube ist wie eine Sicherheit für sie bzw. ein tiefes Gefühl, dass da etwas ist. Diese Formulierung passt dazu, dass ihr Angenommensein und Geborgenheit wichtig sind. An dieser Stelle wird die Unterscheidung zwischen Religion und Glaube noch einmal deutlich.

Ferner klärt sich hier, dass Frau Adam im Glauben auf ein außerhalb ihrer selbst Liegendes bezogen ist, denn Glaube ist für sie – wie hier formuliert – mit Interaktion verbunden. Das heißt: Für den Glauben braucht Frau Adam eine Bezugsgröße, die zudem wahrscheinlich personal zu verstehen ist, denn hadern kann man eigentlich nur mit einem konkreten Gegenüber, zu dem eine Beziehung existiert. Diese wird auch von ihr als dauerhaft gedacht, denn sonst gäbe es keine Grundgewissheit. Ferner erfordert diese Beziehung eine Praxis, die gleichzeitig auch Bedürfnis ist. Frau Adam formulierte zwar auch ihre Vorstellung von Glauben im Konjunktiv, spätestens an dieser Stelle zeigt sich allerdings, dass sie äußerst konkrete und genaue Vorstellungen davon hat, wie sie sich "Glaube an" vorstellt. Es gibt nicht nur die Vorstellung eines konkreten Gegenübers, sondern auch die weitergehende Vorstellung, dass zwischen ihr und diesem Gegenüber eine verbindliche konkrete Beziehung existiert, was gleichzeitig in irgendeiner Form Praxis einschließt.

Glaube wäre demnach für Frau Adam der Glaube an ein personales Wesen, zu dem eine verbindliche Beziehung existiert, die sich in Praxis ausdrückt. Dieser Glaube oder vielleicht die Existenz dieser Beziehung stellt gleichzeitig eine Grundgewissheit dar. Für die Unterscheidung zwischen Religion und Glaube bedeutet dies, dass Religion der Ort für die Thematisierung des Selbst in Form der Bearbeitung existentieller Lebensfragen ist. Dort stehen im Wesentlichen der Prozess und die zu erreichenden Ideale im Vordergrund, konkret gelebte Beziehungen werden darin nicht deutlich. Demgegenüber wäre Glaube die Bezogenheit auf ein Außen, die Beziehung zu einem personalen transzendenten Wesen, die sich in Interaktion ausdrückte und eine Grundgewissheit darstellte. Dieser Glaube ist für Frau Adam allerdings eine Vorstellung von einem Glauben, wie er für sie wäre, wenn sie ihn denn hätte. In ihrer Vorstellung ist sie äußerst konkret. Insofern kann vermutet werden, dass es einen Wunsch danach gibt, einen solchen Glauben zu haben.

4.3.2.5 Umgang mit Kontingenzerfahrungen

166I Ja. Wie gehen Sie so, Sie ham ja gerade auch gesagt Sie sind alleinerziehend, wie gehen Sie so mit schmerzhaften Erfahrungen um. Wie gehen Sie mit so was um? Also was hilft Ihnen da in solchen Situationen?
167A Ja, das is ne ganz schwierige Frage. Ja, weil es immer auch noch jetzt grade auch noch mit dieser Trennung schon noch nen wichtiges Thema für mich. Mhm. Wo ich im Moment so denke, das is eigentlich noch gar nich so ganz abgeschlossen. Ehm. Ja, da find ich's manchmal schwierig nen Weg für mich zu finden, damit gut umzugehen. Also ich hatte da, gut ich hatte schon noch eh m da auch, das war dann noch in der Schwangerschaft, wo wir uns dann getrennt haben, was dann noch extrem schwierig war

Als aktuelle Erfahrung mit Kontingenz fällt Frau Adam die Trennung von dem Vater ihres Kindes während der Schwangerschaft ein. Für Frau Adam ist diese Trennung noch ganz aktuell und nicht verarbeitet. Die Situation ist für Frau Adam insgesamt schwierig, es scheint ihr auch schwer zu fallen, diese

Trennung zu akzeptieren, denn dann würde sie in anderer Art und Weise darüber reden und auch sprechen können. Frau Adam äußert hier zugleich einen hohen Anspruch: Es ist nicht nur ihr Anspruch, die Trennung irgendwie zu verarbeiten, sondern es ist ihr Ziel, "gut damit umzugehen", man könnte auch sagen, es stehen weniger die Inhalte, sondern die Form, der Modus im Vordergrund.

169A und ... mmh ... ja wie geh ich da so mit um. Also es is normalerweise, oder jetzt mal erstmal so, meistens bei mir eher so, dass ich mich mich da eh ganz drin zurückziehe eh das dann eher nich so mitteile und von daher eigentlich auch immer so ganz lange damit, mit mir (betont) beschäftig eigentlich so. ...

Frau Adam bleibt hier ganz auf der Ebene des Umgangs mit der Trennung. Dieses beschreibt sie hier. Nicht deutlich werden die Inhalte, womit sie umgeht, womit sie sich beschäftigt. Auch hier taucht kein Gegenüber in der Auseinandersetzung auf. Es scheint, als stünde das auf die Tatsache der Trennung bezogene Umgehen im Vordergrund, während die beteiligte Person in den Hintergrund tritt. Es ist möglich, dass die Erfahrung und der mit der Trennungserfahrung verbundene Schmerz noch so gegenwärtig sind, dass sie nicht darüber reden kann.

Ehh nich so sehr produktiv damit umgehe. Und ich such dann für mich versuch dann immer für mich da noch irgendwas zu finden, weiß manchmal gar nich so richtig wie ja. So im Moment und das is auch grad ganz aktuell, hab ich nochmal überlegt ne Beratung mitzumachen, wo's dann auch nochmal so darum gehen soll.

Das Phänomen, dass Frau Adam sich äußerst schwer tut, unvermittelt und inhaltlich klar zu formulieren, zeigte sich bereits an früherer Stelle im Interview und findet sich hier erneut. Auch hier werden keine Inhalte deutlich, es wird nicht konkret, was Frau Adam beschäftigt, sondern es bleibt bei eher allgemeinen und abstrakten Äußerungen. Deutlich wird hier – wie auch an früherer Stelle –, das Frau Adam die Auseinandersetzung, die sie führt, hier die Auseinandersetzung mit ihrem früheren Freund, ausblendet. In ihrer Darstellung geht es vornehmlich um die Vorstellung davon, wie ein produktiver Umgang mit Trennung aussehen kann, die konkrete Trennung tritt dabei kaum zutage. Frau Adam konzentriert sich hier auf ein Ideal, bei dem nicht klar wird, was es denn für sie bedeutet, einen "guten Umgang" damit zu finden.

175A Das wär mir erstmal so ganz, also je schlimmer es is oder je schlechter es mir geht, desto schwerer fällt es mir eigentlich direkt das mitzuteilen, ganz schwer. Ja und ich kann oft später erst drüber reden, also wenn's akut nich mehr ganz so schlimm is. Dann kann ich auch sagen, ach da ging's mir ganz ganz schlecht oder es geht mir jetzt ganz schlecht, aber dann geht's mir eigentlich schon wieder nen bisschen besser, weil sonst könnt ich es gar nich sagen.

177A Ja, ja. Also eher nich ... ... Ehm ich hab das immer so angestrebt dann, oder ich hab auch immer gesehen, dass es (mit starkem Seufzer und betont) nich gut is ne für mich eh also mir auch nich gut tut und hab dann ehh schon immer auch dran eh was dran zu

machen, nur es (sehr nuschelig gesprochen) gelingt dann meistens doch letztendlich irgendwie noch nich so gut oder so wie das so meistens is. (I. Mhm)
179A Ja. ... Na ja im Moment fühl ich's halt irgend als so eh eh auch so mit der ganzen
Situation und so klar zu kommen und plötzlich (nicht sicher) dann alleine zu sein, das find
ich schon auch immer noch ganz schwierig, also jetzt auch so das Gefühl hab, so lang dran
zu knappen, jetzt muss es aber auch mal muss ich da aber auch mal was tun.

Je aktueller ein schmerzhaftes Ereignis ist, desto weniger ist Frau Adam in
der Lage, damit in eine Auseinandersetzung zu treten, und auch ein Sich-
Mitteilen ist erst dann möglich, wenn sie schon wieder eine gewisse Distanz
dazu gewonnen hat. Das unmittelbare Verhalten zu einer solchen Erfahrung
findet ausschließlich im Selbstbezug statt. Soziale Bezüge sind erst möglich,
wenn sie eine gewisse Distanz zu dem entsprechenden Ereignis gewonnen
hat. Dass dies letztlich keinen produktiven Umgang darstellt, ist ihr dabei
bewusst und sie versucht auch etwas zu tun, um dieses zu ändern. Und so
kommt es letztlich zu der paradoxen Situation, dass Frau Adam dann, wenn
sie ihre ganze Konzentration darauf richtet, den produktiven Umgang mit
einer Situation zu erreichen, genau diesen für sich verhindert.

Insgesamt zeigt sich auch in der Frage nach dem Umgang mit Kontingenzerfahrungen, dass die Auseinandersetzung mit diesen Erfahrungen unter
anderem deshalb so schwierig für Frau Adam ist, weil sie auch hier in erster
Linie eine Maxime verfolgt, die ihrer Meinung nach angemessen ist. Demgegenüber steht die eigentliche Auseinandersetzung mit dem Subjekt, mit den
Beziehungen und Bezügen, die sie zu konkreten Menschen hat, dahinter
zurück.

4.3.3 Zusammenfassung der Fallrekonstruktion

4.3.3.1 Berufsbiographische Entwicklung und Logik des beruflichen Handelns

In ihrer beruflichen Biographie steht Frau Adam noch relativ am Anfang
ihrer Berufstätigkeit. Sie arbeitet nach Beendigung ihres Sozialpädagogikstu-
diums seit vier Jahren (inclusive Anerkennungsjahr) in einer Langzeiteinrichtung für psychisch Kranke und Behinderte. Die Tatsache, dass Frau Adam
nach dem Anerkennungsjahr in der Einrichtung verblieb, wies neben ihren
konzeptionellen Ideen hinsichtlich psychiatrischer Langzeiteinrichtungen auf
ein besonderes, biographisch bedingtes, Interesse an ihrer Tätigkeit hin. Sie
hat ein hohes Interesse an konzeptionellen Veränderungen im Rahmen einer
psychiatrischen Einrichtung, das sich vornehmlich auf die Möglichkeiten
alltagsnaher und gemeindenaher Unterbringung von Bewohnern und Bewohnerinnen richtet. Passend zu diesem inhaltlichen Schwerpunkt ist sie als
Gruppenleiterin einer Außenwohngruppe tätig. Zum Zeitpunkt des Interviews

stand Frau Adam am Ende eines einjährigen Erziehungsurlaubes. Ihre Tochter war zu diesem Zeitpunkt zehn Monate alt.

Als Leiterin einer Außenwohngruppe für psychisch Kranke trägt Frau Adam die Verantwortung für die Bewohner und Bewohnerinnen und für das mit ihr zusammenarbeitende Team und hat gleichzeitig – im Rahmen dessen, was in der Gesamtinstitution möglich ist – die Möglichkeit, ihre Ideen umzusetzen. Die Sequenzanalyse machte deutlich, dass Frau Adam innerhalb ihres beruflichen Handelns zielstrebig und handlungsorientiert vorgeht und einen hohen Anspruch an professionelles berufliches Handeln, insbesondere ihr eigenes hat.

Ihr inhaltliches, konzeptionelles Anliegen richtet sich dabei – wie oben bereits kurz erwähnt – vor allem darauf, psychisch Kranken ein Leben zu ermöglichen, das den Lebensbedingungen von nicht kranken Menschen möglichst nahe kommt und eine möglichst hohe Integration bzw. Nähe von Kranken und Nicht-Kranken zulässt. Ihre Motivation richtet sich so auf die Tatsache, wie ein möglichst alltagsnaher und alltäglicher Umgang mit psychisch Kranken möglich ist.

Dieses Interesse deutete sich in ihrer Studienmotivation zumindest schon an: zum einen gewährleistete das Studium der Sozialpädagogik, "viel mit Menschen zu tun zu haben" (I.87), zum anderen war es aber auch ein Fach, das "vielfältig in den Themen ist" (ebd.). Die Analyse zeigte, dass es Frau Adams Interesse ist, einen mehrperspektivischen Blick auf Dinge und den Menschen – betrachtet man den Menschen und die Arbeit mit Menschen als komplexes soziales System – zu haben, und verdeutlichte zugleich ihre Fähigkeit, in gewisser Distanz zu sich selbst Realität unter mehreren und damit auch anderen Optionen und Zugängen betrachten zu können und nicht ausschließlich den eigenen Standpunkt als einzig möglichen zu bestimmen. In der konkreten Arbeit erwies es sich als Frau Adams Anliegen, ein Verständnis für diese verschiedenen Zugänge zur Realität entwickeln zu können. Das Faszinierende der psychischen Krankheiten ist für Frau Adam das Andere, sozusagen die Rückseite von "Realität", das Wahnhafte und Unberechenbare.

In dieser Distanz zu sich selbst, die in der Analyse des beruflichen Handelns bei Frau Adam insgesamt festzustellen war und in der größeren Faszination für die psychischen Krankheiten als auch für die psychisch kranken Menschen drückte sich gleichzeitig eine starke Sachbezogenheit aus, hinter der die konkreten Subjekte zurücktreten und für Frau Adam keinen Bezugspunkt mehr bilden. Dieses impliziert einen teilweise funktionalisierenden Blick auf die psychisch Kranken. Auffallend war dabei das kontrastive Vorgehen, mit dem Frau Adam ihre Faszination für die Arbeit mit psychisch Kranken auf der Folie der Arbeit mit geistig Behinderten deutlich machte. Letztere stehen dabei für Ausdrucksformen des Elementaren, des unmittelbaren Ausdrucks von Gefühlen und Emotionen. Gleichzeitig sind sie – kennt man sie erst einmal – gut in ihren Reaktionen einzuschätzen. Davon heben sich die psychisch Kranken als unberechenbar und nicht einschätzbar gänzlich ab.

Als tiefer liegende Ursache für die Motivation Frau Adams, mit psychisch Kranken zu arbeiten, kristallisierte sich im weiteren Verlauf der Analyse ein unaufgearbeitetes biographisches Erleben mit psychischer Krankheit in der eigenen Familie heraus. Als zentrales Anliegen von Frau Adam zeigte sich dabei, heute andere Lösungen und Formen des Umgangs mit psychischer Krankheit zu finden als dies in der eigenen Familie möglich war. In dieser Motivation findet sich auch das konzeptionelle Anliegen von Frau Adam einer alltags- und gemeindenahen Bewohner- und Bewohnerinnenarbeit wieder. Die Faszination für die Arbeit mit psychisch Kranken gründet also letztlich im Verstehenwollen des zwar einerseits Fremden, aber über die Biographie letztlich doch Vertrauten. Damit versucht Frau Adam mittels ihres beruflichen Handelns und stellvertretend für die Familie das zu leisten, was in ihrer eigenen Familie nicht möglich war.

Eine Aufarbeitung der eigenen Familiengeschichte mittels Beruf birgt jedoch erhebliche Schwierigkeiten in sich, da letztlich weder das biographische Anliegen entsprechend bearbeitet werden kann noch das eigentliche berufliche Anliegen an erster Stelle steht. Bei Frau Adam wird dies an dem funktionalisierenden Blick auf die psychisch Kranken, die unter dem Aspekt der psychischen Krankheiten betrachtet werden, deutlich, das berufliche Handeln bekommt so einen tendenziell selbstbezüglichen Charakter. Ferner widerspricht ein solches Anliegen den Standards von Professionalität.[11] Insofern Frau Adam zur Bearbeitung ihrer familiären Geschichte keine professionelle Hilfe in Anspruch genommen hat, widerspricht sie ihrer eigenen Vorstellung von und dem hohem Anspruch an professionelles berufliches Handeln.[12]

Der angemessene Ort für die Aufarbeitung eines solchen biographischen Problems wäre eine Therapie. Das bedeutet auf die Handlungslogik von Frau Adam gewendet: Sie hat die Hoffnung, dass das professionelle berufliche Handeln ihr ein Repertoire zur Verfügung stellt, mit dem die eigene Familiengeschichte bearbeitet bzw. bewältigt werden kann. Statt diese Möglichkeiten in dem Anlass angemessenen professionellen System der Therapie[13] zu suchen, wählt Frau Adam hier für die Bearbeitung ihres biographischen Problems ein dafür nicht zuständiges System.

---

11 Vgl. zur Auseinandersetzung mit dem Professionalitätsverständnis: OEVERMANN 1999.

12 Dies kann natürlich nicht der Fall sein, wenn das Anliegen unbewusst ist; in diesem Fall jedoch hatte Frau Adam das Thema ihrer psychisch kranken Tante bereits in einem Supervisionsprozess thematisiert, so dass davon ausgegangen werden kann, dass es zumindest einen teilweise bewussten Zugang gab.

13 An dieser Stelle geht es ausschließlich um den Handlungsmodus von Frau Adam, also darum, dass sie ihre Problemstellung über den Beruf bearbeiten will und nicht um die Frage ihrer Teilnahme an einem therapeutischen Prozess.

Diese Strukturlogik findet sich innerhalb der religiösen Orientierung von Frau Adam wieder. Ließ sich für den Bereich der Berufsarbeit noch eine deutliche Gerichtetheit nach außen und Handlungsorientierung feststellen, so überwiegt im privaten Bereich, insbesondere in der Frage nach der Bedeutung der Religion, die Wendung nach innen.

4.3.3.2 Religiös-biographische Entwicklung und die Haltung gegenüber Religion

Frau Adam wuchs in einer Familie auf, die traditionell katholisch geprägt war und in der die Einhaltung der kirchlichen Praxis einen hohen Stellenwert einnahm ("... die war'n jetzt nicht so ganz erzkonservativ, eigentlich nich war'n schon recht offen auch eingestellt so ehm kirchliche Fragen und so. Aber es war schon eh immer klar, dass wir sonntags zur Kirche gehen mussten, ne." I.107). Sie selbst lebte diese Kirchlichkeit – auch weil es die Eltern so wollten – bis zu ihrem Auszug aus dem Elternhaus nach dem Abitur.

Obgleich Frau Adam sich insbesondere nach ihrem freiwilligen sozialen Jahr in einer Benediktinerabtei von der Kirchlichkeit und der traditionellen Form des Katholizismus, die sie kennen gelernt hatte, losgelöst hatte, blieb die religiöse Frage für sie virulent und führte – so zeigte die Sequenzanalyse – zu immer wieder neuen Versuchen, einen existentiellen Zugang zu Religion[14] zu finden. Zum Zeitpunkt des Interviews war die Frage nach einem Zugang zur Religion erneut und insofern virulent, insofern sie sich mit der Frage nach der Taufe ihrer Tochter auseinander gesetzt hat. Alle Versuche, die sie bis dahin unternommen hatte, diesen von ihr gesuchten existentiellen Zugang zur Religion zu finden (Gemeindearbeit in der Herkunftsgemeinde, Soziales Jahr bei Benediktinern, Studium des Faches Theologie an der KFH, Taufe der Tochter), scheiterten – mit Ausnahme der Taufe der Tochter, da stand die Entscheidung noch aus – und führten zu einer Enttäuschung, weil an keinem dieser Suchpunkte die von Frau Adam gewünschte und erhoffte Auseinandersetzung stattgefunden hat.

Die Ursachen für diese wiederholte Enttäuschung kann – so zeigte es die Sequenzanalyse – in Frau Adams Selbstverständnis hinsichtlich Religion gesehen werden. Religion respektive der Katholizismus hat für Frau Adam die Aufgabe, existentielle Fragestellungen zu bearbeiten und eng damit zusammenhängend Sinnkonstituierung und Identitätskonstruktion zu leisten. Diese Aufgabe erfüllte die Religion im Verständnis von Frau Adam jedoch gerade nicht. Erfahren hat Frau Adam Religion als Möglichkeit für Kontakt und Geselligkeit, nicht aber als Ort, an dem sie eine Auseinandersetzung mit den existentiellen Fragen nach Sinn und Identität führen konnte. In dieser für

---

14 Mit Religion ist bei Frau Adam immer die christliche Religion respektive der Katholizismus gemeint.

Frau Adam fehlenden Auseinandersetzung begründete sich der schleichende Abwendungsprozess ihrer religiös-kirchlichen Praxis in der Zeit des Sozialen Jahres, für den sich kein konkretes zugrundeliegendes Ereignis benennen ließ.

Das, was Frau Adam in der Religion bzw. in religiösen Systemen zu finden hoffte, die Möglichkeit einer Auseinandersetzung mit der eigenen Person, den biographischen Prägungen und den Fragen nach Sinn und Identität – also letztlich die Thematisierung des Selbst –, hat sie dann im Bereich der Selbsterfahrung und Therapie gefunden ("... dass ich mich sehr viel so dann mit Therapie und Selbsterfahrung auseinander gesetzt habe und in der Richtung so einiges auch gemacht. Vielleicht auch so was von Sinn suchen und sich mit sich und der Welt und so auseinander zu setzen ..." I. 115). Die therapeutische Arbeit stellte Frau Adam das Gesuchte – die existentielle Auseinandersetzung – zur Verfügung und wurde so zum "Ersatz" ("... es gab dann auch so ne Art Ersatz ..." ebd.) und gleichzeitig zeitweise zum gleichrangigen Äquivalent der Religion.

Hinsichtlich der Strukturlogik des Handelns wird deutlich, dass Frau Adam hier eine Vermischung von Religion und Therapie vornimmt und damit eine Vermischung der jeweilig zuständigen Systeme. Mit ihrem Anliegen wendet sie sich letztlich – ähnlich wie dies für das berufliche Handeln festgestellt wurde – an das für ihr Bedürfnis nicht zuständige System. Frau Adam sucht in der Religion die Auseinandersetzung mit der eigenen Person, die Bearbeitung existentieller Fragestellungen und letztlich wohl auch die Bearbeitung biographischer Probleme. Dieses Anliegen kann die Religion jedoch in der von ihr erwarteten Form (analog einem therapeutischen Prozess) nicht befriedigend bearbeiten, da dies nicht ihrer Handlungslogik entspricht.[15] Religion verkündet eine auf Transzendenz und auf ein Absolutes ausgerichtete Botschaft und hat das Anliegen der Vergemeinschaftung der an diese Botschaft Glaubenden. Im Glauben an diese Botschaft und in der Vergemeinschaftung existiert zum einen die Hoffnung auf Erlösung und zum anderen generiert sich dadurch Sinn. Allerdings wird dieser dem Individuum über den Glauben an die verkündete Botschaft zur Verfügung gestellt und nicht in einer gemeinsamen Bearbeitung mit dem Individuum individuell mit und für dieses generiert. Demgegenüber hat Therapie keinen auf transzendente Erlösung hinauslaufenden Verkündigungsanspruch im Sinne einer Religion, sondern ist zuständig für die psychosoziale Integrität des Individuums. In der Therapie können biographische Themen und Probleme so bearbeitet werden,

---

15 Vgl. zur Unterscheidung von Religion und Therapie die Ausführungen zur Trennung von Therapie und Praxis bei Parsons und Oevermann sowie auf die Darstellung dieser Ansätze bei Gärtner, auf die ich mich in den folgenden Ausführungen beziehe. Die Unterschiede werden hier nur kurz skizziert, da eine ausführlichere Auseinandersetzung den Rahmen sprengen wurde. Vgl. GÄRTNER 2000, 276-282.

dass eine Veränderung der psychosozialen Dispositionen möglich ist, allerdings ohne dass es eine Garantie dafür gäbe. In dieser Auseinandersetzung mit der eigenen Person und ihrer psychosozialen Integrität kann Sinn liegen, im Unterschied zur Religion geht es jedoch im therapeutischen Prozess um die Übernahme der Verantwortung für die eigene Biographie und letztlich um eine Versöhnung mit sich selbst und nicht um das zur Verfügung Stellen eines sich aus einer Botschaft ergebenden Sinns bzw. das zur Verfügung Stellen von Trost.[16]

Angesichts dieser Unterscheidung sucht Frau Adam in der Religion etwas, was dort strukturell nicht zur Verfügung steht, sie jedoch in einer therapeutischen Auseinandersetzung finden kann. Umgekehrt stellt die Therapie nicht die Möglichkeit eines inhaltlich gefüllten Transzendenzbezuges zur Verfügung, weshalb Frau Adam weiterhin die Sehnsucht nach einem Zugang zur Religion hat.

Auf der Ebene der unterschiedlichen Logiken ist in diesem Zusammenhang auch die von Frau Adam vorgenommene Unterscheidung von Religion und Glaube wichtig, insofern sie – wenn auch nicht sehr deutlich – den beiden Elementen Religion und Glaube, die eigentlich aufs Engste zusammengehören, unterschiedliche Handlungslogiken zuweist. Religion wird von Frau Adam als Ort der Thematisierung des Selbst und vor allem als Ort der Auseinandersetzung um die eigene Person und ihre existentiellen Fragen bestimmt. Damit ist Religion nach innen, d. h. reflexiv auf die Person gerichtet, und hat dementsprechend keinen Außenbezug. Davon unterscheidet Frau Adam Glaube; Glaube ist für sie der Glaube an ein konkretes transzendentes Gegenüber, mit dem eine verbindliche Beziehung eingegangen werden kann, der Glaube ist damit nach außen gerichtet, auf ein außerhalb ihrer selbst Liegendes bezogen. Die Möglichkeit dieses Glaubens an ein personales Gegenüber existiert jedoch für sie nur im Konjunktiv und als Sehnsucht.[17] Religion als Selbstreflexivität und Glaube als Bezug zu einem außerhalb des Selbst Liegendem werden von Frau Adam nicht weiter miteinander in Verbindung gebracht.

Diese Unterscheidung zwischen Religion und Glaube wurde am Beispiel der Taufe der Tochter noch einmal deutlich. Die Taufe – so zeigte die Sequenzanalyse – wird zum Testfall für Frau Adam dafür, inwieweit der gewünschte Zugang zur Religion doch noch möglich ist. Frau Adam weiß explizit darum, dass ihre benennbaren Gründe für die Taufe letztlich nicht die

---

16 Vgl. zu diesen Ausführungen GÄRTNER 2000, 273ff. Nicht beleuchtet wird an dieser Stelle das jeweilige Rollenverständnis von Seelsorger/Seelsorgerin und Therapeutin/Therapeut.

17 I. 149: "wär das für mich wie so ne Sicherheit oder so'n tiefes Gefühl eigentlich, da ist etwas oder da ist etwas, woran ich so glaube. ... aber irgendwo so ne Grundgewissheit, daran glaub ich und eh da is es für mich auch so nen Bedürfnis, da was mit zu tun zu haben, also das zu praktizieren ... Und das möcht ich weitervermitteln ... zum Beispiel wär's mir dann auch wichtig, dass meine Tochter das eh das dann auch mitkriegt."

eigentlichen Gründe sind, die 'eigentlichen' jedoch kaum formulierbar sind. Die Bedeutung der Religion ist nicht benennbar, Frau Adam kann inhaltlich nicht ausdrücken, was ihr hinsichtlich der Religion für ihre Tochter wichtig ist, hinsichtlich des Glaubens ist eine inhaltliche Füllung zumindest als Sehnsucht nach Sicherheit und nach einer Grundgewissheit möglich. Da Frau Adam dies als eine Sehnsucht und nicht als Gewissheit äußert, ist ihr das selbstverständliche Vertrauen darauf, dass wirklich ein transzendentes Absolutes existiert, nicht gegeben. Mit der Entscheidung für die Taufe der Tochter (Taufe in ihrer Bedeutung der Aufnahme in die Gemeinschaft der Christinnen und Christen berücksichtigt) wird gleichzeitig das vage aufscheinende Bedürfnis nach Vergemeinschaftung und ein Angebunden sein an eine Gemeinschaft aufgegriffen ("... will sie mal in nen katholischen Kindergarten tun, oder eh is für ne schöne Familienfeier ..." I.143) sowie der immer noch vorhandenen Verbindung zur katholischen Kirche Ausdruck verliehen.

Die Sehnsucht nach Transzendenz wie auch die Suche nach einem Zugang zur Religion zeigen auch eine Offenheit für und auch Hoffnung auf Transzendenz. Alle Antworten zu diesem Themenkomplex sind gekennzeichnet durch die Angabe "im Moment" oder "augenblicklich" und vermeiden damit eine Festlegung, die als Offenhalten von Möglichkeiten gedeutet werden kann. Diese Haltung ist keine des "entweder – oder", sondern des "mehr oder weniger", also des nicht eindeutigen Bejahens, aber auch nicht eindeutigen Verneinen-Könnens von religiösen Transzendenzbezügen.

4.3.3.3 Sinngenerierung in der Lebenspraxis

Die Sinnfrage, die vornehmlich in den Kontext von Religion und nicht in denjenigen von Glauben eingebettet ist, wird von Frau Adam über die Thematisierung des Selbst und über "Auseinandersetzung" bearbeitet: Sinn liegt für Frau Adam darin, ihre Ideale von persönlicher Reife zu erlangen, die sie mit Ausgeglichenheit und Zufriedenheit benennt (I. 133). Das wiederum ermöglicht ihr, Beziehungen nach ihren eigenen Wünschen und Vorstellungen zu gestalten. Die hohe Bedeutung, die die Verwirklichung dieser Ideale für Frau Adam hat, führt zu einer Ablösung von konkreter Praxis, insofern die Ideale einen Eigenwert erhalten, hinter dem die konkreten Subjekte, mit denen Frau Adam z. B. Beziehungen leben will, zurücktreten und nicht mehr angesprochen werden. Thematisiert werden nur noch die für sie wichtigen Werte und die persönliche Auseinandersetzung mit diesen, nicht aber die konkrete Praxis, z. B. die konkreten Beziehungen zu Menschen und die Inhalte dieser Beziehungen. Diese Haltung korrespondiert – dies deutete sich bereits innerhalb des beruflichen Handelns an – einerseits mit Frau Adams Haltung den psychisch Kranken gegenüber, standen doch dort die Krankheit und weniger die Menschen im Vordergrund, und andererseits mit ihrem hohem Anspruch an professionelles berufliches Handeln.

Diese Struktur einer selbstreflexiven kognitiv-rationalen Auseinanderset-zung zeigte sich auch in Frau Adams Umgang mit Kontingenzerfahrungen. Frau Adam und der Vater ihrer Tochter haben sich noch während der Schwangerschaft getrennt, zum Zeitpunkt des Interviews war Frau Adam noch sehr mit der Verarbeitung dieser Trennungserfahrung beschäftigt. Das Entscheidende an dieser Situation ist für Frau Adam, "damit gut umzugehen" (I.167). Dieses "damit gut umgehen" erfolgt allerdings auch in erster Linie über eine selbstreflexive Auseinandersetzung und ist nicht nach außen gerichtet, z. B. über Interaktion mit anderen Menschen. Dass diese Verarbei-tungsform konträr zum Ideal des konstruktiven Umgangs mit schwierigen Beziehungssituationen steht, ist Frau Adam teilweise bewusst. Deshalb über-legt sie, ihren diesbezüglichen Handlungsspielraum über eine Therapie zu erweitern.

Die Konstituierung von Sinn findet für Frau Adam immer über eine selbstreflexive Auseinandersetzung statt. Sinn liegt dementsprechend in der intensiven Auseinandersetzung mit sich selbst und dem Ideal einer bestimm-ten persönlichen Reife. Damit ist die Generierung von Sinn explizit auf die eigene Person gerichtet bzw. vollzieht sich in der dauernden Beobachtung und Thematisierung des eigenen Selbst. Die Vorstellung eines Sinns außer-halb der eigenen Person kann so für Frau Adam nicht existieren, infolgedes-sen liegt die Möglichkeit eines sinnstiftenden Tuns oder eines Engagements im Sinne einer Hingabe an eine Sache außerhalb ihres Selbstkonzepts.[18]

Insgesamt wurde in der Sequenzanalyse deutlich, dass Frau Adam die Handlungslogiken einzelner Systeme, mit denen sie sich beschäftigt, ver-tauscht und sich infolgedessen mit ihrem Anliegen an ein für das jeweilige Anliegen nicht zuständige System wendet; besonders deutlich wurde dies im Falle der Religion, es ließ sich jedoch auch für den Beruf feststellen. Betrach-tet man die jeweiligen Anliegen von Frau Adam genauer und das, was sie in den Systemen Beruf, Religion und Therapie sucht, so zeigte sich, dass das Gemeinsame in dem Wunsch nach und dem Ideal der Persönlichkeitsent-wicklung liegt.

In der Strukturlogik von Frau Adam erfolgt – so konnte festgestellt wer-den – die Bewältigung von Lebenspraxis über kognitiv-rationale Auseinan-dersetzung. Zugleich spiegelt sich Frau Adams Wunsch nach Entlastung von dieser permanenten Auseinandersetzung in dem vagen Wunsch nach Trans-zendenz und der damit assoziierten Geborgenheit und Sicherheit wider. Die-ser Wunsch verbleibt jedoch so sehr im Konjunktivischen, dass die damit einhergehende Entlastung für die reale Lebenspraxis keine Relevanz entwi-ckeln kann.

---

18 Engagement ist für sie verbunden mit Berufsarbeit, nicht aber mit der Frage nach Religion oder Sinnkonstitution.

Für die Lebenssituation der Moderne bedeutet das Vorgehen von Frau Adam, dass sie die Spannung zwischen dem Zwang zur Autonomie bei gleichzeitiger Begründungsverpflichtung und dem Wunsch nach Handlungsentlastung so löst, dass sie sich selbst über die dauernde Auseinandersetzung einer Entlastung verweigert, die Auseinandersetzung andererseits jedoch auch nicht zu wirklich autonomem Handeln führt: Zum einen erschwert das hohe Maß an Selbstreflexion ein nach vorn auf Zukunft ausgerichtetes Handeln, zum anderen liegt in dem hohen Maß an Selbstreflexion und der Ausrichtung auf die hohen Ideale der eigenen Person etwas Selbstbezügliches und zugleich etwas die Lebenspraxis Verweigerndes, und dies derart, dass in der jeweils gegebenen Begründung immer eine Berufung auf das noch nicht erreichte Ideal möglich ist. Die existentiellen Fragen des Lebens versucht Frau Adam letztlich über die Thematisierung des Selbst, die Auseinandersetzung mit der eigenen Person und damit letztlich mit dem Wissenschaftssystem der Psychologie zu beantworten. Damit versucht sie den Grundfragen menschlichen Daseins, die nicht über wissenschaftliche Auseinandersetzung zu beantworten sind, mittels eines wissenschaftlichen Systems näher zu kommen.

Teil III: Interpretation der Ergebnisse

5 Religion und Religiosität in der Moderne

Nachdem im ersten Teil dieser Arbeit die theoretische Grundlegung hinsichtlich der gesellschaftlichen und individuellen Bedeutung bzw. Funktion von Religion und Religiosität in der Moderne vorgenommen worden ist, wurden im zweiten empirischen Teil die Fallrekonstruktionen dargestellt. In diesem dritten auswertenden und abschließenden Teil gilt es nun, die Ergebnisse der empirischen Untersuchung – entsprechend der Fragestellung dieser Arbeit – zu bündeln und zu interpretieren. Die Interpretation der Ergebnisse wird dabei auf drei Ebenen vorgenommen: auf der Ebene der Fallrekonstruktionen (5.1), auf der Ebene der Verallgemeinerung des Besonderen (5.2) und auf der Ebene der Theologie (5.3).

Diesen Ebenen sind dementsprechend drei Teilschritte in diesem Kapitel zugeordnet: In einem ersten Teilkapitel werden die Ergebnisse der Fallrekonstruktionen vorgestellt und in enger Anbindung an die einzelnen Fallstrukturen vergleichend miteinander diskutiert. Diese vergleichende Diskussion erfolgt unter Berücksichtigung der Erörterungen und Ergebnisse der theoretischen Grundlegung in Teil I. In einem nächsten Schritt wird die Ebene der unmittelbaren Falldiskussion verlassen und die am Einzelfall gewonnenen Ergebnisse und Erkenntnisse werden auf ihre allgemeine und generelle Bedeutung hinsichtlich der Fragestellung dieser Untersuchung hin befragt. Das dritte Teilkapitel blendet dann die explizit theologische Ebene ein und diskutiert die Ergebnisse in Rückbindung an die theologischen Erörterungen im ersten Teil der Arbeit im Hinblick auf ihre Relevanz für (praktisch-)theologisches Handeln.

5.1 Diskussion der Fallrekonstruktionen: Handlungs- und Orientierungsmuster in der Moderne

Die Bedeutung von Religion und Religiosität in den Habituskonzepten[1] der drei Fälle steht im Mittelpunkt der nachfolgenden Erörterungen. Mit Blick

---

[1] Dem Gebrauch des Begriffes Habitus in dieser Studie liegt das Habituskonzept von Bourdieu zugrunde (vgl. v. a. BOURDIEU 1970; 1987), ist damit doch ein Begriffsinstrumentarium bereitgestellt, das es ermöglicht, die Frage nach der Inkorporierung von Religiosität in

auf den Gesamtzusammenhang der Ergebnisinterpretation in diesem dritten Teil der Arbeit soll noch einmal auf die im ersten Teil getroffene Unterscheidung von Religion und Religiosität, die auch der folgenden vergleichenden Falldiskussion zugrundeliegt, verwiesen werden (vgl. 2.3.4). Die drei Fallanalysen werden im Folgenden miteinander ins Gespräch gebracht und hinsichtlich ihrer Gemeinsamkeiten und Unterschiede beleuchtet. Der Focus, unter dem dies geschieht, sind die jeweiligen Handlungs- und Orientierungsmuster, die sich die interviewten Personen zugeeignet haben, um den Anforderungen der Moderne zu begegnen. Besondere Bedeutung kommt dabei – entsprechend der Fragestellung dieser Arbeit – der Rolle und Funktion von Religion sowie Religiosität zu, die diesc in diesem Prozess einnimmt. Im

---

das Selbstkonzept von Individuen begrifflich genau zu fassen. Das Habituskonzept von Bourdieu soll an dieser Stelle nicht ausführlich dargestellt werden (vgl. die entsprechende Literatur), sondern nur die für unseren Zusammenhang wesentlichen Aspekte genannt werden. Ausgehend von der Annahme, dass die Konstruktion von Ordnungen nicht im Denken stattfindet, sondern in der sozialen Praxis, entsteht im körperlichen Handeln die Regelhaftigkeit der Gesellschaft und der sozialen Subjekte. Der Habitus ist damit nicht an das Bewusste und an das Denken gebunden, vielmehr generiert er durch unzählige alltägliche Akte seine innere und äußere Haltung, seine Eigenschaften und seine Erscheinungsweise. Er entsteht durch seine nicht-bewussten Reaktionen und intentionalen Handlungen, also letztlich durch eigene Tätigkeit und dieses erfolgt unter dem Einfluss der sozialen Umgebung. Entscheidendes Grunddatum für das Habituskonzept von Bourdieu ist die Annahme über die wechselseitige Beziehung von sozialen Subjekten und Gesellschaft. In dieser Wechselseitigkeit findet Inkorporierung gesellschaftlicher Regelhaftigkeit und Veräußerlichung von sozialen Handlungen zugleich statt. Die Leistung des Habitus besteht nun darin, die Gesellschaft in ihrer Disparatheit für das Individuum zusammenzufügen und diesem damit die Möglichkeit zu geben, sich in der Gesellschaft zu orientieren. Vgl. NASSEHI 1995. Der Habitusbegriff selbst bezieht sich auf das im Laufe der Sozialisation erworbene Ensemble inkorporierter Schemata der Wahrnehmung, des Denkens, Fühlens, Bewertens, Sprechens und Handelns, durch das das Handeln eines Individuums gesteuert wird. Der Habitus bildet sich aufgrund vergangener Erfahrungen und ist zugleich auf die Produktion zukünftiger Handlungen gerichtet. Der durch die Primärsozialisation erworbene Grundhabitus wird nun im weiteren Verlauf der Biographie weiterentwickelt bzw. modifiziert; damit ist er engstens an die Individualität des Individuums angeschlossen, insofern ist der Habitus eines jeden Individuums einmalig, dieses trotz gemeinsamer gesellschaftlicher Rahmenbedingungen moderner Gesellschaften.
Für die hier zu erörternde Forschungsfrage steht also weniger die Bourdieusche Ausgangsfrage nach den Bedingungen einer stabilen Verankerung von Ideologien im Denken und Handeln der Menschen im Vordergrund, sondern der Vorteil des Konzeptes für den hier gegebenen Zusammenhang liegt im Rekurs auf die soziale Praxis und in der zugrundeliegenden wechselseitigen Beeinflussung von Individuum und Gesellschaft. Kann damit doch diese wechselseitige Einflussnahme präzise begrifflich gefasst werden. Ferner ist die Ausbildung des Habitus in der Anbindung an den Körper und die soziale Praxis nicht an szientistische Rationalität gebunden und ermöglicht es dadurch gerade, die eher im Bereich des Gefühls und der Intuition gelagerten Momente, wie sie insbesondere für die Religiosität prägend sind, zu erfassen. Außerdem wird mit dem Habituskonzept ein Begriffsinstrumentarium zur Verfügung gestellt, dass es möglich macht, die Frage nach dem Zusammenhang von beruflichem Handeln und individueller Religiosität zu beantworten. Vgl. 5.1.4.

Hintergrund der Erörterungen steht wie bereits in den Sequenzanalysen der Interviews das strukturale Modell von Lebenspraxis und Religiosität von Ulrich Oevermann.

Dazu werden zunächst die wesentlichen Strukturmerkmale der Fallanalysen vorgestellt; in einem zweiten Schritt werden dann anhand zweier typischer – die Moderne kennzeichnenden – Bedingungen[2], die jeweiligen Besonderheiten und Unterschiede der einzelnen Fälle im Umgang mit der Moderne herausgearbeitet. Im Anschluss an diese Erörterung werde ich dann speziell die Bedeutung von Religion und Religiosität für das jeweilige Lebensführungskonzept in der Moderne in den Blick nehmen und die spezifischen Besonderheiten in den Habituskonzepten herausarbeiten.[3] Nachdem die Bedeutung von Religion und Religiosität deutlich herauskristallisiert ist, widmet sich – entsprechend der vorab formulierten Forschungsfrage nach einem möglichen Zusammenhang von beruflichem Handeln und der individuellen Bedeutung und Funktion von Religion und Religiosität – ein letzter Teil dieser vergleichenden Diskussion der Fallanalysen dieses Zusammenhangs.

5.1.1 Strukturmerkmale der Fallbeispiele

Frau Neuhaus gehört der Generation an, die die Veränderungen einer sich radikalisierenden Moderne und einer gesteigerten Individualisierung und Pluralisierung mit ihren Chancen und Zwängen im Übergang der noch eher traditionellen 50er Jahre zu den Liberalisierungen der 60er in ihrer eigenen Biographie sehr deutlich miterlebt haben. Frau Neuhaus' Biographie selbst ist Ausdruck dieser Veränderungen, hat sie doch – z. B. als Frau und aus dem Handwerkermilieu stammend – die Chance auf höhere Bildung und freie Berufswahl und hinsichtlich der religiösen Orientierung die Möglichkeit, sich von der institutionalisierten Religion des Christentums abzuwenden. Als dominantes Selbststeuerungsmuster von Frau Neuhaus zeigt sich ihr hoher Anspruch auf selbstbestimmtes Handeln, auf autonome Lebenspraxis in sozi-

---

2   Gemeint ist hier zum einen die in engem Zusammenhang mit der widersprüchlichen Einheit von Entscheidungszwang bei gleichzeitiger Begründungsverpflichtung stehende Rationalitätsanforderung der Moderne und zum anderen die Frage und Aufgabe nach individueller Sinngenerierung. Vgl. dazu auch die Einleitung der Arbeit.

3   Entsprechend dem "Strukturmodell von Religiosität" (2.3.2) sind natürlich auch und gerade die Fragen nach der Rationalitätsanforderung und der Sinngenerierung, also die Fragen nach dem Umgang mit der Bewährungsdynamik einer strukturalen Religiosität zuzuordnen. Im Rahmen dieser Analyse habe ich mich jedoch, um zu einer möglichst klaren Darstellung zu kommen, entschlossen, die Aspekte des Umgangs mit der Rationalitätsanforderung, die Frage nach Sinngenerierung und Bedeutung von Religion und Religiosität getrennt zu erörtern. Dies letztlich auch, um nicht nur die Struktur von Religiosität herauszuarbeiten, sondern im Interesse der beiden hier vertretenen Ansätze auch der Frage nach der Bedeutung und Funktion von Religion genauer nachgehen zu können.

aler Verbundenheit. Hauptgenerator für die Ausbildung dieses Autonomiekonzeptes stellt dabei vor allem die Sozialisation in der katholischen Kirche dar. An der Person Frau Neuhaus wird biographisch deutlich, wie das Passungsverhältnis zwischen dem klar und strukturiert vorgegebenen Lebensführungskonzept der katholischen Kirche und den gesellschaftlichen Veränderungen aufbricht und einer "neuen Lösung" zugeführt wird: Frau Neuhaus' Erfahrungen mit dem Katholizismus und insbesondere ihre Auseinandersetzung über denselben tragen entscheidend dazu bei, ein Lebensführungskonzept zu entwickeln, in dem der Anspruch auf ein selbstbestimmtes und autonomes Handeln in sozialer Verbundenheit bei gleichzeitiger Wahrnehmung von Verantwortlichkeit gegenüber getroffenen Entscheidungen entscheidender und genuiner Bestandteil der Lebenspraxis ist. Religion, welche von Frau Neuhaus immer mit dem Christentum gleichgesetzt wird, hat als ein bindendes und verbindliches Glaubenssystem für die persönliche Lebensführung von Frau Neuhaus keine Bedeutung mehr, allerdings integriert sie bestimmte, insbesondere ethische Gehalte in ihre Lebensführung, die dort einen hohen Stellenwert einnehmen. Religiosität ist als Vollzug ihrer ethischen Ansprüche und ihres ethischen Handelns in ihre Lebenspraxis integriert.

Ist der Anspruch auf selbstbestimmtes und eigenverantwortliches Handeln Grundlage der Lebenspraxis von Frau Neuhaus, so stellt demgegenüber ein hohes Bedürfnis nach Sicherheit und eine Entlastung von Eigenverantwortlichkeit – zumindest über einen langen Zeitraum – das entscheidende Moment für das lebenspraktische Handeln im Selbstkonzept von Herrn Büttner dar. Die intensive Auseinandersetzung mit den Naturwissenschaften (der Wunsch nach der Klärung der "faustischen Frage") als auch die Religion hatten in diesem Zusammenhang insbesondere die Aufgabe, die Komplexität des Lebens zu reduzieren, indem sie Überschaubarkeit und Klarheit mittels deutlicher Regeln zur Verfügung stellten. Entsprechend dem hohen Sicherheitsbedürfnis ist die von Herrn Büttner angewendete Logik zur Bewältigung wichtiger und als krisenhaft empfundener Situationen eine deduktive, insofern er immer wieder versucht, lebenspraktische Entscheidungen aus positivistischen wissenschaftlichen und damit rational begründbaren Theorien abzuleiten. Gemeinsam mit Frau Neuhaus ist Herrn Büttner die Abwendung von der katholischen Kirche, allerdings liegen die jeweiligen Gründe dabei völlig konträr zueinander: War der Katholizismus für Frau Neuhaus in seiner Regelhaftigkeit und Sexualmoral zu rigide und damit zu heteronom, war er für Herrn Büttner zu diffus, zu wenig konkret und letztlich zu wenig regelhaft, um seinem Bedürfnis nach Sicherheit und der Entlastung von Entscheidungsverantwortung zu genügen. Religion stellt in ihren unterschiedlichen Formen (Katholizismus, Mormonen, Geborgenheit gebende Macht) einen Sicherheitsgenerator für das Selbstkonzept von Herrn Büttner dar. Im Unterschied allerdings zu Frau Neuhaus hat Herr Büttner die deutlich rigidere Tradition des vorkonziliaren Katholizismus biographisch nicht mehr kennen gelernt, sondern erlebte seine Sozialisation während der Aufbruchstimmung nach dem II. Vatikanischen Konzil. Zugleich ist Herr Büttner zur Zeit der radikalen gesellschaftlichen Veränderungen Ende der 60er Jahre aufgewachsen, insofern ist seine Sozialisation gesellschaftlich mit wesentlich weniger Klarheit und Struktur verbunden als die von Frau Neuhaus.

Im Unterschied zu Herrn Büttner und Frau Neuhaus ist Frau Adam noch Mitglied der katholischen Kirche und verbindet mit ihrer Religionszugehörigkeit deutliche Wünsche an die Entfaltung ihrer eigenen Persönlichkeit und – vermittelt über die anstehende Taufe ihrer Tochter – eventuell auch Wünsche nach Vergemeinschaftung bei einem gleichzeitigen Wunsch nach emotionalem Aufgehobensein. Mit Herrn Büttner teilt Frau Adam die Zeit der Sozialisation: Aus christlich-kirchlicher Perspektive betrachtet fällt auch Frau Adams Sozialisation überwiegend in die Zeit nach dem II. Vaticanum, in gesellschaftlicher Hinsicht fällt sie in die Zeit vielfältiger Veränderungen Ende der 60er Anfang der 70er Jahre, die Zeit, in der sich durch die Modernisierungsschübe auch gerade hinsichtlich der gesellschaftlichen Rolle und individuellen Bedeutung von Religion viel veränderte. Unter dem Aspekt der funktionalen Differenzierung moderner Gesellschaften betrachtet wählt Frau Adam für ihre Anliegen (Klärung des biographischen Problems über Beruf, Selbstreflexion, Transzendenzbedürfnis) ein jeweils nicht zuständiges System aus, von dem sie sich dann Klärung ihrer Fragen erhofft; zugrundeliegt dieser Haltung eine Tendenz, der christlichen Religion eine umfassende Zuständigkeit für alle Lebensfragen zuzuweisen und so zwar dem Eigenanspruch der christlichen Religion nach umfassender Sinngenerierung entgegen zu kommen, einer funktionalen Differenzierung der Gesellschaft und der damit einhergehenden Notwendigkeit, sich in den verschiedenen Systemen rollenangemessen zu bewegen, jedoch nicht gerecht zu werden. Im Unterschied zu der in ihrer Lebenspraxis sehr stark nach außen orientierten Frau Neuhaus ist die Selbstreflexion wesentliches Element der religiösen Lebenspraxis von Frau Adam. Diese wird von Frau Adam vornehmlich in Form einer kognitiv-rationalen Auseinandersetzung vorgenommen, zugleich erhofft sich Frau Adam von den Ergebnissen des selbstreflexiven Prozesses Sicherheit für ihre Lebensführung (eine Gemeinsamkeit, die sie mit Herrn Büttner teilt). Entsprechend diesem Wunsch sucht Frau Adam in den verschiedenen Teilsystemen des Berufes, der Religion und der Therapie nach Hilfestellungen und Begleitung für die Entwicklung ihrer eigenen Persönlichkeit.

Nach dieser Konturierung der wesentlichen Strukturmerkmale werden im Folgenden die Aspekte der Rationalitätsanforderung der Moderne und der Sinngenerierung sowie die Religiosität und Religionszuschreibung genauer in den Blick genommen, um im Vergleich der drei Fallstrukturen die jeweiligen Praxen in den einzelnen Lebensführungskonzepten im Umgang mit der Moderne herauszukristallisieren.

5.1.2 Anforderungen der Moderne

5.1.2.1 Die Rationalitätsanforderung

Als eines der entscheidenden Charakteristika der Moderne ist eine forcierte Rationalitätsanforderung anzusehen. Zugleich ist diese Rationalitätsanforderung im Zusammenhang der Moderne in zwei deutlich zu unterscheidende Richtungen zu differenzieren. Zum einen ist darunter ein Verständnis im Sinn von instrumenteller Rationalität zu verstehen, deren Ursachen in den charakteristischen Kennzeichen der Moderne zu sehen sind: Fortschrittsglaube, Machbarkeitsanspruch, Primat der Naturwissenschaften und beweisbarem Wissen, Anspruch auf Effizienz (vgl. 2.1). Dieser Anspruch auf empirisches Beweiswissen, dem ein positivistisches Wissenschaftsverständnis zugrundeliegt, entfaltet seine Wirkungsdynamik auf die individuelle Lebensführung des Individuums, wie dies im ersten Teil der Arbeit aufgewiesen wurde (vgl. 2.1; 2.2). Von diesem Rationalitätsverständnis gilt es eine forcierte Rationalitätsanforderung der Moderne zu unterscheiden, in der die die Moderne kennzeichnende Dynamik der widersprüchlichen Einheit von Entscheidungszwang und gleichzeitiger Begründungsverpflichtung am deutlichsten greifbar wird (vgl. 2.3.2).[4] Lebensgestaltung in der Moderne im Zuge von funktionaler Differenzierung, von Individualisierungs- und Pluralisierungsprozessen bedeutet – wie dies im ersten Teil der Arbeit ausführlich erörtert wurde – vor allem die Erweiterung von individuellen (auch kollektiven) Handlungsspielräumen und Entscheidungsoptionen und damit auch von Individuierungsmöglichkeiten im Sinne deutlich höherer Chancen zu autonomer Lebensgestaltung und somit verstärkter Möglichkeiten des individuellen Ausdrucks und der Selbstthematisierung sowie Selbstverwirklichung. Die Freisetzungsprozesse der Moderne sowie der damit in engem Zusammenhang stehende Plausibilitätsverlust von Sozialbeziehungen und institutionell vorgegebenen religiösen Deutungsmustern, die die Sozialbeziehungen unter anderem legitimierten, verweisen das Individuum vor allem auf sich selbst und damit auf die Gestaltung seiner individuellen Biographie (vgl. 2.4.1). Die Konstruktion der Biographie als eine individuelle und besondere sowie die Konstruktion von Sinn angesichts des Zerbrechens übergreifender Sinndeutungshorizonte sind zwei zentrale, dem modernen Individuum gestellte Aufgaben, die es

---

4 Damit ist zugleich das hier zugrundeliegende Rationalitätsverständnis dargelegt: Es geht nicht um ein universalistisches Rationalitätsverständnis, sondern um die Notwendigkeit prinzipiell zu begründender Entscheidungen. Damit schließe ich mich dem Verständnis Ulrich Oevermanns an, das dieser in seinem Modell von Lebenspraxis niedergelegt hat. Vgl. zum universalistischen Rationalitätsverständnis auch die Auseinandersetzung bei HABERMAS 1988a, insbes. Bd. 1, Teil I; ferner seine Auseinandersetzung mit diesem Thema mit Weber, ebd., Teil II.

eigenständig und selbstverantwortlich zu bewältigen hat: "An die Stelle des schlichten Modells der Übernahme eines Musters von Identität und Lebenslauf tritt die Perspektive der lebenslangen Arbeit an der Biographie und der Suche nach Sinn und Identität."[5] Gestaltung der Lebensführung in eigener Regie impliziert zugleich die Notwendigkeit und den Zwang zur Entscheidung zwischen möglichen Handlungsoptionen sowie die getroffenen Entscheidungen auch zu verantworten, und damit ist ihnen das individuell zu tragende Risiko des Scheiterns immer inhärent (vgl. 2.4.1). Alle Entscheidungen des modernen Individuums stehen somit unter dem Anspruch der individuellen Verantwortbarkeit und so zugleich unter dem Anspruch der prinzipiellen Begründungspflichtigkeit (vgl. 2.2.3; 2.3.2). Insofern sich lebenspraktisches Handeln des Individuums im fortwährenden Vollzug von Entscheidungen generiert und sich in diesem Vollzug die je individuelle Autonomie realisiert, stehen die zu treffenden Entscheidungen in ihrer Begründungsnotwendigkeit unter der Rationalitätsanforderung. Dies gilt nicht nur für Alltagssituationen, die in der Regel über Routinehandlungen gelöst werden, sondern insbesondere für Krisensituationen, zu denen auch die letzten, existentiellen Fragen des Menschseins nach dem Woher, dem Wohin und dem Sinn gegenwärtiger Existenz gehören und damit nach einer Antwort zumindest in Form der Entscheidung für einen Antwortentwurf drängen. Zugleich stehen alle lebenspraktischen Entscheidungen in folgender paradoxer Situation: Dass "man sich also in Krisensituationen für etwas entscheiden [muss, J.K.], das rational nach den bis dahin eingerichteten, gültigen Maßstäben sich nicht entscheiden lässt, und muss dabei dennoch den Anspruch aufrechterhalten und erfüllen, dass die getroffene Entscheidung eine vernünftige und rational begründbare sei."[6] An der Stelle der existentiellen (Sinn-)Fragen berührt sich die Rationalitätsanforderung mit der Frage nach Sinngenerierung. Hier soll jedoch beiden Fragen getrennt nachgegangen werden, um den jeweiligen Umgang mit diesen Fragen in der Lebenspraxis der drei Fälle genauer herausarbeiten zu können.

Werden die drei untersuchten Fälle hinsichtlich ihres Umgangs und ihrer Reaktion auf diese Rationalitätsanforderung betrachtet, so zeigt sich als Gemeinsamkeit in allen drei Fällen die Notwendigkeit und das Bedürfnis nach rationaler Begründbarkeit im Hinblick auf das zu konstituierende Weltbild und gleichzeitig das Bedürfnis, diese Begründungsleistung mittels eines positivistischen Wissenschaftsverständnisses vorzunehmen. Die je individuelle Ausprägung erfolgt entsprechend den individuellen Fallstrukturen ganz unterschiedlich und wird im Folgenden aufgewiesen. Im Habitus von Frau Neuhaus taucht dieser positivistische Zug allerdings ausschließlich an der Stelle auf, an der es um den transzendenten Bezug zu einem Absoluten geht.

---

5   GABRIEL 1992, 141.
6   OEVERMANN 2001, 292.

Am deutlichsten findet sich das Bedürfnis nach einer positivistischen wissenschaftlichen Begründbarkeit der letzten Sinnfragen bei Herrn Büttner. Dieses Bedürfnis teilt er mit Frau Adam; ihr Weg zur Erfüllung dieses Bedürfnisses verläuft im Unterschied zu Herrn Büttner jedoch nicht über die Naturwissenschaften, sondern über die Selbstthematisierung.

5.1.2.1.1 Der Handlungsmodus von Herrn Büttner

Im Umgang mit der Rationalitätsanforderung der Moderne bezieht sich Herr Büttner auf ein Rationalitätsverständnis, das von ihm mit empirischem Beweiswissen gleichgesetzt wird. Dies zeigte sich zum einen in dem Stellenwert, den die Naturwissenschaften in seinem Selbstverständnis einnehmen, vor allem aber in dem Anliegen, auf die existentiellen Grundfragen des Lebens mittels der wissenschaftlichen Klärungsmöglichkeiten der Naturwissenschaften Antworten zu finden. Indem die Naturwissenschaften an Stelle der Religion als Weltbildgenerator fungieren, greift Herr Büttner auf ein Wissenschaftssystem zurück, das letzte Gewissheiten im Sinne eines Beweiswissens verspricht, und zwar unter der Voraussetzung, dass es gelingt, die "Weltformel" zu finden. Dem auf Klarheit und Eindeutigkeit ausgerichteten Sicherheitsbedürfnis von Herrn Büttner entspricht diese deduktive Handlungslogik, verspricht doch im Rahmen dieses Vorgehens ein empirisches Beweiswissen mehr Sicherheit als ein zwar rational zu begründender und begründeter, aber dennoch im letzten auf Vertrauen basierender Glaube an den Evidenzerweis der zur Verfügung stehenden Antworten hinsichtlich der Beantwortung der existentiellen Sinnfragen. Herr Büttner formuliert mit dem Anliegen der Klärung der faustischen Frage einen universalen und umfassenden Anspruch hinsichtlich der Beantwortung der Sinnfrage. Mit einem solchen Anliegen muss er aus zwei Gründen scheitern: Zum einen aufgrund seiner individuellen Handlungslogik, in der die Sinnfrage und somit eine philosophische Frage mittels naturwissenschaftlichen, positivistischen Erkenntnisinteresses beantwortet werden soll. Somit liegt eine strukturelle Verwechslung der Systeme vor, eine Gemeinsamkeit, die Herr Büttner mit Frau Adam teilt. Zum anderen aus einem strukturellen Grund: Angesichts einer modernen funktionalen Ausdifferenzierung gesellschaftlicher Zusammenhänge in unterschiedlichste Einzelsysteme, die ihre je eigenen Handlungslogiken entfalten, kann kein historisch konkretes, material gefülltes Einzelsystem, also weder die Religion noch die Naturwissenschaften, eine systemübergreifende Plausibilitätsstruktur entwickeln, die umfassende und verbindliche Antworten auf die existentiellen Fragen zur Verfügung stellt.[7] Genau dieses ist aber mit dem Wunsch nach der Klärung der faustischen Frage oder dem Finden der Welt-

---

7   Dies oblag über einen langen Zeitraum dem Christentum, aber auch dessen Plausibilitätsstruktur ist nicht mehr verbindlich und universal, sondern begründungspflichtig.

formel intendiert. Demgegenüber ist es die in der Moderne individuell zu erbringende Leistung des Individuums, die Beantwortung seiner existentiellen Fragen vorzunehmen.

Dem Habituskonzept von Herrn Büttner liegt so ein – eingangs als instrumentell gekennzeichnetes – Rationalitätsverständnis zugrunde, in dem unter Rationalität ausschließlich ein positivistisch-naturwissenschaftliches Wissenschaftsverständnis gefasst wird. Unter dem Primat des lebenspraktischen Handelns als Konstituierung von Autonomie im konkreten Vollzug von Entscheidungen wird mit dieser deduktiven Handlungslogik eine Facette eines Rationalitätsverständnisses beleuchtet, die dem Rationalitätsanspruch der Moderne als widersprüchliche Einheit von Entscheidungsnotwendigkeit und gleichzeitiger Begründungsverpflichtung und der darin liegenden Herausforderung an die Lebenspraxis nicht in Gänze gerecht werden kann und in der eine Form von Regression zu sehen ist. Denn die über ein instrumentell wissenschaftliches Verständnis erfolgte Suche nach klaren Regeln und Gesetzmäßigkeiten, nach denen das Leben sich ausrichten kann und die letzte Sicherheit geben sollen, bedeutet letztlich den Versuch, die prinzipiell – außer durch den eigenen Tod – nicht still stellbare Bewährungsdynamik still zustellen.[8]

Die Herausforderung der Moderne für das Individuum liegt darin, zweierlei auszuhalten: zum einen die Spannung zwischen der "modernen" Forderung nach instrumenteller Rationalität, also der Idee einer letztlichen Erklär- und Begründbarkeit und damit auch Machbarkeit allen sozialen Handelns nachzukommen, und der Tatsache, dass eine Rationalität, die sich auf ein positivistisches Verständnis beschränkt, der Anforderung nach Entscheidungszwang bei gleichzeitiger Begründungspflichtigkeit – wie aufgezeigt – nur bedingt gerecht wird; die andere Zumutung besteht in der Tatsache, dass eben keine einem Beweiswissen standhaltenden Antworten auf die zentralen existentiellen Sinnfragen des Lebens zur Verfügung gestellt werden können, was für das Individuum bedeutet, ein Vertrauen auf und einen Glauben an die Tragfähigkeit der individuell entwickelten Sinnkonstruktionen zu haben bzw. zu entwickeln.[9] Im Fall der Krise ist das Individuum gezwungen, seine Ent-

---

8 Vgl. OEVERMANN 2001, 317ff. Das bedeutet auch, dass der Mensch sich in irgendeiner Form immer der Bewährungsdynamik zu stellen hat, ob er dies bewusst tut oder nicht und dieser – außer durch den Tod – nicht ausweichen kann.

9 Das hier zugrundeliegende Glaubensverständnis ist zunächst ein rein formales und dementsprechend nicht material gefüllt. Gleichermaßen wird hier unter Glaube kein irrationaler Fideismus verstanden und kein Gegensatz zur Vernunft. Das hier zugrundegelegte und m. E. der Rationalitätsanforderung der Moderne entsprechende Verständnis von Glaube versteht diesen zunächst in erkenntnistheoretischer Tradition als Vollzug des Erkenntnisvermögens und somit als Vollzug der Vernunft. Vgl. dazu MÜLLER 1998c; PRÖPPER 2001, insbesondere 72-92 und 180-219; VERWEYEN 1997; 2000, v. a. 50-72; WERBICK 2000, 185-224. Als Vollzug der Vernunft ist Glaube immer ein begründeter Glaube, ein 'Wissen'

scheidung im Vertrauen darauf zu treffen, dass sich die getroffene Entscheidung als angemessen und tragfähig erweisen wird (vgl. 2.3.2). Insofern die Begründungen des sozialen Handelns damit nicht mit einem Beweiswissen gleichzusetzen sind, widerspricht lebenspraktisches Handeln so einer instrumentellen Rationalität. Gerade diese Möglichkeit, in der Suche nach Antworten auf die existentiellen Fragen auf propositionales Beweiswissen verzichten und demgegenüber auf einen begründeten Glauben setzen zu können, steht Herrn Büttner nicht zur Verfügung. Vielmehr sucht er die für ihn notwendige Sicherheit wie gesehen in den Naturwissenschaften bzw. greift als weitere Variante seines Handlungsmodus – wie noch zu zeigen ist – auf die traditionelle Sinnstiftungsfunktion der Religion zurück.

5.1.2.1.2 Der Handlungsmodus von Frau Adam

Auch Frau Adam nähert sich der Bewährungsproblematik der Moderne über ein wissenschaftliches System an, nämlich das der Psychologie; ihr Zugangsweg ist somit ein völlig anderer. Für Frau Adam steht die Auseinandersetzung mit existentiellen Fragen ihrer Person im Vordergrund, die über eine selbstreflexive Auseinandersetzung bearbeitet werden sollen. Die Frage nach Sicherheit angesichts der Unsicherheiten, die der Moderne inne liegen, wird von Frau Adam über die Vorstellung eines möglichst umfassenden Verstehens der eigenen Person und des eigenen Handelns, das letztlich in der möglichst reifen Persönlichkeit kulminiert, zu beantworten versucht. Dieses Vorgehen versucht, durch die umfassende Reflexion des eigenen Selbst die notwendige Sicherheit für das eigene Selbst zu schaffen und so auch die mit dem eigenen Selbst verbundenen existentiellen Fragen zu beantworten. Für diesen Handlungsmodus greift Frau Adam auf das System der Psychologie zurück, das dann konkret in einen therapeutischen bzw. selbsterfahrungsorientierten Prozess umgesetzt wird. Insofern die Psychologie die Wissenschaft von der Seele bzw. die Wissenschaft des Verstehens psychischer Dispositionen und Handlungen ist, ist sie als in einen therapeutischen Prozess umgesetzte wissenschaftliche Theorie ein angemessener Ort zur Selbstreflexion der eigenen Person. Weil Frau Adam jedoch die Möglichkeit der selbstreflexiven Auseinandersetzung ausschließlich der Psychologie zuschreibt, ist sie nicht in der Lage, die Möglichkeiten zur Auseinandersetzung mit der eigenen Person

---

im Sinne einer begründeten Überzeugung. Glauben gründet damit nicht in einem Beweiswissen, sondern in Überzeugung bzw. in Vertrauen und Anerkennung als ein ursprüngliches Verstehen im Sinne eines Grundvertrauens. In diesem Sinn ist Glauben die Möglichkeitsbedingung von 'Wissen'. Karl Jaspers formuliert diesen Glauben folgendermaßen: "Glaube ist nicht ein Wissen von etwas, das ich habe, sondern die Gewissheit, die mich führt. (...) Glaube kann nicht durch einen Gedanken erzwungen, auch nicht als bloßer Inhalt angegeben und mitgeteilt werden. Glaube ist die Kraft, in der ich mir gewiss bin aus einem Grunde, den ich wohl bewahren, aber nicht herstellen kann." JASPERS 1984, 49.

wahrzunehmen, die andere wissenschaftliche Disziplinen, z. B. die Theologie oder die Philosophie, zur Verfügung stellen.[10] Der Psychologie ist – bei aller hermeneutischen Tradition – auch ein positivistisch naturwissenschaftlicher Zug inhärent[11], der die Vorstellung von einer exakten wissenschaftlichen Fundierung der Theorien der Persönlichkeit fördern kann. Wenn Frau Adam die Möglichkeit ihrer selbstreflexiven Auseinandersetzung so ausschließlich der Psychologie zuschreibt, dann eignet diesem Rückgriff – so berechtigt dieses Vorgehen ist – ein eigentümlich szientistischer Zug, insofern die wissenschaftliche Auseinandersetzung über den Menschen in den unterschiedlichen Theorieansätzen die Möglichkeit einer Objektivität der Selbsterkenntnis suggeriert, die einerseits Gewissheit zu verleihen vermag und andererseits auch klare Handhabbarkeit nahe legt. Dass Frau Adam die Möglichkeiten der Selbstreflexion anderer Systeme nicht wahrnehmen kann, liegt zum einen darin begründet, dass Selbstreflexion nicht deren alleiniges Thema und Anliegen ist und zum anderen andere Systeme nicht diese Form von vermeintlicher Objektivität zur Verfügung stellen.

Die ausschließliche Verortung der Auseinandersetzung mit der eigenen Person in der Psychologie deutet darauf hin, dass die Art und Weise wissenschaftlicher Fundierung und der darin liegende szientistische Zug für Frau Adam eine notwendige Gewähr für die eigene Vergewisserung enthält, damit Sicherheit schafft und das mit der Entscheidungsnotwendigkeit gegebene individuell zu verantwortende Risiko des Scheiterns abzufedern vermag. Ferner wird damit die Suche nach Antworten auf die existentiellen Fragen auf die Objektivität der wissenschaftlichen Disziplin zurückgeführt und mit dieser in Verbindung gebracht. Auf den therapeutischen Prozess gewendet heißt dies, dass über die Person der Therapeutin/des Therapeuten, der/die das dahinter stehende System der Psychologie repräsentiert, der therapeutische Prozess und die darin gewonnenen Erkenntnisse und Erfahrungen sowie deren lebenspraktische Umsetzung positivistisch abgesichert sind. Darin zeigt sich für den Handlungsmodus von Frau Adam hinsichtlich des Umgangs mit der Rationalitätsanforderung der Moderne ein latent regressiver Zug, weil die in der Moderne durchaus notwendige Selbstreflexion an ein latent positivistisches Verständnis der dahinterstehenden wissenschaftlichen Disziplin angebunden ist. Damit wird der widersprüchliche Versuch gemacht, über das

---

10 Vgl. dazu in der Theologie z. B. die deutlich ausgeprägte Tradition der Selbsterforschung. Ausführlich dazu HAHN 1982; ferner HAHN 1991. Diese Aussage, dass Frau Adam die Möglichkeiten der Theologie oder Philosophie nicht ins Auge fasst, ist hier nicht normativ zu verstehen, im Sinne eines Sollens, sondern soll darauf aufmerksam machen, dass Frau Adam für andere Möglichkeiten offensichtlich nicht den Handlungsspielraum zur Verfügung hat.

11 Man denke nur an die unterschiedliche Zuordnung der Psychologie in den Universitäten, entweder zu den Naturwissenschaften oder zur philosophischen Fakultät. Darin drückt sich deutlich etwas vom jeweiligen Selbstverständnis aus.

nicht szientistische Vorgehen der Selbstreflexion eine letztlich doch szientistische Sicherheit hinsichtlich der modernen Risiken der Lebensführung zu erlangen. Die Realität der angesichts der existentiellen Sinnfragen nicht still stellbaren Unsicherheiten der eigenen Existenz wird folglich ausgeblendet und das hinsichtlich dieser Unsicherheiten notwendige und nicht mehr szientistisch begründbare Vertrauen auf ein Gelingen der Lebensführung umgangen. Zudem wird in der Auseinandersetzung mit dem eigenen Selbst und dem Verharren in dieser Auseinandersetzung der ausschließliche Zugang zur Bewältigung der Rationalitätsanforderung gesehen.

Das verbindet Frau Adam mit Herrn Büttner: Bei aller Verschiedenartigkeit der gewählten Systeme, hier die Psychologie, dort die Naturwissenschaften der Chemie und Physik, hier die Konzentration auf die fast ausschließliche Auseinandersetzung mit der eigenen Person, dort der gänzliche Ausfall der solcherart verstandenen Beschäftigung mit der eigenen Person, liegt das Gemeinsame von Frau Adam und Herrn Büttner in dem Bedürfnis, Sicherheit in der Krisenhaftigkeit von Entscheidungen und damit auch hinsichtlich der existentiellen Sinnfragen des Lebens über ein positivistisches Wissenschaftsverständnis zu erhalten. Dieser Handlungsmodus ist bei Herrn Büttner noch offensichtlicher ausgeprägt, denn für ihn ist damit die Suche nach den klaren Handlungsmöglichkeiten des Alltags verbunden. Außerdem legen die Naturwissenschaften ein solch szientistisches Verständnis noch eher nahe als die Psychologie. Bei Frau Adam ist dieser Modus etwas versteckter zu finden, ist doch die Lebensgestaltung in der Moderne und die ihr inhärente Rationalitätsanforderung nicht ohne Selbstreflexion, allerdings auch nicht ausschließlich über diese zu bewältigen.

5.1.2.1.3 Der Handlungsmodus von Frau Neuhaus

Von ihrem Habitus her ist bei Frau Neuhaus das Bedürfnis nach Beantwortung des Bewährungsproblems über ein positivistisches Wissenschaftsverständnis am wenigsten ausgeprägt. Der Rationalitätsanforderung der Moderne begegnet sie mit einem hohen Bewusstsein gegenüber der Begründungspflichtigkeit ihrer zu treffenden oder getroffenen Entscheidungen, diese werden nicht ohne jeglichen Rückbezug auf Theorie getroffen, müssen aber auch nicht wissenschaftlich abgesichert sein, wie dies bei Herrn Büttner und Frau Adam der Fall ist, sondern werden eher als Hintergrundfolie eigener kritischer Reflexion im Lebensführungskonzept genutzt. Ihre Lebenspraxis gestaltet Frau Neuhaus unter dem Vorbehalt des strukturellen Optimismus: Frau Neuhaus ist in der Lage, die Unsicherheiten hinsichtlich der existentiellen Fragen mittels eines grundlegenden Vertrauens in sich selbst auszuhalten. Diese induktive Logik ihres Vorgehens wird an der Stelle ansatzhaft durchbrochen, wo ein möglicher Transzendenzbezug thematisiert wird. An der fraglichen Stelle bejaht Frau Neuhaus sehr vage einen Transzendenzbezug, versucht diesen jedoch unmittelbar durch eine wissenschaftliche Theorie zu belegen. Die Paradoxie besteht darin, dass das, was als nicht zu Beweisendes festgestellt worden ist ("mehr als empirisch fassbar"), nun doch positivistisch bewiesen werden soll. Allerdings ist es weniger die Absicht von Frau Neuhaus, den Transzendenzbezug als solchen zu beweisen, sondern vor allem die Sinnhaftigkeit desselben. Dieser Versuch des Wunsches nach empirischer Beweisbarkeit z. B. von Transzendenz oder anderen nicht empirisch fassbaren Dingen lässt sich jedoch nicht als grundlegender Zug für Frau Neuhaus feststellen.

Die Analyse des Umgangs mit der Rationalitätsanforderung der Moderne zeigte sehr unterschiedliche Zugänge in der Bewältigung derselben. In einem zweiten Schritt soll nun der Frage nachgegangen werden, wie in den einzelnen Fällen lebenspraktisch die Sinngenerierung vorgenommen wird. Dementsprechend sollen auch die unterschiedlichen Handlungsmodi in Bezug auf Sinngenerierung herausgearbeitet werden.

5.1.2.2 Unterschiedliche Modi der Sinngenerierung

Bereits der Umgang mit der Rationalitätsanforderung, der im Vorangegangenen herausgearbeitet wurde, steht in engem Zusammenhang mit der Sinnfrage, verweist doch die Rationalitätsanforderung mit ihrer inhärenten Bewährungsdynamik auf die letztlich nicht positivistisch zu beantwortenden Sinn- bzw. Grundfragen des Lebens. Daran anknüpfend sollen im Folgenden die Auswirkungen der Individualisierungsprozesse auf die jeweiligen Modi der Sinngenerierung in der Lebenspraxis untersucht werden. Angesichts der durch die Individualisierung ausgelösten Freisetzungsprozesse der Moderne nimmt die Frage nach der Generierung von Sinn eine zentrale Rolle ein, weil auch sie individuell zu verantworten ist und auch in der Auseinandersetzung mit dieser Frage nur begründet auf vorgegebene Sinndeutungssysteme zurückgegriffen werden kann. Die Frage nach der Sinnhaftigkeit menschlichen Lebens ist eng mit der Frage nach Kontingenzbewältigung verbunden, kulminiert doch in den Kontingenzerfahrungen die Frage nach Sinn und verschärft sie damit zugleich. Insofern die Lebenspraxis schließlich immer auch soziales Handeln ist, stellt sich die Frage nach dem Zusammenhang zwischen der Frage nach Sinngenerierung und Sozialitätsbezug im jeweiligen Selbstkonzept. In einem engen Zusammenhang stehen ferner die Frage nach Sinngenerierung und die Ausbildung von Subjektivität und Autonomie als zentralen Aspekten individueller Lebensführung in der Moderne, sagt doch der individuelle Modus der Sinngenerierung zugleich etwas über die Ausbildung von Subjektivität und Autonomie sowie deren wechselseitigem Verhältnis im jeweiligen Selbstkonzept aus. Genau an diesem Punkt lässt sich ein Zusammenhang zwischen der Sinngenerierung, die sich in der subjektiven Lebenspraxis vollzieht und auf die die Praxis immer angewiesen ist, und der Konstitution einer Biographie durch das handelnde Subjekt festmachen. Denn in seiner Lebenspraxis entwirft das Individuum gewissermaßen sich selbst, d. h. seine eigene Identität durch soziales Handeln hindurch, oder anders formuliert: Im lebenspraktischen Vollzug von Entscheidungen konstituiert sich über die Ausbildung von Autonomie die Individuierung des Subjekts.[12] Dabei muss das Individuum auf Sinndeutungsmuster zurückgreifen, um dieser identitätsstiftenden und damit auch biographiekonstituierenden Praxis eine Richtung geben zu können. Dieser Rückgriff auf Sinndeutungsmuster kann extern unter Rekurs auf vorgegebene Sinndeutungssysteme erfolgen oder intern aus dem Individuum selbst und seiner Praxis geschöpft werden. Die Sinnkonstituierung bedarf ihrerseits jedoch genau jener Praxis, in der sie vollzogen wird.

Konstituierung von Sinn und Konstituierung von Biographie sind folglich untrennbar miteinander verknüpft, ist doch die Tatsache der Konstituierung einer eigenen Biographie und die Vergewisserung über dieselbe in sich schon sinnstiftend (vgl. 2.4.1). Zu dieser Konstituierungsleistung bedarf es der Aktivität eines (autonomen) Subjekts, das mehreres vermag: zunächst einmal überhaupt sein Leben zu entwerfen und im Bezug auf andere zu gestalten, also im sozialen Handeln sein eigenes Leben zu gestalten, dann in dieser Lebenspraxis in Sozialität seine eigene Identität zu entwickeln. Das bedeutet, aus seinem Lebenslauf eine individuelle, sinnorientierte und zielgerichtete Biographie zu konstruieren und zu konstituieren, und schließlich im Rückgriff auf vorgegebene sowie in der Generierung neuer Lebensdeutungen und Sinnorientierungen der eigenen Biographie Richtung und Ziel zu verleihen und seine Autonomie zu entfalten. Das Subjekt vermag also ein Doppeltes: Konstituierung von Biographie und – damit unauflöslich verbunden – Konstituierung von Sinn. Damit überhaupt beide konstituiert werden können, bedarf es umgekehrt eben jenes Subjekts.

5.1.2.2.1 Sinngenerierung im Habituskonzept von Frau Neuhaus

Hinsichtlich des Umgangs mit der Rationalitätsanforderung wurde für Frau Neuhaus ihr grundlegendes Vertrauen in sich selbst festgehalten und ein Handeln unter der Maßgabe des strukturellen Optimismus, das sich darin ausdrückte, dass es ihr kein Bedürfnis ist, letzte "beweisbare" Antworten auf die existentiellen Fragen zu erhalten. Diese Haltung zeigt sich auch in der Frage nach Sinngenerierung. In erster Linie ist die Frage nach Sinn für Frau Neuhaus keine reflexiv-theoretische, sondern eine, deren Ergebnis sich im praktischen Tun erweist. Sinn generiert sich in ihrem Selbstkonzept im konkreten Handeln, im praktischen Vollzug von zu treffenden Entscheidungen

---

12 Vgl. OEVERMANN 2001, 293.

und somit als Entscheidungspraxis. Dementsprechend wird Sinn für Frau Neuhaus nicht extern über ein hinzugezogenes Sinndeutungssystem oder z. B. über einen Transzendenzbezug gestiftet, sondern ausschließlich intern über die individuelle Lebenspraxis. Sinn ist gleichbedeutend damit, eine Lebensaufgabe zu haben, Erfüllung zu finden und sich selbst zu verwirklichen. Damit generiert sich Sinn in der Hingabe, in der Leidenschaft für etwas oder jemanden und ist damit aufs Engste verbunden mit Beziehung und Sozialität[13] und damit die Voraussetzung und Basis für Interpersonalität, Kommunikation, Praxis und ein Engagement für andere.

Die Frage nach Lebenssinn als eine übergreifende stellt sich in diesem Handlungsmodus nicht, da Frau Neuhaus Sinn nicht als letztgültigen Sinn, also als einen "ein für allemal" erkannten und in dieser Hinsicht immerwährend gültigen Sinn versteht, sondern Sinn sich immer wieder neu im lebenspraktischen Vollzug generiert und somit in unauflöslichem Bezug auf den jeweiligen Handlungskontext material gefüllt wird. In ihrer Letztgültigkeit kann die Antwort auf die Frage nach Sinn in diesem Konzept immer erst post fact und letztlich erst im Rückblick am Ende des Lebens gegeben werden und trifft sich so in struktureller Hinsicht mit der Lebensaufgabe des modernen Menschen, die Bewährungsdynamik der Moderne im subjektiven Lebenszusammenhang zu einer gelingenden Lebensführung aufzulösen und damit zu bewältigen. Zum lebenspraktischen Gelingen bedarf ein solcher Handlungsmodus, der Sinngenerierung so stark intern über den lebenspraktischen Vollzug von Entscheidungen generiert und damit ausschließlich an Praxis bindet, genau des grundlegenden Vertrauens in eine im letzten gelingende Lebensführung, wie sie für Frau Neuhaus herausgearbeitet wurde, da nur dieses Vertrauen die Möglichkeit zum Verzicht auf externe Sinnstiftung ermöglicht. Hinsichtlich ihrer individuellen Sinnstiftung ist Frau Neuhaus autonom und gleichzeitig beziehungsorientiert.

Autonom ist sie, indem sie sich mit dem Verzicht auf die ausschließliche Bindung an ein externes Sinnstiftungssystem die Möglichkeit offen hält, situativ auf andere zur Verfügung stehende Ressourcen zur Gestaltung und Reflexion ihrer Lebenspraxis zurückzugreifen. Damit ist weder bloße Beliebigkeit noch ein Eklektizismus aus verschiedenen Sinndeutungssystemen gemeint, die dann je nach Situation zusammengestellt werden. Entscheidend ist vielmehr, dass Frau Neuhaus sich nicht heteronom an vorgegebene Traditionen bindet, sondern die Maßstäbe ihres Handelns sowohl im Rückgriff auf das biographische Gewordensein als Anhaltspunkt für Bewährtes als auch im Rückgriff auf externe Deutungssysteme autonom herauskristallisiert und formuliert und dann in der jeweiligen Handlungssituation auf diese zurück-

---

13 Diese Hingabe und der damit verbundene Sozialitätsbezug zeigte sich beruflich im Engagement für die Inhalte als auch die Mitarbeiter und Mitarbeiterinnen und privat im Umgang mit dem Tod ihres Mannes und der Erziehung ihrer Kinder.

greifen kann. Die Autonomie liegt darin, dass sie keine reziproke Verpflichtung gegenüber einem Sinnstiftungssystem wie z. B. der Religion eingeht, sondern immer ihre eigene Person der Entscheidungsparameter ist für das, was für das eigene Selbstkonzept übernommen wird.

Beziehungsorientiert ist Frau Neuhaus in diesem Zusammenhang in einem doppelten Sinn: zum einen darin, dass sich Sinn in sozialer Bezogenheit, d. h. in der unmittelbaren Auseinandersetzung mit Menschen generiert und zum anderen dadurch, dass Sinnstiftung immer mit Hingabe an etwas verbunden ist und Beziehung damit konstitutiv voraussetzt.

Hinsichtlich der Frage nach Sinnstiftung zeigt sich, dass Frau Neuhaus diesen zwar immanent generiert, dass sie aber in ihrer Praxis und damit in der Hingabe an eine für sie wichtige Sache oder an einen Menschen zugleich immer auf ein außerhalb ihrer selbst Liegendes, also auf ein Externes bezogen ist.

Für den Habitus von Frau Neuhaus ist – so lässt sich also zusammenfassend konstatieren – Autonomie der zentrale Dreh- und Angelpunkt ihrer Lebenspraxis. Charakteristisch ist für sie dabei insbesondere ein intuitives Wissen für das dem jeweiligen Moment Angemessene, dass das eigene Leben und das Leben der Anderen zu einem erfüllten und gelingenden Leben werden lässt. In dieser in sozialer Verbundenheit konstituierten Autonomie ist sie ganz einer Sache hingegeben. Aus dieser Intuition heraus stellt Autonomie im Selbstkonzept von Frau Neuhaus nicht in erster Linie einen theoretischen Wert dar, sondern konstituiert sich gerade in der Praxis und erhält in dieser seine hohe Bedeutung. In diesem freien, nur am eigenen Selbstkonzept und der jeweiligen Situation orientierten Rückgriff auf Ressourcen erweist sich Frau Neuhaus angesichts der Charakteristika und Bedingungen der Moderne als sehr modern, in ihren normativen Maximen, z. B. ihren ethischen Maßstäben ist sie eher traditionell, d. h. an traditionellen kulturellen, vornehmlich christlichen Werten ausgerichtet. Die Chancen einer gesteigerten Individualisierung und Pluralisierung werden von Frau Neuhaus als Anspruch auf eben diese Autonomie und eigene Entscheidungsfreiheit in das eigene Habituskonzept integriert. Die daraus resultierende biographische Gestaltung ist eindeutig am Subjekt orientiert, denn die eigene Person ist für Frau Neuhaus der Entscheidungsparameter hinsichtlich dessen, was für die biographische Konstituierung übernommen wird. Die immer wieder neu zu erbringende Leistung liegt in diesem Handlungsmodus darin, die unterschiedlichen Lebensführungsstrategien und Angebote der Lebensführung subjektzentriert und stimmig auszubalancieren. Die Orientierung an (institutionalisierten) Regelsystemen erfolgt nicht mehr über eine traditionelle Bindung, sondern entsprechend diesem Habituskonzept nach kritischer Prüfung und Reflexion an der eigenen, in der Auseinandersetzung mit den für die eigene Lebensführung wichtigen normativen Maximen herausgebildeten Kriteriologie. Normative Grundlage dieses Handlungskonzepts ist ein Verständnis von

Subjektivität und Autonomie als personale Eigenständigkeit und Unabhängigkeit, bei gleichzeitiger sozialer Bezogenheit.

5.1.2.2.2 Sinngenerierung im Habituskonzept von Frau Adam

Von dieser Konzeption der Sinngenerierung unterscheidet sich Frau Adams Konzeption in diametraler Weise, insbesondere hinsichtlich der Dimension von Sozialität; verbunden sind beide darin, Sinngenerierung intern bzw. immanent zu vollziehen. Allerdings besteht bei Frau Adam diese immanente Sinngenerierung in der reflexiven Auseinandersetzung mit der eigenen Person und in der damit verbundenen Hoffnung auf die Entwicklung einer reifen Persönlichkeit. Während bei Frau Neuhaus Sinnstiftung über ihr Handeln erfolgt und dementsprechend auch erst post fact als sinnhaft reflektiert werden kann, ist bei Frau Adam Sinnstiftung unmittelbar mit Reflexion der eigenen Person und ihres Gewordenseins verbunden und damit unter anderem an eine kognitiv-rationale Auseinandersetzung gebunden. Ein affektiv intuitiver Zugang zur Sinngenerierung steht für Frau Adam weniger im Vordergrund. Die Frage nach Sinngenerierung ist somit für Frau Adam fast identisch mit der Kategorie des Selbstverstehens bei Kohli (vgl. 2.4.1).

Insofern die Selbstreflexion für Frau Adam ins Zentrum ihrer Sinngenerierung rückt, ist diese damit folglich von jeglichem Bezug auf ein Außen, sei es die Hingabe an eine außerhalb ihrer selbst liegende Sache oder sei es die Hingabe an einen Menschen, und damit von Sozialität abgekoppelt. Hingabe im Handlungsmodus von Frau Adam richtet sich demgegenüber auf die Selbstreflexion. Im Unterschied zu Frau Neuhaus jedoch, die im Moment des Handelns bewusst auf eine externe Sinndeutung verzichtet und externe Deutungssysteme als Hintergrundfolie zur eigenen Reflexion nutzt, ist Frau Adam ihr eigener Handlungsmodus, Sinngenerierung in der selbstreflexiven Auseinandersetzung zu verorten, selbst nicht bewusst, und es bleibt die Sehnsucht nach übergreifender, auch transzendenter Sinnstiftung. Letztere hängt eng damit zusammen, dass Frau Adam in der Sinngenerierung über Selbstreflexion letztlich auch die Sicherheit für die individuelle Lebensführung sucht. Im Erreichen der reifen Persönlichkeit über die intensive Auseinandersetzung mit der eigenen Person liegt für Frau Adam – wie sich in den Ausführungen zur Rationalitätsanforderung zeigte – die Gewinnung von Sicherheit für die Lebensführung. Dieses macht zum einen deutlich, warum Frau Adam die Selbstreflexion so ins Zentrum ihrer Auseinandersetzung rückt und die Frage nach Sinnstiftung mit dieser identifiziert, schafft diese doch im letzten Sicherheit, und zum anderen wird deutlich, dass diese Form der Sinngenerierung über die Selbstreflexion in erster Linie über das System der Psychologie beantwortet werden kann, da nur diese Disziplin einerseits über das notwendige Hintergrundwissen hinsichtlich der Psyche des Menschen und ferner über notwendige Therapieformen zur praktischen Umsetzung verfügt.

In der Frage nach der individuellen Sinngenerierung als einer wesentlichen Aufgabe moderner Lebensführung ist Frau Adam selbstreflexiv auf sich bezogen; damit findet Subjektivität im Selbstkonzept von Frau Adam ihren Ausdruck in der Thematisierung des Selbst, über diese erfolgt dann zugleich auch die Generierung von Sinn, d. h. der Sinn liegt im Wahrnehmen und Erleben des eigenen Ich und in der Auseinandersetzung mit demselben. Das eigene Selbst und dessen Einmaligkeit ins Zentrum der eigenen Aufmerksamkeit zu rücken, entspricht einer modernen und individualisierten Lebensführung zum einen im Hinblick auf die bereits mehrfach erwähnte Notwendigkeit, über die Subjektivität eine eigene Biographie zu konstituieren und sich dieser zu vergewissern, zum anderen aber auch im Hinblick auf eine Tendenz, das 'Ich' ins Zentrum eigener Aufmerksamkeit zu rücken im Sinne eines Bedürfnisses nach intensivem Ich-Erleben (vgl. 2.4.2). Sinngenerierung ist hier von einem Transzendenzbezug auf ein Absolutes losgelöst und ereignet sich im Luckmannschen Sinne auf der Ebene der kleinen und mittleren Transzendenzen (vgl. 2.2.1). Während sich für Frau Neuhaus in ihrem Habitus die Frage nach letztgültigem Sinn nicht stellt, ist diese für Frau Adam sehr wohl relevant. Zumindest in ihrer Sehnsucht nach einem Transzendenzbezug zu einem Absoluten wird die Frage nach einer über eine säkulare Bestimmung von Sinn in der eigenen Person hinausgehende, die Grenzen der eigenen Person und des eigenen Lebens überschreitende Sinnstiftung deutlich.

Auf der Ebene der Lebensführung impliziert dieses stark reflexive Verhaftetsein in sich selbst das Problem, den Außenbezug zu etwas außerhalb des Selbst Liegendem zu verlieren und damit nichts Neues, Weiterführendes aufnehmen zu können und auch keinen Zugang zu einer absoluten Transzendenz gewinnen zu können, da dieser deutlich an die Überschreitung der eigenen Person gebunden ist. So gelingt es Frau Adam nicht, sich über die Thematisierung des Selbst zu einem Anderen oder zu einer Transzendenz und somit auch auf ein Absolutes hin öffnen zu können. Damit spaltet sie ihr Transzendenzbedürfnis vom Prozess der Selbstreflexion ab, anstatt es in die Thematisierung des Selbst zu integrieren. Ihre Fixierung auf die Psychologie, die für diesen immanenten Prozess als kompetent angesehen wird, ist daher nicht zufällig. Umgekehrt können Systeme, die diesen Transzendenzbezug bereitstellen wie etwa Religion, Frau Adams Bedürfnis nach Selbstthematisierung nicht erfüllen, weil sie gemäß ihrer Trennung von Selbstthematisierung und Transzendenzbezug nur den Transzendenzbezug bereitstellen, nicht aber die Thematisierung des Selbst. So besteht eine selbstgesetzte Demarkationslinie zwischen Selbstreflexion und Transzendenzbezug, die von Frau Adam nicht überschritten werden kann. Dementsprechend verlieren religiöse Systeme für sie an Bedeutung, den freien Platz nimmt die solcherart monopolisierte Psychologie ein.

Zusammenfassend kann an dieser Stelle festgehalten werden, dass die Reflexion des Selbst in der Lebenspraxis von Frau Adam eine hohe Bedeutung einnimmt. Ihr Zugang zur Welt ist so weniger ein intuitiver, sondern stärker ein kognitiv-rationaler. Die Chancen der Individualisierung und Pluralisierung und die damit eröffneten Freiräume der Möglichkeit einer individuellen Lebensgestaltung werden von Frau Adam im Unterschied zu Frau Neuhaus weniger als Freiräume empfunden. Der Grund dafür mag neben den unterschiedlichen Selbstkonzepten auch im Generationsunterschied zu suchen sein. Da Frau Adam seit ihrer Kindheit in einer individualisierten Gesellschaft aufgewachsen ist, sind damit die Freisetzungen und Liberalisierungen wie z. B. die freiere Berufswahl oder die Möglichkeit, mit der Lebensführungtradition der älteren Generation zu brechen, für sie viel selbstverständlichere Gegebenheiten, als dies für Frau Neuhaus der Fall war, die allerdings für ihre Person von den Liberalisierungsprozessen sowohl privat als auch beruflich sehr profitierte. Man könnte also davon ausgehen, dass es Frau Adam leichter fällt, sich auf die Individualisierungsprozesse einzustellen und von diesen zu profitieren. Statt dessen stellen die Auswirkungen der Individualisierungsprozesse für Frau Adam eher eine zu bewältigende Aufgabe dar, nämlich die der Entwicklung von Individualität und Subjektivität sowie Autonomie. Diese zentralen Implikationen der Moderne sind zugleich von Frau Adam so selbstverständlich internalisiert, dass sie ihren Idealen von Persönlichkeitsentwicklung entsprechen, die sie über die Reflexion ihrer eigenen Person erreichen will. Als ein in diesen Punkten auf Reflexivität des Selbst ausgerichtetes Lebensführungskonzept fördert dieses jedoch die Ausbildung von Autonomie und Subjektivität nur bedingt, erfolgt doch die Individuierung des Menschen gerade über den lebenspraktischen Vollzug von Entscheidungen, die wiederum auf Zukunft hin angelegt sind.

5.1.2.2.3 Sinngenerierung im Habituskonzept von Herrn Büttner

Die Beantwortung der Frage nach Sinngenerierung wird von Herrn Büttner sowohl externalistisch als auch internalistisch vorgenommen. Externalistisch erfolgt die Beantwortung insofern, als sie gänzlich an ein externes Sinndeutungssystem delegiert wird. Für die Zeit seiner Zugehörigkeit zu einem religiösen System wird die Frage nach Sinn von Herrn Büttner traditionell, d. h. im Rückgriff auf die jeweils vorgegebene religiöse Tradition, entweder des Katholizismus oder des Mormonismus beantwortet bzw. die Beantwortung derselben an das jeweilige System delegiert und von diesem übernommen. Dieser Traditionsbezug verbindet sich mit einer Sehnsucht nach Sicherheit und Handlungsentlastung: Sinn ist für Herrn Büttner dann gegeben, wenn die Lebensführung überschaubar und einschätzbar ist. War dieses Bedürfnis nach Sicherheit zur Zeit der Zugehörigkeit zu einem religiösen System noch mit dem Bedürfnis nach klaren Regeln und Handlungsanweisungen verbunden, die autoritativ vorgegeben wurden, verbleibt nach seinem Austritt aus der Gemeinschaft der Mormonen das Bedürfnis nach Sicherheit. Nach der Abwendung von jeglichen religiösen Systemen erfolgt die Sinngenerierung ebenfalls im Rückgriff auf ein externes Deutungssystem, das der Philosophie, und hier insbesondere über die Auseinandersetzung mit Heidegger, bzw. ist als Sicherheitsbedürfnis an eine externe Macht delegiert, die diese Sicherheit zur Verfügung stellt. In dieser Form der Sinngenerierung entfällt jeglicher Bezug auf die eigene Person, also jede Form der Selbstreflexion, die bei Frau Adam so sehr im Vordergrund steht. Auch in den religiösen Erfahrungen des inneren Bewegtseins über Natur oder Musik ist keine Auseinandersetzung mit der eigenen Person feststellbar.

Eine interne Sinngenerierung erfolgt bei Herrn Büttner jedoch über die Aufrechterhaltung seines Selbstbildes von Herausgehobenheit und Besonderung, insofern dieses Selbstbild im Habitus von Herrn Büttner einen zentralen Stellenwert einnimmt und unmittelbar mit seiner Person verbunden ist. Eine immanente Sinnstiftung über die Herausgehobenheit sowie die Besonderheit und damit Einmaligkeit der eigenen Person erfolgt dennoch nicht, denn Herr Büttner verortet das Empfinden von seiner Besonderheit und Herausgehobenheit nicht in sich selbst, in seiner Existenz, sondern seine Einmaligkeit bedarf immer der Bestätigung von außen, z. B. über das Hochschulsystem oder das religiöse System. Selbst dann, wenn diese Bestätigung nicht erfolgt – wie im Fall der Hochschulkarriere oder der Lebensführung bei den Mormonen –, gelingt es Herrn Büttner, sein Selbstbild von Besonderheit und Herausgehobenheit über Inszenierung aufrechtzuerhalten. Damit vermeidet er eine konkrete Bewährung dieser Herausgehobenheit in der Praxis.

Einmaligkeit und Subjektivität der eigenen Person sind für Herrn Büttner folglich nicht qua Existenz gegeben, sondern müssen in seinem Selbstkonzept über eine Außenbestätigung oder eine Inszenierung derselben immer wieder neu hergestellt werden. Damit ist Herr Büttner jedoch heteronom an die Bestätigung von außen gebunden. Individuierung, Ausfaltung der Subjektivität sowie die Entwicklung von Autonomie vollziehen sich zwar immer auch im Wechselspiel mit einem außerhalb des eigenen Selbst Liegenden und sind somit immer schon auf ein bzw. eine/n Andere/n bezogen. Das Entscheidende für den Handlungsmodus von Herrn Büttner ist jedoch die starke Fixierung auf das Außen und eine damit einhergehende heteronome Bindung an Autoritäten bzw. die Bindung an sein eigenes Selbstbild, das wiederum extern gestiftet ist. Da diese Außenfixierung nicht mit Selbstreflexion korrespondiert, fällt die wechselseitige Bezogenheit von Selbst und Anderem aus, welche allerdings für ein gelingendes Selbstverhältnis wie auch für ein gelingendes Verhältnis des Selbst zum Anderen notwendig ist, um eine einseitige Fixierung auf das eigene Selbst und damit die Gefahr der Isolation ebenso zu vermeiden wie die mit einer Fixierung auf das Andere einhergehende Gefahr des Selbstverlustes. Dieser Ausfall wechselseitiger Beziehung von Selbst und

Anderem aufgrund der starken Außenfixierung erschwert denn auch Herrn Büttner die Ausbildung von Autonomie als Ausdruck von Individuierung.

So sehr Frau Adam im Rahmen der Frage nach Sinngenerierung auf die immanente Auseinandersetzung konzentriert ist, so sehr ist es Herr Büttner auf die externe. Auch bei Herrn Büttner sind Immanenz und Transzendenz aufgrund der ausfallenden Selbstreflexion voneinander abgespalten und können kaum integriert werden. Verbunden sind beide Handlungsmodi hinsichtlich des Sozialitätsbezugs: Frau Adam koppelt den Sozialitätsbezug in der Sinngenerierung über die Fixierung auf die Selbstreflexion ab und verharrt damit im Selbst, Herr Büttner ist zwar deutlich auf ein Außen bezogen, weil jedoch das Außen entweder zur Bestätigung des Selbstbildes oder zur Generierung von Sicherheit genutzt wird und gleichzeitig eine selbstreflexive Auseinandersetzung abgekoppelt ist, verharrt er im Außen. So wird in dem einen Fall die Kommunikation mit dem außerhalb des Selbst Liegenden und im anderen Fall über die Abkoppelung der Selbstreflexion die Auseinandersetzung mit dem Selbst erschwert. Eine Konsequenz, die jedem der beiden Handlungsmodi zu eigen ist, ist die einer gewissen Selbstbezüglichkeit, da im jeweiligen Verharren kaum eine wirkliche, authentische Öffnung auf ein oder eine/n Anderen möglich ist und somit sinngenerierende Kommunikation zwischen Welt und Selbst nicht stattfinden kann.

Eine Verbindungslinie zu Frau Neuhaus lässt sich hinsichtlich des externen Bezugs in der Sinngenerierung ziehen, allerdings sind die jeweiligen Inhalte dieses Bezugs gänzlich verschieden: bei Herrn Büttner Reduktion von Komplexität und damit der Wunsch nach Sicherheit und Überschaubarkeit für das Lebensführungskonzept, im Fall Neuhaus Verwirklichung eigener Vorstellungen und Ideale, Erfüllung und Leidenschaft sowie soziale Verbundenheit. Auch in dem Bedürfnis nach Besonderheit und Herausgehobenheit sind Frau Neuhaus und Herr Büttner verbunden, allerdings im jeweiligen Praxisbezug auch deutlich voneinander unterschieden: Ist das Bewusstsein über die individuelle Besonderheit bei Frau Neuhaus durch das Bewusstsein ihrer schlechthinnigen Existenz gegeben und ferner durch die Bewährung in der konkreten Praxis gedeckt, so handelt es sich bei Herrn Büttner in erster Linie um ein Selbstbild, das immer wieder der externen Bestätigung bedarf und dessen konkrete Bewährung in der Praxis aussteht bzw. genau diese Bewährung wird von ihm vermieden.

Zusammenfassend lässt sich an dieser Stelle festhalten, dass die Chancen der Individualisierung und Pluralisierung und die damit eröffneten Freiräume der Möglichkeit einer individuellen Lebensgestaltung von Herrn Büttner im Unterschied zu Frau Neuhaus, allerdings ähnlich wie von Frau Adam, weniger als Freiräume empfunden werden, sondern eher eine tendenzielle Bedrohung für die eigene Lebensführung darstellen. Dementsprechend ist Herr Büttner in seinem Habitus eher heteronom an das gebunden, das die für ihn notwendige Sicherheit in der Lebensführung bereitstellt, und weniger in der

Lage, sich autonom und souverän zwischen den Möglichkeiten und Chancen der Moderne zu bewegen, um die eigenen Entscheidungen zu treffen. Sehr modern ist Herr Büttner in seinem Bedürfnis und Anliegen nach Besonderheit und dem dahinterliegenden Wunsch, sich von den vielen anderen, die auch ihren Platz suchen, zu unterscheiden.

5.1.3 Bedeutung von Religion und Religiosität im jeweiligen Habituskonzept

In den vorangehenden Abschnitten wurden die drei Fälle hinsichtlich ihres Umgangs mit der Rationalitätsanforderung und der Frage nach der Sinngenerierung in der späten Moderne vergleichend miteinander diskutiert. Damit stand entsprechend dem Strukturmodell von Oevermann die Frage nach dem Umgang mit Bewährungsproblemen und damit der Bewährungsdynamik im Mittelpunkt der Untersuchung. Im Folgenden soll der Blick stärker auf die Frage des Bewährungsmythos gerichtet werden, also auf die Frage nach den Deutungssystemen, die in Reaktion auf die Bewährungsdynamik in Anspruch genommen werden, und ferner auf die Frage, inwieweit im Rahmen dieses Bezuges entweder ein Rückgriff auf Religion oder aber auf säkularisierte Deutungssysteme erfolgt. Teilweise sind diese Fragen in den beiden vorausgehenden Kapiteln schon angesprochen worden; hier soll nun auf der Basis des bereits thematisierten strukturalen Verständnisses von Religiosität die Religion ausführlich in den Blick genommen, dabei insbesondere den Funktionsbestimmungen von Religion in den einzelnen Fällen nachgegangen und damit auch die Frage nach der Funktion von Religion, aber auch von Religiosität gestellt werden.

Betrachtet man die drei Fälle im Vergleich, so fällt – bei aller Unterschiedlichkeit im einzelnen – hinsichtlich des Bezugs auf Religion auf, dass diese bei allen drei Probanden Gegenstand der eigenen Entscheidung ist; das jeweilige Subjekt entscheidet, inwieweit Religion als zur eigenen Biographie passend erlebt wird oder nicht. Diese Relevanz der eigenen Entscheidung des Subjekts ist bekanntlich ein zentrales Charakteristikum modernen Selbstverständnisses, dementsprechend ist das Verhältnis zur Religion bei den drei Probanden hinsichtlich der Bedeutung der eigenen Entscheidung mit dem modernen Prinzip der Entscheidung des Subjekts kompatibel. Diesem Verhältnis von Religion und Modernität soll nun nochmals fallspezifisch nachgegangen werden: Inwieweit verbinden sich bei Herrn Büttner, Frau Adam und Frau Neuhaus Religion und Modernität, inwieweit wird dieser Konnex wieder aufgelöst bzw. gebrochen? Gibt es Widersprüche hinsichtlich der Orientierung an den modernen Grundprinzipien?

5.1.3.1 Religion und Religiosität im Fall von Herrn Büttner

Im Laufe seiner Biographie war Herr Büttner Mitglied von zwei institutionalisierten religiösen Systemen, dem des Katholizismus und dem des Mormonismus. Dabei gehörte er dem Katholizismus qua Entscheidung seines Elternhauses, dem Mormonismus durch seine eigene Wahl an. Angesichts Herrn Büttners Bedürfnis nach Klarheit und Übersichtlichkeit hatten beide Religionssysteme – mehr noch der Mormonismus, da er den Katholizismus zugunsten desselben verließ – für die Zeit seiner Zugehörigkeit in den jeweiligen Systemen die Funktion, Übersichtlichkeit in einer überkomplexen Welt zu gewährleisten. Damit übernahmen sie vornehmlich die Funktion der Komplexitätsreduktion (vgl. 2.4.2), denn sie stellten als institutionalisierte material gefüllte Systeme die notwendigen Entscheidungen für die Lebensführung als auch die dazugehörigen Begründungsleistungen zur Verfügung und entlasteten damit sowohl vom Entscheidungszwang der Moderne als auch der ihr inhärenten Begründungspflichtigkeit. Der Mormonismus versah das Leben, die Biographie mit Deutung und entlastete damit von der individuellen Ausgestaltung der eigenen Biographie. Religion hatte für Herrn Büttner für diese Zeit seiner Biographie nicht nur die Funktion der Komplexitätsreduktion, sondern sie stellte auch eine lebensgeschichtlich-ordnende Kraft dar und sorgte so für die gesuchte Sicherheit in der Lebensführung (vgl. 2.4.1.1). Dieses Bedürfnis Herrn Büttners nach Handlungsentlastung wie auch die Bereitstellung von Handlungsentlastung durch ein externes System widerspricht allerdings dem Autonomieprinzip der Moderne, besagt dieses doch gerade, dass das Individuum in seinem Entscheidungszwang auf sich selbst zurückgeworfen ist, aber vor allem auch in sich selbst die Fähigkeit zur eigenen Entscheidung trägt und sich damit nicht an externen Autoritäten orientieren muss. Für einen ausgesprochen modernen Habitus ist folglich kennzeichnend, dass Sinn nicht primär von außen gestiftet wird, den das handelnde Subjekt dann nur noch heteronom annehmen muss (oder kann), sondern als gewissermaßen der Vernunft des Subjekts interner Sinn durch eben jenes Subjekt autonom erkannt und angenommen wird. Entsprechendes gilt für religiöse Systeme: Sie sind zwar dem Subjekt extern, werden aber von diesem als mit dem ihm internen Sinn korrespondierend erkannt und somit in autonomer Entscheidung akzeptiert – oder nicht.

Für Herrn Büttners Habitus lässt sich demgegenüber ein ambivalentes Verhältnis zur Autonomie feststellen: Zum einen fungiert Religion als handlungsentlastende Instanz, die damit auch vom Entscheidungszwang dispensieren soll. Zum anderen besitzt sie ebenso wie die beabsichtigte Hochschulkarriere ein identitätsstiftendes Moment, trägt sie doch dazu bei, das Selbstbild der Besonderheit und Herausgehobenheit sowohl zu generieren als auch als ein deutliches Identitätsmoment über die verschiedenen biographischen Phasen hinweg aufrechtzuerhalten. Entscheidendes Moment dazu ist das religiöse Virtuosentum und die Zugehörigkeit zu der Vergemeinschaftung der religiösen Virtuosen. Identität konstituiert sich für Herrn Büttner demnach nur durch Bestätigung von außen bzw. durch Konformität mit einem externen System oder einer externen Autorität – eine Haltung, die sich als heteronom bezeichnen lässt.

Auf der anderen Seite jedoch ist Herr Büttner durchaus zu autonomen Entscheidungen fähig, wie hinsichtlich der Berufsbiographie die Fähigkeit zum Wechsel von der Wissenschaftskarriere zur Industrie sowie in religiös-biographischer Hinsicht die Loslösung vom Religionssystem der Mormonen zeigt: Zum einen trifft Herr Büttner in einer Krise die autonome Entscheidung, auf die Unterstützung dieses Systems zu verzichten und wendet sich auch anders als nach der Abwendung vom Katholizismus keinem anderen System zu. Zum anderen vollzieht sich jedoch nicht nur hinsichtlich des Verhältnisses zu einer bestimmten Religion, sondern auch hinsichtlich der Religiosität Herrn Büttners ein deutlicher Veränderungsprozess. Bis zum Verlassen der Mormonen orientierte sich Herr Büttner in seinem religiösen Habitus allein extern an einem institutionalisierten religiösen System. Religiosität war also mit heteronomer Einordnung in eine konkrete Religion identisch, die die für die ebenso heteronom sich vollziehende Identitätskonstitution notwendigen Regeln bereitstellte. Die Entscheidung für ein bestimmtes religiöses System erfolgte allein danach, welches System die rigideren und in diesem Sinne für Herrn Büttner 'besseren' identitätskonstituierenden Regeln bereitstellte, über die er sein Bedürfnis nach Herausgehobenheit und Besonderung erfolgreich leben zu können meinte. Nach seinem Austritt aus der Gemeinschaft der Mormonen jedoch gibt Herr Büttner die Orientierung an institutionell verfasster Religion und somit auch an externen Deutungsmustern und sinn- bzw. identitätsstiftenden Instanzen auf; entscheidend wird für ihn eine gänzlich ins Innere seiner selbst verlagerte Religiosität. Dieser Habitus der Verinwendigung (vgl. 2.1) ist nun durchaus kompatibel mit der Moderne, wächst doch zum einen damit der Raum für Autonomie und somit die Bereitschaft, sich dem Entscheidungszwang zu stellen, dem das moderne Individuum ausgesetzt ist, und bedeutet doch die Verinwendigung der Religiosität eine Abkehr von ausschließlich extern begründeten Deutungsmustern, Sinn- bzw. Identitätsstiftungsinstanzen sowie religiösen Systemen. Damit ist eine Hinkehr zur Einsicht in die Begründungsverpflichtung impliziert, die auch für religiöse Systeme gilt, ferner eine Hinkehr zur Relevanz des Subjekts sowohl für die Konstitution von Sinn und Identität als auch für die Konstitution von Religiosität und die daraus folgende Hinwendung zu extern gegebenen religiösen Systemen. Ein weiterer Hinweis auf Elemente eines modernen Selbstverständnisses ist schließlich Herrn Büttners Bedürfnis nach Herausgehobenheit und Besonderung, also nach Einmaligkeit, die identitätskonstituierend ist. Die Einmaligkeit des Individuums gehört zu den Grundprinzipien modernen Selbstverständnisses.

Auf der anderen Seite – und hier liegt die eingangs erwähnte Ambivalenz hinsichtlich des modernen Grundprinzips der Autonomie – tritt der autonome Grundzug bei Herrn Büttner genau in der Verinwendigung zurück, in der er zugleich aufgekommen ist. Denn Herr Büttner ersetzt die in den Systemen Katholizismus und Mormonismus vorherrschende Vorstellung personaler Transzendenz durch die Idee einer internen, anonymen, apersonalen Grundgewissheit, die immer zur Verfügung steht und Sicherheit und Geborgenheit verleiht. Dieser Vorstellung ist jedoch erneut ein regressiver Zug eigen, der von eigener Entscheidung dispensieren und das eigene Handeln entlasten soll. Die durchaus moderne Vorstellung einer dem Subjekt 'inwendigen Transzendenz' kippt somit in eine immanente Sicherheitsinstanz, die das Subjekt entlastet und somit seine Autonomie letztlich wieder außer Kraft setzt. Das, was intern gewonnen ist, wird gleichzeitig vom eigenen Selbst gelöst und als Geborgenheitsinstanz konstruiert, in die sich das Selbst hineinwerfen kann. Außerdem ist bedeutsam, dass bei Herrn Büttner trotz seiner verinwendigten Religiosität, die auf jede externe Konstituierung verzichtet, ein Prozess der Selbstreflexion im Sinne einer Thematisierung der eigenen Person und gewissermaßen eines 'Weges zu sich', wie er etwa für Frau Adam konstitutiv ist, ausfällt, und dies vor allem auch hinsichtlich religiöser Praxis. Solch ein Prozess der Selbstthematisierung ist jedoch für die Entfaltung von Subjektivität und Autonomie unabdingbar. Das bedeutet jedoch, dass letztlich das Ich-Erleben über den Inszenierungscharakter, die Bestätigung von außen und damit doch wieder extern vermittelt ist. Das Selbstbild von Besonderheit und Herausgehobenheit basiert damit nicht auf einem internen, authentischen und autonomen Prozess des Ich-Erlebens; Einmaligkeit und Ich-Identität werden nicht im Erleben der eigenen Subjektivität konstituiert, sondern weiterhin durch externe Bestätigung. Damit besteht zwischen der immanenten Grundgewissheit und der externen Identitätsstiftung ein Widerspruch. Insofern also Religiosität bei Herrn Büttner auch in dieser deutlich veränderten Form der Verinwendigung nicht mit einer Auseinandersetzung mit der eigenen Person einhergeht, bleibt sie ähnlich fremdbestimmt wie vorher die Religion.

Noch eine weitere Ambivalenz ist hinsichtlich des religiösen Habitus von Herrn Büttner festzustellen: Als Katholik und später als Mormone teilt Herr Büttner die für beide Religionssysteme charakteristische Vorstellung einer reziprok strukturierten, personal gefassten Gottesbeziehung und damit eines Beziehungsverhältnisses zwischen Ich und Gott. Diese Beziehung zu einem Anderen als einem außerhalb seiner selbst Liegenden kann Herr Büttner jedoch nicht in eine Beziehungsfähigkeit zu anderen Menschen transformieren: Er benötigt zwar die Bestätigung durch andere zur eigenen Identitätskonstitution, diese Bestätigung verschaffen ihm jedoch weniger andere Menschen als vielmehr Regeln und Strukturen, denen er sich unterwerfen kann. Somit mangelt es ihm letztlich an dem Vermögen, zu anderen in Beziehung zu treten, also an Sozialität. Mit dem Abschied vom Mormonismus verabschiedet sich Herr Büttner auch von einer personalen Gottesvorstellung, die in eine immer zur Verfügung stehende, Sicherheit und Geborgenheit gebende Grundgewissheit transformiert und ins Innere seiner selbst verlagert wird. Die von Herrn Büttner hier gewählte Vorstellung einer anonymen, nicht näher gefassten Grundgewissheit stellt somit eine vollständige Verinwendigung des externen Transzendenzbezuges dar, der wiederum durch einen Ausfall jeglicher Beziehungsvorstellung gekennzeichnet ist. Das bedeutet: Es gelingt Herrn Büttner nicht, die innere Grundgewissheit mit einer Öffnung nach außen und mit Interpersonalität zu verbinden; damit bleibt auch die in die Verinwendigung transformierte Transzendenzvorstellung ungeschichtlich und unvermittelt. Der daraus folgende religiöse Habitus wiederum ist von jeglicher Vergemeinschaftung, von Interpersonalität und Sozialität, welche noch für den Katholizismus und den Mormonismus konstitutiv waren, losgelöst und verbleibt so in einer eigentümlichen Isolation und Zurückgeworfenheit auf das eigene Innere. War es vorher das Extrem der Fixierung auf externe Regeln und Strukturen, die Herrn Büttner gelebte Sozialität weitgehend unmöglich gemacht haben, so ist es nun das andere Extrem der Fixierung auf das eigene Innere ohne Bezug nach außen. Hier gibt es durchaus Parallelen zu Frau Adams Fixierung auf das eigene Selbst, doch im Unterschied zu ihr fehlen bei Herrn Büttner – wie bereits erwähnt – die Fähigkeit und das Bedürfnis zu expliziter Thematisierung des eigenen Selbst. Indem nun diese Form der Religiosität völlig des Außenbezugs und Wechsels zwischen Transzendenz und Immanenz ledig ist und sich ausschließlich im Innern des Selbst vollzieht, ist sie damit auch der Notwendigkeit einer konkreten Bewährung in der Praxis enthoben, das bedeutet – in Terminologie Ulrich Oevermanns –, der Erweis der Evidenz des gewählten Bewährungsmythos ist im Habitus von Herrn Büttner über die völlige Verinwendigung strukturell ausgegliedert. Darüber hinaus lässt sich eine instrumentelle Aneignung von Religion festhalten, da an keiner Stelle der materielle Gehalt der Religion und dessen Bedeutung zutage tritt, sondern ausschließlich die der Religion zugewiesene(n) Funktion(en) im Vordergrund stehen.

Zusammenfassend lässt sich also feststellen, dass bei Herrn Büttner durchaus Ansätze eines modernen religiösen Habitus zu verzeichnen sind, die aber gewissermaßen durch ein Bedürfnis nach Entlastung von Entscheidungszwang und Handlungsnotwendigkeit, durch mangelnden Sozialitätsbezug und damit mangelnde Bewährung des jeweiligen Bewährungsmythos in der Praxis, durch bleibend externe Orientierung hinsichtlich der Konstitution der Identität neutralisiert werden. Damit bewegt sich Herr Büttner hinsichtlich seines religiösen Habitus in einer ständig wiederkehrenden Selbstwidersprüchlichkeit. Diese habituelle Ambivalenz in Bezug auf Religiosität führte möglicherweise auch zu einer primär instrumentellen Aneignung von konkreten religiösen Systemen.

5.1.3.2 Religion und Religiosität im Fall von Frau Adam

Im Gegensatz zu Herrn Büttner und Frau Neuhaus ist Frau Adam Mitglied der katholischen Kirche und damit zumindest formal an eine institutionalisierte Religion gebunden. Gänzlich konträr zu Herrn Büttner weist Frau Adam der Religion in erster Linie die Funktion zu, eine intensive Auseinandersetzung mit der eigenen Person zu ermöglichen. Im Habitus von Frau Adam wird Religion zu einer Form der reflexiven Selbstthematisierung und darüber hinaus durch den Stellenwert, den diese Selbstreflexion im Selbstkonzept von Frau Adam einnimmt, auch zu einem Ort der Selbsttherapeutisierung. In der Religion einen Ort zu suchen, der nicht nur externe Sinnstiftung und wie im Falle des Christentums das Leben begleitende Unterstützung, z. B. in Form von Passagen und Kasualien als Deutungsangebote der Lebensführung zur Verfügung stellt, sondern einen Ort, an dem die eigene Person, das eigene Gewordensein reflexiv in den Blick genommen und das eigene Leben gedeutet werden kann, entspricht dem Bedürfnis nach einer selbstreferentiellen Gestaltung von Religion und damit genuin dem Anliegen, das der Religion in der Moderne entgegengebracht wird. Ganz diesem "modernen" Verständnis entsprechend wird Religion für Frau Adam auch zum Ort der Selbstdeutung, der biographischen Reflexion und des biographischen Selbstverstehens und damit auch zum Ort der Konstituierung von Subjektivität und Biographie (vgl. 2.4.1.2). Diese Wünsche, die von Frau Adam an die Religion herangetragen werden, sind auch als Ausdruck von Autonomie zu kennzeichnen, denn Frau Adam hat klare Vorstellungen von dem, was ihr religiöses Anliegen ist. Ihre Zugehörigkeit ist nicht gekennzeichnet durch eine unreflektierte Übernahme des zur Verfügung Gestellten, sondern durch eine klare Positionierung hinsichtlich ihrer Anliegen. Weil Frau Adam ihre Wünsche nach intensiver Selbstreflexion als auch ihr Bedürfnis nach Transzendenz an die Religion richtet, unterläuft sie die These einer stillschweigenden Arbeitsteilung zwischen den christlichen Kirchen, die für die religiös inszenierten Übergangsriten zuständig erklärt werden, und der Psychokultur, Esoterik oder anderen nicht-christlichen Spiritualitätsformen, die für Selbstthematisierung und Selbstreflexion zuständig erklärt werden (vgl. 2.4.2.2).

Zwei eng mit dem Habitus von Frau Adam verknüpfte Problemkreise treten allerdings mit den der Religion zugewiesenen Funktionen auf. Ein erster Problemkreis liegt darin begründet, dass das konkrete religiöse System des Katholizismus in Frau Adams Perspektive nicht ihren oben formulierten Ansprüchen entspricht und damit ihr Wunsch nach intensiver Selbstreflexion und Selbstthematisierung in der Religion nicht erfüllt wird. Dieses Problem wird bis zu einem gewissen Punkt von Frau Adam über die Psychologie bzw. die Therapie und Formen der Selbsterfahrung als Ersatzsystem gelöst – womit diese zum funktionalen Äquivalent für die Religion werden –, die Psychologie kann jedoch nicht Frau Adams Bedürfnis nach einer auf ein Absolutes bezogenen Transzendenz erfüllen, so dass Frau Adam in keinem System eine völlige Befriedigung ihrer Bedürfnisse findet. Diese Dynamik führt letztlich entweder zu einem Zustand der Dauerbindung oder zu einem permanenten Schwebezustand: Frau Adam kann sich einerseits nicht auf das Angebot der Religion respektive des Katholizismus einlassen, andererseits entscheidet sie sich aber auch nicht klar gegen den Katholizismus. Sie wird damit den jeweiligen Systemen, insbesondere der Religion, nicht gerecht und weist ihnen die Erfüllung von Bedürfnissen zu, ohne sich zu vergewissern, ob sie für ihre Bedürfnisse die richtige Wahl innerhalb der Einzelsysteme getroffen hat.[14] Frau Adam übersieht, dass sowohl die Religion – ist sie denn an einer mündigen und autonomen Religiosität interessiert – Räume schaffen wird, in der das Subjekt sein Gewordensein und sein aktuelles Sein thematisieren kann, als auch in der Therapie oder anderen Formen des intensiven Ich-Erlebens Räume für Transzendenzerfahrungen gegeben sind. Religion und Therapie verfügen über Überschneidungsbereiche, in denen sie das genuine Anliegen des jeweils anderen Systems aufgreifen, haben aber dennoch ihre klare Schwerpunktsetzung. Diese nimmt Frau Adam zwar wahr, erhofft sich jedoch zugleich die Erfüllung des eigentlich nur im anderen System zu erfüllenden Wunsches innerhalb des Systems, in dem sie sich gerade bewegt. Dies führt dazu, dass Frau Adam in ihrer Fixierung auf ihre eigenen Bedürfnisse und Wünsche und auf ihre Vorstellung, wie die Erfüllung derselben genauerhin aussehen soll, nicht mehr in der Lage ist, das, was ihr z. B. seitens der Religion zur Verfügung gestellt wird, zu sehen und anzunehmen. So sehr Frau Adam mit ihren Wünschen einem modernen Selbstverständnis entspricht, so schwer fällt es ihr, sich autonom zwischen den verschiedenen Systemen zu bewegen und sie auf der Ebene ihrer systemspezifischen Angebote anzusprechen. Sich aus diesem Zustand zu lösen würde bedeuten, die Wünsche an die jeweiligen Systeme genauer klären und auf Stimmigkeit überprüfen zu müssen. Genau von diesem Schritt, der ihr ihre Handlungsfähigkeit und die Möglichkeit zu einer autonomen Entscheidung zurückgeben würde, entlastet sich Frau Adam durch diese Passivität, zugleich entlastet sie sich von eigener Verantwortung für das Ausbleiben der Erfüllung der eigenen Wünsche und kann diese Verantwortung an das System delegieren. Es gibt bei Frau Adam den Wunsch nach Erfüllung sowohl des Bedürfnisses nach Therapeutisierung als auch nach Sinnstiftung und Transzendenz durch ein

---

14 Angesichts der Tatsache, dass Religion immer auf den "ganzen Menschen" ausgerichtet ist, mag die Rede von der Zuweisung einer Bedürfniserfüllung etwas überraschen. Damit ist keiner Reduktion von Religion auf die Erfüllung bestimmter Bedürfnisse das Wort geredet, gemeint ist an dieser Stelle, dass Frau Adam hier der Religion respektive dem Christentum die Rolle und Aufgabe zuweist, ihre existentiellen Fragen und ihr biographisches Gewordensein in einem therapeutischen Sinne aufzuarbeiten, eine Aufgabe, die in dieser Form Religion nicht leisten kann und auch zumindest im Fall des Christentums nicht leisten will. Dazu ist eindeutig der Bereich des therapeutischen Handelns notwendig und zuständig.

einziges System. Dieses Bedürfnis nach Komplexitätsreduktion führt allerdings auch dazu, dass Frau Adam weder das Angebot, das ihr seitens der Religion zur Verfügung gestellt wird, wahrnehmen kann noch aus einem Prozess der Selbstdistanzierung heraus eine autonome Entscheidung darüber zu treffen vermag, was sie als zu ihrer Person passend akzeptieren will und was nicht.

Ein zweiter Problemkreis schließt an das Bedürfnis nach Selbstthematisierung an: Versucht das Ich als uneingeschränktes Zentrum der Reflexion aus sich selbst heraus dadurch eine Gesamtordnung zu konstituieren, dass das Ich und seine Biographie direkt mit der Welt verklammert wird, um daraus die notwendige Sicherheit zu gewinnen, so fällt bei Frau Adam gerade dieser Teil der Weltverklammerung weitgehend aus und zwar in zweifacher Hinsicht: in Bezug auf die Öffnung auf ein Anderes oder einen Anderen hin und damit in Bezug auf die Öffnung gegenüber Transzendenz. In ihrer Fixierung auf das Selbst und die Reflexion desselben spaltet Frau Adam einen möglichen Transzendenzbezug ab. Diese klare Trennung von Selbstreflexion und Transzendenzbezug im Habitus soll hier noch etwas näher in den Blick genommen werden. Frau Adam richtet zwei entscheidende Anliegen an die Religion, die Thematisierung des Selbst und den Wunsch nach einer auf ein Absolutes gerichteten Transzendenz. Dabei ist die Selbstreflexion klar immanent verortet und somit eng an die Person gebunden. Der Wunsch nach Transzendenz jedoch sowie die konkrete Vorstellung dessen, was Transzendenz überhaupt meinen könnte, ist einerseits eher allgemein eine Sicherheit und Geborgenheit gebende Instanz und damit kaum spezifisch auf die eigene Person und den Habitus bezogen. Der Transzendenzbezug wird explizit mit dem Glauben, dem "Glauben an" in Verbindung gebracht und ist so mit einem "Außerhalb" identisch. In moderner Perspektive wird Transzendenz zudem sowohl als ein der Person Externes als auch dem Selbst Internes gedacht und in das Selbst integriert. Genau diese Verbundenheit und Integration von Transzendenz mit dem Prozess der Selbstthematisierung ist bei Frau Adam jedoch nicht erkennbar; Selbstreflexion und Transzendenzbezug sind in ihrem Habitus vielmehr zwei getrennte Größen. Deshalb bleibt der Transzendenzbezug bei Frau Adam fremdbestimmt und ist anders als die Religion nicht selbstbestimmt, in Übereinstimmung mit der eigenen Person gestaltet.

An diesem Punkt gibt es eine Gemeinsamkeit zwischen Frau Adam und Herrn Büttner: Beide erwarten letztlich von der Religion Sicherheit, Herr Büttner zunächst über die das Leben strukturierenden Regeln, also über eine externe Orientierung, Frau Adam über eine immanente Orientierung, nämlich die der intensiven Reflexion ihrer selbst. In beiden Fällen erfüllt die Religion diese Wünsche nicht, sowohl Herr Büttner als auch Frau Adam wenden sich einem Äquivalent zu, das allerdings ebenfalls nicht alle Wünsche erfüllen kann: Herr Büttners Reaktion darauf liegt in einer vollständigen Verinwendigung seiner Religiosität, die in Ablösung von der Religion dann die gewünschte Sicherheit zur Verfügung stellt, gleichzeitig wendet er sich noch verstärkt der Philosophie zu. Frau Adam bearbeitet ihre Fragen über Therapie und Selbsterfahrung, wobei diese jedoch nicht den Wunsch nach einem Zugang zu Transzendenz erfüllen können. Aus dieser Situation ziehen beide jedoch unterschiedliche Konsequenzen: Herr Büttner trifft die Entscheidung, sich von der Religion völlig zu lösen und eröffnet sich darüber wieder Spielräume für autonomes Handeln, Frau Adam bleibt in ihrer Passivität negativ an die Religion gebunden und nimmt sich damit diesbezüglich jegliche Autonomie fördernde Handlungsspielräume.

In ihrem religiösen Habitus handelt Frau Adam selbstwidersprüchlich: Einerseits handelt sie insofern eher traditionell, als sie ein bestimmtes System für alle Bedürfnisse zuständig erklärt und die in dieser Hinsicht sich in der Moderne ausfaltende Differenzierung verschiedener Teilsysteme nicht wahrnimmt, andererseits existieren in ihrem Selbstkonzept jedoch klare, nicht miteinander integrierbare Bereiche: die Selbstreflexion, die zunächst der Religion und dann der Psychologie zugeordnet wird, der Transzendenzbezug, der dem Glauben zugehörig ist und von der Religion unterschieden ist. Eine solche Trennung unterschiedlicher Bereiche im Habitus schränkt allerdings die Fähigkeit zu autonomen und souveränen Entscheidungen ein, weil das Selbst aufgrund dieser Trennung einer fremdreferentiellen Bestimmung durch solch einen nicht integrierbaren Bereich und damit der Gefahr der Bemächtigung eines bestimmten Bereiches ihres Selbstkonzeptes durch ein externes System unterliegt, das für diesen Bereich nicht zuständig ist. Eine zweite Einschränkung, die mit dieser Trennung einhergeht, ist folgende: Das Verhaftetsein im Selbst, das zu einer Grenzziehung zwischen Selbst und Außen führt, zeitigt Konsequenzen auf der Ebene der Sozialität. Hier ist eine Parallele zum Transzendenzverhältnis festzustellen: Analog dem im Konjunktiv verbleibenden und damit letztlich nicht realisierten Wunsch nach einem Bezug zu einem Absoluten und damit zu einem konkreten Gegenüber werden die Thematisierung des Selbst und die Sozialität als zwei voneinander getrennte Bereiche generiert; diese Trennung macht jedoch ein Einlassen auf Beziehung im Sinne einer wirklichen Verbundenheit zwischen Selbst und Anderem kaum möglich.

Für Frau Adam, so lässt sich zusammenfassend formulieren, ist der Versuch charakteristisch, über die Thematisierung des Selbst Sicherheit für ihre Lebensführung zu erhalten. Dabei erweist sie sich zwar einerseits in der Hinkehr zum eigenen Selbst als durchaus modern, andererseits aber gelingt es ihr aufgrund des regressiven Bedürfnisses nach Sicherheit nicht, diese Selbstthematisierung mit einem autonomen Selbstkonzept zu verbinden. Zugleich besitzt Frau Adam ein Bedürfnis nach einem Transzendenzbezug. Das hat Folgen für ihr religiöses Habituskonzept: Frau Adam sieht ihr Bedürfnis nach Selbstthematisierung und damit ihr Sicherheitsbedürfnis nicht von religiösen Systemen erfüllt, sondern allein in der Psychotherapie, die wiederum kann jedoch das Bedürfnis nach einem Bezug zu einem Absoluten nicht gewährleisten und wird von Frau Adam für etwas in Anspruch genommen, was sie per se nicht erfüllen kann. Das ist denn auch der Grund, weshalb Frau Adam zum einen von der Religion nichts (mehr) erwartet, zum anderen aber auch nicht ganz von ihr lassen kann. Damit verunmöglicht sie sich eine klare und souveräne Entscheidung für oder gegen eines der beiden Systeme. Zudem spricht Frau Adam der Religion die Möglichkeit ab, selbstreflexive Prozesse mit einem Transzendenzbezug zusammenzuführen, wobei sie allerdings gleichzeitig genau dies von der Religion erwartet. Darin erweist sich Frau Adam als selbstwidersprüchlich: Einerseits hat sie eine moderne Vorstellung darüber, was religiöse Systeme zu leisten haben – eben die Verknüpfung von Selbstthematisierung und Transzendenzbezug –, andererseits nimmt sie diese moderne Auffassung von Religion in der Abspaltung der Selbstthematisierung vom Transzendenzbezug zugleich zurück. Dieser Widerspruch verstärkt Frau Adams Unfähigkeit, sich autonom für oder gegen ein bestimmtes System zu entscheiden, sei es dasjenige der Psychotherapie oder dasjenige der Religion. Es bleibt die Frage offen, ob Frau Adam diese Trennung von Selbstthematisierung und Transzendenzbezug im Katholizismus erlebt hat und es ihr deshalb nicht gelingt, beides zusammenzudenken – dann wäre es einem konkreten religiösen System nicht gelungen, Ansprüchen an Religion zu entsprechen, die einer explizit modernen Perspektive entspringen, oder ob es Frau Adam nicht gelungen ist, die Verknüpfungen von Selbstreflexion und Transzendenzbezug zu entdecken, die ihr möglicherweise auch die katholische Kirche bereitgestellt hat. Das könnte dann entweder in Frau Adams Unvermögen begründet sein, diese verknüpfenden Elemente zu entdecken und anzunehmen, oder im Unvermögen des Katholizismus, diese Verknüpfungen als eigene Leitvorstellungen deutlich zu machen und in den Vordergrund der eigenen kirchlichen Praxis zu stellen. Dies wiederum könnte in einem möglicherweise gespaltenen Verhältnis zur Moderne seitens des Katholizismus wurzeln. Das Interview mit Frau Adam gibt allerdings keinerlei Hinweise zur Beantwortung dieser Frage.[15]

5.1.3.3 Religion und Religiosität im Fall von Frau Neuhaus

Frau Neuhaus beendete ihre Zugehörigkeit zur institutionalisierten Religion des Christentums mit ihrem Austritt aus der katholischen Kirche im Alter von 22 Jahren. Auch im weiteren Verlauf ihrer Biographie schloss sie sich weder einem anderen institutionell verfassten Religionssystem an, noch fühlt und zählt sie sich einer anderen material gefüllten Form von Religiosität zugehörig. Dementsprechend nimmt Religion – für Frau Neuhaus hinsichtlich ihrer

---

15   Diese Frage wird in 5.3 erneut aufgegriffen.

eigenen Person immer mit dem Christentum identisch – in ihrer Lebensführung keine durch eine solche Zugehörigkeit dokumentierte Rolle ein. Vom Christentum als Religion hat sie sich völlig gelöst, dennoch nimmt dieses in ihrem Habitus einen hohen Stellenwert ein: In ihren hohen ethischen Maßstäben, ihrem sozial-politischen Engagement und ihrer Sozialität, also insgesamt als Praxis in ihrem Habitus finden bestimmte materiale Gehalte, insbesondere die Ethik des Christentums, ihren Ausdruck. Religiosität ist im Habitus von Frau Neuhaus somit identisch mit ethischer Lebensführung. Die für diese Lebensführung zur Verfügung gestellten materialen Gehalte des Christentums sind jedoch im Habitus von Frau Neuhaus nicht mehr mit einem Glauben an die traditionellen christlichen Glaubensinhalte verbunden, dieser Glaube wird von ihr ausdrücklich verneint. Das bedeutet: Frau Neuhaus greift – auch qua ihrer Sozialisation – zur Bestimmung der ethischen Maximen ihrer Lebenspraxis auf das Christentum zurück, löst diese Maximen jedoch zum einen aus dem institutionellen Begründungszusammenhang des Christentums heraus und trennt diese zum anderen auch vom Akt des Glaubens ab. Für den eigenen Habitus werden die ethischen Maximen des Handelns und Denkens von Frau Neuhaus mit einer eigenen Begründungsleistung versehen. Dieser Handlungsmodus, der bereits für den Modus der Sinngenerierung herausgearbeitet wurde, zeigt hier hinsichtlich des Umgangs mit der Religion deutlich, wie sehr Frau Neuhaus ihre eigene Person zum Parameter ihrer Entscheidung macht hinsichtlich dessen, was für die Konstituierung ihres Habitus Relevanz erhält. Auch wenn die Begründungslinien für die Übernahme dieser ethischen Maximen sich inhaltlich nicht von denen des Christentums unterscheiden mögen, so liegt der entscheidende Unterschied, der diese Entscheidung zu einer autonomen macht, darin, dass die Orientierung nicht über die Bindung an ein institutionalisiertes Regelsystem erfolgt, sondern nach kritischer Prüfung an der für die eigene Lebensführung herausgebildeten Kriteriologie erfolgt. Um die ethischen Maximen für ihre Lebensführung übernehmen zu können, muss sie diese aus dem Konnex der Religion, insbesondere dem institutionellen lösen, sie verdiesseitigen und die Gehalte damit säkularisieren. Angesichts der engen Verwobenheit von Christentum und europäischer Kultur gelingt dies leicht, lässt sich doch eine humanistisch begründete Ethik zunächst nicht von einer durch einen Glauben begründeten unterscheiden. Hinsichtlich des hohen Stellenwertes, den das Autonomieprinzip im Habitus von Frau Neuhaus einnimmt, ist sie in ihrem Habitus sehr modern, in der Wahl der materialen Gehalte, die in ihrer Lebensführung Bedeutung haben, neigt Frau Neuhaus eher den universalen Grundprinzipien wie Gerechtigkeit oder Solidarität etc. zu.

Frau Neuhaus identifiziert das Christentum in erster Linie mit einer hohen Einschränkung von Autonomie und Selbstbestimmung. Diese Wahrnehmung wurzelt in biographisch bedingten Erfahrungen wie der von ihr erlebten Inkonsistenz und Doppelmoral; ihre Kritik richtet sich dementsprechend auf die Morallehre, speziell die Sexualmoral des Katholizismus und zugleich auf die Institution Kirche. Aus ihren Erfahrungen folgt der radikale Bruch mit der Kirche, der nicht nur ein Bruch mit der Institution und der von ihr vertretenen Sexualmoral ist, sondern zugleich ein Bruch mit den grundlegenden Glaubensinhalten überhaupt. In diesem Zusammenhang ist eine weitere Implikation anzusprechen, die dieser Abwendung von der institutionalisierten Religion inne liegt. Für Frau Neuhaus ist jegliche Annäherung an Religion unmittelbar mit der Gefahr eines Autonomieverlustes verbunden, d. h. die Inanspruchnahme jeglicher entlastender Unterstützung durch die Religion bedeutet eine unmittelbare Einschränkung ihrer Selbstbestimmung. Zugleich hat Frau Neuhaus jedoch deutliche und konkrete Vorstellungen als auch Wünsche hinsichtlich Religion, was diese dem Menschen zur Verfügung stellen kann und auch sollte; diese gehen mit einem Wunsch nach Entlastung und Unterstützung einher, z. B. dem Wunsch nach Geborgenheit, existentieller Annahme, Vergemeinschaftung, Unterstützung in der Lebensbewältigung, Sinnstiftung. Aufgrund ihrer biographischen Erfahrungen ist es Frau Neuhaus in Bezug auf Religion nicht möglich, beides, Selbstbestimmung und Entlastung/Unterstützung, miteinander zu integrieren. Für sie gibt es nur die Entscheidung zwischen einer Zugehörigkeit zur Religion – in ihrem Selbstkonzept gleichzusetzen mit gänzlichem Autonomieverlust – und radikaler Abwendung als Ermöglichung zur Ausbildung und Aufrechterhaltung von Autonomie. Will sie bestimmte Inhalte wie etwa ethische Maßstäbe dennoch beibehalten, dann müssen diese aus dem System- und Glaubenskontext herausgelöst und säkularisiert werden. Das bedeutet, die entlastenden Gehalte, die die Religion respektive das Christentum zur Verfügung stellen kann, wahrzunehmen, also Autonomie und selbstbestimmtes Handeln aufrechtzuerhalten und sich gleichzeitig auf die Ethik oder die prophetisch-politische Dimension des Christentums als religiöse Dimension einzulassen, ist für Frau Neuhaus nicht möglich. Hinsichtlich des individualisierten Selbstverständnisses in der Moderne folgt daraus, dass Frau Neuhaus in Bezug auf Religion nicht wirklich selbstbestimmt mit ihrer Selbstbestimmung umgehen kann, denn wäre sie dazu in der Lage und verfügte sie über die entsprechende innere Unabhängigkeit, auf die Ressourcen der Religion zurückzugreifen, ohne sie unmittelbar aus dem religiösen Kontext lösen zu müssen, dann könnte sie auch auf die entlastenden und unterstützenden Angebote der Religion zurückgreifen, ohne unmittelbar dem Empfinden des Autonomieverlustes ausgeliefert zu sein.[16] Für das Selbstkonzept von Frau Neuhaus bedeutet das

---

16 An dieser Stelle geht es nicht darum, Frau Neuhaus zu unterstellen, sie bedürfe doch der Religion, sie hat sich klar für ein immanentes Modell anspruchsvoller Lebensführung entschieden, die eines religiösen Sinndeutungssystems nicht bedarf und lehnt Religion für sich klar ab. Diese Überlegungen stützen sich auf Frau Neuhaus' Aussagen hinsichtlich dessen, was sie sich von Religion wünschen würde, und in dem Zusammenhang hat sie diesen ent-

letztlich, dass sie der Unabhängigkeit von der Religion bedarf, um selbstbestimmt und autonom leben zu können.

Frau Neuhaus konstituiert ihre Biographie sowohl als Mitglied der institutionalisierten Religion als auch ohne diese Zugehörigkeit. An Frau Neuhaus' Auseinandersetzung mit dem Christentum wird allerdings auch deutlich, wie die Religion, die ausdrücklich als einschränkend im Hinblick auf die Gestaltung der eigenen Lebensführung erlebt wurde, in biographischer Hinsicht entscheidenden Anteil an der Ausbildung des autonomen Habitus von Frau Neuhaus hat. Damit hat die traditionelle Lebenswelt – das katholische Milieu –, in der Frau Neuhaus aufgewachsen ist, neben den unleugbaren Einschränkungen, dennoch gerade auch aufgrund dieser erlebten Einschränkungen ein Potential zur Verfügung gestellt, das die Ausbildung der Individualisierung und ihrer Individuierung in der Moderne zwar nicht ermöglichte, aber dennoch deutlich beförderte.[17] Dieses Potential entfaltet sich allerdings vornehmlich durch eine Auseinandersetzung im Sinn einer negativen Abgrenzung, was folgerichtig zur Verabschiedung vom Katholizismus und damit auch vom Christentum führte. Inwieweit der Katholizismus eine Individuierung in der Moderne positiv befördern könnte, lässt sich an diesem Fallbeispiel nicht zeigen.

Hinsichtlich des religiösen Habituskonzeptes von Frau Neuhaus lässt sich abschließend folgendes Fazit ziehen: Frau Neuhaus erweist sich in ihrem Habituskonzept, in dem Autonomie und Selbstbestimmung dominieren, als ausgesprochen modern. Es gelingt ihr, Selbstverhältnis und Verhältnis zum Anderen miteinander zu verbinden und dadurch sowohl die Gefahr der Isolation als auch die Gefahr der Außenfixierung zu vermeiden. Dadurch gelingt es ihr ebenfalls, sich für ihre Leitvorstellungen zu engagieren und diese in Praxis umzusetzen. In Bezug auf Religion ist zu konstatieren, dass Frau Neuhaus einerseits eine moderne Vorstellung davon hat, was Religion zu leisten hat: die Verknüpfung von Autonomie und Transzendenzbezug. Andererseits ist ihrer Meinung nach jedoch das Christentum, insbesondere der Katholizismus, autonomieeinschränkend. Damit erlebt Frau Neuhaus vor allem den Katholizismus als religiöses System, das ihren modernen Ansprüchen an Religion nicht entspricht. Wie schon bei Frau Adam ist zu fragen, ob Frau Neuhaus sowohl autonomiefördernde Elemente innerhalb der christlichen Religion als auch Elemente für eine gelingende Lebensführung, die über

---

lastenden Teil klar angesprochen und als eine wesentliche Aufgabe von Religion bezeichnet.

17 Die Individuierung wird hier – wie oben bereits ausgedrückt – nicht allein auf den Katholizismus zurückgeführt, die Fähigkeit zu autonomen Entscheidungen wird natürlich qua Sozialisation erworben, dennoch ist der Beitrag des Christentums zur Ausbildung der Individualität nicht zu unterschätzen.

Autonomie hinausgehen, nicht zu entdecken und anzunehmen vermag, oder ob der Katholizismus diese Elemente nicht bereitgestellt hatte.

Werden alle drei Fallrekonstruktionen aus der Perspektive eines funktionalen Verständnisses heraus betrachtet, dann fällt insbesondere auf, dass die Funktion der Weltdistanzierung (vgl. 2.3.3.2) bei allen drei Probanden ausfällt. Mit Einschränkung ist dieser Befund für Frau Neuhaus festzuhalten, allerdings löst sie diese Dimension aus dem Zusammenhang der Religion heraus und transformiert sie damit in den säkularen Bereich. Demgegenüber treten in allen drei Fällen – bei Frau Neuhaus in Form ihrer an die Religion gerichteten Wünsche – die das Individuum entlastenden und unterstützenden Funktionen in den Vordergrund. Damit rücken aus theologischer Perspektive Fragen in den Vordergrund, die an dieser Stelle nur genannt und in den Abschlusserörterungen erneut aufgegriffen werden: Wie fängt das Christentum diese Bedürfnisse nach Entlastung und Unterstützung des Individuums auf? Welches Potential stellt es diesbezüglich zur Verfügung, ohne zugleich Gefahr zu laufen, sich diesen Bedürfnissen im Sinne der Marktorientierung völlig anheim zu geben und seinen prophetischen Stachel zu verlieren?

5.1.4 Zum Zusammenhang von beruflichem und religiösem Habitus

Ein Ausgangspunkt dieser Arbeit war die Frage, inwieweit das berufliche Handeln einen Einfluss auf die Bedeutung und Funktion von Religion im jeweiligen Selbstkonzept der Interviewten hat und wie dieser Einfluss näher zu bestimmen ist. Im Hintergrund dieser Fragestellung steht die hohe Bedeutung, die berufliches Handeln in der individualisierten und pluralisierten Gesellschaft einnimmt[18]: Beruf stellt in Verbindung mit Leistung in der reflexiven Moderne trotz aller Gebrochenheit ein wesentliches Moment individueller Selbstverwirklichung dar und trägt zur Ausbildung des Selbstverständnisses über die eigene Person bei. Beruf ist zudem entscheidendes Konstitutivum für die Generierung der individuellen Biographie. Das berufliche Handeln und die dem Berufsethos inne liegende Leistungsethik stellt zumindest für viele Menschen die Möglichkeit dar, über ihr berufliches Handeln Individualität zu erlangen und sich von den vielen Anderen zu unterscheiden. Sehr deutlich wird dies in den Fallanalysen am Beispiel von Herrn Büttner, der dies sehr explizit zu einem entscheidenden Aspekt seines Habitus machte. Zugleich ist angesichts der angespannten Situation auf dem Arbeitsmarkt nicht nur die Möglichkeit, sondern auch Notwendigkeit gegeben, sich aus der Masse der anderen Individuen herauszuheben und sich eine Form von Indivi-

---

18 Die Geschichte der Arbeitsethik hat in eindrücklicher Weise Max Weber dargestellt. Hier steht im Mittelpunkt die hohe Bedeutungsaufladung, die Arbeit heute – bei allen wahrnehmbaren Veränderungsprozessen – immer noch erfährt

dualität und Subjektivität zuzueignen[19], die nicht nur qua Existenz gegeben ist, sondern auch in Bezug auf die ausgebildete Subjektivität und Einmaligkeit zu einer Unterscheidung von anderen Individuen führt. Trotz der Gebrochenheit, die heute der beruflichen Leistungsethik inne liegt und trotz eines expandierenden Freizeitsektors, in dem sich letztlich die Leistungsethik nur in einer anderen Facette widerspiegelt, hat sich an der hohen Bedeutungsaufladung, die dem Beruf und damit dem beruflichen Handeln als Identifikationsmoment und Individuierungsgenerator zukommt, nichts geändert.

Hinsichtlich der Frage, inwieweit das berufliche Handeln einen Einfluss auf die Bedeutung und Funktion von Religion und Religiosität im individuellen Zusammenhang einnimmt, stimmen die Ergebnisse aller drei Fallanalysen dahingehend überein, dass sich keine konkreten, direkt auf das berufliche Handeln zurückzuführenden Einflüsse, d. h. keine direkte auch wechselseitige Beziehung zwischen beruflichem und religiösem Habitus feststellen lässt. Angesichts der funktionalen Differenzierung der Gesellschaft überrascht es allerdings nicht, dass ein solcher konkreter Zusammenhang nicht auszumachen war, sind doch die Systeme Beruf und Religion mit ihren je eigenen Systemwelten sehr deutlich voneinander entkoppelt und bieten in der späten Moderne kaum noch Anknüpfungspunkte untereinander. An diesem empirischen Befund bestätigt sich damit erneut die von Alheit formulierte These, dass Religion ihre Bedeutung als lebensgeschichtlich-ordnende Kraft, an der sich der Lebenslauf orientiert, verloren hat und zu einem möglichen Bestandteil der Biographie geworden ist.[20]

Lässt sich eine direkte und unmittelbare Beziehung zwischen Beruf und Religion nicht ausmachen, so verdeutlichen die Fallanalysen vielmehr auf unterschiedliche Weise, dass das zentrale Moment in der individuellen Lebensgestaltung der Habitus ist und dieser zu dem entscheidenden und die beiden Komponenten Beruf und Religion miteinander verbindenden Elemente in der späten Moderne geworden ist. Anders als im angesprochenen Modell der Religion als lebensgeschichtlich-ordnender Kraft, die sowohl die religiöse als auch die berufliche Praxis bestimmte[21], steuert in der späten Moderne nicht die Religion, sondern der Habitus die Gestaltung der Lebenspraxis. Der Habitus als "Verbindungsglied zwischen den Erfahrungshintergründen des Individuums (...) und den Lebensstilen, die als Handlungsmodi, als Lebensführungskonzepte und Orientierungsmuster identifiziert werden können"[22], also als "inkorporiertes, inneres Substrat, welches das Handeln, das

---

19 Vgl. ferner BECK 1986; GIDDENS 1997.
20 Vgl. dazu ALHEIT 1986 sowie 2.4.1.
21 Vgl. das von Frau Neuhaus erzählte Beispiel, dass der katholische Unternehmer seine Aufträge nicht aufgrund seiner Leistung, sondern aufgrund seiner Konfession erhielt und damit die religiöse, hier speziell konfessionelle Identität die Lebensführung bestimmte.
22 FEIGE/DRESSLER/LUKATIS/SCHÖLL 2001, 37.

Denken, Fühlen und Wahrnehmen bestimmt und organisiert"[23] und sich in den jeweiligen Praxen des Individuums äußert, steuert mit diesen konkret ausgebildeten Handlungsmodi die Lebenspraxis und damit auch die Praxis von Religion und des beruflichen Handelns des Individuums. Das bedeutet: Sowohl Religiosität als auch Beruf sind auf den Habitus bezogen und in dieser Konstellation stehen sowohl Habitus und Beruf als auch Habitus und Religiosität einander wechselseitig beeinflussend gegenüber, eine direkte Verbindungslinie der gegenseitigen Einflussnahme zwischen Beruf und Religiosität existiert jedoch nicht, diese Linie ist nur vermittelt über den Habitus möglich. Mit dieser deutlichen Veränderung in der späten Moderne ist der Habitus an die Stelle der Religion getreten, die über lange Zeiträume hinweg die Lebensgestaltung steuernd beeinflusste und damit der Kulminationspunkt der unterschiedlichen Bezüge war. Im Unterschied zur Religion allerdings ist der Habitus als geronnene Erfahrungen des Individuums subjektiv ausgeformt und stellt keine über das Individuum hinausgreifenden Sinndeutungen zur Verfügung.

Eine vermittelte Verbindung zwischen Beruf und Religion existiert von daher nur über das jeweilige Habituskonzept, insofern der Habitus – wie die Fallanalysen deutlich machen – strukturell vergleichbare Handlungsmodi für das berufshabituelle als auch religiöshabituelle Handeln ausgebildet hat. So weisen alle drei Fallanalysen deutliche Entsprechungen zwischen der berufshabituellen und religiöshabituellen Gestaltung auf, die im jeweiligen Habituskonzept zusammenlaufen. Im Fall Büttner zeigt sich diese deutliche Übereinstimmung darin, dass Herr Büttner sein Selbstbild von Herausgehobenheit und Besonderung auch jenseits einer konkreten Bewährung in der Praxis aufrechterhält, ein Handlungsmodus, der sowohl für das berufliche Handeln der Hochschulkarriere als auch für die religiös-biographische Entwicklung von Herrn Büttner festgestellt werden konnte. Im Fall Neuhaus zeigt sich dieser Zusammenhang an der für Frau Neuhaus immer im Vordergrund stehenden Praxisorientierung und die sich daraus ergebende Sinngenerierung, die sich beruflich in der Verwirklichung ihrer Ideale oder im privaten Bereich in der Bewältigung ihrer Lebensaufgabe widerspiegelt. Dieses Element, das berufshabituelles und religiöshabituelles Handeln miteinander verbindet, ist die in der Lebenspraxis von Frau Adam sowohl hier als auch dort auftauchende Thematisierung ihres Selbst. Es ist sowohl für die Religion und die Psychologie bzw. den therapeutischen Kontext als auch für das berufliche Handeln entscheidend, weil sich Frau Adam durch die Selbstthematisierung die Aufarbeitung eines Teiles ihrer Familiengeschichte erhofft.

In den Fallanalysen wird zudem exemplarisch die oben angesprochene Bedeutungsaufladung von Beruf als deutliches Identifikations- und Individu-

---

23 FEIGE/DRESSLER/LUKATIS/SCHÖLL 2001, 38."Der Habitus ist also zu verstehen als 'strukturierte Struktur'*(opus operatum)* und 'strukturierende Struktur' *(opus operandi)*." Ebd.

ierungsmoment sehr klar sichtbar.[24] Dieses Identifikationsmoment kristallisierte sich angesichts der hohen Identifizierung mit dem Beruf am eindeutigs-
ten bei Frau Neuhaus heraus. Im Fall Büttner lässt sich – zwar aus völlig anderen Motiven – zunächst eine ähnlich hohe Identifikation feststellen, allerdings ist Herrn Büttners Biographie vom Scheitern seines "eigentlichen"
Wunsches gekennzeichnet und damit auch vom Scheitern der hohen Identifikation. Für den Fall Adam ist das Identifikationsmoment in zweierlei Hinsicht gegeben: zum einen liegt es in der möglichen Chance, einen Teil der
eigenen Biographie über den Beruf aufarbeiten zu können und zum anderen
in ihrer Lust am Gestaltungswillen und der Umsetzung ihrer konzeptionellen
Ideen. Gemeinsam ist allen drei Fällen, dass das Moment der Individualitäts-
generierung über Besonderheit und Herausgehobenheit, das insbesondere für
den Habitus Herrn Büttners charakteristisch ist, mit anderen Implikationen
und Ausprägungen auch für die beiden anderen Fälle gilt.

Für Frau Neuhaus stellt das berufliche Handeln ein wesentliches Element
ihrer Selbstvergewisserung und gleichzeitig ein entscheidendes Moment ihrer
Selbstverwirklichung dar, verbunden mit einem hohen Grad an Erfüllung und
innerer Befriedigung. Dieses liegt zum einen darin begründet, dass Frau
Neuhaus in ihrer Berufswahl eine Wahl entsprechend ihrer Neigungen und
Fähigkeiten treffen konnte und damit die Chancen der Individualisierungsprozesse, insbesondere die Freisetzung aus Traditionsgebundenheiten für sich
positiv nutzte. Ferner hat sich Frau Neuhaus im Feld des Journalismus so orientiert[25], dass sie ihre Neigungen (Interesse an gesellschaftlichen und individuellen Zusammenhängen) in ihrer beruflichen Tätigkeit umzusetzen vermag
und so gleichzeitig ihre Ideale und Wertvorstellungen aktiv verfolgen kann.
Dementsprechend erfolgt die Herausbildung von Individualität zum einen auf
der Ebene inhaltlicher Selbstverwirklichung im Beruf. Zum anderen hat sich
Frau Neuhaus als Journalistin auch für einen Beruf entschieden, der ihr expo-
nierte Möglichkeiten bietet, sich über Leistung zu bewähren und über öffentliche Anerkennung und Erfolg ihre Individualität auszubilden. Insbesondere
der Journalismus ist ein berufliches Handlungsfeld, dass erhöhte Chancen zur

---

24 Hier ist natürlich mit zu berücksichtigen, dass die für diese Untersuchung ausgewählten
Personen allein schon von ihrem Bildungsniveau her die Möglichkeit hatten, sich für Berufe ihrer Neigung zu entscheiden, von daher mit diesen Aussagen nicht die zynische These
vertreten wird, Beruf stelle per se die Möglichkeit zur Individuierung dar. Was aber trotz
dieser zu machenden Einschränkung an den Fallbeispielen klar wird ist, dass es eine deutlich zu erkennende wechselseitige Beeinflussung zwischen Zuschreibungen hinsichtlich der
Bedeutung von Beruf und der Entsprechung dieser Zuschreibungen gibt.

25 Es ist mitzubedenken, dass zu der Zeit, als Frau Neuhaus bei ihrem Blatt ihre berufliche
Tätigkeit begann, die Arbeitsmarktlage noch nicht dieselbe Gebrochenheit aufgewiesen hat,
wie dies heute der Fall ist und wie dies auch für die beiden anderen, jüngeren Probanden
der Fall war.

Ausbildung von Herausgehobenheit und Besonderung bereitstellt.[26] Beruflicher Erfolg und berufliche Anerkennung ist dementsprechend wichtiges Moment der Selbstvergewisserung von Frau Neuhaus. Eine weitere Aufladung erhält die Bedeutung der Profession im Selbstkonzept von Frau Neuhaus ferner dadurch, dass zur wirklichen Leistung in diesem Metier eine Begabung gehört, über die nicht alle Menschen verfügen und wodurch sich das Können vom Nicht-Können deutlich unterscheidet. Betrachtet man die Bedeutungsaufladungen, mit denen Profession und berufliches Handeln in der späten Moderne vielfach versehen werden, so finden sich gerade im Habitus von Frau Neuhaus verschiedene dieser Aspekte sehr deutlich wieder.

Die Leidenschaft zum Beruf zu machen und darüber Erfüllung zu erlangen, stellt auch für Herrn Büttner ein entscheidendes und in biographischer Hinsicht recht frühes Motiv für seine erste Berufsentscheidung dar (vgl. 4.1.2). Im Unterschied zu Frau Neuhaus, für die der Beruf die Möglichkeit zur Verwirklichung ihres besonderen Könnens bereitstellte, stellt im Selbstkonzept von Herrn Büttner die beabsichtigte Hochschulkarriere nicht in erster Linie den Möglichkeitsraum zur Verfügung, um über entsprechende Forschungsergebnisse Besonderheit und Herausgehobenheit zu erlangen, sondern stellte letztlich nur die Bestätigung seiner bereits etablierten Besonderheit dar; diese ist für Herrn Büttner mit der Formulierung seiner Leidenschaft und dann seiner Forschungsfrage nach dem, was die Welt im Innersten zusammenhält, bereits gegeben. Ähnlich wie bei Frau Neuhaus existieren aber auch bei Herrn Büttner die beiden Seiten eines inhaltlichen Anliegens und des Strebens nach Besonderung und Herausgehobenheit über beruflichen Erfolg und die entsprechende Anerkennung. Inhaltlich ist seine Leidenschaft auf die Klärung der "faustischen Frage" ausgerichtet und damit letztlich auf die Sicherheit für die individuelle Lebensführung. Im Unterschied zu Frau Neuhaus jedoch wird die Herausgehobenheit und Anerkennung bei Herrn Büttner über die Rahmenbedingungen einer Hochschulkarriere (Titel, Institut, Projekte) gewährleistet und ist damit vollkommen von inhaltlichen Gesichtspunkten losgelöst. An der Bewährung in der konkreten Praxis scheitert Herr Büttner, deshalb muss er zur Aufrechterhaltung des Selbstbildes dieses von einer konkreten lebenspraktischen Umsetzung trennen. Damit steht für Herrn Büttner die Idee, die Vorstellung von der Verwirklichung seiner selbst und der damit einhergehenden Erfüllung im Vordergrund.

In krassem Unterschied dazu steht seine Motivation für die Laufbahn in der Industrie; diese dient Herrn Büttner ausschließlich zur Existenzsicherung und ist in seiner Vorstellung in keiner Weise mit Leidenschaft und der Mög-

---

26 Mindestens prinzipiell bietet das journalistische Metier mehr als andere Berufe die Möglichkeit, öffentliche Bekanntheit und darüber auch Herausgehobenheit zu erlangen.

lichkeit zur Selbstverwirklichung verbunden.[27] Die Industrie stellte für Herrn Büttner immer nur die pragmatische Alternative dar, insofern kann der Ausfall von Leidenschaft und Selbstverwirklichung nicht überraschen, es ist jedoch noch ein anderer Grund zu nennen: Herrn Büttners Leidenschaft für die Klärung der faustischen Frage diente letztlich der Beantwortung seiner existentiellen Fragen. Mit dieser Leidenschaft ist er in den Naturwissenschaften gescheitert, die Industrie kann ihm schon aufgrund ihres Selbstverständnisses nicht die Möglichkeit zur Erfüllung seiner Leidenschaft zur Verfügung stellen. Und Herrn Büttner ist es mit dem Wechsel von Hochschule zur Industrie nicht gelungen, in seinem beruflichen Handeln andere Felder als die bisherigen zur Selbstverwirklichung für sich zu erschließen. Am Fall Büttner wird deutlich, dass Herr Büttner zumindest ideell das moderne Berufsideal von Selbstverwirklichung verinnerlicht hat und zugleich Beruf als einen Ort betrachtet, der Möglichkeiten zur Individuierung und so zur Besonderung bereitstellt.

Der Beruf der Sozialarbeiterin bietet sicher nicht in gleichem Maße die Möglichkeit, öffentliche Bekanntheit und darüber Herausgehobenheit und Besonderheit zu erlangen, wie dies in den vorab erörterten Berufsfeldern des Journalismus und der Hochschullaufbahn zumindest prinzipiell der Fall ist. Die Möglichkeit, Selbstverwirklichung über den Beruf und im Beruf Erfüllung zu finden, ist jedoch in gleichem Maße gegeben. Mit Blick auf das berufliche Handeln von Frau Adam steht dort auch weniger der Wunsch nach Herausgehobenheit, wie dies in je unterschiedlicher Weise für Frau Neuhaus und Herrn Büttner festgestellt wurde, im Vordergrund. Entscheidender für Frau Adam ist vielmehr, dass sie ihre konzeptionellen Ideen von Sozialarbeit speziell über Betreuung von psychisch Kranken in langzeitpsychiatrischen Einrichtungen einbringen kann und Möglichkeiten zur Umsetzung derselben hat. Das bedeutet: Wichtiges Moment der beruflichen Selbstvergewisserung von Frau Adam ist neben dem unmittelbaren Agieren das Reflektieren der eigenen Arbeit, um darüber zu neuen Konzepten für die Arbeit zu kommen. Neben ihrem festgestellten Interesse für psychische Erkrankungen stellt dieser Teil ihres beruflichen Handelns ein entscheidendes Moment ihrer beruflichen Selbstverwirklichung dar.

Ein zweites wichtiges, das berufliche Handeln motivierende und steuernde Moment ist mit dem Wunsch und der Idee verbunden, über das berufliche Handeln könne die Aufarbeitung der eigenen Familiengeschichte und der sich daraus für sie ergebenden biographischen Problematik gelingen. Dieses Anliegen verdeutlicht, dass Frau Adam das Potential ihres beruflichen Handelns auch unter Zuhilfenahme der die Arbeit unterstützenden Möglichkeiten

---

27 Dass diese Vorstellung seine Motivation prägt, mag sich daran ablesen lassen, dass er seit sieben Jahren die jetzige, seine erste Position in diesem Unternehmen innehat, gleichzeitig aber sehr auf Status bedacht ist.

wie einer Supervision überschätzt, ist doch Aufarbeitung tiefgreifender biographischer Problematiken nicht Ziel und Anliegen einer Supervision. Vielmehr können in einer Supervision die Auswirkungen der Interaktion von beruflichem Agieren und biographischer Problematik bearbeitet werden, aber in der Regel nicht die Problematik selbst. In dieser Form von Selbstverwirklichung tritt die Innenzentriertheit von Frau Adam, die keinen Außenbezug zulässt, der nicht im letzten doch wieder auf die selbstreflexive Fixierung zurückfällt und somit kein wirklicher Außenbezug ist, auch für diesen Teil des beruflichen Handelns zutage. Auch für Frau Adam ist das berufliche Handeln mit hoher Bedeutung aufgeladen, in der Reflexion ihrer selbst beugt sich diese Bedeutung allerdings vornehmlich auf sie zurück. Einerseits ist dieser Teil der Selbstverwirklichung von Frau Adam nicht identisch mit einem Verständnis von Selbstverwirklichung, wie dies in der Moderne nahegelegt ist, andererseits ist dieses Verständnis auch gerade aufgrund der intensiven Prozesse der (Selbst-)Reflexion modernekompatibel, da diese ein deutliches Charakteristikum der späten Moderne darstellen.

Insgesamt verdeutlicht diese Analyse des Zusammenhangs von Habitus, Beruf und Religion sehr klar das Habituskonzept als das für die Bestimmung und Gestaltung von Lebenspraxis in der Moderne entscheidende Element und damit auch den Habitus als das berufliches Handeln und Religion verbindende Glied. Ferner zeigte sich in dieser Analyse der Fallrekonstruktionen die sowohl in Teil I und zu Beginn dieses Punktes dargelegte hohe Bedeutungsaufladung, die beruflichem Handeln in der Moderne zukommt.

Im ersten Teil dieses Auswertungskapitels wurde eine vergleichende Diskussion der Fallrekonstruktionen im Hinblick auf die Fragestellung der Arbeit, vorgenommen. Dabei wurden die Ergebnisse der Fallrekonstruktionen entsprechend der Fragestellung und unter Rückgriff auf die theoretische Grundlegung im ersten Teil interpretiert.

Im Rahmen der Interpretation wurde eine Trennung zwischen dem Umgang mit den Anforderungen der Moderne und der Bedeutung und Funktion von Religion und Religiosität vorgenommen. Diese Trennung entspricht zum einen der Untersuchungsfrage der Arbeit und ferner den beiden Verständnisformen von Religion und Religiosität, auf die in dieser Arbeit zurückgegriffen wird (vgl. 2.3.4). Würde sich die Untersuchung ausschließlich auf das Religiositätsverständnis, wie dies im dargelegten "Strukturmodell von Religiosität" der Fall ist, beziehen, wäre diese Unterscheidung obsolet, denn entsprechend diesem Modell drückt sich gerade im Umgang mit den Anforderungen der Moderne die formale Struktur von Religiosität aus. Die Untersuchung der subjektiven Ausprägung von Religion als Religiosität als auch die Funktion von Religion im Sinne des funktionalen und damit auch eines materialen Verständnisses wäre so jedoch kaum zu untersuchen gewesen; dieses ist allein durch die hier vorgenommene Trennung der Bereiche möglich. Mit dieser Trennung ist allerdings keine grundlegende Zuweisung des jeweiligen Religions- bzw. Religiositätsverständnisses zu den Teilabschnitten dieses Kapitels vorgenommen worden, da zumindest Religiosität als formale Struktur in allen analysierten Teilen so auch in der expliziten Auseinandersetzung mit Religion und Religiosität als gelebter Praxis wiederzufinden ist.

Mit den Ergebnissen der Fallanalysen liegen individuelle Ausprägungen der Bedeutung und Funktion von Religion und Religiosität mit exemplarischem Charakter für Lebensführung in der späten Moderne vor. In einem nächsten Schritt steht nun an, diese am besonderen Fall gewonnenen Erkenntnisse zu bündeln und auf die generalisierbaren Aussagen hin zu befragen. Mit anderen Worten: Im zweiten Teil dieses Auswertungskapitel steht der Schritt vom Besonderen zum Allgemeinen an.

5.2 Vom Besonderen zum Allgemeinen: Religion und Religiosität in der Lebensführung der Moderne

Im Rahmen der vorangegangenen vergleichenden Diskussion der Fallrekonstruktionen wurde an zentralen Topoi der Moderne der jeweilige individuelle Handlungsmodus sowie die sozialem Handeln zugrundeliegende Sinnstruktur in der Moderne untersucht. Dabei hat sich der Zusammenhang von Subjektivität, Autonomie und Biographiekonstituierung bei gleichzeitiger Begründungsverpflichtung als ein zentrales Grundmotiv der Moderne herauskristallisiert. Besondere Aufmerksamkeit hatte im Rahmen der Analyse der Bedeutung und Funktion von Religion und Religiosität für diesen genannten Zusammenhang gegolten. Die Ergebnisse der vergleichenden Diskussion sollen nun hinsichtlich der Bedeutung von Religion und Religiosität für eine unter forciertem Modernisierungsdruck stehende Lebensführung losgelöst vom Einzelfall dargestellt und an die im ersten Teil dieser Untersuchung geführte Diskussion angeschlossen werden.

In der Moderne sind, wie im Zuge der Diskussion um die Individualisierung als auch in der Diskussion der Fallrekonstruktionen aufgezeigt, Subjektivität und Autonomie die zentralen Momente der Konstituierung einer individuellen Biographie. Entscheidendes Moment für die Lebensführung ist dementsprechend die individuelle Gestaltung und Ausprägung dieser beiden Momente und ihr jeweiliger Zusammenhang untereinander. Die Biographie ist in der Moderne der Ort, an dem die unterschiedlichen sozialen Ansprüche und die disparaten Teile der Gesellschaft miteinander in Einklang gebracht werden müssen.[28] Mit den Fallrekonstruktionen liegen drei exemplarische

---

28 Vgl. Nassehi 1995, 114.

Beispiele einer solchen, jeweils unterschiedlichen Gestaltung vor. Hinsichtlich der Bedeutung und Funktion von Religion und Religiosität in modernen Lebenskonzepten und Lebensdeutungen erlauben die Ergebnisse der Fallrekonstruktionen im Folgenden darzustellende abschließende Thesen. Die ersten Thesen richten sich dabei auf die in den Fallrekonstruktionen herauskristallisierten Grundzüge von Religion (Thesen 1-4). In den weiteren, sich daran anschließenden Thesen werden ausgehend von dem empirischen Befund einige Schlaglichter auf das in Teil I zugrundegelegte Religionsverständnis geworfen (Thesen 5-10).

Erstens: Die gesellschaftlichen Entwicklungen einer funktionalen Ausdifferenzierung und der damit einhergehende Verlust der Monopolstellung der Religion hinsichtlich umfassender und gleichermaßen verbindlicher Sinnkonzeptionen sowie die hohe Bedeutungsaufladung, die berufliches Handeln und die damit zusammenhängende Leistungsethik erfahren haben, führen dazu, dass in der Moderne nicht mehr die Religion, sondern der Habitus die Gestaltung der Lebenspraxis steuert. Damit sind Religiosität als auch Beruf auf den Habitus bezogen und stehen einander wechselseitig beeinflussend gegenüber. Mit dieser deutlichen Veränderung ist der Habitus in der späten Moderne an die Stelle der Religion getreten.

Zweitens: Die eingangs angesprochene enge, untrennbare Verbindung von Religiosität bzw. Religion mit autonomer Subjektivität in der Biographie schließt ein heteronomes Verständnis von Religion sowie einen heteronomen religiösen Habitus, der unter vormodernen Bedingungen vorherrschend war, aus.[29] Heteronome religiöse Haltungen sind zwar auch unter den Bedingungen der reflexiven Moderne denkbar, erweisen sich aber auf Dauer als nicht tragfähig, weil sie in ihrem Ausschluss der Grundhaltungen der Moderne nicht mit dieser kompatibel sind und somit letztlich an eben jenen Bedingungen der reflexiven Moderne scheitern müssen. Denn zum einen ist das Individuum in der Moderne der Fixpunkt, an dem die unterschiedlichen sozialen Ansprüche zusammenlaufen und einander vermittelt werden, und zum anderen macht der in der Moderne notwendig zu leistende Begründungszusammenhang eine Anbindung an und eine Reflexion durch das Subjekt erforderlich. Dass sich heteronome Religionskonzepte letztlich als nicht mehr tragfähig erweisen, zeigt sich – wie gesehen – deutlich im Fall Büttner; dort wird ein heteronomes Religionskonzept aufgrund der mangelnden Wechselseitigkeit von Subjektivität und Religion zugunsten einer individuellen Religiositätsgestaltung verlassen. So kann also im Rückgriff auf entsprechende Überlegungen Nassehis konstatiert werden: Der wesentliche oder grundlegende

---

29 Nassehi bezeichnet dieses als Elevator-Modell, das jedem Menschen in der bestehenden Ordnung – dem Ordo – seinen Platz zuwies und in mit dieser Zuweisung die bestehende Ordnung ihrerseits wieder auf jeden Fall stabilisiert wurde. Vgl. NASSEHI 1995, 111.

Bezugspunkt der Religion ist die Biographie des Individuums.[30] Damit bestätigen sich sowohl die in 2.4.1 erläuterten Grundannahmen der Biographieforschung hinsichtlich des Zusammenhangs von Biographie und Religion als auch die bereits mehrfach dargelegte These, dass Religiosität mit Selbstbewusstsein untrennbar verbunden ist bzw. mit diesem aufkommt (vgl. 2.3.1). Ebenso bestätigt wird die sogenannte Individualisierungsthese von Religion dahingehend, dass Religion in entscheidendem Maße an das Selbstbewusstsein des Individuums geknüpft ist.

Drittens: In engem Zusammenhang mit einer autonomen Religiosität steht ferner ein Grundzug des modernen religiösen Habitus, der sich als Verinwendigung von Religion bezeichnen lässt und in unterschiedlicher Form in den Fällen Adam und Büttner festgestellt werden konnte. Ermöglicht diese Verinwendigung einerseits die selbstbewusste und selbstbestimmte Ausbildung von Religiosität sowie einen ebenso autonomen Zugang zu religiösen Systemen aufgrund eines überzeugenden Begründungszusammenhangs und freier Entscheidung für oder gegen bestimmte religiöse Systeme, so ist jedoch auch auf die Gefahr einer extremen Innenorientierung hinzuweisen, die eine Orientierung nach außen und eine Kommunikation mit anderen, also Sozialität, unmöglich macht, wie die Fälle Adam und Büttner, die eine jeweilige Verabsolutierung für eine Seite aufweisen, deutlich gemacht haben. Das hat auch Folgen für einen etwaigen Bezug auf Transzendenz: Zwar ist – wie im Fall Adam – die grundsätzliche Bedingung der Möglichkeit eines Transzendenzbezuges gegeben, dieser hat sich jedoch aufgrund der Verabsolutierung der sich in der Selbstthematisierung vollziehenden Verinwendigung letztlich als unmöglich erwiesen. Außerdem besteht die Möglichkeit einer spiritualistischen Verkürzung von Religiosität, die eine eher aktive bzw. politische Seite religiöser Praxis kaum möglich macht.

Viertens: Innerhalb einer verinwendigten Religiosität und Religion kommt der Thematisierung des eigenen Selbst eine zentrale Bedeutung zu, und Religion wird damit zum Ort des Selbstverstehens und der Selbstdeutung. Religion generiert sich im Akt der Selbstdeutung und stellt als System zugleich ihre Deutungskompetenz zur Verfügung (vgl. 2.4.1.2). Der Wunsch nach einer Thematisierung des Selbst und damit auch der Selbstreflexion zieht unmittelbar das Bedürfnis nach einer selbstbestimmten Gestaltung von Religion nach sich. Dieses Bedürfnis ist am deutlichsten bei Frau Adam erkennbar, jedoch letztlich auch für die Religiosität von Herrn Büttner konstitutiv. Weniger auf die Psychodynamik ausgerichtet, sondern eher im Hinblick auf die konkrete Bewältigung der Bewährungsdynamik in der Lebenspraxis wird diese Selbstbestimmung von Religion als Wunsch bei Frau Neuhaus

---

30 Vgl. auch dazu NASSEHI 1995, 117. "Damit sind letztlich Biographien diejenigen Bezugspunkte, an denen religiöse Kommunikation sich an ihrem Proprium selbst bewähren kann." Ebd.

gefasst. Eng mit dem Wunsch nach einer selbstbestimmten Gestaltung der Religiosität ist der Wunsch nach Ich-Erleben und Selbst-Erspüren verbunden. Dies zeigt sich in dem Bedürfnis nach Selbstthematisierung (Adam) als Reflexion der eigenen Existenz und in dem an Religion gerichteten Wunsch nach Unterstützung in der Ausfaltung und Weiterentwicklung eigener Subjektivität und Autonomie (Neuhaus), was im übrigen nochmals auf die Differenz zwischen einem heteronomen und einem autonomiefördernden Religionskonzept verweist. Religion in der Moderne wird also im Habitus vorrangig nicht als ordnende Kraft der Lebensführung und Lebensdeutung wahrgenommen, soll somit nicht vorgegebene Lebensführungskonzepte bereitstellen, sondern vielmehr die Sinnkonstitution des Individuums in der Moderne unterstützen und damit auch den fortwährenden Prozess der Identitätskonstitution des Individuums über die Entfaltung der je eigenen Subjektivität und Autonomie.

Fünftens: In allen drei Fällen ist Religion immer unmittelbar mit dem Christentum in Verbindung gebracht worden oder besteht sogar für die Interviewees eine Identität zwischen Religion und Christentum. Dieser Befund korrespondiert unmittelbar mit der Tatsache, dass es bei keiner der interviewten Personen Zugänge oder Interesse an so genannten "neureligiösen" Formen bzw. Bewegungen gab. Damit wird die schon mehrfach konstatierte Tatsache belegt, dass das Christentum in unserem gesellschaftlichen Kontext Westeuropas nach wie vor das Hauptreservoir religiöser Deutungsmuster bereitstellt.[31] Die Abkehr vom Religionssystem des Christentums erfolgte zumeist aus Mangelerfahrungen bzw. Unzufriedenheit mit dem Christentum bzw. vor allem mit dessen institutionalisierten Formen, die bestimmte Erwartungen und Bedürfnisse nicht erfüllen konnten. Diese Abkehr muss allerdings nicht mit Notwendigkeit eine Hinkehr zu anderen Formen bedeuten, vielmehr kann der Platz, den vormals das Christentum eingenommen hatte, leer bleiben bzw. durch funktionale Äquivalenzen gefüllt und damit säkularisiert werden[32] – entsprechend dem strukturalen Verständnis von Religiosität bleibt dabei die Struktur von Religiosität erhalten, verändert werden die Inhalte des Bewährungsmythos.[33] Der empirische Befund zeigt, dass zur Lösung der jeweiligen Problemlage ein funktionales Äquivalent herangezogen werden kann und dies auch geschieht. Dabei wird entweder sowohl auf die Religion und das funktionale Äquivalent rekurriert (Büttner) oder die Auswahl erfolgt darüber, welchem System am ehesten die Kompetenz zur Lösung des Problems zugeschrieben wird und welches System die Leistung am Besten erbringt (Adam).

---

31 Vgl. GABRIEL 2000, 18.
32 Diese These wird vor allem von Detlef Pollack vertreten. Vgl. 2.2.2.
33 Dies zeigte sich deutlich in den Fallrekonstruktionen und der Diskussion derselben.

Sechstens: Die Möglichkeit, die gleichbleibende Struktur von Religiosität bzw. den an das Selbstbewusstsein geknüpften religiösen Habitus durch unterschiedliche religiöse Systeme bzw. funktionale Äquivalente material zu füllen, wirft die Frage nach eben jenen Funktionen auf, die religiöse Systeme in der Moderne zu erfüllen haben. In den drei Fallanalysen ist deutlich geworden, dass die sich im Umgang mit den Anforderungen der Moderne herauskristallisierenden Problemlagen des Individuums, für die Religion und Religiosität in Anspruch genommen wurden, vornehmlich im Bereich der Orientierung und des Weltbildwissens (Büttner), der Schaffung von (letzter, existentieller) Sicherheit (Büttner und Adam), der Sinnstiftung (Adam und hinsichtlich ihres Wunsches auch Neuhaus) sowie den Anforderungen an eine autonome Lebensgestaltung (Adam und Neuhaus) liegen. Dabei verweisen alle Problemlagen zugleich auf die Notwendigkeit der individuellen Identitätskonstituierung. In der Problemlösung wurden sehr unterschiedliche, im Fall Büttner und Adam sogar zwei diametral einander gegenüberstehende Zugriffe auf Religion gewählt: Im einen Fall der Zugriff auf Religion über die Gewährleistung von Selbstvergewisserung und Selbstreflexion (Adam), im anderen Fall über die ordnende und kosmisierende Funktion der Religion (Büttner), und im dritten Fall (Neuhaus) wurde Religion als ordnende und die Lebensgeschichte bestimmende Instanz insgesamt abgewiesen.

Siebtens: Trotz der Gebundenheit des religiösen Habitus an Subjektivität und Autonomie und damit der grundsätzlichen Absage an heteronome Formen von Religiosität bzw. Religion existiert auch in der modernen Lebensführung ein Bedürfnis nach Sicherheit, nach Orientierung und Weltbildwissen, das mit der Notwendigkeit der Bewährung einhergeht. Dabei wird an Religion vor allem der Wunsch gerichtet, die für die Bewältigung der jeweils anstehenden Bewährungsprobleme in der Lebenspraxis notwendigen entlastenden und unterstützenden Teile (Adam, Neuhaus) zur Verfügung zu stellen und das Ausleben regressiver Anteile moderner Lebenspraxis zu ermöglichen, die wie deren progressiven Anteile notwendiger Teil der Individuierung sind. Religion wird somit zum Ort der Erfüllung der Bedürfnisse nach Geborgenheit und absoluter Annahme[34] sowie des Wunsches nach Vergemeinschaftung. Hier kristallisiert sich eine grundlegende Ambivalenz moderner Religiosität heraus: Es gibt den legitimen Wunsch und das Bedürfnis nach Geborgenheit und Akzeptanz, der zudem notwendiger Teil menschlicher Entwicklung und menschlicher Existenz ist. Dieses Bedürfnis muss jedoch in der Moderne mit Autonomie in Einklang gebracht werden. Zudem konstruiert die Zuweisung der Wünsche an Religion diese quasi zum exterritorialen und perfekten Ort, der aus dem Prozess menschlichen Lebens und der Geschichte ausgegliedert wird. In theologischer Perspektive könnte man formulieren:

---

34 Vgl. WÖSSNER 1975.

Religion wird bereits mit dem Reich Gottes identifiziert, in dem das Heil gegenwärtig ist.

Achtens: Vergleicht man diese sich aus den Fallanalysen ergebenden Funktionsbestimmungen von Religion und Religiosität mit den in 2.4.2 erörterten Funktionen von Religion, so lässt sich eine hohe Übereinstimmung feststellen. In allen drei Fällen finden sich Kontingenzbewältigung und Komplexitätsreduktion genauso wie die Unterstützung in der Lebensführungskompetenz, ebenso die Identitätsgewinnung und -erhaltung im Sinne eines Erwerbs von (Selbst-)Deutungskompetenz sowie die Sinnkonstituierung und der Wunsch nach Vergemeinschaftung. Die Funktion der Weltdistanzierung jedoch findet sich ausschließlich im Fall Neuhaus. Insgesamt konnte die eher übergreifend formulierte Funktion von Religion als Kontingenzbewältigung (Luhmann) durch die Fallanalysen aufgebrochen werden hinsichtlich einer Differenzierung in Einzelfunktionen mit je eigenen Bezugsproblemen. Damit bestätigen die Fallanalysen auch die mehrdimensionale funktionale Bestimmung von Religion etwa durch Kaufmann.

Neuntens: Im Hinblick auf die Frage nach einer Qualifizierung von Religion bzw. Religiosität bzw. auf die Frage nach einer möglichen Unterscheidung von Religion und Nicht-Religion machen die Fallanalysen deutlich, dass für die Bewältigung der Probleme individueller Lebensführung sowohl Religion als System als auch funktionale Äquivalente in Anspruch genommen werden. Nun wird bekanntlich in der Qualifizierung von Religion und Religiosität in verschiedenen Ansätzen auf einen etwaigen Transzendenzbezug rekurriert: Pollack versteht in seiner Kombination aus funktionaler und substantieller Perspektive Religion als Einheit von Transzendenz und Immanenz, die die Bindung an eine transzendente Instanz impliziert, Luhmann fügt in seinem Verständnis von Religion als kommunikatives Geschehen zusätzlich zur Bestimmung des Bezugsproblems als Kontingenzbewältigung den Code Transzendenz versus Immanenz ein. Die Fallrekonstruktionen zeigen jedoch, dass ein Rekurs auf das System Religion nicht zwingend einen Transzendenzbezug impliziert und dass Religion in der an Transzendenz gebundenen Qualifizierung sich selber zum funktionalen Äquivalent werden kann. Insofern ist auf der Basis der Fallrekonstruktionen eine alleinige bzw. ausschließliche Qualifizierung von Religion und Nichtreligion im Rückgriff auf einen Transzendenzbezug nicht möglich. Deutlich wird ein Bezug auf "mittlere Transzendenzen" (Luckmann) bzw. auf einen "Gott in mir" (Steinkamp), der zwar mit den so genannten "neuen religiösen Bedürfnissen" durchaus kompatibel ist, der jedoch von einem Bezug auf absolute Transzendenz, bei Luckmann die "große" Transzendenz, zu unterscheiden ist. Dieses Ergebnis vermag durchaus der in dieser Arbeit vorausgesetzten transzendentalphilosophischen Perspektive zu entsprechen. Denn ein transzendentalphilosophischer Religionsbegriff betont das Vermögen der Offenheit und damit auch das Vermögen der Offenheit auf Transzendenz als Grundkonstante menschlicher Existenz. Dieses Vermögen ist jedoch rein formal zu verstehen und wird in unterschiedlicher Art und Weise material bestimmt. Dabei kann auch das "Mehr", auf das dieses Vermögen ausgerichtet ist, unterschiedlich gefüllt werden – sei es im Sinne einer "mittleren Transzendenz", sei es im Sinne einer absoluten Transzendenz menschlicher Existenz, die diese gründet und zuallererst hervorbringt.[35]

Zehntens: Die analysierten Fälle lassen keine generellen Aussagen hinsichtlich der Säkularisierungsthese zu. Allerdings weisen sie einen engen Zusammenhang mit Säkularisierungstendenzen von ehemals an die Religion gebundenen Gehalten auf. Dies lässt sich mit Oevermanns Überlegungen zum Bewährungsmythos verbinden, kann doch auch von einer Säkularisierung des Bewährungsmythos gesprochen werden, wenn dessen Inhalte durch säkularisierte, eben funktionale Äquivalente ersetzt werden. Die Herauslösung ursprünglich genuin christlicher Gehalte zeigte sich am deutlichsten im Fall Neuhaus. Dort wird besonders deutlich, wie ein ursprünglich christlich bestimmter Bewährungsmythos säkularisiert wird und zu einer Säkularisierung im Sinne einer Entkirchlichung führt – als Entkirchlichung wird Säkularisierung bekanntlich vor allem von Pollack verstanden. Im Sinne des Strukturmodells von Religiosität erfüllt auch dieser säkularisierte Mythos seine universale Funktion, die Bewährungsdynamik in der Lebenspraxis zu bewältigen. Diese beiden Verständnisformen von Säkularisierung – Säkularisierung eines Bewährungsmythos (Oevermann) und Säkularisierung als Entkirchlichung und weitergehend Entchristlichung (Pollack) – sind nicht gegeneinander auszuspielen; sie ergänzen sich vielmehr gegenseitig, denn sie verfolgen unterschiedliche Zielrichtungen. Deshalb kann durchaus auch von einer de facto Säkularisierung im Sinne einer Entkirchlichung und teilweise, insbesondere mit Blick auf Ostdeutschland, auch von einer Entchristlichung gesprochen werden.[36]

---

35 Der Gedanke eines sich auch auf "mittlere" Transzendenzen beziehenden transzendentalphilosophischen Religionsbegriffes ist noch weiter zu verfolgen, könnte doch diese Ausweitung des Transzendenzverständnisses darauf hinauslaufen, dass damit Transzendenz als Unterscheidungskriterium von Religion und Nicht-Religion verschwimmt. In rein formaler Hinsicht, vom Anspruch der Offenheit auf Transzendenz ist dieser Bezug jedoch möglich. Allerdings ist auch nicht aus dem Blick zu verlieren, dass das Konzept eines transzendentalphilosophischen Religionsbegriffs immer die Offenheit auf eine absolute Transzendenz meint. Vgl. RAHNER 1941.

36 Vgl. POLLACK/PICKEL 2000.

5.3 Biographie als Bezugspunkt von Religion in der Moderne: Konsequenzen und Perspektiven – Eine praktisch-theologische Skizze

Der unmittelbare Zusammenhang von Subjektivität, Autonomie und Biographie ist – so konnte in den zusammenfassenden Thesen in 5.2 konstatiert werden – ein zentrales Ergebnis dieser Untersuchung. Zugleich ist der Ort von Religion und Religiosität – sofern sich das Individuum auf diese bezieht – unlösbar in diesen engen Zusammenhang eingeschrieben. Damit zeigte sich die hinsichtlich der Religion in der Moderne vollzogene Veränderung von einer Religion als das Leben bestimmenden Kraft zur Religion als Bezugspunkt der Biographie – oder anders formuliert: In der späten Moderne steht nicht die Religion, sondern das Individuum, das Subjekt mit seiner Biographie im Mittelpunkt der Lebenspraxis.

Da nun der Ausgangspunkt dieser Arbeit eine christlich-theologische Perspektive ist, beziehen sich die hier formulierten Überlegungen nicht allein auf Religion überhaupt, sondern gemäß der hier gewählten Perspektive auf die christliche Religion. Es ist daher nur konsequent, am Ende der vorliegenden Arbeit die Frage nach den Konsequenzen und Perspektiven für die (Praktische) Theologie und für kirchliche Praxis zu stellen, die aus der Analyse der Bedeutung und Funktion von Religion und Religiosität in der Moderne folgen. Betrachtet man die Notwendigkeiten, die sich aus den Ergebnissen der empirischen Untersuchung ableiten lassen, so können diese folgendermaßen formuliert werden: Es bedarf einer Theologie und Pastoral, die die Anforderungen der Moderne nach Ausbildung einer Subjektivität und der Konstituierung einer individuellen Biographie in den Mittelpunkt ihres Reflektierens und Handelns stellt und die das Individuum in seinem Prozess der Individuierung und der Ausbildung seiner Subjektivität und Autonomie sowie in seiner Lebenspraxis angesichts von Individualisierung und Pluralisierung begleitet und unterstützt. Dies kann Theologie und Pastoral leisten, indem sie über die christliche Botschaft ein (kritisches) Deutungspotential der eigenen Lebenspraxis wie auch der gesellschaftlichen Zusammenhänge zur Verfügung stellt und ferner Räume der (Selbst-)Reflexion, Unterstützung in Entscheidungsprozessen sowie ein Sicherheits- und Entlastungspotential bereitstellt.

Ausgehend von den Ergebnissen der Untersuchung und angesichts der gegenwärtigen Situation der christlichen Kirchen steht zudem die Frage im Mittelpunkt der folgenden Überlegungen, wie das Christentum weiterhin eine tragende Bedeutung sowohl für die Individuen wie für den gesellschaftlichen

Kontext der Moderne einnehmen kann.[37] Diese Fragestellung basiert wiederum auf einer zentralen Überzeugung, die sich auch durch die Ergebnisse der Untersuchung belegen lässt: Das Christentum kann nicht hinter die moderne Verbindung von Selbst und Religiosität und den sich daraus ergebenden Konsequenzen zurück.[38] Christentum und Moderne müssen sich daher als kompatibel erweisen, soll die christliche Religion zukunftsfähig sein können.[39] Diese Überzeugung ist zugegebenermaßen nicht neu, jedoch erhält sie genau dann neue Brisanz, wenn die reflexiv gewordene Moderne mittlerweile auch von einigen Theologinnen und Theologen verabschiedet wird – beispielsweise unter der Bezeichnung "Postmoderne".[40] Zudem ist die Reflexion darüber entscheidend, wie die geforderte Kompatibilität von christlicher Religion und Moderne zu erreichen ist, und zwar unter zwei Bedingungen: Einerseits ist dem Bedürfnis der Menschen nach einer selbstbestimmten Gestaltung von christlicher Religion im pastoralen Handeln der Institution Kirche Rechnung zu tragen; Menschen sollen sich also sowohl im Christentum als auch in der Kirche beheimatet fühlen. Andererseits ist jedoch angesichts der Pluralität und des Marktes religiöser Sinnanbieter eine Marktförmigkeit des Christentums zu verhindern, weil es ansonsten seinen spezifischen Gehalt aufgeben würde (vgl. 2.3.5; 2.4.3).

Die den folgenden Überlegungen zugrundeliegende und nun weiter zu entfaltende These lautet daher: Genau dann sind Theologie und Kirche mit der Moderne kompatibel, wenn sie die enge Verwobenheit von Subjektivität, Autonomie und Religion bzw. Religiosität im individuellen Lebenszusammenhang und die damit verbundene Begründungsverpflichtung hinsichtlich der Entscheidung für ein bestimmtes religiöses System anerkennen und in ihr Reflektieren und Handeln integrieren. Entscheidende Bedeutung kommt dabei – wie noch zu zeigen sein wird – der Biographie als dem verbindenden Glied zwischen Religion und moderner Gesellschaft zu. Deshalb steht in

---

37 Damit wird hier ein deutlicher Abweis an jegliche auch denkbaren und favorisierten Formen einer Kirche der Entschiedenen oder der Reinen erteilt.

38 Was die Interviewten unter dieser Verbindung von Selbst und Religiosität verstehen, zeigte sich deutlich in den Fallrekonstruktionen. Wie diese Verbindung in der pastoralen Praxis der Kirche anerkannt und gelebt werden kann, wird bereits in konkreten Feldern pastoralen Handelns (z. B. Gemeinde) erprobt. Denn gerade die Ortsgemeinden sind von den Entkirchlichungstendenzen besonders betroffen, was zu einem nicht unerheblichen Faktor für die intensiven Bemühungen um eine subjektorientierte Pastoral geworden ist. Vgl. hierzu z. B: DREHSEN 1988, v. a. 576-586; 1994, v. a. 15-40 und 121-219; GRÖZINGER/LOTT 1997; SCHWAB 1997, LOTT 1997; GRÄB 1998; METTE 1994, v. a. 156-194; WINDOLPH 1997.

39 Insbesondere die Geschichte der katholischen Theologie ist durch ein gespaltenes Verhältnis von Theologie und neuzeitlichem Denken gekennzeichnet – man denke etwa an die Auseinandersetzung um den sog. "Rationalismus" und den sog. "Modernismus" im 19. Jh. und zu Beginn des 20. Jh. und die damit verbundenen Abgrenzungen vom neuzeitlichen Denken durch das Lehramt. Vgl. hierzu z. B. ESSEN 1998, 27f.

40 Vgl. dazu TRACY 1993; HOFF, 2001; HOFF 1999.

diesen abschließenden Überlegungen zur Anschlussfähigkeit von Christentum und Moderne die Bedeutung der Biographie als Bezugspunkt für die Vermittlung und Entfaltung von autonomer Subjektivität und Religiosität und damit auch für die Konstitution von Identität der Individuen sowie ferner als Ort der Vermittlung der disparaten Teile der Gesellschaft und unterschiedlichen sozialen Ansprüche in der Moderne im Zentrum. In den folgenden Ausführungen wird also in einem ersten Teil die Perspektive des Individuums ins Zentrum gerückt, weil zum einen beim Individuum ein bzw. der entscheidende/r Ansatzpunkt praktisch-theologischen Handelns liegt und zum anderen, weil das Individuum mit seiner Biographie die entscheidende Voraussetzung ist für die Kompatibilität von Kirche und Moderne und damit den Konnex zwischen beiden Größen darstellt. Mit Rekurs auf das Modell einer Religion im öffentlichen Diskurs erfolgt dann die Entfaltung dieser Kompatibilität auf der Ebene der Kirche als Organisation im zweiten Teil dieser abschließenden Überlegungen[41]

5.3.1 Zur Anschlussfähigkeit von Religion und Moderne I: Zur Notwendigkeit einer Verstärkung der Kategorie Biographie

Das entscheidende Moment für die Religiosität der Moderne ist die Bewährungsproblematik und die damit einhergehende Bewährungsdynamik mit und in all ihren Implikationen. Mit diesem Befund ist zugleich auf die zentrale Frage, die sich für das Christentum als Religion und seine Organe die Kirchen hinsichtlich der Menschen in der Moderne stellt, verwiesen: Wie können die Religionsgemeinschaften, insbesondere die christlichen Kirchen auf diese Herausforderung angemessen reagieren? Wie kann ein praktisch-theologisches Handlungskonzept aussehen, das diese Herausforderung der Moderne annimmt und sowohl den Anliegen der Individuen als auch dem eigenen Auftrag gerecht wird? M. E. kann ein praktisch-theologischer Ansatz dieser Herausforderung gerecht werden, der zum einen seinen Ansatzpunkt beim Individuum und dessen Subjektivität nimmt, der aber zugleich, im Rahmen dieser klaren Verortung in der Subjektivität des Individuums, die Kategorie der Biographie deutlich in den Blick nimmt und Möglichkeiten des biographischen Arbeitens bzw. der Arbeit an der Biographie eröffnet.[42] Diese

---

41 Im Rahmen dieser Skizze kann es sich dabei nur um erste Linien handeln, die weitere Perspektiven mehr andeuten als angemessen entfalten können. Denn an dieser Stelle ein detailliert entfaltetes Konzept vorzulegen, überschreitet den Rahmen dieser Arbeit und ist demnach Aufgabe eines eigenen Projektes.

42 Angesichts des allgemeinen Konsenses in der Praktischen Theologie, das Subjekt in den Mittelpunkt des Reflektierens und Handelns zu stellen (vgl. HASLINGER 1999; 2000) fällt auf, dass im Rahmen katholischer praktisch-theologischer Ansätze der explizite Rekurs auf Biographie als einer zentralen Kategorie wenig in den Blick genommen wird. So taucht

These soll in den folgenden Überlegungen auf der Grundlage der Ergebnisse der Fallrekonstruktionen näher entfaltet werden.

5.3.1.1 Verknüpfung von Subjektivität, Religion, Religiosität und Moderne

Die in den Fallrekonstruktionen aufgewiesene Bindung der Religion bzw. Religiosität an das Selbst und damit an die Subjektivität macht noch einmal die Veränderung des Referenzpunktes deutlich: In der Moderne entscheidet das Subjekt über seine Bindung an Religion bzw. Religiosität. Mit dieser Verschiebung des Referenzpunktes geht eine doppelte Begründungsverpflichtung einher: Zum einen muss die Religion schlüssig begründen und plausibel machen, warum es sinnvoll ist, sich als Subjekt an sie zu binden, zum anderen ist auch das Subjekt gezwungen, seine Entscheidung für oder auch gegen die Bindung an Religion oder das Einnehmen einer religiösen Haltung zu begründen und in seiner Plausibilität auszuweisen; denn Religion ist spätestens seit der Aufklärung nicht mehr selbstverständlich vorgegeben, sondern untersteht der Kritik der Vernunft. Diese Verknüpfung von Subjektivität und Religion schließt eine Verpflichtung mit ein, sowohl die Möglichkeit von Religiosität als auch die Bindung an ein konkretes religiöses System autonom und rational zu begründen: "Der Akt der Selbstvergewisserung wird nunmehr nicht nur zum 'Ort und Medium aller ursprünglichen Gewissheit'. Sondern der 'neuzeitliche Mensch' entdeckt unter dem Namen subjekthafte Freiheit in sich selbst eine unbedingte Instanz, die dem Bedürfnis nach Selbstvergewisserung und Begründung standhält. Als Vollzugsform subjekthafter Freiheit wird sie darüber hinaus zum Geltungsgrund von Wahrheit überhaupt."[43] Das Subjekt wird somit selbst zum Vergewisserungsgrund von Religiosität bzw. Religion. Diese Verknüpfung von Religion mit Subjektivität bzw. Autonomie kann auch als Verinwendigung von Religion bezeichnet werden (vgl. 2.1). Beides, die Verinwendigung und die Begründungsverpflichtung von Religion sind – wie bereits in 2.1 und 2.2 dieser Arbeit angedeutet – Errungenschaften der Religionsphilosophie der Neuzeit und damit zentrale Kennzeichen eines modernen Religionsverständnisses.[44]

"Biographie" als Stichwort im gerade erwähnten und jüngst erschienenen Handbuch der Praktischen Theologie weder als eigener Artikel auf noch ist es als Stichwort im Stichwortregister erwähnt. Grundlegend ist auf katholischer Seite die Arbeit von Stephanie KLEIN (1994). Im protestantischen Umfeld ist die Kategorie Biographie etwas deutlicher präsent. Vgl. den Entwurf einer praktischen Theologie bei Henning LUTHER (1992); ferner Gräbs Entwurf einer praktischen Theologie (1998) oder Überlegungen DREHSENS (1990; 1994).

43   ESSEN 1998, 24.

44   So zeigt sich etwa die Bindung von Religiosität an das Subjekt in René Descartes' Verbindung des "Cogito" mit dem Begriff des Unendlichen: "Einzig durch eine radikale Wendung nach innen lässt sich noch eine Instanz ausmachen, die Halt zu gewähren vermag: das seiner selbst bewusste Subjekt, das selbst dann, wenn es ein boshafter Lügengott in all seinen

Will nun christliche Theologie modernekompatibel sein, dann kann sie nicht anders, als die mit der Bindung der Religion an autonome Subjektivität einhergehende Verinwendigung von Religion bei gleichzeitiger Begründungsverpflichtung anzuerkennen und in ihren Diskurs aufzunehmen. Das heißt: Eine christliche Theologie der Moderne ist subjekt- und begründungsorientiert zu formulieren.[45] Unter dem Begriff der "anthropologischen Wende" wurde diese Forderung nach einer Anbindung des theologischen Diskurses an die Vorgaben der neuzeitlichen Moderne von Karl Rahner erhoben und durchgeführt.[46] Damit war der Boden für die Subjektorientierung bereitet, Subjektsein verstand Rahner zugleich als die Fähigkeit des Subjekts zur Selbstreflexion.[47] Heute ist die Forderung nach einer Orientierung der Theologie an Subjektivität und Begründungsverpflichtung vor dem Horizont der Diskussion um die Postmoderne und der ihr inhärenten Verabschiedung des Subjekts wie auch vor den Prozessen reflexiver Modernisierung wieder äußerst aktuell.

Einen überzeugenden systematisch-theologischen Anknüpfungspunkt für die geforderte Orientierung der Theologie an Subjektivität, Autonomie und Begründungsverpflichtung bietet Thomas Pröppers Bindung der Vermittlung der christlichen Rede von Gott an das Selbstbewusstsein der menschlichen Freiheit.[48] Pröpper führt zum einen aus, dass der Inhalt des christlichen Glaubens und die Grundwahrheit christlicher Theologie – die Selbstoffenbarung Gottes in der Geschichte Jesu von Nazareth als unbedingt für uns entschiedene Liebe Gottes[49] – vernünftig verantwortet werden muss:

"Hermeneutisches Ziel kann deshalb nur sein, ein Denken und eine Sprache zu finden, in der *Menschen sich wahr gemacht finden* (sic!) können und die sich *zugleich* (sic!) als geeignet erweist, den gegebenen, irreduziblen Inhalt des Glaubens angemessen zu artikulieren. Sich dabei einfach dem herrschenden Bewusstsein und Zeitgeist auszuliefern, ist der Theologie also nicht nur aufgrund ihres unableitbaren Inhalts, sondern auch deshalb verwehrt, weil dessen angezielte Vermittlung nach eigenem Anspruch eine *vernünftige* (sic!) sein will, die Vernunft aber, auf die sie sich damit verpflichtet, ihrerseits in ursprünglich-verbindlicher Weise dem *Anspruch der Wahrheit* (sic!) untersteht."[50]

Das ist nichts anderes als die Aufgabe der Begründungsverpflichtung theologischer Reflexion und der Vermittlung der Wahrheit des christlichen Glaubens. Für Pröpper ist die Freiheit das Prinzip dieser Vermittlung; das Verfah-

---

epistemischen Leistungen trügen sollte, ebendarin nicht getäuscht zu werden vermag, dass es selbst ist, was da getäuscht wird." MÜLLER 1998a, 153.

45 Vgl. hierzu auch Thomas Pröppers Bindung der Vermittlung der christlichen Rede von Gott an das Selbstbewusstsein der menschlichen Freiheit, z. B. PRÖPPER 2001, 23-39.

46 Vgl. hierzu ESSEN 1998, 33f.

47 RAHNER 1957, 129-137. Vgl. zu Rahners Orientierung am Subjektbegriff auch 1941.

48 Vgl. hierzu vor allem PRÖPPER 2001.

49 Vgl. hierzu z. B. PRÖPPER 2001, 6.

50 PRÖPPER 2001, 14.

ren, durch das dieses Prinzip aufgewiesen werden kann, ist reduktiv-transzendental[51] und basiert auf entsprechenden philosophischen Überlegungen von Hermann Krings, Kant, Fichte, aber auch dem späten Schelling, Schleiermacher und Kierkegaard.[52] Die Freiheit, so Pröpper, kann als das zentrale Motiv und bis heute unerledigte Thema der Neuzeit gelten[53], womit er selbst explizit seine Absicht verdeutlicht, theologisch an die Vorgaben der neuzeitlichen Moderne anzuknüpfen.

Pröpper bestimmt Freiheit als "spontanes Sichverhalten, als grenzenloses Sichöffnen und ursprüngliches Sichentschließen: als (...) *Fähigkeit der Selbstbestimmung* (sic!)."[54] Diese Fähigkeit ist unbedingt, auch wenn sie als tatsächlich existierende Freiheit sich als vielfach bedingt erweist: Freiheit ist somit material bedingt und formal unbedingt zugleich.[55] Freiheit gelangt allerdings nur dann zu wirklicher Selbstbestimmung, wenn sie sich für bestimmte Inhalte entschließt; der Maßstab dieser Inhalte kann jedoch nur sie selbst sein:

"Dasselbe besagt, ethisch ausgedrückt, der Begriff der *Autonomie* (sic!): dass Freiheit sich selber Gesetz ist. Autonom wird also ihre Selbstbestimmung nur sein, wenn sie sich zu sich selber entschließt und auf die *Unbedingtheit des eigenen Wesens als Kriterium ihrer Selbstverwirklichung* (sic!)verpflichtet. Als Inhalt, der ihrem unbedingten Sichöffnen entspricht, kommt dann aber letztlich nur ein solcher in Frage, der sich seinerseits durch Unbedingtheit auszeichnet: die andere Freiheit also, die Freiheit der anderen. (...) *Freiheit soll andere Freiheit unbedingt anerkennen* (sic!)."[56]

Diese Anerkennung anderer Freiheit besagt nun nichts anderes als die Anerkennung des Seins der anderen Freiheit und damit den unbedingten Entschluss für den anderen und für sein unbedingtes Seinsollen.[57] Diese Anerkennung ist jedoch aufgrund der Bedingtheit unserer Freiheit nur bedingt zu realisieren: "Menschen wollen, ja sie beginnen sogar, was sie doch nicht vollenden können (...)"[58] Die Zusammenführung endlicher und unbedingter Freiheit sowie die Vollendung der Freiheit als unbedingte Anerkennung des anderen kann daher nur von einem liebenden und gleichzeitig allmächtigen Wesen geleistet werden: "In der *Idee Gottes* (sic!) wird also die Wirklichkeit gedacht, die sich Menschen voraussetzen müssen, wenn das unbedingte Seinsollen, das sie im Entschluss ihrer Freiheit für sich selbst und für andere intendieren, als möglich gedacht werden soll."[59] Pröpper betont, dass es sich

---

51 Vgl. PRÖPPER 2001, 15.
52 Vgl. PRÖPPER 2001, 16.
53 Vgl. PRÖPPER 2001, 27.
54 PRÖPPER 2001, 28.
55 Vgl. PRÖPPER 2001, 28.
56 PRÖPPER 2001, 29
57 Vgl. PRÖPPER 2001, 29f.
58 PRÖPPER 2001, 30.
59 PRÖPPER 2001, 30.

dabei um keinen Gottesbeweis handelt, denn aus der Möglichkeit der Idee Gottes kann nicht auf seine Wirklichkeit geschlossen werden.[60] Jedoch kann die Sinnhaftigkeit des Glaubens an Gott sowie an seine Selbstoffenbarung in Jesus von Nazareth vernünftig verantwortet werden, ist doch seine Selbstoffenbarung als unbedingt für die Menschen entschiedene Liebe gleichbedeutend mit der unbedingten Anerkennung der anderen, unserer Freiheit, eine Liebe und Anerkennung, die sich als Freiheitsgeschehen vollzieht.[61]

Die Forderung der Anbindung an die Vorgaben der neuzeitlichen Moderne ergeht jedoch nicht nur an die theologische Reflexion, sondern auch und vor allem an die Institution Kirche, und zwar in zweifacher Hinsicht: zum einen hinsichtlich der Glaubensvermittlung, die durch die Kirchen bzw. durch diejenigen vollzogen wird, die ihnen zugehören bzw. in ihnen ein Amt ausüben, zum anderen hinsichtlich der Rezeption und Unterstützung der Theologie durch das (Lehr)Amt. Gefordert ist hinsichtlich der Glaubensvermittlung eine Offenheit für die Perspektive der neuzeitlichen Moderne und damit eine Glaubensvermittlung, die an die neuzeitlich-modernen Grundmotive Subjektivität, Autonomie und Begründungsverpflichtung anknüpft bzw. sie in diese Vermittlung selbst aufnimmt. Diese Glaubensvermittlung ist seitens der Institution Kirche zu fördern und in den Mittelpunkt kirchlichen Handelns zu stellen. Hinsichtlich der Rezeption theologischer Entwürfe ist das Amt aufgefordert, diejenigen Theologien zu unterstützen, zu fördern und in den eigenen Verlautbarungen zu rezipieren, die sich um Anschlussfähigkeit an den Diskurs der reflexiven Moderne bemühen, und damit auch selbst modernekompatibel zu werden. Dabei ist aufgrund der noch zu zeigenden engen Verknüpfung von Subjektivität, Biographie und Religion auch die Rezeption von Ergebnissen der Biographieforschung sowie eine an der je eigenen Biographie der einzelnen Christinnen und Christen sich orientierende Glaubensvermittlung von entscheidender Bedeutung, ist doch die Biographiekonstruktion mit der Reflexion und Auseinandersetzung mit sich selbst und der je eigenen Lebensführung verbunden. Zu dieser Auseinandersetzung gehört – auch dieses wird im Folgenden aufgewiesen – auch die Reflexion der eigenen Religiosität bzw. der Bedeutung von Religion für die eigene Lebensführung, die eigene Biographie. Die katholische Kirche hatte sich der Perspektive der Moderne bekanntlich im und nach dem II. Vatikanischen Konzil geöffnet; die Konzilsdokumente zeugen von dieser Bereitschaft zur Öffnung. Insbesondere dem Dekret über die Religions- und Gewissensfreiheit kommt hier entscheidende Bedeutung zu[62], bedeutet dieses doch, den Menschen an sich mit seiner Subjektivität und seiner Biographie in den Mit-

---

60   Vgl. PRÖPPER 2001, 31.
61   Vgl. PRÖPPER 2001, 19ff.
62   Vgl. insbesondere DH 2.

telpunkt praktisch-theologischen Handelns stellen zu können.[63] Geschähe dies nicht, bestünde die Gefahr, dass sich Kirche und Theologie gegenüber der Moderne abschotten. Die Perspektive eines unversöhnlichen Gegensatzes zwischen Kirche einerseits und Moderne andererseits führt letztendlich in Isolationismus, und zwar,

"(...) weil sich die Kirche, falls sie die regressiv-fundamentalistische Reaktion auf die Spätmoderne offiziell favorisieren würde, zu einer Sonderkultur mit sektenhaften Zügen entwickeln müsste [und weil, J.K.] (...) eine primär individualistisch-kompensatorische, ethisch defizitäre und gesellschaftlich abstinente Religiosität, so legitim sie als Indikator unabgegoltener humaner Bedürfnisse sein mag, doch kaum schon die Glaubensgestalt wäre, die dem Zeugnis des biblischen Gottes entspricht..[64]

Von dieser Relevanz der Subjektivität und Autonomie des Individuums für Religiosität und Religion und die damit einhergehende Begründungsverpflichtung lässt sich nun eine Brücke zur Bedeutung der Biographie für Religiosität und Religion schlagen. Denn wie bereits im ersten Teil ausgeführt ist das moderne Individuum der Notwendigkeit unterworfen, seine Autonomie und Subjektivität zu entwickeln und sich in diesem Prozess zu individuieren. Dieser Prozess der Individuierung ist eng an den Prozess der Konstituierung der je eigenen Biographie gebunden. Dennoch sind beide Prozesse nicht gleichzusetzen, ist doch die Biographiekonstitution an die Reflexion gebunden. "Biographie ist die Versprachlichung eines Individuationsprozesses durch die Erzählung des in seiner Individualität so und nicht anders Gewordenseins."[65] Möglichkeitsbedingung der Biographiekonstruktion ist somit ein vernunftbegabtes Subjekt, dem qua seiner Vernunft die Möglichkeit der Gestaltung und Reflexion seines Lebens zur Verfügung steht. Zugleich entfalten sich Subjektivität und Autonomie ihrerseits wiederum in der Konstituierung der Biographie. Subjektivität, Autonomie und Biographie sind also eng miteinander verknüpft und wechselseitig aufeinander bezogen.

5.3.1.2 Die Bedeutung der Kategorie Biographie für praktisch-theologisches Handeln

Biographisches Arbeiten meint nun einerseits die biographischen Konstruktionsprozesse selbst, die nicht immer reflektiert geschehen, andererseits aber auch die Reflexion über die eigene Biographie und über die biographischen Konstruktionsprozesse, denen das Individuum im biographischen Arbeiten

---

63 Vgl. dazu SCHMÄLZLE 2000, der diese Wende deutlich herausgearbeitet hat. Das Dekret über die Religionsfreiheit ist ferner ein entscheidender Schritt für eine Entkoppelung von Staat und Kirche im Sinne einer Staatskirche. Damit sind die Kirchen zu freien Einrichtungen der Zivilgesellschaft geworden. Vgl. CASANOVA 1996, 193.
64 PRÖPPER 2001, 37f.
65 DREHSEN 1990, 51.

auf die Spur kommen kann. In jener Thematisierung der Biographie und deren Konstruktionsmöglichkeiten vollzieht sich also – wie in 2.4.1 im Rekurs auf Kohli bereits ausgeführt – ein Selbstverstehen und die Vergewisserung meiner selbst.[66] Gleichzeitig jedoch vollzieht sich eine Vermittlung und Darstellung der Biographie und damit seiner selbst nach außen, eine Selbstdarstellung, die ein Verstehen der eigenen Biographie durch andere, ein Fremdverstehen, ermöglicht. Damit ist die Biographie im Besonderen der Ort oder das Medium, "in dem sich der einzelne sich selbst als fragendem begegnet".[67]

Religion bzw. Religiosität wird in diesem Zusammenhang biographischen Selbstverstehens und Selbstdarstellens dahingehend bedeutsam, dass in der reflexiven Thematisierung der biographischen Konstituierung und Konstruktion auch – wie Drehsen formuliert – die Virulenz des Religiösen in Erscheinung tritt. Diese sieht er a) am symbolischen Rekonstruktionscharakter der Biographie, b) am individualitätsvergewissernden Darstellungscharakter der Biographie und c) am subjekt-intentionalen Produktivitätscharakter der Biographie ausgedrückt.[68] Die Vergewisserung des Individuums über sich selbst vollzieht sich dabei nicht außerhalb von Raum und Zeit, sondern in Geschichtlichkeit, denn ausgehend von der Gegenwart ist in der Thematisierung der Vergangenheit immer zugleich die Zukunft mit gedacht, "die einen anderen Sinnzusammenhang des eigenen Lebens möglich erscheinen lässt, als den das bisherige suggeriert".[69] Thematisierung der Biographie hat von daher immer auch zukunftserschließenden Charakter. Indem die Virulenz des Religiösen zutage tritt, wird die biographische Selbstthematisierung und Selbstreflexion zur Möglichkeitsbedingung eines religiösen Selbstverstehens und religiöser Selbstauslegung sowie einer nach außen vermittelten religiösen Selbstdarstellung. Somit kann – wie mit Hinweis auf entsprechende Überlegungen Wilhelm Gräbs bereits ausgeführt (vgl. 2.4.1.2) – Religiosität als Modell der Selbstdeutung und Selbstauslegung des Individuums verstanden werden. Die enge Verknüpfung von Religiosität und Biographie ist also strukturell zu verorten, lässt sich doch die religiöse Dimension – ähnlich wie

---

66 Gräb macht in diesem Zusammenhang auf die nicht aufzulösende Paradoxie aufmerksam, dass das Individuum immer schon – qua seines mit sich selbst Vertrautseins – um sich und seine Identität weiß und gleichzeitig unaufhörlich nach ihr sucht. "Diese Paradoxie macht unser menschliches Leben aus. Dass wir uns kennen und zugleich so unendlich fremd sind." GRÄB 1998, 65.

67 LUTHER 1992, 44.

68 Vgl. DREHSEN 1990, 39.

69 LUTHER 1992, 113f. Biographische Selbstreflexion lebt auch immer von den nicht realisierten Möglichkeiten einer offenen Zukunft. Die Verbindung zu dem Ansatz von Ulrich Oevermann liegt hier auf der Hand: Das Individuum muss sich in seiner Lebenspraxis immer für eine unter mehreren potentiell auch realisierbaren Möglichkeiten entscheiden und kann nur eine Option verwirklichen. Von daher ergibt sich auch an dieser Stelle der Konnex zur Biographie.

dies im Strukturmodell von Religiosität erfolgt – an der formalen Struktur der biographischen Reflexion festmachen. Das Religiöse zeigt sich dementsprechend nicht als materiale, zur Selbstreflexion hinzutretende Größe, sondern in der Struktur, also in der spezifischen "Konstellation *wie* (sic!) Ich und Welt in Beziehung zueinander gesetzt werden. (...) Über den Zusammenhang zwischen Religion und Autobiographie geben also nicht erst bestimmte (religiöse) *Inhalte* [sic!] Auskunft, sondern bereits die strukturelle Anlage autobiographischer Selbstthematisierung."[70]

Über diese Bindung der Religion an den Prozess biographischen Selbstthematisierens, Selbstverstehens und Selbstdarstellens ergibt sich nun ein Bezug von Biographie, Religion, Subjektivität und Autonomie über die bereits konstatierte Verinwendigung von Religion im Subjekt als Vergewisserungsgrund hinaus, denn dieses Subjekt ist Möglichkeitsbedingung des Selbstverstehens und des biographischen Arbeitens. Damit ist es auch Möglichkeitsbedingung religiösen Selbstverstehens und religiöser Selbstdarstellung, welches im biographischen Arbeiten geschieht und zugleich in ihm reflektiert wird. Die Wendung auf das Subjekt im modernen Religionsverständnis und der für die Biographie moderner Individuen festzustellende Konnex von Biographie und Religion weisen also wechselweise aufeinander zurück.

Nachdem der enge Konnex von Religiosität und Biographie aufgezeigt wurde, gilt es nun die Bedeutung und Möglichkeiten der (christlichen) Religion im Zusammenhang biographischen Thematisierens zu beleuchten. Das Individuum kann nun in seine biographische Selbstthematisierung und Selbstreflexion den materialen Gehalt der christlichen Botschaft und die mit diesem zur Verfügung stehenden Deutungsmuster wie auch die Deutungskompetenz derselben sozusagen als Außenperspektive in seinen Reflexions- und Konstituierungsprozess seiner selbst miteinbeziehen. Die christliche Botschaft ist damit Maßstab und Unterstützung als auch kritisches Korrektiv für die individuelle Lebensführung und über die eigene Person hinausgehend gleichermaßen Maßstab, kritisches Korrektiv sowie Unterstützung hinsichtlich gesellschaftlichen Handelns (vgl. 2.3.5; 2.4.3). Damit wird die christliche Religion auch ihrem ureigenen Auftrag, eine Botschaft als Differenzerfahrung gegenüber dem "Mainstream" oder der Funktion der Weltdistanzierung (Kaufmann) zu sein, gerecht. Das, was Kaufmann mit Weltdistanzierung beschreibt, findet sich bei Henning Luther in der Formulierung der 'Religion als Weltabstand' wieder. Für Luther sind religiöse Fragen die Fragen, die auf Distanz zur Welt gehen und die Differenz zur Welt artikulieren, um von da aus einen (neuen) Bezug zur Welt zu gewinnen.[71] In diesem Sinn ist Religion auch Unterbrechung des Alltags.

---

70 LUTHER 1992, 121 und 123.
71 Vgl. LUTHER 1992, 22f.

Die hier konstatierte Verknüpfung von Subjektivität und Religiosität und damit auch der Zusammenhang von Biographie und Religion zeitigt allerdings nicht allein Konsequenzen für die Theologie und deren Rezeption durch die kirchlichen Institutionen sowie für die Glaubensvermittlung der Kirchen, sondern vor allem auch Konsequenzen für die konkrete kirchlich-pastorale Praxis, und zwar sowohl im Binnenraum "Kirche" als auch im öffentlich-gesellschaftlichen Bereich, an dem die Kirche partizipiert und auf den sie zugleich kritisch einzuwirken versucht, indem sie Kriterien und Deutungsmuster nicht nur für die Lebensführung der Individuen, sondern für diejenige der Gesellschaft als Ganzer bereitstellt.

Ein praktisch-theologisches Handlungskonzept, das dieser ausgewiesenen engen Verknüpfung von Subjektivität, Biographie und Religion sowie den eingangs formulierten, aus der Empirie abzuleitenden Notwendigkeiten praktisch-theologischen Handelns gerecht werden will, wird m. E. neben der klaren Orientierung am Subjekt auch die Biographie als Schnitt- und Kulminationspunkt von eben jener Subjektivität und Religiosität in den Mittelpunkt ihres Handelns stellen. Deshalb sollen in aller Kürze aufgrund der empirischen Ergebnisse drei Eckpunkte benannt werden, die praktisch-theologische Handlungskonzepte, wollen sie der Lebensführung des Individuums in der Moderne gerecht werden, zu berücksichtigen haben.[72]

Erstens: Eine Pastoral, die einen Platz in der Lebenswelt der Moderne beansprucht und der eben herausgearbeiteten Verknüpfung von Religion und Individuum gerecht werden will, kann nicht heteronom bestimmt werden. Vielmehr wird sie ihr Handeln darauf anlegen, das Individuum in der Entwicklung seiner Subjektivität und Autonomie zu unterstützen. Dieser zentralen Aufgabe wird sie dann gerecht, wenn die Begleitung und Unterstützung von Menschen derart ist, dass das Wohl des/der Anderen im Vordergrund steht und nicht das eigene Interesse, z. B. dasjenige der Verkündigung. Damit ist impliziert, dass Unterstützung in Prozessen der Entscheidungsfindung einen offenen Ausgang haben, die dem Anliegen des/der Anderen gerecht werden. Ein solches Handeln stellt die Beziehung in den Mittelpunkt und trägt Sorge für den/die Andere(n) im Sinne einer Unterstützung in der Macht des Möglichen. Die Beziehung in den Mittelpunkt des Handelns zu stellen, knüpft unmittelbar an das Beziehungshandeln[73] Gottes an: Gott, so lautet der Kern des jüdisch-christlichen Gottesbildes, hat sich an die Menschen gebun-

---

72 Beispielsweise liegen mittlerweile nicht wenige pastoraltheologische Konzepte vor, die vorrangig die notwendige Verknüpfung von Subjektivität und Religion thematisieren. Aus der Vielfalt der Literatur seien hier exemplarisch genannt: OTTO 1986; KARRER 1990; LUTHER 1992; GARHAMMER 1996; ZIEBERTZ 1997; RENDTORFF 1997; SCHWEITZER 1997; FAILING/HEIMBROCK 1998, v. a. 145-176, 200-232, 275-294; KLEIN 1999; STOLTENBERG 1999; WAHL 2000; STECK 2000, v. a.100-240, 260-269, 384-390.

73 Zum Beziehungshandeln als Tatpraxis vergleiche auch genauer den Entwurf SCHMÄLZLES (1994) "Gott Handeln".

den, sich ihnen unauflöslich verbunden und mit ihnen eine Geschichte begonnen. Er steht mit ihnen in einem Beziehungsverhältnis, in dem sich die innergöttliche, trinitarische Beziehung spiegelt. Der jüdisch-christliche Gott ist also ein Gott der Beziehung und ein Gott der Geschichte, in der sich das Beziehungshandeln Gottes zu den Menschen manifestiert. Dieser unverbrüchliche Bund zwischen Gott und den Menschen, dieser unauflösliche Bezug Gottes zu den Menschen kulminiert in der Inkarnation Gottes in Jesus von Nazareth: In ihm vergegenwärtigt sich die den Menschen zugesagte, verheißene Treue und Liebe Gottes, er ist das Realsymbol des Heils- und Beziehungshandelns Gottes.[74] Auch die Beziehungen der Menschen untereinander spiegeln diese Heilszusage Gottes; auch in ihnen scheint die Gegenwart Gottes auf, sie symbolisieren das Beziehungshandeln Gottes und vollziehen das nach, was in der Menschwerdung Gottes in Jesus als dem Realsymbol der göttlichen Liebe und Treue Gottes grundgelegt ist – vorausgesetzt, es handelt sich um Beziehungen, die von der Freiheit derjenigen ermöglicht und zugleich geprägt sind, die sie eingehen. So steht denn auch die intentionale Beziehungsqualität im Mittelpunkt der Überlegungen Udo Schmälzles zu einer der Moderne angemessenen Pastoral, weil die Beziehungswilligkeit Gottes die Entwicklung der Autonomie und Subjektivität nicht nur zulässt, sondern grundlegend will.

Zweitens: Ein praktisch-theologisches Handlungskonzept wird entsprechend dem Bedürfnis nach Selbstthematisierung und Selbstreflexion und dem damit einhergehenden Wunsch einer engen Anbindung von Religion und Religiosität an die eigene Person Rechnung tragen und einer solcherart gestalteten religiösen Selbstauslegung Möglichkeiten und Räume zur Verfügung stellen. Hinsichtlich pastoralen Handelns bedeutet das, die Biographie und das Bedürfnis nach biographischer Thematisierung als Vergewisserung des eigenen Selbst und Reflexion des eigenen Handelns stärker ins Zentrum zu rücken. Wie im Fallbeispiel von Frau Adam deutlich wurde, wäre für sie eine Begleitung und Unterstützung im Prozess der Selbstreflexion notwendig gewesen und durch die Kirche gewünscht bzw. erwünscht gewesen.[75] Noch stärker als dies bislang der Fall ist, werden damit neben der klassischen Seelsorge Möglichkeiten des außerpfarrlichen pastoralen Handelns gefordert. So gehen z. B. Kaufmanns Überlegungen hinsichtlich der Zukunftsperspektiven des Christentums in Richtung einer deutlichen Stärkung des Bildungswesens als einem Ort, an dem sich die Präsenz des Christlichen aufrechterhalten

---

74 Vgl. SCHMÄLZLE 2000, 85f.
75 Damit ist an dieser Stelle nicht einer Verwechslung oder Austauschbarkeit von seelsorgerischer Begleitung und Therapie das Wort geredet. Beides ist deutlich voneinander zu trennen und auseinander zu halten. Dennoch gibt es im kirchlichen Kontext den Wunsch nach Begleitung im Rahmen des Selbstverstehens, ohne dass es sich dabei um Therapie handelt.

lässt.[76] Der Bereich der Bildungsarbeit sollte zunehmend an Bedeutung gewinnen, insofern in Maßnahmen der Bildungsarbeit zum einen bestimmte, den Prozess günstig beeinflussende Rahmenbedingungen, derer es in der Begleitung einer biographischen Selbstthematisierung bedarf, zur Verfügung stehen und zum anderen die Zugangsschwelle für kirchlich weniger oder nicht mehr gebundene Personen niedriger ist.[77]

Drittens: Ein praktisch-theologisches Handlungskonzept wird versuchen, den in der empirischen Untersuchung deutlich zutage tretenden Bedürfnissen nach Sicherheit und Orientierung als auch nach Entlastung zu entsprechen. Angesichts der hohen Anforderungen, die die Moderne an die Menschen stellt, und der Komplexität der Lebenswelten nimmt dieses Bedürfnis immer größeren Raum ein. Dabei geht es insbesondere um eine Unterstützung, die zwar einerseits Sicherheit, Orientierung und Weltbildwissen zur Verfügung stellt, andererseits jedoch nicht einer erneuten Bevormundung und monokausalen Erklärungsmustern Raum gibt, wie dies in vielen Sinndeutungsangeboten moderner Provenienz oder fundamentalistischen Strömungen der Fall ist. Angesichts steigender Konjunktur letztgenannter Angebote scheint es mir vordringlichstes Gebot zu sein, aus der christlichen Botschaft und ihrem grundlegenden Willen nach einem gelingenden und glückenden Leben heraus die Potentiale zu entdecken und zu stärken, die auch diesen entlastenden Teil, dessen moderne Lebensführung bedarf, zur Verfügung stellen, und dies in einer Weise, die jeder Monokausalität und Entmündigung eine Absage erteilt, und die nicht als Vertröstungsideologie missbrauchbar ist.

Im Mittelpunkt dieser Entlastung für die moderne Lebensführung sollten folgende Motive stehen: die unbedingte Heilszusage Gottes an den Menschen, also der Bund, den Gott mit den Menschen eingegangen ist und immer wieder neu eingeht; die sich in Jesus von Nazareth realisierende Menschenfreundlichkeit Gottes, durch die sich jede und jeder unbedingt angenommen erfahren kann; das Befreiungshandeln Gottes in der Geschichte in der Parteilichkeit für die Armen, Schwachen, Unterdrückten, Diskriminierten und Marginalisierten; die Option der göttlichen Heilsgeschichte für die Opfer einer menschlichen Unheilsgeschichte; die Hoffnung auf endgültiges Heil und endgültige Befreiung aus Tod, Gewalt, Leid und Unrecht bzw. Unrechtsstrukturen, die jeder und jedem zugesagt ist; die Hoffnung darauf, dass jede

---

76 Vgl. KAUFMANN 1999, 91f.
77 Vgl. zu einem konkreten Konzept biographieorientierten Arbeitens: KÖNEMANN 1999;
2000; in ähnliche Richtung gehen auch die Überlegungen von Jürgen Lott. Vgl. LOTT 1997;
LÜCK/SCHWEITZER 1999; ENGLERT 1992. Zusätzlich zu Einzelgesprächen in der Seelsorge
hat Bildungsarbeit die Möglichkeit, aufgrund ihrer Arbeit im Kontext einer Gruppe sowohl
die Selbstreflexion und damit Selbstvergewisserung als auch das Fremdverstehen zu unterstützen, insofern ein entscheidender Vorteil einer Gruppe in der Möglichkeit zu Feedback
liegt und die Teilnehmer und Teilnehmerinnen damit die Gelegenheit haben, Selbst- und
Fremdbild in stärkere Übereinstimmung zu bringen. Vgl. dazu FENGLER 1998.

einzelne Lebensgeschichte Sinn und Erfüllung findet und sich nicht im Nichts auflöst. Hinsichtlich der gegenwärtigen Entwicklungen scheint es mir in Bezug auf das Individuum die dringendste Aufgabe kirchlicher Praxis zu sein, diese Hoffnungsperspektiven zum Ausdruck zu bringen und vor allem selbst zu verkörpern.

In diesem formulierten Zusammenhang von theologischen und praktischen Konsequenzen ist in der zentralen Bedeutung des Konnexes von Biographie und Religion ein entscheidendes Moment für die Vermittlung von Christentum und Moderne markiert: Hat nämlich eine subjektorientierte Biographieforschung einen wichtigen Stellenwert innerhalb der theologischen Reflexion, die an den Diskurs der Moderne anschlussfähig ist, so hat eine praktisch-theologische Handlungstheorie, in deren Mittelpunkt der Rekurs auf die Biographie der Individuen steht, einen ebenso wichtigen Stellenwert für ein Konzept kirchlicher Praxis und Pastoral, das sich den Herausforderungen der modernen Lebensführung der Individuen wie der modernen Gesellschaft stellt. Die Biographie erweist sich so als Schnittstelle zwischen einer subjektorientierten und damit modernekompatiblen Theologie und einer ebensolchen kirchlichen Praxis, die durch die Theologie reflektiert wird. Denn die Reflexion der eigenen Biographie bzw. ein biographisches Arbeiten gibt dem Individuum die Möglichkeit, sich mit sich selbst und damit mit seinen eigenen Interessen, Wünschen, Bedürfnissen, mit seiner eigenen Lebensführung und mit den Deutungsmustern auseinander zu setzen, mit denen es sein Leben gestaltet. Damit stellt es sich genau den Herausforderungen, die ihm durch die reflexive Moderne gegeben sind: der Entfaltung der eigenen Subjektivität und Autonomie, der Notwendigkeit, sich in der Lebensführung zu bewähren, der Notwendigkeit freier Entscheidung sowohl für ein Lebensführungskonzept als auch für einen 'Bewährungsmythos' (Oevermann) säkularer oder religiöser Provenienz – eine Entscheidung, die gerade wegen ihrer unabänderlichen Autonomie vor sich selbst und vor anderen in ihrer Plausibilität einsichtig gemacht werden muss, soll sie dem modernen Grundmotiv "Begründungspflicht" standhalten können. Diese mit der Arbeit an der je eigenen Biographie freigesetzte Reflexion über eigenverantwortete Deutungsmuster der Lebensführung befähigt das Individuum zugleich zu eigenverantwortlichem Handeln, zu einer eigenverantwortlichen Lebensführung.[78] Dieses Handeln ist jedoch nicht nur auf die Lebensführung der Einzelnen bezogen, auf die so genannte "private" Lebensführung, sondern auch auf das gesellschaftliche Leben und ist somit

---

78 Damit soll keineswegs einer 'Autonomieemphase' das Wort geredet werden, die vergisst, dass es aufgrund vielfacher (materieller) Mängel und Abhängigkeiten vielen Menschen zunächst einmal gar nicht möglich ist, ihre Potentiale selbstbestimmten Lebens zu entfalten und zu nutzen bzw. überhaupt zu realisieren. Vgl. dazu weiter unten sowie die in Kapitel 2.2.3 formulierte Kritik am Individualisierungstheorem Becks.

gleichzeitig auch ein verantwortetes und verantwortliches Handeln in und für die Gesellschaft, in der das Individuum lebt, in der es seine Biographie entwirft und gestaltet und in die es seine jeweiligen Interessen, Erwartungen und vor allem seine Deutungsmuster und Bewährungsmythen einträgt, für die es sich entschieden hat bzw. für die es sich in Auseinandersetzung mit anderen Deutungsmustern, die ihm durch den gesellschaftlichen Diskurs und durch die Kommunikation mit anderen zugetragen werden, immer wieder neu entscheiden und für die es kommunikativ einstehen muss. Im Falle eines religiösen Deutungsmusters ist diesem also ein Praxisbezug und eine politisch-öffentliche Dimension eingeschrieben und somit eine weitere Forderung erfüllt, die sich an das Christentum richtet, wenn es an die Moderne anschlussfähig sein will und sein soll. Diese Relevanz der Schnittstelle "Biographie" gerade auch für den Bereich gesellschaftlich-öffentlichen Lebens und somit für eine Praxis, die sowohl den Privatbereich der Christinnen und Christen wie auch den Binnenraum "Kirche" sprengt, soll im Folgenden kurz dargelegt werden. Dabei wird auf den Konnex von Religion und zivilgesellschaftlicher Öffentlichkeit zurückgegriffen, der seit einiger Zeit in der Theologie und der Religionssoziologie diskutiert wird.[79] Jenes Modell einer Kirche in der gesellschaftlichen Öffentlichkeit soll dann mit dem Ansatz einer subjekt- und biographieorientierten Pastoral verbunden werden.

5.3.2 Zur Anschlussfähigkeit von Religion und Moderne II: Religion im öffentlichen Diskurs der Zivilgesellschaft

5.3.2.1 Zum Modell einer Kirche in der zivilgesellschaftlichen Öffentlichkeit

Aus dem Kontext der amerikanischen Religionssoziologie stammt die von Jose Casanova[80] entwickelte These einer Kompatibilität von Religion und kultureller Moderne, die von ihm im Zusammenhang mit der Diskussion um die De- bzw. Entprivatisierung von Religion entwickelt wurde.[81] Casanova

---

79 Vgl. dazu CASANOVA 1996; GABRIEL 1999a sowie den gesamten Sammelband; GABRIEL 2000; ferner ARENS 2000b; ähnliche Überlegungen zwar nicht unter diesem Titel, sondern in der Auseinandersetzung mit der Theologie als Wissenschaft ARENS 2000a.

80 Vgl. CASANOVA 1994.

81 Nach Casanova muss im Zusammenhang mit der Frage nach De- bzw. Entprivatisierung von Religion bzw. hinsichtlich der Frage des Verhältnisses von Religion und Modernität zwischen drei Aspekten der Säkularisierung unterschieden werden: a) Säkularisierung als Emanzipation weltlicher Bereiche von religiösen Einrichtungen und Normen, b) den Niedergang religiöser Überzeugungen und Verhaltensformen und c) die Abdrängung der Religion in die Privatsphäre. Denn nur wenn genau unterschieden wird, können die jeweiligen

differenziert als Voraussetzung seiner These der Kompatibilität von Moderne und Religion zwischen staatlicher, politischer und zivilgesellschaftlicher Öffentlichkeit und siedelt die Religion auf der Ebene der Zivilgesellschaft an.[82] Das Modell einer zivilgesellschaftlichen Öffentlichkeit impliziere dabei eine Rolle öffentlicher Religion, wie sie in Europa letztlich nie zum Durchbruch gekommen sei, nämlich "das Modell einer zivilgesellschaftlichen, öffentlichen Repräsentanz von Religion"[83]. Dieses Konzept einer öffentlichen Religion (Theologie) in der Zivilgesellschaft wird von Karl Gabriel im Rekurs auf Casanova aufgegriffen und auf den deutschen Kontext hin entfaltet.[84]

Die Wiederentdeckung der zivilgesellschaftlichen Öffentlichkeit gehört – so Gabriel – zu den deutlichen Ergebnissen der Umbruchprozesse in Osteuropa und zunehmend wird in der aktuelleren religionssoziologischen Diskussion ein Zusammenhang zwischen Zivilgesellschaft und diskursiver Öffentlichkeit hergestellt.[85] Unter Zivilgesellschaft versteht Gabriel das organisatorische Substrat, in dem sich eine nicht-diskursive Öffentlichkeit entfalten kann. Der Kernbestand besteht dabei aus nicht-staatlichen und nicht-ökonomischen Assoziationen, Organisationen und Bewegungen, die zwischen der Privatsphäre und der veranstalteten Öffentlichkeit des demokratischen politischen Systems vermitteln. "Öffentlichkeit erhält im Kontext der Zivilgesellschaft gewissermaßen einen zweistufigen Charakter."[86] Der Bereich der Zivilgesellschaft vermittelt also zwischen der Privatsphäre der einzelnen Bürgerinnen und Bürger einerseits und den staatlichen Institutionen und dem ökonomischen Feld andererseits und sprengt damit sowohl die Identifizierung des Politischen mit dem Staat als auch die strikte Trennung von Privatem und Politischem. Diese zivilgesellschaftliche Vermittlung vollzieht sich auch über die Partizipationsmöglichkeiten der Bürgerinnen und Bürger an politischen

---

in den Focus genommenen Phänomene entsprechend eingeordnet werden. Vgl. CASANOVA 1996, 182.

82 Sie könne – so Casanova – auf allen drei Ebenen angesiedelt werden, allerdings spricht Casanova einer Ansiedlung auf der Ebene des Staates aufgrund der inzwischen durchgängigen Trennung von Kirche und Staat keine Zukunft zu; Ähnliches gilt für die Ansiedlung auf der politischen Ebene, deren Beispiele als wenig zukunftsweisend angesehen werden. Vgl. CASANOVA 1996, 192ff.

83 Casanova zitiert nach GABRIEL 2000, 24.

84 Vornehmlich in GABRIEL 1999a, worauf sich auch die folgenden Ausführungen beziehen. Sich als öffentliche Theologie und öffentliche Kirche zu generieren und damit die Auseinandersetzung und das Erreichen einer fruchtbaren Vermittlung des Basiscodes des Evangeliums und des Codes des medialen Öffentlichkeitssystems zu erreichen, ist für Gabriel die fundamentale Voraussetzung für eine Kompatibilität von Christentum und Gesellschaft: "Man täusche sich nicht: Scheitern die Vermittlungsbemühungen, dürfte der Weg in fundamentalistische Reaktionsmuster schwer zu vermeiden sein. Der evangelikale Fundamentalismus Amerikas ist hier ein instruktives Beispiel." GABRIEL 1999a, 25.

85 Vgl. GABRIEL 1999a, 29; Gabriel greift in seinem Entwurf auf das von Habermas entwickelte Diskursmodell von Öffentlichkeit zurück. Vgl. dazu: HABERMAS 1971; 1993.

86 GABRIEL 1999a, 29.

Entscheidungen (Wahlrecht, Mitwirkung in politischen Parteien, ggf. Volks-
befragungen und Volksentscheide) und stärkt so das, was traditionell als
"Volkssouveränität" bezeichnet wird: "Während die zivilgesellschaftliche
Öffentlichkeit in besonderem Maße Ungerechtigkeiten zu artikulieren und
vernachlässigte Probleme zu identifizieren erlaubt sowie innovative Lösungen ins Spiel bringen kann, bleibt es Aufgabe der formellen Institutionen der
demokratischen Entscheidungsfindung, praktische Problemlösungen auszu-
arbeiten."[87] Bürgerinnen und Bürger artikulieren also im Diskurs einer zivil-
gesellschaftlich verfassten Öffentlichkeit ihre Interessen, ihren politischen
Willen, tragen damit zur politischen Willensbildung bei und wirken dadurch
auf die Entscheidungen ein, die durch staatliche Organe gefällt werden.[88]
Darüber hinaus sind sie aber zugleich auch selbst Trägerinnen und Träger
politischer Entscheidungen – eben durch ihr Wahlrecht, durch ihre Mitwirkung auch in staatlichen Institutionen, durch Formen direkter Demokratie[89],
die die Institutionen repräsentativer Demokratie unterstützen und ergänzen.

Die Kompatibilität von Religion mit der Moderne[90] begründet sich nun in
dieser wiederentdeckten zivilgesellschaftlichen Öffentlichkeit, da diese – anders als im Prozess der strukturellen Ausgliederung von Religion aus der
staatlichen politischen Öffentlichkeit im Modernisierungsprozess – eine andere Ebene des Wirkens zur Verfügung stellt. Gabriel beschreibt dies folgendermaßen:

"Die vom öffentlichen Zwang freigesetzte Religion kann sich im Feld des Privaten auf der
Grundlage freier Glaubensentscheidungen und ungezwungener religiöser Zusammen-
schlüsse entfalten. (...) Die Zivilgesellschaft ist auf im Privatbereich wurzelnde moralische
Ressourcen angewiesen, die ein Interesse und eine Orientierung an der allgemeinen Sache
hervorbringen. Religiöse Traditionen können und sollen entsprechend – aus dem privaten
Bereich heraustretend – ihre Vorstellungen von Gemeinwohl, Gerechtigkeit und Solidarität
und gutem Leben in den öffentlichen Diskurs einbringen. Die diskursiven Auseinandersetzungen um Wertorientierungen und um die Legitimität normativer Bindungen gehört in
den Raum zivilgesellschaftlicher Öffentlichkeit."[91]

Die Beteiligung am öffentlichen Diskurs der Zivilgesellschaft ist die entscheidende Voraussetzung dafür, dass Religion gesellschaftlich wahrgenommen wird und eben in diesem Diskurs ihren Platz findet. Daraus ergeben sich
für Religion und letztlich auch die Vertretung der christlichen Religion, also

---

87 GABRIEL 1999a, 30.
88 Vgl. GABRIEL 1999a, 29
89 Diese allerdings sind in der Bundesrepublik Deutschland bisher nur wenig entwickelt.
90 Bevor ich auf die Rolle der Kirchen in der Zivilgesellschaft zu sprechen komme, sind
    einige Anmerkungen zur Bestimmung des Ortes der Religion erforderlich, sind doch Kir-
    chen eine spezifische Form von Religion, auch wenn hier vornehmlich die christliche Reli-
    gion und die christlichen Kirchen im Mittelpunkt stehen. Damit folge ich auch dem Gedan-
    kengang von Gabriel.
91 GABRIEL 1999a, 32.

die Kirchen, folgende Konsequenzen: Religion muss sich mit dem, was sie will, in den Diskurs begeben und ihre Anliegen der Diskussion und Kritik anheim geben. Dies erfordert insbesondere die bereits oben ausgeführte Begründungsleistung seitens der Religion, denn nur begründete Anliegen, Vorstellungen und Perspektiven können einem öffentlichen Diskurs standhalten und sich gegenüber anderen Anliegen etc. durchsetzen. Die Beschränkung auf Verlautbarungen, Agitation oder alleinige Setzungen verfehlt die Sphäre einer diskursiven Öffentlichkeit.[92] Ferner liegt diesem Modell der diskursiven Öffentlichkeit, das deutete sich gerade schon an, Wettbewerb inne, denn am öffentlichen Diskurs beteiligen sich auch andere Interpretationsgemeinschaften. Unter Wettbewerb ist hier das wirkliche Einbringen des "Eigenen" in den Diskurs gemeint, über das dann in den entsprechenden Organen entschieden wird. Ohne dass Konkurrenz an dieser Stelle ausgeschlossen wird, ist dies jedoch von einem Wettbewerb der religiösen Sinnanbieter auf dem freien Markt zu unterscheiden, auf dem ausschließlich nach dem Gesetz der Marktförmigkeit entschieden wird. In eine ähnliche Richtung, der eines offenen religiösen Pluralismus im öffentlichen Diskurs, der zu wirklich freiwilligen Religionsgemeinschaften führt, gehen auch die Überlegungen Casanovas. "Eine derartige Entwicklung könnte durch die Freisetzung der religiösen Gemeinschaften aus ihrer traditionellen Bindung an Staaten und Nationen auch zu offeneren und kulturell wie politisch pluralistischeren Strukturen beitragen."[93] Ein solches Konzept einer Religion in der zivilgesellschaftlichen Öffentlichkeit unterscheidet sich gerade auch in seinen pluralistischeren Strukturen deutlich von einer "Zivilreligion", die (religiöse) Versatzstücke aus einer religiösen Tradition herauslöst und den Interessen des Staates subsumiert: "Die Zivilreligion der Zivilgesellschaft stellt nicht einen einheitlichen die Gesellschaft insgesamt integrierenden Symbol- oder Wertkomplex dar. (...) Vielmehr besteht sie aus einer Mehrzahl religiöser Interpretations- und Tradierungsgemeinschaften, die um die Definition gemeinsamer Überzeugungen ringen und in Toleranz wechselseitigen Dissens anzuerkennen in der Lage sind. (...) An die Stelle der 'civil religion' treten gewissermaßen die 'public churches'."[94]

Die Kirchen sind nun als nichtstaatliche Organisationen als Teil dieser zivilgesellschaftlichen Öffentlichkeit zu verstehen, da sie ebenfalls zwischen dem Bereich des Privaten und demjenigen des Staatlichen vermitteln und zugleich auf beide mit ihrer Deutungskompetenz einzuwirken suchen: "Sie sind einerseits der Ort, an dem die religiösen Erfahrungen der einzelnen aus der Welt des Privaten in den Raum der Erzähl- und Kommunikationsgemein-

---

92 Vgl. dazu auch GABRIEL 1999a, 32.
93 CASANOVA 1996, 205. Dies äußert er im Zusammenhang mit der Frage nach dem Potential konfessioneller Konflikte in Osteuropa.
94 GABRIEL 1999a, 33.

schaft eintreten können. Andererseits vermitteln sie die Gehalte des christlichen Glaubens in die Sphäre zivilgesellschaftlicher Öffentlichkeit als Raum diskursiver Auseinandersetzungen um die Identität und Zukunft der Gesellschaft hinein."[95] In dieser Vermittlungsfunktion sind sie als Teil der Zivilgesellschaft auch als intermediäre, eben vermittelnde Organisationen zu bezeichnen.[96]

Charakteristisch für intermediäre Organisationen ist, dass sie zugleich Mitglieder haben und Mitglied sind, und zwar indem sie einerseits auf einer freiwilligen Mitgliedschaft beruhen, andererseits selbst Mitglied im Netz anderer sie umgebender Organisationen sind. Damit stehen sie 'nach unten' mit einer sich wandelnden Mitgliedschaft in Kontakt, 'nach oben' sind sie in das Netz der Organisationen in der Organisationsgesellschaft eingebunden. Intermediäre Organisationen unterliegen somit sowohl der Mitgliedschaftslogik (nach unten) als auch der Systemlogik, d. h. "der an Systemintegration orientierten Einflusslogik"[97]. Die Kirchen lassen sich nun – so Gabriel – insofern als intermediäre Organisationen ansprechen, da sie zum einen einen ausgeprägten Organisationscharakter besitzen[98], der zugleich ihre Überlebensfähigkeit in der modernen Organisationsgesellschaft sichert, zum anderen aufgrund von Veränderungen der religiösen Erfahrung, Kommunikation und symbolischen Gemeinschaftsbildung sich nicht ihrer Mitgliedschaftslogik entziehen können und dieser Raum geben müssen. Als drittes Element kommt die Verpflichtung auf ihre eigene, sie selbst bindende und zu verkündigende Ursprungsbotschaft hinzu: "Die Perspektive, Kirchen als intermediäre Organisationen zu analysieren, stellt sie damit in das Spannungsfeld einer dreifachen Logik, das sie ständig auszubalancieren haben: zwischen Ursprungs- und Tradierungslogik, Mitgliedschaftslogik und Einflusslogik."[99]

Als intermediäre Organisationen sind die Kirchen nicht als Vermittlungsinstanzen rein individuellen Heils zu verstehen, die nur für den Privatraum der Bürgerinnen und Bürger und deren "Individualmoral" zuständig sind. Ein Verständnis von Kirche als intermediärer Organisation versagt sich somit einer Reduzierung von Religion und Kirche sowie der Aufgaben der Kirche auf eine bürgerliche Religion und bürgerliche Kirche, die sich als bloße Trostspenderin allein um die so genannten 'letzten Dinge' zu sorgen und in dieser Trostfunktion das reibungslose Funktionieren der Individuen als loyale

---

95 GABRIEL 1999a, 33f.
96 Vgl. GABRIEL 1999a, 30ff. Die These, die Kirche als intermediäre Organisation zu verstehen, entfaltet Gabriel in seinem Aufsatz: GABRIEL 1999b; ferner: STREECK 1987; OLK 1995.
97 GABRIEL 1999b, 31.
98 Zur historischen Genese dieses hohen Organisationsgrades vgl. GABRIEL 1999b, 29.
99 GABRIEL 1999b, 32.

Staatsbürger zu stützen hat.[100] Auch in dieser Hinsicht zeigt sich im übrigen nochmals der Unterschied zwischen dem Konzept einer Religion in der Zivilgesellschaft und dem Verständnis von Religion als Zivilreligion. Kirchen als intermediäre Organisationen beteiligen sich also am öffentlichen Diskurs und damit auch am politischen Willensbildungsprozess und erfüllen dadurch die öffentliche und politische Aufgabe, die dem Selbstverständnis des Christentums als öffentliche und politisch bedeutsame Religion entspricht. Genau darin entsprechen sie dem Anspruch, den Casanova Religionen zumisst, die in die öffentliche Sphäre der Zivilgesellschaft eingreifen können oder wollen: "Nur Religionen, die aufgrund ihrer Lehre oder ihrer kulturellen Tradition ein öffentliches und auf das Gemeinwohl bezogenes Selbstverständnis haben, werden bestrebt sein, öffentliche Rollen zu übernehmen, und dem Druck widerstehen, ausschließlich oder auch nur primär zu privaten, 'unsichtbaren' persönlichen Heilsreligionen zu werden."[101]

Die Kirchen entsprechen den Herausforderungen der reflexiven Moderne also genau dann, wenn sie sich als intermediäre Organisationen verstehen und sich solcherart in ein zivilgesellschaftlich-modernes Verständnis gesellschaftlichen Handelns eingliedern. Oder anders formuliert: Als intermediäre Organisationen erweisen sich Kirchen als modernekompatibel. Dies erfordert allerdings ein neues Selbstverständnis seitens der Kirchen hinsichtlich ihres öffentlich-politischen Handelns und Wirkens, denn intermediäre Organisationen vollziehen ihr gesellschaftliches Handeln nicht primär bzw. ausschließlich als "Lobbytätigkeit" ihrer Spitzen. Sie tragen vielmehr ihre Interessen und Perspektiven in erster Linie durch das Handeln einzelner Akteurinnen und Akteure, nämlich ihrer Mitglieder, den Christinnen und Christen, in den zivilgesellschaftlichen Diskurs ein. Als Christinnen und Christen und zugleich als Mitglieder der Gesellschaft beteiligen sie sich aktiv am zivilgesellschaftlichen Diskurs und bringen ihre Deutungskompetenz aus einer christlicher Perspektive ein. Das bedeutet: Weil die Kirchen als intermediäre Organisationen im gesellschaftlichen Bereich durch Akteure und Akteurinnen, die ihnen angehören, agieren, werden bzw. sind die Kirchen selbst Akteure innerhalb der Gesellschaft und am Prozess der zivilgesellschaftlichen Öffentlichkeit beteiligt; sie sind also Akteur, weil sie selbst Akteurinnen und Akteure haben. Dies impliziert, dass die Kirchen auch ihrem Auftrag, die Botschaft, die ihnen zur Weitergabe aufgetragen ist zu verkündigen und in den öffentlichen Diskurs einzubringen, gerecht werden können und ferner der Zivilgesellschaft vor allem über christlich motivierte Akteurinnen und Akteure Deutungsmuster und Kriterien christlicher Provenienz für den politischen Diskurs zur Verfügung stellen. Damit leisten die Kirchen einen doppelten

---

100 Vgl. dazu auch die Kritik an der "Bürgerlichen Religion", wie sie unter Rekurs auf Metz in 2.3.5 vorgenommen wurde.
101 CASANOVA 1996, 195.

Beitrag dazu, dass zivilgesellschaftliche Prozesse überhaupt möglich sind. Zum ersten braucht die Zivilgesellschaft sowohl autonom handelnde Akteurinnen und Akteure, die sich verantwortlich am Diskurs und an der politischen Willensbildung beteiligen, als auch Deutungsmuster und Kriterien als Maßstab des Diskurses und der politischen Willensbildung. Zum zweiten kann die Zivilgesellschaft diese Kriterien nicht allein aus ihrem Verfahren und damit aus sich selbst schöpfen. In einer pluralistischen Gesellschaft konkurriert die spezifische Botschaft des Christentums mit anderen Deutungsmustern im öffentlichen Diskurs; dementsprechend konkurrieren die Kirchen mit ihrer Deutungskompetenz mit anderen Organisationen, die auch Deutungskompetenz für sich beanspruchen. Die Kirchen werden daher ihren Anspruch auf Deutungskompetenz ebenso begründen müssen wie die Deutungsmuster, die sie formulieren. Erneut zeigt sich folglich auch in diesem Zusammenhang die Begründungspflichtigkeit, der Religion und die sie repräsentierenden Institutionen unterworfen sind, wollen sie denn eine Bedeutung im öffentlichen Diskurs einnehmen.

5.3.2.2 Biographieorientierte Pastoral als Möglichkeitsbedingung für eine offene Kirche im gesellschaftlichen Diskurs

Aus diesen Aufgaben der Kirche als intermediäre Organisation ergeben sich zwei Aufgaben für die Praktische Theologie, die diese öffentlich-kirchliche Praxis in der reflexiven Moderne reflektiert, die hinsichtlich der Modernekompatibilität von Kirche und Moderne entscheidend sind: Erstens hat die Theologie die Vermittelbarkeit individueller religiöser Erfahrung in die öffentliche Kommunikation hinein zu reflektieren: "Welche Deutungsmöglichkeiten eröffnet die christliche Tradition, um den heutigen religiösen Erfahrungen die Chance der Entprivatisierung zu geben?"[102] Und zweitens hat die Praktische Theologie zu klären, wie kirchliche Praxis im Bereich der Zivilgesellschaft sich gestalten könnte und wie durch sie die Grundmotive der christlichen Botschaft in den Deutungshorizont der Zivilgesellschaft eingeschrieben werden können: "Aufgabe einer theologischen Theorie kirchlichen Handelns wird es sodann, die Botschaft vom unbedingten Heilswillen Gottes in Christus im Kontext einer pluralen, diskursiven Öffentlichkeit zu reflektieren."[103]

Eine Praktische Theologie und kirchliche Pastoral, die die Biographie des Subjekts und die Arbeit an biographischen Prozessen stärker in den Mittelpunkt ihres Reflektierens und Handelns stellt, können nun m. E. sowohl zur soeben skizzierten Aufgabe der Kirche in der Zivilgesellschaft als auch zur Reflexion der Praktischen Theologie über die Vermittlungsmöglichkeit

---

102 GABRIEL 1999a, 34.
103 GABRIEL 1999a, 35.

von individueller religiöser Erfahrung und öffentlichem Diskurs einen wichtigen Beitrag leisten und somit auch zur Kompatibilität von Theologie und kirchlicher Praxis mit der Moderne auch und gerade hinsichtlich ihrer sozialen und öffentlich-politischen Dimension beitragen. Dies soll kurz verdeutlicht werden.

Wie bereits erwähnt, braucht die Zivilgesellschaft aktive und autonom handelnde Bürgerinnen und Bürger, die nicht nur willens, sondern auch fähig sind, sich eigenverantwortlich am öffentlichen Diskurs zu beteiligen und ihre Interessen und Wünsche geltend zu machen bzw. in den politischen Willensbildungsprozess einzutragen. Diese Fähigkeit erlangen die Individuen unter anderem dadurch, dass sie ihre Autonomie zu realisieren und zu gestalten lernen. Dies geschieht denn auch in vielfältigen pädagogischen Prozessen bzw. ist Aufgabe einer sich emanzipatorisch verstehenden Pädagogik und Praktischen Theologie, die Individuen dazu befähigen möchten, ihre Subjektivität zu entfalten und sich ihrer Interessen nicht nur bewusst zu werden, sondern diese auch durchzusetzen versuchen.[104] Dazu aber bedarf es der Reflexion über sich selbst, über die eigenen Fähigkeiten und Handlungsmöglichkeiten aus eigener Verantwortung, über die eigenen Interessen und Bedürfnisse. Genau dies geschieht im Prozess des Selbstverstehens, Selbstdeutens und Selbstdarstellens der Arbeit an der je eigenen Biographie des Individuums, wie dies im ersten Teil dieser Überlegungen aufgezeigt wurde. Eine emanzipatorische Pädagogik ist somit mit Konzepten biographischen Arbeitens durchaus vermittelbar. Kirchlich pastorales Handeln kann genau dazu einen Beitrag leisten, wenn sie in ihre Handlungskonzepte sowie ihre Bildungs- und Erziehungstätigkeit die Kategorie der Biographie und den Ansatz biographischen Arbeitens deutlich integriert und Individuen somit dazu befähigt, in der Zivilgesellschaft Verantwortung zu tragen und zu aktiv handelnden Bürgerinnen und Bürgern, Akteurinnen und Akteuren der Zivilgesellschaft zu werden. Nun stellen die Kirchen jedoch der Zivilgesellschaft keine weltanschaulich neutralen Akteurinnen und Akteure zur Verfügung, sondern Bürgerinnen und Bürger, die sich als Christinnen und Christen verstehen und dementsprechend mit einer Deutungskompetenz hinsichtlich der Kriterien gesellschaftlich-politischen Handelns ausgestattet sind, die christlich motiviert und geprägt ist. Diese Deutungskompetenz fällt den Individuen jedoch weder einfach zu noch kann sie ihnen autoritativ aufoktroyiert werden; sie muss vielmehr selbstbestimmt, autonom erworben werden, andernfalls wäre

---

104 Mit dem gleichen Anspruch, der Vergewisserung der Individuen über sich selbst und zwar nicht in einer privatistischen und individualistischen Verengung, sondern als Potential gesellschaftlichen und politischen Handelns und Einwirkens, tritt auch der Ansatz der Gruppendynamik an, dessen Ursprung zwar nicht im kirchlichen Feld liegt, der aber im kirchlichen Umfeld deutlich verbreitet ist und praktiziert wird. Vgl. zum Ansatz RECHTIEN 1995; KÖNIG 1997.

sie nicht modernekompatibel. Sie ist folglich aufgrund des Konnexes von Biographie und Religion ebenso im Prozess der biographischen Selbstthematisierung zu erwerben wie die Fähigkeit zu eigenverantwortlichem Handeln: Die Reflexion der Biographie ist mit der Reflexion der je eigenen Religiosität verknüpft und den Gründen, die für die Entscheidung für ein bestimmtes religiöses System sprechen. Diese Reflexion befähigt auch zur Darstellung der eigenen Religiosität nach außen und somit zur Fähigkeit, sie im öffentlichen Diskurs offensiv zu vertreten. Eine Praktische Theologie und kirchliche Pastoral, die der Kategorie der Biographie und der Arbeit an der Biographie deutlich Raum gibt, erreicht folglich ein Mehrfaches: sie erreicht (a) die Auseinandersetzung der Individuen mit Religiosität und Religion, und zwar über den Modus des Selbstverstehens und der Selbstvergewisserung sowie in der Art und Weise, wie sich das Individuum mit der Welt in Beziehung setzt; gerade auch über letzteres (b) die Befähigung zur aktiven Beteiligung am öffentlichen Diskurs und somit zur Beteiligung an zivilgesellschaftlichen Prozessen; und sie erreicht ferner (c) die Befähigung der Individuen zur aktiven Beteiligung auch an binnenkirchlichen Diskursen als aktive, autonom handelnde Mitglieder der Kirche. Die Kirchen werden somit modernekompatibel, insofern sie so die Voraussetzungen dafür schaffen, als intermediäre Organisationen über ihre Mitglieder in zivilgesellschaftlichen Prozessen zu wirken, an ihnen zu partizipieren und auf diese einwirken zu können.

Damit erweisen sich eine Praktische Theologie als auch eine Pastoral, die die Kategorie Biographie deutlich berücksichtigt, in mehrfacher Hinsicht als an die Moderne anschlussfähig:

Erstens: Sie ist modernekompatibel hinsichtlich ihrer grundsätzlichen Orientierung an der Subjektivität und Autonomie des Individuums und damit auch an der Relevanz der Biographie des Individuums.

Zweitens: Sie ist modernekompatibel durch die praktizierte Verbindung von Subjektivität, Autonomie und Religiosität innerhalb biographischen Selbstverstehens.

Drittens: Sie ist modernekompatibel in der Anerkenntnis der Begründungsverpflichtung, der das Individuum auch hinsichtlich seiner religiösen Orientierung unterworfen ist.

Viertens: Sie ist modernekompatibel hinsichtlich ihrer Bereitschaft, eine emanzipatorische Pädagogik mit dem Konzept biographischen Arbeitens zu verbinden.

Fünftens: Sie ist modernekompatibel in ihrer Orientierung an einem zivilgesellschaftlichen Konzept und dem damit verbundenen Verständnis von Kirchen als intermediäre Organisationen.

Sechstens: Sie ist modernekompatibel in der Verknüpfung einer zivilgesellschaftlichen mit einer subjekt- und biographieorientierten Perspektive in der Konzeption einer sozial-politischen Praxis der Kirche.

Darüber hinaus erfüllt eine solche Pastoral und Kirche genau diejenige politisch-prophetische Aufgabe, die in 2.3.5 als "widerständiger Stachel" des Christentums in der Öffentlichkeit bzw. im gesellschaftlich-politischen Handeln bezeichnet worden ist. Denn sie befähigt Individuen dazu, aus christlicher Perspektive Kriterien und Deutungsmuster politischen Handelns zu formulieren, die die jeweilige herrschende Ordnung der Gesellschaft kritisch im Blick haben und nicht unreflektiert affirmieren. Damit verkörpern die Bürgerinnen und Bürger somit "den widerständigen Stachel und die prophetische Kraft". Kirche als intermediäre Organisation ist außerdem selbst schon so etwas wie ein "widerständiger Stachel" im Fleisch der Zivilgesellschaft, wenn sie Grundmotive der christlichen Botschaft in Erinnerung ruft:

"(...) Religionen nötigen die modernen Gesellschaften dazu, öffentlich und kollektiv über ihre normativen Strukturen nachzudenken, indem sie ihre eigenen normativen Traditionen als Grundlage für Debatten über öffentliche Streitfragen geltend machen und sich bestimmten Thesen mit religiösen Argumenten widersetzen. Zudem stellen die Religionen mit ihrem hartnäckigen Beharren auf dem Grundsatz des 'Gemeinwohls' und ihrem Selbstverständnis als sittlicher Gemeinschaft eine Herausforderung für die vorherrschenden individualistisch-liberalen Theorien dar, die das Gemeinwohl auf die Gesamtsumme persönlicher Präferenzen reduzieren. Und schließlich besteht vermutlich die wichtigste Aufgabe der Religion darin, für den Grundsatz der 'Solidarität' mit allen Menschen einzutreten."[105]

Zivilgesellschaftliche öffentliche Repräsentanz christlicher Religion bedeutet also, sich dem Risiko auszusetzen, dass die Hände nicht immer sauber bleiben werden, bedeutet aber auch, das die Menschen als Subjekte mit ihrer Biographie in dieser Religion mit dieser Botschaft ihren Platz finden und sich beheimatet fühlen können.

---

105 CASANOVA 1996. 209. Vgl. dazu auch das Konzept der anamnetischen Solidarität, wie es deutlich von Helmut PEUKERT (1988) entwickelt wurde.

Literaturverzeichnis

Adorno, Theodor W. (1972): Soziologie und empirische Forschung, in: Topitsch, Ernst (Hg.): Logik der Sozialwissenschaften, Köln, 511-525.

— u. a. (1976): Der Positivismusstreit in der deutschen Soziologie, Neuwied.

Alheit, Peter (1986): Religion, Kirche und Lebenslauf. Überlegungen zur "Biographisierung des Religiösen", in: Theologia practica 21, 130-143.

Allbus (1992): Allgemeine Bevölkerungsumfrage der Sozialwissenschaften, Zentralarchiv für empirische Sozialforschung, Köln.

Angenendt, Arnold (1997): Geschichte der Religiosität im Mittelalter, Darmstadt.

Arbeitsgruppe Bielefelder Soziologen (Hg.) (1973): Alltagswissen, Interaktion und gesellschaftliche Wirklichkeit , Bd. I und II, Reinbek.

— (1976): Kommunikative Sozialforschung, München.

Arens, Edmund (1992): Christopraxis. Grundzüge theologischer Handlungstheorie (QD 139), Freiburg.

— (1993): Religion – Kontingenzmanagement oder Praxis der Solidarität? In: Peters, Tiemo Rainer / Pröpper, Thomas / Steinkamp, Hermann (Hg.): Erinnern und Erkennen. Denkanstöße aus der Theologie von Johann Baptist Metz, Düsseldorf, 196-205.

— (Hg.) (1995): Anerkennung der anderen. Eine theologische Grunddimension interkultureller Kommunikation (QD 156), Freiburg.

— (2000a): Theologie als Wissenschaft. Die Bedeutung des handlungstheoretischen Ansatzes von Helmut Peukert, in: Abeldt, Sönke/Bauer, Walter (Hg.): "... was es bedeutet, verletzbarer Mensch zu sein." Erziehungswissenschaft im Gespräch mit Theologie, Philosophie und Gesellschaftstheorie (FS für Helmut Peukert), Mainz, 13-27.

— (2000b): Welche Zukunft will die Theologie? Zwischen Verreligionswissenschaftlichung und Verbinnenkirchlichung, in: Bulletin 11, 152-161.

Augst, Kristina (2000): Religion in der Lebenswelt junger Frauen aus sozialen Unterschichten, Stuttgart.

Bahr, Hans-Eckehard (1975): Ohne Gewalt, ohne Tränen? Religion 1, Religion 2. Integrierende und emanzipierende Funktionen religiöser Selbstvergewisserung in der Gesellschaft, in: Ders. (Hg.): Religionsgespräche. Zur gesellschaftlichen Rolle der Religion, Darmstadt, 31-64.

Balthasar, Hans Urs v. (1969): Herrlichkeit. Eine theologische Ästhetik, Bde. 1-3, Einsiedeln.

Barz, Heiner (1992a): Religion ohne Institution? Eine Bilanz der sozialwissenschaftlichen Jugendforschung. Teil 1 des Forschungsberichts "Jugend und Religion" im Auftrag der Arbeitsgemeinschaft der Evangelischen Jugend in der Bundesrepublik Deutschland (aej), Opladen.

— (1992b): Postmoderne Religion am Beispiel der jungen Generation in den Alten Bundesländern. Teil 2 des Forschungsberichtes "Jugend und Religion" im Auftrag der Arbeitsgemeinschaft der Evangelischen Jugend in der Bundesrepublik Deutschland (aej), Opladen.

— (1993): Postsozialistische Religion, Teil 3 des Forschungsberichtes "Jugend und Religion", im Auftrag der Arbeitsgemeinschaft der Evangelischen Jugend in der Bundesrepublik Deutschland (aej), Opladen.

Beck, Ulrich (1983): Jenseits von Stand und Klasse? Soziale Ungleichheiten, gesellschaftliche Individualisierungsprozesse und die Entstehung neuer sozialer Formationen und Identitäten, in: Kreckel, Reinhard (Hg.): Soziale Ungleichheiten. Soziale Welt, Sonderband 2, 35-74.

— (1984): Jenseits von Klasse und Stand. Auf dem Weg in die individualisierte Arbeitnehmergesellschaft, in: Merkur. Zeitschrift für europäisches Denken 38, 485-497.

— (1986): Risikogesellschaft. Auf dem Weg in eine andere Moderne, Frankfurt.

— (1990): Die irdische Religion der Liebe, in: Beck, Ulrich/Beck-Gernsheim, Elisabeth: Das ganz normale Chaos der Liebe, Frankfurt, 222-266.

— (1991): Politik in der Risikogesellschaft. Essays und Analysen, Frankfurt.

— (1993): Die Erfindung des Politischen, Frankfurt.

— /Beck-Gernsheim, Elisabeth (1993): Nicht Autonomie, sondern Bastelbiographie. Anmerkungen zur Individualisierungsdiskussion am Beispiel des Aufsatzes von Günter Burkhart, in: Zeitschrift für Soziologie 22, 178-187.

Beck, Ulrich/Giddens, Anthony/Lash, Scott (1996): Reflexive Modernisierung. Eine Kontroverse, Frankfurt.

Becker, Sybille/Nord, Ilona (Hg.) (1995): Religiöse Sozialisation von Mädchen und Frauen, Stuttgart.

Becker-Schmidt, Regina/Bilden, Helga (^{2}1995): Impulse für die qualitative Sozialforschung aus der Frauenforschung, in: Flick, Uwe/Kardorff, Ernst von/Keupp, Heiner/Rosenstiel, Lutz von/Wolff, Stephan (Hg.): Handbuch qualitative Sozialforschung. Grundlagen, Konzepte, Methoden und Anwendungen, Weinheim, 23-30.

Beck-Gernsheim, Elisabeth (1983): Vom "Dasein für andere" zum Anspruch auf ein Stück "eigenes Leben": Individualisierungsprozesse im weiblichen Lebenszusammenhang, in: Soziale Welt 34, 307-340.

— (1986): Von der Liebe zur Beziehung? Veränderungen im Verhältnis von Mann und Frau in der individualisierten Gesellschaft, in: Berger, Johannes (Hg.): Die Moderne – Kontinuitäten und Zäsuren, Soziale Welt, Sonderband 4, Opladen, 209-233.

— (1992): Das halbierte Leben. Männerwelt Beruf, Frauenwelt Familie, Frankfurt.

Bell, Daniel (1978): The Return of the Sacred: The Argument about the Future of Religion, in: Zygon 13, 187-208.

Bellah, Robert N. (1970): Beyond Belief. Essays on Religion in a Post-traditional World, New York.

Berger, Johannes (Hg.) (1986): Die Moderne – Kontinuitäten und Zäsuren, Soziale Welt, Sonderband 4, Opladen, 183-208.

Berger, Johannes/Hahn, Alois/Luckmann, Thomas (Hg.) (1993): Religion und Kultur, Sonderband 33 der Kölner Zeitschrift für Soziologie und Sozialpsychologie, Köln.

Berger, Peter A./Hradil, Stefan (Hg.) (1990): Lebenslagen, Lebensläufe, Lebensstile, Soziale Welt, Sonderband 7, Göttingen.

Berger, Peter L. (1991): Auf den Spuren der Engel. Die moderne Gesellschaft und die Wiederentdeckung der Transzendenz, Freiburg (1. Aufl. 1969).

— (1992): Der Zwang zur Häresie. Religion in der pluralistischen Gesellschaft, Freiburg.

Berger, Peter, L./Luckmann, Thomas (1980): Die gesellschaftliche Konstruktion der Wirklichkeit. Eine Theorie der Wissenssoziologie, Frankfurt.

Boff, Clodovis (1983): Theologie und Praxis. Die erkenntnistheoretischen Grundlagen der Theologie der Befreiung, München.

Boff, Leonardo (1985): Kirche: Charisma und Macht. Studien zu einer streitbaren Ekklesiologie, Düsseldorf.

Boff, Leonardo/Pixley, Jorge (1987): Die Option für die Armen. Gotteserfahrung und Gerechtigkeit, Düsseldorf.

Bourdieu, Pierre (1970): Der Habitus als Vermittlung zwischen Struktur und Praxis, in: Ders.: Zur Soziologie der symbolischen Formen, Frankfurt 125 ff.

— (1987): Sozialer Sinn. Kritik der theoretischen Vernunft, Frankfurt.

Brose, Hans-Georg/Hildenbrand, Bernd (Hg.) (1988): Vom Ende des Individuums zur Individualität ohne Ende, Opladen.

Bude, Heinz (1982): Text und soziale Realität. Zu der von Oevermann formulierten Konzeption einer "objektiven Hermeneutik", in: Zeitschrift für Erziehungswissenschaft 2, 327-336.

— (1994): Das Latente und das Manifeste. Aporien einer "Hermeneutik des Verdachts", in: Garz, Detlef/Kraimer, Klaus (Hg.): Die Welt als Text. Theorie, Kritik und Praxis der objektiven Hermeneutik, Frankfurt, 114-124.

Burkhart, Günter (1993): Individualisierung und Elternschaft – Das Beispiel USA, in: Zeitschrift für Soziologie 22, 159-177.

Casanova, José (1994): Public Religions in the Modern World. Chicago-London: The University of Chicago Press 1994.

— (1996): Chancen und Gefahren einer öffentlichen Religion, in: Kallscheuer, Otto (Hg.): Das Europa der Religionen. Ein Kontinent zwischen Säkularisierung und Fundamentalismus, Frankfurt, 181-210.

Concilium (1979): Internationale Zeitschrift für Theologie. Themenheft 15: "Christentum und Bürgertum".

Dahm, Karl Wilhelm/Drehsen, Volker (Hg.) (1973): Das Jenseits der Gesellschaft. Religion im Prozess sozialwissenschaftlicher Kritik, München.

Daiber, Karl-Fritz (1995): Religion unter den Bedingungen der Moderne. Die Situation in der Bundesrepublik Deutschland, Marburg.

— /(1996): Religiöse Gruppenbildung als Reaktionsmuster gesellschaftlicher Individualisierungsprozesse, in: Gabriel, Karl (Hg.): Religiöse Individualisierung oder Säkularisierung. Biographie und Gruppe als Bezugspunkte moderner Religiosität, Gütersloh, 86-100.

Descartes, Rene ([2]1977): Meditationes de prima philosophia/Meditationen über die Grundlagen der Philosophie, Lat.-dt., auf Grund der Ausgaben von Artur Buchenau neu herausgegeben von Lüder Gäbe, Hamburg.

Deuser, Hermann (2000): Die strukturelle Wahrheit der Religiosität. Zu Ulrich Oevermanns Konstitutionslogik von Praxissituationen, in: Härle, Wilfried/Heesch, Matthias/Preul, Reiner (Hg.): Befreiende Wahrheit (FS für Eilert Herms), Marburg, 319-335.

Dilthey, Wilhelm ([2]1957): Die Entstehung der Hermeneutik, in: Gesammelte Schriften V, Stuttgart-Göttingen, 317-338.

Döbert, Rainer et.al (Hg.) (1977): Entwicklung des Ichs, Köln 1977.

Drehsen, Volker/Kehrer, Günter (1973): Religion – die logische Notwendigkeit der Gesellschaft: Bronislaw Malinowski und Talcott Parsons, in: Dahm, Karl Wilhelm/Drehsen, Volker (Hg.): Das Jenseits der Gesellschaft. Religion im Prozess sozialwissenschaftlicher Kritik, München, 155-172.

Drehsen, Volker (1973): Religion und die Rationalisierung der modernen Welt: Max Weber, in: Dahm, Karl Wilhelm/Drehsen, Volker (Hg.): Das Jenseits der Gesellschaft. Religion im Prozess sozialwissenschaftlicher Kritik, München, 89-154.

— (1983): Kontinuität und Wandel der Religion. Die strukturell-funktionale Analyse in der deutschen Religionssoziologie und Kirchensoziologie nach 1945. Versuch einer problemgeschichtlich und systematisch orientierten Bestandsaufnahme, in: Daiber, Karl-Fritz/Luckmann, Thomas (Hg.): Religion in den Gegenwartsströmungen der deutschen Soziologie, München, 86-135.

— (1988): Neuzeitliche Konstitutionsbedingungen der Praktischen Theologie. Aspekte der theologischen Wende zur soziokulturellen Lebenswelt christlicher Religion, Gütersloh.

— (1990): Lebensgeschichtliche Frömmigkeit. Eine Problemskizze zu christlich-religiösen Dimensionen des (auto-)biographischen Interesses in der Neuzeit, in: Sparn, Walter (Hg.): Wer schreibt meine Lebensgeschichte? Autobiographie, Hagiographie und ihre Entstehungszusammenhänge, Gütersloh, 33-62.

— (1994): Wie religionsfähig ist die Volkskirche? Sozialisationstheoretische Erkundungen neuzeitlicher Christentumspraxis, Gütersloh.

— u. a. (Hg.) (1997): Der 'ganze' Mensch. Perspektiven lebensgeschichtlicher Individualität. (FS für Dietrich Rössler zum 70. Geburtstag), Berlin.

Dubach, Alfred ([2]1993): Nachwort: "Es bewegt sich alles, Stillstand gibt es nicht", in: Ders./Campiche, Roland J. (Hg.): Jede/r ein Sonderfall? Religion in der Schweiz, Zürich, 295-313.

Dubach, Alfred/Campiche, Roland J. (Hg.) ([2]1993): Jede/r ein Sonderfall? Religion in der Schweiz, Zürich.

Durkheim, Emile (1981): Die elementaren Formen des religiösen Lebens, Frankfurt (Original 1912).

Dussel, Enrique (1985): Herrschaft und Befreiung. Ansatz, Stationen und Themen einer lateinamerikanischen Theologie der Befreiung, Fribourg.

Ebers, Nicola (1995): "Individualisierung". Georg Simmel – Norbert Elias – Ulrich Beck, Würzburg.

Ficher, Peter (1983): Bürgerliche Religion. Eine theologische Kritik, München.

Engelhardt, Michael von (1990): Biographie und Identität. Die Rekonstruktion und Präsentation von Identität im mündlichen autobiographischen Erzählen, in: Sparn, Walter (Hg.): Wer schreibt meine Lebensgeschichte? Autobiographie, Hagiographie und ihre Entstehungszusammenhänge, Gütersloh, 197-247.

Englert, Rudolf (1992): Religiöse Erwachsenenbildung. Situation – Probleme – Handlungsprobleme, Stuttgart.

Essen, Georg (1998): "Und diese Zeit ist unsere Zeit, immer noch". Neuzeit als Thema katholischer Fundamentaltheologie, in: Müller, Klaus (Hg.): Fundamentaltheologie – Fluchtlinien und gegenwärtige Herausforderungen. In konzeptioneller Zusammenarbeit mit Gerhard Larcher, Regensburg, 23-44.

Esser, Hartmut (1987): Zum Verhältnis von qualitativen und quantitativen Methoden in der Sozialforschung, oder: Über den Nutzen methodologischer Regeln bei der

Diskussion von Scheinkontroversen, in: Voges, Wolfgang (Hg.): Methoden der Biographie- und Lebenslaufforschung, Opladen, 87-101.

— (1989): Verfällt die "soziologische Methode"? In: Soziale Welt 40, 57-75.

Esser, Wolfgang G. (1971): Bestimmungsversuch eines fundamentalen Religionsbegriffs und Entwurf einer anthropologischen Religionspädagogik, in: Stachel, Günter/Ders. (Hg.): Was ist Religionspädagogik, Zürich, 32-63.

Failing, Wolf-Eckart/Heimbrock, Hans-Günter (1998): Gelebte Religion wahrnehmen. Lebenswelt – Alltagskultur – Religionspraxis, Stuttgart.

Feifel, Erich (1973): Grundlegung der Religionspädagogik im Religionsbegriff, in: Ders. u. a. (Hg.): Handbuch der Religionspädagogik, Bd. 1, Gütersloh, 34-48.

Feige, Andreas/Dressler, Bernhard/Lukatis, Wolfgang/Schöll, Albrecht (2001): 'Religion' bei ReligionslehrerInnen. Religionspädagogische Zielvorstellungen und religiöses Selbstverständnis in empirisch-soziologischen Zugängen, Münster.

Fengler, Jörg (1998): Feed back geben. Strategien und Übungen, Weinheim.

Fischer, Dietlind/Schöll, Albrecht (1993): Wie hast du's mit der Religion? Zur Einführung, in: Comenius-Institut (Hg.): Religion in der Lebensgeschichte. Interpretative Zugänge am Beispiel Margret E., Gütersloh, 9-18.

— /Schöll, Albrecht (1994): Lebenspraxis und Religion. Fallanalysen zur subjektiven Religiosität von Jugendlichen, Gütersloh.

Frank, Manfred (1988): Subjekt, Person, Individuum, in: Ders. u. a. (Hg.): Die Frage nach dem Subjekt, Frankfurt, 7-28.

— (1991): Subjektivität und Individualität. Überblick über eine Problemlage, in: Ders.: Selbstbewußtsein und Selbsterkenntnis. Essays zur analytischen Philosophie der Subjektivität, Stuttgart, 9-49.

Fremde Heimat Kirche (1993): Ansichten ihrer Mitglieder. Erste Ergebnisse der dritten EKD-Umfrage über Kirchenmitgliedschaft, hg. von der Studien- und Planungsgruppe der EKD, Hannover.

Funke, Dieter (1986): Im Glauben erwachsen werden. Psychische Voraussetzungen der religiösen Reifung, München.

Für eine Kultur solidarischen Lebens. Die Stimme der lateinamerikanischen Kirche vor der IV. Konferenz Santo Domingo 1992 (1993): Secunda Relatio, mit einem Vorwort von Udo Schmälzle, hg. von der Missionszentrale der Franziskaner und Misereor. Misereor Bericht und Dokumente Nr. 8, Aachen.

Fürstenberg, Friedrich (1964): Religionssoziologie. Soziologische Texte, Bd. 19, Neuwied.

Gabriel, Karl/Kaufmann, Franz-Xaver (Hg.) (1980): Zur Soziologie des Katholizismus, Mainz.

Gabriel, Karl (1980): Die neuzeitliche Gesellschaftsentwicklung und der Katholizismus als Sozialform der Christentumsgeschichte, in: Gabriel, Karl/Kaufmann, Franz-Xaver (Hg.): Zur Soziologie des Katholizismus, Mainz, 201-225.

— (1983): Religionssoziologie als Soziologie des Christentums, in: Daiber, Karl-Fritz/Luckmann, Thomas (Hg.): Religion in den Gegenwartsströmungen der deutschen Soziologie, München, 182-198.

— (1988a): Lebenswelten unter den Bedingungen entfalteter Modernität. Soziologische Anmerkungen zur gesellschaftlichen Situation von christlichem Glauben und Kirche, in: Pastoraltheologische Informationen 8, 93-106.

— (1988b): Nachchristliche Gesellschaft heute! Christentum und Kirche vor der entfalteten Moderne, in: Diakonia 19, 27-34.

— (1992): Christentum zwischen Tradition und Postmoderne, Freiburg.

— (1993): Die Katholiken in den Fünfziger Jahren: Restauration, Modernisierung und beginnende Auflösung eines konfessionellen Milieus, in: Horstmann, Johannes (Hg.): Ende des Katholizismus oder Gestaltwandel der Kirche, Schwerte, 37-57.

— /Hobelsberger, Hans (Hg.) (1994): Jugend, Religion und Modernisierung. Kirchliche Jugendarbeit als Suchbewegung, Opladen.

— (Hg.) (1996): Religiöse Individualisierung oder Säkularisierung. Biographie und Gruppe als Bezugspunkte moderner Religiosität, Gütersloh.

— (1996a): Einleitung, in: Ders.: Religiöse Individualisierung und Säkularisierung. Biographie und Gruppe als Bezugspunkte moderner Religiosität, Gütersloh, 9-13.

— (1996b): Christentum im Umbruch zur "Post"-Moderne, in: Kochanek, Hermann (Hg.): Religion und Glaube in der Postmoderne, Nettetal, 39-59.

— (1996c): Wo Engel zögern: Renaissance des Religiösen in der entfalteten Moderne? In: Soziologische Revue 19, 63-71.

— (1996d): Wandel des Religiösen im Umbruch der Moderne, in: Tzscheetzsch, Werner/Zieberts, Hans-Georg (Hg.): Religionsstile Jugendlicher und moderne Lebenswelt (Studien zur Jugendpastoral Bd. 2), München, 46-63.

— /Herlth, Alois/Strohmeier, Klaus Peter (1997): Solidarität unter den Bedingungen der Modernität, in: Diess.: Modernität und Solidarität (FS für Franz-Xaver Kaufmann), Freiburg, 13-28.

— (1999a): Konzepte von Öffentlichkeit und ihre theologischen Konsequenzen, in: Arens, Edmund/Hoping, Helmut (Hg.): Wieviel Theologie verträgt die Öffentlichkeit? Freiburg 16-37.

— (1999b): Modernisierung als Organisierung von Religion, in: Krüggeler, Michael / Gabriel, Karl / Gebhardt, Winfried (Hg.): Institution – Organisation – Bewegung. Sozialformen der Religion im Wandel, Opladen, 19-37

— (2000): Zwischen Säkularisierung, Individualisierung und Entprivatisierung. Zur Widersprüchlichkeit der religiösen Lage heute, in: Walf, Knut (Hg.): Erosion. Zur Veränderung des religiösen Bewußtseins, Luzern, 9-28.

Gadamer, Hans-Georg (⁴1975): Wahrheit und Methode, Tübingen (1. Auflage 1960).

Garhammer, Erich (1996): Dem Neuen trauen. Perspektiven zukünftiger Gemeindearbeit, Graz.

Gärtner, Christel (2000): Eugen Drewermann und das gegenwärtige Problem der Sinnstiftung. Eine religionssoziologische Fallstudie, Frankfurt.

Garz, Detlef/Kraimer, Klaus (Hg.) (1983): Brauchen wir andere Forschungsmethoden? Beiträge zur Diskussion interpretativer Verfahren, Frankfurt.

— /Kraimer, Klaus/Aufenanger, Stefan (1983): Rekonstruktive Sozialforschung und objektive Hermeneutik. Annotationen zu einem Theorie- und Methodenprogramm, in: Zeitschrift für Erziehungswissenschaft 3, 126-134.

— /Kraimer, Klaus (1991a): Qualitativ-empirische Sozialforschung im Aufbruch, in: Diess. (Hg.): Qualitativ-empirische Sozialforschung. Konzepte, Methoden, Analysen, Opladen, 1-33.

— /Kraimer, Klaus (1991b): Qualitativ-empirische Sozialforschung. Konzepte, Methoden, Analysen, Opladen.

— /Kraimer, Klaus (Hg.) (1994): Die Welt als Text. Theorie, Kritik und Praxis der objektiven Hermeneutik, Frankfurt.

Gerhardt, Ute (1985): Erzähldaten und Hypothesenkonstruktion. Überlegungen zum Gültigkeitsproblem in der biographischen Sozialforschung, in: Kölner Zeitschrift für Soziologie und Sozialpsychologie 37, 230-256.

Giddens, Anthony ([2]1997): Konsequenzen der Moderne, Frankfurt.

Glaser, Barney G./Strauss, Anselm L. ([10]1979a): The Discovery of Grounded Theory: Strategies für Qualitative Research, Chicago (1. Auflage 1967).

— /Strauss, Anselm L. (1979b): Die Entdeckung begründeter Theorie, in: Gerdes, Klaus (Hg.): Explorative Sozialforschung. Einführende Beiträge aus "Natural Sociology" und Feldforschung in den USA, Stuttgart, 63-67.

Goertz, Stephan (1999): Moraltheologie unter Modernisierungsdruck. Interdisziplinarität und Modernisierung als Provokation theologischer Ethik – im Dialog mit der Soziologie Franz-Xaver Kaufmanns (Studien zur Moraltheologie Bd. 9), Münster.

Gollwitzer, Helmut (1980): Was ist Religion? Fragen zwischen Theologie, Soziologie und Pädagogik, München.

Gräb, Wilhelm (1990): Der hermeneutische Imperativ. Lebensgeschichte als religiöse Selbstauslegung, in: Sparn, Walter (Hg.): Wer schreibt meine Lebensgeschichte, Autobiographie, Hagiographie und ihre Entstehungszusammenhänge, Gütersloh, 79-89.

— (1998): Lebensgeschichten, Lebensentwürfe, Sinndeutungen. Eine praktische Theologie gelebter Religion, Gütersloh.

— /Rau, Gerhard/Schmidt, Heinz/v. d. Ven, Johannes (Hg.) (2000): Christentum und Spätmoderne. Ein internationaler Diskurs über Praktische Theologie und Ethik, Stuttgart.

Grathoff, Richard (1984): Milieu und Gesellschaft, Bielefeld.

Greshake, Gisbert (1973a): Der Wandel der Erlösungsvorstellungen in der Theologiegeschichte, in: Scheffzcyk, Leo (Hg.): Erlösung und Emanzipation (QD 61), Freiburg, 69-101.

— (1973b): Erlösung und Freiheit. Zur Neuinterpretation der Erlösungslehre Anselms von Canterbury, in: Theologische Quartalsschrift 153, 323-245.

Grom, Bernhard (1992): Religionspsychologie, Göttingen.

Grözinger, Albrecht/Luther, Henning (Hg.) (1987): Religion und Biographie. Perspektiven zur gelebten Religion, München.

— /Lott, Jürgen (1997): Zur Einführung: Gelebte Religion als Thema der Praktischen Theologie, in: Diess. (Hg.) Gelebte Religion im Brennpunkt praktisch-theologischen Denkens und Handelns, Rheinbach ???.

— /Lott, Jürgen (Hg.) (1997): Gelebte Religion im Brennpunkt praktisch-theologischen Denkens und Handelns, Rheinbach.

Gusdorf, George (1989): Voraussetzungen und Grenzen der Autobiographie, in Niggl, Günter (Hg.): Die Autobiographie. Zu Form und Geschichte einer literarischen Gattung, Darmstadt, 121-147.

Gutierrez, Gustavo (1973): Theologie der Befreiung, München.

— (1984): Die historische Macht der Armen, München.

Habermas, Jürgen ([5]1971): Strukturwandel der Öffentlichkeit, Neuwied-Berlin.

— ([4]1977): Zur Logik der Sozialwissenschaften. Materialien, Frankfurt

— 1985): Die neue Unübersichtlichkeit, Frankfurt.

— (1988a): Theorie des kommunikativen Handelns, 2 Bde., Frankfurt.

— (1988b): Der philosophische Diskurs der Moderne. Zwölf Vorlesungen, Frankfurt.

— (1992): Die Moderne – ein unvollendetes Projekt. Philosophisch-politische Aufsätze 1977-1992, Leipzig 2. erw. Aufl.

— (^{3}1993): Faktizität und Geltung. Beiträge zur Diskurstheorie des Rechts und des demokratischen Rechtsstaats, Frankfurt.

Hahn, Alois (1982): Zur Soziologie der Beichte und anderer Formen institutionalisierter Bekenntnisse: Selbstthematisierung und Zivilisationsprozess, in: Kölner Zeitschrift für Soziologie und Sozialpsychologie 34, 407-434.

— (1984a): Religiöse Wurzeln des Zivilisationsprozesses, in: Braun, Hans/Hahn, Alois (Hg.): Kultur im Zeitalter der Sozialwissenschaften (FS für Friedrich H. Tenbruck), Berlin, 229-250.

— (1984b): Theorien zur Entstehung der europäischen Moderne, in: PhR 31, 178-202.

— (1986): Differenzierung, Zivilisationsprozeß, Religion. Aspekte einer Theorie der Moderne, in: Neidhardt, Friedhelm u. a. (Hg.): Kultur und Gesellschaft, Sonderheft der Kölner Zeitschrift für Soziologie und Sozialpsychologie 27, 214-231.

— (1988): Biographie und Religion, in: Soeffner, Hans-Georg (Hg.): Kultur und Alltag, Soziale Welt, Sonderband 6, Göttingen, 49-60.

— (1991): Beichte und Therapie als Formen der Sinngebung, in: Jüttemann, Gerd/Sonntag, Michael/Wulf, Christoph (Hg.): Die Seele. Ihre Geschichte im Abendland, Weinheim, 493-511.

Halbfas, Hubertus (1972): Religionspädagogik und Katechetik. Ein Beitrag zur wissenschaftstheoretischen Klärung, in: Katechetische Blätter 97, 331-343;

Haslinger, Herbert (Hg.) (1999): Handbuch Praktische Theologie, Band 1: Grundlegungen, Mainz.

— (Hg.) (2000): Handbuch Praktische Theologie, Band 2: Durchführungen, Mainz.

Heinze, Thomas (1987): Qualitative Sozialforschung. Erfahrungen, Probleme und Perspektiven, Opladen.

Henrich, Dieter (1970): Selbstbewußtsein. Kritische Einleitung in eine Theorie, in: Bubner, Rüdiger u. a. (Hg.): Hermeneutik und Dialektik (FS für Hans-Georg Gadamer) Aufsätze I, Tübingen, 257-284.

— (1982a): Das Selbstbewußtsein und seine Selbstdeutungen. Über Wurzeln der Religionen im bewußten Leben, in: Ders.: Fluchtlinien. Philosophische Essays, Frankfurt, 99-124.

— (1982b): Selbstbewußtsein und spekulatives Denken, in: Ders.: Fluchtlinien. Philosophische Essays, Frankfurt, 125-181.

Hervieu-Leger, Danièle (1990): Religion and Modernity in the French Kontext: For a New Approach to Secularisation. Sociologica Analysis 51, 15-25.

Hoff, Gregor Maria (2001): Die prekäre Identität des Christlichen. Die Herausforderung postModernen Differenzdenkens für eine theologische Hermeneutik, Paderborn.

Hoff, Johannes (1999): Spiritualität und Sprachverlust. Theologie nach Foucault und Derrida, Paderborn.

Hoffmann-Riem, Christa (1980): Die Sozialforschung einer interpretativen Soziologie, in: Kölner Zeitschrift für Soziologie und Sozialpsychologie 32, 339-372.

Hoheisel, Karl (1996): Das Wiedererwachen von Religion in der Postmoderne und ihre Distanz zum Christentum. Religionswissenschaftliche Überlegungen, in:

Kochanek, Hermann. (Hg.): Religion und Glaube in der Postmoderne, Nettetal, 11-37.

Höhn, Hans-Joachim (1993): GegenMythen: Religionsproduktive Tendenzen der Gegenwart, Düsseldorf.

Höllinger, Franz (1996): Volksreligion und Herrschaftskirche. Die Wurzeln des religiösen Verhaltens in westlichen Gesellschaften, Opladen.

Horstmann, Johannes (Hg.) (1993): Ende des Katholizismus oder Gestaltwandel der Kirche, Schwerte.

Hoyer, Birgit (1998): Gottesmütter. Lebensbilder kinderloser Frauen als fruchtbare Dialogräume für Pastoral und Pastoraltheologie (Tübinger Perspektiven zur Pastoraltheologie und Religionspädagogik Bd. 2), Münster.

Institut für Demoskopie Allensbach (1986): Das Kirchenverständnis der Katholiken und Protestanten. Repräsentativbefragung im Auftrag der Redaktion Kirche und Leben des ZDF, Allensbach.

ISSP (1991): The International Social Survey Programme. Zentralarchiv für Empirische Sozialforschung, Köln.

Jaspers, Karl (1984): Der Philosophische Glaube angesichts der Offenbarung, München.

Junge, Matthias (1996): Individualisierungsprozesse und der Wandel von Institutionen. Ein Beitrag zur Theorie reflexiver Modernisierung, in: Kölner Zeitschrift für Soziologie und Sozialpsychologie 48, 728-747.

Kant, Immanuel ([5]1983): Werke in 6 Bänden, hg. von Wilhelm Weischedel, Darmstadt.

Kardorff, Ernst von ([2]1995): Qualitative Sozialforschung – Versuch einer Standortbestimmung, in: Flick, Uwe/Kardorff, Ernst von/Keupp, Heiner/Rosenstiel, Lutz von/Wolff, Stephan (Hg.): Handbuch qualitative Sozialforschung. Grundlagen, Konzepte, Methoden und Anwendungen, Weinheim, 3-8.

Karrer, Leo (Hg.) (1990): Handbuch der praktischen Gemeindearbeit, Freiburg.

Kaufmann, Franz-Xaver (1973): Wissenssoziologische Überlegungen zu Renaissance und Niedergang des katholischen Naturrechtsdenkens im 19. und 20. Jahrhundert, in: Böckle, Franz/Böckenförde, Ernst Wolfgang (Hg.): Naturrecht in der Kritik, Mainz, 126-164.

— (1979): Kirche begreifen. Analysen und Thesen zur gesellschaftlichen Verfassung des Christentums, Freiburg.

— (1980): Zur Einführung: Erkenntnisinteressen einer Soziologie des Katholizismus, in: Gabriel, Karl/Ders. (Hg.): Zur Soziologie des Katholizismus, Mainz, 7-23.

— /Kerber, Walter / Zulehner Paul, M. (1986): Ethos und Religion bei Führungskräften, München.

— (1986): Religion und Modernität, in: Berger, Johannes (Hg.): Die Moderne – Kontinuitäten und Zäsuren, Soziale Welt, Sonderband 4.

— (1988): Die Rolle der Religion in den mitteleuropäischen Gesellschaften, in: Metz, Johann Baptist/Rottländer, Peter (Hg.): Lateinamerika und Europa. Dialog der Theologien, München, 75-90.

— (1989): Religion und Modernität. Sozialwissenschaftliche Perspektiven, Tübingen.

— (1996): Kirche und Moderne – eine Skizze, in: Weiß, Wolfgang (Hg.): Zeugnis und Dialog. (FS für Klaus Wittstadt), Würzburg, 15-28.

— (1999): Wo liegt die Zukunft der Religion, in: Krüggeler, Michael/Gabriel, Karl/Gebhardt, Winfried (Hg.:): Institution, Organisation, Bewegung. Sozialformen der Religion im Wandel, Opladen, 71-97.

Klein, Stephanie (1994): Theologie und empirische Biographieforschung. Methodische Zugänge zur Lebens- und Glaubensgeschichte und ihre Bedeutung für eine erfahrungsbezogene Theologie, Stuttgart.

— (1999): Der Alltag als theologiegenerativer Ort, in: Haslinger (Hg.): Handbuch Praktische Theologie, Band 1: Grundlegungen, Mainz, 60-67.

Kleining, Gerhard (1982): Umriss zu einer Methodologie qualitativer Sozialforschung, in: Kölner Zeitschrift für Soziologie und Sozialpsychologie 34, 224-253.

— (1985): Gesellschaft als "interstellares System" oder "durcheinandergewirbelte Individuen"? (Rezension), in: Soziologische Revue 8, 1-5.

— (^{2}1995): Methodologie und Geschichte qualitativer Sozialforschung, in: Flick, Uwe/Kardorff, Ernst von/Keupp, Heiner/Rosenstiel, Lutz von/Wolff, Stephan (Hg.): Handbuch qualitative Sozialforschung. Grundlagen, Konzepte, Methoden und Anwendungen, Weinheim, 11-22.

Kluxen, Wolfgang (1996): Religion in der Moderne: Religionsphilosophische Überlegungen zu einer Herausforderung für das Christentum, in: Kochanek, Hermann (Hg.): Religion und Glaube in der Postmoderne, Nettetal, 61-75.

Knoblauch, Hubert (1991): Die Verflüchtigung der Religion ins Religiöse. Vorwort zu: Thomas Luckmann, Die unsichtbare Religion, Frankfurt, 7-41.

Kochanek, Hermann (Hg.) (1996): Religion und Glaube in der Postmoderne, Nettetal.

Köcher, Renate (1987): Religiös in einer säkularisierten Welt, in: Noelle-Neumann, Elisabeth/Diess. (Hg.): Die verletzte Nation: über den Versuch der Deutschen, ihren Charakter zu ändern, Stuttgart, 164-281.

Kohli, Martin (1980): Zur Theorie biographischer Selbst- und Fremdthematisierung, in: Matthes, Joachim (Hg.): Lebenswelt und soziale Probleme, Frankfurt, 502-520.

— (1985): Die Institutionalisierung des Lebenslaufes. Historische Befunde und theoretische Argumente, in: Kölner Zeitschrift für Soziologie und Sozialpsychologie 37, 1-29.

— (1986): Gesellschaftszeit und Lebenszeit. Der Lebenslauf im Strukturwandel der Moderne, in: Berger, Johannes (Hg.): Die Moderne – Kontinuitäten und Zäsuren, Soziale Welt, Sonderband 4, Opladen, 183-208.

— (1988): Normalbiographie und Individualität: Zur institutionellen Dynamik des gegenwärtigen Lebenslaufregimes, in: Brose, Hans-Georg/Hildenbrand, Bernd (Hg.): Vom Ende des Individuums zur Individualität ohne Ende, Opladen, 33-53.

Könemann, Judith (1999): Biographisches Lernen in der Erwachsenenbildung. Der Beitrag theologischer Erwachsenenbildung zur Wahrnehmung und Deutung individueller Unterbrechungserfahrungen, in: Bergold, Ralph/Blum, Bertram (Hg.): Unterbrechende Aspekte theologischer Erwachsenenbildung, Würzburg, 87-94.

— (2000): Biographie und religiöse Selbstauslegung. Kirchliche Erwachsenenbildung und (religiöse) Teilnehmerbiographie, in: Erwachsenenbildung 46, 181-184.

König, Oliver (Hg.) (^{2}1997): Gruppendynamik. Geschichte, Theorien, Methoden, Anwendungen, Ausbildung, München.

Koselleck, Rainer (1977): 'Neuzeit'. Zur Semantik moderner Bewegungsbegriffe, in: Ders. (Hg.): Studien über den Beginn der modernen Welt, Stuttgart.

Koslowski, Peter (Hg.) (1985): Die religiöse Dimension der Gesellschaft. Religion und ihre Theorien, Tübingen.

Kraimer, Klaus (1983): Anmerkungen zu einem 'erzählgenerierenden' Instrument der kommunikativen Sozialforschung (narratives Interview), in: Garz, Detlef/Ders. (Hg.): Brauchen wir andere Forschungsmethoden? Beiträge zur Diskussion interpretativer Verfahren, Frankfurt, 86-112.

Krüggeler, Michael (1991): Religion in der Schweiz. Eine religionssoziologische Untersuchung im europäischen Kontext, in: Pastoraltheologische Informationen 11, 245-258.

— Voll, Peter (1992): Konfessionelle Pluralität, diffuse Religiosität und kulturelle Identität in der Schweiz, Zürich.

— (1995): Religiöse Individualisierung – Zur Wahrnehmung "religiöser Subjekte" heute. Eine schweizerische Untersuchung im Vergleich mit westeuropäischen Erhebungen, in: Erwachsenenbildung 41, 170-176.

— (1996): "Ein weites Feld ..." Religiöse Individualisierung als Forschungsthema, in: Gabriel, Karl (Hg.): Religiöse Individualisierung oder Säkularisierung. Biographie und Gruppe als Bezugspunkte moderner Religiosität, Gütersloh, 215-235.

— Stolz, Fritz (Hg.) (1996): Ein jedes Herz in seiner Sprache ... Religiöse Individualisierung als Herausforderung für die Kirchen. Kommentare zur Studie "Jede/r ein Sonderfall? Religion in der Schweiz" Bd.1, Zürich.

— (1999): Individualisierung und Freiheit. Eine praktisch-theologische Studie zur Religion in der Schweiz, Freiburg (Schweiz).

— /Gabriel, Karl/Gebhardt, Winfried (Hg.) (1999): Institution, Organisation, Bewegung. Sozialformen der Religion im Wandel, Opladen.

Küchler, Manfred (1983): "Qualitative" Sozialforschung – ein neuer Königsweg? In: Garz, Detlef/Kraimer, Klaus (Hg.): Brauchen wir andere Forschungsmethoden? Beiträge zur Diskussion interpretativer Verfahren, Frankfurt, 9-30.

Lamnek, Siegfried ([2]1993a): Qualitative Sozialforschung. Bd. 1: Methodologie, Weinheim.

— ([2]1993b): Qualitative Sozialforschung. Bd. 2: Methoden und Techniken.

Layendecker, Leo (1980): Soziologie des Katholizismus in den Niederlanden, in: Gabriel, Karl/Kaufmann, Franz-Xaver (Hg.): Zur Soziologie des Katholizismus, Mainz, 166-200.

Leitner, Hartmann (1982): Lebenslauf und Identität. Die kulturelle Konstruktion von Zeit in der Biographie, Frankfurt.

Lenz, Karl (1994): Freiheiten, Abhängigkeiten und Belastungen. Jugendliche im Sog der Modernisierung und Individualisierung, in: Gabriel, Karl/Hobelsberger, Hans (Hg.): Jugend, Religion und Modernisierung. Kirchliche Jugendarbeit als Suchbewegung, Opladen, 11-29.

Lepenies, Wolfgang (1989): Der Krieg der Wissenschaften und der Literatur, in: Ders.: Gefährliche Wahlverwandtschaften, Stuttgart, 61-79.

Lott, Jürgen (1997): "Religion und Lebensgeschichte" in praktisch-theologischen Handlungsfeldern. Zur Thematisierung von Erfahrungen mit Religion, in: Grözinger, Albrecht/Ders. (Hg.): Gelebte Religion im Brennpunkt praktisch-theologischen Handelns, Rheinbach, 157-174.

Lübbe, Hermann (1965): Säkularisierung. Geschichte eines ideenpolitischen Begriffs, Freiburg.

— (1980): Religion nach der Aufklärung, in: Rendtorff, Trutz (Hg.): Religion als Problem der Aufklärung. Eine Bilanz aus der religionstheoretischen Forschung, Göttingen, 165-184.

— (²1990): Religion nach der Aufklärung, Graz.

Lück, Wolfgang/Schweitzer, Friedrich (1999): Religiöse Bildung Erwachsener. Grundlagen und Impulse für die Praxis, Stuttgart.

Luckmann, Thomas (1960): Neuere Schriften zur Religionssoziologie, in: Kölner Zeitschrift für Soziologie und Sozialpsychologie 12, 315-326.

— (1985): Bemerkungen zu Gesellschaftsstruktur, Bewußtseinsformen und Religion in der modernen Gesellschaft, in: Deutsche Gesellschaft für Soziologie (DGS) (Hg.): Soziologie und gesellschaftliche Entwicklung, Frankfurt, 475-484.

— (1988): Die "massenkulturelle" Sozialform der Religion, in: Soeffner, Hans-Georg (Hg.): Kultur und Alltag, Soziale Welt, Sonderband 6, Göttingen, 37-48.

— (1991): Die unsichtbare Religion, Frankfurt (dt. Übersetzung von The Invisible Religion von 1967).

— (1996): Privatisierung und Individualisierung. Zur Sozialform der Religion in spätindustriellen Gesellschaften, in: Gabriel, Karl (Hg.): Religiöse Individualisierung und Säkularisierung. Biographie und Gruppe als Bezugspunkte moderner Religiosität, Gütersloh, 17-28.

Lüders, Christian (1991): Deutungsmusteranalyse. Annäherungen an ein risikoreiches Konzept, in: Garz, Detlef/Kraimer, Klaus (Hg.): Qualitativ-empirische Sozialforschung. Konzepte, Methoden, Analysen, Opladen, 377-408.

— (1993): Grundlagen und Methoden qualitativer Sozialforschung. Ein Überblick über neuere Veröffentlichungen, in: Zeitschrift für Pädagogik 39, 335-348.

— / Reichertz, Jo (1986): Wissenschaftliche Praxis ist, wenn alles funktioniert und keiner weiß warum – Bemerkungen zur Entwicklung qualitativer Sozialforschung, in: Sozialwissenschaftliche Literatur Rundschau 12, 90-102.

Luhmann, Niklas (1970): Soziologische Aufklärung Bd. 1, Opladen.

— (1980-1989): Gesellschaftstruktur und Semantik, 3 Bde., Frankfurt.

— (1984): Soziale Systeme. Grundriß einer allgemeinen Theorie, Frankfurt.

— (³1992): Funktion der Religion, Frankfurt.

— (2000): Die Religion der Gesellschaft, Frankfurt.

Luther, Henning (1992): Religion und Alltag. Bausteine zu einer Praktischen Theologie des Subjekts, Stuttgart.

Lyotard, Jean-Francois (1988a): Die Moderne redigieren, in: Welsch, Wolfgang (Hg.): Wege aus der Moderne. Schlüsseltexte zur Postmoderne-Diskussion, Weinheim, 204-214.

— (1988b): Beantwortung der Frage: Was ist postmodern?, in: Welsch, Wolfgang (Hg.): Wege aus der Moderne. Schlüsseltexte zur Postmoderne-Diskussion, Weinheim, 193-203.

Marx, Karl (1966): Zur Kritik der Hegelschen Rechtsphilosophie, Einleitung, in: Marx, Karl / Engels, Friedrich: Studienausgabe Bd.1, Frankfurt, 17-30.

Matthes, Joachim (1962): Bemerkungen zur Säkularisierungsthese in der neueren Religionssoziologie, in: Goldschmidt, Dietrich/ Ders.: (Hg.): Probleme der Religionssoziologie, Sonderheft 6 der Kölner Zeitschrift für Soziologie und Sozialpsychologie, Köln, 65-77.

— (1967): Religion und Gesellschaft. Einführung in die Religionssoziologie I, Reinbek.

— (1969): Kirche und Gesellschaft. Einführung in die Religionssoziologie II, Reinbek.

— (1989): Reflexionen auf den Begriff 'Religion', Manuskript Loccum.

— (1992): Auf der Suche nach dem "Religiösen". Reflexionen zu Theorie und
Empirie religionssoziologischer Forschung, in: Sociologia Internationalis 30,
129-142.

Matthiesen, Ulf (1994): Deutungsmusteranalysen im Spannungsfeld von objektiver
Hermeneutik und Sozialphänomenologie, in: Garz, Detlef/Kraimer, Klaus (Hg.):
Die Welt als Text. Theorie, Kritik und Praxis der objektiven Hermeneutik, Frank-
furt, 73-113.

Mead, George Herbert (1973): Geist, Identität und Gesellschaft, Frankfurt.

Meister Eckart (1963): Deutsche Predigten und Traktate, hg. und übersetzt von Josef
Quint, München.

Merton, Robert (1995): Soziologische Theorie und soziale Struktur, Berlin.

Mesters, Carlos (1984): Die Botschaft des leidenden Volkes, Neukirchen.

Mette, Norbert (1994): Religionspädagogik, Düsseldorf.

Metz, Johann Baptist (1980): Jenseits bürgerlicher Religion, München.

— (⁴1984): Glaube in Geschichte und Gesellschaft. Studien zu einer praktischen
Fundamentaltheologie, Mainz.

— /Rottländer, Peter (Hg.) (1988): Lateinamerika und Europa. Dialog der Theologien, München.

Moltmann, Jürgen (1984): Politische Theologie – Politische Ethik, München –
Mainz.

Müller, Klaus (1994): Wenn ich "ich" sage. Studien zur fundamentaltheologischen
Relevanz selbstbewußter Subjektivität (Regensburger Studien zu Theologie Bd.
46), Frankfurt.

— (Hg.) (1998): Fundamentaltheologie – Fluchtlinien und gegenwärtige Herausforderungen. In konzeptioneller Zusammenarbeit mit Gerhard Larcher, Regensburg.

— (1998a): Das etwas andere Subjekt. Der blinde Fleck der Postmoderne, in: Zeitschrift für Katholische Theologie 120, 137-163.

— (1998b): Verdoppelte Realität – Virtuelle Wahrheit. Philosophische Erwägungen
zu den neuen Medien, in: Die politische Meinung 43, Nr. 344, 59-70.

— (1998c): Wieviel Vernunft braucht der Glaube? Erwägungen zur Begründungs-
problematik, in: Ders.: (Hg.): Fundamentaltheologie – Fluchtlinien und gegenwärtige Herausforderungen. In konzeptioneller Zusammenarbeit mit Gerhard
Larcher, Regensburg, 77-100.

— (1999): Das 21. Jahrhundert hat längst begonnen. Philosophisch-theologische
Überlegungen zur Cyber-Kultur, in: Ebertz, Michael N./Zwick, Reinhold (Hg.):
Jüngste Tage. Die Gegenwart der Apokalyptik, Freiburg, 379-401.

— (2000): Philosophische Grundfragen der Theologie. Eine propädeutische Enzy-
klopädie mit Quellentexten, unter Mitarbeit von Saskia Wendel, Münster.

Nassehi, Armin (1995): Religion und Biographie. Zum Bezugsproblem religiöser
Kommunikation in der Moderne, in: Wohlrab-Sahr, Monika (Hg.): Biographie
und Religion. Zwischen Ritual und Selbstsuche, Frankfurt, 103-126.

Nipkow, Karl Ernst (⁴1990): Grundfragen der Religionspädagogik, Bd.1: Gesellschaftliche Herausforderungen und theoretische Ausgangspunkte, Gütersloh.

Nunner-Winkler, Gertrud (1985): Identität und Individualität, in: Soziale Welt 36,
466-482.

Oelmüller, Willi (1984): Wiederkehr von Religion? Perspektiven, Argumente, Fragen (Religion und Philosophie Bd.1), Paderborn.

Oevermann, Ulrich et al. (1976): Beobachtungen zur Struktur der sozialisatorischen Interaktion. Theoretische und methodologische Fragen der Sozialisationsforschung, in: Lepsius, Mario R. (Hg.): Zwischenbilanz der Soziologie. Verhandlungen des 17. Deutschen Soziologentages, Stuttgart, 274-295.

— /Allert, Tilman/Konau, Elisabeth/Krambeck, Jürgen (1979a): Die Methodologie einer "objektiven Hermeneutik" und ihre allgemeine forschungslogische Bedeutung in den Sozialwissenschaften, in: Soeffner, Hans-Georg (Hg.): Interpretative Verfahren in den Sozial- und Textwissenschaften, Stuttgart, 352-434.

— (1979b): Sozialisationstheorie. Ansätze zu einer soziologischen Sozialisationstheorie und ihre Konsequenzen für die allgemeine soziologische Analyse, in: Lüschen, Gerhard (Hg.): Deutsche Soziologie seit 1945, Sonderheft der KZfSS, 143-168.

— /Allert, Tilman/Konau, Elisabeth (1980): Zur Logik der Interpretation von Interviewtexten. Fallanalyse anhand eines Interviews mit einer Fernstudentin, in: Heine, Hans-W./Klusemann, Hans-Georg/Soeffner, Hans-Georg (Hg.): Interpretation einer Bildungsgeschichte. Überlegungen zur sozialwissenschaftlichen Hermeneutik, Bensheim, 15-69.

— (1981): Fallkonstruktion und Strukturgeneralisierung als Beitrag der objektiven Hermeneutik zur soziologisch-strukturtheoretischen Analyse, Typoskript, Frankfurt

— /Allert, Tilman/Konau, Elisabeth/Krambeck, Jürgen (1983a): Die Methodologie einer "objektiven Hermeneutik", in: Zedler, Peter, Moser, H. (Hg.): Aspekte qualitativer Sozialforschung, Opladen, 95-123.

— (1983b): Hermeneutische Sinnrekonstruktion: Als Therapie und Pädagogik missverstanden, oder: das notorische strukturtheoretische Defizit pädagogischer Wissenschaft, in: Garz, Detlef/Kraimer, Klaus (Hg.): Brauchen wir andere Forschungsmethoden? Beiträge zur Diskussion interpretativer Verfahren, Frankfurt, 113-155.

— (1983c): Zur Sache. Die Bedeutung von Adornos methodologischem Selbstverständnis für die Begründung einer materialen soziologischen Strukturanalyse, in: Friedeburg, Ludwig, von/Habermas, Jürgen (Hg.): Adorno-Konferenz 1983, Frankfurt, 234-292.

— (1985): Versozialwissenschaftlichung der Identitätsformation und der Verweigerung von Lebenspraxis: Eine aktuelle Variante der Dialektik der Aufklärung, in: Deutsche Gesellschaft für Soziologie (Hg.): Soziologie und gesellschaftliche Entwicklung, Frankfurt, 463-474.

— (1986): Kontroversen über sinnverstehende Soziologie. Einige wiederkehrende Probleme und Mißverständnisse in der Rezeption der "objektiven Hermeneutik", in: Aufenanger, Stefan/Lenssen, Margrit (Hg.): Handlung und Sinnstruktur. Bedeutung und Anwendung der objektiven Hermeneutik, München, 19-83.

— (1988): Eine exemplarische Fallrekonstruktion zum Typus versozialwissenschaftlichter Identitätsformation, in: Brose, Hans-Georg/Hildenbrand, Bernd (Hg.): Vom Ende des Individuums zur Individualität ohne Ende, Opladen, 243-286.

— (1991): Genetischer Strukturalismus und sozialwissenschaftliche Probleme der Erklärung der Entstehung des Neuen, in: Müller-Dohm, Stefan (Hg.): Jenseits der Utopie. Theoriekritik der Gegenwart, Frankfurt, 267-336.

— (1995): Ein Modell der Struktur von Religiosität. Zugleich ein Strukturmodell von Lebenspraxis und von sozialer Zeit, in: Wohlrab-Sahr, Monika (Hg.): Biographie und Religion. Zwischen Ritual und Selbstsuche, Frankfurt, 27-102.

— (1996): Strukturmodell von Religiosität, in: Gabriel, Karl (Hg.): Religiöse Individualisierung oder Säkularisierung. Biographie und Gruppe als Bezugspunkte moderner Religiosität, Gütersloh, 29-40.

— (^{3}1999): Theoretische Skizze eines revidierten theorieprofessionalisierten Handelns, in: Combe, Arno/Helsper, Werner (Hg.): Pädagogische Professionalität. Untersuchungen zum Typus pädagogischen Handelns, Frankfurt, 70-182.

— (2000): "Die Methode der Fallrekonstruktion in der Grundlagenforschung sowie der klinischen und pädagogischen Praxis", in: Kraimer, Klaus (Hg.): Die Fallrekonstruktion, Frankfurt, 58-153.

— (2001): Bewährungsmythos und Jenseitskonzepte – Konstitutionsbedingungen von Lebenspraxis, in: Schweidler, Walter (Hg.): Wiedergeburt und kulturelles Erbe, Academia, St. Augustin, 289-338.

Olk, Thomas (1995): Zwischen Korporatismus und Pluralismus: Zur Zukunft der freien Wohlfahrtspflege im bundesdeutschen Sozialstaat, in: Rauschenbach, Thomas/Reiße, Ch./Ders. (Hg.): Von der Wertgemeinschaft zum Dienstleistungsunternehmen, Frankfurt, 98-122.

Otto, Gert (1986): Grundlegung der Praktischen Theologie, Bd.1, Gütersloh.

Otto, Rudolf (1917): Das Heilige. Über das Irrationale in der Idee des Göttlichen und sein Verhältnis zum Rationalen, Breslau.

Pannenberg, Wolfhart (1989): Die Religionen als Thema der Theologie. Die Relevanz der Religionen für das Selbstverständnis der Theologie, in: Theologische Quartalsschrift 169, 98-110.

Parsons, Talcott (1968): Art. Christianity, in: International Encyclopaedia of the Social Sciences, Vol. 2, 425-447.

Peukert, Helmut (^{2}1988): Wissenschaftstheorie, Handlungstheorie, Fundamentale Theologie. Analysen zu Ansatz und Status theologischer Theoriebildung, Frankfurt.

Pollack, Detlef (1988): Religiöse Chiffrierung und soziologische Aufklärung. Die Religionstheorie Niklas Luhmanns im Rahmen ihrer systemtheoretischen Voraussetzungen, Frankfurt.

— (1995a): Was ist Religion? Probleme der Definition, in: Zeitschrift für Religionswissenschaft 3, 163-190.

— (1995b): Zur neueren religionssoziologischen Diskussion des Säkularisierungstheorems, in: Dialog der Religionen 5, 114-121.

— (1996): Individualisierung statt Säkularisierung? Zur Diskussion eines neueren Paradigmas in der Religionssoziologie, in: Gabriel, Karl (Hg.): Religiöse Individualisierung oder Säkularisierung. Biographie und Gruppe als Bezugspunkte moderner Religiosität, Gütersloh, 57-85.

— (1997): Entzauberung oder Wiederverzauberung der Welt? Die Säkularisierungsthese auf dem Prüfstand, in: Loccumer Protokolle 56/97, 193-210.

— (1998): "Unterschätzte Säkularisierung". Ein Gespräch mit dem Religionssoziologen Detlef Pollack, in: Herder Korrespondenz 52, 612-617.

— /Pickel, Gert (1999): Individualisierung und religiöser Wandel in der Bundesrepublik Deutschland, in: Zeitschrift für Soziologie 28, 465-483.

— /Pickel, Gert (Hg.) (2000): Religiöser und kirchlicher Wandel in Ostdeutschland 1989-1999, Opladen.

Preul, Reiner (1980): Religion, Bildung, Sozialisation, Gütersloh.

Pröpper, Thomas (2001): Evangelium und freie Vernunft. Konturen einer theologischen Hermeneutik, Freiburg.

Raguse, Hartmut (1996): Christentum und Selbsterfahrung. Psychoanalytische Überlegungen zum "Synkretismus", in: Krüggeler, Michael/Stolz, Fritz (Hg.): Ein jedes Herz in seiner Sprache ... Religiöse Individualisierung als Herausforderung für die Kirchen. Kommentare zur Studie "Jede/r ein Sonderfall? Religion in der Schweiz" Bd.1, Zürich, 247-258.

Rahner, Karl (1941): Hörer des Wortes. Zur Grundlegung einer Religionsphilosophie, München.

— (1957): Geist in Welt. Zur Metaphysik der endlichen Erkenntnis bei Thomas von Aquin, München, 129-137.

— (1963): Hörer des Wortes. Zur Grundlegung einer Religionsphilosophie, München, 2., überarb. Aufl.

Rechtien, Wolfgang (1995): Angewandte Gruppendynamik. Ein Lehrbuch für Studierende und Praktiker, München.

Reichertz, Jo (1988): Verstehende Soziologie ohne Subjekt? Die objektive Hermeneutik als Metaphysik der Strukturen, in: Kölner Zeitschrift für Soziologie und Sozialpsychologie 40, 207-222.

— (1994): Von Gipfeln und Tälern. Bemerkungen zu einigen Gefahren, die den objektiven Hermeneuten erwarten, in: Garz, Detlef/Kraimer, Klaus (Hg.): Die Welt als Text. Theorie, Kritik und Praxis der objektiven Hermeneutik, Frankfurt, 125-152.

— (²1995): Objektive Hermeneutik, in: Flick, Uwe/Kardorff, Ernst von/Keupp, Heiner/Rosenstiel, Lutz von/Wolff, Stephan (Hg.): Handbuch qualitative Sozialforschung. Grundlagen, Konzepte, Methoden und Anwendungen, Weinheim, 223-228.

Rendtorff, Trutz (1965): Die Säkularisierungsthese bei Max Weber, in: Max Weber und die Soziologie heute, Tübingen, 241-245.

— (1966): Zur Säkularisierungsproblematik. Über die Weiterentwicklung der Kirchensoziologie zur Religionssoziologie, in: Internationales Jahrbuch für Religionssoziologie 2, 51-72.

— (Hg.) (1980): Religion als Problem der Aufklärung. Eine Bilanz aus der religionstheoretischen Forschung, Göttingen.

— (1997): Perspektiven zum Verhältnis von Theologie und Frömmigkeit. Randnotizen zur Problemstellung des "ganzen" Menschen, in: Drehsen, Volker u. a. (Hg.): Der 'ganze' Mensch. Perspektiven lebensgeschichtlicher Individualität. (FS für Dietrich Rössler zum 70. Geburtstag) Berlin, 325-338.

Rosenbaum, Heidi (1982): Formen der Familie. Untersuchungen zum Zusammenhang von Familienverhältnissen, Sozialstruktur und sozialem Wandel in der deutschen Gesellschaft des 19. Jahrhunderts, Frankfurt.

Rössler, Dietrich (1986): Grundriß der Praktischen Theologie, Berlin.

Schellong, Dieter (1975): Bürgertum und christliche Religion, München.

Schieder, Rolf (1987): Civil Religion. Die religiöse Dimension der politischen Kultur, Gütersloh.

Schleiermacher, Friedrich D. E. (1959): Hermeneutik, hg. von Heinz Kimmerle, Heidelberg.
— (1977): Hermeneutik und Kritik, hg. und eingeleitet von Manfred Frank, Frankfurt.
— (1999): Über die Religion. Reden an die Gebildeten unter ihren Verächtern, hg. von Meckendock, G., Berlin.
Schlette, Heinz Robert (1974): Art. Religion, in: Handbuch philosophischer Grundbegriffe, hg. von Krings, Hermann u. a., Bd. V, München, 1233-1250.
Schluchter, Wolfgang (1988): Einleitung. Religion, politische Herrschaft, Wirtschaft und bürgerliche Lebensführung: Die okzidentale Sonderentwicklung, in: Ders. (Hg.): Max Webers Sicht des okzidentalen Christentums, Frankfurt, 11-128.
— (1998): Die Entstehung des modernen Rationalismus. Eine Analyse von Max Webers Entwicklungsgeschichte des Okzidents, Frankfurt.
Schmälzle, Udo (1994): Gott handeln. Fragen eines praktischen Theologen zur Gottesrede, in: Lutz-Bachmann, Matthias (Hg.): Und dennoch ist von Gott zu reden (FS für Herbert Vorgrimler), Freiburg, 326-342.
— (1996): Das neue religiöse Bewußtsein als pastorale Herausforderung, in: Kochanek, Hermann (Hg.): Religion und Glaube in der Postmoderne, Nettetal, 95-128.
— (2000): Fort- und Weiterbildung Schulpastoral. Befähigung zum Dienst von Christinnen und Christen in der Schule, hg. von der Kirchlichen Arbeitsstelle für Fernstudien/Theologie im Fernkurs bei der Domschule Würzburg e. V., Würzburg.
Schmidt-Leukel, Perry (1997): Theologie der Religionen. Probleme, Optionen, Argumente, Neuwied.
Schöll, Albrecht (1992): Zwischen religiöser Revolte und frommer Anpassung. Die Rolle der Religion in der Adoleszenzkrise, Gütersloh.
— (1996): Biographie und Sinnkonstruktion. Zur Funktion des Religiösen in der Konstituierung biographischer Lebenslaufmuster, in: Tzscheetzsch, Werner/Ziebertz, Hans-Georg (Hg.): Religionsstile Jugendlicher und moderne Lebenswelt, München, 159-195.
Schrödter, Hermann (1975): Die Religion der Religionspädagogik. Untersuchung zu einem vielgebrauchten Begriff und seiner Rolle für die Praxis, Zürich.
Schulze, Gerhard (1993): Die Erlebnisgesellschaft. Kultursoziologie der Gegenwart, Frankfurt.
Schütze, Fritz (1976): Zur Hervorlockung und Analyse von Erzählungen thematisch relevanter Geschichten im Rahmen soziologischer Feldforschung – dargestellt an einem Projekt zur Erforschung von kommunalen Machtstrukturen, in: Arbeitsgruppe Bielefelder Soziologen (Hg.): Kommunikative Sozialforschung, München, 159-255.
— (1977): Die Technik des narrativen Interviews in Interaktionsfeldstudien – dargestellt an einem Projekt zur Erforschung kommunaler Machtstrukturen. Universität Bielefeld, Fakultät für Soziologie, Arbeitsberichte und Forschungsmaterialien Nr. 1.
— (1978): Was ist "kommunikative Sozialforschung"? In: Gärtner, Adrian, Hering, S. (Hg.): Modellversuch "Soziale Studiengänge" an der GH Kassel, Materialien 12: Regionale Sozialforschung, Kassel: Gesamthochschulbibliothek, 117-131.

— (1983): Biographieforschung und narratives Interview, in: Neue Praxis 3, 283-293.

— (1984): Kognitive Figuren des autobiographischen Stegreiferzählens, in: Kohli, Martin/Robert, G. (Hg.): Biographie und soziale Wirklichkeit. Neue Beiträge und Forschungsperspektiven, Stuttgart, 78-117.

Schwab, Ulrich (1997): Geschlossene Konzeptionen und permanenter Wandel. Religiosität in der Moderne zwischen institutioneller Bindung und individueller Konstruktion, in: Grözinger, Albrecht/Lott, Jürgen (Hg.): Gelebte Religion im Brennpunkt praktisch-theologischen Denkens und Handelns, Rheinbach. 130-141.

Schwager, Raymund (Hg.) (1996): Christus allein? Der Streit um die pluralistische Religionstheologie, Freiburg.

Schweitzer, Friedrich (1997): Lebensgeschichte – Bildung – Religion. Rekonstruktionsfähigkeit als Bildungsziel, in: Drehsen, Volker u. a. (Hg.): Der 'ganze' Mensch. Perspektiven lebensgeschichtlicher Individualität, (FS für Dietrich Rössler zum 70. Geburtstag) Berlin, 431-448.

Seckler, Max/Kessler, Michael (1985): Die Kritik der Offenbarung, in: Handbuch der Fundamentaltheologie Bd. 2, 29-59.

Sekretariat der Deutschen Bischofskonferenz (Hg.) (1979): Die Kirche Lateinamerikas, Dokumente der II. und III. Generalversammlung des Lateinamerikanischen Episkopates in Medellin und Puebla (Stimmen der Weltkirche 8), Bonn.

Sennett, Richard (1983): Verfall und Ende des öffentlichen Lebens. Tyrannei der Intimität, Frankfurt.

Soeffner, Hans-Georg (1979): Interaktion und Interpretation – Überlegungen zu Prämissen des Interpretierens in Sozial- und Literaturwissenschaft, in: Ders. (Hg.): Interpretative Verfahren in den Sozial- und Textwissenschaften, Stuttgart, 328-351.

— (1982): Statt einer Einleitung: Prämissen einer sozialwissenschaftlichen Hermeneutik, in: Ders.: Beiträge zu einer empirischen Sprachsoziologie, Tübingen, 9-48.

— (1992): Rekonstruktion statt Konstruktivismus, 25 Jahre "Social Construction of Reality", in: Soziale Welt 43, 477-481.

Sommer, Regina (1998): Lebensgeschichte und gelebte Religion von Frauen. Eine qualitativ-empirische Studie über den Zusammenhang von biographischer Struktur und religiöser Orientierung, Stuttgart.

Sparn, Walter (Hg.) (1990): Wer schreibt meine Lebensgeschichte? Autobiographie, Hagiographie und ihre Entstehungszusammenhänge, Gütersloh.

Stachel, Günter (1973): Einführende Grundorientierung, in: Feifel, Erich u. a. (Hg.): Handbuch der Religionspädagogik, Bd. 1, Gütersloh, 19-33.

Stark, Rodney / Bainbridge, William (1985): The Future of Religion. Secularisation, Revival and Cult Formation, Berkerley.

Steck, Wolfgang (2000): Praktische Theologie. Horizonte der Religion – Konturen des neuzeitlichen Christentums – Strukturen der Lebenswelt, Stuttgart.

Steinkamp, Hermann (1991): Sozialpastoral, Freiburg.

— (1993/94): Probleme religiöser Sozialisation, Vorlesungsmanuskript Wintersemester.

— (1994a): Solidarität und Parteilichkeit. Für eine neue Praxis in Kirche und Gemeinde, Mainz.

— (1994b): Zur Bedeutung religionssoziologischer Jugendforschung für die kirchliche Jugend(verbands)arbeit, in: Gabriel, Karl/Hobelsberger Hans (Hg.): Jugend, Religion und Modernisierung. Kirchliche Jugendarbeit als Suchbewegung, Opladen, 139-153.

— (1999): Die sanfte Macht der Hirten. Die Bedeutung Michel Foucaults für die Praktische Theologie, Mainz.

Stoltenberg, Gundelinde (1999): Menschen: Frauen und Männer vor Gott und Subjekte ihres Lebens, in: Haslinger, Herbert (Hg.): Handbuch Praktische Theologie, Band 1: Grundlegungen, Mainz, 123-129.

Streeck, Wolfgang (1987): Vielfalt und Interdependenz. Überlegungen zur Rolle von intermediären Organisationen in sich ändernden Umwelten, in: Kölner Zeitschrift für Soziologie und Sozialpsychologie 39, 471-495.

Sutter, Tilman (1992): Konstruktivismus und Interaktionismus. Zum Problem der Subjekt-Objekt-Differenzierung im genetischen Strukturalismus, in: Kölner Zeitschrift für Soziologie und Sozialpsychologie 44, 419-435.

Tenbruck, Friedrich H. (1962a): Geschichte und Gesellschaft. Unveröffentlichte Habil.-Schrift, Freiburg.

— (1962b): Jugend und Gesellschaft, Freiburg.

— (1972): Gesellschaft und Gesellschaftstypen, in: Wissen im Überblick. Die moderne Gesellschaft, Freiburg, 54-71.

— (1976): Die Glaubensgeschichte der Moderne, in: Zeitschrift für Pädagogik 23, 1-15.

— (1993): Die Religion im Malstrom der Reflexion, in: Religion und Kultur. Sonderband 33 der Kölner Zeitschrift für Soziologie und Sozialpsychologie, Opladen, 31-67.

Terhart, Ewald (1983): Schwierigkeiten (mit) der 'objektiven Hermeneutik', in: Garz, Detlef/Kraimer, Klaus (Hg.): Brauchen wir andere Forschungsmethoden? Beiträge zur Diskussion interpretativer Verfahren, Frankfurt, 156-175.

Tillich, Paul (1966): Wesen und Wandel des Glaubens, dt. Berlin.

Tracy, David (1993): Theologie als Gespräch. Eine postmoderne Hermeneutik. Mit einer Einführung von Werner G. Jeanrond, Mainz.

Troeltsch, Ernst (1962): Wesen der Religion und der Religionswissenschaft, in: Ders.: Gesammelte Schriften, Bd. 2 (^{2}1922) Neudruck Aalen, 452-499.

— (1977): Die Soziallehren der christlichen Kirchen und Gruppen, Tübingen (zuerst 1923).

Tyrell, Hartmann (1976): Probleme einer Theorie der gesellschaftlichen Ausdifferenzierung der privatisierten, modernen Kleinfamilie, in: Zeitschrift für Soziologie 5, 393-417.

— (1993): Katholizismus und Familie. Institutionalisierung und De-Institutionalisierung, in: Religion und Kultur, Sonderheft 33 der Kölner Zeitschrift für Soziologie und Sozialpsychologie, Opladen, 126-149.

— /Krech, Volkhard/Knoblauch, Hubert (Hg.) (1998): Religion als Kommunikation, Würzburg.

Tzscheetzsch, Werner/Ziebertz, Hans-Georg (Hg.) (1996): Religionsstile Jugendlicher und Moderne Lebenswelt, München.

Verweyen, Hansjürgen (^{2}1991): Gottes letztes Wort. Grundriß der Fundamentaltheologie, Düsseldorf.

— (1997): Botschaft eines Toten? Den Glauben rational verantworten, Regensburg.

— (2000): Gottes letztes Wort. Grundriß der Fundamentaltheologie, 3. völlig über-arbeitete Auflage, Regensburg.

Vierzig, Siegfried (1970): Zur Theorie der religiösen Bildung, in: Heinemann, H./Stachel, Günter/Ders.: Lernziele und Religionsunterricht, Zürich, 11-23.

Wagner, Falk (^{2}1991): Was ist Religion? Studien zu ihrem Begriff und Thema in Geschichte und Gegenwart, Gütersloh.

Wahl, Heribert (2000): Individualität und Identität, in: Haslinger, Herbert (Hg.) Handbuch Praktische Theologie, Band 2: Durchführungen, Mainz, 206-217.

Waldenfels, Hans (1992): Zwischen Nützlichkeit und Wahrheit. Anmerkungen zum heutigen Religionsverständnis, in: Kessler, Michael (Hg.): Fides quaerens intellectum. (FS für Max Seckler), Tübingen, 49-62.

— (1998): Theologie der Religionen. Problemstellung und Aufgabe, in: Stimmen der Zeit 216, 291-301.

Watzlawick, Paul/Beavin, Janet, H./Jackson Don, D. (^{8}1990): Menschliche Kommunikation. Formen, Störungen, Paradoxien, Bern.

— (^{22}1994a): Wie wirklich ist die Wirklichkeit. Wahn, Täuschung, Verstehen, München.

— (^{8}1994b): Die erfundene Wirklichkeit. Wie wissen wir, was wir zu wissen glauben? Beiträge zum Konstruktivismus, München.

Weber, Max (^{5}1972): Wirtschaft und Gesellschaft. Grundriß der verstehenden Soziologie, fünfte revidierte Auflage, besorgt von Johannes Winckelmann, Tübingen.

— (^{6}1981): Die protestantische Ethik I. Eine Aufsatzsammlung, hg. von Johannes Winckelmann, Gütersloh.

— (^{8}1986): Gesammelte Aufsätze zur Religionssoziologie I, Tübingen.

Welsch, Wolfgang. (Hg.) (1988): Wege aus der Moderne. Schlüsseltexte zur Postmoderne-Diskussion, Weinheim.

— (^{4}1993): Unsere postmoderne Moderne, Berlin.

Wendel, Saskia (1998): Postmoderne Theologie? Zum Verhältnis von christlicher Theologie und postmoderner Philosophie, in: Müller, Klaus (Hg.): Fundamentaltheologie – Fluchtlinien und gegenwärtige Herausforderungen, Regensburg, 193-214.

— (1999): Von der Postmoderne zurück zur Moderne. Adornos Kritische Theorie als Anknüpfungspunkt für eine Theologie der späten Moderne, in: Orientierung 63, 151-157.

Werbick, Jürgen (1996): Der Pluralismus der pluralistischen Religionstheologie. Eine Anfrage, in: Schwager, Raymund (Hg.): Christus allein? Der Streit um die pluralistische Religionstheologie, Freiburg, 140-157.

— (2000): Den Glauben verantworten. Eine Fundamentaltheologie, Freiburg.

Windolph, Joachim (1997): Engagierte Gemeindepraxis. Lernwege von der versorgten zur mitsorgenden Gemeinde, Stuttgart.

Wohlrab-Sahr, Monika (Hg.) (1995): Biographie und Religion. Zwischen Ritual und Selbstsuche, Frankfurt.

— (1995a): Einleitung, in: Dies.: Biographie und Religion. Zwischen Ritual und Selbstsuche, Frankfurt, 9-23.

— (1999): Konversion zum Islam in Deutschland und den USA, Frankfurt.

— (2001): Religionslosigkeit als Thema der Religionssoziologie, in: Pastoraltheologie 90, 152-167.

Wössner, Jacobus (1975): Systemanalyse und religiöse Bedürfnisse, in: Internationales Jahrbuch für Religionssoziologie 8, 133-144.

Ziebertz, Hans-Georg (1996): Moderation religiöser Kommunikationsprozesse, in: Tzscheetzsch, Werner/Ders. (Hg.): Religionsstile Jugendlicher und Moderne Lebenswelt, München, 231-251.

— (Hg.) (1997): Christliche Gemeinde vor einem neuen Jahrtausend. Strukturen – Subjekte – Kontexte, Weinheim.

Zulehner, Paul M. / Denz, Hermann (1993): Wie Europa lebt und glaubt. Europäische Wertestudie, 2 Bde., Düsseldorf.